让我们 甲骨文 一起追寻

KL

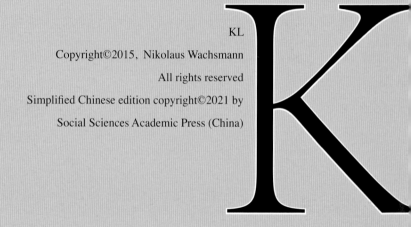

〔德〕尼古劳斯·瓦克斯曼＿著

柴　茁－译

下 纳粹集中营史

A History of the Nazi Concentration Camps

社会科学文献出版社
SOCIAL SCIENCES ACADEMIC PRESS (CHINA)

目　录

上　册

下　册

第7章　污秽丑恶之地——世界的肛门

1942年9月5日，几名党卫队队员来到比克瑙27区的女子 338
医务室，协助集中营医生进行筛选。对党卫队队员来说，这样的筛选已经成为工作的一部分。但对囚犯来说，这是最可怕的折磨。生病的女人们猜到了可能面临的命运，有些绝望地试图躲藏。但没有用。那一天，几百名犹太女人被判处死刑，赶上卡车。在毒气室旁，她们必须在光天化日之下脱个精光。和那些刚来奥斯维辛的犹太人不同，这些囚犯知道这间伪装成农舍的房子里将会发生什么。一些人安静地站在或坐在草地上，一些人则开始啜泣。在旁监视的党卫队官员中有约翰·保罗·克雷默医生，他后来作证说这些女人“向党卫队队员大声哭泣，请求饶过她们的性命。但所有人还是被赶进毒气室毒死了”。坐在自己的车里，克雷默听着尖叫声逐渐平息。几个小时后，他在日记中记录了他与另一名奥斯维辛医生的对话：“（海因茨医生）蒂洛（Thilo Heinz）说我们今天是在世界的肛门，他说得真对啊。”[1]

可以想象58岁秃顶的克雷默医生对着这个词傻笑的表情（日记揭示了他粗鄙的幽默感）。但他也领会了蒂洛医生此话的深层含义。毕竟，克雷默从来没打算来奥斯维辛，也不想待在这里。作为明斯特大学的解剖学教授，他在暑期加入党卫队医疗服务。他在1942年8月底被意外地调到奥斯维辛几周，来代替一名生病的同事。在和蒂洛医生聊天的同一天，他在日记中

339 写道："这里没有任何可让人兴奋的地方。"每周几次的筛选和毒杀显然没能带给他什么满足感。[2] 更糟的是，克雷默医生不适应这里的天气。他抱怨这里的湿气和"大量的害虫"，包括旅店房间里的大量跳蚤。除此之外，还有"奥斯维辛病"。刚来没几天，克雷默就被病毒性胃病击倒，之后还反复发作过几次。但他真正担心的是其他疾病，这种担心也是有道理的。当年早些时候，一名奥斯维辛党卫队的医生死于斑疹伤寒。1942 年 10 月，克雷默驻扎在集中营期间，党卫队在 10 天内发现有 13 名队员患上了斑疹伤寒，其中包括主管农业的约阿希姆·凯撒，这病刚刚夺去了他妻子的性命（凯撒最终康复，并在一年后娶了他的实验室助理，结婚地点就在奥斯维辛集中营的登记处）。[3] 东部占领区内其他集中营的状况也不好。马伊达内克集中营的女守卫们经常因为传染病出入医院。党卫队队员们对原始的卫生条件感到恶心，也担心自己会被囚犯们传染，这种忧虑加重了他们的暴力倾向。[4]

与此同时，党卫队队员们也发现了东部的好处。比如克雷默医生就充分利用了这段在奥斯维辛意外任职的时间。营内恐怖的工作并没有影响他对户外的热爱。闲暇之余，他和其他党卫队队员在酒店晒日光浴，还骑自行车游览了党卫队控制的巨大领地，惊叹于"绝美的秋日胜景"。作为一个老饕，克雷姆在党卫队食堂大快朵颐，并在日记中尽职尽责地记录了吃到的各种美食，从鹅肝和烤兔肉到"完美无瑕的香草冰激凌"。他也很享受集中营内的娱乐。9 月的一个星期天下午，他欣赏了一场由囚犯管弦乐队演奏的音乐会，他也很喜欢晚上定期的各种余兴表演，有时还能喝到免费啤酒。克雷默尤其喜欢看小狗跳舞和一群可以按照命令啼叫的小母鸡。其他时间里，克雷默和同事一起联络感情。1942 年 11 月 8 日，他在比克瑙毒气室外度过了一个下午，监督处死了大约一千名刚从比亚韦斯托克（Bialystok）犹太人聚居区送来的男女老幼。之后的傍晚，他和党卫队首席医师爱德华·维尔茨（Eduard Wirths）医生一起品尝了保加利亚的红酒和克罗地亚的李子杜松子酒。除了吃喝玩乐，克雷默还抽出时间进行专业研究。他很高兴自己有机会拿到“新鲜的人体肝脏和脾脏”，以研究饥饿对人体器官的影响。克雷默后来还就这个主题在一份医学期刊上发表了论文。[5]

但对克雷默来说，在奥斯维辛的短暂经历给他带来的更多 340
是经济上的好处。遇害犹太人的行李堆满了整个集中营，像克雷默这样腐败的党卫队队员随心所欲地取用。了解其中的伎俩后，他尽可能多地从车站旁边的储藏室里搜罗财物，一共给家里寄了五个鼓鼓囊囊的大包裹，其中有香皂、牙膏、眼镜、钢笔、香水和手袋，以及其他各种各样的东西，总价值达到 1400 德国马克。仅仅五周，官任三级突击中队长的克雷默偷走的物品已经抵得上他这个级别的官员半年多的薪水。[6] 无论在奥斯维辛还是其他集中营，许多集中营党卫队官员都这么干。最终腐败情况太严重，以至于警方派了一支特别工作组到集中营。在奥斯维辛，1943 年的一次事件触发了调查。一名党卫队队员给妻子寄的包裹出奇地重，心存疑惑的海关官员打开后发现，包里有两个大金块，每块都有两个拳头这么大，是由被杀囚犯口中的金牙熔成的。[7]

这时，奥斯维辛已经成了集中营系统的中心，就像战前的达豪集中营和战争初期的萨克森豪森集中营。不仅奥斯维辛集中营发生了天翻地覆的变化，其他集中营也一样。到处都是饥饿、虐待、筛选和大规模谋杀。但这一切在奥斯维辛更极端。

这里的囚犯和员工比任何一座集中营都多。对犹太人的大规模遣送使得奥斯维辛迅速壮大，自成一家。1942 年 9 月间，所有集中营的日均关押囚犯人数是 11 万人。其中估计有 3.4 万名囚犯关押在奥斯维辛，大约 60% 是犹太人。多达 2000 名奥斯维辛党卫队员工管理着这些囚犯。正如我们将看到的那样，这些官员里许多人像克雷默医生一样，对在东方的生活充满矛盾。[8]

当我们查看囚犯死亡率时，奥斯维辛的阴影显得更加巨大。根据党卫队的秘密数据，1942 年 8 月有 12832 名登记过的囚犯在集中营内死亡，其中几乎三分之二的人（6829 名男人和 1525 名女人）死在奥斯维辛（不包括这个月内大约有 35000 名未经登记、甫到奥斯维辛便被筛选送进毒气室的犹太人）。[9]1942 ~ 1943 年，总共约有 15 万登记囚犯在奥斯维辛死去（同样不包括一来便被屠杀的犹太人）。[10]他们的死亡被记录在各种官方文件上，死因大多都是虚构的。不过很少有像格哈德·波尔（Gerhard Pohl）这么离谱的，记录显示 3 岁的他因为“年老”于 1943 年 5 月 10 日在奥斯维辛集中营内死亡。[11]一些表格长达 20 页，囚犯书记员必须夜以继日地赶进度。同时，奥斯维辛医
342 生也抱怨说不停签署死亡证明让他们的手抽筋。为了省事，医生们特地制作了自己的签名章。[12]

海因里希·希姆莱和奥斯瓦尔德·波尔均对奥斯维辛非常感兴趣，这里是他们最大的死亡营，也是最佳的强制劳动中心。1940 年刚建成时，指挥官霍斯还要到处寻找废弃的铁丝网。但如今，他的上级们把大笔的资金和大量珍贵的物资投给这座东方的旗舰营。霍斯后来吹嘘说：“我恐怕是整个党卫队唯一获得全权委托，可以随心所欲给奥斯维辛购买一切所需物资的官员。”[13]如果把早期集中营比作小城市的话，那奥斯维辛就是大

都市。到1943年8月，这里关押了7.4万名囚犯，当时整个集中营系统关押的在册囚犯也不过22.4万人。[14]鉴于奥斯维辛营区的巨大规模，波尔在1943年11月将其分割成三个主营，每个营区都有自己的指挥官。奥斯维辛Ⅰ号是原先的主营，由资历最深的本地党卫队官员负责（他还对整个营区负责）；奥斯维辛Ⅱ号是比克瑙营区（这里有毒气室）；奥斯维辛Ⅲ号则包括散落在西里西亚东部的一些小型卫星营（1944年春天时共有14座），其中最重要的莫过于莫诺维茨集中营。[15]

我们会看到，巨大的奥斯维辛营区内各个区域的条件存在差异，正如在1942~1943年，分布在东欧占领区的其他集中营条件也不尽相同。一名奥斯维辛囚犯描述自己在1943年夏天从主营被转到比克瑙的感觉，就像从大城市到了乡下，所有人的穿着破旧寒酸。另一名囚犯的描述更鲜明：奥斯维辛主营有砖房、盥洗室和饮用水，跟比克瑙地狱般的环境比起来就是天堂。[16]虽然条件有区别，但东欧占领区内所有集中营的终极目标都一样。登记在册的犹太囚犯——那些被选作奴工而不是立即处死的人——都不应该长期存活。

东方的犹太囚犯

从纳粹集中营被解放一年多之后，内哈马·爱泼斯坦-科兹洛夫斯基（Nechamah Epstein - Kozlowski）和新婚丈夫生活在意大利科莫湖附近的一座城堡里，犹太人在这里建立了一间合作社，焦急地等着搬到巴勒斯坦。也是在这里，1946年8月31日，这位怀上第一胎的23岁波兰女人同来到欧洲采访这些难民的美国心理医生大卫·博德（David Boder）进行了一次交谈。钢丝录音机记录了这次对话，博德记录道，在访谈开始前爱泼 343

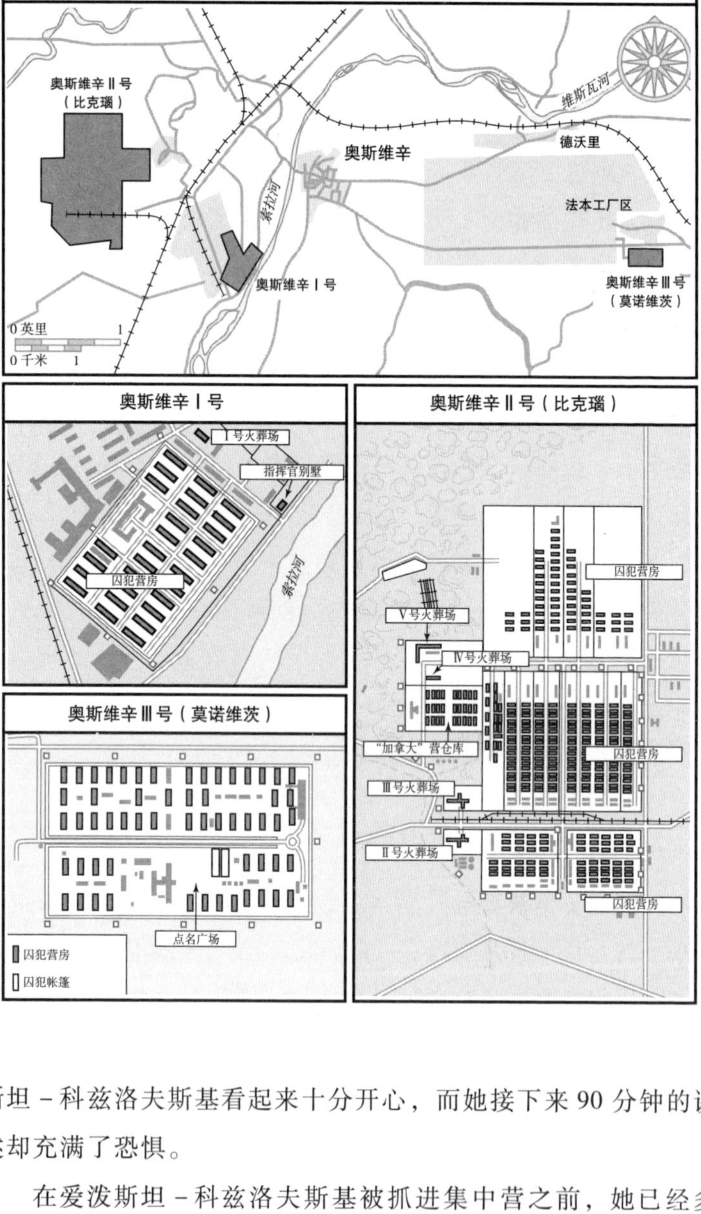

示意图5　约1944年，奥斯维辛集中营综合营区

斯坦－科兹洛夫斯基看起来十分开心，而她接下来90分钟的讲述却充满了恐惧。

在爱泼斯坦－科兹洛夫斯基被抓进集中营之前，她已经多次从死神手中逃脱。她曾经从一辆开往死亡营的火车上逃走，在华沙和缅济热茨的犹太人聚居区中活了下来。到 1943 年春天时，她所有的家人都被杀了，她被关进马伊达内克集中营，开始了为期两年的集中营历险。她先被转到奥斯维辛，然后回到马伊达内克，再转去普拉绍夫，再回到奥斯维辛，接着转去贝尔根 - 贝尔森，还有布痕瓦尔德的卫星营阿舍斯莱本（Aschersleben）。最后经过两周的死亡行军，她来到泰雷津的犹太人聚居区，1945 年 5 月 8 日，她在那里被解放。

当爱泼斯坦 - 科兹洛夫斯基于 1943 年 6 月 26 日第一次来到比克瑙集中营时，和她同行的还有其他 625 名从马伊达内克来的女囚，她们被分配到一支被称为死亡队的道路施工突击队。她回忆说，一个月之内就有 150 个女人死亡。而剩下的大多数人则在后来被谋杀。爱泼斯坦 - 科兹洛夫斯基自己逃过了几次这样的筛选，其中有三次是在比克瑙的医务室中，她当时因为痢疾神志不清，躲在了非犹太人的房间里。犹太小孩最容易被选中，但在 1944 年的几个月里，爱泼斯坦 - 科兹洛夫斯基保护了一个名叫柴科勒·瓦塞尔曼（Chaykele Wasserman）的八岁孤儿。“那个孩子跟我非常亲。我很爱她。我走到哪里这孩子便跟到哪里。”在普拉绍夫时，柴科勒藏在厕所里逃过了筛选，之后也活着迁到了奥斯维辛。但当爱泼斯坦 - 科兹洛夫斯基被选中遣送到贝尔根 - 贝尔森时，她们最终不得不分开：“那孩子哭得很厉害。当她看到我被带走时，她哭喊说：‘你要离开我了，现在谁来当我妈妈啊？’但，哎，我一点办法也没有……我哭得很厉害，孩子也哭。之后我离开孩子走了。”[17] 柴科勒可能在战争结束前就死了，就像奥斯维辛的大部分孩子一样。同样，内哈马·爱泼斯坦 - 科兹洛夫斯基的经历也是大屠杀时期许多东欧犹太大人的经历，他们面对着可怕的劳动、暴力和不间断的筛选。但从另一方面来说，她的命运与众不同——她活了下来。

法本公司的奴隶

历史学家长久以来一直认为大屠杀突出反映了纳粹主义核
344 心的一个鲜明矛盾：虽然德国的战争机器急需劳动力，但纳粹政权仍然对欧洲犹太人赶尽杀绝。[18]在纳粹强硬派眼中，并不存在矛盾。经济与灭绝是一枚硬币的两面，两者都是胜利的基础。赢得战争需要无情地消灭所有潜在的威胁，也需要调动所有剩余的资源。对于可以工作的犹太人，官方将两者合二为一，形成了“劳动灭绝”的政策。强制劳动对被选中的犹太人来说意味着暂时的生存；可在党卫队眼中，这些还能动的男男女女几乎已经是死人了。[19]

东欧占领区内各个集中营的劳动情况千差万别。有时，劳动只是为了让囚犯受苦，马伊达内克集中营就是一个突出的例子。[20]更常见的情况是，官方的目标不仅包括要囚犯们遭罪，还有其他内容。在致命的新营建设，以及后续的扩张和维护阶段，都少不了对犹太囚犯的剥削压榨。在奥斯维辛集中营，一半的女囚犯是为集中营本身劳作。[21]除此之外，囚犯们还为党卫队企业、私企和纳粹政府工作。奴工的生活取决于许多变量，比如工作的种类、工作量、工作队的监督（很少有囚犯长期待在同一支工作队，他们经常流动，而且地点随机变化）。但集中营里的大部分犹太劳工面临着相同的威胁——劳动和死亡。

在德沃里附近的法本工厂，这一政策被贯彻得最为彻底。普里莫·莱维写道，这里唯一的活物只有“机器和奴隶——而前者比后者看起来更有生气”。奥斯维辛的犯人自 1941 年春天起就在这里劳动。起初，他们仍然要在 4 英里外的主营中睡觉，所以每天必须在泥泞的道路上往返几个小时（后来改坐火车）。法本公司的经理们抱怨，这种精疲力竭的长途跋涉使得囚犯们产量低下，因此要求在工厂旁边建一座卫星营。党卫队官员一番犹豫之后便同意了，这也是因为党卫队经济与管理部越来越强调产量。莫诺维茨集中营（又称布纳集中营）的建设从 1942 年夏天开始，于 1942 年 10 月底完工，采用党卫队标准的集中营模式。这座集中营建在莫诺维茨村的废墟上，建设成本为 500 万德国马克；法本公司负责提供建设资金，并且同意提供物资补给和医疗服务。党卫队则负责管理营内外的囚犯。

新成立的莫诺维茨集中营属于更大一片园区的一部分。法本公司巨大的建设工业区里有 8 个辖区，莫诺维茨只是其中之一。1942 年 11 月，整个工业区一共有约 2 万名工人。其中一些 345
人，比如德国公民，享受相对良好的待遇。而其他的人，比如来自苏联的工人（无论是战俘还是其他人）则会遭受压榨。但在集中营，德沃里一带唯一一处由党卫队运营的辖区，情况最为糟糕。“我们是奴隶中的奴隶，”普里莫·莱维写道，“谁都可以命令我们。”随着大批囚犯从奥斯维辛主营来到这里，这座新集中营迅速壮大。1943 年初，这里已经有 3750 名囚犯，一年后增长到约 7000 人。其中绝大多数都是犹太人，大约占到 90%。[22]

莫诺维茨集中营由法本公司倡议建立，主要是为了满足这个工业巨头对劳动力的渴求。工业区内的工作被缩减到最少，约有五分之四的囚犯被派到外面的建设工地劳动，普里莫·莱维形容是“由钢铁、混凝土、污泥和烟雾交织成的混沌世界”。绝大部分囚犯被编入施工队没日没夜地劳动，很多时候没有手套、工作服和其他保护措施，即使在冬天也是一样。囚犯们立起巨大的混凝土板，将砖头、木材和铁管从工地的一头搬到另一头。所有工作队中最恐怖的是水泥队——“名副其实的谋杀队”，一名幸存者这样说。水泥队的囚犯必须从火车上取下水泥袋，将它背在背上跑到库房。水泥袋大概有 110 磅重，比许多囚犯都要沉。在管理者眼中，这些劳动队中的人可以被随意替换，几乎毫无价值。只有少数经过训练、岗位吃香的囚犯能够享受较好的待遇；比如塞勒姆·肖特就凭借着自己的机修手艺活了下来，直到 1944 年 8 月从集中营逃脱。但在莫诺维茨集中营，即使像他这样有一技之长的囚犯也通常要面对繁重的劳动。加入一支化学家小队之后，普里莫·莱维必须搬运沉重的装着苯基 β 的口袋。他一度担心“我们的力气终将消耗殆尽”。直到奥斯维辛解放前的最后几周，他才真正开始在实验室中工作。[23]

对囚犯的普遍鄙夷造成了莫诺维茨集中营内恶劣的生存环境。这里人满为患，250 多人挤进了原本设计容纳 55 名工人的营房。营房中同样多的还有泥土和疾病。党卫队逮住任何可能的机会让苦难加倍。比如犹太囚犯（只有犹太囚犯）在工作前必须把皮鞋换成不合脚的木屐，很快他们的脚上便伤痕累累。最磨人的是饥饿，就像莱维写的：“自由人不明白长期饥饿的滋味，这感觉充满肢体，使人不能安眠。”党卫队每日提供的口粮少得可怜，据一名囚犯说，法本公司给囚犯们额外提供的所谓
346 布纳汤里面有泥土和“从来没见过的植物”。饥饿与精疲力竭的劳动使人急剧消瘦，囚犯们平均每周掉 4 ~ 9 磅。囚犯医生贝特霍尔德·爱泼斯坦（Berthold Epstein）在 1945 年 4 月作证说，在法本工厂工作 3 ~ 4 个月之后，“大部分囚犯因为力竭和

过度劳累死亡”。3.5 万名被送去莫诺维茨的囚犯中，总计约有 2.5 万人死亡。[24]

暴力虐待加速了他们的死亡。莫诺维茨一名带头的看守是伯恩哈德·雷克斯（Bernhard Rakers），他是一名凶残的党卫队老兵（1934 年便签约加入）。雷克斯的暴力记录很长，虽然囚犯们尽力不去招惹这位“布纳的狮子”，但他的暴行依然每天不断。[25]除此之外还有莫诺维茨的审头们。其中最臭名昭著的就是集中营审头约瑟夫·温德克（外号为“约普”，Josef “Jupp” Windeck），他是一个中年德国人，因为小罪被关进集中营。莫诺维茨开张的那天，他给集合的囚犯们训话。一名幸存者记得他这样说：“你们不是来这里玩的，你们很快就完了，所有人都会变成烟从烟囱冒出去。”温德克言出必行，他在集中营里总是穿着马靴，挥舞着皮鞭，将其他囚犯打得血肉模糊。[26]

劳动时折磨囚犯的一般是党卫队看守和审头。但在莫诺维茨集中营，法本公司的老爷们也有这种权力。为了尽可能压榨囚犯们的劳动力，公司主管们为虚弱的囚犯们定下了繁重的工作量和严苛的纪律。虽然首席工程师马克斯·福斯特（Max Faust）反对党卫队的一些做法，比如“在工地枪决囚犯或是将他们揍得半死”（他在 1943 年这样写道），但他仍然坚持要有“适度的惩罚措施”，这在实践中往往意味着更多的暴力行为，不是被审头和公司高管殴打就是被党卫队处以正式的鞭刑。[27]

法本公司是“劳动灭绝”政策的积极参与者。公司没有改善囚犯的待遇和对患病囚犯的治疗，而且得到了党卫队经济与管理部的保证，“所有虚弱的囚犯都将被遣送走”，由更适合工作的囚犯顶替。这便是莫诺维茨集中营常规筛选的出发点。集中营医务室中的筛选最为频繁，党卫队医生每周都会来这里

“腾床”（党卫队的说法）。医师们匆匆走过一间间病房，决定一个人的命运往往只需要几秒钟。他们挑出已经在医务室待了两周或三周的人，还有那些被认为不再适合工作的人。通过这种方式，数千名囚犯（几乎都是犹太人）在莫诺维茨医务室被
347 挑出来，送往比克瑙。[28]大多数人到那里后被直接送往焚化营区，正如一名前比克瑙分区主管在战后描述的，这些人中的大多数甚至在毒气释放前就“已经死了”。[29]

筛选

1942年底，在谈到为什么像奥斯维辛这样的集中营要进行筛选时，一名党卫队官员是这样总结的：“为了缓解集中营的压力，有必要尽快消灭那些傻瓜、白痴、残废和病人。”[30]此时，对于囚犯的筛选已经成了常态。但事情正在发生变化。随着经济压力越来越大，党卫队开始不情不愿地着手降低集中营系统中极高的死亡率（见第8章）。这其中就包括对筛选进行限制，至少在部分集中营里。[31]早在1942年12月，奥斯维辛营区负责人汉斯·奥迈尔就曾经跟一位同事抱怨说，现在禁止毒杀波兰的病弱囚犯了，这些人本应该“自然死亡”（原话如此）。[32]不过，禁令并不适用于登记的犹太囚犯。这种针对犹太人的死亡筛选仍然是东部占领区的集中营的一大特点。而在如奥斯维辛和马伊达内克这样同时有犹太人和非犹太人的集中营，党卫队现在开始进行区别对待。大多数登记过的囚犯可以逃脱注射死刑和毒气室，但无数生病、受伤和瘦弱的犹太人仍面临筛选之后的死亡。[33]

筛选并没有固定的形式，集中营党卫队会定期筛选，也会即兴而为，有时针对一大群人筛选，有时则针对单独的人。总

体来看，刚到集中营的一段时间最为危险。在奥斯维辛集中营，一些逃过在火车站最初筛选的囚犯很快就被判了死刑：当他们在集中营内脱光洗澡时，衣服下面的伤口和病症也随之暴露。[34] 更多的犹太人陆续到来，他们是从等待着更多新囚犯的检疫区中筛选出来的。作为党卫队消灭病弱囚犯的一部分，这种对新来囚犯的选择性谋杀逐渐成为整个集中营系统的通用做法。1942 年夏天，党卫队经济与管理部也参与其中，要求所有新囚犯在到达集中营后应该在单独的营区中隔离四星期；任何生病的人应该被移送到别处"特别对待"。[35] 东部占领区集中营的官员们将这项命令视为在检疫区进行屠杀的通行证。[36]

主营区内仍有许多针对犹太人的大规模筛选。比如在 1943 年的下半年，里加主营中每周至少会在点名时进行一次筛选。其中一名幸存者后来形容负责筛选的党卫队队员时说："他会把 348
看不顺眼的女人从队列里挑出来，还有戴眼镜的、脸上有斑的，甚至手指上有伤的，然后下令将她们处死。"洗澡时或是劳动前后还有更进一步的检查。[37] 党卫队的这种检查经常会变得稀奇古怪。波兰政治犯达努塔·梅德瑞克（Danuta Medryk）曾经几次目击过马伊达内克的筛选，他描述了犹太女人会掀起自己的裙子将大腿暴露出来，党卫队医生会将那些腿部流血浮肿的人挑出来。消瘦的臀部也被视为饥饿的表现。那些被选出的囚犯会撕掉自己的绷带，将头抬得尽可能高，甚至会朝刽子手们微笑，徒劳地希望能得到赦免。[38]

东欧集中营的条件往往使人无法逃离筛选和死亡。犹太囚犯在慢慢饿死；比如在科隆卡，每天的口粮是一片面包配一碗稀汤，面包还掺了一半沙子。除此之外还有难耐的口渴、磨人的劳动、极端的暴力和噩梦般的卫生条件。这样就不难理解为什么几万人在来到这里几周之后便成了活死人，成了筛选的首要目标。[39]

通常来说，党卫队反射性地将营内的肮脏和疾病归罪于囚犯。但东部集中营的情况实在太恶劣，甚至一些当地的官员都要求进行改进。1943 年 5 月在与党卫队建设办主任卡姆勒的一次会谈中，奥斯维辛指挥官霍斯和他的首席医师维尔茨就抱怨说比克瑙（此时仍没有中央供水系统）的情况太悲惨，连最基本的卫生和医疗标准都达不到。霍斯并非突然良心发现，而是有着更实际的考虑。从他的角度来说，许多囚犯的死法错了，他们应该被剥削死而不是病死，现在这样造成了“劳动力的极大浪费”。[40]在条件得到改善之前，地方党卫队官员们将这种谋杀性的筛选作为防止自己和家人染上传染病的有效方式。霍斯就同手下们说，毒杀病弱犹太人是阻止疾病传播的有效手段。通过这种方式，地方党卫队官员将屠杀合理化，将其视作控制疾病传播、保护自己的手段。这使得纳粹基层的恐怖行动进一步升级。[41]

事实上，正是党卫队的筛选帮助扩散了传染病，因为病人更加不敢向医生报告病情。大部分犹太犯人都知道会在病人中进行筛选。在奥斯维辛集中营，第一次筛选就是在囚犯被医务室接收之后进行的，那些被判定为太虚弱或是病得太重不能复原的人会被隔离处死。[42]而对于其他人来说，医务室里地狱般的
349 条件使他们康复的希望变得非常渺茫。曾是医生的法国囚犯西玛·魏斯曼（Sima Vaisman）这样形容她对 1944 年初比克瑙女子营医务室的第一印象：“到处是尸体和粪便的臭气……那些身染重病、骨瘦如柴的人全身几乎长满了疥疮、脓疮，正被虱子慢慢蚕食。所有人都赤身裸体，在肮脏的毯子下冻得瑟瑟发

抖。”[43]医务室对大多数犹太囚犯来说意味着死亡。请求进入医务室是最后不得已的手段，要冒极大的风险。就像俄罗斯轮盘赌的游戏一样，只不过手枪弹夹中并不只有一颗子弹，而是几乎填满了弹药。

在医务室的员工中，低级别的党卫队官员，也就是所谓的党卫队护理员（Sanitätsdienstgrade）在筛选中起到了重要的作用，往往还会因谋杀得到表彰。[44]这其中的一员就是二级小队长海因茨·维斯纳（Heinz Wisner）。维斯纳于 1916 年出生于但泽，是一名热切的纳粹分子。他当过几年航运书记员，后来在战争期间作为实习医生全职加入党卫队。1943 年夏天，他从弗洛森比格集中营调到了里加集中营主营，他在那里成了男女医务室的主管。[45]年老的集中营医生爱德华·克雷布斯巴赫（Eduard Krebsbach）只会偶尔出现。维斯纳和他不同，每周不止一次地巡营。维斯纳在制服外面穿上白大褂，看起来像个医生。他将军事纪律推行到了变态的程度，他在逐一查床时甚至要求那些半死不活的病人也要躺得笔直。做出决定之后，他往往会在即将被杀的人的床架上画一个大大的“X”。这些囚犯要么被射杀在附近的森林中，要么在自己的床上被注射毒剂（里加集中营并没有毒气室）。虽然他通常把注射的工作留给囚犯医生，但维斯纳在集中营中还是被称为“带针管的男人”。[46]

当然，死亡在任何时候、任何地点都可能降临，并不只在筛选之后，这是犹太囚犯头顶散之不去的阴影。一名波兰犹太囚犯写道，1942 年底来到比克瑙集中营时，别人告诉他的第一件事就是没有人能在集中营里活过三个星期。[47]大家对尸体习以为常——床上、厕所中、卡车上、工地上都是。同样习以为常的还有火葬场不断冒出的黑烟。雷纳特·拉斯克－阿莱

（Renate Lasker - Allais）是一名年轻的德国犹太人，1943 年底被送进比克瑙，他常常因为空气中焚烧尸体的臭味而呕吐。[48] 虽然大多数犹太囚犯仍然抱有生还的希望，但他们也明白最终只有极少数人能活着出去。囚犯们甚至开始猜测党卫队各种杀人方式的好坏：在毒气室中多久才会窒息而死？注射死刑有多痛苦？脑袋上挨一枪来得更痛快，还是在医务室中病死更好？[49]

350 奥斯维辛特别工作队

在普里莫·莱维的眼中，奥斯维辛特别工作队的诞生是“国家社会主义十恶不赦的罪孽”。[50] 这个由囚犯组成的队伍负责引导即将处决的囚犯进毒气室，火化他们的尸体，收拾他们的残骸。迫使囚犯协助党卫队行凶并不是什么新鲜事，越是繁重肮脏的工作，集中营党卫队越愿意留给囚犯去做。这条规律也适用于火葬场。比如在达豪集中营，火化工作队是由德国、俄罗斯和犹太囚犯组成的。他们中的一些人还要做焚烧尸体之外的工作。1944 年初，德国囚犯埃米尔·马尔（Emil Mahl）加入达豪的工作队后不久便被强迫参与处决。“作为一具行尸走肉，我不得不做一些可怕的事。”马尔后来作证说。[51]

但没什么比得上奥斯维辛的特别工作队。最开始只有少数几名囚犯在奥斯维辛的老火葬场工作。但自 1942 年奥斯维辛成为死亡营之后，党卫队在比克瑙杀人营区成立了大型永久性的囚犯工作队。这些人的工作暂时能让他们自己免于处决，但通常也不会持续太久。虽然党卫队并不会定期杀死特别工作队的全部囚犯（就像一些幸存者和历史学家暗示的那样），但筛选仍然照常进行。病弱的囚犯会被送去医务室注射毒剂杀死，有时一周达到 20 人，甚至更多。而且，当来到这里的遣送列车比较少时，党卫队还时常杀死一定比例的囚犯，以减少特别工作队的规模。最终，只有很少的人从1942年活到了1945年，其中就包括我们之前提到的什洛莫·德拉贡和亚伯拉罕·德拉贡兄弟。

总共有超过2200名囚犯曾被迫加入奥斯维辛特别工作队。工作队由一些德国人和波兰人主管，比如审头长奥古斯特·布吕克（August Brück）。布吕克是一名佩戴绿色三角的德国囚犯，他从1940年起在布痕瓦尔德火葬场工作，直到1943年3月被党卫队调到奥斯维辛新近完工的比克瑙火葬场，监督那里的特别工作队。和其他管理者不同，奥古斯特审头（许多囚犯都这么称呼他）是一个正派的人（不过奥古斯特作为囚犯领导所享有的种种特权并没有让他活下来，1943年12月底，他因感染斑疹伤寒死亡）。而特别工作队其他人几乎全部是犹太犯人。他们和集中营其他囚犯不住在一起，一开始是在比克瑙的一片隔离的营区，之后在1944年初夏直接搬到了火葬场区之中。跟集中营里其他犹太人一样，他们的教育、信仰、年龄等各方面背 351
景都十分不同，最老的已经50多岁，最小的还不到20岁，来自十几个不同的国家，有时会根据国籍形成松散的小团体。因为文化和语言上的隔阂，他们交流起来十分困难，尤其是那些既不说意第绪语也不说德语的人（这两种是特别工作队主要通用的语言），比如希腊犹太人。[52]

也许是命运可笑的安排，大屠杀期间离地狱最近的犹太囚犯反而有最好的生活条件。回想起1944年11月初在特别工作队的生活，43岁的波兰犹太人哈伊姆·赫尔曼（Chaim Herman）在一封给妻子和女儿的密信中说，像他这样的囚犯除了没有自由几乎拥有一切：“我穿得很好，住得很好，吃得很好，现在身体十分健康。”（这封信没能送到她们手中，赫尔曼在三周后被党卫队处死了。）[53]特别工作队的囚犯可以随意取用被送进毒气室里的人留下的财物。他们穿着暖和的衣服和干净的内衣裤，很少忍饥挨饿。在死人身上，他们不仅找到了咖啡和香烟，还有来自全欧洲的美食：希腊的橄榄、荷兰的奶酪、匈牙利的鹅肉。[54]跟奥斯维辛其他犹太囚犯不同，特别工作队的囚犯可以在他们的生活区里自由行动。搬到位于Ⅱ号火葬场和Ⅲ号火葬场的宿舍之后，他们有了暖气、自来水和厕所，这是集中营里其他犹太囚犯想也不敢想的奢侈品。他们用死者的财物把住处装饰一新：餐桌上有瓷盘子和桌布，卧室中有舒服的床具和毯子。[55]

因为一起在“死亡工厂”中并肩工作，特别工作队和党卫队形成了一种特殊的关系。囚犯们仍然十分害怕党卫队，他们也确实有害怕的理由。但因为有了私交，所以也少了许多暴力。对党卫队来说，他们不再是千人一面的囚犯，而是有名有姓的人。有时在星期天，当他们都下班之后，看守们甚至会和囚犯在火葬场旁边踢足球。其他党卫队队员和囚犯一起作为观众鼓掌喝彩，普里莫·莱维写道：“感觉比赛不是在地狱门口进行，而是在乡村的绿色草场上。”[56]

跟党卫队的这种亲密关系使奥斯维辛里其他的犹太人对特别工作队心存鄙夷。通过非犹太审头传播的细节，比如谁住在舒适的营房，特别工作队的作用变得众所周知，有关特别工作队凶恶对待死囚的传闻也不绝于耳。[57]还有传言称党卫队只会选择最暴力的罪犯进入特别工作队。两名来自斯洛伐克的犹太人在1944年很好地总结了对特别工作队的敌意：其他人对特别工作队的成员避而远之，因为他们身上“臭气熏天”，“人也完全堕落，变得无比凶残和无情”。[58]即使是那些将死的人，在去毒气室的路上也会将特别工作队称作“犹太刽子手”。[59]而队员们也自知声名狼藉。当菲利普·米勒在比克瑙营区见到自己的父亲时，他感到极其羞耻，不敢跟父亲坦白自己是特别工作队的一员。[60]这种耻辱感在解放后一直持续，甚至直到今天仍没有消失。[61]

但我们一定要记住，特别工作队的队员们是被关在党卫队打造的地狱中。他们没有人是自愿加入的，许多人（一开始）也无法接受。“我觉得我快疯了。”一名幸存者回忆说。起初，他们像机器人一样麻木地工作。波兰学生扎尔门·雷文塔尔（Salmen Lewental）和家人一起于 1942 年 12 月来到奥斯维辛。他在 1944 年秋天将一份秘密文件装进罐子，埋在了Ⅲ号火葬场附近，他在里面写道，进入特别工作队的第一天，“我们中没有人是完全清醒的”。[62]

被选中进入特别工作队的人很快就明白，摆在面前的只有两条路——服从或者死亡。少数人选择了自杀。还有一些人因为反抗被杀。1943 年的某天，五名犹太囚犯在火葬场工作第一天之后集体告病假，党卫队直接把他们全杀了。即使很小的错误也能招来杀身之祸，至少一名囚犯“牙医”因为漏看了一名死者口中的金牙而被党卫队以蓄意破坏的名义活活烧死。[63]大多数囚犯为了活下去选择顺从，至少暂时活下去。扎尔门·雷文塔尔在秘密笔记中通过呐喊，记录了特别工作队的痛苦：“真相就是人想要不惜任何代价活下去，人希望活着，因为人是活着的，因为世界是活着的。”[64]

对于奥斯维辛的囚犯来说，在比克瑙特别工作队中生活是一个无奈的“没有选择的选择”。[65]在死人堆里算什么生活？一些人习惯了苦难，变得麻木不仁、冷酷无情，只关注物质享受。其他人则感觉每天灵魂都在被腐蚀，不得不用酒精麻痹自己。不仅仅是大规模谋杀的恐怖场面——那些哀求、尖叫、尸体和血——在他们的脑海里挥之不去，还有深深的负罪感。用普里莫·莱维的话说，他们就连“最后一点良知的慰藉”也被党卫队夺走了。[66]但工作队中也有勇敢和善良的行动。知道自己活不长久，特别工作队中的几名囚犯将亲眼看见的罪行记录了下来，他们知道不会有其他囚犯能够像自己一样接近纳粹罪恶的中心。写下这样的秘密记录需要勇气、团队协作和机警。囚犯们觉得自己所冒的险是值得的，他们是在为后世留下声音。解放之后，在比克瑙杀人营区的地下挖出了 9 份不同的文件。其中一份文件的作者是最后少数几名幸存的特别工作队成员之一。不过他的身份一直没有曝光。这份文件是他在 1944 年 11 月 26 日写下
353 的。他自认时日无多，将最后一份笔记同之前藏在盒子和器皿里的几份文件一样，埋在Ⅱ号火葬场、Ⅲ号火葬场附近。在笔记的最后，他写下了最后一个请求：“我请求你们将所有材料编撰成册出版，书名就叫《于罪恶的梦魇中》。”[67]

女人和男人

种族大屠杀期间，女人从集中营体系的边缘来到了核心。多年以来，女性囚犯的数量都是微不足道的。但自从 1942 年纳粹决定在东欧占领区利用集中营来“劳动灭绝”犹太人，而不论他们的性别，一切都改变了。在马伊达内克，犹太女人在 1943 年春天占了囚犯总人数的三分之一。[68]在奥斯维辛，囚犯男女比例自 1943 年底起低于了 2∶1；其中大部分女囚犯是犹太人。[69]在拉文斯布吕克，党卫队最残酷的暴行起初并不会落在女

性头上。但在东欧完全不同。自从女囚们 1942 年春天首次踏入奥斯维辛开始，就要面对糟糕的生活条件、毁灭性的劳动和极端的暴力。党卫队的官方数据验证了这一可怕的事实。1943 年 7 月，奥斯维辛登记的女性囚犯的死亡率是拉文斯布吕克的 20 倍，[70]总计约有 5.4 万名登记的女囚在 1942 ~ 1943 年死去。[71]

党卫队掌控的所有女性犯人中，犹太女人的处境最危险。在东欧集中营内，她们的死亡率几乎和犹太男人相同。[72]事实上，如果算上未经登记便被处死的人，死亡率会更高（比起犹太男人，更多的犹太女人一到集中营便被挑出来即刻处决）。总体上，女性免于集中营党卫队暴力的好日子在 1942 ~ 1943 年结束了，至少在东欧集中营是这样。但这也不意味着她们的遭遇和犹太男人完全一样。很多性别差异仍然存在，而且具有了新的意义，比如怀孕。

以前，囚犯有了身孕对集中营党卫队来说不值一提。因为女囚的总体数量相对较少，还有不许将怀孕的女人送进监狱和集中营的禁令（至少在纸面上如此）。[73]但随着战争的持续，这项禁令成了一纸空文，尤其是在大屠杀期间的大规模遣送：纳 354
粹的最终解决方案针对的是所有犹太人。在奥斯维辛，已经显怀的犹太女人一到集中营便被选出来送去毒气室。少数人在站台就遭遇了虐打，比如 1943 年夏天一个希腊女人被党卫队狠狠踢了肚子，当即流产。[74]而那些登记成为奴工，后来被发现怀孕的犹太女人也通常会被送入毒气室，无论是生产前还是生产后，她们新生的孩子也会被杀死。“犹太小孩会被直接消灭。”前比克瑙集中营营区负责人约翰·施瓦茨胡伯（Johann Schwarzhuber）在战后承认说。东部其他集中营也是一样，营内的新生儿会被杀死。在里加集中营，党卫队队员甚至在防腐液中保存了一些婴儿的尸体。与此同时，在死产或是由囚犯医生秘密堕胎之后，一些母亲得以返回工作岗位。[75]在奥斯维辛，囚犯医生和护理员甚至联手杀死新生儿，以挽救母亲的生命。“就这样，德国人让我们也成了杀人犯，”曾在比克瑙医务室工作的奥尔加·伦杰尔在战后写道，“直到今天，我仍然不能忘记这些婴儿被杀的画面。”[76]

当听说要新建女性营区时，奥斯维辛的许多男性囚犯觉得难以置信。[77]但男女囚犯之间依然很少接触，至少在奥斯维辛－比克瑙集中营是这样，这里的囚犯严格按照性别划分隔离。[78]大多数时候，与异性的接触只限于远远的一瞥，看到的景象也只会让人觉得可怕可怜。党卫队通过除去男性和女性的特征来显示自己的权威。男女都被剃了光头，饿得皮包骨。同时，集中营里也没有镜子，以便让囚犯们忘却自己的性别，忘记自己是人。[79]有时，男女囚犯得以在铁丝网两侧简单地交谈几句，或者扔一些食物给对面。一些夫妇甚至还可以通过信件联络，传信的是集中营的平民职工或是非犹太囚犯。但这种联系非常少。没有能力做一个男人应该做的——帮助女性朋友和亲人——使犹太男人们非常气愤。[80]

而 1943～1944 年在东欧新建的集中营和卫星营中，情况则有所不同。犹太囚犯在这些地方通常也会按照性别分开，住在不同的营区和营房中。但这些集中营的布局很难实现完全隔离。男女犯人间这种更为紧密的接触也反映出这些集中营是由原来的犹太人聚居区或劳动营改建而来的。比如在普拉绍夫集中营，男女犯人仍然可以穿过隔离男女营区的大门，在傍晚会面。在
355 其他地方，男女可以在同一个劳动队中劳动。[81]党卫队原本牢不可破的规矩在新建立的犹太人集中营中再次被打破了。

男女同营使淫秽的故事同时在囚犯和党卫队队员中滋生。[82] 战后，这种对集中营内性生活的执迷更进一步，产生了一批以虐待为主题的色情作品。20 世纪 70 年代，当一大批施虐和受虐主题的电影问世后，普里莫·莱维恳求说："所有的电影制片人，请你们把脏手从女子集中营拿开。"[83] 事实上，只有少数特权囚犯才能享受性生活。大屠杀期间，性生活在犹太人短暂的生命中只占很少的部分，甚至根本没有：饥饿在杀死这些囚犯之前先杀死了他们的性冲动。[84] 一名 1942 年来到奥斯维辛的奥地利犹太人回忆说，他的性需求直接消失了。[85] 大部分女囚犯也有相同的经历。1944 年从匈牙利遣送来奥斯维辛的一名犹太女教师在日记中称自己"已经没有性别了"（对许多年轻女人来说，这种感觉更强烈，因为她们到集中营后就不再来月经了）。[86] 任何切实发生的性接触往往伴随着压榨和强迫，至少对于犹太囚犯是这样。性交大多是为了生存，囚犯们做出与特权囚犯（大部分不是犹太人）发生性关系的现实决定，以换取食物和衣服之类的必需品。[87] 一名幸存者回忆说，这里男人给女人的不是花，而是人造黄油。就这样，性成了集中营欣欣向荣的地下市场中的另一件商品。[88]

孩子

很多人说大屠杀是史无前例的，因为纳粹的目的是要灭绝一个种族，用埃利·维泽尔（Elie Wiesel）的话说就是："一直杀到最后一个人为止。"[89] 大规模灭绝的计划意味着无数家庭被拖进党卫队集中营，刚进去便被拆散，几小时之内就被杀死，至少在奥斯维辛这样的死亡营是如此。幸存者需要承受双倍的痛苦。除了奥斯维辛本身对所有新到囚犯的冲击之外，他们很快得知自己的妻子、丈夫、母亲、父亲或是孩子已经死在附近的毒气室里。

1942 年底，比亚韦斯托克地区格罗德诺（Grodno）犹太人聚居地的扎尔门·格拉多夫斯基（Salmen Gradowski）被遣送到比克瑙集中营，他在集中营的初次筛选中幸存了下来。一到营房安顿好，他和其他刚来的人便开始向其他老囚犯打听自己家
356 人的下落：火车到站之后我们就分开了，他们会怎样？老囚犯们的回答既诚实又残酷，格拉多夫斯基在他埋在集中营地下的秘密笔记中记录了老囚犯的原话：“他们已经在天堂了。你的家人已经随着烟雾离开了。”奥斯维辛是一座灭绝营，老囚犯们告诉新囚犯，这里的第一条规矩就是“将失去家庭的悲痛抛在脑后”。[90]

许多新来的囚犯刚开始都会做同样的事——打听自己家人的下落，了解残酷的真相之后，他们的反应各不相同。一些人试着压抑自己的悲痛。1943 年 9 月，34 岁的荷兰犹太人埃利·科恩（Elie Cohen）医生从韦斯特博克集中营来到奥斯维辛。当他知道自己的妻子和儿子已经被杀死之后，他只是想要“坚持下去”——活下去（他后来如此写道）。[91]有的男人和女人则崩溃了。玛格达·泽丽科维茨（Magda Zelikovitz）还记得当自己知道 7 岁的儿子和妈妈以及其他所有家人都被毒杀后，她“完全疯掉了”（她当时刚刚和全家一起从布达佩斯遣送至此）：“我一点儿都不想活了。”其他囚犯几次拦住她不让她冲向电网。[92]

受奥斯维辛冲击最大的是那些忽然之间发现自己成为孤儿的孩子。虽然大部分犹太小孩一到这里便被处死，但在奥斯维辛和其他东部集中营内，仍有数千名孩子成为登记在册的囚犯。

1943 年 4 月，来自萨洛尼卡的阿尔贝特·亚伯拉罕·布顿（Albert Abraham Buton）和双亲在奥斯维辛火车站分离，这时他仅有 13 岁。他的双亲直接被带进了毒气室，留下他和他的兄弟。“我们吓傻了，无法思考，”他回忆说，“我们还理解不了发生了什么。”[93]随着越来越多像布顿一样的孩子登记成为囚犯（既有犹太人也有非犹太人），囚犯总体的平均年龄开始下降。面对这种情况，马伊达内克集中营官方设立了一个新的囚犯职位：除了营区长之外，现在新增加了一个集中营少年的职位，这名少年可以享受一些党卫队的特权。[94]

党卫队在一定程度上忽视了囚犯的年龄，强迫这些少年和成年人一样劳作。许多儿童也遭受了虐待、饥饿，和成年人一样要点名，忍受繁重的劳动。玛莎·罗尔尼凯特（Mascha Rolnikaite）当时只有 16 岁，她需要在斯特拉斯登霍夫集中营（Strasdenhof，里加集中营的一座卫星营）附近的工地上搬运沉重的石块，推运装满砂石的手推车。其他小孩则充当园丁和砌砖工。至于那些年纪太小干不了活儿的小孩，马伊达内克集中营要求他们绕圈走一整天。[95]儿童囚犯也难逃党卫队的殴打，有时也会被处罚
送进惩罚性质的劳动队。[96]一些孩子的命运更为悲惨。比如在瓦 357
伊瓦拉集中营的卫星营纳尔瓦（Narva），10 岁的莫德查吉（Mordchaj）在逃跑失败之后被一名党卫队突击队队长处以绞刑，以此警示其他囚犯（这名党卫队队员后来割断了绳子，莫德查吉最后活了下来）。[97]

筛选是常悬于头顶的一柄利剑，集中营的孩子非常明白这点。比克瑙检疫营的一次例行筛选过后，一位囚犯医生曾经和来自本津的小男孩尤雷克（Jurek）短暂交谈，这名小男孩刚刚被选中处死。当医生问他感觉怎么样时，小男孩回答说：“我不

害怕，这里的一切都这么可怕，天上的生活只可能更好。”[98]一些党卫队行动专门针对孩子。在马伊达内克集中营，犹太儿童和婴儿会被带到一间特别的营房，这里和女子营房之间用铁丝网隔开。每隔一段时间，党卫队队员就会清空这间营房，将所有孩子送进毒气室。一些小孩试图逃走，不过最后都被警犬找了出来。其他一些孩子则与看守抗争。“孩子们尖叫着不想去，”马伊达内克幸存者亨利卡·米特罗恩（Henrika Mitron）在战后作证说，“可最终还是都被拎走，扔到了卡车上。”[99]

集中营内没有天真可言。孩子们必须按照集中营的规则生活，有时不得不表现得像个大人。[100]恐怖甚至渗透到了他们平时玩的游戏之中，比如“脱帽子”和“点名”。在游戏中，大孩子扮演审头或是党卫队看守，追逐年纪小一些的孩子。在比克瑙集中营还有个游戏叫“毒气室”，不过没有小孩愿意假装自己死了。他们用石头来代表那些要死的人，把他们扔到水沟，也就是“毒气室”中，然后模仿这些受害者的尖叫声。[101]

没有小孩可以单凭自己活下来。偶尔，成年囚犯会试图保护那些和亲生父母分开的孩子，成为所谓的集中营父亲和母亲。“我们……被照顾得很好，”詹卡·阿夫拉姆（Janka Avram）是为数不多在普拉绍夫集中营幸存下来的犹太孩子之一，他回忆说，“因为死亡营中有几千名失去孩子的母亲，她们把我们当作自己的亲生孩子一般。”[102]通常情况下，孩子随亲生父母中的一位一起生活，不过他们的关系或多或少发生了改变。年纪小的孩子害怕和父母分离，而年纪大一些的则成长很快。他们父母的权威因为自身的无助和疾病受到破坏，孩子们有时会反过来承担保护者和养家的责任。[103]

除了马伊达内克之外，东部还有几座集中营设立了专门隔离犹太小孩的营房。[104]在瓦伊瓦拉，犹太小孩和病人一起被安置在埃雷达卫星营（Ereda）地势较低的区域。这里的环境非常可怕。建在湿地上的简陋木房无法遮风挡雨。冬天时房中尤其冷，在睡觉时囚犯的头发有时会和地面冻在一起。这些受苦的孩子 358
中包括一个五岁的小女孩，她和母亲在 1943 年夏天时从爱沙尼亚的维尔纳犹太人聚居区被送来这里。母亲被关在埃雷达卫星营地势较高的地方，离她不到 一英里。虽然党卫队明令禁止，但母亲仍然每天躲过看守来看望女儿。当女儿生重病时，母亲将她从儿童营区偷偷带了出来，藏在一个成人营房中。但是在一次死亡遣送的前一天，小女孩被集中营党卫队的领导发现了。“我哭了一整夜，”这位母亲后来写道，“我跪在他脚边，亲吻这个杀人犯的靴子，请他不要将孩子从我身边带走。但这一点儿用也没有。”第二天一早，这个女孩和其他几百个孩子一起被带走，几天后在奥斯维辛 - 比克瑙集中营被杀。[105]

离比克瑙灭绝区不远，在毒杀和焚化那些从埃雷达来的孩子的地方，存在着所有集中营里最特别的一个营区：所谓的家庭营，专门为从泰雷津聚居区遣送来的犹太家庭设立的一个特殊区域。泰雷津是捷克保护区内年长和受优待的犹太人聚居的地区，和集中营有许多相似之处。[106]1943 年 9 月，有两批囚犯从泰雷津被遣送到比克瑙，共有约 5000 名犹太男女和孩子，几乎都是捷克人。家庭营就是在这种情况下设立的。到了 12 月，又有几批人从该聚居区来到家庭营（比克瑙并不只有一座这样的营区，党卫队还会强迫家庭住进所谓的吉卜赛营）。一条大路把整个营区一分为二，犹太男人和女人分别住在道路两侧的营房中，但男男女女可以在傍晚点名前碰面，或是在厕所中秘密见面。

家庭营的条件很糟糕——1943 年 9 月来到这里后的半年时间内，大约有四分之一的犹太人死亡。但这里仍然比奥斯维辛其他许多地方要好。和在比克瑙的其他犹太人相比，这里的人享受着大量的特权。他们可以保留一部分财物、衣服，甚至可以留头发，有时还可以接收外面送来的食物包裹。更让人惊讶的是，这里的犹太人，不论是在刚来时还是接下来的几个月，都可以免于筛选。我们不清楚这种特例产生的原因。希姆莱很可能想把比克瑙家庭营作为一个宣传的窗口，以备红十字国际委员会前来考察（就像党卫队想用“模范”犹太人聚居区泰雷津来欺骗红十字会一样）。无论原因如何，奥斯维辛的其他犹太囚犯对此都难以置信，也对家庭营充满嫉妒。[107]

359 比克瑙家庭营中住着几千名小孩。白天，许多 14 岁以下的孩子被允许进入儿童营房，这里由弗雷迪·希尔施（Fredy Hirsch）管理，他是一名 28 岁的富有魅力的德国犹太人，在泰雷津时就在青少年福利事业中扮演重要的角色。虽然比克瑙其他地方也有类似的儿童营房，但家庭营中的儿童营房是独一无二的，显示了该营区特殊的地位。虽然从笔到纸的各种物资都很短缺，但希尔施和其他老师还是组织起了一套完整的课程，包括音乐课、故事课和德语课，还有体育和游戏。大一些的孩子自己编写报纸，在营房的墙上绘画。孩子们还表演短剧，包括根据迪士尼卡通《白雪公主》改编的音乐剧。犹太小孩跳着唱着，而几百码之外就是比克瑙的毒气室。这种在恐怖氛围中诡异的升平之景并没有持续太久。从 1944 年 3 月 8 日晚上到 9 日，也就是阿道夫·艾希曼视察家庭营一周之后，党卫队在Ⅱ号和Ⅲ号火葬场的毒气室处决了 3800 名去年 9 月来到这里的囚犯，其中有许多孩子。他们的老师弗雷迪·希尔施听一名囚犯讲述了党卫队的计划后，在处决前几小时自杀了。[108]

幸存者包括一些用于人体实验的双胞胎，比如兹德涅克·施泰纳（Zdeněk Steiner）和伊里·施泰纳（Jiři Steiner）兄弟。1944 年 3 月的屠杀夺走了他们的双亲。当两个男孩重返营区时，这里空旷得可怕。他们只看到“火葬场的烟囱中时隐时现的火光”。家庭营中只剩下寥寥的幸存者，在 1944 年 5 月又迎来了数千名新囚犯，还是从泰雷津而来。但这批人也没有活太久。7 月，大约 3200 人被选为奴工，剩下 6700 人——其中大部分是女人、孩子、老人和病人——被送进了毒气室。在党卫队眼中，比克瑙家庭营已经达到目的，可以遗弃了。[109]

一些奥斯维辛党卫队队员对于清洗家庭营心怀忧虑。党卫队队员在虐待、杀死自己认识的囚犯时会犹豫不决，这并非什么新鲜事。[110]尤其在杀死比克瑙的犹太孩子时更是如此，这些孩子已经在集中营内待了几个月。这期间，一些党卫队队员对他们的心已经软化，给他们带玩具，和他们踢足球，观看他们的短剧表演。当清洗该营的命令传来时，少数党卫队员工试图劝说自己的上司来拯救孩子们。[111]但最终他们还是执行了血腥的命令，这也让党卫队队员们顾影自怜，觉得自己在东部占领区为祖国的事业完成了艰难的任务。此类抱怨之前已经出现过许多次了。 360

党卫队的日常

1942 年 9 月 23 日星期三，党卫队经济与管理部领导人奥斯瓦尔德·波尔和其他党卫队高级官员一早便来到奥斯维辛，开始为期一天充实的会议和视察，同行的还有波尔的爱将——建设办主任汉斯·卡姆勒。[112]一周前，9 月 15 日，波尔和卡姆勒会见军备部部长阿尔贝特·施佩尔，后者签署了一项扩张奥斯维辛的宏伟计划（预算成本为 1370 万德国马克），反映出奥斯维辛在大屠杀中的地位越来越重要。预算计划增加对比克瑙杀人营区的投入，同时增建营房和其他设施。全部完成之后，波尔期望奥斯维辛的囚犯数量能够达到 13.2 万人，也就是现在的 4 倍。[113]波尔立刻将与施佩尔的协议上报希姆莱，两人在 9 月 19 日进行了私人会面，敲定其中的一些细节，这回波尔又带上了卡姆勒。[114]

4 天之后，波尔与卡姆勒一同视察了奥斯维辛，他们同当地建设办公室的党卫队专家一起商讨了这些计划。而这只是他们行程中的一小部分。之后波尔又主持了与当地纳粹党和政府官员的一次更大规模的会议，处理了一些棘手的问题，比如集中营在当地社区中的位置。除了集中营供水和垃圾处理这些永恒的问题外，官员们还讨论了将奥斯维辛变成一个模范定居点的持续工作。建筑师汉斯·施托斯贝格（Hans Stosberg）提出了一些关于党卫队社区的具体方案，波尔批准他在集中营不远处为当地居民建设一座休闲公园。[115]1942 年 9 月 23 日下午，波尔开启了他穿越党卫队利益区的漫长行程，他造访了主营、比克瑙、莫诺维茨和其他地点。波尔的行程比预想的更长，不过刚好赶上官员食堂的一场奢华的晚宴，宴会上有最好的啤酒和管够的鱼肉。[116]

饭后，奥斯维辛集中营党卫队的资深队员集合在一起，波尔给他们做了演讲。波尔感谢他们将奥斯维辛变成了最重要的党卫队集中营，重申他们的工作与前线的骷髅师同样重要（集中营党卫队一直觉得自己不如他们）。波尔强调，希姆莱有关集中营的命令对于战争的胜利非常重要，不管官员们压力多大都

361 要完成。他想到的是对于欧洲犹太人的屠杀，他将这称为“特

别任务，关于这个说再多也不为过”。前一天下午，波尔视察了比克瑙集中营的 2 号地堡，而他也肯定看到了附近壕沟中冒起的腾腾黑烟，党卫队正在那里焚烧尸体。对于所谓的最终解决方案，波尔赞扬了下属们的坚定信仰和努力。[117]演讲之后，波尔将他的赞扬变为一种特别的奖励。他批准在奥斯维辛建立有史以来第一座集中营妓院，使党卫队队员可以在一天漫长的大规模谋杀之后寻求一些安慰和消遣。[118]

集中营党卫队的外国人

奥斯瓦尔德·波尔在 1942 年 9 月 23 日的演讲中赞扬了紧密团结在指挥官鲁道夫·霍斯周围的奥斯维辛党卫队。但这赞扬不过是空谈：党卫队经济与管理部中所有人都知道，奥斯维辛的管理集团上下冲突不断。[119]这种钩心斗角的基调正是由鲁道夫·霍斯自己奠定的，他经常与部下发生冲突。霍斯对手下的这种鄙夷一直持续到了战后。当他在克拉科夫监狱的号房里描绘所遇见的奥斯维辛官员时，霍斯总会用狡诈、欺上瞒下或是愚蠢来形容他们。[120]霍斯与一些部下之间的嫌恶是互相的。许多人在他背后议论他，觉得他冷漠、死板、无情。[121]当然，集中营党卫队之间从没有称兄道弟的情谊；亲密无间的同志关系只是党卫队领导们的说辞，掩盖了看守团与指挥参谋部之间、官员与基层人员间的矛盾。随着战争的持续，集中营党卫队越来越松散，尤其是在东欧占领区内。

这种冲突与人员的流动和短缺有密切的联系。虽然集中营党卫队队员的数量在战争期间有所增长，但无法与剧增的囚犯人数相提并论。1942 年 3 月，奥斯维辛有 1.1 万名囚犯和 1800 名党卫队队员（比例为 6：1）。两年之后，这里有 6.7 万名囚犯和 2950 名党卫队队员（比例为 23∶1）。[122]党卫队经济与管理部很清楚这给集中营员工造成了多大的压力。一个解决方案就是减少对他们的要求：将更多事务交给审头处理，减少繁文缛节，使用更多的警犬。[123]党卫队经济与管理部也努力招募新的官员，尤其是为东欧那些不断扩张的集中营。招聘的要求很低。因为不能招募那些能够去前线打仗的人当看守，集中营督察官
362 格吕克斯只得无奈地招收“越来越多身体有残疾的人”，他在 1942 年如是说道。[124]

东欧的一些空缺岗位由德国境内经验丰富的集中营员工填补；1941 年，约有 100 名党卫队队员从西部其他集中营被调到奥斯维辛。这种调动意味着快速的晋升，因为党卫队有许多空缺的高级职位急需填补。比如一名叫汉斯·K.（Hans K.）的军士，他本是萨克森豪森的一名低阶官员，1943 年春天调动到里加之后迅速升为劳动行动领导人。[125]不过，集中营的许多德国员工对这种调动很反感。他们抱怨说自己被困在了这滩死水之中，将新职位视为惩罚（这种想法有些道理，集中营的管理者经常会把调职到东部当作一种惩罚性的措施）。[126]除此之外还有从武装党卫队来的人，其中包括伤员和残废，不过并不是所有指挥官都张开双臂欢迎这些老兵。鲁道夫·霍斯就抱怨说艾克老把没用的废人丢到集中营。[127]

党卫队经济与管理部明白，单靠德国人是无法填满这些职位的。二战期间与纳粹政权勾连的外国人中，有数万人加入了武装党卫队。1942 年之后，随着越来越多的德国人在前线阵亡，党卫队在国外的招募力度也不断加强。不久之后，外国人就占据了武装党卫队的半壁江山。[128]数千人成了集中营的职员。他们一般只经过两三周的潦草培训便被派往集中营。[129]这些人绝

大部分来自欧洲东部或东南部。[130]大多数是“德意志裔人”，这一定义模糊的称谓用于所有被纳粹政权接受的外国人，虽然他们一般不是德国公民。到了 1943 年秋天，大约 7000 名这种德意志裔人在党卫队看守团当看守（其中约 3000 人来自罗马尼亚，其他大部分来自匈牙利、斯洛伐克和克罗地亚），几乎占了总看守人数的一半。[131]除此之外，集中营还招募所谓的外国助理，他们被纳入党卫队扈从之中，而不是武装党卫队。他们中数千人（大部分是苏联战俘）在党卫队臭名昭著的特拉维尼基训练营（该营位于卢布林附近）受过培训。许多从特拉维尼基出来的人最先是在格洛博奇尼克的死亡营中服役。这批死亡营关闭之后，他们又被调到其他地方，在原德国境内或是东部占领区的集中营当起了看守。[132]

集中营党卫队的国际化改革加速了它的分裂，德国员工与外国员工之间有很深的裂痕（在东欧集中营尤为突出）。[133]在整个东部占领区，德国人难掩对这些外国帮手的鄙夷，在集中营 363
里也是一样。德国上司们将这些新招募来的外国人视为傻瓜、野人或潜在的叛徒。[134]新人生涩的德语也被当作攻击的目标，不少人因此被开除。尽管党卫队领导不咸不淡地呼吁大家把外国人当作同志，但普通德国员工毫不掩饰自己的不快。党卫队二等兵马沙尔（Marschall）在比克瑙营区做行政工作。一天，他准备进入女子营时被德意志裔人管理员约翰·卡山尼克斯基（Johann Kasaniczky）拦住，让他说出理由。马沙尔狠狠地回了一句：“不关你的事，先把德语给我学利索了再跟我说话。”[135]

外国党卫队队员经常感到孤立无援，这也能够理解。首先，他们中许多人并非自愿加入党卫队，而是被拉壮丁或强迫为党卫队服务。[136]一旦进入集中营，他们只能处于员工阶级的最底层。几乎所有关键职位都被德国人占据。除了经常被德国同事们嘲笑之外，外国党卫队队员几乎没有晋升的空间。党卫队管理者甚至取消了德意志裔员工的休假，害怕他们一去不复返。[137]外国看守们深感失望。这种失望在1943年7月初的奥斯维辛被一队乌克兰看守推到了顶峰。15名乌克兰看守在到达奥斯维辛没多久后便带着枪支弹药逃跑了。在追击战时，共有8名乌克兰人和3名党卫队队员死亡。[138]

很难说外国人的加入对囚犯们意味着什么。外国党卫队队员一般负责在营区和工地周围巡逻，与囚犯的直接接触较少。一些哨兵也会参与到极端暴力之中。囚犯们怀疑一些有野心的德意志裔人想要通过实施暴力行为证明他们自己是“真正的德国人”。[139]但总体来讲，外国党卫队队员的行为比大多数德国同事更和善。[140]一些人公开表达了对囚犯的同情、对纳粹政权和集中营内苦闷工作的不满。[141]犯人们总是很乐于看到党卫队队员之间出现嫌隙，因为这样加大了他们获取更多食物和特权的希望。囚犯与外国守卫往往说同一种语言，这也使此类违规接触变得容易。[142]但有时说同一种语言也会成为危险。在格罗斯－罗森集中营，一名来自库尔斯克（Kursk）的18岁囚犯因为嘲弄一名乌克兰看守是叛徒，最终在全体囚犯面前被绞死。那名被侮辱的看守坐在第一排观看了行刑过程。[143]

364

女看守

外国男人并不是集中营党卫队内唯一的新面孔。随着1942～1943年越来越多的犹太女人被关入集中营，党卫队管理者们把德国女性派往东欧所有的主要集中营和许多卫星营，担任看守。其中一些人是从拉文斯布吕克来的老手，其他一些人则是刚刚经过培训的新人。虽然党卫队仍然不将她们归为正式编制（她们被归为党卫队的扈从人员），在东部占领区的人数也比较少（马伊达内克集中营总共只有 20 名女员工，而男员工则有 1200 人），但她们的到来改变了集中营党卫队。许多老兵都觉得这些身着制服、佩带武器的女看守的到来，是对他们准军事化阳刚之师信念的公开侮辱。而一些女守卫在与男性上级发生冲突时毫不让步，这也增加了党卫队队员的愤怒。[144]男性指挥官们经常处罚不服管教或是不服从纪律的女性员工。因为惩罚过于严厉，党卫队经济与管理部不得不出面进行限制。[145]鲁道夫·霍斯道出了许多大男子主义的党卫队队员的心声——他斥责新来的女同事懒惰、奸诈、没有能力，“无头苍蝇”一般在营区上蹿下跳。[146]

霍斯自己与奥斯维辛女子营的第一任长官约翰娜·朗格费尔德就产生了重大的矛盾。朗格费尔德在拉文斯布吕克集中营负责管理所有女性囚犯的日常生活。她希望在奥斯维辛也能拥有同样的权力，但遭到了强烈的反对。1942 年 7 月，希姆莱视察奥斯维辛时，朗格费尔德相伴左右。但霍斯笑到了最后，希姆莱原本命令女子营应该由女性领导，由一位男性党卫队官员辅助，此命令被集中营党卫队的男人们驳回了。毕竟，就像霍斯在回忆录中尖刻地问道，有哪个男性官员愿意屈从于女人呢？至于朗格费尔德，她最终被调回拉文斯布吕克，并遭到了波尔的训斥。1943 年春天，她被彻底逐出了党卫队，被逮捕收押。[147]

除了争吵分歧之外，集中营党卫队的男男女女还有另外一种关系。党卫队职员还享受着打情骂俏的快乐时光，就像在拉文斯布吕克以及其他男女混合营一样，浪漫之花也在东欧集中营内绽放。在马伊达内克集中营，女看守的木营房就坐落在男看守团营区的对面。虽然官方禁止不正当的私下会面，但这并没有阻止亲密关系的产生。相对于家乡古板的生活，年轻的女守卫们更享受这种不寻常的自由（少数年轻女性自愿加入党卫
365 队，成为电报员与无线电话务员）。在马伊达内克集中营，最终有四名女看守嫁给了党卫队队员。当然，这里也有心碎的故事，据说一位二级小队长在被情人抛弃之后，试图在马伊达内克的毒气室中自杀。[148]

因犯们经常谈论党卫队看守的私生活。这并非简单的八卦，因为此类人际纠缠能够给囚犯们的生活带来严重的后果。毕竟正如我们所见，党卫队的暴力通常带有戏剧色彩。而这种表演在混合营中变得尤为夸张，因为男女看守试图通过暴行给彼此留下深刻的印象。有男同事在场时，女看守往往会表现得更加恶毒，以证明她们像男人一样凶悍。这种异性的催化作用反之亦然。冷血与铁拳被视为阳刚之气的必要组成部分，在这样的工作环境中，男性党卫队队员在所谓的弱势性别面前会表现得更加强硬。马伊达内克火葬场负责人埃里希·穆斯班德是党卫队尸体处理方面的专家。他喜欢做一个毛骨悚然的恶作剧，对路过的女守卫挥舞尸体残肢。这可以理解为一个施虐成性的疯子所做的变态之举，但也可以有另一种解读：试图惹恼“弱”女子，从而展示集中营党卫队的男性力量。[149]

集中营党卫队的男人们试图划分出一些男性专属的领域。使用枪支一贯是男性的特权，这个传统在集中营也得以延续。虽然穿制服的女守卫也会佩带枪支，但使用权依旧属于党卫队的男人。除此之外，比克瑙和马伊达内克的女守卫也不能染指毒杀和焚烧囚犯尸体的工作。显然党卫队认为，只有男人有这

个能力担当屠杀的重任。不过，东欧集中营的女守卫会参与筛选，也会做出过分的暴力举动，比在拉文斯布吕克时更进一步。掌掴、殴打、鞭打、脚踢囚犯是每日的家常便饭。[150] 一些暴行太极端，以至于上级官员采取了不同寻常的方式训斥她们。[151]

暴力

库尔特·潘尼克（Kurt Pannicke）看起来就像是纳粹宣传海报中的男孩。他年轻英俊，有金色的头发和蓝色的眼睛，身材瘦削挺拔；脸颊上的小伤疤更添了几分英气。[152] 可潘尼克也是个醉醺醺的暴徒、窃贼、虐待狂和杀人狂。1943 ~ 1944 年，他担任瓦伊瓦拉集中营和其他几个卫星营的营区管理员时犯下了数不清的罪行。这位二十多岁的士官认为自己无所不能，他有个外号叫“犹太人之王”，而他也确实百无禁忌。他可以与囚 366
犯们闲聊，给予最喜欢的囚犯一些特权，然后再杀掉他们。他一次次地对囚犯们说：“我自己的犹太人，我自己杀。”[153] 潘尼克这种友善和复仇之神融合的公众形象也许不常见，但他的所作所为不是特例。他是集中营党卫队许多沉浸在自己权力中的青年低阶官员中的一员，正是他们建立起了横贯东欧占领区的恐怖政权。

在东部占领区，暴力与谋杀是集中营日常的一部分。暴力的形式有许多种，像掌掴和脚踢这种暴力行为远比其他行为更常见，比如性虐待。但性暴力还是存在的。最近几年，历史学家逐渐开始关注种族清洗和大屠杀期间发生的系统性的性犯罪，特别是东部占领区的纳粹士兵。[154] 在集中营里，一些囚犯被党卫队队员强奸，不过其他形式的性虐待更常见。女囚刚进集中营和接受筛选的时候经常会被骚扰，因为平时党卫队队员禁止与囚犯亲密接触，在筛选时就可以声称自己只是在尽职工作，比如在搜查囚犯们藏起来的财物。除此之外，也有囚犯与看守产生亲密关系的例子，囚犯以此获得食物和其他特权，但这种行为有很大的风险。不仅对囚犯，对党卫队官员也是一样。[155]

"集中营里的每个德国人都是生死的主宰，但并不是每个人都用了这权力。"——这是一位马伊达内克集中营的幸存者对集中营党卫队不可预测的行为所做的总结。[156]东部占领区的许多党卫队队员很享受自己的工作。就连一些同事也认为他们在集中营内找到了自己真正的使命。[157]其中就包括奥斯维辛集中营的行政主管卡尔·恩斯特·默克尔（Karl Ernst Möckel），他 1943 年时宣称，自己工作很快乐，永远都不想离开这里。[158]不止默克尔这样的官僚享受集中营的生活。集中营里从不缺少充满热情的施虐者和刽子手，这群人在挖出囚犯眼睛后，在尸体上撒尿时会开怀大笑。[159]有一小部分人是变态杀人狂。比如奥斯维辛火葬场的主管、一级小队长奥托·莫尔在做那些无法想象的凶残行为时就乐在其中。[160]

同样也有些杀手不是那么情愿。一些集中营党卫队队员在 1941 年杀苏联战俘时内心十分挣扎，其他人则在大屠杀时犹豫不前。尤其是每天对妇女和儿童的屠杀冲击着他们的良知，尽管他们不愿意承认。[161]少部分党卫队官员会逃避这种杀人任务，或是直接拒绝参与。在莫诺维茨集中营，一名党卫队哨兵公开
367 对一名犹太囚犯说，自己永远不会杀囚犯："这会让我良心受到谴责。"[162]但这样的人毕竟是少数，即使这种行为并不会带来什么严重的处罚。事实上，有的上级告诉下属可以不必参与某些令人不快的工作。[163]

即使是那些申请调离集中营（如奥斯维辛）的党卫队官员也仍然在离任前履行自己的职责。其中就包括 33 岁的爱德华·维尔茨医生，他于 1942 年 9 月被任命为首席驻营医师，工作到 1945 年 1 月。他是一名有野心的医生，热切的国家社会主义分子，对种族优生尤为感兴趣。维尔茨是个充满矛盾的人物。他向指挥官霍斯坦白说自己对大规模屠杀犹太人以及处决囚犯心怀忐忑，不断要求调到别的岗位上。然而同时，维尔茨又是奥斯维辛集中营大屠杀的主角。他招募新的党卫队医生，拟定人员名单，监督火车站旁的筛选以及之后的毒杀。[164]

正如我们之前了解的，参与这种极度的暴力活动可以被解释为群体压力所迫。参与大屠杀也是如此：那些不愿与同志们沆瀣一气的人会被孤立，并被排除在未来的奖励与升迁之外。[165] 在回忆录中，鲁道夫·霍斯声称就连他也难以忍受血腥的大屠杀。然而为了给下属们起表率作用，宣扬自己作为一个强悍领导人的权威，霍斯还是参与了毒杀和火化，并全程保持“冷酷和铁石心肠”。某种变态的荣誉感也是罪魁祸首之一。在官方视察时，奥斯维辛党卫队队员喜欢用大屠杀肮脏的场面来吓唬来访者，以此炫耀他们的凶悍。阿道夫·艾希曼回忆说，“向文职人员展示绞索时，鲁道夫·霍斯表现得极为快乐”，他还声称自己在近距离观看屠杀时不忍直视，移开了目光。[166]

在东部占领区，集中营党卫队队员们也能从大屠杀中获得切实的好处。集中营虽然对犹太人来说是致命的，却是党卫队队员的安乐窝，至少和在前线打仗相比是如此。这就是为什么，即便党卫队队员们不想杀人，却也不愿申请调去别处。[167] 除此之外还有物质上的好处。除了可以获得被谋杀的犹太人的财物，杀手们还可以获得官方的认可，获得晋升和嘉奖（就像他们在屠杀苏联“人民委员”时那样）。[168]士兵们还可以从每次筛选、毒杀和焚化中分得一点好处。动员这些人并不需要太多的东西。奥斯维辛集中营的克雷默医师在1942年9月5日的日记中记录
368 道，党卫队队员排队参加“特别行动”，以获取“特别供给品”：五支香烟、一百克面包与香肠，还有最重要的，七盎司杜松子酒。集中营党卫队再一次用酒精来舒缓大屠杀之后紧绷的神经（格洛博奇尼克灭绝营也是用酒精刺激杀手们）。[169]党卫队四级小队长亚当·赫拉迪尔（Adam Hradil）是一名所谓的毒气室司机，职责是用卡车将老弱的犹太囚犯从奥斯维辛火车站送到毒气室。他战后供述说，过程“没什么乐趣”。然而他喜欢自己的工作：“当我获得一份杜松子酒的时候非常开心。”[170]

从前折磨和虐待囚犯的经验使参与大屠杀变得更为轻松。东欧集中营的主要领导们都有过极端暴力的历史。一些人是在集中营外成名的。阿蒙·戈特（Amon Göth）在1944年成为普拉绍夫集中营指挥官之前，已经在清洗犹太人聚居区和作为普拉绍夫强制劳动营指挥官时犯下了无数的恶行。[171]不过大多数人都是集中营党卫队的老兵，对他们来说，大屠杀是他们的凶残不断累积所达到的高潮。[172]他们中的许多人都在党卫队的战前营受过暴力教育。奥斯维辛主营的三名高级指挥官中有两人［鲁道夫·霍斯和里夏德·贝尔（Richard Baer）］，五名营区负责人中有四人是从1933～1934年的达豪集中营开始职业生涯的。[173]低阶军士们也有类似的经历。古斯塔夫·佐尔格在1934年加入集中营党卫队，成为萨克森豪森行刑队的队长。1943年下半年，他被调到东欧。过去，佐尔格经常显示自己对犹太人施以极端暴力的偏好。在成为里加的几个卫星营的领导之后，“铁人古斯塔夫”（他在当地的外号）继续着自己的罪行。一名前囚

犯供述称佐尔格有一套特别的方法来挑选想要杀掉的男囚犯。点名时，他会用尽全力踢那些囚犯的下体；之后这些人就会被营区长拖走，再也见不到了。[174]

对于佐尔格这样的党卫队队员来说，大屠杀是他们暴力生涯的卫冕时刻。但即使是这些人也不是机械地实施暴行。有经验的凶手们仍然会在上级所界定的道德界限内行动。即使在近乎百无禁忌的大屠杀阶段也依然有一些界限，这些界限的存在是为了希姆莱所说的体面以及一些战术因素。这些禁令是如何影响铁石心肠的集中营党卫队杀手的呢？我们需要暂时将目光移向西部，来到德占荷兰地区的海泽根布什集中营。

几位资深党卫队队员于 1943 年 1 月开始在海泽根布什集中营任职。新工作服务主管不是别人，正是古斯塔夫·佐尔格（此时他还未调任里加）。他和其他几位臭名昭著的分区主管一 369
起从萨克森豪森集中营被调来，同时还有一位让人胆寒的地堡看守，他成了新任的营区负责人。第一任指挥官是另一位铁石心肠的党卫队队员：卡尔·赫梅莱夫斯基。他在毛特豪森的古森次级营中当营区负责人时，成功证明了自己是一位不折不扣的刽子手，在 1941 年屠杀荷兰犹太人时也是如此。[175]集结这些凶徒看似是要酝酿新的暴行。但现实恰好相反。如我们所见，荷兰的党卫队和警察高层领导汉斯·阿尔宾·劳特尔对集中营相当有影响力，他认为在中转营中对待犹太犯人更温和的话，可以误导囚犯，不让他们发觉纳粹最终解决方案的真实意图。他敦促保护性拘禁营区（于 1943 年 1 月中旬开营）也要采取相似的温和态度，那里关押的大多是荷兰人，包括政治犯、经济犯和其他刑事罪犯；劳特尔想以此展示出德国严格但公平的占领政策，囚犯的待遇在这里也相对温和。[176]

海泽根布什集中营这种出乎意料的限制让古斯塔夫·佐尔格这样的老党卫队队员十分困惑，他们抱怨说这与现有的集中营党卫队实践背道而驰。[177]不过经过一段时间，大多数守卫适应了这一不常见的要求。那些不遵守规定的党卫队队员则会因为虐待囚犯或其他违规行为面临惩罚。劳特尔非常认真地维护"模范党卫队集团"的表象，他在党卫队和警察法庭发起了一系列诉讼。[178]其中最有名的被告就是指挥官赫梅莱夫斯基，当他对暴力与腐败的嗜好变得尽人皆知之后，他于 1943 年秋天被逮捕。第二年夏天他被判 15 年徒刑，作为犯人被送进了达豪集中营。[179]

地点真的很关键，无论是在海泽根布什还是别处。集中营在德占欧洲地区的位置非常重要，相较于所谓更"靠后"的东部地区，占领当局在西部的行事作风更谨慎。此类战术上的考虑导致海泽根布什集中营比其他集中营的环境更为宽松。而纳粹侵略者在东欧建立的政权则残忍得多，集中营党卫队的领导们没有任何收敛的理由。在那里，死亡暴力是如此平常，一位马伊达内克集中营前哨兵称："分区主管谋杀一名囚犯甚至不会引起任何注意，无论是枪杀还是活活打死。"[180]

殖民地的主人

东部占领区的党卫队集中营的轮廓是由种族优越论的意识形态决定的，这种思想整体塑造了纳粹所占领的波兰和苏联地区。
370 根据这一思想，党卫队员工们位于种族阶层的顶端，下面依次是波兰人、苏联人和犹太人，这三者构成了绝大部分的囚犯人口。集中营党卫队对这些群体施以极度的暴力已经有一段时间了，只不过，这种暴力在东欧殖民式的纳粹统治下必然进一步升级。[181]与囚犯们的接触加深了党卫队的偏见，因为东部集中营的恶劣条件使一些囚犯看起来就像纳粹宣传中讽刺画里的角色。[182]但部分党卫队官员并不满足于此，他们不断剥夺囚犯们所剩无几的尊严；在马伊达内克集中营，囚犯们时不时被要求穿着舞会礼服、高跟鞋或小孩的衣服在泥地里行走。[183]对囚犯们的去人性化往往可以达到理想的效果，让集中营党卫队在屠杀时更轻松。党卫队队员佩里·布罗德在 1945 年写道，他在奥斯维辛的同事“单纯地不把犹太人当人看”。[184]

有的说法称那些亲自动手的纳粹刽子手不会良心不安，因为他们坚信自己的行为是必要的。[185]这个观点有些道理。鲁道夫·霍斯就是这样一个人，他自认为是犹太事务专家，在一战期间还去过耶路撒冷。他把犹太人视为必须根除的外部威胁。[186]但像奥斯维辛和马伊达内克等集中营内的大规模屠杀也在不少官员心中播下了怀疑的种子，迫使他们的上司不得不重申最终解决方案的道德正确性。在奥斯维辛集中营，霍斯和其他党卫队领导定期开展讲话，鼓舞士气，告诉分区主管们犹太囚犯是罪有应得，因为他们通过炸桥或是给水井投毒来破坏德国的大业（改编了古老的反犹主义传闻）。[187]霍斯还再三向手下保证，杀死犹太小孩同样重要。为呼应希姆莱的观点，他解释说这些看似无辜的小孩以后会成长为顽强的复仇者。霍斯用一个栩栩如生的画面阐释自己的观点：如果不杀死小猪仔，它们就会长成大肥猪。[188]

这种邪恶的观点一定要有肥沃的土壤供其生长。集中营党卫队官员们的恐惧也为其滋长增添了养分，东部集中营恶劣的生存条件最初会让他们震惊，随即让他们普遍产生了对自己生命安全的焦虑。他们或许感觉像是殖民地的主人，但孤立而陌生的异国环境、对来自外界党派攻击的担忧、集中营内囚犯的袭击和流行病的侵扰，都削弱了他们的优越感。[189]特别是对传染病的畏惧一直笼罩着集中营党卫队，即便有一部分疫苗，也无法缓解党卫队队员的恐惧。比如，疑神疑鬼的三级小队副队长伯恩哈德·克里斯坦（Bernhard Kristan）打开奥斯维辛政治办公室犹太职员办公室的门时，总是用手肘而不是手，以避免任
371 何接触。[190]从这个角度看，犹太囚犯不仅被视为德国未来的一大威胁，更是对当地党卫队官员健康的直接威胁。[191]

塑造大屠杀刽子手的关键是让他们适应大规模灭绝。流血和谋杀与轮班、休息、培训和分工一样，被东部占领区的集中营党卫队员工视为工作的一部分。[192]大屠杀成了例行公事，即便不在屠杀一线的党卫队官员也浸染其中。[193]尤为惊人的是新人的适应速度。以党卫队医师克雷默为例。1942 年秋天在奥斯维辛的十周里，他参与屠杀了帝国中央安全局押送的十三批犹太人，还有其他的囚犯筛选和人体实验；他还亲临体罚和处决现场。对于克雷默这样的人，极度的暴力已成为每天的日常。[194]

即使那些刚开始被大规模屠杀动摇的党卫队官员，最终往往也会随大流。一名 1944 年夏初到奥斯维辛的德国士兵告诉党卫队队员，自己永远不会参与大规模灭绝。这名党卫队队员回答说："你会习惯的，这里的每个人都会变得忍气吞声，服从命令。"[195]这句话在汉斯·德尔莫特（Hans Delmotte）医生身上体现得淋漓尽致。作为一名年轻的党卫队医师，德尔莫特在第一次目睹了奥斯维辛火车站的筛选之后崩溃了。他仿佛瘫痪一般，靠人搀扶才回到营房，之后他在里面喝得酩酊大醉，呕吐不止。第二天他仍然惊魂未定，要求调往前线，因为参与不了大规模屠杀。但德尔莫特很快冷静了下来。更有经验的同事约瑟夫·门

格勒医生将他收入羽翼，逐渐向他灌输在奥斯维辛进行大规模灭绝的重要性。德尔莫特还与妻子团圆了，不久之后他便安心地留在了工作岗位上，负责筛选工作，甚至还获得了上司的表扬。[196]妻子来到奥斯维辛集中营也许在一定程度上帮助他履行这些谋杀工作。这也让我们将焦点移到了另外一个重要的方面——东部集中营党卫队的私人生活。

“奥斯维辛的美好时光”

1947年初，鲁道夫·霍斯在克拉科夫监狱撰写回忆录时，用整齐的小字密密麻麻地写了114页纸，正反面都写满了，全是对奥斯维辛生活的怀念。尽管他自己忙于集中营的各项事务，但他的家人享受了一段美好时光。“我妻子和孩子的每一个愿望都得到了满足。”他们住在临近主营的一座巨大别墅中，大部分采用原木家具，这也是党卫队最喜欢的风格。霍斯和妻子在那 372
里为当地的党卫队队员和其他要员举办了不少晚宴。他的孩子们“可以自由自在地悠闲生活”，霍斯怀念地写道，而他的妻子“拥有天堂般的花园”。园丁是波兰犯人斯坦尼斯瓦夫·杜比尔（Stanisław Dubiel），会种植异国花草。霍斯夫人还拥有多名女囚犯（包括犹太人）作为私人裁缝、理发师和仆人。同时，四个孩子（第五个生于1943年9月）也跟两名女囚犯非常亲近。她们二人是耶和华见证会的德国年长信徒，负责照顾这四个孩子。霍斯的孩子们喜欢跟动物一起玩耍，有马和小马驹，还有囚犯抓来的乌龟、猫和蜥蜴等。但霍斯回忆说，孩子们最大的快乐还是“和爸爸一起游泳”，无论是在索拉河里，还是在距主营几步之遥的花园池塘里。[197]

奥斯维辛党卫队的社交生活大部分围绕集中营展开。体育运动尤其受欢迎，体现出党卫队对体能锻炼和竞争的重视。1944 年 7 月 14 日，霍斯甚至在员工通告中祝贺三级小队副队长温特（Winter），后者获得了上西里西亚地区的铅球、铁饼和标枪冠军。集中营党卫队也会同外面的队伍比赛。比如 1942 年 9 月 6 日下午，他们在当地的田径场上同来访的奥拉宁堡集中营党卫队踢了一场足球赛（比赛结束后几小时，数百名从德朗西送来的犹太人就被送进了旁边比克瑙集中营的毒气室里处决）。体育锻炼或是集中营一天的工作后，为了放松，各个等级的党卫队队员常常光顾指挥参谋部的桑拿房。那里还有许多娱乐设施。营地上的一间旧戏院被用来表演舞蹈、戏剧、杂技和杂要（其中一些表演会在各个集中营巡回演出）。直到 1944 年 12 月，集中营被废弃一周之前，尤普·胡塞尔斯（Jupp Hussels）还来到这里娱乐奥斯维辛党卫队的官兵，他是第三帝国有名的电影喜剧演员和早间广播节目主持人。[198]

音乐也扮演了重要的角色。奥斯维辛营区里有几个管弦乐队，其中包括一个 80 人的交响乐团，以及集中营内唯一的女子管弦乐队［由犯人阿尔玛·罗塞（Alma Rosé）领导，她是一位著名的维也纳小提琴家的女儿］。虽然他们的主要工作是在囚犯劳动队出发干活时（还有回来时）奏乐，为各个小队行进的步点打节拍，但他们也会定期举办音乐会。不少党卫队官员很看重这样的场合，不仅是因为音乐本身，也因为它们给奥斯维辛带来了寻常的生活气息。除此之外，囚犯们还必须进行私人演出，就像在其他集中营那样，从为品位高雅的官员演奏古典音乐到演绎流行音乐或是舞曲。比如荷兰犯人理查德·范达姆（Richard van Dam）就经常被叫到奥斯维辛集中营的政治办公室，不少可怕的事都是在这里发生的。理查德·范达姆被要求演奏美国爵

士乐曲，比如《我现在不是谁的宝贝了》。手风琴伴奏是四级 373
小队长佩里·布罗德，他的琴技和狡猾的审问技巧一样出名。[199]

而在营区之外，奥斯维辛镇上还有一家电影院。不过最让集中营党卫队和客人们流连忘返的还是火车站附近的武装党卫队大厦，里面有给旅客准备的客房以及德国人专属的大饭店和酒吧；集中营的女犯人被迫作为服务生和厨师在里面工作。而党卫队的官员们则有自己专用的地方，一座更靠近主营的大楼，他们可以在里面吃饭、喝酒、打牌。作为特别优待，他们可以前往集中营党卫队的度假寓所佐拉赫特（Sola – Hütte）。那是一座乡间木屋，是囚犯们在奥斯维辛主营 25 英里外一处风景优美的地方建造的。里面大约可以容纳 20 人，党卫队官员们夏天可以去附近的湖中游泳，冬天去滑雪。[200]

除此之外，还有为集中营党卫队队员设立的妓院。在德国腹地，党卫队队员经常造访城市中已有的妓院。因为奥斯维辛没有，所以官方设立了一家有德国妓女的新妓院，这是 1942 年 9 月奥斯瓦尔德·波尔视察时下达的指令。党卫队全国领袖海因里希·希姆莱大体认同这种场所，因为他怕自己的队伍会性饥渴。但奥斯维辛这所新的妓院并非对所有集中营党卫队队员开放。纳粹的种族主义思想迫使乌克兰党卫队队员不得不去另一家由法本公司为外籍员工开设的妓院。[201]

虽然奥斯维辛集中营的党卫队较为封闭，但还是与营外的世界建立了联络。被要求避免与当地波兰人接触，党卫队官员们与城中的德国人建立了社交联络，这些搬进来的德国人是“德国化”计划的一部分。关于奥斯维辛镇的规划非常宏伟，包括庞大的公寓大楼、宽阔的道路、游行广场以及几座体育馆。随着大屠杀在集中营内逐渐展开，旁边的城镇也变成了一个大工地（到德国人1945年初逃走的时候，只有少数工程完工）。当地人口的比例也发生了变化。纳粹的种族清洗驱逐了数以千计的波兰人和犹太人，并在1943年秋天引入了7000名德国人；他们中大多数是为法本公司工作，被东欧优渥的入职奖励吸引。这群新的社会精英与集中营党卫队建立了联络，在戏院、圣诞庆祝、晚餐派对和各类晚间活动中打成一片。[202]

很难忽视党卫队在奥斯维辛镇中的存在。随着党卫队管理者为不断扩充的队伍索要越来越多的住宅，党卫队居住区逐渐扩张成一个专门的区域。最好的房子是为高层官员们预备的，
374 而普通职工则住在大的营房中。已婚的党卫队队员可以接待到访的家人，每次住的时间往往长达数周。有时整个家庭会搬到奥斯维辛。其中有从出生起就生活在党卫队集中营附近的孩子们。奥斯维辛第一位营区负责人卡尔·弗里奇的儿女就在其中。他们出生在达豪集中营的住宅区，上的是当地党卫队的幼儿园。七年之后弗里奇一家又举家搬迁到奥斯维辛，住进一座大宅的一层。他们很快就见到不少熟悉的面孔，包括他们在达豪集中营的邻居。事实上因为搬进城内的家庭太多，当地党卫队领导层不得不在1944年夏天下达禁令。[203]

是什么使得奥斯维辛对党卫队员工的家庭如此有吸引力？除了能和爱人相聚之外，已婚的党卫队队员也想从营房搬到私人住宅中。同时，他们的妻子和孩子通常能在搬迁之后享受心灵上的平静，这里远比饱受轰炸的德国腹地更让人觉得安心。另外，背靠集中营这棵大树乘凉通常还意味着社会地位的上升：无名小卒也能成为大人物。奥斯维辛党卫队官员的家人获得了社会地位的巨大提升，享受着远超他们收入的生活水平。从平常人家走出来的男男女女，生活得像上层中产阶级一样，有奢

华的别墅、充满花朵和果树的巨大花园，还有奴仆服侍。[204]

就像德尔莫特医生的例子一样，家人的出现让一些集中营党卫队官员的工作变得更加轻松。孩子与妻子的陪伴带来了安定感和情感上的支持——一些官员会从奥斯维辛集中营赶回家吃午饭——有助于他们中和自己在营内的行为。当家人搬离党卫队住宅区之后，留守的首席驻营医生爱德华·维尔茨于 1944 年 12 月给妻子写信：“当你和孩子们与我一起在奥斯维辛的时候，我完全感觉不到战争的存在。”[205]

虽然官方禁止奥斯维辛党卫队队员谈论自己的工作，但集中营在他们的家中并非禁忌。[206]确实有一些限制。当鲁道夫·霍斯发现自己的孩子们在花园中扮演“审头和囚犯”时，他愤怒地撕下了孩子衣服上的各色三角；对他来说，自己的孩子在私人领地上表演集中营是难以承受的。[207]但就像其他集中营的官员一样，奥斯维辛的党卫队队员也经常和亲戚朋友们聊起集中营。[208]连指挥官鲁道夫·霍斯也无视自己下达的指令，与妻子探讨纳粹的最终解决方案，后者把她的丈夫称为“灭绝欧洲犹太人的特别长官”。[209]

当地党卫队家庭的生活与集中营密不可分。食物、家具、 375
衣服甚至玩具都来自奥斯维辛营区，囚犯们则充当仆人和杂役。党卫队队员的妻子和孩子也会参加集中营党卫队的官方活动，比如圣诞派对、电影和布偶戏。[210]至于集中营内的罪恶，比克瑙火葬场的烟和臭气“弥漫在整个营区”，霍斯后来写道，其中也包括党卫队住宅区；党卫队队员傍晚回家时，他们的制服和鞋子散发着集中营特有的腐朽和死亡的臭味。[211]

甚至奥斯维辛营区本身也对党卫队员工的亲属开放。即便明令禁止，党卫队队员仍然时常带妻子或女朋友参观，也许是为了满足她们的好奇心。[212]党卫队的家人会利用营内的医疗设施，其中一个就在老火葬场的对面，另一个则靠近所谓的吉卜赛营，他们把囚犯当成了一种娱乐手段。1944 年夏天，比克瑙营区负责人约翰·施瓦茨胡伯强迫苏联囚犯在电网前跳舞，以取悦在电网另一边的家人。一些党卫队队员的孩子也进入营区，虽然妈妈们试图阻止他们目击暴力。事实上，因为孩子们进入集中营太频繁，指挥官霍斯于 1943 年 7 月下令禁止无人陪同的党卫队小孩进集中营或是劳动队。霍斯严厉地写道，任何与囚犯的直接接触在道德上都是不能原谅的。[213]

简而言之，集中营的真相在奥斯维辛党卫队的家庭中广为人知。这并没有阻止妻子们支持自己的丈夫，也没有阻止他们享受在党卫队住宅区的时光。至少在一些情况下，这种支持扎根于意识形态。一些妻子是纳粹思想的狂热追随者。霍斯夫人就是其中一个，她于 20 世纪 20 年代在极右翼组织中遇到了自己的丈夫。一些女人也许比较人性地对待了个别囚犯，但她们站在集中营背后，或明或暗地纵容自己丈夫的罪行。通过扮演党卫队队员妻子的角色，为世界的肛门营造一种正常的假象，这些女人也成了暴行的共犯。[214]

奥斯维辛对党卫队官员妻子们的吸引之一就是物质上的收获，此前她们中几乎没有人享受过时尚和奢侈的生活。这对东欧占领区其他集中营的党卫队队员妻子来说也是一样。在 20 世纪 70 年代末一次坦诚的谈话中，前普拉绍夫集中营指挥官戈特的妻子回忆起在集中营的时光时充满了悲伤——并不是因为罪恶而悲伤，而是因为一去不返的“美好时光”：“我的戈特是那里的国王，而我是王后。谁会不想过我们这样的生活呢？”[215]霍斯夫人也是一样，她很高兴丈夫在 1943 年秋天被调到位于奥拉

宁堡的党卫队经济与管理部 D 处总部（曾是集中营督察组）之 376
后，自己和孩子依然留在奥斯维辛。她继续坦然享受着奢靡的生活，这财富一方面来源于当地党卫队的供给，一方面来自在比克瑙被杀的犹太人。她的衣柜里堆满了遇害女人的裙子和鞋子，她的橱柜中则装满了糖、面粉、巧克力、肉、香肠、牛奶和奶油。甚至她花园中那些异域花草的园艺用品也来自集中营。1944 年底，由于苏联军队逼近，他们不得不撤离指挥官别墅时，霍斯一家需要几节火车车厢才能把所有财物转移到安全地带。[216]当然，他们并不是唯一中饱私囊的党卫队家庭；腐败在各个集中营滋生，最严重的都在东欧占领区。

掠夺和腐败

海因里希·希姆莱是个十分注重礼仪的刽子手。他一直以来把自己打造为一个极有原则的人。在二战期间，他成了纳粹新道德观的重要布道者，把大规模屠杀美化成从死敌手中保护德国人民的神圣职责。[217]与一些历史学家的观点相左，希姆莱这样的纳粹杀手并不将自己视为虚无主义者。[218]希姆莱将纳粹的最终解决方案视为正义的行动，是出于现实必要、理想和“对德国人民的爱”，正如他于 1943 年 10 月 4 日傍晚在波森（Posen）发表的一篇臭名昭著的演讲中所说。杀手们在大规模屠杀犹太人时保持“体面”和自身的洁净，这无疑是“我们历史上光辉的一页”，他如是告诉自己以及在场的党卫队大人物。[219]

在波森的演讲中，希姆莱还指出了被谋杀的犹太人的财产应该如何管理使用。希姆莱说，他下令所有的“财物”都将通过奥斯瓦尔德·波尔的经济与管理部送往德意志帝国：“我们不留一分一毫。”在希姆莱的道德观中，由国家财政支持的大规模屠杀和劫掠是正义的，但个人的偷盗是犯罪：“我们在道德上是正义的，要对我们的人民负责，杀死这些想要杀死我们的人（犹太人）。但我们没有权利用这些战利品充实自己的腰包，无论是皮草还是手表，无论是一马克还是一支香烟，或是其他任何东西。”那些打破这一神圣准则的少数党卫队队员将会被“无情地”惩处，由他亲自下令处决，希姆莱怒吼着，一瞬间流露了自己的情绪。毕竟，他们偷窃的不是犹太人，而是拥有所有战利品的纳粹政府。[220]

377 希姆莱很明白，将党卫队视为一个道德高尚的团体是不现实的。事实上，他和他的法官们相当同情党卫队内的小偷，将偷盗犹太人的财物视为情有可原；即使是大案要犯最多也只判处拘留（经常直接得到保释）。进一步讲，正如希姆莱所暗示的，党卫队内的偷窃和腐败并不鲜见，甚至是猖獗的：1942年，党卫队法庭所有的判决中，财物侵占罪近乎占了一半（这一比例远比德军士兵要高，士兵们中饱私囊的机会很少）。小偷在集中营内很常见，最多的就是在大屠杀第一线。在奥斯维辛这样的集中营内，在希姆莱的命令下，经济与管理部展开了一场规模空前的劫掠行动。他那“国家财产神圣而不可侵犯”的教诲最终必然沦为耳旁风：当地党卫队队员问自己，如果国家劫掠犹太人是正义的，那么自己干相同的事又有什么错呢？[221]

为德国劫掠

党卫队官方的劫掠在大屠杀期间布置得细致入微。在奥斯维辛集中营，精心排演的流程在犯人们抵达火车站时就开始了。纳粹官方允许犹太人携带一些行李，到东方过“新的生活”。行李包括衣服、食物、工具和其他私人物品。这些财物会被火车站的一支特殊的囚犯小队没收，堆到卡车上，最终运到仓库进行分类。同时，可以食用的物品被送到一个食品仓库。一旦火车站清空之后，另一队囚犯搜索整个区域，寻找囚犯们在筛选开始前丢弃的财物。[222]

第二波劫掠是在毒气室旁。当受害者脱光衣服后，特别工作队的囚犯在这里搜集衣服、鞋子和其他个人物品，比如眼镜和手表。毒杀完成后，特别工作队还会搜寻死者身体上的值钱物品。女人的头发在她们死后被剃下来，收集好之后放在焚化炉上面的房间烘干，之后被用来制作毛毡和丝线（与传闻不同，人体脂肪并没有被用来制作肥皂）。死人的金牙在一个特殊的工坊被清洗干净然后熔化，其他如珠宝一类的值钱物品也是一样。根据奥斯维辛囚犯写下的秘密报告，仅在 1944 年 5 月下半月，就有大约 90 磅重的金子和白合金从被杀的犹太人的假牙中提取出来（当时正是处决匈牙利犹太人的高峰期）。[223]

劫掠的大部分物品被送往集中营一处特别的地方，也就是 378
囚犯们（后来党卫队也这么叫）口中的“加拿大”营，以拥有巨大财富的遥远国度命名。随着大屠杀愈演愈烈，指挥官霍斯于 1942 年 6 月初下令迅速建设一批木房，用来储存被杀犹太人的财物。最终，主营旁建起了六座营房，1942 年 9 月 23 日奥斯瓦尔德·波尔造访奥斯维辛时还特地来此视察。但这些仓库（“加拿大”一号）很快就不够用了。集中营党卫队杀人的速度远超过处理这些战利品的速度，虽然又用了一些小屋，但袋子和手提箱依旧越堆越高。最终在 1943 年 12 月，比克瑙又启用了三十座营房作为仓库区（“加拿大”二号）。但这依旧无法赶上种族灭绝的速度，行李箱只能堆在新营房之间的空地上或者移到其他地方。[224]

在奥斯维辛的仓库区，所谓“加拿大”突击队的数百名男女囚犯夜以继日地对战利品进行分类。人数最多的劳动队负责梳理经过消毒、堆积如山的衣服，寻找藏在其中的贵重物品，分类并堆好。当他们清空夹克和大衣的口袋时，有时会发现信件和照片。“我从来不敢看那些东西，”波兰犹太人基蒂·哈特（Kitty Hart）在战后写道，“就在离我们几米远的地方——也许就在同一时间——这些人，这些东西的主人正在被焚化。”与此同时，一支专业的党卫队小队负责筛查钞票和其他值钱的东西；德国货币被存入党卫队经济与管理部的一个特定账户，其他的货币则被分类归好。[225]

一些劫掠的物品被留在集中营内。在马伊达内克和奥斯维辛，党卫队用被杀犹太人的衣服、鞋子和帽子补充囚犯衣物的库存。[226]但大部分战利品还是被送往波兰或是德国的其他地方。以对头发的运输为例，头发被送往德国经济部和私人公司，有些公司远在数百英里之外。在不来梅的一间羊毛精纺厂，工人们有一天发现粗粗的辫子中藏着一些小硬币，这些辫子是从远在奥斯维辛的希腊女孩头上剪下来的。其他集中营也会送头发过来。1942 年夏天，党卫队经济与管理部给几座集中营下达命令，搜集登记犯人的头发（包括男人），原本计划由党卫队工厂来制造一些产品，还有为潜水艇士兵制作袜子，不过这个计划很快就被放弃了。[227]

大屠杀中，奥斯维辛和马伊达内克搜集的大部分衣物被送到德国经济部所指定的机构中。其他一些衣物则被送往德国种族联络办公室（VoMi），这是党卫队负责德意志裔人在东方定居事宜的部门。在纳粹的新规定中，德国定居者不仅可以接管
379 犹太人的房屋和农场，还可以接管他们的衣服。到了 1943 年 2 月初，奥斯维辛和马伊达内克已经向德国种族联络办公室运送

了 211 节火车车厢的衣物，包括 13.2 万件男士衬衫和 11.9 万件裙子，以及 1.5 万件儿童外套。新的主人不能知道这些衣物的来源，因此党卫队领导层下达了严格的指令，去掉了衣服上所有的黄色星星。[228]

党卫队经济与管理部是集中营党卫队劫掠的中心机构。它操纵着赖因哈德行动积累的所有财物（包括党卫队经济与管理部的奥斯维辛集中营和马伊达内克集中营，以及三座格洛博奇尼克死亡营）。借用那位 1947 年判处党卫队经济与管理部主管奥斯瓦尔德·波尔死刑的美国法官的话，波尔的办公室已经成了“赃物清算中心”。[229]除了下达如何处理和运输战利品的具体命令之外，经济与管理部还监管账户，甚至亲自处理赃物。

到 1942 年秋天时，党卫队的快递员经常将装满手表、闹钟和钢笔的箱子送往奥拉宁堡的经济与管理部 D 处。150 名囚犯技师在萨克森豪森的一间特别工厂中将它们修好，这些技师中三分之二是犹太人；就像集中营制作伪钞的囚犯小队一样，这些人也受到特别优待（党卫队原计划在奥斯维辛集中营建立一个类似的工厂，但该方案没有被通过）。最终的成品在希姆莱的命令下，通过 D 处分发给武装党卫队的官兵。空军和海军也分了一杯羹。不同的机构为了这些战利品互相竞争，尤其是金表和钢笔；一名党卫队全国副总指挥曾于 1943 年请求希姆莱，在圣诞节期间给予那些受伤的党卫队队员“大量真正的快乐”。持续的大屠杀意味着供给源源不断，直到 1944 年 11 月，经济与管理部 D 处的官员们仍然拥有 2.7 万块手表和时钟，还有 5000 支钢笔。（当听到这个消息时，阿道夫·艾希曼简直不敢相信经济与管理部的这些“怪胎”竟然把宝贵的时间浪费在这样的“狗屁”上。）[230]

与此同时，赖因哈德行动搜集的珠宝、外币、金牙和其他贵金属被送往经济与管理部位于柏林的总部。奥迪路·格洛博奇尼克经常亲自交付自己集中营里掠夺的贵重物品。之后这些物品由党卫队一级突击中队长布鲁诺·梅尔默（Bruno Melmer）送到德意志帝国银行的保险箱里。[231]梅尔默是个大忙人：1942 年夏天到 1944 年底，他至少运送了 76 次。通常，帝国银行会将和物品价值相等的钱存入一个特别账户。提纯后的金子由普鲁士矿业熔成金条，其他贵金属则被送去进一步精炼。[232]同时，帝国银
380 行也会处理来自其他集中营的金子。战争初期，死囚的金牙被党卫队队员及其家人用来镶自己的牙。但到了 1942 年秋天，党卫队的金牙库存已经足以支撑数年之久，所以经济与管理部决定将过剩的部分存入帝国银行。[233]

党卫队在奥斯维辛和马伊达内克劫掠的财产，总价值难以计算，但很可能达到数亿德国马克；一部分财物由党卫队扣留，但绝大部分进了德意志帝国的保险箱。[234]当然，这只是纳粹政权从占领区的受害者手中抢走的一小部分财产——欧洲犹太人的财物早在他们到集中营前就已经被系统性地剥夺了——相比德国更宏大的战争行动，根本无足轻重。[235]

总而言之，集中营内的劫掠体现了党卫队管理者凶残的功利主义。他们坚信，所有东西都应该为德国所用，包括死人，哪怕根本不符合经济逻辑。毕竟死人的头发是没有利润可言的，要花大力气搜集、烘干、打包和运送，结果只是处理价：从 1942 年 9 月到 1944 年 6 月，马伊达内克集中营共收集了 730 千克头发，最终只卖了 365 德国马克，还没有赖因哈德行动中劫掠的一个金质香烟盒贵。[236]对党卫队来说，杀死犹太人并掠夺他们的财产还不够，犹太人生活的所有痕迹都要被抹去。一旦纳

粹最终解决方案完成，什么都不会剩下：亡者已经成灰，他们的财产也成了战利品。

发死人财

腐败跟恩惠与裙带关系一样，是纳粹政权的结构特征。[237]二战期间，腐败在各个层级生根发芽。在德国境内，因为物资短缺与配给制度，黑市发展猖獗。[238]而在其他地方，纳粹对欧洲的劫掠催生了个人腐败，大屠杀为德国侵略者、外国支持者和当地的投机分子带来了巨大的利益。[239]特雷布林卡集中营指挥官弗朗茨·施坦格尔（Franz Stangl）还记得他 1942 年 9 月刚上任时，当地的党卫队队员告诉他："这里的钱和物资超乎人的想象，就在这里等着被拿走。你要做的就是去拿。"[240]

东部集中营的党卫队队员抓住一切机会，用被杀犹太人的
财物装满自己的口袋。犹太幸存者贝内迪克特·考茨基 381
（Benedikt Kautsky）在 1938 年作为奥地利社会主义者被捕后辗转了数座集中营。他写道，和"奥斯维辛规模巨大的腐败"相比，布痕瓦尔德这样老集中营里的小偷小摸根本不算什么事。[241]一些低阶的党卫队队员开始对上司积累的财富产生妒忌之心，但腐败是没有阶级之分的。大部分东部集中营的党卫队员工都参与其中。[242]

腐败漩涡的中心是奥斯维辛和马伊达内克，它们也是与大屠杀最密切的两座集中营。在火葬场、仓库和火车站工作的党卫队队员最容易获取金钱和值钱的财物。马伊达内克毒气室的守卫格奥尔格·W.（Georg W.）后来供认说，他曾经"溜达到放置珠宝的地方，将它们拿走"。普通的党卫队队员们则一夜暴富。一位名叫弗朗茨·霍夫鲍尔（Franz Hofbauer）的奥斯维

辛官员曾经在一天之内将一万德国马克装进自己的口袋。甚至连运送囚犯的火车司机都想分一杯羹。犹太人离开之后，司机会在附近徘徊，假装检修发动机，实际上是想搜寻被遗落的值钱物品。[243]在这个是非颠倒的世界里，一些恶徒将纳粹最终解决方案视为自己发财的机会。

东部集中营的党卫队队员不仅偷新囚犯的财物，也偷登记囚犯的财物。分配给集中营的物资经常被售卖以获利。在普拉绍夫集中营，大部分囚犯的口粮被党卫队拿到当地的黑市售卖。这种行为获得了指挥官戈特的许可，后者更愿意将分配给囚犯的肉喂狗吃。党卫队队员还会扣留囚犯的衣服。比如在华沙，党卫队队员将内衣卖给当地的波兰人，让囚犯们没有换洗的衣服。[244]虽然此类与平民的交易是党卫队销赃获利的一种途径，但大部分的交易还是和囚犯在集中营内完成的。

每座集中营都有自己的地下经济，囚犯们将所有能卖的东西都拿来出售。黑市在所有集中营里都至关重要，在东欧占领区更是如此。因为那里的条件比其他任何地方都更糟糕，所以生存很大程度上取决于囚犯们是否有能力通过易货来改善自己的生活。为了活下去，他们必须“有计划”，而大屠杀的战利品也给他们提供了机会。在奥斯维辛集中营，“加拿大”突击队是所有集中营囚犯嫉妒的对象，因为他们能够获得食物和衣服，不仅够自己使用，还足以拿到黑市中出售。比克瑙特别工作队的成员也可以利用职位获得便利。比如“牙医”莱昂·科恩（Leon Cohen）就用金牙和党卫队队员交换杜松子酒、鸡肉和其他食物。[245]即使是
382 什么都没有的囚犯，也满脑子都是交易。在奥斯维辛溜达的时候，他们的眼睛一直盯着地面，希望能发现些什么——也许是一颗扣子或是一段纺线——这些都可以用来交换。[246]

交易可以发生在任何时间和任何地点。在许多集中营，黑市都有一个实体的空间。在科隆卡集中营，黑市位于下级食堂里。一名犹太囚犯在日记中写道，那里很像“犹太村庄里的市场”，可以买到牛奶、水果、蜂蜜、罐头食品和其他东西。[247]而在莫诺维茨集中营，黑市位于集中营内里离党卫队营房最远的角落。普里莫·莱维回忆那里“永远都有熙熙攘攘的人群，夏天在室外，冬天在盥洗室，劳动队们一回来便开始”。人群之中有挨饿的囚犯们，他们希望能用一小片面包换些更好的食物，或是用衬衫换食物（那些“丢失”自己衬衫的囚犯会被审头殴打）。而交易的另一方则是专业的交易商和窃贼，他们能够进入党卫队的厨房和库房。囚犯之间主要的货币是面包和香烟，一些常备货物（比如每天供应的汤）的价格相对稳定，而其他一些商品的价格则会因为供需关系而发生变化。[248]

大部分黑市的交易发生在囚犯之间，但最重要的顾客是党卫队官员，最大的财富也必然流入他们的腰包。毕竟对一个快饿死的囚犯来说，金币又有什么意义呢？贪婪的党卫队队员压榨着绝望的囚犯们，除了同意交易之外，他们几乎别无选择。在马伊达内克集中营，犹太囚犯们几乎要渴疯的时候，立陶宛守卫们用一小杯水来换取囚犯的衣服和鞋子。[249]如果价钱合理，党卫队队员也可以提供其他服务，包括将囚犯转移到受优待的劳动队或是送密信。一些党卫队队员还敲诈囚犯，威胁说只要他们付钱就可以免他们虐待或死刑。[250]

党卫队队员与囚犯的这种违法勾当使得他们之间的界限变得模糊起来；有那么一瞬间，他们因为共同的利益联合在一起。不过他们并不是平等的交易伙伴。首先，党卫队员工经常欺骗囚犯。有一个出名的例子，一名党卫队队员答应帮一名囚犯逃跑。可在囚犯付钱之后，这名党卫队队员直接开枪打死了他。[251] 那些对党卫队交易知道太多的囚犯也会被杀，拒绝党卫队贪官无理要求的囚犯也会被杀。如果交易没能顺利进行，囚犯们知道最好还是保持沉默，不要说出党卫队违约者的名字。不然的话，囚犯很可能在做出任何伤害性的披露之前就被打死或是射杀。[252]

383 党卫队官员们找到了很多挥霍不义之财的地方。有时他们会共享财富。比如奥斯维辛党卫队就设立了一个秘密账户，其中存有数万德国马克，都是从受害者身上剥削来的，专门用于购置聚会用酒。[253] 更多的党卫队刽子手会偷偷将战利品运出集中营，寄回老家，就像克雷默医生那样。当地的党卫队官员靠长期贪污来维持家人在东部占领区奢华的生活。如果没有了美食美酒、亚麻桌布和时尚的晚礼服，就不是奥斯维辛的晚宴了。但贪婪也很危险。1942 年秋天，党卫队官员格哈德·帕利奇（Gerhard Palitzsch）的妻子因斑疹伤寒而死。她住在集中营外五百码的地方。囚犯们传言，她偷拿了“加拿大”库房中的衣服，是衣服上面的虱子将这病传给了她。妻子死后，帕利奇更加肆无忌惮。他贪污起来更加明目张胆，还强行侵犯女守卫和女囚。帕利奇最终没能逃脱制裁，他被关进了地堡之中。在那里，他曾经折磨无数囚犯，如今自己也沦为阶下囚。但就像许多党卫队老兵一样，帕利奇得到了第二次机会。他被派到奥斯维辛的一座卫星营继续当领导，但最终还是被踢出了党卫队，派往前线（1944 年 12 月死于匈牙利）。[254] 帕利奇的落马并非个案，他是二战后半段被抓的众多党卫队贪官之一。党卫队的这次反腐运动是由希姆莱下令展开的，为的是恢复“体面”。

党卫队的自我调查

1942 年夏天，两名高级指挥官因腐败被抓后，集中营党卫队内部发生了短暂的震动。第一位是党卫队二级突击大队长亚历克斯·皮奥尔科夫斯基（Alex Piorkowski），他继汉斯·洛里茨之后担任达豪指挥官，因为在集中营内过着花天酒地的生活而被停职；希姆莱下令让党卫队法庭对皮奥尔科夫斯基采取行动，后者在此之前已经失去了希姆莱的宠爱。[255]而另一位更显赫的落马官员是党卫队区队长汉斯·洛里茨本人，他是官阶最高的集中营指挥官。此事还要从 1942 年 3 月说起，当时发现有几名萨克森豪森的党卫队队员从厨房、贮藏室和花园中有组织地偷运食物。这种小偷小摸的事情司空见惯，洛里茨的反应也一如既往，他很快封锁消息，将罪责都推到一名囚犯身上。但这个策略失败了。一名不满的党卫队队员将此事捅到了盖世太保那里，矛头直指洛里茨：营内所有人都知道，指挥官本人是“最大的蛀虫”，劣迹斑斑。同时，一封含有更多指控的匿名信 384
（最终发现此信是萨克森豪森一名守卫的妻子所写）被递交到海因里希·希姆莱手中。[256]

党卫队全国领袖迅速下令展开正式调查，各种腐败行为随之曝光。洛里茨迫使囚犯为他制作地毯、油画、花瓶、家具甚至帆船，最过分的是萨尔茨堡附近一座正在建造的别墅。1938 年，洛里茨在沃尔夫冈湖（Wolfgangsee）的圣吉尔根（St. Gilgen）购置了一大块土地，命令囚犯为他建设梦想中的庄园，其中包括梯台式的花园和喷泉。1942 年针对洛里茨的调查开始时，庄园大体已经完工，他的妻子和儿子已经住了进去，透过窗户监督囚犯做最后的收尾工作。[257]1942 年 6 月，洛里茨被要求说明情况，他用极为悲怆的语言抗议说，自己作为党卫队官员的尊严正在被损害。这也暴露出党卫队官员们对权力的一种不当认知。洛里茨不明白为什么在所有人中，只有他被揪了出来，他的行为在其他地方都是可以容忍的。他也不是唯一想要在沃尔夫冈湖旁住大房子的集中营党卫队领导人。离他湖边别墅不远的地方，集中营囚犯们正在为经济与管理部的阿图尔·利布兴切尔建私家宅邸。[258]

党卫队领导层为何在1942年夏天对洛里茨下手呢？战争后期，普通德国人的生活越发艰难。考虑到舆论对腐化官员的抨击可能会侵蚀纳粹本就摇摇欲坠的公众形象，纳粹领导层对官员腐败越发难以容忍。1942年春天，希姆莱宣布政权的领导人物必须以身作则，严格要求自己。1942年夏天，希姆莱承认腐败问题已经激怒了更广泛的民众（他自己的家庭依然过着相当奢侈的生活）。[259]因此，希姆莱决定用洛里茨杀鸡儆猴，毕竟他知法犯法的行为早已传出了萨克森豪森，尽人皆知。

对于汉斯·洛里茨的落马，经济与管理部主管奥斯瓦尔德·波尔也有自己的考虑。随着他逐渐将集中营系统收入自己的掌控，波尔急需立威。还有什么比打倒洛里茨这样的人更合适的呢？洛里茨从集中营早期开始便是一个坚定分子，还是波尔老对手特奥多尔·艾克的拥护者。[260]同时，波尔也想借此机会显示自己的两袖清风，他开除亚历克斯·皮奥尔科夫斯基的过程仿佛一场表演。波尔命令这位达豪的指挥官来柏林，当场将他解职，尽管波尔并没有这个权力。他最后还将象征党卫队荣誉的装饰性的短剑从皮奥尔科夫斯基身上没收，以此羞辱他。[261]

385 不过，如波尔这样的党卫队领袖并不愿意处理腐败真正的根源。尽管经济与管理部知道大量集中营党卫队守卫行为不当，但只有很少的指控被真正当成一回事。[262]即便是像洛里茨和皮奥尔科夫斯基这样的铁案查起来也是浮皮潦草，也许是因为这些案子还没有传出党卫队的圈子，闹得尽人皆知。希姆莱虽然最终将皮奥尔科夫斯基逐出党卫队，但对犯罪的打击并没有持续下去。[263]至于洛里茨，他保住了自己的党卫队军衔，得到了一份新工作——在挪威建立一个强制劳动集中营网络。而他的家人仍然住在沃尔夫冈湖旁的别墅中。[264]

不过，海因里希·希姆莱仍然很注意维护表面形象。1943年，他开展了一次更完善的反腐行动，导火索是对集中营资深官员卡尔·奥托·科赫的调查。科赫是战前时期最显赫的指挥官之一，但其职业生涯在战争期间走向了歧路，他的倒台是所有集中营官员当中最惊人的。如我们之前所述，他因为贪污第一次被逮捕后，希姆莱在 1941 年底赦免了他并给了他第二次机会，去马伊达内克集中营当指挥官。可他很快又垮台了。1942年 7 月 14 日夜里，80 多名苏联战俘从营内逃走，他们翻过铁丝网，消失在黑夜中。为了掩盖此次囚犯们轻松越狱的过失，科赫下令立刻处决剩余的几十名苏联战俘，同时向上级汇报说，自己已经杀死了参与大规模越狱的囚犯。他还试图推卸责任，将囚犯越狱归咎于营区简陋的条件、看守们低下的素质，还有两名值班的哨兵，其中一位恰好还叫古斯塔夫·施拉夫（Gustav Schlaf，Schlaf 意为“睡”）。希姆莱不为所动，他几天后前来卢布林视察，并于 1942 年 7 月 25 日下令由党卫队法庭将科赫召回，以玩忽职守的罪名对他进行调查。科赫回到了他在布痕瓦尔德的家中等待结果。最终，他的案子被撤销了，他却再没有官复原职。[265]

科赫很快发现自己惹上了更大的麻烦。1943 年 3 月，希姆莱到访布痕瓦尔德，惊讶地发现科赫和妻子还住在富丽堂皇的指挥官别墅中。希姆莱要求“又懒又颓废”的科赫（科赫比希姆莱大三岁）滚出来，让人送他上前线。[266]在有关科赫腐败的新证据曝光之前，希姆莱的命令还没有被执行。新证据的出现促使希姆莱下令再次对他展开调查。第二天，科赫的别墅被彻底搜查。1943 年 8 月 24 日，科赫和妻子伊尔莎被逮捕并押送到魏玛的盖世太保监狱。[267]

386 科赫的案子由年轻傲慢的党卫队法官康拉德·摩根（Konrad Morgen）主理，后者于 1943 年夏天花了几个月在布痕瓦尔德搜集科赫犯罪的证据。摩根于 1909 年出生在一个贫困的家庭，一路努力考入大学学习法律。他曾在纳粹常规法庭短暂任职，之后便开始了他的党卫队生涯。1940 年，他作为法官加入了党卫队总办公室，负责相关的法律事务。之后，他被派往总督府，通过打击党卫队腐败和其他越轨行为获得了声誉。1943 年 6 月底他被调回了帝国中央安全局，在希姆莱授意下，他接手了科赫的案子。[268]战争结束之后，精明的摩根指证了一些原党卫队队员，并将自己形容成一个孜孜不倦地维护法律和秩序的人。一些历史学家相信了他的话，一些法官也相信了。[269]不过，他战后的证词是为了自我开脱，其中充斥着省略和赤裸的谎言。[270]康拉德·摩根是一名尽职的党卫队官员。在调查科赫一案期间，中央安全局处决囚犯、在医疗实验中杀死囚犯、屠杀所谓生病或被感染的囚犯，种种行为他都视而不见。他的主要目的不是阻止虐待囚犯，而是根除个人腐败（或是其他违抗命令的行为）。[271]简而言之，摩根不是维护公序良俗的骑士，而是维护希姆莱所标榜的党卫队道德的十字军，试图清除所有的污点，维护党卫队杀手“完美无瑕”的形象。

虽然科赫是摩根调查的主要对象，但因为科赫在布痕瓦尔德和马伊达内克担任指挥官多年，所以不少党卫队队员都受到了牵连。例如，摩根发现科赫手下几乎所有的士官都变成了“彻底的腐败分子”，明目张胆地中饱私囊。不过最终，只有科赫的亲信受到了处罚。[272]其中有一级小队长戈特霍尔德·米夏埃尔（Gotthold Michael），他被指控替上司进行部分腐败活动，同时偷窃囚犯财富以为己用，包括昂贵的皮箱。[273]还有一位级别更高的被告是赫尔曼·哈克曼（Hermann Hackmann）。他乘着老领导的东风，一路升至布痕瓦尔德的副官，后来又担任马伊达内克的营区负责人，是集中营内裙带关系的典型例子。哈克曼于 1944 年 6 月 29 日被党卫队法庭以长期贪污的罪名判处死刑，但一直没有执行。他在达豪关了半年之后被释放，去前线抗击不断前进的美国军队。[274]

与此同时，卡尔·奥托·科赫自己的案子却一直拖延。希姆莱批准刑讯逼供那些可能知道党卫队腐败内情的人。1944 年 3 月，科赫被迫松了口。他称，上级的盲目信任使自己变成了一个自大狂。但科赫还是拒绝认罪坦白。[275]科赫的审判最终于 1944 年 9 月在魏玛的警方法庭开庭，但很快就休庭了，直到 387
1944 年 12 月 18 日后才得以继续。此前被指控参与腐败活动的伊尔莎·科赫最终被宣告无罪。但她的丈夫被判处死刑。党卫队领导们在是否行刑上犹豫不决。后来在 1945 年 4 月初，也就是战争结束前夕，关押在魏玛警方监狱的科赫被带到了布痕瓦尔德集中营，由党卫队行刑队枪决。为了显示自己最后的勇气，他拒绝戴上眼罩，直到生命最后一刻仍在贯彻着集中营党卫队那所谓的男子气概。[276]

奥斯维辛的法官

1943 年，随着关于布痕瓦尔德大规模贪腐的证据越来越多，海因里希·希姆莱批准对其他几座集中营展开内部调查。[277]康拉德·摩根是调查组的负责人。截至1944年初，已经有几十名官员在他手下工作。党卫队与警方还联合组建了特别法庭，处理更复杂的案子。[278]不过，反腐败调查的范围依然有限，仅限于五六座集中营。[279]调查的大部分重心在东欧占领区，正如摩根在1944年所写的，那里唾手可得的“犹太资产”造成了“类似的腐败”。[280]多名集中营党卫队队员被逮捕，其中包括两名指挥官。赫尔曼·弗洛施戴特自1942年11月起开始领导马伊达内克集中营。上司们曾夸他将科赫留下的烂摊子收拾得井井有条。不过事实证明弗洛施戴特并没有比前任指挥官好到哪里。1943年秋天，他因为涉嫌挪用公款和一系列其他罪行被逮捕。不过他的案子一直没有庭审，直到1945年3月时他还在魏玛监狱中候审，他之后的命运却是一个谜。[281]与此同时，普拉绍夫集中营指挥官阿蒙·戈特则在1944年9月被逮捕，此人因为对黄金的狂热而臭名昭著。但像弗洛施戴特一样，他也从未被党卫队判刑。[282]

大约从1943年秋天起，康拉德·摩根和团队的其他几名成员就一同在奥斯维辛调查党卫队的腐败和盗窃问题。起因就是此前提到的一名党卫队队员所寄出的金块。[283]为了停止摩根的调查，奥斯维辛党卫队领导层“最后一次”提醒官员们，不得拿取囚犯的财产——包括黄金和值钱的财物；那些“做出这种肮脏行径”的小偷将会被开除，并接受审判。[284]但腐败的根系太深，仅凭命令已经无法阻止。通过搜索储物柜和营房、检查文件、审讯嫌疑人，摩根的团队在几个月内从奥斯维辛逮捕了一
388 群人（据一位调查团前成员的说法，其中包括23名士官和2名官员）。不过对这些人严厉制裁的威胁再次成为一纸空谈。即便是重犯，也不过关上几年甚至更短的时间就被释放了。对其他

人的惩罚甚至更轻。比如“加拿大”仓库区的士官弗朗茨·文施（Franz Wunsch），他在偷拿手套、刀、香烟和其他物资时被当场抓获，最后只是被关了 5 周禁闭。[285]

对奥斯维辛党卫队的调查一直持续到 1944 年，甚至一度还有扩大审查的说法。摩根听说希姆莱想让他展开一项“从匈牙利到奥斯维辛”的重要调查。显然，近期在比克瑙展开的对匈牙利犹太人的屠杀并没有像党卫队官方期待的那样收获丰富的战利品。这也再次引起了高层对腐败的怀疑。但我们并不清楚新一轮的审查是否真正开展过。[286]最终，摩根揪出来的最高阶的官员是奥斯维辛政治办公室主任马克西米利安·格拉布纳（Maximilian Grabner）。政治办公室负责与处决、屠杀相关的事务，它在二战期间集中营体系内的地位迅速提升。其中最显著的就是奥斯维辛集中营，政治办公室负责监督火葬场和毒气室。格拉布纳原先是维也纳的盖世太保，后来加入集中营党卫队，为政治办公室争得了强有力的地位，几乎彻底独立于指挥官霍斯，他自己也成了奥斯维辛最令人害怕的党卫队官员。[287]利用他的权位，格拉布纳随意取用被杀犹太人的财产，将整箱的战利品往家里送。[288]他的行为最终被摩根的调查团发现。1943 年 12 月 1 日，他被解职。[289]

1944 年秋天，党卫队与警方建立的特别法庭对格拉布纳进行了审判，结果却发生了非同一般的转折，充分体现出党卫队司法的荒谬。格拉布纳不仅被指控贪污腐败，还成了唯一一名被指控不听从指挥、滥杀囚犯的奥斯维辛党卫队队员。[290]从格拉布纳的角度看，这种指控一定十分荒谬：他的做法不正是依据了纳粹恐怖行动的基本方针吗？他的一些奥斯维辛老同事前来作证，小心地为他抗辩。鲁道夫·霍斯也争辩说，屠杀每天都在各个集中营上演，格拉布纳的所作所为根本不值一提。格拉布纳曾经的下属威廉·博格（Wilhelm Boger）甚至更进一步，据说他宣称："为了元首，为了德意志，我们杀得还太少！"[291] 海因里希·希姆莱或许也有这种激进的感情，他往往会支持集中营党卫队展开自发性的暴力行为。即使有的时候希姆莱批评
389 一些党卫队官员行为太过火，但他也认可他们的这种精神。[292]不出所料，考虑到希姆莱的意见以及集中营恐怖肆虐的现状，根本无法证明格拉布纳越权。对他的审判终止了，并且再也没有继续，使公众疑惑不解。[293]

维持体面

疯狂的威廉·博格说出了奥斯维辛和其他地方许多党卫队队员的心声，他将康拉德·摩根的调查描述为"一场滑稽戏"。[294]但大多数集中营党卫队的官员却笑不出来，因为摩根的调查是一个潜在的威胁；他们将贪污和诈骗作为第二个收入来源，已经形成了依赖，并不打算因此改变自己的生活方式。这些人对摩根又怕又恨，想尽办法阻挠、破坏、瓦解他的团队。[295] 果不其然，1943 年 12 月的一天，摩根团队在奥斯维辛储存证物的营房神秘失火。[296]

相比大多数党卫队队员，海因里希·希姆莱对腐败的态度更加模糊。他一向视自己为道德的典范。这次，和大屠杀相关的腐败盗窃发生之后，他在对集中营展开调查上起了关键作用。虽然有许多集中营高官反对，但希姆莱还是力排众议，提拔康拉德·摩根为反腐败组织的领导人，并一直为他撑腰。直到 1944 年夏天，希姆莱依然表达了对特别小组和警方法庭的赞赏，并提议将摩根提拔为二级突击大队长。[297]不过与此同时，希

姆莱对腐败行为严惩不贷的口号只是一场空谈。私下里，他不大愿意对犯罪者处以重刑。希姆莱也不愿扩大摩根行动的规模，他一定明白，对党卫队更深入的调查会使整个体系瘫痪。毕竟腐败是维持这一切的黏合剂。那么为什么希姆莱要支持摩根呢？首先，这种调查有其象征意义。纳粹其他领袖在了解集中营贪腐案的指控之后，党卫队全国领袖愿意严惩一些集中营的蛀虫，足以证明党卫队的纯洁、严格和体面。[298]

如果海因里希·希姆莱对腐败的态度是表里不一，那么他的集中营系统总负责人则更加阳奉阴违。台面上，奥斯瓦尔德·波尔和他的经济与管理部的管理层不得不支持反贪污腐败的行动。[299]尤其是在能巩固自己势力的情况下，波尔甚至愿意牺牲一两个党卫队官员，比如洛里茨。但波尔不愿意对集中营展开更 390
大规模的调查，并多次对调查进行阻挠，抱怨称这破坏了囚犯们的纪律性，影响了战争物资的生产。[300]

波尔阻挠的原因很明显：跟其他党卫队领导一样，波尔从纳粹的恐怖机器中获利甚巨。他在1938年离婚，并于1942年12月12日在希姆莱位于东普鲁士的总部再婚［希姆莱亲自给他挑选了一位年轻的新娘——有钱的女继承人埃莱奥诺雷·冯·布吕宁(Eleonore von Brüning)］。[301]这对夫妇十分享受封建领主式的生活。他们“雅利安化”了柏林一处巨大的别墅，这里原来的主人是一名后来死在拉文斯布吕克的犹太女人。波尔夫妇生活得很舒适，不用交任何房租。他们从萨克森豪森调来犯人进行房屋改造，还留下了五名犯人作为用人。[302]波尔加入了赫尔曼·戈林等一众浮夸的领袖行列，成了新的纳粹贵族。[303]为了宣告他的到来，波尔甚至制作了自己的盾徽——合上的骑士头盔和一匹前蹄立起的马。[304]

总之，波尔幻想成为一个拥有土地的贵族，在乡间添置了两座庄园。他对希姆莱撒谎，宣称自己三代贫农出身。他妻子的嫁妆里包括一处在巴伐利亚乡间的房产，这里之后由达豪的囚犯进行了翻新，不过夫妇二人直到第三帝国快垮台时才开始使用这里。[305] 他们大部分时间是在德国北部康姆瑟雷（Comthurey）的庄园中度过，这里占地巨大，有漂亮的壁炉。这处土地上还有一座拉文斯布吕克的卫星营，距离房屋约六英里远。有几十名囚犯在这里当奴工；一些人在田中务农，其他人则服侍波尔夫妇，还有一些人修整花园、翻修宅邸、建设新的桑拿房和其他娱乐设施。波尔穷奢极欲的生活要花费数十万德国马克，全部由党卫队买单。[306]

波尔不断增加的资产中包括党卫队分配的一间位于达豪种植园的豪华公寓，他在战时访问德国南部时会住在这里（波尔对达豪集中营并不陌生，他在战前曾经和第一任妻子住在这里）。他是个工作狂，但在达豪有时也会休闲，懒洋洋地坐在躺椅上，身边是服侍的囚犯，其中包括一名穿着白色马甲的囚犯服务生，还有私人厨师准备晚餐。有时波尔也会在私人猎师的陪同下出去打猎。[307]

奥斯瓦尔德·波尔的整个人生都与集中营缠绕在一起。对他而言，集中营并不是一个遥远、抽象的概念。他靠集中营而活。在会议、视察甚至私人生活中，他都被囚犯、暴力和死亡
391 包围着。对于像卡雷尔·卡沙克这样近距离观察他的达豪犯人来说，波尔是一个典型的靠纳粹发迹的人，他表现得像“一个神或一个帝王”。波尔把囚犯当作个人的财产。他会穿着睡衣走来走去，命令囚犯们给他擦靴子，这都是再寻常不过的事情。[308] 对他来说，囚犯是任他随意压榨的奴隶。他这种行为也为地方党卫队队员做了表率。

注　释

1. Quotes in IfZ, G 20/2, Aussage J. P. Kremer, July 18, 1947; Kremer, "Tagebuch," 213. See also Czech, *Kalendarium*, 295; *DAP*, Vernehmung J. P. Kremer, June 4, 1964, 9857. 详情参见 Lewental, "Gedenkbuch," 215 – 20; Vaisman, *Auschwitz*, 27 – 32（1945 年写作）。

2. Quote in Kremer letter, September 5, 1942, cited in Langbein, *Menschen*, 391. See also Kremer, "Tagebuch," 209 – 29; Rawicz, "Dokument."

3. Kremer, "Tagebuch," quotes on 212, 217. See also NAL, HW 16/66, "II. Concentration Camps," November 27, 1942; Czech, *Kalendarium*, 209; Schwarz, *Frau*, 175 – 76.

4. Mailänder Koslov, *Gewalt*, 218 – 22, 484 – 85.

5. Kremer, "Tagebuch," quotes on 222, 214, 218. See also Czech, *Kalendarium*, 336; IfZ, G 20/1, Das Oberste Volkstribunal, Urteil, December 22, 1947, 135 – 36; Klee, *Auschwitz*, 407 – 408; Rawicz, "Document," 13.

6. 关于战利品及其价值，参见 Kremer, "Tagebuch," 219 – 28。1943 年，一位已婚没有子女的党卫队三级突击中队长年收入大约为 2640 德国马克（税后）; Buggeln, *Arbeit*, 401。

7. *DAP*, Vernehmung K. Morgen, March 9, 1964, 5560 – 61.

8. StN, Pohl to Himmler, September 30, 1943, ND: PS – 1469; Lasik, "Historical – Sociological," 274; Schulte, "London," 223（利用奥斯维辛 9 月 1 日和 10 月 1 日的数据来计算 1942 年 9 月的平均值）。

9. NAL, HW 16/6, Part 2, Bl. 534 – 35: report on German police, September 26, 1942; Glücks to 1. Lagerärzte, December 28, 1942, in NMGB, *Buchenwald*, 257 – 58（12832 人中包括 99 名官方处决的囚犯）。1942 年 8 月抵达的犹太囚犯的估测死亡人数，很大程度上基于 Czech, *Kalendarium*, 263 – 92。

10. Piper, *Zahl*, 164.

11. Grotum, *Archiv*, quote on 297.

12. Dirks, "*Verbrechen*," 97 – 99.

13. IfZ, F 13/6, Bl. 343 - 54: R. Höss, "Oswald Pohl," November 1946, quote on 350; ibid., F 13/8, Bl. 462 - 66: R. Höss, "Dr. Ing. Kammler," n. d. (1946 - 47).

14. StN, Pohl to Himmler, September 30, 1943, ND: PS - 1469.

15. BArchB (ehem. BDC), SSO Pohl, Oswald, 30. 6. 1892, Pohl to Himmler, April 5, 1944. See also IfZ, G 20/1, Das Oberste Volkstribunal, Urteil, December 22, 1947, 104 - 105; BArchB, NS 4/Na 9, Bl. 8.

16. APMO, Proces Hoss, Hd 6, Bl. 129 - 312: Vernehmung O. Wolken, April 17 - 20, 1945, Bl. 202; YVA, 033/989, anonymous testimony (W. Simoni), n. d. (1947), pp. 2, 7. 比克瑙也有一些砖砌的营房; Iwaszko, "Housing," 54。

17. 此段和前两段，参见 BoA, interview N. Epstein - Kozlowski, August 31, 1946; Boder, *Interview*; Rosen, *Wonder*; Matthäus, "Displacing Memory"; Czech, *Kalendarium*, 531。

18. 例子参见 Naasner, *Machtzentren*, 15 - 17。

19. 关于意识形态与经济学较量的争论，参见 Wagner, "Work"。对"劳动灭绝"概念通用性的保留意见，参见 Browning, *Remembering*, 153。

20. Ambach and Köhler, *Lublin - Majdanek*, 94; *OdT*, vol. 7, 63.

21. Strzelecka, "Women," 193.

22. 本段和前一段，参见 Wagner, *IG Auschwitz*, 62 - 107, 162, 180 - 81, 286, 331 - 33; Schmaltz, "IG Farbenindustrie"。Quotes in Levi, *If*, 78. Schmaltz 认为在法本公司的工地建莫诺维茨集中营的总体计划可能早在 1941 年底或 1942 年初就已经制订了；即便他是对的，这个计划直到 1942 年夏天才最终拍板。

23. Quotes in WL, P. III. h. No. 198, F. Pagel, "Eines der Vielen Tausende[n] von Schicksalen," autumn 1955, p. 9; Levi, *If*, 78, 143. See also ibid., 142 - 47; Wagner, *IG Auschwitz*, 141 - 63.

24. Quotes in Kautsky, *Teufel*, 254; Levi, *If*, 43; APMO, Proces Höss, Hd 5, Bl. 24 - 38: testimony Dr. B. Epstein, April 7, 1945 (由 K. Friedla 从波兰语翻译而来)。See also Wagner, *IG Auschwitz*, 97 - 100, 125 - 33, 165, 280 - 81.

25. LG Osnabrück, Urteil, February 10, 1953, *JNV*, vol. 10, 347 - 91, quote on 357.

26. LG Frankfurt, Urteil, June 14, 1968, *JNV*, vol. 29, 421 – 523, quote on 514.

27. Setkiewicz, "Häftlingsarbeit," 584 – 605, quotes on 599.

28. APMO, Proces Maurer, 7, Bl. 56 – 64: Auszüge aus IGF Auschwitz – Wochenberichten, ND: NI – 15256, quote on 63 (February 10, 1943); Dirks, "*Verbrechen*," 125 – 33, quote on 129; Wagner, *IG Auschwitz*, 166 – 67, 173 – 92, 217 – 18, 289.

29. *DAP*, Aussage S. Baretzki, November 20, 1964, 25627 – 35, quote on 25634.

30. APMO, Proces Höss, Hd 2a, Bl. 20 – 21: Untersturmführer Kinna, Bericht zu dem Transport nach Auschwitz, December 16, 1942.

31. Maršálek, *Mauthausen*, 46, 94; Kaienburg, "Funktionswandel," 265.

32. APMO, Proces Höss, Hd 2a, Bl. 20 – 21: Untersturmführer Kinna, Bericht zu dem Transport nach Auschwitz, December 16, 1942.

33. 历史学家和奥斯维辛集中营的幸存者一般认为党卫队政策转变的时间为 1943 年春天或夏天（e. g. , Piper, *Mass Murder*, 103; Strzelecka, "Hospitals," 322; APMO, Proces Höss, Hd 6, Bl. 129 – 312: Vernehmung O. Wolken, April 17 – 20, 1945, Bl. 203），不过实际上可能发生在 1942 年底（参见之前的注解）。关于马伊达内克的情况，参见 *OdT*, vol. 7, 55。

34. Interview with L. Lady, September 19, 1947, in Tych et al. , *Kinder*, 182.

35. Glücks to LK, July 28, 1942, cited in Greiser, "'Sie starben,'" 106. See also Strzelecka, "Quarantine."

36. 例子参见 APMO, Proces Höss, Hd 6, Bl. 38 – 45: O. Wolken, "Lager – Bilder," n. d. (c. spring 1945), Bl. 43。

37. Quote in BArchL, B 162/2985, Bl. 2029 – 31: Vernehmung Sarah A. , October 3, 1973. See also ibid. , Nr. 26150, Bl. 541 – 657: LG Düsseldorf, Urteil, August 14, 1985, Bl. 579 – 80; *OdT*, vol. 8, 48; Piper, *Mass Murder*, 110 – 12.

38. Testimony of D. Medryk, in Ambach and Köhler, *Lublin – Majdanek*, 162 – 67; Langbein, *Menschen*, 409.

39. YVA, 033/8, "Was is forgekom in di lagern fon estonia," December 1944; Klüger, *weiter*, 118.

40. Quote in USHMM, RG - 11.001M. 03, reel 20, folder 26, Besprechung mit Amtsgruppenchef Kammler, May 22, 1943.

41. NAL, WO 208/4661, statement of H. Aumeier, July 25, 1945, p. 5.

42. Strzelecka, "Hospitals," 311 - 12; "Bericht Tabeau," 132 - 36.

43. Vaisman, *Auschwitz*, 21.

44. Hördler, "Ordnung," 142.

45. BArchL, B 162/26150, Bl. 541 - 657: LG Düsseldorf, Urteil, August 14, 1985, Bl. 596 - 606. 男子医务室大约能容纳 60 名囚犯；ibid., 591。

46. Ibid., 594 - 95, 612 - 17, quote on 617. See also ibid., Nr. 26148, Bl. 174 - 82: Vernehmung Ewald A., February 12, 1980, Bl. 181; ibid., Bl. 148 - 54: Aussage Jindrich S., November 6, 1979, and April 18, 1980; *OdT*, vol. 8, 28, 41.

47. Lewental, "Gedenkbuch," 210.

48. WL, P. III. h. No. 158, R. Lasker - Allais, "Auschwitz," n. d.（在 1955 年 11 月前）, p. 7。

49. Langbein, *Menschen*, 90, citing Jean Améry's work.

50. Levi, "Grey Zone," 37.

51. NARA, M - 1174, roll 3, Bl. 1441 - 65: examination E. Mahl, December 6, 1945, quote on 1447.

52. 此段和前一段，参见 Piper, *Mass Murder*, 180 - 90, 251; Kilian, "'Handlungsräume'"; Friedler et al., *Zeugen*, 121, 136 - 38, 198 - 200, 372; Nyiszli, *Auschwitz*, 44; SMAB, *Inmitten*, 264; ITS, document ID 5618957。

53. C. Herman to his wife and daughter, November 6, 1944, in SMAB, *Inmitten*, 262. See also Friedler et al., *Zeugen*, 377.

54. Friedler et al., *Zeugen*, 134 - 35; Greif, *Wir weinten*, 190 - 93; Piper, *Mass Murder*, 190.

55. Nyiszli, *Auschwitz*, 43 - 44; Kilian, "'Handlungsräume,'" 127; Piper, *Mass Murder*, 190 - 92.

56. Levi, "Grey Zone," 38. See also Greif, "Sanity," 50 - 53; Nyiszli, *Auschwitz*, 60.

57. Friedler et al., *Zeugen*, 136; Vaisman, *Auschwitz*, 42.

58. Quotes in "Bericht Vrba," 229. See also Lewental, "Gedenkbuch,"

246; Levi and de Benedetti, *Auschwitz Report*, 73.

59. Quotes in Unbekannter Autor, "Einzelheiten," 182.

60. Müller, *Eyewitness*, 47 – 48; Lewental, "Gedenkbuch," 215.

61. Kilian, "'Handlungsräume,'" 121; Friedler et al., *Zeugen*, 7; Greif, *Wir weinten*, xli. Greif 和 Kilian 等历史学家最近的研究在很大程度上改变了世人对特别工作队的刻板评价。

62. Greif, "Sanity," 38 – 41, quote on 41; Lewental, "Gedenkbuch," quote on 211.

63. Deposition of H. Tauber, May 24, 1945, in Piper, *Mass Murder*, appendix 3, pp. 250, 258; Nyiszli, *Auschwitz*, 84.

64. Lewental, "Gedenkbuch," 212.

65. Quote in Langer, "Dilemma," 224.

66. Levi, "Grey Zone," quote on 37; Lewental, "Gedenkbuch," 209, 213, 224; Nyiszli, *Auschwitz*, 61, 134.

67. Quote in Unbekannter Autor, "Notizen," 185. 奥斯维辛州立博物馆满足了这位不知名囚犯的愿望，在将集中营地下挖出的特别工作队囚犯们的文字结集出版时，采用了他建议的标题；SMAB, *Inmitten*。

68. *OdT*, vol. 7, 48 – 49. 女囚的数量在西欧两座犹太人集中营海泽根布什和贝尔根 – 贝尔森里也是出奇地高。

69. Czech, *Kalendarium*, 691; Strzelecka, "Women," 180 – 81.

70. StANü, Pohl to Himmler, September 30, 1943, ND: PS – 1469.

71. Piper, *Zahl*, 158 – 62.

72. StANü, Pohl to Himmler, September 30, 1943, ND: PS – 1469; Kranz, "Erfassung," 240. 以上的叙述基于马伊达内克和奥斯维辛的情况。目前我们还没有关于 1943 ~ 1944 年在东欧建立的犹太人集中营的详细数据。

73. BArchB, NS 3/426, Bl. 94: Runderlass, Chef Sipo und SD, May 6, 1943; Wachsmann, *Prisons*, 93.

74. NAL, WO 208/4200, CSDIC, SR Report, statement Obergefreiter Till, September 25, 1944; Lengyel, *Chimneys*, 112.

75. Quote in NAL, WO 309/1699, deposition of J. Schwarzhuber, January 23, 1946. See also APMO, Proces Höss, Hd 6, Bl. 129 – 312: Vernehmung O. Wolken, April 17 – 20, 1945, Bl. 254; ibid., Oswiadczenia, vol. 124,

Bl. 152 - 66: testimony of M. Schvalbova, June 8, 1988; Kubica, "Children," 240, 267 - 73; *OdT*, vol. 8, 139; WL, P. III. h. No. 1007, E. Wuerth - Tscherne to Zentralstelle der baltischen Flüchtlinge, April 5, 1949.

76. Lengyel, *Chimneys*, 111.

77. Kielar, *Anus Mundi*, 122.

78. Shik, "Mother - Daughter," 117.

79. WL, P. III. b. No. 1164, N. Rosenberg, "Zwangsarbeiter fuer Siemens - Schuckert," January 1960, 2; "Bericht Vrba," 285; Lévy - Hass, *Vielleicht*, 10 - 11; Sommer, *KZ - Bordell*, 194 - 95.

80. WL, P. III. h. No. 782, E. Zwart, "Incidents in Birkenau," n. d. (1958年2月前), pp. 8 - 9; ibid., No. 271, interview with L. Reig, June 2, 1956, p. 3 (感谢 Jeff Porter 的翻译); APMO, Proces Höss, Hd 6, Bl. 51 - 62: O. Wolken, "Chronik des Lagers Auschwitz II," n. d. (c. spring 1945), Bl. 60; Delbo, *Auschwitz*, 117。

81. *OdT*, vol. 8, 159 - 61, 260; WL, P. III. h. No. 1007, E. Wuerth - Tscherne to Zentralstelle der baltischen Flüchtlinge, April 5, 1949; Rolnikaite, *Tagebuch*, 189.

82. 例子参见 Kielar, *Anus Mundi*, 127。

83. Quote in P. Levi, "Films and Swastikas," *La Stampa*, February 12, 1977, in Belpoliti, *Levi*, 37 - 38. See also Kootz, "Nachwort," 193 - 94; Mailänder Koslov, "Meshes."

84. Frankl, *Ja*, 67; Cohen, *Human*, 73 - 74; Sommer, *KZ - Bordell*, 196 - 98.

85. YVA, 033/989, anonymous testimony (by W. Simoni), n. d. (1947), p. 8. See also Bass, "Love," 344.

86. Rózsa, "'Solange,'" quote on 187. 有关停经的情况，参见 Amesberger et al., *Gewalt*, 85 - 88; Flaschka, "'Pretty,'" 81。

87. Shik, "Erfahrung," 110 - 13; Hughes, "Forced Prostitution," 249; Sommer, *KZ - Bordell*, 198 - 201.

88. Langbein, *Menschen*, 452; Hájková, "Barter," 516.

89. Semprun and Wiesel, *Schweigen*, 35. 关于犹太种族大屠杀独特性的讨论，参见 Stone, "Historiography"。

90. Gradowski, "Tagebuch," quotes on 162, 166. 格拉多夫斯基可能是

1942 年 12 月 8 日抵达的；Friedler et al.，*Zeugen*，376。

91. Quote in Cohen，*Abyss*，84.

92. YVA，03/5787，interview with M. Zelikovitz，1985，quotes on 4（由 Kim Wünschmann 从希伯来语翻译为英语）。

93. Cited in Unger，"Encounter，" 280.

94. *OdT*，vol. 7，46；Grotum，*Archiv*，255 – 57；Kubica，"Children，" 206.

95. Interview with J. Erner，n. d.（1945 – 46），in Tych et al.，*Kinder*，106；Interview with Z. Minc，April 28，1947，ibid.，200；Rolnikaite，*Tagebuch*，189 – 93；Buser，*Überleben*，158 – 79；Kubica，"Children，" 246 – 47.

96. Kubica，"Children，" 249 – 50；Lenard，"Flucht，" 164.

97. LG Ulm，Urteil，September 8，1969，*JNV*，vol. 33，209. See also *OdT*，vol. 8，170 – 73.

98. Quote in APMO，Proces Höss，Hd 6，Bl. 38 – 45：O. Wolken，"Lager – Bilder，" n. d.（spring 1945），Bl. 43.

99. Ambach and Köhler，*Lublin – Majdanek*，87，127，153，167，197，Mitron quote on 125；*OdT*，vol. 7，55 – 56.

100. Shik，"Mother – Daughter，" 124.

101. Stargardt，*Witnesses*，216 – 17，378；Heberer，*Children*，300.

102. J. Avram testimony，1955，in Heberer，*Children*，177 – 80，quote on 179。关于"集中营母亲"，参见 Amesberger et al.，*Gewalt*，251 – 52。目前还不清楚当时是否有"集中营父亲"的说法，不过似乎也有这种情况。比如奥托·沃尔肯就救过一名意大利男孩（参见第 10 章），并把他当作自己的"集中营儿子"；APMO，Proces Höss，Hd 6，Bl. 129 – 312：Vernehmung O. Wolken，April 17 – 20，1945，Bl. 260。

103. Shik，"Mother – Daughter，" 112 – 21.

104. Buser，*Überleben*，133，215 – 16.

105. BArchL，B 162/5109，Bl. 1885 – 90：letter Molly I.，October 27，1964，quote on 1889. Molly I. 跟女儿一起被遣送到奥斯维辛集中营，但她幸存了下来，一直坚持到 1945 年 4 月贝尔根 – 贝尔森解放。概况参见 *OdT*，vol. 8，138 – 39，152 – 55。

106. *OdT*，vol. 1，20 – 21.

107. 此段和前一段，参见 Kárný "Familienlager"；Strzelecka and

Setkiewicz, "Construction," 84 - 85, 96 - 97; Kubica, "Children," 240; "Bericht Vrba," 252。

108. Keren, "Family Camp"; Stargardt, *Witnesses*, 215 - 16; Kárný "Familienlager," 134, 172 - 73, 194 - 97, 204; Kubica, "Children," 230, 289; Vrba, *Forgive*, 190 - 92; Heberer, *Children*, 168, 312.

109. Steiner and Steiner, "Zwillinge," quote on 127; Kárný "Familienlager," 214 - 23; Czech, *Kalendarium*, 731, 734 - 37.

110. Buggeln, *Arbeit*, 262, 550.

111. *DAP*, Aussage S. Baretzki, February 18, 1965, 29242 - 43; Buser, *Überleben*, 150, 188; Stargardt, *Witnesses*, 216.

112. USHMM, RG - 11. 001M. 03, reel 19, folder 19 (labelled 17 on microfilm), Besichtigung durch SS Obergruppenführer Pohl am 23. 9. 1942.

113. BArchB, NS 19/14, Bl. 131 - 33: Pohl to Himmler, September 16, 1942; Perz and Sandkühler, "Auschwitz," 292; Schulte, "London," 223.

114. Witte et al., *Dienstkalender*, 557 - 58.

115. USHMM, RG - 11. 001M. 03, reel 19, folder 19, R. Höss, Besprechungen im "Haus der Waffen - SS," September 24, 1942.

116. Ibid., Besichtigung durch SS Obergruppenführer Pohl am 23. 9. 1942; Kremer, "Tagebuch," 217.

117. Quotes in USHMM, RG - 11. 001M. 03, reel 19, folder 19, R. Höss, Bericht über Schlussbesprechung des Hauptamtschefs am 23. 9. 1942. See also Friedler et al., *Zeugen*, 89. 尽管波尔的日程上安排了去 2 号地堡，但不清楚他是否真的去了；霍斯的总结上没有提及波尔视察的地点；USHMM, RG - 11. 001M. 03, reel 19, folder 19, Besichtigung durch SS Obergruppenführer Pohl am 23. 9. 1942。

118. Ibid. 最终，这家妓院直到 1944 年才开；Sommer, *KZ - Bordell*, 45。

119. Broszat, *Kommandant*, 145.

120. IfZ, F 13/8, Bl. 486 - 87: R. Höss, "Dr. Lolling," November 1946; ibid., Bl. 467: R. Höss, "Karl Bischoff," n. d. (1946 - 47); ibid., F 13/7, Bl. 393 - 96: R. Höss, "Hartjenstein," November 1946; Broszat, *Kommandant*, 137 (note 2), 138 (note 1).

121. USHMM, 1998. A. 0247, reel 15, Bl. 184 - 93: statement H.

Aumeier, December 15, 1947; Dicks, *Licensed*, 122.

122. IfZ, KL Auschwitz to WVHA, March 25, 1942, ND: NO - 2146; BArchB (ehem. BDC), SSO Pohl, Oswald, 30. 6. 1892, Pohl to Himmler, April 5, 1944.

123. Pohl to LK et al. , April 30, 1942, *IMT*, vol. 38, 365 - 67, ND: 129 - R; Perz, "Wehrmacht," 69.

124. Quote in BArchB (ehem. BDC), SSO, Koch, Karl, 2. 8. 1897, Glücks to Pohl, August 28, 1942.

125. BArchL, B 162/5222, Bl. 28 - 39: Vernehmung Hans K. , May 22, 1962. See also Lasik, "SS Garrison," 329.

126. Mailänder Koslov, *Gewalt*, 195 - 201, 224 - 29.

127. Tuchel, "Wachmannschaften," 140 - 41; IfZ, F 13/6, Bl. 369 - 82: R. Höss, "Theodor Eicke," November 1946, Bl. 382.

128. Leleu, *Waffen - SS*, 54 - 87, 169 - 89, 1090. 简要综述，参见 Heinemann, "*Rasse*," 341 - 49, 539 - 42; Longerich, *Himmler*, 621 - 22, 693 - 701。

129. Tuchel, "Wachmannschaften," 142 - 43; Mailänder Koslov, *Gewalt*, 130 - 31.

130. 有些也来自西欧，比如荷兰、法国和丹麦；*OdT*, vol. 7, 137; Buggeln, *Arbeit*, 457 - 60。

131. Tuchel, "Wachmannschaften," 144; Hördler, "Ordnung," 163 - 64.

132. Hördler, "Wehrmacht," 13; idem, "Ordnung," 168 - 69; Golczewski, "Kollaboration," 179 - 80; Arad, *Belzec*, 19 - 22; Pohl, "Trawniki - Männer"; Black, "Foot Soldiers." 被转移到特拉维尼基的其中一人是 Ivan Demjanjuk，他曾是索比堡的看守，1943 年秋天抵达弗洛森比格。数十年的调查、庭审和申诉后，Demjanjuk 在 2011 年，也就是去世的前一年被慕尼黑法庭判处五年监禁；Volk, *Urteil*; Benz, "John Demjanjuk"。

133. Stiller, "Zwangsgermanisierung," 118.

134. 例子参见 BArchB, R 187/598, KL Buchenwald, KB 5/43, May 12, 1943。

135. Quote in BArchB, NS 4/Au 1, Meldung an die Lagerführung Birkenau, July 13, 1944. 关于党卫队二等兵马沙尔被解职和之后的命运（他被处分，重新贬为看守），参见 Hördler, "Ordnung," 178 - 79。关于

党卫队呼吁的同志友谊，参见 Tuchel, "Wachmannschaften," 148。

136. Leleu, *Waffen - SS*, 271 - 77.

137. Buggeln, *Arbeit*, 424; Mailänder Koslov, *Gewalt*, 269; Stiller, "Zwangsgermanisierung," 121; Golczewski, "Kollaboration," 180; Riedle, *Angehörigen*, 84 - 85.

138. BArchB, NS 3/426, Bl. 101: WVHA to LK, 10 July 1943; IfZ, F 13/6, Bl. 359 - 68: R. Höss, "Globocnik," January 1947, Bl. 364 - 65.

139. 例子参见 Langbein, *Menschen*, 438 - 39。

140. Buggeln, *Arbeit*, 427 - 28.

141. WL, P. III. h. No. 228, Bericht E. Federn, n. d.; ibid., No. 418, E. Clemm, Erfahrungsbericht über Auschwitz, November 27, 1945.

142. 例子参见 Langbein, *Menschen*, 469 - 70。

143. Sprenger, *Groß - Rosen*, 211 - 12; BArchL, B 162/7999, Bl. 924: KL Gross - Rosen to WVHA - D, June 16, 1944; ibid., Bl. 925: KL Gross - Rosen to WVHA - D, August 26, 1944.

144. Mailänder Koslov, *Gewalt*, 20 - 21, 124 - 25, 259 - 66, 273, 280 - 81, 486 - 87.

145. 从 1944 年初开始，波尔禁止指挥官用关禁闭的手段处罚女看守；StN, WVHA to LK, January 17, 1944, ND: NO - 1549。

146. Broszat, *Kommandant*, 177.

147. NARA, RG 549, 000 - 50 - 11 Ravensbrück CC (Box 522), testimony of J. Langefeld, December 26 and 31, 1945; Broszat, *Kommandant*, 177 - 78; Strebel, *Ravensbrück*, 70 - 71; Heike, "Langefeld," 13 - 14; Hördler, "SS - Kaderschmiede," 119. 概述参见 Schwartz, "Eigensinn"。

148. Mailänder Koslov, *Gewalt*, 210 - 11, 240, 282 - 86. See also Tillion, *Ravensbrück*, 147; Schwarz, *Frau*, 170 - 76; Mühlenberg, *SS - Helferinnenkorps*, 322 - 25, 418 - 20.

149. Mailänder Koslov, *Gewalt*, 439. See also ibid., 435 - 39; Hördler, "Ordnung," 142; Kielar, *Anus Mundi*, 348 - 49.

150. Mailänder Koslov, *Gewalt*, 218, 411 - 24, 441 - 50, 487 - 88.

151. 例子参见 YVA, Tr - 10/ 1172, LG Düsseldorf, Urteil, June 30, 1981, pp. 238 - 39。

152. BArchL, B 162/5109, Bl. 1859 - 69: Protokoll Efim K., September

19, 1962; ibid., Bl. 1853 – 58: Protokoll Zelik G., November 5, 1962.

153. Quotes in BArchL, B 162/5109, Bl. 1854: Protokoll Zelik G., November 5, 1962; ibid., Nr. 5120, Bl. 2423: Vernehmungsniederschrift Sima S., October 14, 1965. See also ibid., Nr. 5117, Bl. 1670 – 75: Protokoll Zusman S., September 9, 1962; *OdT*, vol. 8, 133, 139, 172. 潘尼克战后失踪了，一直没有被起诉；ibid., 143。

154. Mühlhäuser, *Eroberungen*. See also Berger, *Experten*, 344 – 46; Sémelin, *Säubern*, 315 – 19; Weitz, *Century*, 227 – 33; Gourevitch, *We Wish*, 115.

155. Shik, "Sexual Abuse"; Amesberger et al., *Gewalt*, 142 – 46; Langbein, *Menschen*, 457 – 58. 集中营看守强奸犯人不会被处罚，这种说法是错误的（e. g., Hedgepeth and Saidel, "Introduction," 9, n. 6）。有关党卫队严禁与囚犯发生性行为的官方命令，参见 KB Nr. 5/43, February 18, 1943, in Frei et al., *Kommandanturbefehle*, 224。风传鲁道夫·霍斯跟一名奥斯维辛女囚有不正当关系，但没有充分的证据；Sommer, *KZ – Bordell*, 205, 414 (n. 123)。

156. Quote in Ambach and Köhler, *Lublin – Majdanek*, 202.

157. *DAP*, Aussage R. Böck, August 3, 1964, 14194.

158. Langbein, *Menschen*, 421.

159. 例子参见 Ambach and Köhler, *Lublin – Majdanek*, 151, 181。

160. Schmid, "Moll."

161. Broszat, *Kommandant*, 197.

162. Quote in Kohlhagen, *Bock*, 87（写于 1945 年）。See also Langbein, *Menschen*, 474, 480 – 81; Dirks, "*Verbrechen*," 168 – 69; Mailänder Koslov, *Gewalt*, 292 – 93.

163. Ambach and Köhler, *Lublin – Majdanek*, 96; Lasik, "Garrison," 337. 在大屠杀期间，上级的此类提议并不是没有先例；Browning, *Männer*, 22, 105。

164. IfZ, F 13/8, Bl. 488 – 91: R. Höss, "Dr. Eduard Wirths," November 1946; Lifton and Hackett, "Doctors," 310 – 11; Lifton, *Doctors*, 384 – 414; Langbein, *Menschen*, 411 – 32; Beischl, *Wirths*, 93 – 113, 217 – 225, 229.

165. 纳粹种族灭绝之战中跟德国士兵的比较，参见 Werner, "'Hart'"。

166. Broszat, *Kommandant*, 197 – 201, quote on 198; Stangneth, *Eichmann*, quote on 359; Langbein, *Menschen*, 331, 363 – 64.

167. Langbein, *Menschen*, 473 – 74, 476 – 78.

168. 例子参见 Mailänder Koslov, *Gewalt*, 338 – 39。

169. Quotes in Kremer, "Tagebuch," 213 – 14. See also Broad, "Erinnerungen," 166, 176; Berger, *Experten*, 119, 197, 332 – 33.

170. Interrogation A. Hradil, August 13, 1963, in Friedler et al., *Zeugen*, 70.

171. BArchL, B 162/1124, Bl. 2288 – 2316: Volksgerichtshof Krakow, Urteil, September 5, 1946; BArchB (ehem. BDC), SSO, Göth, Amon, 11. 12. 1908.

172. Orth, *SS*, 202, 300.

173. 营区负责人是卡尔·弗里奇、汉斯·奥迈尔、弗朗茨·约翰·霍夫曼和弗朗茨·霍斯勒; Lasik, "Organizational," 154 – 55, 199 – 201。关于霍夫曼，参见 LG Hechingen, Urteil, March 18, 1966, *JNV*, vol. 23, 372。

174. BArchL, B 162/2985, Bl. 2032 – 34: Vernehmung Calelzon B., September 7, 1973. See also *OdT*, vol. 8, 65, 73, 83; Riedle, *Angehörigen*, 193 – 94.

175. LG Bonn, Urteil, February 6, 1959, *JNV*, vol. 15, 420; LG Cologne, Urteil, May 28, 1965, ibid., vol. 21, 87, 95; LG Munich, Urteil, December 22, 1969, ibid., vol. 33, 313; LG Ansbach, Urteil, April 11, 1961, ibid., vol. 17, 154.

176. 大多数在保护性拘禁营的囚犯在几个月后都会换地方，不是被释放就是被移送到位于战前德国境内条件更艰苦的营地。See *OdT*, vol. 7, 133 – 50; Stuldreher, "Konzentrationslager."

177. Riedle, *Angehörigen*, 193; WL, P. III. h. No. 573, A. Lehmann, "Das Lager Vught," n. d., pp. 6, 30.

178. Stuldreher, "Herzogenbusch," quote on 327; LG Munich, Urteil, December 22, 1969, *JNV*, vol. 33, 313.

179. Orth, "Lagergesellschaft," 127 – 28. 接替赫梅莱夫斯基的指挥官是亚当·格吕内瓦尔德（Adam Grünewald），此人 1944 年 1 月在牢房里掐死了 10 名女囚后也被开除了。尽管遮掩过，但她们的死还是在当地传开，导致劳特尔再次介入。1944 年 3 月，格吕内瓦尔德在海牙被党卫队和警察法庭判处 42 个月徒刑; BArchB (ehem. BDC), SSO, Grünewald, Adam, 20. 10. 1902, Feldurteil, March 6, 1944。

180. Testimony of Zakis, in Ambach and Köhler, *Lublin – Majdanek*, 96 – 98, quote on 98.

181. Mallmann and Paul, "Sozialisation," 15; Mailänder Koslov, *Gewalt*, 236 – 37.

182. Todorov, *Facing*, 158 – 61; Wagner, *IG Auschwitz*, 128.

183. Mailänder Koslov, *Gewalt*, 89.

184. Broad, "Erinnerungen," 178.

185. 例子参见 Welzer, *Täter*, 215 – 16。

186. Orth, "Höβ," 55; Broszat, *Kommandant*, 43 – 45.

187. *DAP*, Aussage S. Baretzki, October 1, 1964, 19661 – 68.

188. USHMM, 1998. A. 0247, reel 15, Bl. 184 – 93: statement H. Aumeier, December 15, 1947, Bl. 189. See also Broszat, *Kommandant*, 197; Himmler speech to generals, May 5, 1944, in Noakes and Pridham, *Nazism*, vol. 3, 618.

189. Mailänder Koslov, *Gewalt*, 206 – 24, 229 – 35, 252 – 53, 333, 414.

190. Kagan, "Standesamt," 148. See also *DAP*, 44709; NAL, HW 16/66, "II. Concentration Camps," November 27, 1942.

191. NAL, WO 208/4661, statement H. Aumeier, July 25, 1945, p. 5.

192. 例子参见 Welzer, *Täter*, 202 – 203。

193. Mailänder Koslov, *Gewalt*, 327, 484, 489.

194. Kremer, "Tagebuch," 211 – 29.

195. Quote in WL, P. III. h. No. 418, E. Clemm, Erfahrungsbericht über Auschwitz, November 27, 1945, p. 3.

196. Schwarz, *Frau*, 128 – 30; Lifton, *Doctors*, 309 – 11; Langbein, *Menschen*, 405 – 406. 德尔莫特在 1945 年即将被盟军拘留之前饮弹自尽。

197. Broszat, *Kommandant*, 9, 174 – 75, 202, quotes on 201; BArchK, All. Proz. 6/97, Bl. 25; Langbein, *Menschen*, 351; testimony S. Dubiel, August 7, 1946, in Bezwińska and Czech, *KL Auschwitz*, 288 – 91. 关于霍斯在奥斯维辛的生活，也可参见 Setkiewicz, *Życie*, 103 – 16。

198. KB Nr. 16/42, September 3, 1942, in Frei et al., *Kommandanturbefehle*, 169; Rundschreiben, February 10, 1943, ibid., 220; Rundschreiben, April 19, 1943, ibid., 248; StB Nr. 11/44, April 4, 1944, ibid., 432; StB Nr. 19/44, July 14, 1944, ibid., 470; StB Nr. 30/44, December 11, 1944,

ibid., 520. See also Steinbacher, "*Musterstadt*," 188 - 89; Czech, *Kalendarium*, 296; Merziger, *Satire*, 148 - 49, 342 - 44; Bahro, *SS - Sport*. 1944 年，演员 Johannes Riemann 到施图特霍夫和奥斯维辛巡演（Frei et al., *Kommandanturbefehle*, 426; Hördler, "Ordnung," 186）。

199. WL, P. III. h. No. 782, E. Zwart, "Incidents in Birkenau," n. d.（1958 年 2 月前）, pp. 5 - 6。See also Langbein, *Menschen*, 435 - 37; WL, P. III. h. No. 1174a, LG Frankfurt, Vernehmung R. Kagan, December 8 - 10, 1959, p. 7; Fackler, "'Lagers Stimme,'" 484 - 89; Gilbert, *Music*, 175 - 90. 比克瑙交响乐团中囚犯的回忆录包括 Fénelon, *Musicians*; Lasker - Wallfisch, *Inherit*; Menasche, *Birkenau*。

200. KB Nr. 5/41, April 18, 1941, in Frei et al., *Kommandanturbefehle*, 31; StB Nr. 7/44, February 14, 1944, ibid., 406; Steinbacher, "*Musterstadt*," 189; Dirks, "*Verbrechen*," 150 - 51, 163 - 64.

201. 在更靠近帝国腹地的集中营里也有为乌克兰看守设立的妓院（这些看守不能进入政府开设的德国妓院），这里遭到虐待的女性都是集中营里的囚犯。See Sommer, *KZ - Bordell*, 44 - 47, 95 - 97, 440（n. 5）; Vossler, *Propaganda*, 351.

202. Steinbacher, "*Musterstadt*," 183 - 84, 205 - 40, 242 - 45. See also Dwork and Van Pelt, *Auschwitz*, passim; Dirks, "*Verbrechen*," 163; Wagner, *IG Auschwitz*, 73; KB Nr. 5/41, April 18, 1941, in Frei et al., *Kommandanturbefehle*, 31.

203. Steinbacher, "*Musterstadt*," 184 - 86; Schwarz, *Frau*, 115 - 19, 150, 158 - 60. See also StB Nr. 9/43, April 10, 1943, in Frei et al., *Kommandanturbefehle*, 242; StB Nr. 12/43, April 15, 1943, ibid., 245 - 46; StB Nr. 33/43, August 21, 1943, ibid., 328 - 29.

204. Dirks, "*Verbrechen*," 154 - 55, 165 - 66; Schwarz, *Frau*, 118 - 19; Steinbacher, "*Musterstadt*," 185 - 86; Langbein, *Menschen*, 511; KB Nr. 10/41, May 28, 1941, in Frei et al., *Kommandanturbefehle*, 43. 在党卫队集中营里工作的女性大多数未婚。

205. Lifton, *Doctors*, 395 - 99, quote on 398; Schwarz, *Frau*, 102, 168 - 69.

206. BArchB, NS 3/391, Bl. 4 - 22: Aufgabengebiete in einem KL, n. d.（1942）, Bl. 7; KB Nr. 8/42, April 29, 1942, in Frei et al.,

Kommandanturbefehle, 130.

207. Schwarz, *Frau*, 141 – 42.

208. 例子参见 Van Pelt, *Case*, 238; BArchB, NS 4/Sa 2, Bl. 10 – 12: KL Sachsenhausen, Tatbericht, June 18, 1942。

209. Testimony S. Dubiel, August 7, 1946, in Bezwińska and Czech, *KL Auschwitz*, quote on 290; Langbein, *Menschen*, 353.

210. StB Nr. 7/43, March 30, 1943, in Frei et al., *Kommandanturbefehle*, 239; StB Nr. 9/44, March 8, 1944, ibid., 420; StB Nr. 30/44, December 11, 1944, ibid., 519 – 20.

211. Affidavit R. Höss, April 5, 1946, *IMT*, vol. 33, 275 – 79, ND: 3868 – PS, p. 278; Schwarz, *Frau*, 151.

212. 例子参见 KB Nr. 25/43, June 11, 1943, in Frei et al., *Kommandanturbefehle*, 292。

213. StB Nr. 25/43, July 12, 1943, in Frei et al., *Kommandanturbefehle*, 306. See also Langbein, *Menschen*, 516; Dirks, "*Verbrechen*," 166 – 68; Schwarz, *Frau*, 124; *DAP*, Vernehmung E. Bednarek, November 29, 1960, 3130.

214. Schwarz, *Frau*, 103, 146 – 47, 151 – 52, 279 – 80.

215. Quote in Segev, *Soldiers*, 195.

216. Testimony S. Dubiel, August 7, 1946, in Bezwińska and Czech, *KL Auschwitz*, 288 – 91; Schwarz, *Frau*, 142; Langbein, *Menschen*, 352; Strzelecki, "Plundering," 168.

217. Longerich, *Himmler*. 关于纳粹主义和道德观的概述，参见 Welzer, *Täter*, 18 – 75; Koonz, *Conscience*; Weikart, *Ethic*。

218. See contribution by Dan Diner in Frei and Kantsteiner, Holocaust, 103 – 104.

219. Rede bei der SS Gruppenführertagung in Posen, October 4, 1943, *IMT*, vol. 29, ND: 1919 – PS, quotes on 145 – 46; IfZ, F 37/5, Himmler diary, October 4, 1943. 详情参见 Orth, "'Anständigkeit'"。

220. Rede bei der SS Gruppenführertagung in Posen, October 4, 1943, *IMT*, vol. 29, ND: 1919 – PS, quotes on 146。此次讲话的录音保存在 NARA。

221. Bajohr, *Parvenüs*, 96 – 97, 162 – 63, quote on 162; Perz and Sandkühler, "Auschwitz," 296; Scheffler, "Praxis," 232 – 34; BArchB, NS

19/1916, Bl. 124 – 31: Kriminalstatistik für das 1. Vierteljahr 1943. 详情参见 Dean, *Robbing*。

222. Strzelecki, "Plundering," 147 – 48; K. E. Möckel, "Aktion 'R,'" July 7, 1947, extract in Perz and Sandkühler, "Auschwitz," 304; "Bericht Vrba," 229.

223. Strzelecki, "Plundering," 149; idem, "Utilization," 404 – 406, 408 – 411; Czech, *Kalendarium*, 790. 关乎肥皂的谣言，参见 Strzelecki, "Utilization," 415; Neander, "'Seife'"。

224. USHMM, RG – 11. 001M. 03, reel 37, folder 275, Zentralbauleitung Auschwitz to WVHA – C, June 9, 1942; ibid., reel 19, folder 19, Besichtigung durch SS Obergruppenführer Pohl am 23. 9. 1942; Strzelecki, "Plundering," 149 – 52; Broszat, *Kommandant*, 253.

225. K. Hart, *I Am Alive* (London, 1961), extract in Adler et al., *Auschwitz*, 82 – 84, quote on 82. See also Strzelecki, "Plundering," 137 – 38, 151; K. E. Möckel, "Aktion 'R,'" July 7, 1947, extract in Perz and Sandkühler, "Auschwitz," 304 – 305; testimony K. Morla, n. d., cited in ibid., 297 – 98

226. YVA, Globocnik to Himmler, January 5, 1944, ND: 4024 – PS, pp. 11 – 12; K. E. Möckel, "Aktion 'R,'" July 7, 1947, extract in Perz and Sandkühler, "Auschwitz," 305; Broszat, *Kommandant*, 254.

227. Strzelecki, "Utilization," 407 – 12; WVHA to LK, January 4, 1943, in Schnabel, *Macht*, 262 – 63.

228. Frank to SS Administration in Lublin and Auschwitz, September 26, 1942, *TWC*, vol. 5, 695 – 97, ND: NO – 724; Pohl to Himmler's office, February 6, 1943, ibid., 699 – 703, ND: NO – 1257; YVA, Globocnik to Himmler, January 5, 1944, ND: 4024 – PS, p. 13. See also Lumans, *Auxiliaries*, especially page 203.

229. Judgment U. S. Military Tribunal II, November 3, 1947, *TWC*, vol. 5, 958 – 1064, quote on 988.

230. Quotes in Hildebrandt to Himmler, n. d. (1943), in Schnabel, *Macht*, 248; BArchK, All. Proz. 6/12, Bl. 53. See also Pohl to Himmler, November 29, 1944, in ibid., 249; BArchB, Film 44840, Vernehmung G. Maurer, March 21, 1947, pp. 1 – 4; StN, EE by K. Sommer, January 22, 1947, ND: NO – 1578, pp. 2 – 3; de Rudder, "Zwangsarbeit," 221 – 25; NAL, HW 16/21,

GPD Nr. 3, WVHA - D to KL Auschwitz, October 22, 1942; ibid., HW 16/22, GPD Nr. 3, WVHA - D to KL Auschwitz, December 18, 1942.

231. Testimony O. Pohl, June 3, 1946, in *NCA*, supplement B, 1582 - 85; K. E. Möckel, "Aktion 'R,'" July 7, 1947, extract in Perz and Sandkühler, "Auschwitz," 306; ibid., 291; BArchB, Film 44563, Vernehmung O. Pohl, September 26, 1946, 57 - 60. 格洛博奇尼克此前一直被怀疑欺诈，他显然要下大力气证明自己的廉洁。

232. Hayes, *Cooperation*, esp. 181 - 84. 并不是所有送回去的贵金属都要经过加工；1945年美国军队发现了数十个仓库，里面储藏的贵金属都保持着原有的状态，没有被精炼。

233. WVHA - A to Himmler, October 8, 1942, in Tuchel, *Inspektion*, 151. See also Strzelecki, "Utilization," 400.

234. Strzelecki认为，单是奥斯维辛集中营劫掠的赃物就至少价值数亿德国马克；Strzelecki, "Plundering," 169。概述参见Kaienburg, *Wirtschaft*, 1079。

235. 纳粹的总体所得，参见Aly, *Volksstaat*, 311 - 27; Dean, *Robbing*, 391 - 95。

236. Marszałek, *Majdanek*, 92; YVA, Globocnik to Himmler, Janüary 5, 1944, ND: 4024 - PS, p. 23.

237. Bajohr, *Parvenüs*, 189 - 90.

238. Wagner, *Volksgemeinschaft*, 316 - 29.

239. Gross, *Golden Harvest*.

240. Arad, *Belzec*, 92, quote on 161 - 62; Bajohr, *Parvenüs*, 120 - 36.

241. Kautsky, *Teufel*, 94.

242. 例子参见Langbein, *Menschen*, 442。

243. Quote in Mailänder Koslov, *Gewalt*, 254. See also Perz and Sandkühler, "Auschwitz," 295 - 97; Kilian, "'Handlungsräume,'" 135 - 36; Broad, "Erinnerungen," 176; *DAP*, Urteil LG Frankfurt August 19 - 20, 1965, 37195 - 96.

244. *OdT*, vol. 8, 262; Paserman, "Bericht," 154.

245. Greif, *Wir weinten*, 277 - 78. 对"加拿大"突击队的嫉妒之情，也可参见BoA, testimony of G. Kaldore, August 31, 1946。

246. Rózsa, "'Solange,'" 133; Kautsky, *Teufel*, 253.

247. Quote in Harshav, *Last Days*, 696, diary entry, July 19, 1944.

248. Levi, *If*, 84 – 85, quote on 84; Wagner, *IG Auschwitz*, 138 – 39.

249. Lenard, "Flucht," 145.

250. Kielar, *Anus Mundi*, 131; Ambach and Köhler, *Lublin – Majdanek*, 149, 160, 190.

251. Testimony O. Wolken, 1945, in Adler et al., *Auschwitz*, 120.

252. Maršálek, *Mauthausen*, 53; Marszałek, *Majdanek*, 137; BArchL, B 162/21846, Bl. 167 – 254: W. Neff, "Recht oder Unrecht," n. d., Bl. 219 – 20; *OdT*, vol. 8, 261; NAL, WO 235/309, Aussage L. Ramdohr, August 21, 1946, pp. 1 – 2.

253. BArchB (ehem. BDC), SSO, Aumeier, Hans, 20. 8. 1906, KL Auschwitz, Aktenvermerk, November 30, 1943; ibid., Vernehmungsniederschrift, January 17, 1944.

254. Langbein, *Menschen*, 457 – 58; Schwarz, *Frau*, 167 – 68; *OdT*, vol. 5, 196; Citroen and Starzyńska, *Auschwitz*, 162 – 63; Hördler, "Ordnung," 144; Broad, "Erinnerungen," 168.

255. Orth, "Kommandanten," 760.

256. BArchB, NS 4/Sa 2, Bl. 22 – 26: K. Wendland to Gestapo, April 1942, quote on 23; ibid., Bl. 10 – 12: K L Sachsenhausen, Tatbericht, June 18, 1942; ibid., Bl. 14 – 20: RKPA, Vernehmung H. Loritz, June 20, 1942; AdsD, KE, E. Büge, Bericht, n. d. (1945 – 46), 214 – 15.

257. Riedel, *Ordnungshüter*, 273 – 86; *OdT*, vol. 2, 493 – 95; ArchB, NS 4/Sa 2, Bl. 22 – 26: K. W endland to Gestapo, April 1942.

258. BArchB, NS 4/Sa 2, Bl. 14 – 20: RKPA, Vernehmung H. Loritz, June 20, 1942; ibid., Bl. 27: Loritz to Pohl, June 24, 1942; IfZ, statement P. Wauer, May 21, 1945, ND: NO – 1504, p. 5.

259. Bajohr, *Parvenüs*, 164 – 66. 希姆莱的开销，可参见最近揭露出的他的私人通信：www. welt. de /himmler /。

260. 洛里茨的仕途，参见 Riedel, *Ordnungshüter*, passim。

261. BArchB, Film 44563, Vernehmung O. Pohl, January 2, 1947, pp. 4 – 6（波尔大力辩解过自己的行为）；Dillon, "Concentration Camp SS," 84。

262. WVHA 对贪腐局势的认识，参见 BArchB, NS 3/426, Bl. 82: WVHA – D to LK, June 12, 1943。

263. Orth, "Kommandanten," 760; BArchB (ehem. BDC), SSO, Piorkowski, Alex, 11. 10. 1904, Himmler to Piorkowski, May 31, 1943.

264. Riedel, *Ordnungshüter*, 288 – 326; *OdT*, vol. 2, 494.

265. BArchB (ehem. BDC), SSO, Koch, Karl, 2. 8. 1897, KL Lublin to WVHA – D, July 15, 1942; ibid., Stab Reichsführer SS to SS Personalhauptamt, July 25, 1942; ibid., Koch to SS und Polizeigericht Krakow, August 2, 1942; ibid., SS Polizeigericht Berlin, EV, February 17, 1943; Mailänder Koslov, *Gewalt*, 345 – 50; Marszałek, *Majdanek*, 136（日期和数字都不对）; Witte et al., *Dienstkalender*, 493。

266. Quote in BArchB (ehem. BDC), SSO, Koch, Karl, 2. 8. 1897, Himmler to Berger, March 12, 1943. See also ibid., Brandt to Berger, March 24, 1943; Himmler to Pohl, March 5, 1943, in Heiber, *Reichsführer!*, 245 – 47.

267. HLSL, Anklageschrift gegen Koch, 1944, ND: NO – 2366; BArchB (ehem. BDC), SSO, Koch, Karl, 2. 8. 1897, Weuster to Jüttner, August 25, 1943. 党卫队第一次对科赫的调查开始于 1941 年，在 1943 年 7 月时被希姆莱叫停。

268. Weingartner, "Law"; BArchB (ehem. BDC), SSO, Morgen, Konrad, 8. 6. 1909, Chef des Hauptamtes SS – Gericht to Himmler, August 3, 1944; testimony K. Morgen, August 7, 1946, *IMT*, vol. 20, 488 – 89; Gross, *Anständig*, 145 – 48.

269. 对摩根战后证词的敏锐分析，以及一些历史学家不加评判的利用，参见 Wittmann, *Beyond Justice*, 160 – 74。

270. 例子参见 testimony of K. Morgen, August 7 – 8, 1946, *IMT*, vol. 20, 490, 504 – 505, 511。苏联首席检察官在庭审时认为摩根是"最出名的伪证者"之一; ibid., vol. 22, 323。

271. HLSL, Anklageschrift gegen Koch, 1944, pp. 46 – 47, 74 – 75, ND: NO – 2366.

272. Ibid., quote on 35.

273. BArchB (ehem. BDC), SSO, Morgen, Konrad, 8. 6. 1909, K. Morgen, Ermittlungsbericht, December 5, 1943; ibid., ZBV – Gericht Kassel, Anklageverfügung gegen G. Michael, December 5, 1943. 米夏埃尔是否被判刑、何时被判刑都不清楚。

274. BArchL, B 162/4782, Anklageschrift gegen H. Hackmann, November 15, 1974, pp. 120 – 23. See also ibid., B 162/7998, Bl. 746 – 47: Zentrale Stelle to StA Koblenz, May 14, 1970; BArchB (ehem. BDC), SSO, Hackmann, Hermann, 11. 11. 1913; Hördler, "Ordnung," 50. 美国在 1955 年解除了对哈克曼的监禁。1981 年，哈克曼在杜塞尔多夫接受审判，按罪被判 10 年徒刑，被关进了马伊达内克的监狱。

275. HLSL, Anklageschrift gegen Koch, 1944, pp. 38 – 39, 48, ND: NO – 2366; IfZ, F 65, PP. 57 – 68: Dr. Morgen, Die Unrechtsbekämpfung in Konzentrationslagern, December 21, 1945（此处是 Wiebeck 的评论）; ibid., Bl. 10 – 20: Cernely to RKPA, June 30, 1944, Bl. 19。

276. HLSL, Anklageschrift gegen Koch, 1944, pp. 40 – 46, ND: NO – 2366; StAAu, Vernehmungsniederschrift I. Koch, April 29, 1949, pp. 13 – 14; BArchB, Film 2922, Bl. 2699424: Polizeipräsident Weimar to Hauptamt SS – Gericht, March 26, 1945; NARA, RG 549, 000 – 50 – 9, Box 437, Interrogation H. Schmidt, March 2, 1947; Weingartner, "Law," 292 – 93.

277. Testimony G. Reinecke, August 7, 1946, *IMT*, vol. 20, 436; testimony K. Morgen, August 7, 1946, ibid., 488; IfZ, F 65, Bl. 10 – 20: Cernely to RKPA, June 30, 1944, Bl. 11.

278. BArchB (ehem. BDC), SSO, Morgen, Konrad, 8. 6. 1909, Chef des Hauptamtes SS – Gericht to Himmler, August 3, 1944; ibid., Morgen to Breithaupt, February 2, 1944; Weingartner, "Law," 289; IfZ, F 65, Bl. 57 – 68: Dr. Morgen, "Unrechtsbekämpfung in Konzentrationslagern," December 21, 1945, Bl. 67; ibid., Bl. 111 – 12: Morgen to RKPA, June 16, 1944. 其他机构也在跟进集中营内欺诈和盗窃案件，包括当地的党卫队、RSHA 和 WVHA (e. g., *OdT*, vol. 8, 110; *OdT*, vol. 6, 652 – 58)。比较大的案件中有一例是警方针对萨克森豪森集中营内卑劣行为的调查，1943 年 11 月启动；据一名熟知内情的幸存者所述，1944 年秋天两名党卫队队员因为从奥斯维辛和马伊达内克集中营盗窃衣服和财物被枪决（IfZ, F 65, Bl. 10 – 20: Cernely to RKPA, June 30, 1944, Bl. 10; Weiss – Rüthel, *Nacht*, 128, 160 – 61; Banach, *Elite*, 171; Riedle, *Angehörigen*, 244 – 45）。

279. 除了布痕瓦尔德之外，摩根的调查团队还在奥斯维辛、马伊达内克、普拉绍夫、萨克森豪森和达豪展开了调查。战后，摩根还为自己邀功，声称自己参与了海泽根布什和华沙的反腐调查，虽然他在这两个案子里并没有起到作用；IfZ, F 65, Bl. 57 – 68：Dr. Morgen, “Unrechtsbekämpfung in Konzentrationslagern,” December 1, 1945, Bl. 66；ibid., Bl. 111 – 12：Morgen to RKPA, June 16, 1944。

280. Quotes in IfZ, F 65, Bl. 111 – 12：Morgen to RKPA, June 16, 1944.

281. BArchB (ehem. BDC), SSO, Florstedt, Hermann, 18. 2. 1895, Glücks to SS Personalhauptamt, March 5, 1943；ibid., Terminnotiz, November 10, 1943；ibid., Film 2922, Bl. 2699424：Polizeipräsident Weimar to Hauptamt SS – Gericht, March 26, 1945. 有些未经确认的报告称，弗洛施戴特在战争结束之前就被处决了；Orth, *SS*, 208 (n. 13)。

282. BArchL, B 162/1124, Bl. 2288 – 2316：Volksgerichtshof Krakow, Urteil, September 5, 1946, Bl. 2312 – 13；*OdT*, vol. 8, 271. 1946 年 9 月，戈特在克拉科夫被判处死刑并处决。

283. *DAP*, Aussage H. Bartsch, March 13, 1964, 5798（日期错误），5820, 5857；ibid., Aussage G. Wiebeck, October 1, 1964, 19700 – 701。

284. Quote in StB Nr. 51/43, November 16, 1943, in Frei et al., *Kommandanturbefehle*, 359. 这类严厉的威胁并不少见。1944 年 5 月，奥斯维辛集中营员工不得不承认，自己知道“私自拿取一丝一毫的犹太人财产都会被判处死刑”；Strzelecki, “Plundering,” 167。

285. *DAP*, Aussage H. Bartsch, March 13, 1964, 5799；Langbein, *Menschen*, 339；Perz and Sandkühler, “Auschwitz,” 297.

286. IfZ, F 65, Bl. 111 – 12：Morgen to RKPA, June 16, 1944, quote on 112；ibid., Bl. 72 – 74：Erklärung G. Wiebeck, March 22, 1954.

287. Tuchel, “Registrierung”；Lasik, “Organizational,” 170 – 92；Langbein, *Menschen*, 371 – 73；IfZ, G 20/1, Das Oberste Volkstribunal, Urteil, December 22, 1947, p. 108；BArchB, RS B5261, Lebenslauf M. Grabner, n. d. (1939).

288. IfZ, G 20/1, Das Oberste Volkstribunal, Urteil, December 22, 1947, p. 111.

289. StB Nr. 54/43, December 1, 1943, in Frei et al., *Kommandanturbefehle*, 371；*DAP*, Vernehmung F. Hofmann, April 22, 1959, 3880.

290. *DAP*, Aussage G. Wiebeck, October 1, 1964, 19700 – 701；ibid., Aussage H. Bartsch, March 13, 1964, 5866. 摩根后来称，格拉布纳被指控

参与 2000 次谋杀（testimony K. Morgen, August 7 - 8, 1946, *IMT*, vol. 20, 507）。然而，摩根团队中的一名成员作证说，格拉布纳被控参与不到 200 次谋杀（*DAP*, Aussage H. Bartsch, March 13, 1964, 5864 - 65）。摩根的团队还针对两位布痕瓦尔德官员非法杀戮囚犯的行为发起指控，这两个人分别是集中营医生 Waldemar Hoven 和地堡监督人 Martin Sommer，不过这两个人直到战争结束都没有被定罪。

291. *DAP*, Aussage G. Wiebeck, October 1, 1964, 19700 - 703, Boger quote on 19703; ibid., Aussage W. Hansen, November 27, 1964, 26002 - 3; ibid., Aussage W. Boger, July 5, 1945, 3253 - 56.

292. 海泽根布什集中营的指挥官亚当·格吕内瓦尔德因为在拘留室掐死了几名囚犯，在 1944 年被党卫队法庭定罪（参见注 179），他的案子反映了希姆莱的态度。作为党卫队最高领袖，希姆莱很快把格吕内瓦尔德捞了出来，不仅让他免于服刑，还奖励了他一周的假期。格吕内瓦尔德随后加入了党卫队骷髅师。See BArchB (ehem. BDC), SSO, Grünewald, Adam, 20. 10. 1902.

293. *DAP*, Aussage W. Boger, July 5, 1945, 3256 - 57; Langbein, *Menschen*, 374 - 75; Broad, "Erinnerungen," 194.

294. *DAP*, Aussage W. Boger, July 5, 1945, 3252.

295. 例子参见 Hackett, *Buchenwald*, 126, 341。

296. Czech, *Kalendarium*, 672.

297. IfZ, F 65, Bl. 111 - 12: Morgen to RKPA, June 16, 1944; BArchB (ehem. BDC), SSO, Morgen, Konrad, 8. 6. 1909, SS - Richter beim Reichsführer SS to Chef des Hauptamtes SS - Gericht, August 26, 1944; Longerich, *Himmler*, 311.

298. 最后一点，参见 Himmler to Bormann, February 10, 1944, in Heiber, *Reichsführer!*, 316。

299. IfZ, F 65, Bl. 10 - 20: Cernely to RKPA, June 30, 1944.

300. StN, EE by G. Wiebeck, February 28, 1947, ND: NO - 2331; Schmeling, *Erbprinz*, 98; testimony of G. Reinecke, August 7, 1946, *IMT*, vol. 20, 439; *DAP*, Aussage K. Morgen, March 9, 1964, 5592.

301. Schulte, *Zwangsarbeit*, 40 - 41; Schwarz, *Frau*, 93 (n. 15); *OdT*, vol. 2, 340 - 41; Witte et al., *Dienstkalender*, 643.

302. Bindemann, "Koserstrasse 21"; Koch, *Himmlers*, 75 - 77, 81; StN,

testimony O. Pohl, June 13, 1946, ND: NO-4728, p. 7.

303. See also Bajohr, *Parvenüs*, 192.

304. Zámečník, "Aufzeichnungen," 240.

305. *OdT*, vol. 2, 340-41; Schulte, *Zwangsarbeit*, 32. 也可参见第8章。

306. *OdT*, vol. 4, 535-38; Koch, *Himmlers*, 78-80; BArchB, Film 44563, Vernehmung O. Pohl, September 17, 1946, p. 8. 波尔手下的其中一家党卫队企业 DVA 为农业试验买下了一处地产，波尔用很低的价格租用了这座庄园。

307. Zámečník, "Aufzeichnungen," 225, 229, 240. See also BArchB (ehem. BDC), SSO Pohl, Oswald, 30.6.1892, Fragebogen zur Berichtigung der Führerkartei, October 1936; ibid., Film 44563, Vernehmung O. Pohl, January 2, 1947, p. 2.

308. Zámečník, "Aufzeichnungen," 199-200, 212, quote on 240.

第 8 章　经济与种族灭绝

392 奥斯瓦尔德·波尔被海因里希·希姆莱提拔为集中营系统的总负责人后不久，他就召集集中营党卫队的顶层领导人在党卫队经济与管理部位于柏林－里希特菲尔德的总部召开了为期两天的重要会议。1942 年 4 月 24 日和 25 日，自信满满的波尔在会上陈述了自己的计划日程。他宣布，自己治下关心的全是经济问题，如今的首要目标是启动军备生产。他又补充说，唯一能实现这个目标的方法就是驱使囚犯，直到他们倒下为止：工作时间应该无限延长，午餐的休息时间要尽量压缩。“为了取得最好的业绩，”波尔总结说，“必须真正耗尽囚犯们的体力。”为了强调这一指令的重要性，波尔将贯彻落实的责任落到了每名指挥官的头上。[1] 但他传达的含义不仅限于经济。他还想给新部下们留下深刻的印象，震慑他们。在这么多集中营党卫队老手面前——以里夏德·格吕克斯为首的 14 座主要集中营指挥官——波尔迫切想要树立自己的权威。尽管部分官员对他的高升有怨言，但波尔很快确立了自己集中营系统总领导的权威地位。[2]

波尔跟海因里希·希姆莱的亲密往来——彼此频繁通信，还会定期会面或通过经济与管理部里加密的电话进行沟通——进一步巩固了他的地位，所有集中营党卫队队员都知道全国领袖非常尊敬他。反过来，波尔也对比自己年轻的这位良师益友卑躬屈膝、全心全意。他将希姆莱的愿望当作神圣的指令，任何胆敢质疑希姆莱和自己的人都会被严惩。[3] 希姆莱仍然是集中营实际的掌门人；在战争的后半段，所有重要的决议都要先经 393
过希姆莱的同意。他通过经济与管理部跟进囚犯的数量和死亡人数，还经常询问额外的细节。[4]希姆莱甚至抽时间去进一步视察，1942 年至少五次前往集中营。[5] 这类视察并不是徒有形式，希姆莱仍然是一个严厉苛刻的统治者。比如在 1942 年 5 月 1 日，他没有事先通知突然造访达豪，途中经过菜园时发现那里的囚犯干活太慢（在他看来），他马上跳下车子，将审头、哨兵和党卫队的小分队头目痛骂一顿，然后下令让这些囚犯一直干到夜里。当得知大多数囚犯是牧师时，希姆莱大声说道："这些杂种就该干到死！"[6]

随着战事陷入胶着状态，希姆莱的视察和介入不如以前频繁了。作为带头支持全面战争的领导，他积累的权力越来越大。希姆莱被提拔为帝国内政部部长（1943 年 8 月）和后备军司令（1944 年 7 月），新职位所带来的事务占用了他大部分时间。[7] 但他从没忘记集中营，还继续为集中营制定总体方略。我们即将看到，有些宠物计划——比如人体实验和为了德国战时经济而剥削囚犯——仍有他微观管理的痕迹，挑动波尔等下级接受更极端的方案。

奥斯瓦尔德·波尔和党卫队经济与管理部

集中营被纳入奥斯瓦尔德·波尔的党卫队经济与管理部时，正值德国经济发生重大改变。1942 年初，纳粹领导人陷入了对未来的不确定。军队在苏联遭遇了戏剧性的挫败，军工生产陷入停滞，德国面临着一场开放式的全球大战。为了提高军备产出，政府采取了几项重要的举措，以两个重要的任命作为象征。

1942 年 2 月，希特勒将自己的门徒阿尔贝特·施佩尔提拔为军备部部长；同年 3 月，图林根大区长官弗里茨·绍克尔（Fritz Sauckel）被任命为劳工调动的全权总代表。他们疯狂的激进主义思想和充满热情的言谈很快令他们成了德国战时经济的主要参与者。[8]

这些人事变动让海因里希·希姆莱产生了危机感，他担心施佩尔和绍克尔会将自己挤走。[9] 为了困住这两个竞争对手，让他们远离集中营的劳工，希姆莱在 1942 年 3 月初匆匆下令，将
394 集中营督察组并入刚成立的党卫队经济与管理部。[10]希姆莱表面上将这次重组归为经济上的考虑。将集中营纳入波尔的经济与管理部可以最大限度地剥削囚犯，“每个人每分每秒都要为我们的胜利而劳动，直到他们人生中最后的时刻”。[11]希特勒被说服了，至少目前如此，并私下同意扩大在集中营里的军备生产。[12]

将集中营交到波尔手中对希姆莱而言是上策。波尔对集中营并不陌生，而且在过去几年也积攒了比较大的影响力。跟默默无闻、不能常见到希姆莱的集中营督察官里夏德·格吕克斯不同，波尔既是希姆莱的密友又是党卫队的显赫人物，他被提拔为党卫队全国副总指挥就是希姆莱和希特勒在 1942 年 3 月 17 日见面时的决定。他雄心万丈，经济与管理部在他的领导下注定要成为一支主要力量。他全身心投入纳粹事业——他自称“在国家社会主义出现以前自己就已经是一名国家社会主义者了”——心志坚定、人脉活络、具有良好的政治敏锐性，而且长期以来打造了自己令人生畏的形象；下属们惊叹于他的韧性，畏惧他的脾气。他的第二任妻子在给希姆莱的信中用“不可摧毁、健壮、极度坚强”来形容他。[13]显然，任何纳粹权贵之人要想从波尔手中分权之前都要三思而后行，这也是希姆莱的如意算盘。

党卫队经济与管理部内部

党卫队经济与管理部是一个庞大的机构，有五个主要的部门，1700 名员工，管理着整个欧洲数万名工人。它负责的事务远不止集中营系统；正如它的名字一样，它参与了党卫队生意和行政的方方面面，从房地产收购到为党卫队部队安排住处。不过，它的五个部门都与集中营有密切联系。A 处负责人事、预算和工资，以及给各个集中营划拨资金。食品和衣物供应归 B 处负责。C 处则主管建筑项目，包括奥斯维辛集中营的毒气室和火葬场，由党卫队区队长汉斯·卡姆勒领导，他已经开始成为集中营系统中一个重要的人物。至于波尔亲自坐镇的 W 处负责党卫队企业，比如依旧重度依赖奴工的德国土地与采石公司；在 1943 ~ 1944 年的巅峰时期，党卫队经济包括大约 30 家不同的企业，被剥削的集中营囚犯人数多达 4 万。[14]不过，集中营系统的行政中心却是 D 处，即曾经的集中营督察组，如今仍坐落于奥拉宁堡的 T 字楼中。

跟其他处相比，D 处的规模相当小。[15]1944 年 9 月初，它的 395
员工人数不超过 105 人。其中有 19 人是官员；其余是辅助的职员，比如秘书、电报员和电话员、管理员和食堂员工，还有司机（集中营党卫队的汽车有专属的登记编号，从 SS－16000 到 SS－16500）。[16]T 字楼里的气氛反映了集中营党卫队的尚武价值观。官员们通常穿制服和靴子上班，工作时间长，直到晚上六七点才下班，还有的人会工作到深夜；个别官员甚至在纳粹武装党卫队食堂吃完晚饭，小酌几杯后直接就睡在 T 字楼的单间里（其他人则住在奥拉宁堡或者不远的柏林）。[17]跟大多数集中营一样，集中营总部几乎是纯男性工作的地方。1944 年 9 月，员工名单上只有一名女性——巴德夫人（Frau Bade）；身为私人秘书，她也是唯一一名非党卫队平民员工。[18]

D处下设四个部门。[19]大约每隔两周，四个部门的主管就会到位于一层的里夏德·格吕克斯的大办公室参加例会。格吕克斯的副手阿图尔·利布兴切尔负责D－Ⅰ部，也就是所谓的中央办公室。大部分通信都经过这个办公室。它还负责整理和统计囚犯的数量、遣送、释放和死亡，并且处理各集中营指挥官提交的关于对囚犯施行正式惩罚的申请。D－Ⅰ部还需向各个集中营传达许多其他的指令——来自D处、帝国中央安全局和希姆莱——同时监督集中营内的处决和系统性谋杀。[20]例如，被送往奥斯维辛的犹太人总数、立刻被送去毒气室的人数和被选为劳工的人数都会报到D－Ⅰ部的官员处；格吕克斯定期将数据汇总，报告给波尔。[21]纳粹最终解决方案在经济与管理部的官员内部已经成了常识，其他许多罪行也是一样。“就连最基层的职工都知道，”波尔在战后供述道，“他们肯定都知道集中营内的情况。”[22]

D－Ⅱ部统管集中营的奴工，随着集中营在经济上的重要性日益增强，这个部门的地位也水涨船高。它的业务量非常庞大：监督所有集中营囚犯的部署。D－Ⅱ部的官员们要给党卫队所有的企业供应囚犯，就像是党卫队经济的“劳动介绍所”，一名曾经的管理人这样形容。后来，奥拉宁堡的官员们分配了成千上万的囚犯给国企和私企。为了时刻跟进奴工的数量变动，D－Ⅱ部定期从集中营收集有关丧失劳动能力的囚犯——因为死亡、疾病、疲劳或其他原因——以及当前囚犯部署的数据，总结上报给格吕克斯和波尔。[23]

396 集中营内的健康事务归D－Ⅲ部负责。在D－Ⅲ部工作的官员通过下达指令和检查报告跟集中营党卫队医生——曾经有数百名党卫队医师在集中营里工作——建立了密切的联系；D－Ⅲ部每月会对囚犯患病和伤亡的情况进行总结，上报波尔。[24] D－Ⅲ部负责人恩诺·洛林（Enno Lolling）医生频繁造访集中营，动员医生们投入各种各样的杀戮行动，那些行动需要医疗人员的参与。[25]然而，尽管他举止强硬，地位却并不牢靠。在四个部门当中，他手下的人最少，而且奥拉宁堡的同事们还屡次侵蚀他的势力。[26]除此之外，他的部门在经济与管理部中好像外来者一般，因为还需要向武装党卫队的医疗办公室（属于党卫队总领导办公室）汇报工作，后者给集中营提供设备和医疗用品。[27] D－Ⅲ部的地位因为洛林本人进一步遭到损害。洛林的上级对他还心存好意，但集中营党卫队的其他官员却对他的能力没那么宽容。更糟的是洛林丑闻缠身。关于他吗啡和酒精上瘾的故事已经成为传奇，据说他还染上了梅毒。“在视察时，他很容易就被蒙蔽了，”鲁道夫·霍斯后来写道，“特别是当他沾了酒之后，都发生过好多次了。”[28]

第四个也是最后一个部门 D－Ⅳ部负责行政管理事务，包括预算和协调。它还与 B 处协作，参与集中营党卫队和囚犯们食物和衣物的供应。[29] D－Ⅳ部起初由安东·凯因德尔统领，后来换成了威廉·布格尔（Wilhelm Burger）。[30]布格尔生于 1904 年，曾在商界历练过一番，于 1932 年 9 月加入党卫队。不久之后，他成了一名全职的党卫队官员，最终被调入骷髅部队的管理处（他的晋升并没有被履历上的一个意识形态污点阻碍：布格尔娶过一名犹太后裔，不过 1935 年离婚了）。战争初期，在骷髅师里干了一段时间后，他被调到了集中营系统内。1942 年 6 月，正当奥斯维辛集中营转变为主要的灭绝中心时，他成了这里的行政主管，并证明了自己的能力——他得到了指挥官鲁道夫·霍斯毫无保留的赞赏，没有几名高层官员能获此殊荣。霍斯对他的“组织能力”、“冷酷残忍”和“坚强意志”赞不绝口。不到一年的时间，在1943年5月1日，布格尔被晋升到了经济与管理部内的新职位。[31]

这种提拔并非个例：数名在集中营内工作过的党卫队官员后来在D处谋得了高位。最显要的当属霍斯本人，1943年11月离开奥斯维辛后，他去了经济与管理部的首要部门D－Ⅰ部。他就是经常留宿T字楼的狂热官员之一，同事们都称他为“鲁
397 迪”（Rudi）。作为一名在最大的集中营里工作过、经验极其丰富的恐怖行动执行者，霍斯为经济与管理部贡献颇多，并且成了为波尔排忧解难的主力。[32]与此相对，许多官员也反向而行，从D处调去集中营，其中两名离开奥拉宁堡的高层管理者就被调到了集中营担任一把手。阿图尔·利布兴切尔成了奥斯维辛集中营指挥官（1943年11月），迅速与霍斯交接了工作；而安东·凯因德尔则搬去了T字楼隔壁，成了萨克森豪森集中营的指挥官（1942年9月）。经济与管理部内的高层职位或许待遇更好，但凯因德尔的调动加速了他的事业发展。他调动后刚过了一年，就被提拔为分队长，在党卫队的官阶比霍斯整整高了一级。[33]

将凯因德尔这样的党卫队管理者从总部调到集中营是有现实原因的。集中营的工作人员一直处于紧缺的状态，用有经验的官员填补突然出现的缺口是十分合理的。[34]然而，循环往复的人事调动——涉及奥拉宁堡T字楼中超过半数的官员——可不仅仅是权宜之策。[35]奥斯瓦尔德·波尔追求的是“士兵一样的官员”，能将政治技能与第三帝国战场上的实战经验相结合，因此

他非常愿意雇用资深的集中营官员当管理者；奥拉宁堡的许多官员都在集中营里实习过。[36]至于那些从经济与管理部 D 处调到集中营的人，波尔也希望他们可以在“前线”重新证明自己是“政治军人”，以防他们像特奥多尔·艾克所说的那样，在办公室变得“安逸、肥胖、衰老”。[37]跟帝国中央安全局的恐怖专家们一样，集中营党卫队的管理者们认为自己属于“战斗的行政机构”，以党卫队为名，同时挥舞着笔和剑。[38]

管理集中营

在第三帝国垮台后，神通广大的奥斯瓦尔德·波尔第一时间从他妻子位于巴伐利亚的庄园逃走了，美国士兵没能捉到他。他逃去了德国北部，到了这个国家的另一端，他与第一任妻子生的两个女儿（她们都嫁给了党卫队军官）将他藏了起来。[39]当英国士兵于 1946 年 5 月最终捉到他后，波尔又试图逃避自己的过去。面对即将到来的纽伦堡军事法庭审判和绞刑，他开始推脱责任，否认自己参与集中营内的犯罪。他抗议说，即便集中营系统归入了他的经济与管理部，他也没怎么参与其中。除了希姆莱让他监督的劳工布署之外，“所有的内部运营”都由里夏德·格吕克斯继续管理。波尔还补充说，这就是集中营督察组除了名字改为 D 处以外其余没有任何变动的原因。[40]尽管一些历史学家自此附和了这一观点，认为波尔是个相对来说比较边 398
缘的人物，但他自私自利的叙述并没有多少事实依据。[41]

奥斯瓦尔德·波尔绝非集中营有名无实的领袖。的确，集中营系统的运营具有持续性。大多数管理者来自原先的集中营督察组，其中有里夏德·格吕克斯，四位部门负责人中的三位也都如此，他们在经济与管理部内高效地继续着原先的工作。[42]

但是，如果我们继续深挖的话，呈现出来的却是不同的景象。将T字楼里的门牌从“集中营督察组”改为“WVHA－D处”不仅仅是换牌子这么简单。集中营实际上确实成了经济与管理部的一部分，波尔也成了他们精力充沛的领导。他或许将日常的事务交给了格吕克斯和奥拉宁堡的下属们，但集中营所有重大的决策中都有他的印迹。他对集中营劳工的关注并没有限制他参与其他事务。毕竟，到了战争后半段，奴工问题即便没涉及集中营的所有方面，但也至少关系到大半——依照希姆莱的心愿，波尔在敦促之下要确保“劳工绝对优先”的原则。[43]

因此，波尔参与了从医疗到建筑、从囚犯特权到大规模灭绝等一系列事务。除了定期从D处获取报告和数据外，他还每周跟里夏德·格吕克斯会面，并定期接见集中营党卫队的其他高层管理者。[44]波尔还召唤集中营指挥官参加当面会晤；从1942年4月他的就职会议以来，集中营指挥官们每隔几个月都要到德国首都参加会议。[45]同时，波尔的总部（位于柏林－里希特菲尔德）和T字楼（位于奥拉宁堡）之间的距离也因电话和特派通讯员的存在而缩短了。[46]所有这一切都使集中营的管理和党卫队经济与管理部越来越密不可分。

波尔虽然在柏林了解了许多有关集中营的情况，但他并非纯坐办公室的官僚。一些研究纳粹恐怖统治的历史学家普遍认为党卫队管理层是一群伏案工作的犯罪者，然而恰恰相反，像波尔这样的管理者却经常亲自动手。[47]波尔将自己标榜为理想中的“军人式官员”，亲自下基层推广自己的观点，对当地的许多问题做出裁决。他的主人海因里希·希姆莱驱使他采取更积极的行动，1943年3月时要求他或者格吕克斯每周都应该去不同的集中营走走，督促每一个人更加努力地工作。“我相信，在当前的时刻我们应该把大量的时间花在外面企业里那些人身上，”希姆莱对波尔说，“用我们的话语去鞭策他们，用我们的能力去即刻帮助他们。”[48]

这些话成了波尔的口头禅。像之前的艾克一样，他经常出差，上至奥斯维辛这样的综合类大营，下至小小的卫星营，成 399
了许多集中营里的熟面孔。在 1942 年 4 月到 1944 年 6 月间，他至少视察过四次奥斯维辛集中营。[49]地方官员们肯定很怕他来访——他有时跟希姆莱一样会搞“突然袭击”——他不仅难取悦，而且惩罚起下属来既快又狠。他跟艾克一样令下属惧怕，却远不像艾克那样受人爱戴。他不仅记仇，对工作还有着旁人难以超越的狂热。就连工作狂鲁道夫·霍斯都甘拜下风。两人一起出差的时候，50 岁出头的波尔在视察完一个集中营后可以马不停蹄地前往下一站，让比他年轻的霍斯筋疲力尽。“跟他一起出差累死了，”疲惫不堪的霍斯总结说，“一点儿乐趣都没有。”[50]

波尔在集中营系统步步高升，风头盖过了里夏德·格吕克斯。可以确定的是，身为 D 处的主管，格吕克斯仍然是一个有影响力的人物，监督着集中营每日的运营，参与人事和政策决定；1943 年 11 月，他因为长期为集中营党卫队服务而被提拔为地区总队长。但毫无疑问，波尔才是掌控全局的人，就连格吕克斯也接受了这个事实。[51]而格吕克斯的地位也被波尔的一名亲随格哈德·毛雷尔（Gerhard Maurer）从下层不断侵蚀，后者于 1942 年春加入 D 处，成了 D－Ⅱ部的主管（负责囚犯劳动）。在过去，奥拉宁堡的管理者对强制劳动力的关注有限。[52]但毛雷尔的新部门和他本人却没有被忽视，他的部门还成了一支重要的力量；直到战争结束前，他一直管理着集中营劳动力，也因此成了 T 字楼里权力最大的人。[53]

从很多方面来看，格哈德·毛雷尔都是典型的能在波尔手下混得风生水起的党卫队管理者：雄心勃勃的年轻人，有现代商业管理的经验和对纳粹事业的坚定信念，能够为纳粹民族共同体更好地打理党卫队的经济活动。[54]毛雷尔生于 1907 年，离开学校之后在企业中实习，当了一名会计。跟许多人一样，魏玛共和国垮台之后他就成了激进的右翼人士。1930 年 12 月，毛雷尔在 23 岁生日的前几天正式加入纳粹党，第二年又成了党卫队的一员。纳粹党攫取权力后不久，毛雷尔把自己的政治信念和专业技能紧密结合在一起，起初在纳粹出版社担任总会计师，后来在 1934 年成了全职的党卫队官员。毛雷尔的仕途可谓一帆风顺。他在新兴的党卫队官僚队伍中脱颖而出，一路都是亮眼的成绩报告，1939 年夏天，他被奥斯瓦尔德·波尔挖到了新成立的党卫队行政和商业总办公室。等他搬到奥拉宁堡走马上任的时候，他成了最顶层的管理者之一，被授予党卫队二级突击大队长的职衔。[55]

尽管格哈德·毛雷尔不是来自集中营党卫队，但他可不是
400 新手。之前的工作令他跟集中营建立了紧密的联系，而且他在 1942 年春天一举成名。作为波尔的得力干将，他可以强势地推行自己的想法和意愿。毛雷尔每周都会陪同里夏德·格吕克斯面见波尔，大多数时候讨论的都是劳工分配的内容，而且他平时也有机会直接与波尔交流。强硬、沉稳、不知疲倦的毛雷尔很快就博得了奥拉宁堡总部和集中营里的党卫队官员的尊重。他每周通常有一半的时间都花在路上，从一个集中营到另一个，有时是陪同其他高层同事，比如威廉·布格尔和恩诺·洛林。[56]在集中营，毛雷尔与领导们建立了亲密的关系，特别是和那些

掌管强制劳动的领导，如今他们都成了有权有势的人物。他们是毛雷尔在地方的执行人，经常会被毛雷尔召集到奥拉宁堡开会，探讨新的方案。[57]毛雷尔还跟许多外界的机构保持合作关系，包括施佩尔的部门和私人产业，从而逐渐塑造他党卫队强制劳动掌门人的地位。1942 年 10 月末，当施佩尔安排召开中央规划会议时，毛雷尔本来正在奥斯维辛视察，波尔选择了迅速将他召回，而不是派其他官员参会。[58]

党卫队对奴工的控制权抓得越紧，毛雷尔在集中营体系内的官阶就越高。他在 1943 年秋天正式被任命为格吕克斯的副手（在利布兴切尔前往奥斯维辛之后），其他奥拉宁堡的官员深知他才是格吕克斯宝座后的实际掌权人。跟 34 岁才加入集中营党卫队、随后冉冉升起的新星毛雷尔相比，大他将近 20 岁的格吕克斯似乎已日暮西山。就连格吕克斯的老朋友利布兴切尔也看出，这个“老男人”现在已经退居二线了。对格吕克斯来说，他已经做好了退位让贤的准备，只是依旧留恋职权带给他的风光。不过，许多关键的决定如今已不是在他奢华的办公室里做出，而是在隔壁第二间小房间，也就是毛雷尔的办公室里拍板。[59]

波尔的指挥官们

1942 年 4 月末，到柏林参加波尔就职会议的指挥官们在会后四散，回到了各自在德占欧洲地区的集中营，他们都很好奇，波尔会带来怎样的一个新时代。所有人肯定都被波尔惊到了，用鲁道夫·霍斯的话来说，波尔就是“大自然的残酷力量”；无疑，波尔是动了真格要改变集中营系统。[60]但没有一名指挥官能预见到自己多快会受到影响。波尔并不满足于重塑奥拉宁堡

总部。他还决心把每一座集中营都刻上自己的印记。1942 年夏
401 天，在希姆莱的首肯之下，他对指挥官们来了个大换血。在几名官员被卷入丑闻之后，微小的换人就已经被提上日程。但波尔的野心更大，等到 1942 年 10 月尘埃落定之后，只有四座集中营的指挥官没变，其余都换新了。

波尔的人事变动还延伸到集中营党卫队官僚系统的下层，1942 年 5 月初，经济与管理部命令各个集中营将长期担任分区主管的人员上报，以便重新调配。[61]结果，低层员工的变动打乱了原有的惯例和多年以来的派系集团，这恰恰就是经济与管理部的打算。比如在萨克森豪森，行刑队被拆散，其中几名队员被调到了另一座集中营（只有少数精于刑讯和杀戮的专家留了下来）。[62]而其他人也都离开集中营奔赴前线，因为从 1942 年初开始，在东线疯狂战斗的骷髅师伤亡惨重，于是党卫队领导加快输送替补人员。[63]离开萨克森豪森去接受军事训练的分区主管中有威廉·舒伯特和里夏德·布格达勒。舒伯特后来征战波兰、匈牙利和奥地利。布格达勒却相反，他的士兵生涯并没有持续太长时间。由于他不能控制暴力的冲动——这曾经令他在集中营里如鱼得水——在被指挥官批评军礼不标准的时候他打了指挥官，结果被关进了党卫队的拘禁营。[64]

在波尔的领导下，集中营党卫队进入了一个大换血的阶段，新人进入，有经验的人员纷纷被调离。尽管所有的层级都受到了影响，但只有在 1942 年夏天，集中营系统的顶层领导人遭遇重新洗牌时才是最大的巨变。14 位指挥官中有 5 人被踢出了集中营党卫队。除了皮奥尔科夫斯基（达豪）、洛里茨（萨克森豪森）和科赫（马伊达内克）外，波尔还解雇了卡尔·金斯特勒（弗洛森比格）和阿图尔·勒德尔（格罗斯－罗森）；在阿

拜斯多夫集中营（Arbeitsdorf）关闭之后，第6个指挥官威廉·施特立（Wilhelm Schitli）也下岗了。剩下的8位指挥官中有4位没有变动，分别是赫尔曼·皮斯特（布痕瓦尔德）、弗朗茨·齐赖斯（毛特豪森）、鲁道夫·霍斯（奥斯维辛）和阿道夫·哈斯（Adolf Hass，下哈根）；另外4人则被调到了别的集中营：马丁·魏斯从诺因加默调到了达豪，马克斯·保利（Max Pauly）从施图特霍夫调到了诺因加默，埃贡·齐尔从纳茨维勒调到了弗洛森比格，马克斯·克格尔从拉文斯布吕克调到了马伊达内克。最后，还有5名新任的集中营指挥官：弗里茨·祖伦（Fritz Suhren，拉文斯布吕克）、威廉·格迪恩（Wilhelm Gideon，格罗斯－罗森）、安东·凯因德尔（萨克森豪森）、保罗·维尔纳·霍佩（Paul Werner Hoppe，施图特霍夫）和约瑟夫·克拉默（Joseph Kramer，纳茨维勒）。[65]当集中营指挥官们第二次到柏林参加波尔的会议时，只要看看围坐在桌前的人们，就能知道从1942年4月以来发生了多么大的改变。

波尔重组的规模毫无疑问，但它的意义在哪里？战后，波尔声称这么做完全是出于善意的考虑：他希望换走那些“艾克学校”培养出来的流氓，打造一个更人道的氛围。[66]不过没有一个权威的历史学家会买他的账。但是，将重新洗牌描述为同艾克时代的决裂倒是吸引了一部分目光，同样也有观点称波尔此举是为了任命更好的管理者来协调和管理劳工。[67] 402

显然，波尔对新任的5名指挥官给予厚望。他们都相当年轻，平均年龄37岁，都曾在集中营党卫队供职。比如约瑟夫·克拉默，他所有的专业经验都是从集中营里获得的，1934年到1942年曾在6座集中营的指挥参谋部工作过。[68]5人中有3人都来自骷髅师，霍佩和格迪恩都于1942年在杰米扬斯克

（Demjansk）负伤。[69]这几个人也可以吹嘘说自己有行政管理技巧，但在这方面没有人比得上萨克森豪森集中营的新指挥官安东·凯因德尔（也是党卫队经济与管理部 D－Ⅳ部曾经的负责人）。凯因德尔是个彻头彻尾的管理者，戴着圆圆的角质架眼镜，这个身材单薄的男子跟战前年代像汉斯·洛里茨那种身材健壮的暴徒完全是两类人。凯因德尔 1902 年出生，在魏玛共和国的军队里当了 12 年的会计和出纳。在第三帝国，他用自己的才能效忠冲锋队，然后进入了波尔的党卫队行政办公室。1936 年，他加入了艾克的团队，很快就成了骷髅部队的首席行政官。1939 年秋天，他到骷髅师担任相同的职位，2 年后又回到了集中营督察组。波尔长期以来一直非常欣赏凯因德尔的组织才能，并希望他可以在 1942 年将这些带到萨克森豪森。[70]同样，波尔想要生产力更高的集中营，这也是他解雇部分指挥官的原因。[71]当德国的胜利不再是一件板上钉钉的事情时，无能就成了对战时努力的一种威胁。当科赫将事情搞砸了太多次之后，他也就风光不再了，徒留下一个乌烟瘴气的马伊达内克集中营。金斯特勒最后也落得被开除的下场。他长期酗酒，而且不知悔改。当再次传出弗洛森比格举办大型酒宴的消息后，党卫队领导失去了耐心；像金斯特勒这样失败的人跟波尔的时代是不合拍的。[72]

尽管波尔 1942 年的重新洗牌带来了深远的改变，但我们也不能夸大此事的影响。首先，在强制实行完全统一的人事政策上，波尔并没比他的前任好多少。一些像凯因德尔一样的新指挥官或许贴近波尔理想中军人式官员的标准，但许多人并不是这样。事实上，很多任命靠的是运气和关系，都是凑合了事。[73]就像集中营党卫队早期一样，用人的失误率很高。波尔的一些

指挥官很快就堕落了，证明了自己跟前任一样无能和腐败。比 403
如威廉·格迪恩只在格罗斯-罗森集中营待了一年。他或许是波尔最不寻常的指派，他曾是诺因加默集中营的首席行政官，是这个岗位上被升为指挥官的第一人，也是最后一人；相较于工作他更热爱美酒，因此在 1943 年秋天就被开除了。[74]在后来的用人上波尔也并没有变得靠谱起来，他之后任命的三名指挥官——卡尔·赫梅莱夫斯基、赫尔曼·弗洛施戴特和亚当·格吕内瓦尔德都因暴力和腐败而被纳粹政府逮捕。[75]而且波尔并没有摆脱艾克的时代，他严重依赖的还是老对头留下的“人才库”。大多数留存下来的指挥官——像霍斯、克格尔、魏斯、齐赖斯和齐尔等经验丰富的人在艾克时代就受到重用；他们首先是恐怖行动的专家，而不是做生意的好手。新的指挥官们也是一样。就连安东·凯因德尔在 1936 年时都曾重归艾克麾下，直到 1941 年仍然是艾克亲密的同伴。[76]

最终的分析结论是，波尔的洗牌为的是更新集中营而不是重塑。显然，波尔想要为更有效的奴隶劳动铺路。不过他也想要保持集中营党卫队的精神，并继续将信任放在经验丰富的施暴者身上。这个模式在其他地方一再被使用，波尔没有从根本上做任何改变，却希望获得彻底的改变。一般来说，他的洗牌并不只是关乎经济，还关乎权力。[77]波尔是姿态政治方面的大师，他想向希姆莱证明自己可以跟腐败和无能做斗争。与此同时，他还要让集中营党卫队的人都知道，自己不像格吕克斯一样容易被蒙骗。大家都明白了波尔的意思，到 1942 年秋天，波尔对集中营的统治得到了巩固。作为政治舞台上的一场大戏，他对人事的重新洗牌圆满落幕。但从经济角度来说，这次换血是个失败，因为集中营从来没能成为德国经济的重要中心。[78]

党卫队军工厂

奥斯瓦尔德·波尔希望让更多的囚犯投入战时生产。以前，建立大型殖民地的想法主导了党卫队的方针，但是在1942年春天波尔接手集中营后，在短时间内无法结束战争的残酷现实面前，这些梦想迅速失色。事实上，党卫队领导人很难放弃他们的幻想，在第三帝国日益衰落的情况下，这些白日梦能继续给他们提供慰藉，就像后来德国大半都成为废墟时，希特勒却沉
404 迷于自己理想城市的建筑模型一样。[79]不过作为一项实施中的政策，在东方建造巨大的党卫队新建筑的紧迫性越来越弱。最终，大多数计划只停留在了纸面，微弱地提醒着人们应该要完成怎样的项目。

党卫队领导的注意力从未来转移到了现在，从德国的城市和殖民地转移到了武器。当整个德国经济都在为战时努力加速时，党卫队不能再置身事外了。以希特勒为首的纳粹精英广泛达成了共识，集中营必须将重点更多地放在军工生产上。[80]奥斯瓦尔德·波尔是这一新事业的最积极的拥护者之一。1942年4月末，他向希姆莱保证说首要任务不再是和平时期的建筑项目，而是加大军备生产。[81]但是这要如何实现呢？

对希姆莱来说，答案显而易见：是时候将党卫队打造成武器制造厂了。这很快便成了他诸多幻想中的一个。到1942年夏天时，他已经在幻想高科技武器源源不断地从“我们建造并运营的”集中营工厂里生产出来。希姆莱的热情是可以传染的。他的执行人波尔也十分乐观，认为集中营的党卫队企业能承担起“大规模生产军备的任务”。[82]不过即便短视如希姆莱和波尔，也知道不能单打独斗，起码刚开始不能这样。党卫队需要私企

的帮助。不过，希姆莱还是希望在这种合资企业里取得最大的控制权，并且在1942年春夏坚持要将生产全部设在集中营内。当他准备接受（至少在理论上）私企对合资企业的经济监督时，他的综合治理方案是明确的：武器制造商们必须在他的集中营里设立工厂。[83]

希姆莱制定这样的基本原则可能是吸取了党卫队和军火商第一次主要合作的教训，那次合作很快就失败了。1942年1月11日，希特勒给党卫队签下了一单生意，让他们参与沃尔夫斯堡（Wolfsburg）大众汽车轻合金铸造工厂的建设。在字面上，党卫队被放在领头的位置，希姆莱利用“集中营的人力”来负责锻造厂的“建造、拓展和运营”。然而，大众汽车并不愿意将自己主场的控制权拱手相让，党卫队很快就放弃了。工厂归大众汽车管理，而党卫队只负责提供和看管囚犯。一个新的集中营——恰如其分地被命名为阿拜斯多夫（意为劳工村庄）——由此在工地上建了起来，1942年4月，数百名囚犯来到这里投入了施工。但他们的辛苦劳动没有半分意义。从阿尔贝特·施佩尔被任命为军备部部长的那一刻起他就在破坏这个项目，特别是因为这个项目跟战争的关系有限，他很快就运用 405
自己的影响力，通过限制生产规划和原材料分配将工程压了下来。阿拜斯多夫集中营几个月后就关了。1942年10月这些囚犯被撤回的时候，他们留下的只是一个半完工的空架子。[84]

希姆莱对阿拜斯多夫的失败一点儿都不苦恼。按希姆莱1942年9月的说法，党卫队军备生产可谓“颗粒无收”，因此他开始大力促进成立更多的合资企业，只不过这一次是在现有的集中营之内。[85]希姆莱正在推进四个重点项目：在布痕瓦尔德生产步枪（与威廉·古斯特洛夫公司合作），在诺因加默生产手枪（与卡尔·瓦尔特公司合作），在奥斯维辛生产防空炮（与克虏伯公司合作），以及在拉文斯布吕克生产信号传送器（与西门子 & 哈尔斯克公司合作）。所有这些工厂都在建设中，希姆莱希望它们能给武装党卫队提供装备。[86]他还试图打动希特勒，勾勒出一幕大批奴隶在集中营里热火朝天地大量生产武器的场景。“元首，”希姆莱 1943 年 3 月告诉波尔，“非常倚重我们的生产和支持。”[87]

此时，党卫队计划背后的动力已经停滞不前了。但希姆莱和波尔依然在奋力开拓，一心一意想要建立更多的集中营军工厂。为此，他们甚至准备改造已有的党卫队企业。在一些集中营里，德国土地与采石公司开始为战争生产，逐渐从生产砖头石块转为生产武器。弗洛森比格集中营从 1943 年开始生产战斗机，由梅塞施密特公司提供原材料和技术培训；同时，采石场里的强制劳动——从最开始就是集中营的象征——如今也全面暂停了。在党卫队圈子里，弗洛森比格被誉为一次胜利——波尔亲自视察新工厂——而且十分贴近希姆莱的蓝图：在集中营内生产，由党卫队监督（起码名义上是这样），然后将成品卖给梅塞施密特公司获取利润。[88]这次大获全胜让希姆莱更加看好党卫队经济的重要性，他就是最好的拉拉队队长。1943 年 10 月，他向党卫队领导们吹嘘集中营里由党卫队管理的“巨大军工厂”。[89]但这只是他一厢情愿的幻想。事实上，党卫队根本没成为主要的武器制造者。

在所有的集中营党卫队企业中，只有德国土地与采石公司转为生产军火，但就连这个转变也只是局部的，只能依靠不复杂的生产方法。许多党卫队企业依然跟战争没有多大的关系。尽管党卫队经济与管理部在 1942 年秋天发布了一项具体的指

令，要求放弃在所有不涉及重要或关键军事生产工作的集中营常设劳动分队，但和平时期的生产依然在继续。在几个集中营 406
里，就连德国土地与采石公司也仍在重点生产建筑材料和其他商品。比如位于贝尔施泰特（Berlstedt）的德国土地与采石公司雇用的都是附近布痕瓦尔德集中营的囚犯，实际上加速生产的是花盆，仅在 1943 年就生产了将近 170 万个花盆。党卫队的管理者们荒谬地将此指定为绝对必要的生产，甚至将瓷器生产也归为“战争必需”。事实上，党卫队的许多产出都跟打仗没有关系，更别提高科技武器了。[90]这些缺点显而易见，1943 年 4 月，希姆莱不得不遭受阿尔贝特·施佩尔高人一等的态度和侮辱，后者抱怨党卫队浪费资源。[91]

至于党卫队和军工产业在更大范围内的合作，希姆莱寄予厚望的四个项目一个都没有落实，主要是受军队喜好改变和相应机器不足的影响。在拉文斯布吕克，生产扩张得十分缓慢；1943 年夏天，也就是一年后，只有不超过 600 名女工在为西门子 & 哈尔斯克公司工作。在其他地方，情况甚至跟希姆莱雄心勃勃的设想差得更远。1943 年春天，布痕瓦尔德才开始生产步枪，规模也比原计划小。在诺因加默，枪炮的局部生产开始得更晚，产量更是微不足道。而奥斯维辛压根儿就没开始生产防空炮。[92]党卫队努力统治商业伙伴的做法最终还是失败了，因为他们没有争夺到集中营内工厂的生产控制权。原因很简单，施佩尔直接向希姆莱指出：企业家们“不想扶植党卫队这么一个竞争者”。[93]对施佩尔来说，他虽然之前一直都支持集中营内的合资企业，现在却站在企业家的背后。而希姆莱和波尔还在梦想着让党卫队生产武器，结果施佩尔给了他们致命一击。

战争和卫星营

奥斯瓦尔德·波尔在1942年春天接手集中营系统时，集中营内劳工的未来还是个未知数，直到秋天，只剩大概5%的囚犯参与军工生产的时候，他们的前途才确定下来。[94]而且决定他们命运的不是波尔，而是阿尔贝特·施佩尔，后者迅速成了第三帝国最有权势的人物之一。在1942年9月15日一场十分关键的会议上，施佩尔摆了波尔一道。施佩尔大谈特谈要让党卫队领导大型的综合武器生产厂，波尔被施佩尔诱人的说辞（全是空话）哄得团团转，无意中就做了一个重大的让步：他放弃了希姆莱坚持将所有生产搬进集中营内的原则，允许囚犯们到其他地方的军工厂做工。施佩尔抓住了这个让步，并且在几天
407 之后，跟希特勒开会时就用上了。他说服了希特勒，称在集中营内不可能建立起大规模的武器生产——重点强调了其中简陋的设施条件——因此获得了希特勒的支持，可以将囚犯们派往已有的军工厂，不受党卫队的干预。[95]军工厂不仅没有搬进集中营，反而让越来越多的囚犯去了集中营外的私有和国有工厂。奥斯瓦尔德·波尔原本被提拔上来是为了振兴党卫队经济，可是他反而加速了党卫队经济的衰落，松开了对奴工的控制权。

希特勒在1942年9月的决定是党卫队与企业合作的催化剂。从此刻开始，党卫队开始越来越多地在军工厂和工地周围设立新的卫星营以看管囚犯。以前，就像我们所说的那样，党卫队和企业都没有显示出合作的欲望。党卫队倾向于用囚犯来完成自己的项目，而企业更喜欢灵活一些的劳动力来源。像莫诺维茨（法本公司）和阿拜斯多夫（大众汽车）等雄心万丈的项目属于例外而不是常态，而后来合资企业也是零零散散，甚

至在波尔接管集中营体系后的几个月都是如此。[96]但一切从 1942 年底开始改变，随之改变的还有卫星营的功能、扩张和规模。虽然之前存在过几个小营，一些还能追溯到战前时代，但只有从此时开始，党卫队集中营的卫星营才开始有序扩张（行政上隶属于主营）。党卫队新建了一大批营地，大部分在工厂附近；到了 1943 年夏天，总共约有 150 座卫星营（年初的时候只有约 80 座）。一些卫星营里的囚犯是为党卫队工作，但更多的是从事军事产业，通常是制造环节。[97]

许多新卫星营都是为飞机产业提供劳动力的，因为该产业劳动力严重不足。两处最大的营地跟亨克尔公司和宝马公司联手经营的最先进的工厂相连。宝马公司对达豪囚犯的剥削早在 1942 年 3 月就开始了，当时它的新飞机引擎厂建在了慕尼黑的阿拉赫区（Allach）。不过，囚犯的人数起初很少，而且每晚都会被送回七英里外的集中营主营。但到了 1943 年 3 月，党卫队就在工厂大门外建了一座卫星营，在六个月的时间里，将近 2000 名来自集中营的男囚犯和其他苦力在阿拉赫工作。[98]在亨克尔公司位于奥拉宁堡的工厂外，卫星营的规模甚至更大，就在萨克森豪森集中营的拐角处。此后，这成了党卫队和企业合作的模板。在这里，当地的集中营党卫队起初也只派小批囚犯去工厂做工，但在 1942 年 9 月建起了固定的卫星营后，囚犯劳工的人数迅速增加；一年后，从 150 名囚犯变成了 6000 多名，生 408
产德国最大的轰炸机——亨克尔 177 的全部零件。[99]

大规模派遣集中营囚犯参与军工生产需要党卫队领导和企业家的重新考量，如 AFA 的例子所示，它是德国最大的电池制造商［战后重命名为瓦尔塔（Varta）］。1941 年，党卫队冒出了一个想法，把诺因加默的囚犯派到 AFA 位于汉诺威的工厂，那里生产潜水艇和鱼雷的电池。不过，党卫队严苛的条件——囚犯要跟其他工人完全隔离开——让工厂望而却步，毕竟工人的数量还是很充足的。但到了1943年春天，情况发生了变化。当职业介绍所的工人供应减少后，AFA开始对集中营的囚犯感兴趣了。与此同时，党卫队也比以前更配合了。它接受了以生产为先的理念，放宽了严格的规定，允许囚犯们跟其他外国劳工一起工作。在施佩尔部门的催促下，双方达成了共识，在1943年夏天建起了诺因加默集中营位于汉诺威－施特肯（Hanover – Stöcken）的卫星营；它距离工厂约400英尺，在1943年秋天时关了1000名囚犯。[100]

除了军工生产，党卫队还为战时修复和建立卫星营。从1940年起，按照希特勒的指示，（从集中营和监狱）挑选出来的囚犯不得不拆除没有爆炸的盟军炸弹，许多人在同伴们惊恐万分的注视下被炸个稀烂。随着空袭越来越频繁，德国政府征调了更多的囚犯。1942年夏末，在视察过损毁严重的城市后，海因里希·希姆莱下令紧急派出囚犯机动队，清理废墟。到了10月中旬，党卫队经济与管理部从诺因加默、萨克森豪森和布痕瓦尔德调遣了3000名囚犯，在与施佩尔办公室以及其他纳粹机构的密切合作下，将这些囚犯驻扎到几个主要城市去翻修建筑。他们必须清理碎石，收集砖头、木材、食物和屋顶的瓦片，修筑防空洞，埋葬死者，营救幸存者。这些工作既费力又危险，但党卫队和市政部门认为这是一项巨大的成功，为扩展这些所谓的党卫队建筑旅做好了准备，1943年初一些最大的卫星营就是为建筑旅设立的。[101]

虽然在1942～1943年集中营劳动有所改变，但仍处于试验阶段。如果你认为所有囚犯如今都在为军工厂工作或修复炸弹所造成的破坏，那就错了。这些试点项目仅仅是试验，还没有成为集中营体系整体的代表。到了 1943 年夏天，估计 20 万囚 409
犯中只有不超过 3 万人在卫星营工作；绝大多数人还是被关在主营内，任凭党卫队支配。[102]

改变的速度之所以缓慢，原因其实很简单：德国军工企业并不急着依靠集中营的劳动力。企业管理者们看到了同党卫队合作的许多陷阱。较高的安保等级和无数的规章制度会打乱生产的节奏；囚犯被普遍当作危险的敌人，可能会从事破坏工作，并带坏其余的工人；或者他们太疲惫了，根本无法正常工作。正如一名领军企业家在 1942 年 10 月，也就是施佩尔建议重新使用毛特豪森采石场里的囚犯后所说："我已经亲自看过这些囚犯，他们在煤矿开采上对我毫无用处。"因此，总体来说，德国企业依然更爱用其他来源的劳动力，比如外国工人。只有当这些渠道都慢慢减少后，企业才更积极主动，从 1943 年秋天开始争夺集中营的囚犯资源。[103]

尽管集中营劳动力的新方向所带来的影响还没有全部展现出来，但初期的发展具有十分重要的意义。党卫队和法本、亨克尔、宝马、AFA、大众等领军企业之间突破性的合作，为党卫队的产业合作提供了蓝图。这个蓝图究竟是怎样的呢？集中营囚犯的调配由经济与管理部负责，这是波尔与希姆莱商讨后，于 1942 年春天所做的主要创新之一。[104]一般来说，企业通过当地的指挥官或施佩尔、绍克尔、戈林的办公室提交自己的用人申请（有的企业也会直接跟经济与管理部联系）。D－Ⅱ部的格哈德·毛雷尔和下属们经常会跟感兴趣的企业见面，他们负责评估所有的申请，然后推荐给波尔，由波尔最终拍板。如果波尔同意了企业的申请，当地的集中营官员就会同公司代表敲定合作的细节。一旦经济与管理部批准了用人合同，所有准备都已就绪，囚犯的劳动派遣就开始了。[105]

建设新的卫星营时，党卫队和企业也有明确的分工。除了囚犯和他们的基本衣食供给外，党卫队还负责提供其他人员（来自看守团和指挥参谋部）来执行站岗放哨、押送和惩罚囚犯、医疗护理的任务。企业则负责在囚犯们工作时进行技术监督，并严格按照党卫队的标准支付营地建设和维护的费用。[106]遵照 1942 年 10 月修订后的规定，企业每天还需支付租用囚犯的费用。在德国，一名有资质的男性囚犯的价格为每天 6 马克，
410 没有专业技术的人是每天 4 马克。在德占东欧地区，包括奥斯维辛集中营在内，囚犯每日的价格分别是 4 马克和 3 马克，或许是因为这里囚犯们的普遍状况都不好，生产能力更差。至于女性囚犯就没有有无资质的区别了，她们被当作产能较低的劳动力，每日的工钱几乎等同于没有技术的男囚犯。[107]跟一些历史学家的说法相反，党卫队以一种拐弯抹角的方式从囚犯的租金里面揩油水。因为囚犯被当作国家财产，他们的大部分劳动所得——1943 年时大概有 2 亿马克左右，第二年上涨到了 4 亿 ~5 亿马克——需要上缴国库（国家以此资助集中营体系）。[108]

如果集中营党卫队不能即时从中获取经济利益，那为什么还要放囚犯去军工企业呢？首先，党卫队需要屈服于外部的影响力，随着对劳动力需求的增大，迫使集中营派囚犯参与军工生产的压力也与日俱增（最大的压力来自施佩尔）。但是党卫队也期待与企业合作所带来的好处。除了实质性的利益，比如优先给党卫队提供武器之外，希姆莱从没有放弃建立党卫队综合武器工厂的梦想，他希望通过跟企业合作可以增加自己麾下管理者的专业知识和经验。另外还涉及权力和威望。劳动力越

来越成为一种珍稀资源，党卫队可以把集中营打造为纳粹战时经济的重要环节；党卫队的劳动力越多，它的潜在影响力就越大。[109]毫无疑问，这是波尔和经济与管理部在 1942～1943 年努力增加集中营囚犯数量和产出的原因之一。

奴工

称呼党卫队囚犯为“奴隶”合适吗？这个词常见于集中营的许多报道，但一些学者质疑它的用法。这些批评家认为，奴隶主想让奴隶活着，因为他们有经济价值，符合自己的根本利益；但相比之下，囚犯对党卫队来说无甚价值，党卫队甚至要刻意处死他们。不过这种说法并不全对，毕竟囚犯对党卫队来说还是有一些价值的。即便在大屠杀的高峰期，当一些囚犯群体被挑出来灭绝的时候，集中营也从没针对所有囚犯展开系统性的毁灭。而且，针对奴隶制度有不同的定义。如果从广义上
来说——形容一种建立在力量和恐惧之上，通过肆无忌惮地征 411
服社会边缘群体来获得经济利益的统治体系——那么这个词就准确地说出了第二次世界大战期间许多集中营囚犯的命运，特别是在战争的后半段。[110]

这也是许多囚犯在试图弄明白自己所受的一切苦难时想到的词语。1943 年 2 月，达豪囚犯埃德加·库普费尔把党卫队利用囚犯进行军工生产的行为形容为“现代的奴隶租赁”。[111]行凶者们也是这样认为的。1942 年 3 月，希姆莱亲口对波尔说，党卫队应该低成本简单喂养集中营里的囚犯，就像“埃及的奴隶”那样。[112]希姆莱似乎很喜欢这个词语，在多个场合都说过。就在几个月后，他跟党卫队的将军们谈论集中营里的“奴工”，说用他们来建造新德国“无须考虑任何损失”。[113]

希姆莱期望他的奴隶可以创造出非凡的成果，坚持认为他们的产出应该等同于甚至超过普通的德国工人。“这里是最大的劳动力宝库。”他告诉波尔。[114]党卫队早期提高生产力的一个方案就是减少囚犯维护工的数量（在集中营的厨房、洗衣房、营房和其他地方）。为了让更多的囚犯腾出手做其他工作，里夏德·格吕克斯在 1942 年初宣布，被判断为适合劳动的囚犯中，承担集中营运营维护工作的人不得超过 10%（在 1944 年初，这个标准降低到了 6%）。但是，即使指挥官愿意彻底落实这些指令——事实上他们不愿意——对于满足上级的经济野心来说也是杯水车薪，领导们在 1942～1943 年又采取了许多其他的措施，要打造一支更勤勉的集中营奴工大军。[115]

特权和生产力

大多数囚犯劳动的主要原因只有一个——恐惧。自从强制劳动的第一要义成为惩罚而不是生产以来，集中营党卫队就找不到任何现实理由去奖励勤奋的囚犯：能用大棒、鞭子或靴子的时候为什么还要胡萝卜？但随着经济上的需求越来越迫切，党卫队领导人决定打破常规，设立奖励机制。他们可以参考一些先例；例如，从 1940～1941 年开始，少数在采石场劳动的囚犯得到了奖赏。[116]海因里希·希姆莱也同意这个提议。他在 1942 年 3 月告诉波尔，奖励勤奋工作的囚犯可以确保“大幅提升劳动绩效”。总之，他认为货币和肉体上的奖励准不会错：承诺金钱和性，囚犯们就一定会被调动起来。[117]事实上，希姆莱在
412 1941 年 10 月就倡导过给囚犯们提供性奖励，他还下令在毛特豪森建起一座妓院；这座“特殊建筑”（Sonderbau）于 1942 年 6 月开业，是集中营内的第一家。[118]

集中营党卫队起初拒绝奖励囚犯。只有到了 1943 年春天，他们的态度才开始转变，再一次由希姆莱带头。1943 年 2 月 26 日，希姆莱视察了布痕瓦尔德集中营里混乱的威廉·古斯特洛夫步枪工厂后，命令波尔给集中营引进“绩效体系”，作为对更努力者的“激励”。希姆莱指向了纳粹最大的敌人苏联，称其利用食物和经济奖励驱动人民“取得难以置信的成就”。在他自己的集中营里，希姆莱设想了一套等级奖励制度，从香烟和小额收入到最高级的奖励：男性囚犯可以每周去集中营妓院一次或两次。在希姆莱的心中，性是囚犯们最渴望的，而不是食物、美酒或衣服。[119]

波尔立刻行动。几周内他便通过了一套囚犯的特权制度，从 1943 年 5 月 15 日开始生效，对集中营党卫队未来的奖励机制起了指导作用（后来还做了一些修改）。波尔解释说，这是为了迅速提高囚犯的产出。根据希姆莱的提示，他概述了奖励烟草和金钱的条件。他还将去集中营妓院的程序具体化，作为给“做出卓越贡献的明星劳工”的特殊奖励。其他奖励还包括给家人写信、额外的配给以及留头发的特权。党卫队的这些规定基本针对的都是男性囚犯；相比之下，女囚仍然被禁止吸烟，至少在拉文斯布吕克是这样。而且她们去集中营妓院绝不是为了奖励，而是被迫充当性工作者。[120]

集中营党卫队管理者无疑将这些新特权当作巨大的让步。事实上，这些根本算不上革命性的变化。在纳粹德国，象征性地给强制劳动力支付报酬是长期存在的普遍现象，甚至在国家监狱里也是如此。[121]而且，绝大部分集中营囚犯从没得到过任何奖赏。他们太疲惫太虚弱了，根本达不到条件，而且他们的处境甚至比以前更差，因为党卫队会从他们原本就不多的口粮中分出一部分给“勤奋”的囚犯。[122]而且，在当地的集中营党卫队官员推迟引进奖励体系时，许多囚犯也落得一无所有。在其他地方，贪婪的守卫和审头直接就把奖励私吞了。[123]

就连那些获得奖励的囚犯——在莫诺维茨这样的集中营里大概能占到15%——通常也会感到失望。[124]经济与管理部很快剔除了金钱奖励，因为囚犯们容易借此行贿（从1942～1943年开始，囚犯被禁止携带现金，也不能用家属寄来的钱）。经济与管理部用代金券取而代之，只有在集中营内这些代金券才具备货币
413 价值。审头获得的利益最大；一般来说，监工每周能挣到相当于4马克的代金券，大概比集中营的普通劳工多3或4倍。不过，管理部门发放的代金券数量极少，而且集中营的小卖部里也没有什么东西可买。一些囚犯会买些香烟用于黑市交易，还有一些人会买不含酒精的麦芽啤酒。但食物的质量很差，而且是紧俏货，其他必需品也一样。[125]尼古拉斯·罗森贝格（Nicholas Rosenberg）是一名匈牙利犹太人，被关在奥斯维辛的博布雷克卫星营（Bobrek），他在西门子&舒克特工厂当技工。他曾多次提到代金券，称其没有意义。小卖部很少开，而开的时候通常只卖“牙刷和牙膏”。不出所料，代金券在集中营黑市上从不是主要的流通货币。[126]

代金券还是去集中营妓院的通行证，每次需要花相当于2马克（后来变成了1马克）的代金券。这些妓院的出现在囚犯中既引起了一些人的兴奋之情，也引发了愤慨，党卫队里也有些人感到非常尴尬。就连首要倡导者海因里希·希姆莱也相当局促不安，承认这一切“并不是特别光彩”。奥斯瓦尔德·波尔也这么认为，因此下令将妓院建在营区最边缘的角落；在萨克森豪森，新妓院就建在停尸房的正上方。[127]尽管党卫队严格管

控去妓院的行为——男囚犯们必须提交书面申请，还要在去之前接受健康检查——但一些目击者后来回忆说，妓院还是非常受欢迎的。据塔德乌什·博罗夫斯基（Tadeusz Borowski）所说，许多人聚集在奥斯维辛主营区："每位朱丽叶都有至少1000 位罗密欧。"[128]事实上，只有非常少的囚犯踏足妓院。比如布痕瓦尔德妓院在 1943 年 10 月每天平均接客不到 53 人。某些囚犯群体，基于他们的种族或者政治背景，是不许进入妓院的；虽然各个集中营的规定都不同，但犹太人和苏联战俘无论在哪里都是不可以进入的。不过，大多数囚犯从没动过去妓院的念头，他们只想着求生。对于小部分伙食更好、仍有性欲和途径（代金券）的精英囚犯来说，其中一些人会坚守原则，拒绝光顾妓院。老朋友和同志们会苦苦争论联合抵制的事情，在达豪，第一批去妓院的人会遭到等在外面的囚犯们充满恶意的嘲弄和推搡。最终，大多数常客都是那些高级审头，他们以此来显示自己的特权和男性雄风。[129]

在不同的集中营里，总共有不到 200 名女囚被选中，沦为营妓。大多数人身上佩戴了代表"反社会分子"的黑三角标识，许多人（并非全部）以前做过妓女。虽然党卫队官员们自 414
称只挑志愿者并对此引以为傲，但他们实际上主要还是靠强迫、诱导，以及承诺女囚们更好的条件（真的）和最终放她们自由（假的）。对这些女人来说，去妓院而不是去致命的劳动队，这又是一个没有选择的选择。像其中一人在 1942 年秋天所说的那样："在妓院待半年还是比在集中营待上半年要好。"但她们没有预料到的是来自其他囚犯的嘲讽。战后，一名波兰政治犯讲述了其他 10 名女囚和自己如何在拉文斯布吕克集中营侮辱另一名疑似当了营妓的波兰女囚："我们剪了一点儿她的头发，在这个过程中，也稍微剪伤了她。”不过，这样的羞辱还是比较罕见的。虽然妓院可怕、不幸、堕落，但营妓们生存的概率的确有所提高，因为她们的补给增加了。对受害人来说，承受性剥削成了一项有效的生存策略。[130]

从整体上审视奖励制度，希姆莱和波尔的厚望显然放错了地方。贿赂几乎没能刺激囚犯更卖力地干活。毕竟鉴于大部分囚犯糟糕的身体状况，他们无法更卖力地工作。至于那些获益最大的囚犯群体，几乎都是审头，他们并不是因为卓越的生产力而受到奖赏的，而是因为他们已经在囚犯中占据了上层地位。集中营的生产力并没有出现重大提升，相反，波尔的方案导致小撮上层囚犯和其他囚犯之间的鸿沟越来越大。比如，留头发还有干净的衣服成了另一个直观区分少数特权囚犯的记号，将他们与绝大多数光头、肮脏、饥肠辘辘的囚犯们区分开。[131]

飞速成长的集中营

谢尔盖·欧维哈什科（Sergey Ovrashko）在 1942 年从家乡乌克兰被抓到纳粹德国做劳工的时候还是个孩子。他 1926 年出生在基辅附近的一个小村庄，当德国的铁骑踏入苏联时，他正在当牧童补贴家用。一年后，他发现自己身在大约 900 英里外萨克森州的普劳恩（Plauen）一家高科技武器工厂做苦工。而更悲惨的命运即将降临。他在流水线上犯了一次错误之后就被指控暗中从事破坏活动，被盖世太保逮捕，于 1943 年 1 月末以政治犯的身份被关进了布痕瓦尔德集中营。[132] 1943 年，跟欧维哈什科一样被送进布痕瓦尔德的囚犯超过 4.2 万人，囚犯数量的空前激增影响了整个集中营系统。[133]

集中营囚犯的人数从没有像 1943 年这样飞快地增长过，从

年初的大概 11.5 万飙升到年底的 31.5 万。[134]根据关押人数，主 415
要的集中营（及附属的卫星营）在 1943 年末的时候被分为三类。奥斯维辛共关押囚犯 85298 人，是迄今为止规模最大的集中营，因此自成一类。接下来是一批战前建立的集中营。达豪、拉文斯布吕克、毛特豪森、萨克森豪森和布痕瓦尔德集中营当时的规模大概在 2.4 万人到 3.7 万人之间（新建的科夫诺集中营关押了大约 1.9 万人，也在此列）。最后还剩下 11 座主要的集中营，许多建成还不满一年，都属于规模最小的一类，平均每座集中营关押 6000 人左右。[135]通过对比才能显示出这些数据的意义：1939 年 9 月，当战争刚刚爆发时，萨克森豪森是最大的集中营，但也只关押了不超过 6500 人。[136]

大多数新囚犯是在 1942 年末以后，在对德国和纳粹占领的欧洲地区一次突击逮捕中被抓进来的。虽然经济因素扮演了很重要的角色（我们接下来会讨论），但也和纳粹的其他措施有所重叠。总之，这是种族大屠杀。1943 年被送往奥斯维辛集中营的犹太人较前一年急剧增多，达到了空前的规模。[137]

另一个重要的因素是帝国中央安全局决心铲除国内外一切反对和抵抗势力，随着德国对胜利的信念土崩瓦解，这种决心越来越走向极端。1918 年德国战败后的大革命曾对纳粹早期恐怖行为起到了关键作用，那段扭曲的记忆再次主导了德国纳粹领导人的思想，因此从 1942 年开始，他们越来越执迷于大后方的稳定。特别是阿道夫·希特勒对内部崩溃的这种灾难性后果想象得更加夸张。他在 1942 年 5 月 22 日对随从说，他个人需要承担起责任，防止“国内再发生类似 1918 年时各种卑鄙无耻的事件”。[138]因此，要针对罪犯、政敌和其他一切可能攻击政权的社会边缘分子展开无情的行动。希特勒一遍又一遍强调，在此危急之际，政府需要“根除、消灭、处决、打死、枪毙或清算”大量的“人渣、叛徒和反社会害虫”。[139]希特勒将集中营视为战时国内战线最强大的武器。1942 年 5 月 23 日，在给纳粹顶层领导人的一场激情澎湃的演讲结尾，希特勒特别指出集中营是抵御叛乱的主要堡垒。希特勒宣称，一旦纳粹德国内部面临危机，海因里希·希姆莱必须“枪决所有集中营里的罪犯，不能让他们去祸害德国人民”。[140]

416 希姆莱并不期待动用这些紧急力量。他的警察力量与其等待第三帝国陷入危险，不如提前将所有反动势力连根拔起。由于日益严重的剥削、生活的颠沛流离以及战争造成的伤害，普通犯罪急速飙升，刑事警察不断升级预防犯罪的政策，把更多的德国人直接送进了集中营，有时甚至明确指示说不希望他们再出来。针对来自帝国内的囚犯，希姆莱在 1943 年秋天的一次演讲中宣布，关押的“反社会人士和罪犯”人数已经远远超过政治犯。其中有犯罪前科和轻微财产罪行的人，他们的不良行为被认定为对大后方的危险攻击。基于同样的原则，警察还逮捕了数千名德国女性，指控她们非法联系外国人；在被拖进集中营之前，一些被指控性行为不当的女性还要被公开羞辱。[141]

德国警察对第三帝国内的吉卜赛人也空前地关注。1942 年秋天，经过纳粹多年不断升级的迫害，包括隔离、消毒、拘留、驱逐，帝国中央安全局的刑警领导主张系统解决“吉卜赛问题”。他们把吉卜赛人定义为罪犯和对帝国的生理威胁，游说希姆莱将吉卜赛人大规模遣送。希姆莱同意了。在希特勒的支持下，希姆莱在 1942 年 12 月 16 日下令把绝大多数吉卜赛人关进集中营。几个月后出台的警方指导意见给地方官员留了一定的余地；但鉴于要在各自辖区“清空犹太人”的决心，他们一般都选择最严厉的措施。1943 年 2 月下旬开始，大约 1.4 万名男女和儿童——许多是全家一起被捕——从德国和被德国吞并的奥地利遣送到奥斯维辛 - 比克瑙；作为最大的集中营，这里似乎是最佳的地点，能够在突然接到通知后接纳大批囚犯（还有 8500 名吉卜赛人是从其他地方来的，大部分来自德占捷克）。他们的抵达标志着比克瑙 BⅡe 区吉卜赛营的诞生。[142]第一批囚犯中有来自奎德林堡的 43 岁商人奥古斯特·拉宾格，他与妻子胡尔达（Hulda）以及四个孩子在 1943 年 3 月 4 日被送进奥斯维辛。这不是他第一次进集中营。1938 年夏天，警察以“不愿工作”为由把他关进了萨克森豪森，但他很幸运，战争爆发之前被放回了家。可是这一次，他再无生还的机会。奥古斯特·拉宾格，囚犯编号 Z - 229，同年年底前死于比克瑙。[143]

然而，警察恐怖活动的首要目标既不是吉卜赛人也不是国内的社会边缘分子，而是外国劳工。盖世太保在 1943 年夏天新抓的囚犯中，三分之二是外国人，他们历来被怀疑是麻烦制造者、危险分子和罪犯。由于弗里茨·绍克尔对外国劳工的需求 417
增加，德国境内外国人的数量增多，进一步加剧了这样的担忧。到了 1943 年底，第三帝国内外国平民劳工和战俘的人数达到了惊人的 730 万，让纳粹产生了种族联合形成“人民团体”的想法。绝大多数外国劳工来自波兰和苏联（尤其是乌克兰），还有成千上万来自西欧，以法国为主。最糟糕的是食不果腹、筋疲力尽的东欧人，他们需要佩戴特殊的标识，类似于集中营里的三角形，如果违反了苛刻的规定，看标识就能确定他们的身份。

警察执行的惩罚一如既往地野蛮残忍。波兰和苏联劳工最有体会，因为他们的司法处罚如今大部分由警察接手。希姆莱

1943年10月4日在波森向党卫队领导保证说，“只要我们严酷对待这些最微不足道的琐碎”，就不必担心数百万外国劳工。大部分所谓的违法行为的确微不足道。工作迟到或者对德国上级有异议足以被指控为“游手好闲”或“固执”。警察对所谓重罪最常见的惩罚是把人关进盖世太保集中营（即劳动教育营，AEL或警察扩展监狱）一段时间。那里除了纳粹的恐怖管理之外还有战时恶劣的条件，旨在通过短期的严酷拘留教育并震慑“顽抗的”工人。但最严重的罪过就需要在其他地方惩处了：比如谢尔盖·欧维哈什科这样被指控从事破坏活动或其他被视为特别危险的劳工会被关进党卫队集中营，1943年时那里关押了上万名外国劳工。如此一来，党卫队获得了更多的奴隶劳工，同时震慑了外面的外国工人，使他们能更好地听命于纳粹。惩罚和威慑双管齐下。[144]

跟欧维哈什科一样，许多苏联劳工被送进集中营时还是青少年。仅达豪一处在1942年就接收了大约2200名苏联青少年，年龄在18岁或以下。很快，在德国东部占领区送来更年幼的男孩和女孩为帝国工作后，他们的平均年龄进一步下降。警察把这些孩子拉进集中营时毫无愧疚和不安，而且希姆莱在1943年1月正式将苏联强制劳动力的最低年龄调低到16岁。[145]事实上，一些童工的年龄还不足16岁。俄罗斯囚犯V. 科兰姆科夫（V. Chramcov）少年时被抓进达豪，据他回忆，有一个营房挤满了200多个孩子，基本都是六七岁的年纪。[146]一些老囚犯在旁
418 看得触目惊心。埃德加·库普费尔在他的达豪日记中1943年4月11日那天写道，“集中营里的这些小俄罗斯人饿得极惨”。[147]

希姆莱这台恐怖机器的触角甚至远伸过第三帝国边境，从国外拉回了更多的外国劳工。随着1943年战况越来越不利于德

国，在纳粹占领的欧洲地区，抵抗运动日益激烈，纳粹的反击亦然。希姆莱身先士卒，坚持使用压倒性的力量。在欧洲北部和西部，他批准当地纳粹有选择地暗杀公众人物，作为“反恐主义”的一种形式，而他自己的手下却在欧洲东部和东南部肆无忌惮，用与反党派人士斗争作为地毯式清扫的理由。需要关押外国嫌疑人时，希姆莱通常选择自己信赖的集中营。一旦需要大规模遣送外国抵抗者、反叛者或人质时，希姆莱习惯性地就会想到集中营，结果导致来自德占欧洲地区的囚犯人数激增。其中就有所谓的 NN 囚犯，几乎处于绝对隔离的状态。为了镇压欧洲北部和西部的抵抗势力，希特勒下令将部分嫌疑人秘密押送回德国，再也见不到家人。这些人将永远消失于“夜与雾”中（德语 Nacht und Nebel，简称 NN）。[148]

1943 年的大规模逮捕外国人也给集中营系统留下了深刻的印记。1943 年初，在战前第三帝国疆域内的大多数集中营里，德国囚犯仍然是最大或者第二大的群体。如今，这些集中营开始改变。比如在 1943 年的布痕瓦尔德，囚犯中德国人的比例从 35% 下降到 13%（尽管德国囚犯的人数新增了 1000 多人），同时东欧囚犯的比例相应上升；1943 年 12 月 25 日，布痕瓦尔德有苏联囚犯 14451 人，波兰囚犯 7569 人，占了囚犯总人数（37221 人）的近 60%。对比之下，德国囚犯只有 4850 人，几乎要被 4689 名法国囚犯赶超，而在前一年，集中营里几乎没有法国囚犯。[149]

猎捕奴隶劳工

1942 年 5 月底，海因里希·希姆莱提醒奥斯瓦尔德·波尔：要避免给外界留下“我们实施抓捕或在逮捕后把人关进去

（集中营）是为了获取劳动力”的印象，这很重要。[150]希姆莱可能担心过形象问题，但他早已开始致力于扩张集中营内奴隶劳
419 工大军的事业。20 世纪 30 年代末时逮捕“不愿工作者”的行动便是受了经济因素的影响，到了 1942 年，希姆莱对强制劳动力的胃口更大了。[151]

从其他纳粹部门要犯人是集中营吸取奴隶劳工的一种途径。战争爆发之前，希姆莱向州立监狱索要普通囚犯的请求被驳回了。但自从强硬派奥托－格奥尔格·提拉克（Otto-Georg Thierack）于 1942 年 8 月 20 日接任帝国司法部部长一职后，司法系统的立场便松动了不少。司法部的声望在 1942 年春天时已经跌至低谷，再加上希特勒的公开批评，提拉克急需加固司法部的地位，因此愿意抛开为数不多残存的法律原则之一，即由法庭裁决的被告应在州立监狱服刑的规定。1942 年 9 月 18 日与希姆莱会面时，提拉克同意移交特定类别的犯人：被判安全监禁、判刑 8 年以上的“反社会”德国人和捷克人，纳粹种族体系最底层的罪犯（指犹太人、吉卜赛人和苏联人），还有服刑 3 年以上的波兰囚犯。抛开了法律规定，或者剩下的一切，德国高层的法官们把许多囚犯送入希姆莱的集中营，判处死刑。

随后的囚犯移交加速了司法系统和党卫队恐怖势力之间的权力转移，促使集中营最终超过了监狱。尽管后者关押的人数在战时也有所膨胀，但它们比不上无法无天的恐怖机构。到了 1943 年 6 月，集中营的囚犯人数已经增至大约 20 万，大约比德国的州立监狱多 1.5 万人。希姆莱必定对能够赶超备受诟病的司法部门感到满意。但现在这已不是他首要考虑的事情了，他第一个想到的是获得更多的奴隶劳动力。跟希特勒一样，希姆莱相信即将到手的国家囚犯身体健康，被国家条件不错的监狱

养得白白胖胖；让他们在集中营内劳作到死对党卫队只有好处，没有坏处。

从德国州立监狱到奥斯维辛、布痕瓦尔德、毛特豪森、诺因加默、萨克森豪森的遣送自 1942 年 11 月开始，至来年春天为止。总之，司法系统移交了超过 2 万名国家囚犯。大多数都是德国人，犯了轻微的财产侵犯罪；与此同时，波兰人是外国囚犯群体中的最大组成部分。[152]伴随着希姆莱 1942 年 12 月 5 日下的一道命令，又有数千名身强体健、适于劳动的波兰囚犯从波兰总督府（由警察控制）的监狱被送往奥斯维辛和马伊达内克。[153]

自 1942 年底起，由于德国的战略地位恶化，希姆莱扩充奴隶劳动力的念头越来越狂热。随着第六军在斯大林格勒被围和北非战场的失利，就连希姆莱也不能忽略即将战败的流言了。战时生产比之前更加紧迫，要求帝国中央安全局（仍然负责逮捕和释放囚犯）运送更多的囚犯去集中营。[154]一部分压力来自经济与管理部，奥斯瓦尔德·波尔在一封 1942 年 12 月 8 日给希姆莱的信中坚称需要更多囚犯来进行军工生产。[155]希姆莱的反应直截了当。12 月 12 日，他作为荣誉嘉宾参加波尔的婚礼，借此喜庆场合，他和波尔就集中营进行了一次密谈。[156]仅仅几天之后，希姆莱就给盖世太保首长海因里希·米勒下达了一项紧急命令：在 1943 年 1 月底之前，警察必须运送约 5 万名新囚犯到集中营，用于劳作。[157]米勒抓住希姆莱要求的重要性，并告诫手下的警力“每一个劳动力都要紧”。[158] 420

结果导致警察针对犹太人和来自东欧的外国人展开了行动。1942 年 12 月 16 日，海因里希·米勒告知希姆莱有关输送 4.5 万名犹太人到奥斯维辛的计划——其中 3 万来自比亚韦斯托克地区，剩余大多数来自泰雷津。他补充说，绝大多数囚犯都“不适合劳动”（换言之，这些人一进集中营就会被毒气处死），但至少有1万到1.5万名囚犯可以用于强制劳动。[159]一天后，米勒下令大规模输送德国警察监狱和AEL中的囚犯到集中营，目标集中在苏联工人和“有外族血统”的人身上，他们都是因为违反了劳动纪律被抓的。米勒希望这个提议能给集中营至少增添3.5万名“适合劳动”的囚犯。[160]但希姆莱催要更多的囚犯。1943年1月6日，他要求把在波兰总督府和苏联占领区抓获的“有党争嫌疑”的男男女女送进奥斯维辛和马伊达内克的集中营工厂内当学徒。仅12天后，希姆莱向当地羁押“罪犯群体”的机构要10万人遣送至集中营，作为对马赛炸弹袭击的回应，这个惊人的目标反映出希姆莱理想中的劳工数量（最终大约6000人被捕）。[161]

1943年初的猎捕行动导致集中营囚犯人数快速攀升。在奥斯维辛，登记过的波兰囚犯的数量翻了一倍，从9514人（1942年12月1日）增长到18931人（1943年1月29日）。更重要的是，党卫队在1943年1月内遣送了超过5.7万名犹太人到奥
421 斯维辛，这个纪录直到1944年春末从匈牙利大规模遣送犹太囚犯时才被打破。[162]集中营囚犯的人数增多，被释放的人数却比从前更少，中央安全局的释放条件本就严苛，为了扣留更多的奴隶劳工，他们的规定越来越严。[163]

如果不是因为致命的条件，整个集中营系统的囚犯人数本可能更多。夺人性命的暴力行为以及系统性杀戮损毁了希姆莱渴望的劳动力大军。根据党卫队的不完全统计，单单在1943年1月就有将近1万名登记在册的囚犯丢了性命。[164]接下来的几个月死亡人数明显增多，党卫队集中营的领导无疑在继续忽略这

些死亡人数对战时生产的重要意义，也没有开始抬高奴隶劳工的价值。结果，有史以来第一次，党卫队集中营遭到了持续不断的压力，被要求改善营内的条件。正如帝国中央安全局在 1942 年 12 月 31 日给波尔的告状信中所写，这么多新囚犯在集中营死得如此之快，大规模逮捕的意义何在？[165]

降低死亡率

里夏德·格吕克斯并不是一个有很多惊喜的人。但是在 1942 年 12 月 28 日，他给党卫队集中营传达了一个惊喜：海因里希·希姆莱已下令，集中营内的囚犯死亡率“必须降低”（这个表述是原文照搬希姆莱 2 周前发给波尔的指令）。格吕克斯直指糟糕的死亡数字。尽管过去 6 个月（1942 年 6 ~ 11 月）有大约 11 万名新囚犯，但同一时期几乎有 8 万人丧命，9258 人被处死，其余 70610 人死于疾病、劳累和伤重（格吕克斯还没有算上那些甫到奥斯维辛就被毒气处死，没有登记在册的犹太囚犯）。居高不下的死亡率意味着“囚犯数量永远无法达到党卫队全国领袖期望的水平”。结果，格吕克斯下令，集中营高级医生必须采取一切措施“大幅”削减死亡人数。这不是党卫队集中营领导第一次提醒手下，提高产出至少需要保证最低限度的关照。但此前从没有这么紧急地下过命令。[166]

1943 年，经济与管理部进一步发布了数条指令，表明了提升集中营生活标准的重要性。1 月时，格吕克斯再一次接到希姆莱的指示，让集中营当地的指挥官和行政主管采取一切可能的措施来“保留囚犯的劳动力”。[167]奥斯瓦尔德·波尔也参与其中，他在 1943 年 10 月给指挥官的一封长信中总结了自己的观 422
点。集中营里的军工生产已经成为“战争中的决定性因素”，他幻想着，但为了进一步提升产出，党卫队必须照顾好囚犯。为了给德国赢得“巨大的胜利”，党卫队集中营官员必须确保集中营内奴隶劳工的“健康”和“幸福”。波尔随后列出了一系列实际的改善之法。为了强调它们的重要性，他宣布将亲自监督它们的落实情况。[168]

集中营内的暴力行径经过数年的认可和升级，党卫队在柏林和奥拉宁堡的高级官员似乎要换种不同的态度，这震惊了一部分从集中营这所暴力学校培养出来的守卫。当然，党卫队领导并没有突然从残忍转变为仁慈。波尔再三向指挥官保证，自己的要求跟“感性的人道主义”没有半点关系。这不过是单纯的实用战略，因为德国为战争所做的一切离不开囚犯的“胳膊和腿”。[169]不止经济与管理部在重新思考自己的方法。纳粹领导人开始发现，奴工的供应并不是无穷无尽的，因此其他强制劳动力的生存条件有望得到改善。[170]

饥饿可能是集中营登记过的囚犯的死亡首因，所以改善食品供应是最紧迫的任务——就连海因里希·希姆莱也认可。[171]不过，党卫队领导拒绝下拨额外资源，反而实施一些没有额外成本的措施。有一些只是希姆莱的古怪想法，他把自己想象成一个有远见的营养学家。首先就是他荒谬可笑的计划，分配洋葱和生的蔬菜，这个提议会给患肠道感染的囚犯造成更多的痛苦。[172]与此同时，奥斯瓦尔德·波尔听取了党卫队专家的建议，把自己的提议传达给集中营，都是些老套的烹饪技巧（“不要把热乎乎的饭菜煮过头”），还有提醒要继续保持节俭传统（“集中营内厨房不能有剩饭”）。[173]

希姆莱的另一个提议则更重要。在 1942 年 10 月底，党卫队全国领袖允许囚犯接受外界送进来的食物，这是吸取了战前集中营的旧例。很快，来自家属、红十字国际委员会和一些国家的红十字会的包裹纷纷寄到。[174]稀少的奢侈品如今找到了进入集中营的途径，丹麦红十字会寄来的包裹里有香肠、奶酪、黄油、猪肉、鱼肉和其他食物。此类包裹对囚犯来说是天赐，他们所有的话题几乎都关于这个；一些人甚至做梦都梦到收包裹。法国囚犯西蒙娜·圣克莱尔（Simone Saint - Clair）在拉文斯布吕克的秘密日记中记录了她有多渴望收到邮件：“我此前从来没 423
有这般期待过包裹和来信!”那些定期收到补给的囚犯得水肿、腹泻、肺结核和其他疾病的概率更小一些。另一名拉文斯布吕克的囚犯，来自华沙的海伦娜·德查扎卡（Helena Dziedziecka）后来作证说这些包裹“保住了我们的性命”。[175]

不过，不是每名囚犯都能受益；满怀期望的囚犯比包裹多得多。[176]首先，各国的红十字会限制了包裹的流通范围；比如在马伊达内克，波兰红十字会的包裹只能给波兰囚犯。而且，党卫队只会把写明收件人的包裹交到具体的犯人手上；那些福利机构或家属都不知道姓名和下落的囚犯，或者外面没有家属的人只能挨饿了。同时，党卫队的人员和盖世太保发现了腐败的新机会，这些包裹全凭他们处置；当奥斯维辛营内关押的德国吉卜赛人安娜·梅特巴赫（Anna Mettbach）收到了母亲寄来的包裹时，她发现里面原本的物品被烂苹果和面包代替了。[177]本地的集中营党卫队还禁止整群的囚犯接受食物包裹，首当其冲的是苏联人和犹太人。“我们所有人都非常需要食物，”埃德加·库普费尔在达豪的日记中写道，“特别是苏联人，因为他们收不到包裹。”[178]

除了包裹以外，一些囚犯还能收到国家分发的额外食物，对党卫队来说又是不需额外成本的事。尽管帝国粮食农业部因为国家遭受了一场重大的粮食危机，从 1942 年初开始大幅削减囚犯的官方配额，但大多数囚犯仍然因为从事重体力劳动，有资格领取额外的食物补贴。不过，这些补贴并不是自动下发的，本地的集中营党卫队官员在完成必要的文书时拖拖拉拉（其中有些人扣留了额外的配额）。好在最终还是有越来越多的犯人能领到应得的食物，虽然可能大多数囚犯仍一无所得。[179]

党卫队领导知道，改善生活条件不能止步于供应食品，还需要对那些极度虚弱或病重的犯人做些什么。1942 年末，希姆莱跟波尔抱怨说太多囚犯——据他估算约有 10%——目前无法工作。[180]过去，集中营党卫队很快就会杀掉这些无法劳动的人。但现在，这种肆意妄为的谋杀有所节制，因为党卫队领导想要逼迫康复者重返工作岗位。[181]在一些集中营里，这些考虑导致在甄选本地党卫队队员时有了些许限制。[182]希姆莱还切实地摒弃了谋杀体弱囚犯的中心方案（14f13 行动），此前行动规模已经缩小。1943 年春天，指挥官们得知，所有“不适合工作”的囚犯
424 经过医生的检查筛选后，可以得到赦免（精神出问题的犯人不算）。集中营党卫队遵照希姆莱的要求，不再杀害“卧床不起的残疾人”，而是逼他们去劳作。[183]

至于给病人提供医疗服务，集中营党卫队领导也在寻求新方法。“集中营里最好的医生，”格吕克斯在 1942 年底坚称，“不是那些极度铁石心肠的人，而是今时今日仍能尽医生之责的人……医术尽可能高的人。”[184]这个要求至少导致了一个显著的变化：党卫队在集中营的医务室里增派了更多当过医生的囚犯。这又是一个战前的传统。很快，这些囚犯医生肩负起了大部分日常职责。跟他们愚笨的党卫队上级比起来，这些囚犯医生水平很高，而且确保病人的状况得到了一定改善；新建的场所以及医疗设备和药品的供应增多也起到了一定作用，至少在一部

分集中营里是这样。[185]

这些改变对囚犯个人来说虽然重要，但没有改变整体的医疗条件。所有卫生条件的改善都会被不断增长的过量人口抵消，而这也是党卫队追求更多奴隶劳工的直接结果。[186]医务室依旧充斥着令人绝望的物资短缺、忽略和虐待。1944 年夏天，一名成功脱逃的囚犯写下了这样的话来描述萨克森豪森集中营里的医院，“腐肉、血和脓的臭气令人无法忍受”。[187]最好的护理只留给少数有技术、有人脉背景的特权囚犯。[188]对比之下，党卫队依然会放任病情最重的囚犯自生自灭，或者直接杀掉。特别是，党卫队继续把垂死的囚犯运送到其他集中营，奥斯维辛也取代达豪成了最佳的目的地。比如，1943 年 12 月 5 日，一群所谓的无用之人从弗洛森比格被遣送到这里。挤得满满当当的车厢里还塞着 250 多具尸体，这些人都是死在去奥斯维辛路上的。幸存的 948 个人中，许多人体重不足 90 磅，也离死不远了。党卫队把最虚弱的囚犯扔在积雪犹存的地上，再往他们身上泼水，加速了他们的死亡。剩余的人也很快死去。到了 1944 年 2 月 18 日，只有 393 个人活了下来。[189]

但是经济与管理部并没有放弃降低死亡率的雄心。因为集中营内的残酷风气是伤病和死亡的另一个主要原因，所以官员们试图抑制一些最公开的过激行为。他们减少了点名（党卫队折磨人的场合）的次数和时长，下令本地看守让囚犯夜里睡个踏实觉，平时多一些休息时间。官方还施压减少了对囚犯肉体上的惩罚，废除了臭名昭著的“吊人”（至少书面上如此）。[190]
总体上，经济与管理部重申了禁止凶残攻击囚犯的命令。本地 425
集中营官员进一步下发了更多的指令，其中一些人还公开谴责甚至惩罚残暴的看守。[191]

又一次，这些措施发挥了作用，尽管日复一日的恐怖行为仍在继续。在许多本地集中营党卫队官员的认知中，对囚犯肉体上即便最残忍的虐待也可以被视为正常，哪怕是在死后（在布痕瓦尔德，党卫队会用囚犯的刺青皮肤制作缩水头颅和物品）。党卫队的资深队员浸染在残忍好杀的文化中，对于哪怕稍微减轻虐待的指令，他们不愿意接受也并不奇怪。[192]他们的直属上级通常也会赦免他们的行为。一些本地的党卫队官员虽然表面要求分区主管们签署正式的承诺书，不动囚犯一根汗毛，但私下仍让他们继续敲打手下的犯人。[193]

本地集中营内的恐怖行为依旧，这要拜党卫队领导所赐。如果你想象经济与管理部改革派管理者和本地集中营施暴者之间产生了简单的冲突，那就错了。[194]1942～1943年针对集中营的中央指令根本不明晰。尽管自相矛盾，但经济与管理部要求改善囚犯的生活和治疗条件的同时，也更野蛮地剥削囚犯。奥斯瓦尔德·波尔在1942年春天时亲自定下了基调，呼吁“累死”强制劳动力。波尔的“奴隶司机”格哈德·毛雷尔努力达到他的要求。1942年6月初，他复述主人的命令，敦促集中营指挥官“最大限度地使用”囚犯的劳动能力。为了达到这个目的，他要求囚犯不仅在工作日劳动，周六全天和周日上午也要工作。[195]这个指示能否带来经济效益令人怀疑；一些私企周日并不开工，而且极度疲惫的囚犯只会产出更少，不会更多。[196]经济与管理部再接再厉，1943年11月，波尔重申这个命令：“现在开展的大规模行动对我们的战争以及最终的胜利至关重要，所以不管在什么情况下，囚犯每日的工作时间都不能少于11个小时。”实际上，囚犯们在当地集中营党卫队的驱使下，工作时间甚至更长。[197]结果是更多的人得病、受伤、死亡。

新方向？

奥斯瓦尔德·波尔依然得意。他在 1943 年 9 月 30 日给希姆莱的一封信中吹嘘说，集中营内的囚犯死亡率迅速下降。得益于最近的创新之举，经济与管理部完成了党卫队全国领袖交托的任务。登记过的囚犯的月死亡率稳步下降，波尔宣称，从 426
1943 年 1 月的 8% 下降到 6 月的不到 3%。这不仅是简单的季度性调整，他暗示说，而是实质性的减少（1942 年 7 月的死亡率为 8.5%）。为了证明自己的观点，波尔给希姆莱展示了数据和图表，全部指向同一个结论。希姆莱听到这个好消息十分高兴——尤其当纳粹政府遭遇了一系列军事挫折时——他慷慨地感谢了波尔及其属下。[198]

一些历史学家对波尔的结论，以及他给出的数据全盘接受。[199]不过也需慎重：毕竟，党卫队迫切需要波尔减少死亡人数。再仔细看，他的数字明显不是加起来的总和。不仅集中营党卫队的官方记录漏记了许多在册囚犯的死亡，波尔的数字甚至与党卫队的其他（更多）统计也不相符。毋庸置疑，集中营囚犯的死亡人数比波尔所说的更多。[200]不过这并不是说他列出的总体趋势是伪造的。[201]整个集中营系统的囚犯死亡率的确有所下降；整体来说，囚犯们在 1943 年秋天的生存概率比 18 个月前要高。[202]

不过，这个结论限于三个方面。第一，集中营系统依然致命。即便相对死亡率下降，但 1943 年时有几个集中营的整体死亡人数依然在增多，因为囚犯人数有所增加。比如在奥斯维辛集中营，登记过的囚犯的死亡人数从 6.9 万（1942 年）增长到 8 万多（1943 年）。[203]尽管这期间奥斯维辛的基本条件在一定程度上有所改善，一名波兰囚犯甚至说“现在和过去大不相同”，但依然致命。赫尔曼·朗拜因（Hermann Langbein）是一名特权囚犯，可以接触到党卫队机密数据，他后来报告说，奥斯维辛集中营的月死亡率从19.1%（1943年1月）下降到13.2%（1944年1月）。换言之，党卫队延长了囚犯的痛苦，但大多数人最终仍难逃一死。[204]

第二，各集中营之间也有明显区别。德占东欧地区和西边相比，死亡的囚犯更多。根据波尔呈给希姆莱的数据所示，1943年8月时死亡人数最多的集中营是马伊达内克，那里的死亡率是布痕瓦尔德的10倍。[205]不过，即便在德国战前的领土内，主要集中营的情况也不尽相同。在毛特豪森，情况有明显改善，囚犯年死亡率几乎减半，从43%（1942年）下降到25%（1943年）。相比之下，同一时期拉文斯布吕克集中营内的女囚和弗洛森比格的男囚却没有明显改善。[206]

427 第三，集中营系统在地理上的不平衡多归咎于具体囚犯群体的死亡率。在马伊达内克和奥斯维辛，这两个东部占领区内最大的集中营，1943年时犹太人是囚犯的主要组成部分；这些登记的犹太囚犯鲜有能活过几个月的，因为党卫队针对他们的方案基本没有丝毫改变——“劳动灭绝”。党卫队集中营甚至将这个政策拓展到其他群体上，主要是提拉克和希姆莱达成协议后送进集中营的国家囚犯。截至1943年3月底，自1942年11月以来送抵集中营的12658名国家囚犯中，将近一半已经死亡。因为集中营党卫队的残忍无情，大多数人甚至没能撑过几个星期。在布痕瓦尔德，前国家囚犯的月死亡率在1943年初高达29%——相比之下，德国“绿色囚犯”（所谓的职业罪犯）的月死亡率不到1%。[207]

即便整体趋势并不像波尔所说的那样显著，但 1943 年的集中营系统确实不如之前那般致命，因为经济与管理部的建议发挥了一定的作用。虽然各项举措分开看的话成效有限，但汇集到一起后的综合效应显著。自从 1939 年秋天战争爆发以来，集中营便急速沦为悲惨致命的地狱，如今这个势头得到了短暂的遏止和缓解。正如我们之前所见，集中营的发展并非直线形的，而且它们也不是不受上级指令的影响。柏林的党卫队领导过去可以将恐怖升级，现在也可以加以控制。虽然有些中央指令下达到基层需要时间，有些会被曲解或忽略，但经济与管理部还是可以给集中营定下大方向的。[208]不过，党卫队虽然成功降低了死亡率，但其管理者们没想要改变集中营的整体气氛。结果就是集中营系统的主要特质——忽视、蔑视和仇恨——在很大程度上没有改变。

"小白鼠"

西格蒙德·瓦萨（Siegmund Wassing），36 岁，奥地利犹太人，1941 年 11 月被送进达豪集中营。5 个月后，这名维也纳的前电影技师被判处最可怕的死刑。1942 年 4 月 3 日，他被关进停在两个医务营房之间的特种载货汽车的压力舱，连着设备检测他的心跳和大脑活动。随后，舱内的空气被抽走，模拟迅速升到高空 7 英里的情况。在几分钟之内，依旧穿着条纹囚服的瓦萨开始流汗、颤抖、大口喘气；半个小时之后，他停止了呼 428
吸，党卫队空军医生、三级突击中队长西格蒙德·拉舍尔（Sigmund Rascher）准备验尸。雄心勃勃的 33 岁医生拉舍尔下令把医学处决作为一系列气压实验的一部分，从 1942 年 2 月底开始实行，其中还包括模拟高达 13 英里时压力下降和弹射的情况。总之，数百名囚犯在达豪遭受了实验虐待，数十人死亡。但拉舍尔医生十分乐观。1942 年 4 月 5 日，也就是西格蒙德·瓦萨被杀两天之后，他在一封信中设想了“航空的全新视角”。[209]

这封信的接收者，即授权这些实验的人是党卫队全国领袖海因里希·希姆莱，他也同样兴奋。他深深着迷于这样的实验，甚至决定跟之前的一些空军和党卫队官员一样亲自前往观看。在奥斯瓦尔德·波尔的陪同下，希姆莱在 1942 年 5 月 1 日下午来到达豪，视察了五六项模拟高海拔的弹射实验；囚犯们虽然没死，却惨叫晕倒，而这位党卫队全国领袖全神贯注地看着。希姆莱心满意足地离开了，临走前嘱咐几位当地的党卫队队员，让囚犯们享用他准备的最后一餐——咖啡和白兰地。[210]

大概就在希姆莱视察达豪的时期，人体实验在集中营内兴起。尽管早期也有一些实验，但随着德国军事命运衰落，这样的实验迅速发展起来。到了 1942 年，党卫队领导想抓住这些肩负着新希望的项目，不管要付出怎样沉重的生命代价，为了取得最终的胜利，把集中营囚犯的身体视为可剥削的商品——不只是奴隶劳动，还包括人体实验。许多像达豪里的实验都是明确为战争服务的。由于前线和国内的损失日益扩大，满心焦虑的官员们把目光投向了医学科学，希望凭此扭转局势。对集中营囚犯的残忍实验，为的是找到新方法从寒冷和饥饿、伤病、传染病中拯救德国士兵的生命，保护德国平民免受传染病和烧伤之苦。“我认为竭尽所能保护、挽救数千德国人的生命是我的职责。”一名医生后来这样说，试图给自己参与谋害人命的实验找借口。[211]

集中营实验

人体实验不管在德国境内还是境外，都伴随着现代医学的发展而出现。目前还远没有出台严格的规定，但自从几件震惊魏玛共和国的丑闻事件发生后，德国医疗机构在 1931 年起草了几条先驱性人体研究指导原则，禁止强迫性测试，禁止用临终者进行实验，禁止危及儿童。[212]可短短几年后，集中营里的医生 429
便把这些基本原则抛诸脑后。第一批用囚犯做的实验发生在第二次世界大战爆发前，规模小，相对无害。[213]一旦德国陷入战争，党卫队就开始支持有致命风险的实验，许多实验都是受了前线事故的影响。

第一批此类实验可能发生在萨克森豪森的医务室，两名集中营党卫队的医生在 1939 年 10 月至 12 月期间，用芥子气毒害了数十名囚犯。指令来自希姆莱，因为他想起了第一次世界大战的惨痛记忆，总担心德国军队可能会遭到化学攻击。为了确定两种潜在疗法的作用，萨克森豪森的医生把芥子气用在了囚犯身上，造成直达胸口的大面积烧伤；有时候，医生还会用细菌感染伤口。最终，他们测试的药品被证实无效。医生们在最终报告中尽可能地承认了这个结论，报告由党卫队帝国医生恩斯特·罗伯特·格拉维茨交到希姆莱手上，前者亲自观看了这些实验。[214]

接下来几年还有更多的实验，主要发生在第二次世界大战后半段。战争期间，医生们总共用两万多名囚犯在十多个集中营做过实验，其中数千人丧命。[215]随着死亡人数增多，经济与管理部的管理者们担心可能对强制劳动力造成的影响，在 1942 年底曾询问过几个集中营在实验里损失了多少工人。[216]同时，医生们也在掩盖痕迹，把那些故意用于感染囚犯的病毒和毒药称为“疫苗”。[217]但偶尔他们也会有疏漏，直接把自己的想法说出来，称呼这些受害者为“小白鼠”和“兔子”，一些受害者本人也用这些带有黑色幽默的称呼。[218]

海因里希·希姆莱负责这些实验，可能背后有希特勒撑腰。[219]虽然没有集中协调的项目，大部分极端提案来自基层，但希姆莱掌握着解锁“小白鼠”的钥匙，他坚称集中营内的实验必须得到他的首肯才可以进行。[220]那些跟希姆莱有私交的科学家可以直接跟他申请，比如西格蒙德·拉舍尔，其妻跟希姆莱相熟。[221]另一条途径是通过希姆莱的伪科学研究机构 Ahnenerbe。该机构最初设立是为了探寻日耳曼种族的神秘根源，在战时转而进行军事研究，确保有充足的集中营囚犯用于各种实验。[222]第三条途径是通过帝国医生格拉维茨，他在战时成了一名更具影
430 响力的人物，1943 年时统管党卫队的整体医疗服务。尽管希姆莱反复攻击这位首席医生的专家地位，但格拉维茨证明了自己对集中营内的人体实验有不逊于上司的热情，协助上级评估科学家的申请。[223]

希姆莱着迷于面面俱到地管理医疗酷刑，阅读报告并建议稀奇古怪的新实验。他对于科学目眩神迷，很容易就被所谓专家的激进项目吸引，特别是当这些专家附和他自己的世界观时。他认为牺牲集中营里没有价值的次等人可以挽救德国士兵的性命，谁反对谁就是叛徒。在希姆莱的脑海里，战争是一切行为的合理解释，因此他打开了许多致命实验的大门，达豪也成了主要的实验中心之一。[224]

希姆莱最喜爱的医生

达豪集中营里人体实验的历史和西格蒙德·拉舍尔医生密不可分，他的压力舱实验是一系列致命实验的开端。拉舍尔生于慕尼黑一个富裕的家庭（他的父亲也是医生），1936 年取得

行医资格，自 1939 起在空军服役。他随后的快速晋升凭借的不是政治激进主义（他 1939 年才加入党卫队），更不是他的业务能力，而是勃勃野心和意志同样坚定的妻子，后者跟希姆莱交往甚密。希姆莱这位党卫队全国领袖永远有时间许诺年轻的煽动者，通过非正常途径取得充满前景的科学突破。在他的照拂之下，拉舍尔成了达豪集中营人体实验的首席负责人。

并不是所有人都会被这位自负的新贵蒙骗。卡尔·格布哈特（Karl Gebhardt）教授是武装党卫队数一数二的医生，曾担任德国最著名外科医生绍尔布鲁赫（Sauerbruch）教授的助理，他认为拉舍尔不过是个庸医。他的指控明显不是因为拉舍尔灭绝人性的工作——格布哈特自己也在拉文斯布吕克集中营开展人体实验——而是因为这些工作根本毫无用途。格布哈特教授在复审拉舍尔的其中一篇报告时当面告诉他，如果这篇报告是一名大一本科生交上来的话，自己会直接把人丢出办公室。拉舍尔在空军里的上司也越发小心起来。虽然感念拉舍尔在达豪发起了航空实验，可他们也越来越不满意拉舍尔越级直接向希姆莱汇报的做法。遵从希姆莱的心愿，拉舍尔最终在 1943 年离开空军，一心一意为党卫队（以党卫队一级突击中队长的职级）杀人，在达豪经营以自己的名字命名的实验站。[225]

只要有希姆莱撑腰，拉舍尔便有事可忙。气压实验于 1942 431
年 5 月结束后，拉舍尔和一些同事很快开始了下一个实验，把囚犯泡在冰水里。当然，这个实验也是出于军事考虑。鉴于越来越多的德国飞行员坠落英吉利海峡，空军希望了解更多有关长时间落水的信息。在测试中，囚犯必须爬进一个冰冻的水箱，里面的水里还有浮冰。一些囚犯还需穿戴飞行员的全套装备，其他人则把衣服都脱光。一名年轻的波兰囚犯一次又一次地用不纯熟的德语恳求施虐者停止："不要水、不要水。"另一名波兰囚犯莱奥·米哈洛夫斯基（Leo Michalowski）神父后来在纽伦堡医生法庭上就自己遭受的折磨作证，他是唯一一个站出来作证的幸存者："我在水里冻得要死，双脚像铁块一般僵硬，双手也是一样，几乎没有了呼吸。我开始再一次发抖，冷汗从头上流下来。我觉得自己马上就要死了。然后我再一次恳求他们拉我上来，因为我再也受不了泡在水里了。"

几个小时后，大多数囚犯最终被拉了上来，他们已经失去意识，医生尝试通过药物、推拿和电热毯把他们唤醒。米哈洛夫斯基被救了回来，但更多的人就此丧命。还有一些人是被故意留在水箱里等死的，因为这样拉舍尔才能更近距离地研究他们的死因。总之，大约有 200 ~ 300 名达豪囚犯遭受了水箱折磨。数十人死亡，大多是在拉舍尔单独监视之下。空军收集了足够的数据后，这项实验在 1942 年 10 月被官方叫停，但之后拉舍尔自己仍在继续，他为了进一步推动自己的事业，就像之前做气压实验一样，他开始加入更极端的实验内容。[226]随着 1943 年初德国在斯大林格勒惨败，他甚至把冰冻实验拓展到了陆地上。为了研究最严重的冻伤，达豪囚犯们在冬天夜里被关在外面，为了不让他们惨叫还给他们注射了镇静剂。据达豪的一名审头回忆，拉舍尔的野心驱使着他名副其实地"踩着尸体前进"。[227]

海因里希·希姆莱对拉舍尔的冰冻实验极感兴趣，甚至亲自参与其中。他建议说，最有可能让浸泡在冰水中的囚犯恢复生机的方式是人体取暖；为了验证他的假设，他要求拉舍尔让裸女去爱抚失去意识的男人。[228]希姆莱的建议完全没有意义。即便"动物的温暖"（他的原话）有作用（实际证明并没有），就连希姆莱也不可能提议在德国海军的战舰上安排妓女，以防遇到落水的飞行员。[229]但希姆莱在党卫队内被奉若神明，他的话神圣不可侵犯。拉文斯布吕克集中营赶紧在 1942 年 10 月送了四 432
名女囚犯过来——首批进入达豪的女囚——开始实验。不久，拉舍尔肮脏的余兴节目便如磁铁一般吸引了当地的集中营党卫队和相关各方。[230]

头号窥淫狂要数性压抑的党卫队全国领袖。希姆莱对这个实验“极为好奇”，必定要亲眼看看才好，所以 1942 年 11 月 13 日一早便来到了达豪拉舍尔实验站。希姆莱全程近距离地观看。一名裸体男囚被扔进水里；他挣扎着要出来，但拉舍尔一直把他往下压；这名男子失去意识后被拉出水；他全身冻僵，被抬到一张大床上；两个赤身裸体的女人尝试与他性交。希姆莱满意了，除了对波尔有一点小小的抱怨：他认为其中一个女人，一名年轻的德国囚犯，依然能为纳粹民族共同体挽救一下，而不是被当作性奴。[231]

西格蒙德·拉舍尔的一切似乎都顺风顺水。在希姆莱的帮助下，1944 年初的他声名赫赫，已经接近自己的终极梦想，获得教授职位。与此同时，他继续手上的人体实验。他对一种名为 Polygal 的止血药物尤其感兴趣，下令抓几名达豪的囚犯来测试药效。这种药是达豪集中营里的一名在押的犹太药剂师开发的，拉舍尔想从中获利，准备在自己的工厂里批量制造。拉舍尔的专业前途和财路一片光明，私生活也有好消息。他的妻子——通过勒索释放的囚犯，威胁把他们重新抓回达豪集中营，来赚取额外的暴利——宣称怀上了他们的第四个孩子。[232]

但一切并不像看上去那般美好。随着慕尼黑发生的一桩抢掠儿童事件，刑警发现拉舍尔如画的家庭生活——希姆莱为此对他印象颇佳，还送了他礼物——其实建立在犯罪和欺骗之上。这几个孩子都不是他们夫妇亲生的；拉舍尔夫人的儿子都是从别的母亲那里抢来的，她的丈夫是同谋共犯。随后警察的调查还发现了她丈夫在集中营贪污腐败的证据。傲慢的拉舍尔在当地的集中营党卫队里树敌颇多，尤其是因为他辉煌的前程。1944 年 5 月他被拘留，就在快被释放前，党卫队在达豪地堡里枪毙了他，这个地方离他开展自己害人的实验的地方不远。几乎同时，他的妻子被绞死在拉文斯布吕克，死前她曾多次试图逃跑。[233]

但党卫队在达豪的实验并没有随着拉舍尔的倒台而停止。拉舍尔或许是集中营里最知名的医疗施虐者，但并不是唯一一
433 个。自 1942 年起，还有好几名医生在进行人体实验，用细菌感染囚犯然后测试对抗血液中毒和伤口溃烂的药物，逼迫囚犯喝海水来测试一种据说能改良口感的物质。[234]事实上，达豪是一项最大规模的集中营人体实验的站点——克劳斯·席林（Claus Schilling）博士领导的疟疾研究站，他是传奇细菌学家罗伯特·科赫（Robert Koch，1843～1910）的学生。席林已经 70 多岁了，他漫长的职业生涯都浪费在徒劳地寻找一种疫苗上。鉴于他此前微不足道的记录，他在集中营里提议的人体实验也不太可能成功。可是，希姆莱渴望找到一种药物来保护军队在东部占领区免收疟疾侵扰，因此准许了席林开展实验。席林搬到达豪居住，实验始于 1942 年 2 月，直到 1945 年春天集中营土崩瓦解时才结束。总共约有 1100 名囚犯，其中一些已经虚弱得连走路的力气都没有了，通过注射和蚊虫叮咬被传染，使席林和他的手下能够测试一系列药物。这些囚犯经受了四肢浮肿、掉指甲和头发、高烧、瘫痪等种种折磨。许多囚犯死于用药过量，

活下来的则通常要经受更多的实验。[235]

达豪集中营党卫队参与了这些实验，就像参与其他活动一样。每当席林博士需要新的牺牲品，达豪集中营的医生就会给出一份囚犯的名单。这份名单被送到党卫队劳动办公室；所有登记在册的囚犯都被纳入考虑，毕竟这些被关进实验站的囚犯名义上被定义为受聘人员（他们的工作就是当"小白鼠"，受尽折磨）。然后，这份名单被送到集中营营区负责人手中，他通常会做一些调整。最终版本会被放到指挥官的案头等他签字。只有到这时，不幸的囚犯才会被拖进席林的疟疾站。[236]类似的情景在其他集中营也会上演，集中营党卫队协助医生虐待和杀害囚犯，为的是让自己的事业更进一步以及帮助德国赢得战争。

为胜利而杀戮

1942 年 8 月 14 日，年轻纤瘦的教师拉蒂丝娃·卡罗林斯卡（Władislawa Karołewska）被要求去拉文斯布吕克集中营的医务室报到，德国占领波兰后，她参加过当地的抵抗运动。与她一同前往医务室的还有其他几名波兰囚犯。在那里，她的腿上被打了一针，结果导致她开始呕吐。随后，她被带到手术室又打了一针；她昏迷前最后看到的是一名戴着医用手术手套的党卫队医生。当她醒来时，她的腿在不停抽搐："我发现自己的腿被打上了石膏，从脚踝到膝盖。"三天后，一直高烧不退、腿部肿胀且有液体渗出的卡罗林斯卡再次被同一名医生拿来做实验。 434
"我感到剧烈的疼痛，"她在战后作证说，"而且我记得他们从我的腿里切了一些东西出去。"卡罗林斯卡在一间充满了排泄物恶臭的屋子里躺了两周，旁边有一个有同样遭遇的波兰女囚。两周后，绷带终于被取下来，她第一次看到了自己术后的腿：

“创口深到可以看见骨头。”又过了一周，党卫队把她放回营房，即便她的腿还在流脓，而且无法走路。很快，她又被送回医务室，集中营医生再次对她进行了同样的手术；她的腿又肿了起来。“这次手术令我感觉更糟糕，甚至无法移动。”[237]

拉蒂丝娃·卡罗林斯卡遭受的摧残不仅给她的身体造成了极大的伤痛，还给她的心理带来了无法愈合的创伤。她并不知道，这是好几座集中营一系列协同实验的一部分，为的是测试抵抗所谓气性坏疽的药物。军队和集中营医生从 1941 年底开始辩论用磺胺类药物治疗伤口感染的作用，因为德国军队在东线的死亡率一路飙升。1942 年 6 月初，赖因哈德·海德里希因气性坏疽丧命——一名刺杀者扔出手榴弹造成爆炸，导致车里的垫衬碎片刺入了他的身体——这个问题对希姆莱越发紧迫，而他坚信磺胺类药物是灵丹妙药。

海德里希死后不过数周，实验就在拉文斯布吕克开始了，那是 1942 年 7 月 20 日。党卫队临床医生卡尔·格布哈特教授负责该实验，他在附近的霍亨林青（Hohenlychen）经营着一家疗养院和党卫队医院。为了模拟气性坏疽的症状，医生深深地切开数十名囚犯的腿，绝大多数是像卡罗林斯卡一样的波兰女人，放入细菌、土壤、木屑和玻璃碎片。最终，格布哈特教授认定磺胺类药物对治疗此类感染效果甚微。事实上，格布哈特本就希望这些药测试失败。身为党卫队领先的外科医生，出于自身利益考虑，他必须维护前线外科手术的重要地位。更要紧的是，他被指控搞砸了海德里希的治疗（他被希姆莱派到布拉格照料这位受伤的副官，在治疗中反对使用磺胺类药物）。为了证明自己的选择是正确的，格布哈特需要拉文斯布吕克的药物实验一无所成。数位女囚死在随后的手术中，其他人则要在剩余短暂的生命中背负身体和精神上的创伤。[238]

跟拉舍尔医生在达豪集中营搞的高空和冰冻实验一样，残害拉文斯布吕克囚犯的实验也是作战实验的一部分，表面上是为了挽救遭受致命伤的德国士兵的生命。在其他几座集中营，囚犯们也为了这个原因被故意打伤和杀害。比如在纳茨维勒集 435 中营，奥托·比肯巴赫（Otto Bickenbach）教授负责碳酰氯（光气）的死亡实验，这是一种有毒的气体，在第一次世界大战中被用作化学武器。为了研究它的效果并测试药效以保护德国军队，1943～1944 年有 100 多名囚犯被迫走进纳茨维勒的小型毒气室。据一名幸存者回忆，短短几分钟内他就感到了一种剧痛，几乎无法呼吸："就好像有人用针刺穿了我的肺。"很多囚犯窒息而亡。其他人在接下来的几天死得充满煎熬和痛苦，他们会咳血，甚至是肺部组织。[239]

还有一系列作战实验旨在保护德国军队不受传染病的侵害，包括肝炎、肺结核，特别是斑疹伤寒。[240]在东欧占领区，德国士兵经常会被传染斑疹伤寒，因此德国高层视其为一个重要的威胁，不仅对军队而言，对国内的人口来说也是如此。布痕瓦尔德集中营为开发疫苗所做的工作最多。在这里的常设研究站，有 24 个不同的实验在展开，由党卫队一级突击中队长埃尔温·丁（Erwin Ding，又被称为丁－舒勒）博士负责。他是一个无能的年轻医师，来自武装党卫队的卫生研究院。他的副手是布痕瓦尔德党卫队医生瓦尔德马·霍芬（Waldemar Hoven），出身于一个受人尊敬的家庭，但在选择学医和加入集中营党卫队之前他辍学四处流浪——甚至有一段时间曾在好莱坞片场当临时演员——他上学的时间还不足五年（霍芬很无能，他甚至命令囚犯给自己写论文）。从科学角度来说，布痕瓦尔德集中营里设计得漏洞百出的实验充分暴露了他们的无能。最实质性的结果就是苦难。1943 年夏天的一次实验需要测试赫司特公司开发的两种药物，39 名受测囚犯中死了 21 个；幸存者里大多数人会发高烧，脸和眼睛肿胀，出现幻觉和震颤。1942 ~ 1944 年，据说医生们总共在 1500 多名囚犯身上做过实验；200 多人没能活着走出布痕瓦尔德的斑疹伤寒研究站。[241]

最后一套作战实验不是为了保护，而是为了激发德国军队的表现而设计。医生们利用萨克森豪森集中营的囚犯展开了数个实验。1944 年 11 月，一名海军医生运用大剂量兴奋剂，包括可卡因，想要找到一种可以让潜水艇上的士兵一连好几天听从调派、不眠不休的药物。集中营党卫队让他随意使用一支体力最透支的劳动小组，那些犯人为了测试鞋子的新款式，每天要背着沉重的沙袋绕圈走 25 英里。20 岁的金特·莱曼（Günther Lehmann）就是被选中做实验品的囚犯之一。在为期 4
436 天的可卡因实验中，他只睡了几个小时，其余时间一直蹒跚走在测试的轨道上，背着一个 25 磅重的帆布包。不像许多纳粹人体实验的牺牲者，莱曼侥幸活了下来。[242]

奥斯维辛和纳粹种族科学

党卫队一级突击中队长约瑟夫·门格勒在 1943 年 5 月底来到奥斯维辛集中营，时年 32 岁，此前两年基本在东部前线度过，是党卫队营职医官。他到集中营任职的第一年担任所谓吉卜赛营的党卫队主要医生；随后他接管了医务区，成了比克瑙的党卫队高级内科医生。跟其他奥斯维辛医生一样，门格勒执行了许多残忍的任务。他负责监督囚犯的死刑和毒气处决，凭借对流行病的致命探索而闻名于党卫队。门格勒还经常亲自到站台筛选犹太人，他样貌出众、情绪高昂、动作夸张，像指挥官一样把囚犯分成不同的组。1944 年夏天，奥斯维辛党卫队首席内科医生爱德华·维尔茨表扬了门格勒工作时的“审慎、毅力和活力”。此外，维尔茨还被门格勒业余时间的狂热行为深深打动了，称门格勒“利用手中的科学材料为人类学研究做出了有价值的贡献”。[243] 维尔茨所指的副业是门格勒最痴迷的爱好：以纳粹种族科学的名义折磨囚犯。种族科学是集中营的第二大研究课题，不同于作战实验，主要在奥斯维辛地区展开。

门格勒博士是种族生物学的信徒，信奉利用科学手段，通过辨识和除掉劣等种族来净化国家机体。尽管他的信仰和纳粹的理念高度一致，但门格勒（跟拉舍尔博士一样）早期并不是狂热的纳粹追随者。他出身于一个富裕的民族保守主义家庭，二十五六岁才申请加入纳粹党和党卫队（分别在 1937 年和 1938 年）。他的主要使命是种族科学。身为好学之士，门格勒获得了两个博士学位，从一开始就专注于种族遗传学和人类学。这名勤奋的年轻科学家很快被男爵奥特马尔·冯·费许尔（Otmar Freiherr von Verschuer）教授招至麾下，后者是研究德国种族卫生学的资深元老之一，后来成为柏林威廉皇帝学会人类学、遗传研究和优生学研究所所长。门格勒成了他的一名助理，全职加入党卫队后继续与他一起工作。

种族屠杀期间的奥斯维辛对于门格勒这样努力且缺乏道德底线的种族生物学家来说是梦寐以求的研究地点。他可以随心
所欲地测试一切假设，哪怕是自相矛盾的，而且这里总有充足 437
的“科学材料”。他要的实验用囚犯会得到特殊的地位。他们与其他囚犯隔离，只归他私人支配；他们的身体，不论死活，都属于门格勒。[244] 他的实验品主要是有生长萎缩和其他不同寻常

生理特征的人，他和助手狂热地拍照、测量、拍 X 光片。他在 1944 年 5 月时尤其兴奋，因为一个身材极矮小的旅行表演家庭从匈牙利被送进奥斯维辛。门格勒几年前就想要拿他们做实验，如今到手后他马上开始给这些牺牲品注射、放血、滴眼药水、提取骨髓。其中一名表演者，伊丽莎白·奥维茨（Elisabeth Ovici）后来回忆"我们经常会感到恶心痛苦，不得不呕吐"。不过，她逃过了最糟糕的命运，门格勒手中很多身体畸形的囚犯都被杀了；一丝不苟地验尸后，他们的骨头被送到威廉皇帝学会收藏。特制的眼球也被送到同样的地点，是门格勒提供给费许尔的另一名助理卡琳·马格努森（Karin Magnussen）博士的，她在研究眼睛颜色不同的吉卜赛人。[245]

门格勒博士的专长是折磨双胞胎。德国和海外的种族遗传学长期关注于双胞胎的研究，这也激发了门格勒早期学术研究的兴趣。被指派到奥斯维辛之后，他开始系统性地在集中营搜罗有助于他研究事业的囚犯。他总共可能筛选出 1000 多对双胞胎用来做实验。其中大多数都是 2～16 岁的孩子，其中一些兄弟姐妹因为是双胞胎才逃过了被送进毒气室的命运。门格勒用他们做了一连串的实验。首先是疯狂地采集人体数据，学究门格勒坚信只要事实充足就必然可以获得重要的洞察；每对双胞胎都要完成一份表格，上面有 96 个不同的部分。"上百次的身体检查、测量、称重"，埃娃·海尔什科维茨（Eva Herskovits）后来这样形容她在门格勒手中的遭遇。党卫队提取的血样太多，以至于有的孩子因贫血而丧命。

然后是实验。为了改变双胞胎眼睛的颜色，门格勒和他的手下给双胞胎眼睛里注入液体，造成他们的眼睛肿胀烧伤。党卫队还让他们染上传染病，以观测他们的反应。此外，门格勒开展奇奇怪怪的外科实验，通常都没有麻醉，目的是对比儿童对疼痛的敏感性。有一次，两个不足三四岁的男孩被缝到了一起，仿佛连体婴儿；他们死前日夜不停地惨叫。死亡给了门格勒另一个机会做研究，他经常亲自给囚犯注射致命性毒剂。[246]

鉴于门格勒罄竹难书的罪行，他之所以成为奥斯维辛所有行凶者里最臭名昭著的一人，原因一目了然。但是，他的恶名掩盖了其他医生的行为。门格勒并非个例。在他身处的环境下，医疗谋杀囚犯是一件寻常事。数十位内科医生在奥斯维辛开展种族实验，这里不仅有集中营党卫队的医生，比如维尔茨博士，还有来自党卫队、军队甚至外界的民间研究人员。由于奥斯维辛集中营的囚犯人口最多，其中许多是犹太人，因此对于那些寻求人类“小白鼠”的医生来说，这里比达豪集中营更具吸引力，死伤也绝非其他集中营可比。 438

在这些被吸引到东边的医生当中，两个对头——卡尔·克劳贝格（Carl Clauberg）教授和霍斯特·舒曼（Horst Schumann）博士在测试快速且廉价的大规模绝育。热衷于在东欧占领区消除多余的人口群体，希姆莱在 1942 年夏天批准了这些实验。这引发了两位医生之间的一场可怕竞赛，他们争着寻找最高效的绝育方法。在集中营里规模最大的这场实验中，他们屠杀了数百名奥斯维辛囚犯（绝大部分是犹太人）。

第一位医生卡尔·克劳贝格教授在 1942 年 7 月的一次午餐时，与希姆莱和格吕克斯讨论他给犹太女人做绝育的方案，他想给宫颈注射一种化学物质，通过封死输卵管达到绝育的效果。这个过程会引起剧烈疼痛，无数女人死于并发症；其他人则被杀死，好方便克劳贝格检查她们的器官。一名幸存者查娜·霍芬贝格（Chana Chopfenberg）后来回忆说，克劳贝格对待她们

“如同牲畜”。注射时她被蒙住了眼睛，她被威胁说如果喊叫的话就会被杀。执迷不悟的克劳贝格在战后坚称自己的实验具有十分重大的价值，并且让许多妇女逃脱了被灭绝的命运（1957年，他在德国的一家候审监狱里死于中风）。

他的对头舒曼博士也在附近狂热地工作着，以一种粗枝大叶且碰运气的态度，使用极大剂量的放射物（他从没有接受过专业的放射科医生培训），然后开展手术。直接后果就是造成性器官的深度烧伤、严重感染和许多人死亡。与对手不同，舒曼博士主要选择男囚作为实验对象。其中一人，哈伊姆·巴利兹克（Chaim Balitzki）在战后作证时崩溃大哭。“最惨的是，”他说，“我再也不会有孩子了。”舒曼并没有因为伤亡的代价停下脚步，反而继续向前，但最终不得不承认手术比 X 光更有效。克劳贝格教授获胜。1943 年 6 月，克劳贝格告诉希姆莱自己的
439 实验即将完成。他坚称有合适的装备和支持就能很快在一天内给 1000 名女性绝育。不过他的实验还没做够，1944 年继续在拉文斯布吕克进行进一步的化学物质注射实验。[247]

纳粹医生甚至挑选奥斯维辛囚犯送到其他集中营做死亡项目。最声名狼藉的项目是斯特拉斯堡大学的骨骼收藏，那里是纳粹种族科学的温床，设于 1941 年。1942 年 2 月，希姆莱收到了一份来自奥古斯特·赫特（August Hirt）教授的报告，他是 Ahnenerbe 的领头医生，最近刚被任命为斯特拉斯堡大学的解剖学教授。赫特的报告里提议杀死“犹太－布尔什维克委员”，填补现有“骨骼收藏大全”的空白。希姆莱同意了，这个方案很快进一步拓展：通过谋杀奥斯维辛挑选出的囚犯，完成一整套种族人类学骨骼收藏。最终三名 Ahnenerbe 的官员在 1943 年 6 月前往奥斯维辛。他们挑选了来自不同国家的囚犯，测量、

拍照、录像。42 岁的梅纳赫姆·塔费尔（Menachem Taffel）是被选中的人之一，他生于加利西亚，后来到柏林当送奶工，1943 年 3 月被送往奥斯维辛（他的妻子和 14 岁的女儿刚到集中营就被送进了毒气室）。1943 年 7 月底，党卫队把塔费尔和其他 86 名犹太囚犯一起送往纳茨维勒，在那里把他们赶进了新建的毒气室（除了一名女囚因反抗而被枪决）；指挥官约瑟夫·克拉默亲自注入氢氯酸，观看囚犯们死亡。尸体随后被送往 40 英里外的斯特拉斯堡解剖学院。当盟军于 1944 年秋天逼近阿尔萨斯时，赫特和他的同事试图掩盖痕迹。但他们没能销毁所有的证据，盟军士兵进入斯特拉斯堡研究所地下室的时候，他们发现了装满尸体的大桶，被锯断的腿和躯干，这些都是为了赫特的骨骼收藏保存的。[248]

追求科学的刽子手

战争结束后，集中营人体实验背后的医生通常被描绘成像弗兰肯斯坦博士一样隐世疯狂的科学家，秘密从事骇人的研究。[249]现实并没有这么耸人听闻，但更令人不安。大多数研究都是受主流科学理论的启发，许多行凶者是医学界受人尊敬的医生学者。像格拉维茨教授和格布哈特教授这样的人都属于德国医学界的精英（同样也是新兴的党卫队上流阶层）。[250]克劳贝格教授也是如此，他是有名的妇科医生，一位经济与管理部的高 440
级官员甚至专程带着经历了多次流产的夫人从柏林到奥斯维辛找他私下问诊。[251]

即便是最可怕的实验，背后的负责人也不是无名之辈。有几位历史学家理所当然地认为，西格蒙德·拉舍尔博士可能是精神变态。可他的实验动机（起码最初）是出于德国的军事需要；因此才有了空军的积极合作，是空军的科学家们要求在达豪开展气压、冰冻和海水测试的。[252]至于约瑟夫·门格勒博士，尽管他罪行昭昭——奥斯维辛的一名囚犯医生后来称他是嗜虐成性的“次等人”和“名副其实的精神病”——他的同行却不这么认为。跟拉舍尔不同，门格勒是胸怀大志的学者，而且一直跟值得尊敬的老师费许尔教授有联系。门格勒获取的人体器官被送到费许尔的威廉皇帝学会研究所进行分析，那可是德国科学研究的精英机构（1948 年更名为马克斯·普朗克学会），曾大力支持纳粹的种族政策。门格勒还从（按费许尔的说法）“种族背景最丰富多样的人”身上采血，血样供一个蛋白质研究项目使用，该项目由备受尊敬的德意志研究联合会（DFG）资助。DFG 还支持了好几个集中营里的人体实验，比如达豪集中营席林教授的疟疾实验。[253]

沆瀣一气的情况还延伸到更广泛的德国科学界。至少在一些圈子里，尽管谈论这些实验是不得体的，但它们是公开的秘密。德国武装部队的高级医官知道得尤为详尽，这都要拜医疗会议上的论文所赐。1942 年 10 月一次这样的大会上聚集了 90 多位领先的空军医生和低体温症研究专家，在纽伦堡豪华的酒店里，他们得知了达豪集中营里的冰冻实验。德国基尔大学的恩斯特·霍尔茨勒纳（Ernst Holzlöhner）教授带头做报告，其中包括拉舍尔博士的讲话，内容无疑显示出有囚犯在实验中死亡的事实；参会的医生中没有一人关心此事。一些行凶者甚至在科学期刊和著作上公开发表工作中的细节。虽然他们没有提到对囚犯的虐待，但人们也能从字里行间察觉出这些实验必然发生在集中营；无须鉴定的才能也可以知道“达豪”里的“测试人员”是囚犯。[254]

德国制药行业也牵扯其中。拜耳（法本公司）的员工赫尔穆特·费特尔（Hellmuth Vetter）博士也是一名集中营党卫队医生，早在1941年，他就开始在达豪囚犯的身上测试一些磺胺类药物。他很高兴能够“把我们的新产品用于实际测试”，他写 441
信给在公司总部的同事，告诉他们自己喜欢这里的食物、住宿条件和党卫队的陪伴：“我觉得这里就是人间天堂。”费特尔后来继续去其他集中营，在奥斯维辛和毛特豪森测试具有潜在致命性的药物（由法本公司开发）。同时，正如历史学家恩斯特·克莱（Ernst Klee）所言，布痕瓦尔德成了名副其实的“制药行业实验室”，因为制药企业争相在被党卫队用斑疹伤寒感染的囚犯身上测试自己的产品。[255]

鉴于医生们积极地参与医疗折磨和谋杀，值得人们想起的是，德国医生本就是纳粹主义最狂热的支持者，纳粹主义许诺了他们国家的复兴和一个更光明的事业前景。在第三帝国期间，一半的男医生加入了纳粹党，7%加入了党卫队。纳粹的生物政治学不仅提高了医生的地位，还鼓励医疗规范的改变。像大规模绝育这样的举措从一开始就明确显示出“民族共同体”的健康至上，以及“非本族者”没有权利。[256]

集中营人体实验一旦展开，便自成气候，进一步刷新伦理界限。以格哈德·罗泽（Gerhard Rose）教授为例，他是著名的罗伯特·科赫研究所热带药物部门的主任。1943年5月，罗泽参加一次会议，来自布痕瓦尔德的丁博士提交了一篇关于斑疹伤寒实验的论文。出乎所有人意料，罗泽教授公开挑战丁博士，称他的实验从根本上打破了医疗惯例。丁博士为了辩驳，声称（并不属实）自己只用死刑犯做实验。手足无措的主席很快终止了这场讨论。但罗泽教授的原则立场并没有坚持多久；随着人体实验越来越普及，他也想要让自己的研究受益。攻击丁博士后不过数月，他便联系上了武装党卫队的卫生研究所，提出要在布痕瓦尔德测试一种新的斑疹伤寒疫苗。希姆莱同意在所谓的职业囚犯身上做实验，丁博士很乐意帮助这位昔日的批评家；实验从 1944 年 3 月起开始在布痕瓦尔德展开，夺去了六名囚犯的生命。[257]

丁博士被迫在 1943 年的会上捍卫自己的实验时，他的假设是正确的，那就是许多同事不会反对杀掉国家的敌人，特别是那些已经必死无疑的人。毫无疑问，使用集中营里的囚犯，那些生命不值一提的人，有助于缓解对实验的担忧。医生们还强调了实验的功利性。由于残疾人反正会被“送进特定的房间”
442 用毒气处决，西格蒙德·拉舍尔在 1942 年夏天（含蓄提到 14f13 行动时）巧妙地问，那用他们来测试“我们不同的化学战剂”岂不是更好？[258]相似的论调在第三帝国很多地方都出现了。国家关押的囚犯也被用作“小白鼠”，一名医生收集要上断头台的囚犯的血液，用来补充本地医院的血库；他理直气壮地认为，不然这些血也只能“白白流走，毫无用处”。[259]

这种突破道德底线的科学甚至吸引了一些囚犯。米克洛什·尼斯力（Miklós Nyiszli）博士是一名成就卓著的法医病理学家，1944 年 5 月和其他犹太人一起从匈牙利被遣送到奥斯维辛。党卫队赦免了他的性命，因为他身体健康而且会说一口流利的德语。凭借自己的医学本领，他很快成了比克瑙火葬场的一名囚犯医生。他的上级不是别人，正是约瑟夫·门格勒。尼斯力成了门格勒的病理学助手，协助他谋杀，解剖双胞胎，撰写报告，给骨骼收藏准备尸体。尽管尼斯力知道纳粹种族科学的所有邪恶，却还是被吸引，他对于科学的热情偶尔会让他情不自禁。战后，他很快开始撰写著作，提及了集中营里“巨大的研究潜力”，还兴奋地回忆自己验尸时发现的“古怪、极为有趣”的医学现象，他还跟门格勒博士像所有医学同僚一样详细探讨过。[260]

至于受害者，有的人反倒因为实验捡回了一条命。他们是待宰的羔羊，却逃过了必然死在党卫队手上的命运。比如两个年轻的捷克兄弟，兹德涅克·施泰纳和伊里·施泰纳在奥斯维辛得以幸存，只因为门格勒博士把他们要过来做实验。显然，他把他们的名字从毒气室名单上撤了下来。“幸运的是，门格勒听说了这事，救了我们一命，”这对兄弟在 1945 年作证说，“因为他还需要我们。”[261]

但还有更多的受害者被宰割杀害。整体而言，党卫队的目标更多是男人而不是女人，不仅因为集中营里男人的数量更多，还因为这些实验本是为惠及德国士兵而设。大多数遇害者都处于纳粹种族链的底端，波兰人成了被害者最多的民族群体。不过有时，党卫队没能就目标对象达成一致。在强迫囚犯喝海水时，不同的官员提议了不同的“小白鼠”。经济与管理部的里夏德·格吕克斯想用犹太人；帝国中央安全局的阿图尔·内贝（Arthur Nebe）建议用“有一半吉卜赛血统的反社会人士”；这两个提议均遭到了党卫队帝国医生恩斯特·罗伯特·格拉维茨的反对，他认为受害者必须“在人种上更接近欧洲人”。最终，没有一个群体安全无忧。毕竟，希姆莱本人于 1942 年宣布，选择集中营囚犯进行具有潜在致命性实验的一个理由是他们“该死”——只要 443
党卫队想，这个标签就可以被贴在很多囚犯身上。[262]

就连孩子也不能幸免，从 1943 年开始，越来越多的孩子成了目标。正如我们所见，他们是门格勒在奥斯维辛的双胞胎实验的核心，还会被送到其他集中营做实验。比如，党卫队在 1944 年 11 月把 20 名犹太儿童送去诺因加默进行肺结核实验，他们在那里迎来了可怕的命运。其中一个孩子是 12 岁的乔治斯·科恩（Georges Kohn）。他在 1944 年 8 月和父亲以及其他五位家人一起，从德朗西被送往奥斯维辛。他的父亲是巴黎罗斯柴尔德医院（法国最大的犹太医院）的主任。等到火车驶入奥斯维辛时，乔治斯身旁只剩下 80 岁的祖母了：他的一个哥哥和姐姐中途跳车逃走了，他的母亲和另一个姐姐被送进了贝尔根－贝尔森，他的父亲阿曼德（Armand）则在布痕瓦尔德。他的父亲是唯一一个活着走出集中营的；战后他回到了巴黎，疾病缠身，永远不知道自己最小的儿子遭遇了什么。[263]

阿曼德·科恩和大批犹太囚犯一起，在战争后期被送到布痕瓦尔德和德国境内的其他集中营。他们的到来标志着政策上的一个重大转变。到了 1944 年，政府对强制劳动力的渴求如此强烈，以至于胜过了纳粹种族理念中一些神圣的原则。经过数年狂热的种族清洗，帝国境内和集中营里已经像希姆莱要求的那样“摆脱犹太人”了，但政府为了建造自己的奴工大军，扭转了这种轨迹。[264]来自远方的犹太囚犯的大批拥入是集中营系统大规模转型的一部分，数百个新集中营应运而生，成千上万的新囚犯到来。当哈茨山中建成一座可怕的新营时，集中营或许在 1943 年秋季前后进入了一个新的阶段。这座新营的名字是多拉（Dora）。

注　释

1. Pohl to LK et al. , April 30, 1942, *IMT*, vol. 38, 365－67, ND: 129－

R, quotes on 366，摘自波尔在 1942 年 4 月 24 ~ 25 日的会议总结。See also Pohl to Himmler, April 30, 1942, in ibid., 363 – 65; testimony O. Pohl, 1947, *TWC*, vol. 5, 434; BArchB, Film 44563, Vernehmung O. Pohl, January 2, 1947, p. 11. 跟波尔在 1942 年 4 月 30 日给希姆莱的会议总结中暗示的不同，把强迫劳动力的责任交给指挥官并没有违背之前的实践操作，而是重申了格吕克斯的早期命令（此举终结了草率的党卫队试验，本地的劳动办公室代表开始正式监督集中营劳动力的调派）；BArchB, NS 4/Na 103, Bl. 2 – 4: Glücks to LK, February 20, 1942。

2. 抱怨的内容可参见 Judgment of the U. S. Military Tribunal, November 3, 1947, *TWC*, vol. 5, 981。集中营工厂的管理者们也参加了 1942 年 4 月 WVHA 的会议。

3. 例子参见 IfZ, F 13/6, Bl. 343 – 54: R. Höss, "Oswald Pohl," November 1946, Bl. 352 – 53; IfZ, ZS – 1590, interrogation of G. Witt, November 19, 1946, pp. 11 – 12。1942 年，波尔平均每月都跟希姆莱见一次面；Witte et al., *Dienstkalender*。

4. BArchL, B 162/7998, Bl. 623 – 44: Vernehmung J. Otto, April 1, 1970, Bl. 630 – 31; Tuchel, *Konzentrationslager*, 28. 比如 1943 年 1 月，希姆莱要求对奥斯维辛和马伊达内克集中营的囚犯人口进行调查；NAL, HW 16/23, GPD Nr. 3, WVHA – D to Auschwitz and Majdanek, January 26, 1943。

5. 希姆莱的官方日志记录了他访问拉文斯布吕克（1942 年 3 月 3 日）、达豪（1942 年 5 月 1 日和 11 月 13 日）、奥斯维辛（1942 年 7 月 17 ~ 18 日）和萨克森豪森（1942 年 9 月 29 日）；Witte et al., *Dienstkalender*。

6. Zámečnik, "Aufzeichnungen," quote on 197 – 98.

7. Longerich, *Himmler*, 701 – 25.

8. Müller, "Speer," 275 – 81; Kroener, "'Menschenbewirtschaftung,'" 777 – 82, 804; Naasner, *Machtzentren*, 445 – 55. 更概括的内容参见 Tooze, *Wages*, 513 – 89。

9. BArchB, Film 44564, Vernehmung O. Pohl, February 5, 1947, p. 5.

10. Schulte, *Zwangsarbeit*, 200 – 201; Witte et al., *Dienstkalender*, 371. 希姆莱最初成立 WVHA 的命令里并没有包括 IKL（Befehl Reichsführers SS, January 19, 1942, in Naasner, *SS – Wirtschaft*, 225 – 26），所以它的附属关系显然是事后添加的。IKL 在 1942 年 3 月 16 日被正式并入 WVHA；R.

Glücks, Stabsbefehl Nr. 1, March 16, 1942, in Tuchel, *Inspektion*, 90 – 91。

11. Quote in WVHA, Befehl Nr. 10, March 13, 1942, in Tuchel, *Inspektion*, 88. See also BArchB, NS 19/2065, Bl. 36 – 37: Himmler to Pohl, March 23, 1942.

12. StANü, K. – O. Saur, Niederschrift über Besprechung, March 17, 1942, ND: NO – 569; Protocol Hitler – Speer conference on March 19, 1942, in Boelcke, *Rüstung*, 74 – 82. See also Buggeln, *System*, 15.

13. Quotes in BArchB (ehem. BDC), SSO Pohl, Oswald, 30. 6. 1892, "Warum bin ich Nationalsozialist," January 24, 1932; ibid., E. Pohl to Himmler, July 4, 1943. See also IfZ, F 13/6, Bl. 343 – 54: R. Höss, "Oswald Pohl," November 1946; Witte et al., *Dienstkalender*, 381. 希姆莱的办公室日志在 1941 ~ 1942 年只记载了他与格吕克斯的三次会面。

14. Schulte, *Zwangsarbeit*, 201 – 208, 447; Allen, *Business*, 154 – 58; Judgment of the U. S. Military Tribunal, November 3, 1947, *TWC*, vol. 5, 993, 997 – 1000, 1004 – 1008, 1023 – 31, 1043 – 47; BArchB, Film 44563, Vernehmung O. Pohl, September 26, 1946 (p. 79), December 17, 1946 (p. 36); Naasner, *SS – Wirtschaft*, 242 – 43; Kaienburg, *Wirtschaft*, 20.

15. Testimony O. Pohl, June 3, 1946, in Mendelsohn, *The Holocaust*, vol. 17, 47.

16. Liste Stab/Amtsgruppe D, September 6, 1944, in Tuchel, *Inspektion*, 200 – 203; Kaienburg, *Wirtschaftskomplex*, 348.

17. BArchB, Film 44840, Vernehmung G. Maurer, June 26, 1947, p. 1; testimony Sommer, *TWC*, vol. 5, 345 – 46, 678; Fernsprechverzeichnis, January 15, 1945, in Tuchel, *Inspektion*, 204 – 207. 有关党卫队的大食堂，参见 IfZ, ZS – 1154, Vernehmung H. C. Lesse, November 16 and 19, 1946。

18. Liste Stab/Amtsgruppe D, September 6, 1944, in Tuchel, *Inspektion*, 200 – 203. 可能有些没被列在名单里的女性，被党卫队指派为电报员和无线电话务员；Mühlenberg, *SS – Helferinnenkorps*, 322。以上所述，也可参见 StANü, G. Rammler report, January 30, 1946, ND: NO – 1200, p. 8。

19. R. Glücks, Stabsbefehl Nr. 1, March 16, 1942, in Tuchel, *Inspektion*, 90 – 91. 据一位了解情况的 WVHA – D 处官员所说，后来新增了一个负责指挥军队的办公室；StANü, G. Rammler report, January 30, 1946, ND: NO – 1200, p. 9。

20. BArchL, B 162/7998, Bl. 623 - 44: Vernehmung J. Otto, April 1, 1970, Bl. 639; ibid., Nr. 7999, Bl. 768 - 937: StA Koblenz, EV, July 25, 1974, Bl. 786 - 89; Broszat, *Kommandant*, 204 - 207. T 字楼的平面图，参见 Tuchel, *Inspektion*, 208 - 209。

21. BArchL, B 162/7999, Bl. 768 - 937: StA Koblenz, EV, July 25, 1974, Bl. 895; testimony O. Pohl, June 3, 1946, in *NCA*, supplement B, 1582.

22. Quote in testimony O. Pohl, June 13, 1946, in *NCA*, supplement B, 1604. See also BArchL, B 162/7997, Bl. 615 - 19: Vernehmung W. Biemann, December 9, 1969, Bl. 618.

23. BArchL, B 162/7997, Bl. 525 - 603: Vernehmung K. Sommer, June 30, 1947; BArchB, Film 44563, Vernehmung O. Pohl, September 26, 1946, p. 42; ibid., Film 44840, Vernehmung G. Maurer, March 14, 1947 (quote on p. 1) and March 19, 1947; ibid., NS 4/Na 6, Bl. 30: Glücks to LK, January 13, 1944; Allen, *Business*, 183 - 84; Schulte, *Zwangsarbeit*, 390 - 91.

24. MacLean, *Camp*, 276 - 77; BArchB, Film 44840, Vernehmung G. Maurer, March 19, 1947, pp. 11 - 13; ibid., Film 44563, Vernehmung O. Pohl, September 26, 1946, pp. 47 - 48.

25. LG Münster, Urteil, February 19, 1962, *JNV*, vol. 18, 271; BArchL, B 162/7996, Bl. 325 - 38: Vernehmung J. Muthig, March 18, 1960, Bl. 333; IfZ, F 13/8, Bl. 486 - 87: R. Höss, "Dr. Enno Lolling," November 1946.

26. StANü, G. Rammler report, January 30, 1946, ND: NO - 1200; Hahn, *Grawitz*, 238 - 40.

27. Hahn, *Grawitz*, 237 - 38. 集中营医生的任命也经过了党卫队总领导办公室（后来还有党卫队帝国医生）; ibid., 375。

28. IfZ, F 13/8, Bl. 486 - 87: R. Höss, "Dr. Enno Lolling," November 1946, quote on 487; IfZ, Interview with Dr. Kahr, September 19, 1945, ND: NO - 1948, p. 4.

29. R. Glücks, Stabsbefehl Nr. 1, March 16, 1942, in Tuchel, *Inspektion*, 90 - 91; BArchB, Film 44563, Vernehmung O. Pohl, September 26, 1946, p. 85. 更多细节，参见 Bartel and Drobisch, "Aufgabenbereich"。

30. 两次任命之间间隔了八个月（从 1942 年 9 月 1 日到 1943 年 5 月 1 日），其间这个岗位一直空置；Schulte, *Zwangsarbeit*, 464; BArchB (ehem.

BDC), SSO, Kaindl, Anton, 14.7.1902, Dienstlaufbahn; BArchL, B 162/7997, Bl. 525 - 603: Vernehmung K. Sommer, June 30, 1947, Bl. 544。

31. Quotes in BArchB (ehem. BDC), SSO, Burger, Wilhelm, 19.5.1904, R. Höss, Dienstleistungszeugnis, May 7, 1943. See also Schulte, *Zwangsarbeit*, 464; APMO, Dpr - ZO, 29/2, LG Frankfurt, Urteil, September 16, 1966; Lasik, "Organizational," 230.

32. Broszat, *Kommandant*, 171, 202 - 204, 210; StANü, G. Rammler report, January 30, 1946, ND: NO - 1200, p. 3; Fernsprechverzeichnis, January 15, 1945, in Tuchel, *Inspektion*, 204 - 207.

33. BArchB (ehem. BDC), SSO, Kaindl, Anton, July 14, 1902, Dienstlaufbahn; Buggeln, *Arbeit*, 116.

34. 例子参见 *OdT*, vol. 6, 66 - 69。

35. MacLean, *Camp*, 286.

36. Kaienburg, *Wirtschaft*, quote on 1047 - 48; Orth, *SS*, 210 - 11. 有关波尔招聘政策的概述，参见 Allen, *Business*。

37. Eicke order for Lichtenburg, June 2, 1934, *NCC*, doc. 148.

38. Wildt, *Generation*, especially page 861. 海德里希所用的"战斗的行政机构"一词，参见 ibid., 858。

39. Schwarz, *Frau*, 251 - 53.

40. BArchB, Film 44564, Vernehmung O. Pohl, February 5, 1947, quote on 3; testimony O. Pohl, June 3, 1946, in Mendelsohn, *Holocaust*, vol. 17, 45.

41. Cf. Kaienburg, *Wirtschaft*, 410 - 12.

42. 利布兴切尔、洛林和凯因德尔的任命，参见 BArchB (ehem. BDC), SSO, Kaindl, Anton, 14.7.1902, WVHA - A to Chef des SS - Personalhauptamtes, March 16, 1942。凯因德尔从 1941 年 10 月 1 日开始在 IKL 担任管理处主任，利布兴切尔从 1940 年 5 月 1 日起成为参谋长，洛林从 1941 年 6 月 1 日起成为主任医生。

43. Quote in IfZ, Himmler to Pohl, May 29, 1942, ND: NO - 719.

44. Affidavit G. Maurer, May 22, 1947, *TWC*, vol. 5, 602; testimony O. Pohl, 1947, in ibid., 430.

45. APMO, Proces Maurer, 5a, Bl. 115 - 16: EE by H. Pister, March 3, 1947, ND: NO - 2327; BArchB, Film 44840, Vernehmung G. Maurer, March

20, 1947, pp. 22 - 24.

46. Judgment of the U. S. Military Tribunal, November 3, 1947, *TWC*, vol. 5, 993, 1022; BArchB, Film 44840, Vernehmung G. Maurer, March 18, 1947, p. 13; StANü, G. Rammler report, January 30, 1946, ND: NO - 1200, p. 10.

47. 相关历史传记，参见 Paul, "Psychopathen," esp. 13 - 37。

48. Himmler to Pohl, March 5, 1943, in Heiber, *Reichsführer!*, 245 - 47, quote on 246.

49. 波尔分别在 1942 年 4 月初（第 6 章）、1942 年 9 月 23 日（第 7 章）、1943 年 8 月 17 日（USHMM, RG - 11.001M. 03, reel 20, folder 26, Besuch des Hauptamtschefs, August 17, 1943）和 1944 年 6 月 16 日（ibid., RG - 11.001M. 03, reel 19, folder 21, Aktenvermerk, Besuch des Hauptamtschefs, June 20, 1944）前往奥斯维辛视察工作。

50. IfZ, F 13/6, Bl. 343 - 54: R. Höss, "Oswald Pohl," November 1946, quote on 352.

51. BArchB (ehem. BDC), SSO, Glücks, Richard, 22.4.1889, Dienstlaufbahn. 没有任何证据表明波尔和格吕克斯之间的关系紧张。

52. 此前许多计划是由波尔当时的外部机器制订的，即便 IKL 劳动办公室在 1941 年秋天成立后也是如此。IKL 的行政管理结构，参见 Tuchel, *Konzentrationslager*, 231。

53. 劳工行动的代表 Burböck 在 1942 年春天被解雇，然后离开了集中营党卫队。至于毛雷尔，他在 1945 年 1 ~ 3 月被借调去负责 V2 火箭的生产，那期间 D - Ⅱ部由汉斯 · 莫泽主管。参见 Schulte, *Zwangsarbeit*, 389 - 90, 464, 472 - 73。

54. Allen, *Business*, especially pages 13, 24 - 26, 32.

55. BArchB (ehem. BDC), SSO, Maurer, Gerhard, 9.12.1907; ibid., Film 44840, Vernehmung G. Maurer, March 13, 1947, pp. 1 - 3.

56. BArchB, Film 44563, Vernehmung O. Pohl, October 7, 1946, p. 18; ibid., Film 44840, Vernehmung G. Maurer, May 13, 1947 (pp. 6 - 7) and June 19, 1947 (p. 5); IfZ, F 13/6, Bl. 355 - 58: R. Höss, "Gerhard Maurer," November 1946.

57. Buggeln, *Arbeit*, 109 - 10; Wagner, *Produktion*, 292 - 96; Lasik, "Organizational," 216 - 17; Strebel, *Ravensbrück*, 201; BArchB, NS 3/391,

Bl. 4－22：Aufgabengebiete in einem KL，n. d.（1942），Bl. 19－20；ibid.，Film 44840，Vernehmung G. Maurer，March 20，1947，pp. 24－25. 劳动行动的领导者——通常是各自领域的专家，从一个集中营迁到另一个——1942 年充分融入了集中营的组织机构。他们负责工作部署的新办公室（Ⅲ/E 或者Ⅲa）名义上属于Ⅲ部（集中营综合部），实际上是独立的，向指挥官或直接向毛雷尔的部门汇报。这些办公室负责本地强制劳动的方方面面，包括囚犯小队的组建和运送、监督党卫队官员和审头的工作、建立新的工作点。

58. NAL，HW 16/21，GPD Nr. 3，WVHA－D to KL Auschwitz，October 27，1942. 1942 年 10 月 28 日的会议，参见 Müller，"Speer，" 448。

59. BArchB，Film 44837，Vernehmung A. Liebehenschel，October 7，1946，quote on 11；StANü，EE by K. Sommer，April 4，1947，ND：NO－2739；BArchL，B 162/7998，Bl. 623－44：Vernehmung J. Otto，April 1，1970，Bl. 632；IfZ，F 13/6，Bl. 355－58：R. Höss，"Gerhard Maurer，" November 1946；Schulte，*Zwangsarbeit*，390；Allen，*Business*，183.

60. IfZ，F 13/6，Bl. 343－54：R. Höss，"Oswald Pohl，" quote on 353.

61. BArchB，NS 3/425，WVHA－D to LK，May 6，1942. 这封信由利布兴切尔起草，格吕克斯签字，不过鉴于波尔当时参与集中营事务的程度，他必定牵扯其中。

62. LG Cologne，Urteil，April 20，1970，*JNV*，vol. 33，640，643. 概述参见 Hördler，"Ordnung，" 51，137。

63. 1942 年 5 月，希姆莱下令 30 岁以下的党卫队领导应该从集中营转到前线（集中营营区负责人除外）；NAL，HW 16/18，GPD Nr. 3，May 13，1942。概述参见 Sydnor，*Soldiers*，208－35；Broszat，*Kommandant*，276。

64. Trouvé，"Bugdalle，" 37－41；LG Bonn，Urteil，February 6，1959，*JNV*，vol. 15，422.

65. 大多数变化都被写入了波尔 1942 年 7 月 28 日给希姆莱的一封信中（*TWC*，vol. 5，303－306，ND：NO－1994），波尔在信里把辛泽特特别营列作了党卫队第 15 座集中营（它的指挥官并没有改变）。这个计划后来有几处做了修改。信中，波尔还指定凯因德尔去达豪，魏斯去萨克森豪森，不过他后来撤回了这道命令。此外，波尔最初想把汉斯·许蒂希（Hans Hüttig）派去弗洛森比格当指挥官，但后者留在了挪威为党卫队服役（1942 年 1 月他离开挪威去纳茨维勒当指挥官；*OdT*，vol. 6，36）。结果，弗洛森比格集中营营区负责人弗里奇临时代理指挥官一职，直到齐尔 1942 年 10 月接到任命（*OdT*, vol. 4, 38）。希姆莱赞同波尔的提议，详情参见 BArchB (ehem. BDC), SSO, Koch, Karl, 2. 8. 1897, Stab Reichsführer SS to Pohl, August 13, 1942。概述参见 Orth, *SS*, 213 - 14。

66. BArchB, Film 44563, Vernehmung O. Pohl, October 28, 1946, quotes on 10 - 11.

67. 例子参见 Orth, *SS*, 205 - 206, 210, 250。

68. 克拉默的情况，参见 Orth, *SS*, 103 - 104, 137; Segev, *Soldiers*, 67 - 73。

69. Orth, *SS*, 157, 211, 214. 另外几位在骷髅师服役过的战时指挥官是约翰内斯·哈塞布勒克、弗里德里希·哈迪恩史泰（Friedrich Hartjenstein）、亚当·格吕内瓦尔德和里夏德·贝尔。

70. BArchB (ehem. BDC), SSO, Kaindl, Anton, 14. 7. 1902; Pohl to Himmler, July 28, 1942, *TWC*, vol. 5, 305, ND: NO - 1994; Sydnor, *Soldiers*, 50.

71. 此次人事变动和集中营功能改变之间的联系可见 Orth, *SS*, 206。但是，这次裁撤的动机不能只归因于经济上的再定位。比如，像汉斯·洛里茨这样的人——在党卫队圈子里一般被视为能干的管理者——会保住自己的职位，如果没有被卷入令人尴尬的腐败丑闻。

72. BArchB (ehem. BDC), SSO, Künstler, Karl, 12. 1. 1901; Tuchel, "Kommandanten des Konzentrationslagers Flossenbürg," 207 - 209. 金斯特勒被送到武装党卫队师团的欧根亲王号重巡洋舰上，据说 1945 年 4 月遇害。

73. 例子参见 Tuchel, "Kommandanten des Konzentrationslagers Flossenbürg," 214; idem, "Kommandanten des KZ Dachau," 345 - 49。

74. Orth, *SS*, 211 - 13, 219 - 20; Sprenger, *Groβ - Rosen*, 93 - 94.

75. 参见第 7 章。

76. BArchB (ehem. BDC), SSO, Kaindl, Anton, 14. 7. 1902. 祖伦、霍佩、克拉默等其他新指挥官，参见 Orth, *SS*, 103 - 104, 115 - 24, 144 - 45, 157, 215 - 16; Strebel, *Ravensbrück*, 59。

77. 如果经济因素是决定性因素，波尔会在和希姆莱的沟通中更多提到这一点；Pohl to Himmler, July 28, 1942, *TWC*, vol. 5, 303 - 306, ND: NO - 1994。

78. See also Orth, *SS*, 253.

79. 有关殖民地和城市的执着梦想，参见 Himmler to Kaltenbrunner, July 21, 1944, in Heiber, *Reichsführer!*, 343 - 45; Kershaw, *Nemesis*, 777 - 78。

80. StANü, K. - O. Saur, Niederschrift über Besprechung, March 17, 1942, ND: NO - 569.

81. Pohl to Himmler, April 30, 1942, *IMT*, vol. 38, ND: 129 - R.

82. Quotes in APMO, Proces Maurer, 8a, Bl. 137 - 38: Himmler to Pohl, July 7, 1942, ND: NO - 598; BArchB, NS 19/14, Bl. 131 - 33: Pohl to Himmler, September 16, 1942. See also Kaienburg, *Wirtschaft*, 498 - 99.

83. StANü, K. - O. Saur, Niederschrift über Besprechung, March 17, 1942, ND: NO - 569; BArchB, NS 19/14, Bl. 131 - 33: Pohl to Himmler, September 16, 1942; Buggeln, *System*, 15 - 22; Naasner, *Machtzentren*, 302 - 303.

84. *OdT*, vol. 7, 107 - 30, quote on 108. 简单的调查，参见 Orth, *System*, 169 - 71; Megargee, *Encyclopedia*, vol. 1/A, 198 - 201; Kaienburg, "*Vernichtung*," 236。概述参见 Mommsen and Grieger, *Volkswagenwerk*; Siegfried, *Leben*。文献中记载，集中营的关闭跟施佩尔在 9 月中旬的决定有关。但这个决定显然早就做出了（Pohl to Himmler, July 28, 1942, *TWC*, vol. 5, 303 - 306, ND: NO - 1994）。

85. BArchB, NS 19/14, Bl. 131 - 33: Pohl to Himmler, September 16, 1942, quote on 131.

86. APMO, Proces Maurer, 8a, Bl. 137 - 38: Himmler to Pohl, July 7, 1942, ND: NO - 598; Kaienburg, *Wirtschaft*, 498 - 99; Schulte, *Zwangsarbeit*, 214 - 16.

87. Himmler to Pohl, March 5, 1943, in Heiber, *Reichsführer!*, 245 - 47. 1943 年 6 月 17 日，希特勒和希姆莱讨论认为，武器生产需要 14 万名集中营囚犯；BArchB, Film 4141, Vortrag beim Führer, June 17, 1943。

88. *OdT*, vol. 4, 40 - 42, 48; Kaienburg, *Wirtschaft*, 618 - 22; BArchB, Film 44563, Vernehmung O. Pohl, July 31, 1946, p. 6, ND: NI - 389. 德国土地与采石公司在其他集中营的军备生产，参见 *OdT*, vol. 4, 374, 392 - 94; Perz, "Arbeitseinsatz," 541 - 43; Schulte, *Zwangsarbeit*, 228 - 29。

89. Rede bei der SS Gruppenführertagung in Posen, October 4, 1943, *IMT*, vol. 29, ND: 1919 - PS, quote on 144 - 145.

90. Schulte, *Zwangsarbeit*, 221 - 32; Kaienburg, *Wirtschaft*, 687 - 88; Allen, *Business*, 240 - 42; NAL, HW 16/21, GPD Nr. 3, Maurer to KL Mauthausen, October 6, 1942.

91. APMO, Proces Maurer, 10, Bl. 50 - 52: Pohl to Brandt, April 19, 1943.

92. Schulte, *Zwangsarbeit*, 216 - 18; Kaienburg, *Vernichtung*, 239 - 42; Strebel, *Ravensbrück*, 384 - 418.

93. Kaienburg, *Wirtschaft*, 28, 1035, quote on 500; Naasner, *Machtzentren*, 302, 306 - 307; Kroener et al., "Zusammenfassung," 1010 - 11.

94. Buggeln, *Arbeit*, 38.

95. BArchB, NS 19/14, Bl. 131 - 33: Pohl to Himmler, September 16, 1942; protocol conference Hitler - Speer, September 20 - 22, 1942, in Boelcke, *Rüstung*, 187 - 88; Naasner, *Machtzentren*, 303 - 306, 452; Schulte, *Zwangsarbeit*, 218 - 21. 作为小小的好处，党卫队军队得到了一小部分由囚犯生产的武器。

96. Kaienburg, *Wirtschaft*, 434 - 36; idem, "*Vernichtung*," 243; Schulte, *Zwangsarbeit*, 212 - 13. 其他产业和党卫队建立的早期合资企业，参见 *OdT*, vol. 3, 205 - 206; *OdT*, vol. 4, 437 - 40。

97. Fröbe, "KZ - Häftlinge," 640, 668 - 69; Orth, *System*, 180; Buggeln, *Arbeit*, 42; idem, *System*, 18 - 19, 54; Schalm, *Überleben*, 72 - 74.

98. Werner, *Kriegswirtschaft*, 168 - 90; Schalm, *Überleben*, 80, 95 - 98; *OdT*, vol. 2, 425 - 30.

99. Buggeln, *System*, 57 - 61; Orth, *System*, 175 - 79; *OdT*, vol. 3, 245 - 48. 详细的记录，参见 Budraß, "Schritt"。

100. Schröder, "Konzentrationslager," 52 - 63; Megargee, *Encyclopedia*, vol. 1/B, 1143 - 45; Fröbe, "KZ - Häftlinge," 664; Buggeln, *Arbeit*, 71 - 74.

101. Fings, *Krieg*, 48 - 68, 84 - 103, 94 - 98, 188. 拆弹小分队，参见 Wachsmann, *Prisons*, 232; IfZ, RSHA, AE, 2. Teil, Runderlaß Chef Sipo und SD, September 25, 1940; AdsD, KE, E. Büge, Bericht, n. d. (1945 - 46), 197, 203, 205。

102. Buggeln, *Arbeit*, 42; idem, *System*, 53; Orth, *System*, 180; StANü, Pohl to Himmler, September 30, 1943, Anlage, ND: PS - 1469.

103. *OdT*, vol. 1, quote on 189; Fröbe, "KZ – Häftlinge," 667 – 69; Schulte, *Zwangsarbeit*, 394, 397.

104. Pohl to LK et al., April 30, 1942, *IMT*, vol. 38, 365 – 67, ND: 129 – R; BArchB, Film 44564, EE by O. Pohl, March 21, 1947; IfZ, Maurer to LK, November 21, 1942, ND: PS – 3685. 极少情况下，本地指挥官依然可以自己做主进行交易。

105. BArchB, Film 44840, Vernehmung G. Maurer, August 12, 1947, pp. 1 – 3; extract testimony of Sommer, June 30 to July 2, 1947, *TWC*, vol. 5, 595 – 96; BStU, MfS HA IX/11 ZUV 4, Bd. 24, Bl. 235 – 51: Vernehmung P. Rose, December 10, 1946.

106. Orth, *System*, 181.

107. StANü, WVHA – D II, Häftlingssätze, February 24, 1944, ND: NO – 576.

108. Kaienburg, *Wirtschaft*, 29 – 30, 1078; Naasner, *Machtzentren*, 399 – 402; BArchB, Film 44840, Vernehmung G. Maurer, March 18, 1947, pp. 18 – 19; StANü, EE by K. Sommer, January 22, 1947, ND: NO – 1578, p. 5.

109. See also Kaienburg, "*Vernichtung*," 236 – 47.

110. Buggeln, "Slaves?" 修正主义的观点，参见 Spoerer and Fleischhacker, "Forced Laborers," 176; Sofsky, *Ordnung*, 193 – 99。

111. Kupfer – Koberwitz, *Tagebücher*, quote on 75. 概述参见 Buggeln, "Slaves?," 103。

112. BArchB, NS 19/2065, Bl. 36 – 37: Himmler to Pohl, March 23, 1942.

113. Quotes in Schulte, *Zwangsarbeit*, 351.

114. BArchB, NS 19/2065, Bl. 36 – 37: Himmler to Pohl, March 23, 1942.

115. BArchB, NS 4/Na 6, Bl. 9 – 10: Glücks to LK, February 12, 1942; IfZ, Maurer to LK, June 24, 1942, ND: PS – 3685; Kaienburg, "*Vernichtung*," 326 – 27; Wagner, *Ellrich*, 62.

116. *OdT*, vol. 4, 43; Kaienburg, *Wirtschaft*, 432. 也可参见第 4 章。

117. BArchB, NS 19/2065, Bl. 36 – 37: Himmler to Pohl, March 23, 1942.

118. Sommer, *KZ – Bordell*, 112 – 14.

119. Himmler to Pohl, March 5, 1943, in Heiber, *Reichsführer!*, 245 – 47; IfZ, F 37/2, Himmler diary, entry February 26, 1943.

120. Quotes in IfZ, O. Pohl, DV für Gewährung von Vergünstigungen, May 15, 1943 (extracts), ND: NO – 400. See also Strebel, *Ravensbrück*, 198; Sommer, *KZ – Bordell*, 76 – 80.

121. Wachsmann, *Prisons*, 95.

122. Wagner, *IG Auschwitz*, 221.

123. Buggeln, *Arbeit*, 302; Sommer, *KZ – Bordell*, 81.

124. Wagner, *IG Auschwitz*, 221.

125. ITS, KL Flossenbürg GCC 5/88, Ordner 87, Aufstellung der ausbezahlten Häftlingsprämien, September 4, 1943; extracts testimony of Sommer, June 30 to July 2, 1947, *TWC*, vol. 5, 598; Kaienburg, "*Vernichtung*," 406 – 409; Sommer, *KZ – Bordell*, 84; Sprenger, *Groß – Rosen*, 181 – 82; KB Nr. 6/44, April 22, 1944, in Frei et al., *Kommandanturbefehle*, 439.

126. WL, P. III. b. No. 1164, N. Rosenberg, "Zwangsarbeiter für Siemens – Schuckert," January 1960.

127. Himmler to Pohl, March 5, 1943, in Heiber, *Reichsführer!*, quote on 246; Sommer, *KZ – Bordell*, 78, 80, 161 – 65; BArchB, NS 3/426, Bl. 84: WVHA – D to LK, June 15, 1943.

128. Borowski, "Auschwitz," 122. See also Sommer, *KZ – Bordell*, 174 – 89; Hughes, "Forced Prostitution," 204 – 205.

129. Sommer, *KZ – Bordell*, 81 – 82, 126, 174, 239, 242 – 44, 251; Hughes, "Forced Prostitution," 209; Gross, *Zweitausend*, 207 – 208; Wagner, *Produktion*, 418. 一些重要的集中营（包括马伊达内克和格罗斯 – 罗森集中营）从没设过妓院。不同于一些说法，党卫队没有明确的系统性政策，通过把同性恋者送入集中营妓院来"治疗"他们；Sommer, *KZ – Bordell*, 250 – 51。

130. Quotes in APMO, Proces Maurer, 5a, Bl. 150: Dr. Rascher, Bericht über KL – Dirnen, November 5, 1942, ND: NO – 323; LULVR, interview No. 239, March 20, 1946. See also Sommer, *KZ – Bordell*, 101, 107 – 108, 234 – 37, 259 – 60, 278.

131. Sommer, *KZ – Bordell*, 77, 83; Weiss – Rüthel, *Nacht*, 143.

132. 欧维哈什科在集中营里幸存了下来；Gedenkstätte Sachsenhausen,

Gegen das Vergessen（CD-Rom）。

133. NMGB, *Buchenwald*, 699 - 700.

134. 估算是基于 Schulte, "London"; *OdT*, vol. 3, 29; ibid., vol. 4, 45; ibid., vol. 6, 513; ibid., vol. 7, 48 - 49, 190 - 91; ibid., vol. 8, 25, 103 - 104, 134; NMGB, *Buchenwald*, 699 - 700; StANü, Pohl to Himmler, September 30, 1943, Anlage, ND: PS - 1469; Maršálek, *Mauthausen*, 126; Strebel, *Ravensbrück*, 182, 293, 349; KZ - Gedenkstätte Neuengamme, *Ausstellungen*, 22; Steegmann, *Struthof*, 50, 64; Sprenger, *Groß - Rosen*, 168 - 71, 225; DaA, ITS, Vorläufige Ermittlung der Lagerstärke（1971）; Koker, *Edge*, 301（n. 556）; Czech, *Kalendarium*, 691; Kaienburg, *Neuengamme*, 315; Dieckmann, *Besatzungspolitik*, vol. 2, 1317; Stiftung, *Bergen - Belsen*, 163。波尔在 1943 年 9 月发给希姆莱的综合数据需要谨慎看待，特别是 1942 年底的部分，明显太低了（也可见 Kárný "'Vernichtung,'" 143）。

135. 党卫队辛泽特特别营不包括在此。

136. Pohl to Himmler, April 30, 1942, *IMT*, vol. 38, 363 - 65, ND: R - 129.

137. 被遣送的犹太人数量从大约 19.7 万人（1942 年）增长到 27 万人（1943 年）; Piper, *Zahl*, table D。

138. Picker, *Tischgespräche*, 474.

139. Quotes in Hillgruber, *Staatsmänner*, vol. 1, 611; Jochmann, *Monologe*, 126; Picker, *Tischgespräche*, 282 - 83, 617; Fröhlich, *Tagebücher*, II/4, May 30, 1942, 405.

140. 这个讲话由戈培尔记录; Fröhlich, *Tagebücher*, II/4, May 24, 1942, 361。

141. Wagner, *Volksgemeinschaft*, 316 - 29, 338 - 43; Roth, "Kriminalpolizei," 326 - 28, 341 - 47; Strebel, *Ravensbrück*, 117 - 21; Longerich, *Himmler*, 658.

142. Zimmermann, "Entscheidung"; Fings, "'Wannsee - Konferenz'"; Czech, *Kalendarium*, 423.

143. LHASA, MD, Rep. C 29 Anh. 2, Nr. Z 98/1, Bl. 27: Bürgermeister Quedlinburg, Umzugs - Abmeldebestätigung, March 1, 1943; SMAB, *Memorial Book*, 7.

144. 此段和前一段，参见 Rede bei der SS Gruppenführertagung in Posen, October 4, 1943, *IMT*, vol. 29, ND: 1919 - PS, Himmler quote on 133; Spoerer,

Zwangsarbeit, 37 – 39, 50, 66, 80, 89, 93 – 95, 116 – 44, 179; Herbert, *Fremdarbeiter*, 246, 301 –306。See also Gellately, *Gestapo*, 226 –27; Wachsmann, *Prisons*, 225 – 26; Kárný, "Waffen – SS," 257; Buggeln, *System*, 46; Wildt, "Funktionswandel," 85. 盖世太保集中营，参见 Lotfi, *KZ*; Thalhofer, *Entgrenzung*。

145. Walter, "Kinder," 185 – 86; Spoerer, *Zwangsarbeit*, 79; Spoerer and Fleischhacker, "Forced Laborers," 199, table 9; BArchB, NS 3/426, Bl. 29: WVHA – D to LK, February 2, 1943; ibid., Bl. 30: RSHA, Richtlinien, January 29, 1943. 概述参见 Steinert, *Deportation*。

146. Zarusky, "'Russen,'" 127.

147. Kupfer – Koberwitz, *Tagebücher*, 101.

148. Longerich, *Himmler*, 672 – 82; Wachsmann, *Prisons*, 271 – 74; Tillion, *Ravensbrück*, 192 – 97; Nacht-und Nebel – Erlaβ, August 4, 1942, extract in Schnabel, *Macht*, 157 –58.

149. Schulte, "London," 220 – 22; Stein, "Funktionswandel," 179. 相反，在毛特豪森，直到 1944 年才有大批外国囚犯进入；Kranebitter, "Zahlen," 137。

150. IfZ, Himmler to Pohl, May 29, 1942, ND: NO –719.

151. 例子参见 Glücks to Lagerärzte, December 28, 1942, in NMGB, *Buchenwald*, 257 –58。

152. 此段和前两段，参见 Wachsmann, *Prisons*, 208 – 17, 223 – 26, 284 –98, 392 –93, quote on 285; StANü, Pohl to Himmler, September 30, 1943, Anlage, ND: PS – 1469; Jochmann, *Monologe*, 271 –72。

153. Marszałek, *Majdanek*, 71, 167; Czech, *Kalendarium*, 386 –87, 395 – 96; Wachsmann, *Prisons*, 200 –201, 325.

154. Himmler to all Hauptamtschefs, December 29, 1942, in Heiber, *Reichsführer!*, 218 –20; Kershaw, *Nemesis*, 538 –50.

155. Reference to Pohl's letter in BArchB, NS 3/426, Bl. 13: Chef Sipo und SD to Pohl, December 31, 1942. 概述参见 BStU, MfS HA IX/11 ZUV 4/23, Bl. 320 –46: Vernehmungsprotokoll A. Kaindl, September 16, 1946, Bl. 322。

156. Witte et al., *Dienstkalender*, 643; Himmler to Pohl, December 15, 1942, in Heiber, *Reichsführer!*, 216.

157. 这个命令尤其针对波兰反抗者，参见 Himmler to Pohl, mid - December 1942, in Pilichowski et al., *Obozy*, ill. 135 - 36; Kaienburg, "*Vernichtung*," 304。

158. USHMM, RG - 11.001M. 05, reel 75, 504 - 2 - 8, Müller to Befehlshaber der Sipo et al., December 17, 1942, underlined in the original.

159. Müller to Himmler, December 16, 1942, *IMT*, vol. 27, 251 - 53, ND: 1472 - PS.

160. USHMM, RG - 11.001M. 05, reel 75, 504 - 2 - 8, Müller to Befehlshaber der Sipo et al., December 17, 1942.

161. Himmler to HSSPF in Russia et al., January 6, 1943, in Heiber, *Reichsführer!*, quote on 225; Himmler to Oberg, January 18, 1943, ibid., quote on 223; Himmler to Krüger, January 1943, *TWC*, vol. 5, 618 - 19; Longerich, *Himmler*, 669 - 71, 678 - 80.

162. Schulte, "London," 223; Piper, *Zahl*, table D.

163. 比如苏联来的外国劳工只有在特例情况下才能被释放；BA Berlin, NS 3/426, Bl. 41: WVHA - D to LK, February 26, 1943。

164. StANü, Pohl to Himmler, September 30, 1943, Anlage, ND: PS - 1469.

165. BArchB, NS 3/426, Bl. 13: Chef Sipo und SD to Pohl, December 31, 1942.

166. Glücks to Lagerärzte, December 28, 1942, in NMGB, *Buchenwald*, 257 - 58. See also Himmler to Pohl, mid - December 1942, in Pilichowski et al., *Obozy*, ill. 135 - 36; IfZ, Dienstanweisung für SlF E, November 7, 1941, ND: PS - 3685; BArchB, DO 1/32593, WVHA - D to LK, December 2, 1942.

167. BArchB, NS 3/426, Bl. 14: Glücks to LK, January 20, 1943; Himmler to Pohl, mid - December 1942, in Pilichowski et al., *Obozy*, ill. 135 - 36.

168. APMO, IZ - 13/89, Bl. 168 - 72: Pohl to LK, October 26, 1943.

169. Ibid.

170. Pohl, "Zwangsarbeiterlager," 425; Spoerer, *Zwangsarbeit*, 97 - 99.

171. Himmler to Pohl, mid - December 1942, in Pilichowski et al., *Obozy*, ill. 135 - 36; Buggeln, *Arbeit*, 131.

172. Himmler to Pohl, December 15, 1942, in Heiber, *Reichsführer!*, 216.

173. Quotes in APMO, IZ – 13/89, Bl. 168 – 72: Pohl to LK, October 26, 1943. See also Kaienburg, "*Vernichtung*," 318 – 19, 352; idem, "Systematisierung," 66 (n. 25).

174. BArchB, NS 3/425, Bl. 118: Himmler to RSHA and WVHA – D, October 29, 1942. 尽管希姆莱的命令仅限于亲属，但红十字会很快也开始寄包裹；Favez, *Red*, 69 – 71, 94 – 99。

175. Quotes in Laqueur, *Schreiben*, 48; NAL, WO 235/305, Bl. 135 – 42: Examination of H. Dziedziecka, December 10, 1946, Bl. 137. See also Helweg – Larsen et al., *Famine*, 47 – 48, 98, 141, 351; Kosmala, "Häftlinge," 108.

176. 其中一种估计，参见 Wagner, *Produktion*, 464 – 65。

177. *OdT*, vol. 7, 66; Favez, *Red*, 70, 75; Strebel, *Ravensbrück*, 196; Mettbach, Behringer, "*Wer*," 37.

178. Kupfer – Koberwitz, *Tagebücher*, 344 – 45, entry August 9, 1944.

179. Buggeln, *Arbeit*, 132 – 35; Kaienburg, "*Vernichtung*," 317 – 18; Kaienburg, *Wirtschaft*, 949. 国家的常规囚犯也遵循同样的规定，但是截至 1942 年，只有不到三分之一的囚犯获得了额外的配额；ThHStAW, GStA OLG Jena, Nr. 430: Arbeitstagung am 30. 6 und 1. 7. 1942, Bl. 258。

180. Himmler to Pohl, mid – December 1942, in Pilichowski et al., *Obozy*, ill. 135 – 36.

181. See also Keller and Otto, "Kriegsgefangene," 31 – 32.

182. 参见第 7 章。

183. StANü, WVHA to LK, April 27, 1943, ND: NO – 1007. 希姆莱干涉之后，14f13 行动在一些集中营里依然延续成风。战后，拉文斯布吕克集中营医生作证，一名来自柏林的医生挑出有"精神障碍"的囚犯，然后送去哈特海姆的毒气室；Strebel, *Ravensbrück*, 337。

184. Glücks to Lagerärzte, December 28, 1942, in NMGB, *Buchenwald*, 257 – 58.

185. Ley and Morsch, *Medizin*, 69, 100; Ley, "Kollaboration," 123, 126, 132; Hahn, *Grawitz*, 160（大约在 1941 年，党卫队医疗实践发生了改变）; Strzelecka, "Hospitals," 314, 320, 328; Kaienburg, "*Vernichtung*,"

372 – 75；Wagner，*Produktion*，298。

186. Kaienburg，“*Vernichtung*，” 323 – 24.

187. Quote in Hohmann and Wieland，*Konzentrationslager*，39.

188. Maršálek，*Mauthausen*，160 – 66；Kaienburg，“*Vernichtung*，” 374.

189. APMO，Proces Höss，Hd 6，Bl. 51 – 62：O. Wolken，“Chronik Auschwitz II（B II a），” n. d.（c. spring 1945），Bl. 53. 把其他集中营里得病的囚犯送到奥斯维辛，这种做法出现在 1942 年秋天或之前；NAL，HW 16/66，“II. Concentration Camps，” November 27，1942；AdsD，KE，E. Büge，Bericht，n. d.（1945/46），143。

190. Kaienburg，“*Vernichtung*，” 327 – 28；APMO，IZ – 13/89，Bl. 168 – 72：Pohl to LK，October 26，1943；Zámečník，*Dachau*，251；BStU，MfS HA IX/11，ZUV 4，Akte 23，Vernehmungsprotokoll A. Kaindl，August 20，1946，Bl. 246；BArchB，NS 3/426，Bl. 16：Glücks to LK，January 20，1943；KB Nr. 4/44，February 22，1944，in Frei et al.，*Kommandanturbefehle*，412 – 13.

191. BArchB，NS 3/426，Bl. 121：WVHA – D to LK，July 27，1943；ibid.，Bl. 122 – 28：Aufgaben und Pflichten der Wachposten，n. d.（1943），Bl. 125；Sprenger，*Groß – Rosen*，179 – 80.

192. Wagner，*IG Auschwitz*，223；*OdT*，vol. 3，349；Gedenkstätte Buchenwald，*Buchenwald*，58 – 59.

193. Bessmann and Buggeln，“Befehlsgeber，” 530.

194. 编史参见 Schulte，*Zwangsarbeit*，395 – 96（n. 79）。

195. Maurer to LK，June 7，1942，in Schnabel，*Macht*，doc. D 69.

196. Gustloff – Werke to LK Buchenwald，June 16，1942，in Schnabel，*Macht*，doc. D 72.

197. Pohl to LK，November 22，1943，*TWC*，vol. 5，370 – 72，原稿中有重点标注（印刷版中被错记成 1 月 22 日）。See also Wagner，*Produktion*，381.

198. StANü，Pohl to Himmler，September 30，1943，Anlage，ND：PS – 1469；ibid.，Himmler to Pohl，October 8，1943.

199. Broszat，“Konzentrationslager，” 438，443；Pingel，*Häftlinge*，183.

200. Kárný “‘Vernichtung.’” 概述参见 Orth，*System*，219 – 20（不过，奥尔特自己通过 Broszat 和 Pingel 的著作，间接使用了波尔报告中的数据；ibid.，217，n. 208；219，n. 219）；Piper，*Zahl*，160；Kagan，“Standesamt，”

155; BArchB, NS 4/Na 6, Bl. 29: WVHA – D to LK, September 20, 1943。

201. Kárný 认为波尔的数据掩盖了相对死亡数量上涨的事实; "'Vernichtung,'" 145。

202. Buggeln, *Arbeit*, 41 – 42; idem, *System*, 72.

203. Piper, *Zahl*, 158 – 62.

204. Langbein, *Menschen*, 74. See also Piper, "Exploitation," 134; Hayes, "Auschwitz," 336; Pilecki, *Auschwitz*, quote on 278.

205. StANü, Pohl to Himmler, September 30, 1943, Anlage, ND: PS – 1469.

206. Strebel, *Ravensbrück*, 524; *OdT*, vol. 4, 44 – 46; Freund, "Mauthausen," 261; Kranebitter, *Zahlen*.

207. Wachsmann, *Prisons*, 288 – 98; Pingel, *Häftlinge*, 186.

208. See also Buggeln, *Arbeit*, 42.

209. Quote in HLSL, Rascher to Himmler, April 5, 1942, ND: 1971 – PS-a. See also Ebbinghaus, Roth, "Medizinverbrechen," 127 – 31; Knoll, "Humanexperimente"; Klee, *Auschwitz*, 220; Weindling, *Victims*, chapter 9; Rascher to Himmler, May 15, 1941, ND: 1602 – PS, in Mitscherlich and Mielke, *Medizin*, 20 – 21. 感谢 Albert Knoll 帮我找出并确认了西格蒙德·瓦萨。

210. HLSL, Himmler to Rascher, April 13, 1942, ND: 1971 – PS-b; BArchL, B 162/21846, Bl. 167 – 254: W. Neff, "Recht oder Unrecht," n. d. , Bl. 222 – 23; Witte et al. , *Dienstkalender*, 414; BArchB, Film 44563, O. Pohl, "Medizinische Versuche," July 23, 1946, p. 2.

211. Schmidt, *Brandt*, 257 – 96, quote on 294; Weindling, *Victims*, table 9 (感谢 Weindling 教授与我分享他的原稿)。关于医学实验的不同分类, 参见 *OdT*, vol. 1, 167; Freyhofer, *Medical Trial*。

212. *OdT*, vol. 1, 165 – 67; Cocks, "Old as New," 178 – 79; Roelcke, "Introduction," 14.

213. Benz, "Rascher," 193 – 96; Danckwortt, "Wissenschaft," 140 – 41.

214. Stoll, "Sonntag," 920 – 24; Ley and Morsch, *Medizin*, 329 – 35.

215. Weindling, *Victims*, tables 6 and 7.

216. NAL, HW 16/22, GPD Nr. 3, November 26, 1942.

217. Quote in Stoll, “Sonntag,” 924.

218. 这些术语，参见 Klee, *Auschwitz*, 380; Sachse, “Menschenversuche,” 7; Tillion, *Ravensbrück*, 182; NARA, RG 549, 000 – 50 – 9, Box 437, Nebe to Mrugowsky, February 29, 1944。

219. Hahn, *Grawitz*, 460; Schmidt, *Brandt*, 256 – 57.

220. Pohl to Brandt, August 16, 1943, in Heiber, *Reichsführer!*, 284.

221. Benz, “Rascher,” 192.

222. Kater, “*Ahnenerbe*,” 255 – 57; Hahn, *Grawitz*, 401 – 402.

223. Hahn, *Grawitz*, 225, 280 – 83, 372 – 75, 403 – 404.

224. Himmler to Rascher, October 24, 1942, in Heiber, *Reichsführer!*, 205 – 206; Benz, “Rascher,” 204; Schmidt, “Medical Ethics,” 601 – 602; Wolters, *Tuberkulose*, 94 – 100.

225. 此段和前一段，参见 Benz, “Rascher,” 191 – 210。See also Hahn, *Grawitz*, 60 – 61.

226. 此段和前一段，参见 Ebbinghaus and Roth, “Medizinverbrechen,” 136 – 46, Michalowski quote on 142; StAMü, StA Nr. 34433, Bl. 115 – 16: Vernehmungsniederschrift G. Tauber, August 17, 1948, Polish prisoner quote on 115; BArchL, B 162/21846, Bl. 167 – 254: W. Neff, “Recht oder Unrecht,” n. d., Bl. 225 – 27, 235 – 36; Mitscherlich and Mielke, *Medizin*, 51 – 61。

227. BArchL, B 162/21846, Bl. 167 – 254: W. Neff, “Recht oder Unrecht,” n. d., Bl. 241 – 42, quote on 221; Mitscherlich and Mielke, *Medizin*, 65 – 66.

228. APMO, Proces Maurer, 5a, Bl. 150: Dr. Rascher, Bericht über KL – Dirnen, November 5, 1942, ND: NO – 323; IfZ, Himmler to Pohl, November 15, 1942, ND: NO – 1583; Kater, “*Ahnenerbe*,” 236.

229. Quote in Himmler to Rascher, October 24, 1942, in Heiber, *Reichsführer!*, 205 – 206.

230. Mitscherlich and Mielke, *Medizin*, 61 – 65; Holzhaider, “‘Schwester Pia,’” 368 – 69; Schalm, *Überleben*, 187.

231. Himmler to Rascher, October 24, 1942, in Heiber, *Reichsführer!*, 205 – 206, quote on 206; IfZ, Himmler to Pohl, November 15, 1942, ND: PS – 1583; APMO, Proces Maurer, 5a, Bl. 150: Dr. Rascher, Bericht über KL – Dirnen,

November 5, 1942, ND: NO - 323; Witte et al., *Dienstkalender*, 612; *DAP*, Vernehmung F. Hofmann, April 22, 1959, 3858; JVL, JAO, Review of Proceedings, *United States v. Weiss*, n. d. (1946), 17 - 18; Kater, "*Ahnenerbe*," 236 - 37; Longerich, *Himmler*, 760 - 61.

232. Benz, "Rascher," 210 - 12; Mitscherlich and Mielke, *Medizin*, 70 - 71; BArchL, B 162/21846, Bl. 67 - 100: Kripo München, Abschlussbericht, June 25, 1944, Bl. 90 - 96.

233. Kater, "*Ahnenerbe*," 239 - 43; NARA, M-1174, roll 3, Bl. 1441 - 65: Examination of E. Mahl, December 6, 1945; BArchL, B 162/21846, Bl. 53 - 57: Kripo München, Zwischenbericht, May 26, 1944; ibid., Kripo München, Abschlussbericht, June 25, 1944; DaA, Nr. 7566, K. Schecher, "Rückblick auf Dachau," n. d., 249.

234. Benz, "Versuche," 93 - 95.

235. Hulverscheidt, "Menschen"; Klee, *Auschwitz*, 117 - 25; Weindling, *Victims*, chapter 10.

236. JVL, JAO, Review of Proceedings, *United States v. Weiss*, n. d. (1946), 17, 45.

237. Testimony of W. Karołewska, in Mitscherlich and Mielke, *Medizin*, 141 - 43; Klier, *Kaninchen*, 69; Schmidt, *Justice*, 182 - 83.

238. 此段和前一段，参见 Mitscherlich and Mielke, *Medizin*, 131 - 39; Hahn, *Grawitz*, 458 - 62; *OdT*, vol. 1, 171 - 73; Schmidt, "'Scars,'" 31 - 32; Strebel, *Ravensbrück*, 256 - 58。概述参见 Ebbinghaus and Roth, "Kriegswunden"。

239. Schmaltz, *Kampfstoff - Forschung*, 521 - 54, 562, quote on 550.

240. Wolters, *Tuberkulose*; Ley and Morsch, *Medizin*, 338 - 61.

241. Weindling, *Epidemics*, 352 - 63; idem, *Victims*, chapter 10; Kogon, *Theory*, 149 - 53; *OdT*, vol. 1, 169 - 70; Hahn, *Grawitz*, 326 - 29, 396 - 97; Hackett, *Buchenwald*, 73; Gedenkstätte Buchenwald, *Buchenwald*, 200 - 201; Werther, "Menschenversuche"; HLSL, Anklageschrift gegen Koch, 1944, ND: NO - 2366, pp. 65 - 67; BArchB (ehem. BDC), SSO, Hoven, Waldemar, 10. 2. 1903. 有关布痕瓦尔德集中营斑疹伤寒实验的综述，参见 Allen, *Laboratory*, chapter 11。除了为实验刻意感染的囚犯之外，布痕瓦尔德党卫队还利用那些已经患有斑疹伤寒的囚犯。更多来龙去脉，参见 Süss, "*Volkskörper*," 226 - 27, 236 - 37。

242. Ley and Morsch, *Medizin*, 361 – 70.

243. Kubica, "Crimes," 319, 328 – 29, Wirths's quote on 328; Keller, *Günzburg*, 20 – 35; Klee, *Auschwitz*, 459, 471 – 72.

244. 此段和前一段，参见 Keller, *Günzburg*, 17 – 18, 39, 73 – 94; Kubica, "Crimes," 318。

245. Klee, *Auschwitz*, 473 – 75, 480 – 82, 489, quote on 475; Kubica, "Crimes," 325 – 26; Keller, *Günzburg*, 41 – 42.

246. 此段和前一段，参见 Kubica, "Crimes," 318, 321 – 25, 326; Keller, *Günzburg*, 40 – 41, 83 – 84; Klee, *Auschwitz*, 477 – 79, 488 – 90; Piekut – Warszawska, "Kinder," 227 – 29。Quote in WL, P. III. h. No. 161, E. Herskovits to Familie Karo, May 21 – 23, 1945.

247. 此段和前三段，参见 Strzelecka, "Experiments"; Hahn, *Grawitz*, 275 – 78; Lifton and Hackett, "Nazi Doctors," 306 – 308; Beischl, *Wirths*, 117 – 46; Eichmüller, *Keine Generalamnestie*, 135 – 42; Witte et al. , *Dienstkalender*, 480; Schilter, "Schumann," 101 – 104; Clauberg to Himmler, June 7, 1943, in Heiber, *Reichsführer!*, 159 – 60; Weindling, "Opfer," 91 – 92; idem, *Victims*, chapter 14; Weinberger, *Fertility Experiments*（1944 年，舒曼医生在拉文斯布吕克集中营还开展了一些实验）。Quotes in Fragebogen Chopfenberg, n. d. , in Schnabel, *Macht*, 277; APMO, Proces Maurer, 5a, Bl. 163 – 68: EE by C. Balitzki, November 22, 1946, ND: NO – 819.

248. Klee, *Auschwitz*, 356 – 66, 371 – 78, Hirt quote on 359; Steegemann, *Struthof*, 384 – 86, 395 – 400; H. – J. Lang, "Die Spur der Skelette," *Spiegel Online*, accessed January 8, 2010; Kater, "*Ahnenerbe*," 245 – 55; Kogon et al. , *Massentötungen*, 274 – 76; Heinemann, "*Rasse*," 535 – 39. 到 2003 年才确认了所有受害者的姓名。

249. See also Hahn et al. , "Medizin," 17.

250. Hahn, *Grawitz*, 500.

251. BArchL, B 162/7997, Bl. 525 – 603: Fall IV, Nuremberg, June 30, 1947, Bl. 580.

252. Benz, "Rascher," 202, 208; Kater, "*Ahnenerbe*," 234, 263.

253. APMO, Proces Höss, Hd 2/1, Bl. 10 – 15: M. Stoppelman, "Meine Erlebnisse in Auschwitz," n. d. (c. spring 1945), prisoner doctor quotes on 15; Klee, *Auschwitz*, 63, 92, 488, Verschuer quote on 458 – 59; Sachse,

“Menschenversuche,” 10 – 14; Keller, *Günzburg*, 39, 41, 88, 92; Hulverscheidt, “Menschen,” 122.

254. Mitscherlich and Mielke, *Medizin*, 54 – 61, 151; Klee, *Auschwitz*, 235 – 43; Hahn, *Grawitz*, 328 – 29, 458 – 59; Kater, “*Ahnenerbe*,” 262; Ebbinghaus and Roth, “Medizinverbrechen,” 137; Neumann, “Heeressanitätsinspektion,” 129.

255. Klee, *Auschwitz*, 284 – 321, quotes on 279, 285; Maršálek, *Mauthausen*, 176 – 77 (with the spelling Helmut Vetter).

256. Cocks, “Old as New,” 180, 190; Evans, *Third Reich in Power*, 445 – 46; Kater, “*Ahnenerbe*,” 262; idem., “Criminal,” 79 – 81.

257. Mitscherlich and Mielke, *Medizin*, 96 – 102; NARA, RG 549, 000 – 50 – 9, Box 437, Himmler to chief of the Sipo, February 27, 1944; Klee, *Auschwitz*, 126, 310 – 12.

258. Kater, “*Ahnenerbe*,” quotes on 243 – 44; Mitscherlich and Mielke, *Medizin*, 132.

259. Wachsmann, *Prisons*, 316 – 17, quote on 317.

260. Nyiszli, *Auschwitz* (written in 1946), quotes on 51, 57, 101; Klee, *Auschwitz*, 489 – 90; Evans, “Introduction.”

261. Steiner and Steiner, “Zwillinge,” quote on 128.

262. Quotes in HLSL, Grawitz to Himmler, June 28, 1944, ND: NO – 179; Benz, “Rascher,” 204. See also BArchL, B 162/21846, Bl. 167 – 254: W. Neff, “Recht oder Unrecht,” n. d., Bl. 219 – 20; Weindling, *Victims*, tables 3, 4, and 5.

263. Schwarberg, *SS – Arzt*, 7 – 9, 152; Weindling, “Opfer,” 90.

264. WVHA 在 1942 年秋天和 1943 年夏天时就已经设想过这样一步，尽管那些将奥斯维辛集中营里数以千计的犹太人送到第三帝国境内军工厂的早期方案一无所成；BArchB, NS 19/14, Bl. 131 – 33: Pohl to Himmler, September 16, 1942; Maurer to Höss, September 4, 1943, in Tuchel, *Inspektion*, 128; Herbert, “Arbeit,” 222 – 24。Quote in HLSL, WVHA to LK, October 5, 1942, ND: 3677 – PS.

第9章　不受约束的集中营

444 科恩施坦山（Kohnstein）深处，狭长的隧道内尘土飞扬。借着尘雾中五盏灯的微弱光亮可以依稀辨认出一排排木制的四层上下铺，它们一个挨一个，把整个隧道塞得满满当当。脚下是泥泞的土地，隧道四周墙上渗出的水落到地上，形成一个个水洼。瘫在下铺的人穿着破碎的制服，憔悴得不成人形，一些人身上盖着薄毯，另一些则只有空水泥袋；床垫里满是虱子和污垢，就跟囚犯们身上一样。其他三个邻近的地下隧道情况基本一样，都是250～300英尺长，40英尺宽。这四个地下隧道是大概一万名集中营囚犯睡觉的地方，这些人1943年底在多拉卫星营里服苦役。

多拉挑战着人类的一切感官。隧道里的空气混杂着汗水、屎尿、呕吐物和腐尸的臭味，令人无法忍受。回忆起在多拉隧道里生活的五个月，波兰囚犯文岑蒂·海因（Wincenty Hein）说自己只冲过三次澡；有的囚犯尿在手上，用尿液清洗脸上的污垢。这里也没有厕所，只有敞着盖子的汽油桶，使空气更加令人窒息。囚犯们不仅呼吸困难，还饱受着饥渴之苦，他们不允许触碰地下水管。在隧道里睡觉几乎是不可能的，因为耳畔一直有机器的轰鸣声、镐的挖掘声和旁边隧道传来的爆破声，这些噪声震耳欲聋，还会在囚犯睡觉的隧道产生回音。多拉从不曾有安静的时候，囚犯们分黑白两班，夜以继日地劳动、挖
445 掘、搬运机器设备、在迷宫一般的隧道内铺设铁轨。户外点名

早就被废止了，囚犯们已经没有了白天和夜晚的概念。“我就像是被活埋了一样。”荷兰囚犯阿尔贝特·范戴克（Albert van Dijk）后来写道。

多拉的囚犯们吃睡、劳动都在地下，不久之后就变得不成人形。荷兰囚犯亨德里克斯·埃韦斯（Hendrikus Iwes）1944 年初到达多拉时，被当地囚犯的模样震惊了，“他们不再是活生生的人”。随后的几个月，这里的条件略有改善，囚犯们陆续被转移到地上的一个新营房居住，越来越多的人被转去了技术生产岗位。但这对许多人来说为时已晚：截至 1944 年 3 月底，超过三分之一的多拉囚犯已经死亡。大多数死于疾病和劳累，不过还有很多人是自杀的。[1]

多拉是在 1943 年 8 月匆匆建立起来的，彼时英国刚轰炸过波罗的海沿岸一个小岛上叫佩内明德（Peenemünde）的村庄。德国中央军队当时正在测试导弹装置，而佩内明德不仅是生产工厂，还是 A－4 火箭（后来被称为 V2 火箭）的研发基地，由年轻的工程师韦恩赫尔·冯·布劳恩（Wernher von Braun）博士策划（他在战后受聘于美国，这位前党卫队官员成了美国宇航局太空计划之父）。对佩内明德的攻击引起了纳粹领导人的极大关注，因为他们对“奇迹武器”寄予厚望；几周前海因里希·希姆莱刚去视察过，大约有 600 名集中营囚犯在那里服苦役。空袭后不过几日，希特勒、希姆莱和施佩尔一致同意利用集中营劳动力，将 V2 生产工厂转到地下。希姆莱保证说，这将确保项目的隐秘性。最终，党卫队、军队和施佩尔的军备部联合建起了新工厂。希姆莱的党卫队成了主要的开拓力量，包括兴建新的地下设施。

工厂的地点很快就定了下来：一处已有的隧道系统，位于德国中部城市诺德豪森（Nordhausen，图林根州）附近的哈茨山中。这是两条平行的隧道，每条将近一英里长，两条隧道之间有 46 条小隧道相连，形状好像一个巨大的、弯弯曲曲的梯子。这两条隧道自 1936 年开始建造，原本作为军事石油储备点，因此可以提供超过 100 万平方英尺的生产空间。依靠集中营的劳工，这个巨大的隧道系统如今得以扩展，可以用于生产火箭。多拉作为布痕瓦尔德集中营的一个新卫星营设立在此，第一批囚犯是 1943 年 8 月 28 日抵达的，此时距佩内明德遭遇空袭仅过去了 10 天。几周之后，海因里希·希姆莱就前来视察。[2]

更多的地下集中营应运而生。纳粹领导人将把军工生产迁
446 到地下视为保护关键资源不受盟军轰炸的完备之策，而集中营系统理应扮演重要的角色：在 1943 年 12 月中旬，海因里希·希姆莱将自己的军队描述为“新洞穴人”，他们将建立“唯一真正安全的生产工厂”。[3] 那时已经出现了几个新营。除了多拉之外，还有超过 500 名囚犯被关在毛特豪森集中营的埃本塞卫星营（Ebensee，代号为“石灰”，后来改叫“水泥”）。这里的囚犯要为佩内明德的火箭开发设施挖出两条巨大的地下隧道，他们睡觉的地方曾是一座工厂，后来改成了卫星营的营房。另一座毛特豪森集中营的卫星营坐落于雷德勒 - 齐普夫，距离埃本塞大约 15 英里。截至 1943 年底，大约有 1900 名囚犯在营地周围劳作（营地代号为“泥灰岩”），拓展当地一家酿酒厂的地下酒窖，挖隧道连接地窖与氧气制造厂，在后面的一座山中测试 V2 引擎（多拉生产）的发射距离；仅在 12 月就有 93 名囚犯死在这里。[4] 德国海军还利用集中营的劳动力修建避难所。在法尔格（Farge），即不来梅外的一个诺因加默新卫星营里，囚犯们在协助建造一个巨大的防空洞（代号为“瓦伦丁”），可以

容纳一个高科技潜水艇集装工厂。到了 1943 年底，大约 500 名集中营囚犯在这里的工地上劳作，睡在空的燃油箱里。[5] 类似这样的开拓工程为后来一系列大规模调度囚犯、巨大但无意义的地下重新安置计划奠定了基础。

囚犯的人数和死亡人数到 1944 年时达到了惊人的水平。集中营的人口膨胀了不止一倍，从预计的 315000 人（1943 年 12 月 31 日）飞速增加到 524286 人（1944 年 8 月 1 日），然后上升到 706650 人（1945 年 1 月 1 日）。[6] 如今，成千上万人为德国的战争努力着。大多数囚犯被送到新卫星营中，这些营地以惊人的速度在工厂和建筑工地附近涌现。囚犯在持续地迁移，或看上去是如此，从一个地方转到下一个。一切都处于变动之中，反映出营地高速的经济动员。近期要求改善生存条件的呼吁被直接忽视，因为党卫队官员们把精力都用在不惜一切代价剥削奴隶劳工上。奥斯瓦尔德·波尔在 1944 年 9 月对莫诺维茨集中营党卫队的演讲中提到，“要汇报偷懒的囚犯，务必让他们受到惩罚”。[7]

多拉是第一座被重新安置的、为军工生产服务的集中营，它很好地代表了 1944 年集中营系统经历的更大的改变。[8] 军备部的规划者们不满足于科恩施坦山隧道中的火箭项目，他们在工业的支持下，又策划了许多其他的本地项目，递交给党卫队。很快，囚犯们也开始为飞机和电机制造修建隧道。这些计划跟现实脱轨后变得更加光怪陆离，将多拉变成了一个独立的大型 447
集中营区。囚犯的数量在 1944 年 10 月末超过了 32000 人，而且还在继续攀升。大多数囚犯在周围的卫星营劳动，最终大约有 40 座之多，党卫队为了掩饰，将这些卫星营冠以背叛党卫队教义的汉斯、安娜和埃里希之名；此外，为了支援巨大的迁移项目，几乎所有的党卫队建筑旅都驻扎在附近。党卫队经济与管理部的领导在1944年秋天正式认可了多拉的重要性。以前它只是一个卫星营，如今升级为主要集中营，被称为米特堡（Mittelbau）。它是第三帝国建立的最后一座主要集中营。[9]

最终时刻

大约在1944年5月底，阿格内斯·罗饶（Ágnes Rózsa）和父母一起从家乡被遣送到奥斯维辛。她的家乡瑙吉瓦劳德（Nagyvárad）在第一次世界大战和第二次世界大战的间隔期属于罗马尼亚的一部分，如今依然是（奥拉迪亚，Oradea），但在1940年时曾与特兰西瓦尼亚北部其他地区一起被匈牙利吞并。这也是为什么33岁的高中教师阿格内斯·罗饶被卷入了致命的遣送漩涡。1944年3月德国入侵后不久，噩梦就开始了。罗饶在1944年6月1日到达奥斯维辛，此时比克瑙的杀戮机器运作到了顶峰。与此同时，党卫队逼迫越来越多的囚犯投入战时经济建设，规模之大超出以往任何时候，罗饶也被迫成了一名奴隶劳工。在比克瑙度过了几个月后，她被遣送到一个位于纽伦堡的小卫星营，为西门子&舒克特工厂做工。[10]

1944年，政府对犹太人的部署方案发生了180度转变，于是一大批犹太奴工拥入德国境内的集中营，罗饶就是其中之一。犹太囚犯自1938年底以来首次成了整个集中营系统的主要构成部分，从1942年起几乎没关押过犹太人的几座老营区很快也被犹太人填满。来自德占波兰地区的囚犯带来了有关纳粹最终方案的消息。在像达豪这样的集中营，一些老囚犯通过早前从奥斯维辛和马伊达内克运来的被害犹太人的衣服、鞋、行李箱和其他财物，已经大概猜到了东方的情况。[11]但只有到现在，他们才了解到更多关于遣送、筛选和火化的细节。真相揭晓得很快，有时就在新来的犹太囚犯被带去淋浴，尖叫着“不要毒气！不要毒气！”的一瞬间。[12]

向地下进军 448

一切开始于 1943 年秋天，最初不过是计划将德国秘密的导弹项目迁到地下，但很快扩展到整个航空工业，最终占据了超过三分之一的集中营囚犯劳工。[13]自从德国的飞机工厂在 1944 年 2 月底的一次大型盟军空袭中被击中（也称“大事周”），空军部就开始计划十多个地下项目。其中一些项目已经在落实当中，还有更多项目紧随其后。1944 年 3 月 1 日，所谓的战斗机参谋部（Jägerstab）成立，这是纳粹强有力的几个新部门之一，旨在攻克军工生产中的关键挫折，也给日薄西山的纳粹多头治理独裁政权增添了更多的层级。战斗机参谋部负责保护和增加飞机生产，保卫德国领空。由于此时德国的领空只能任由盟军的轰炸机宰割，毫无还手之力，因此领导一致认为最好的方案就是将生产设施全部转移到地下。在 1944 年 3 月 5 日的一次会议中，希特勒亲口宣布开始将“德国全部工业厂房迁往地下”。争分夺秒的地下建造工程如火如荼地展开了。[14]

集中营在这些计划中发挥了举足轻重的作用。战斗机参谋部将军备部、空军部和私人公司的高级官员和领导召集到一起。由于到 1944 年时飞机制造业已经成为德国军需产业最重要的组成部分，因此党卫队也有幸与这些高层人士坐到了一起，极大地提升了自己的格调。党卫队能够参与其中，主要是因为劳动力短缺的问题比以往更加紧迫，而他们掌握了庞大的奴工人口，而且承诺能提供更多劳动力。德国对欧洲大陆的束缚大多已经破裂，所以弗里茨·绍克尔捕获数百万外国劳动力的野蛮计划落空后，党卫队成了最后的劳动力来源之一。[15]

党卫队在战斗机参谋部里负责特殊的建造订单，在多拉取得的成功表象给阿尔贝特·施佩尔和其他人留下了深刻的印象。很快，党卫队开始与私人承包商一起负责一系列高调的飞机制造业重迁项目。这些新工地附近纷纷建起了卫星营，到 1944 年 6 月，大约有 1.7 万名囚犯被关在这些地方服苦役，还有更多人正在路上。一些工程是为了快速改造已有的隧道和地洞。但是飞机制造业的相关人士很快意识到这是条死路，因为腐蚀和狭窄的空间会限制生产效率。因此，政府开始转向更复杂的项目：特别定制的巨大隧道，仍由党卫队负责挖掘。第三帝国越接近战败，这些计划就越畸形，不仅体现在它们的规模和建造速度上，还体现在人力成本上。[16]

449 规模最大的项目之一是下奥地利州梅尔克镇（Melk）附近的隧道网络；这是为了迁入施泰尔－戴姆勒－普赫股份公司的一家工厂（代号为“石英”），当初公司花费大力气四处游说这个项目，并且深入参与了项目的落实。为了提供必需的劳动力，1944 年 4 月，毛特豪森在梅尔克建立了一座卫星营，到 9 月中旬时关押了大约 7000 名囚犯。那里的条件如同地狱，生产事故不断，大多数隧道的挖掘和加固都是靠人的手来完成的。被送到这里的囚犯，几乎每三个人中就会死一个——死去的人比梅尔克镇上的全部人口都多。[17]

党卫队负责的这个巨大的地下工程，项目经理是经济与管理部首席恐怖技术专家汉斯·卡姆勒。这名受过专业训练的建筑师在 1941 年时全职加入了波尔日益膨胀的机构，负责监督党卫队的施工（从 1942 年起担任 C 组办公室的主任），他在纳粹空军部担任公务员期间，证明了自己有能力担任大型建设项目的经理一职。他凭借丰富的专业知识、积极的进取心和坚定的思想信念（他在 1931 年加入纳粹党，两年后加入党卫队），给党卫队的新上司留下了深刻印象，很快就成了几个重大项目的关键人物。从庞大的定居地计划到建造奥斯维辛的杀戮机器，都活跃着他的身影。他的事业在 1943 年开始腾飞，将他推向了德国军事工业的顶峰。首要的一步就是希姆莱和施佩尔在 1943 年 8 月底派他将多拉改造成为一个地下导弹工厂。1944 年 3 月，一个更显赫的职位落到了他的手中：作为新“卡姆勒特别参谋部”的头领，管理战斗机参谋部里所有的党卫队迁移项目。他继续踏着囚犯的尸骨前进，只注重建造任务的完成速度，丝毫不关心其间死了多少人。毕竟，就像卡姆勒所说的那样，貌似还有足够多的新囚犯随时可以“注入”他的项目。

卡姆勒很快取得了令人生畏的名声。这个四十岁出头的男人有一张消瘦、憔悴的脸庞，却是个不知疲倦、让人害怕的工作狂。他讲话既快又果断，很清楚地告诉每一个人他想要什么，如何去做。海因里希·希姆莱从一开始就欣赏他，频繁与他见面，希特勒也十分信任他。阿尔贝特·施佩尔更是对他赞赏有加。施佩尔在 1943 年 12 月 10 日曾去视察多拉隧道，之后不久，他赞扬了卡姆勒建造地下工厂时“几乎不可能”的施工速度，称“欧洲其他地方都比不上”。

卡姆勒博士成了党卫队里专门处理最棘手任务的人选。海因里希·希姆莱不管遇到什么障碍，他追求的只是结果，而忠
诚的卡姆勒则承诺满足上级的一切愿望。然而，残酷并不等同 450
于效率，卡姆勒手中几个高调项目都让他折了颜面，但这并没有阻碍他的仕途发展。1944 年夏天，当战斗机参谋部壮大成为军

备参谋部（Rüstungsstab）后，卡姆勒负责的地下重迁项目从飞机拓展到了其他装备。他的注意力也转回了火箭生产，1944 年 6 月盟军的诺曼底登陆更增添了紧迫性。越来越多的导弹从多拉运出，卡姆勒以陆军将军的身份亲自监督导弹的部署；第一批 V2 导弹在 1944 年 9 月被投放到英格兰，随后是法国、比利时和荷兰。接下来的几个月，卡姆勒又拿到了更多的项目——包括为希特勒在奥尔德鲁夫（Ohrdruf）建造巨大的地下总部，这个项目是当务之急，1944 年底时征用了一万多名集中营囚犯。到 1945 年春天，卡姆勒掌控了空军几乎所有的武器生产，甚至被当作施佩尔的接班人，即下一任的军备部部长。当然，在第三帝国注定崩塌的后期阶段，正如施佩尔在回忆录中所写的那样，军备部也没有更多的军备产出了。[18]

即便像汉斯·卡姆勒一样强大，也不能对德国飞机产业的地下建筑工程一手遮天。虽然战斗机参谋部的主要重迁项目大部分由党卫队负责，但托特组织（简称 OT）也是党卫队不容小觑的竞争对手。这个纳粹建筑部门在 1938 年与军事部门一起建立，在战时迅速发展。OT 主要依靠外国劳动力，在德占欧洲地区承包了大量建筑项目——包括桥梁、道路和防御工事——在德国国内也不断扩张。希特勒 1944 年 4 月指派 OT 为战斗机工厂修筑巨大的混凝土地堡后，它与党卫队的关系就开始紧张。虽然这个紧急项目由 OT 负责监督，但大部分劳动力由党卫队提供。从 1944 年 6 月开始，达豪集中营围绕考弗灵和因河畔米尔多夫（Mühldorf am Inn）建立了 15 座卫星营，驱使数以万计的囚犯修建 4 座巨大的防御工事。OT 如今一跃成为驱使达豪囚犯最多的奴隶主，并将工程转包给私企。[19]

这不是 OT 唯一一次利用集中营劳动力修建主要项目，在

1944 年 4 月，OT 接管了一个施工项目，为希特勒和政府高层修筑大型的碉堡网络（代号为“巨人”）。集中营囚犯和其他强制劳动力将下西里西亚的一大片森林变成了施工工地，建造庞大的地下结构和基础设施。总之，格罗斯－罗森集中营大约 12 451
个新的卫星营，统称为“巨人劳动营”，关押了 1.3 万名犹太人，其中大约 5000 人在劳动中丧生。[20]

在其他地方，纳粹政权最大限度地剥削集中营囚犯，竭尽全力保障燃料供应。1944 年 5 月，盟军针对德国的加氢工厂展开主要空袭，希特勒特别授权施佩尔军备部的高层官员埃德蒙·盖伦贝格（Edmund Geilenberg），让他确保坦克能正常跑，飞机能正常飞。盖伦贝格新的主要目标是修复受损的加氢工厂、建新工厂、向地下搬迁生产线。许多施工项目再一次由 OT 执掌，但党卫队也有参与，负责部分工地，并给其他工地提供奴隶劳工。到 1944 年 11 月底，大约有 35 万工人在盖伦贝格负责的工地上劳作，其中数以万计的集中营囚犯分散在各个卫星营。这里面有一些集中营本来是为其他目的而建，埃本塞隧道里新建的一个大型炼油厂原本是为开发 V2 火箭服务的。其他工地则是从无到有匆匆建起来的。比如在符腾堡，党卫队新建了 3 座纳茨维勒集中营的卫星营，为的是推动“沙漠”（Wüste）工程，提取当地的页岩油进行燃料生产。加上来自其他联合卫星营的囚犯，超过 1 万名集中营囚犯被迫加入“沙漠”工程，大多从事施工建造，其中数千人死亡。[21]

德国军工产业的重迁改造了集中营的奴隶劳工。很难准确说出究竟有多少囚犯被派往此类工程，但数量肯定非常多。到 1944 年底，据波尔估计，大约 40% 的集中营劳动力被派到卡姆勒手下，绝大多数是在重新安置的集中营里；还有更多囚犯被派往 OT 负责的类似工程。[22]总之，成千上万的集中营囚犯被迫来到重新安置的新集中营，虽然各个营之间存在许多差异，但都置囚犯于生命危险当中。纳粹领导人为了维系德国胜利的希望，牺牲了整个囚犯大军。

战争和奴隶劳工

海因里希·希姆莱喜欢歌颂集中营劳工对战争经济的贡献，这已经成为他在 1944 年对纳粹高级官员讲话的固定内容。他通常把集中营描绘成残酷高效的现代武器工厂，工作时间长，纪
452 律严苛；约瑟夫·戈培尔听过一次讲话后总结说，希姆莱的方法“相当严酷”。但这位党卫队全国领袖强调说，完全不需要可怜这些囚犯。虽然令人难以置信，但他在 1944 年 6 月的一次讲话中告诉一众军事将领，他集中营里的囚犯活得比“许多英国或美国的工人”更好。至于产出，这些囚犯每个月投入数百万个小时劳作，据说打造了一个巨大的高科技军工厂。希姆莱尤其以地下导弹和战斗机工厂为傲，“这些次等人种在这里为大战生产武器”。希姆莱总结说，凭借党卫队在技术方面的才华和囚犯的生产力，囚犯比外国工人辛勤一倍，因此此方案必将取得惊人的成功。[23]这些言论没有一句跟现实沾边，不过鉴于希姆莱以往自我陶醉的能力，他很可能对自己大肆宣扬的这些内容深信不疑。

集中营里的奴隶劳工远不如希姆莱吹嘘的那样高效。许多囚犯由于太虚弱或没有活可做，根本没被聘用；据党卫队 1944 年春天以来的统计数据显示，每四个奥斯维辛集中营的囚犯中至少有一个残疾或者在医务室养病。[24]而绝大多数参与劳动的囚犯则比普通工人虚弱得多。1944 年，根据帝国粮食农业部的统

一指令，给集中营囚犯（以及其他纳粹囚犯）的食物配给再次被削减，导致更多囚犯过劳死亡；有的囚犯每天摄入的热量不足 700 卡路里。[25]经济与管理部改善情况的努力基本只停留在字面，而空洞的词语是无法养活囚犯的。[26]

集中营囚犯的整体生产力远远落后于党卫队和产业的期望。[27]的确，一些有技术且能填饱肚子的囚犯可以赶上普通工人的生产力。[28]但这对绝大多数囚犯来说是不可能的。与普通的德国工人相比，他们的生产力大概能达到工业生产的一半，在建筑施工上可能只到三分之一。[29]尽管有一些例外，比如在奥拉宁堡运行的亨克尔公司，但从整体上说，集中营的劳动力不是特别划算。刨除总开销的话，他们并没有比自由的德国劳动力更便宜，不过依然有用：不然为什么在 1944 年时有那么多企业竭力争取集中营囚犯？决定性的原因不是囚犯便宜，而在于他们是现成的劳动力，可以为国企和私企制造更多的武器，修建更多的工程。[30]

虽然在 1944 年时集中营系统在德国军工产业确立了自己的重要地位，但党卫队也为大量剥削囚犯付出了代价。经济与管理部开始内部争斗，汉斯·卡姆勒将格哈德·毛雷尔（来自 D
处办公室）挤开，成了奴隶劳工的主要负责人；在像多拉这样 453
的新集中营里，卡姆勒才是真正的掌权人。[31]与此同时，军备部部长阿尔贝特·施佩尔也将手伸向了这些劳工，甚至在 1944 年 10 月 9 日颁布了一道法令，确立了自己调度囚犯的主管地位。申请集中营劳工的新请求不再递到经济与管理部，而是递到施佩尔的军备部，这对党卫队的权力和声望来说都是不小的损失。[32]私人企业也在逐步削弱党卫队的掌控，因为企业经理们开始直接前往集中营挑选奴隶劳工。经理们想要强壮、有技术的囚犯，最好还会说德语。“我们就像集市上的牛一样被人挑选，”乌克兰囚犯加林纳·布舒杰瓦－萨布罗德斯卡哈（Galina Buschujewa－Sabrodskaja）回忆起亨克尔员工在1943年底突然造访拉文斯布吕克集中营的情景时说道，“他们甚至让我们张开嘴，检查我们的牙齿。”[33]经济与管理部为了掌控囚犯调度，企图在1944年建立一个现代化机读数据库，利用打孔卡片和数字代码（所谓的何勒内斯代码）。不过这个计划很快就被抛弃了，丝毫没能帮助经济与管理部夺回主动权。[34]集中营党卫队对德国军工产业参与得越深入，对囚犯的掌控权就越小。

而且，即便希姆莱吹嘘得天花乱坠，集中营对战时经济的贡献依然不大。1944年夏天，当德国军备生产达到战时最高点时，在军工产业劳动的集中营囚犯不过占德国劳动力的1%。诚然，党卫队参与更多的是重新安置工程。[35]只是大多数工程在没搬到地下前，在战略上就已经毫无意义；将军工生产搬到地下，只不过是在一场已经输了的赌局进行最后一搏罢了。[36]党卫队是注定失败的计划的最佳搭配。像奥斯瓦尔德·波尔等党卫队领袖并没有被之前的失败吓住，依然心存幻想，认为他们的经济蒸蒸日上。[37]

即便是党卫队参与的最高调的项目也没有改变战争的进程。尽管投入了数亿德国马克和数以万计的奴隶劳工，奥斯维辛集中营内在建的巨大法本工厂直到最后也没有竣工，更没生产出任何合成橡胶或燃料。[38]同样，盖伦贝格手下的几个项目也没有坚持过初期阶段就夭折了。“沙漠”工程的第一批工厂在1945年初春短暂运营过一段时间，结果只生产出含油污泥，无法用于德国残存的坦克。[39]而多拉根本没能成为希姆莱理想中的地下高科技工厂，离1945年春天生产约6000枚V2导弹的夸张目标也相距甚远。虽然这些导弹在国外夺去了数千平民的生命，在国内成了强大的宣传工具，但它们的战略影响力微不足道。这 454 个武器的独特之处体现在别的地方，正如历史学家迈克尔·J. 诺伊费尔德（Michael J. Neufeld）所言："更多的人不是被它们炸死的，而是因为生产它们而死。"[40]他一语道破了党卫队参与战时经济的本质，最主要的产出既不是燃料也不是飞机，更不是枪炮，而是囚犯们的悲惨和死亡。[41]

1944年时，登记在册的囚犯比前一年死得更多。整体生存条件已夺去无数囚犯的生命，党卫队还扩大了死亡筛选（前一年时已被削减），因为病人不仅被视为高效生产的阻碍，也是对其他奴工生命健康的威胁。许多人死在卫星营中。其他人在筋疲力尽地工作之后被送回主营，死在一个专门为体虚和患病囚犯设置的区域，这类区域正迅速在集中营里扩大。[42]或者，囚犯会被送去其他地方处死。在毛特豪森，医务区内隔离的囚犯有时人数会超过主营里的健康囚犯，这时党卫队就会采取极端的做法。毛特豪森集中营与哈特海姆杀戮中心的渊源可以追溯到14f13行动时，如今它们恢复了联系，然后在1944年4月到12月，集中营将至少3228名活死人囚犯送进了毒气室。[43]更常见的做法是把将死的囚犯送到集中营系统内其他地方，像如今被遣送到奥斯维辛集中营的囚犯就包括了德国战前境内老卫星营里筛选出来的虚弱的犹太人。[44]

此外还有两座主要的集中营——马伊达内克和贝尔根-贝尔森基本没有受到战时经济动员的影响——被指定接收其他集中营的濒死囚犯。在谋杀了大量犹太囚犯之后，马伊达内克在1943年11月丧失了大部分用途，从12月起被当作了第三帝国其他集中营倾泻男女囚犯的目的地。有些囚犯中途死亡，还有数千人在营内丧生；仅在 1944 年 3 月一个月内，党卫队就登记了 1600 多人死亡，当时大约有 9000 名囚犯被关押在马伊达内克。[45]贝尔根－贝尔森从 1944 年春天开始接力，因为马伊达内克集中营准备赶在红军到来之前腾空。到了 1945 年 1 月，来自其他集中营的约 5500 名患病囚犯，用集中营党卫队领导人的话说，已被判定为“给工业企业造成不必要负担”，被送去了贝尔根－贝尔森。[46]首批运送从多拉出发，在 1944 年 3 月底或 4 月初抵达贝尔根－贝尔森。根据一位多拉囚犯的说法，身体虚弱的人中有许多胳膊和腿上都缠着绷带，他们“像麻袋一样被扔进卡车里”。火车还没有发车之前就开始有尖叫声。抵达贝尔
455 根－贝尔森后，幸存者在空荡荡的营房里待了好几天，既没有食物也没有毯子。“我们的身体急速衰弱。”法国囚犯约瑟夫·亨利·米兰（Josef Henri Mulin）后来回忆说。[47]

囚犯人口

在海因里希·希姆莱的不断推动下，集中营的囚犯数量在 1944 年达到了历史新高。他曾许诺，卡姆勒想要多少囚犯他就能提供多少，并且痴迷于显示囚犯数量增长的统计图表。鲁道夫·霍斯回忆说，希姆莱的口头禅变成了“军备！囚犯！军备！”[48]集中营不断扩张，甚至一些较小的营地的囚犯人数现在也成倍增长；例如，在弗洛森比格登记的囚犯人数增加了 7 倍多，从 4869 人（1943 年 12 月 31 日）增加到 40437 人（1945 年 1 月 1 日）。[49]后来，只有靠盟军才终结了营地扩张的势头。

党卫队机密的统计数据揭示了两大趋势。首先，集中营系统的天平从 1942 年开始向东倾斜后，如今又回来了。随着红军逼近，德占东欧地区越来越多的营地纷纷在 1944 年关闭。奥斯

维辛也逐渐被清空，失去了最大集中营的地位。到 1945 年 1 月 1 日，最大的集中营设施是位于德国腹地的布痕瓦尔德集中营；那里登记的囚犯有 97633 人，而奥斯维辛集中营有囚犯 69752 人。其次是女性囚犯的人数急剧增加，这是因为大屠杀期间大规模驱逐犹太妇女。到 1944 年底，集中营有近 20 万名女性囚犯（从 1942 年 4 月下旬的 12500 人增长到现在的规模），占囚犯总数的 28%。女性囚犯散布于整个集中营系统。早在 1939 年，女性囚犯被关押在一个专门建造的营地，也就是拉文斯布吕克集中营；而现在除了多拉集中营外，每个集中营都有登记的女囚。[50]

囚犯数量的大幅增加不能只归因于希姆莱对奴隶劳工的渴望。正如前几年一样，经济动机与纳粹政权定义的其他国家利益结合在了一起。警察遵循 1942 年至 1943 年设定的模式大肆搜捕。随着战败的阴云越来越近，纳粹对国内战线的偏执越来越强烈。纳粹进一步镇压涉嫌犯罪活动、失败主义和颠覆政权的德国人。1944 年 8 月，对希特勒的炸弹袭击失败后不久，作为雷雨行动（Operation Thunderstorm）的一部分，5000 多名魏玛时期的左翼活动分子以及一些天主教政党的前任官员被拖入集中营；有些人，比如 66 岁的前社民党国会议员弗里茨·佐尔德曼（Fritz Soldmann），此前已经多次被关进集中营遭受折磨。[51]警方 456
还专注于外国人在德国境内的抵抗活动，并扩大了对外国工人的日常袭击：1944 年成千上万人因“违约”被捕，根据希姆莱的命令，他们通常会被直接送进集中营。[52]

与此同时，第三帝国之外爆发了越来越多的起义，德国占领者以极端的武力作为回应；许多抵抗者被当场杀害，更多人被关进集中营。[53]其中有数万名男女在法国境内被捕。[54]在注定失败的华沙起义爆发之际，更多新的集中营囚犯从被占领的波兰遣送至德国。起义活动于 1944 年 8 月 1 日在波兰本土军队中爆发，希望在红军即将到来之前将德国占领者驱逐出去。但是，苏联红军的前进陷入停滞，纳粹军队以极端的暴力和野蛮镇压了起义，纳粹军队长期以来将华沙视为波兰人抵抗的温床。经过可怕的 9 周时间，大约 15 万名当地平民被杀，华沙的大部分地区都成了废墟（死者中有数百名当地集中营的囚犯，他们在起义期间曾短暂地品尝过自由）。至于幸存者，党卫队官员决心将他们纳入奴工的队伍；在 8 月中旬，党卫队曾幻想为集中营增补 40 万名囚犯。最后，估计有 6 万名男女和儿童从化为废墟的华沙被遣送到集中营。其中有一位 21 岁的女裁缝（名字不详），她于 1944 年 9 月与丈夫和邻居被迫离开被毁的建筑物。经过几天的颠簸，男人们在萨克森豪森附近被拉下了车。她回忆说："被拆散的家庭又哭又叫。"然后火车把剩下的妇女和孩子运到拉文斯布吕克，最终抵达的大约有 1.2 万名囚犯。[55]

尽管集中营内的囚犯人口多样，但有一个囚犯群体的增长速度超过了其他群体，那就是犹太人。1944 年，德国当局对犹太人展开了有史以来最大规模的一批抓捕，将更多的犹太男女和儿童送进了集中营。根据一项估计，在 1944 年春季和秋季之间，近三分之二的新囚犯是戴黄星的犹太人。截至年底，已有超过 20 万人登记为集中营囚犯；现在，德国控制的领土内的犹太人都面临着被关进集中营的危险。[56]许多此前在集中营系统外幸存的波兰犹太人，如今也不再能幸免于难。成千上万的人来自废弃的强制劳动营，包括上西里西亚所谓的施梅尔特营。[57]其
457 他人来自最后的犹太人聚居区。在 1944 年 8 月最后一次扫荡罗兹时，将近 6.7 万名犹太人被驱逐到奥斯维辛集中营；大约三

分之二的人在抵达时就被杀了。[58]

奥斯维辛集中营继续接收来自欧洲其他占领区的囚犯，因为帝国中央安全局还在追捕此前逃脱它魔爪的犹太人。1944 年，法国、荷兰、斯洛伐克、希腊和意大利分别向奥斯维辛集中营大规模遣送犹太人。其中，2 月 26 日晚从摩德纳（Modena）附近一个集中营发出的遣送列车抵达奥斯维辛，将普里莫·莱维和其他 649 名犹太人带到了奥斯维辛集中营。其中 526 人在抵达时被送进毒气室。[59]更多囚犯从泰雷津被送过来。1944 年 5 月，大约 7500 名犹太人被逐入奥斯维辛集中营，其中许多人是老人、孤儿或病患，他们曾被纳粹安置在犹太人聚居区，以应付红十字国际委员会的访问；同年秋天还有数千名年轻的囚犯紧随其后到来。[60]

到目前为止，绝大部分在 1944 年被驱逐到奥斯维辛集中营的犹太人来自匈牙利。自从匈牙利开始与德国盟友保持距离，与盟国另谋和解之后，纳粹军队就于 1944 年 3 月攻入了这里。德国入侵对匈牙利犹太人来说是一场灾难，在这之前，匈牙利犹太人一直幸免于被屠戮的命运。阿道夫·艾希曼及其团队随德国军队一同来到匈牙利。凭借在围捕、驱逐和处决方面的经验，艾希曼的手下以极快的速度和极高的效率开始处理匈牙利的犹太人。他们从 1944 年 5 月中旬开始大规模运输犹太人，到匈牙利摄政王霍尔蒂（Horthy）7 月出手阻止他们时，至少有 43 万人已被送进奥斯维辛。[61]

1944 年 10 月中旬，党卫队罢黜霍尔蒂后，纳粹再次恢复驱逐剩余的匈牙利犹太人。受交通手段短缺的影响，现在的火车很少，因此成千上万的犹太男人、女人和孩子被迫徒步走到遥远的奥地利边境。到 1944 年底，估计有 7.6 万名犹太人被驱逐到奥地利。在这里，一些幸存者被迫去建造防御工事，其他人则被关进集中营。其中包括最终到达拉文斯布吕克的少女埃娃·费耶尔（Eva Fejer）。“起初，”她后来说，“我们以为要去的是一个条件相对较好的营地，特别是他们告诉我们，只要表现好就会被送去好地方，而我们相信了。”她很快了解到了真相。[62]

纳粹领导人和实业家们视匈牙利犹太人为重要的补充劳动力。甚至在大规模遣送开始之前，希特勒和希姆莱就计划将10
458 万，甚至更多的奴隶劳工送到德国境内的集中营。这些囚犯被指定用于战斗机参谋部的重迁项目。当阿尔贝特·施佩尔在1944年5月26日的一次会议上询问这些囚犯何时才能到来时，卡姆勒向他保证，人已经“在路上了”。但犹太囚犯们在到达德国境内的建筑工地之前，不得不通过奥斯维辛集中营。毕竟，党卫队只对有劳动能力的奴隶感兴趣，所有太年幼、年老或虚弱的人都会被杀掉。[63]

惨遭杀害的匈牙利犹太人

对犹太人来说，1944年春夏时节的奥斯维辛集中营最为致命。死者中许多人都是普通囚犯，大多来自泰雷津的家庭集中营。[64]不过，这才只是开始。1944年5月到7月，大量犹太人拥入奥斯维辛集中营，超过了前两年被送进集中营的犹太人总数——几乎所有的犹太人都来自匈牙利。他们的遇害标志着奥斯维辛集中营大屠杀达到高潮，彼时大多数在德国控制下的欧洲犹太人早已罹难。[65]

负责监督灭绝匈牙利犹太人的是奥斯维辛集中营里的一张熟面孔：老指挥官鲁道夫·霍斯。在1944年4月末或5月初，即遣送开始前不久，霍斯前往匈牙利拜访临时居住在布达佩斯的好友艾希曼（后者在 1944 年春天曾多次回访奥斯维辛集中营）。这两人对着遣送日程冥思苦想，以确定奥斯维辛集中营“可以处理多少车的人”——这是霍斯的原话。此外，霍斯想要向经济与管理部的上级汇报，一旦把不适合劳动的人毒气处决后，还能剩下多少奴工。霍斯在匈牙利进行了试选，结论是大多数犹太人都得死；他估计，最多能有 25% 的人被选作奴隶劳工。[66]

霍斯紧接着回到奥斯维辛，那是他早期犯罪生涯的发源地，并于 1944 年 5 月 8 日以高级指挥官的身份暂时接管了奥斯维辛集中营。[67]鉴于接下来种族灭绝的规模，经济与管理部的领导人派出了最有经验的大屠杀主管。[68]不过在他们看来，对霍斯的重新任命更要紧，因为现任高级指挥官阿图尔·利布兴切尔已经靠不住了。显然，保持沉默的利布兴切尔获得了心慈手软的名声，但他被撤职的直接原因其实是一场私人闹剧。[69]他在经济与管理部工作的时候爱上了里夏德·格吕克斯的秘书，该女子在他离婚后随他来到了奥斯维辛集中营。但是当利布兴切尔申请再婚许可时，他的上司发现了一个邪恶的秘密：在第三帝国早期，他的未婚妻曾因与一名犹太人相恋而被捕。奥斯瓦尔德·波尔吓坏了。他派副官里夏德·贝尔去让利布兴切尔终止这段关系。1944 年 4 月 19 日，贝尔在奥斯维辛官员食堂将这个消息告诉了利布兴切尔，后者啜泣不已，喝得酩酊大醉，然后跑去质问已经怀有身孕的未婚妻，结果她辩解说自己是清白的。两天后，为爱而伤的利布兴切尔顶着哭肿的双眼告诉贝尔，自己站在爱人这一边，并补充说，盖世太保一定是多年前强迫她做了假口供。利布兴切尔打破了党卫队的种族界限（与一个涉嫌 459

“亵渎种族”的人苟且）、潜规则（指责盖世太保屈打成招）和社会准则（贝尔称他表现得“一点儿都不像个男人”），已经无路可退了。他迅速被波尔调走，在短暂看管衰落的马伊达内克集中营之后，他满怀愤懑地离开了集中营党卫队。[70]

利布兴切尔在1944年春末的倒台，使霍斯的回归名正言顺。后者才是党卫队领导人可以信任的人，能肩负起集中营系统内规模最大的灭绝计划。霍斯身边有几个心腹和相识多年的杀人专家。其中包括集中营党卫队的老人约瑟夫·克拉默，他曾是霍斯1940年在奥斯维辛集中营的第一任副官，现在从纳茨维勒归来，成了比克瑙集中营的指挥官。另一个熟悉的面孔是奥托·莫尔，他在1942年到1943年在比克瑙集中营毒气室积累了丰富的经验，如今被从一个卫星营召回，再次负责监督火葬场。[71]在霍斯和手下完成了最后一刻的准备工作之后，从匈牙利而来的大规模遣送开始了。从1944年5月中旬到1944年7月中旬，几乎每天都有遣送的列车，奥斯维辛很快就被人海淹没了；有的日子里列车甚至多达五趟，一天就送来大约1.6万名犹太人（在1944年1月到4月利布兴切尔掌权的时候，每天抵达奥斯维辛集中营的犹太人平均只有200人左右）。当阿道夫·艾希曼惊叹于下属“破纪录的表现”时，霍斯恳求朋友放慢速度。但是，即使有奥斯瓦尔德·波尔的训斥也不管用，艾希曼还在推动更多的遣送，理由是“战时的不可抗力”（跟他在战后对同情自己的人所说的一样）。[72]

匈牙利犹太人在下火车的时候几乎不知道等待自己的将是什么；很少有人听说过奥斯维辛集中营，也很少有人听说过毒气室。与此同时，集中营党卫队开始行动。党卫队医生们对所有新来的犹太人进行筛选，与1944年筛选一些遣送来的犹太人

有所不同。一般来说，党卫队采用的是以前使用过的标准；不适合劳动的人包括孕妇、年长的囚犯、年幼的孩子以及他们的 460
父母。每天筛选结束后，奥斯维辛党卫队会将统计数据报给经济与管理部，以便管理人员更新奴隶劳工的数量。总体来说，当地的党卫队官员遵照霍斯的预测，每四个匈牙利犹太人里挑出一个作为劳工。筛选留下的囚犯大约有 11 万人，他们的命运不尽相同：有的人在奥斯维辛正式登记，有的人被送到其他集中营，有的人死在比克瑙中转站。其余 32 万名没通过筛选的匈牙利犹太人直接被处死，狂热的屠杀一直延续到 1944 年 7 月大规模遣送停止。[73]

鲁道夫·霍斯一如既往地积极投身于大屠杀，他知道任务完成后自己将回到经济与管理部（1944 年 7 月 29 日，冷血的里夏德·贝尔接替他成为奥斯维辛集中营高级指挥官，贝尔喜欢穿以前的骷髅师制服，炫耀自己作为党卫队一线战士的经历）。[74]在他掌权期间，他尽最大的努力加速种族屠杀的进程。来自匈牙利的火车不再停在营地外面，而是沿着一条单轨开到比克瑙集中营里一个仓促完工的月台；犹太囚犯到站时会听到集中营管弦乐队不协调的曲调，从而产生了一种虚假的安全感。经过党卫队筛选后，绝大多数的新来者直接走向死亡。他们扶老携幼穿过比克瑙的几个营区，最终走进毒气室。在火车离开去运送更多受害者后，月台上留下的是手提箱、袋子和包裹，这些由快速扩员的“加拿大”突击队收集起来。[75]

特别工作队现在大约有 900 名身强力壮的囚犯，他们昼夜不停地工作，比克瑙火葬场燃烧的时间比以往任何时候都长。党卫队还将 2 号地堡重新投入使用，并激活了 V 号火葬场（自

1943 年秋季以来就已停止使用）。但是由于党卫队杀的犹太人太多，火葬场还是不够用，所以他们决定像 1942 年时一样用露天的大坑进行火化。奥斯瓦尔德·波尔曾在 1944 年 6 月 16 日，也就是屠杀最严重的时候巡视集中营，然后下令在火葬场周围竖起一道栅栏，为的是掩盖罪行，不让新来的犹太人发现。[76]驻扎在杀戮中心的党卫队士兵失去了最后的禁忌。他们杀得如此匆忙，以至于毒气室的门打开时，一些受害者还有呼吸。有时，刽子手们甚至绕过毒气室，直接把犹太人带到焚尸坑枪决、打
461 死，甚至活活烧死。据一名幸存者说，这个地狱由奥托·莫尔负责，门格勒与他相比都能算个人了。[77]

由于 1944 年夏天时大量的遣送列车到来，党卫队有时无法在比克瑙的月台完成筛选。在这种情况下，新抵达的人被带到中转营地，对他们的命运审判会稍缓一段时间。此类中转营中规模最大的是一个巨大的、未完工的比克瑙增建区，名为“墨西哥”（B Ⅲ区），在 1944 年初秋关押了从匈牙利和其他地方而来的大约 1.7 万名犹太妇女。“墨西哥”的生活条件比集中营里其他地方更糟糕，没有自来水，几乎没有食物。大桶就是厕所，许多囚犯没有衣服穿，只能披着毯子（这显然有些像美洲的披风，因此得名“墨西哥”）。每座营房住了大约 1000 名妇女，没有家具，囚犯只能躺在泥地上；女教师阿格内斯·罗饶不得不与其他 4 个女人共享一张尿湿的小床单。罗饶和其他一些囚犯最终被送到其他地方进行劳动。但很多人都死在了中转营或者被带到毒气室。这是制造人类灾难的犯罪者们倾向的解决方案。一名集中营党卫队的前队员后来作证说，他的同事们经常谈论谋杀在“墨西哥”的囚犯。口头禅是：“让他们穿过烟囱。”[78]

吉卜赛营

在大屠杀期间，奥斯维辛率先成为关押犹太人的集中营，那里的犹太人取代波兰人成了最大的囚犯群体。自从开始遣送匈牙利犹太人起，犹太人的人数进一步攀升；根据一项估计，1944 年 8 月末在奥斯维辛集中营的所有男人、女人和儿童中，大约有 75% 是犹太人。[79]在大众的记忆中，集中营向种族屠杀中心的转变会令人忽略其他囚犯群体的命运。对奥斯维辛集中营的吉卜赛人来说尤其如此，他们是营内第三大囚犯群体，待遇在某些方面与犹太人相同。[80]

随着来自德意志帝国的大规模遣送陆续抵达，奥斯维辛－比克瑙中所谓的吉卜赛营从 1943 年 2 月底开始迅速发展。[81]几周时间内，这里便关押了 1 万多名囚犯，而且人数还在继续增加。其中有数千名儿童，占了奥斯维辛集中营登记儿童的一半。与此同时，年龄最大的囚犯据说已达 110 岁高龄。吉卜赛人被关押在 BⅡe 区，远在比克瑙营区的尽头，位于医务区正下方，靠 462
近火葬场。和比克瑙内大多数区域一样，吉卜赛营将近 2000 英尺长，400 英尺宽，在泥泞的道路两旁各有两排营房。改造过的马厩里黑暗（除了小天窗之外没有窗户）、肮脏（大部分是泥地），而且过度拥挤（一家人挤在一个铺位上）。这里没有按性别区分，是与比克瑙其他区域不同的地方之一。此外，囚犯的头发也没有都剃光，他们通常还能保留自己的衣服，不过背面要有红色十字架的标记。

1943 年春天，在遣送刚刚开始的时候，吉卜赛人的命运还没有被决定。即便如此，比克瑙的恶劣条件依然造成了绝大多数人死亡。除了被称为“运动”的常见责罚，许多被贴上“不愿工作”标签的囚犯不得不承受极其繁重的劳动，下至7岁的男孩和女孩也要搬运沉重的砖头。至于卫生设施，吉卜赛营的情况比集中营内其他地方更糟糕。在最初的几个月里，由于营地仍在建设中，所以没有厕所或盥洗室。“我们只能趁下雨的时候，”德国辛提人瓦尔特·温特回忆道，“在水洼里洗……成年人和孩子们不得不到营区后面大小便。”党卫队增添了基本设施后，情况几乎没有改善；厕所满到往外溢却很少被清空，水源稀缺而且被污染。

很快，疾病开始在吉卜赛营肆虐。安置患病和垂死囚犯的地方越来越多，到了1943年秋天，营地内的医务室从2个营房增加到6个。最可怕的景象是，男孩和女孩们遭受了口颊坏疽的折磨，这是一种由极端恶劣条件引起的口腔感染，溃疡会渐渐吞噬嘴部附近的皮肤和肌肉，在脸颊上造成很深的洞。集中营几乎不提供任何治疗，相反，党卫队依靠的是死亡。当斑疹伤寒在吉卜赛营蔓延时，每天有多达30名囚犯死亡，党卫队将营地隔离起来，并将许多患病的囚犯送入毒气室。一些幸存者试图让外面的世界知道他们遭受的苦难；在一条加密的信息中，其中一人提到了Baro Nasslepin、Elenta和Marepin——这是罗马人形容“大病”、“痛苦”和“谋杀”的词语。

在吉卜赛营，往往是全家人共赴黄泉。1943年春从德国遣送过来的伊丽莎白·古滕贝格尔（Elisabeth Guttenberger）后来作证说，她失去了大约30个亲戚。“孩子们是最先死的，”她说，“他们日夜哭喊着要面包，很快都饿死了。”医务室里的太平间堆满了孩子们的尸体，上面爬满了老鼠。许多死去的婴儿是在吉卜
463 赛营里出生的。总共有大约370名儿童被送到这里，他们的大腿上文着囚犯编号；超过一半的孩子在三个月内就死了。大多

数父母很快随孩子而去。伊丽莎白·古滕贝格尔的父亲和她的四个兄弟姐妹一起饿死了，母亲也紧随其后。生存几乎是不可能的；到 1943 年底，吉卜赛营里大约 70% 的囚犯都死去了。[82]

吉卜赛营最后的清除于 1944 年到来，此时，奥斯维辛集中营的大规模屠杀达到了顶峰。[83]幸存者的命运与匈牙利犹太人的命运越来越紧密地交织在一起。几个吉卜赛人受命将铁路支线延展到比克瑙；新月台完工后，开始有来自匈牙利的火车陆续抵达，成千上万的犹太人被带到了半空的吉卜赛营，这个营如今成了一个中转地。来自匈牙利的约瑟夫·格吕克（Josef Glück）回忆说，营地被一分为二，“一边住犹太人，另一边住吉卜赛人”。许多犹太人后来被带去附近的毒气室，剩下的吉卜赛人见证了这些屠杀。奥地利的埃尔米纳·霍瓦特（Hermine Horvath）在 1943 年 4 月初与家人一起被送到这里，她后来作证说：“景象如此可怕，我吓得晕了过去。”吉卜赛营中的许多囚犯预感自己将成为下一个，他们的恐惧很快便成真了。[84]

1944 年 8 月 2 日晚些时候，当夜幕降临在比克瑙时，纳粹党卫队包围了吉卜赛营。在接下来的几个小时里，剩余的 2897 名吉卜赛人被卡车拉到Ⅱ号和Ⅴ号火葬场；首当其冲的是孤儿，被喝醉的党卫队队员四处围捕。一些囚犯知道自己死期将至；四处都是挣扎扭打，“杀人犯”之声不绝于耳。为了欺骗这些受害者，党卫队用迂回的路线驾驶卡车。但是，囚犯们最终被迫离开后，他们都知道会发生什么，他们的尖叫声整夜回荡在比克瑙。有些人一直反抗到最后。“让他们进屋（毒气室）可不容易。”鲁道夫·霍斯后来写道。霍斯的老朋友、比克瑙集中营营区负责人、党卫队二级突击中队长施瓦茨胡伯汇报说，这是迄今为止最困难的大规模灭绝行动。[85]

很少有吉卜赛人能在比克瑙幸存。在这片营区被清理之前，只有少数人得以离开。1944 年 4 月至 7 月底，纳粹党卫队遣送到德国中部地区的囚犯不超过 3200 人，其中大部分是通过筛选被充为奴工的。其中有一些前国防军士兵（以及他们的直系亲属），他们之中有几个在被驱逐到比克瑙之前，还曾在东线因勇
464 敢被授予勋章。这些老兵对他们的待遇感到难以置信。“你这个懦夫！”其中一个老兵在抵达时对一名党卫队队员喊道，“你应该在前线作战，却在这里对付女人和孩子！我在斯大林格勒受了伤……你竟敢侮辱我！！”吉卜赛营的幸存者中有一部分被带到拉文斯布吕克，更多是被送去了多拉，那里是党卫队最大的重迁营。许多人从那里被送往埃尔里希（Ellrich）的一个卫星营。这不是巧合。集中营党卫队经常把犹太人和吉卜赛人送到致命的卫星营，而埃尔里希是最糟糕的一个。[86]

卫星营

1944 年 4 月初，奥斯瓦尔德·波尔给海因里希·希姆莱寄去了一张欧洲大地图，精确地标出了所有主要的集中营及附属的卫星营。标记遍布整个地图：集中营覆盖了纳粹全部的领土，从芬兰湾的科隆卡到南斯拉夫占领区的洛布伊尔（Loiblpass）营地，从波兰东部的卢布林到被占领的英国奥尔德尼岛。在给希姆莱的信中，波尔不禁与已故的对手特奥多尔·艾克进行比较。他在信纸空白处对自己和艾克掌控的帝国进行了比较：“在艾克的时代，总共只有 6 个集中营！”希姆莱被打动了。他满意且感激地向波尔指出“看看我们的事业发展得多么好”。[87]党卫队希望能有更多的囚犯，以这种渴望为向心力，数以百计的卫星营出现在主营周围，并进一步拓展。当巨大的重迁项目在

1944 年下半年真正启动，一切到达了顶峰；在 6 个月的时间里冒出的卫星营，数量已相当于过去 30 个月的建造总量。[88]到 1944 年底，仅达豪集中营就有不少于 77 个卫星营，其中几个都位于 125 英里以外了。[89]集中营系统变化如此之快，卫星营的建立速度几乎和被遗弃的速度一样快，甚至连经济与管理部也无法计算；1945 年 1 月，官方估计有 500 个卫星营，实际数量则接近 560。[90]

局势转移

没有典型的卫星营，就如同没有典型的主营一样。[91]卫星营的规模各异，小到只有几个人的劳动小队，大到有数千囚犯的综合设施。[92]大多数党卫队卫星营不是专攻建设（囚犯们挖隧道 465
和壕沟、清理瓦砾、建造掩体和工厂）就是专攻生产（囚犯们制造电池和军火，组装坦克和火箭），但都是为具体的项目而设立，并与其他部门联系紧密——比如 OT、军队、国企和私企。并不是所有卫星营关押的都是奴隶劳工；少数几个主要是接纳将死的囚犯，或者作为中转站，在集中营被腾空时暂时收容被疏散的囚犯。[93]

卫星营的布局也不一而足。许多卫星营效仿主营，有木制营房，外面围着带刺的铁丝网。但还有一些非常与众不同。在匆忙建立新集中营时，当局用上了他们能找到的一切建筑，囚犯被迫住在棚屋、帐篷、工厂、地窖、舞厅，甚至废弃的教堂。[94]党卫队的住所也同样即兴；在埃尔里希，一些看守睡在当地一家很受欢迎的餐馆里，而这家餐馆还在继续营业。[95]有些新卫星营甚至是移动的。1944 年夏至 1945 年初，党卫队设立了 8 个流动集中营（所谓的铁路建设旅），用于修复被毁坏的铁轨；

每个营地其实就是一列长长的火车，大约有 500 名囚犯挤在改装过的车厢里。[96]到 1944 年，20 世纪 30 年代末建立起的集中营建筑模式被随机的各种地点取代。这也算是强烈呼应了 1933 年最初兴起的集中营。在第三帝国崛起和灭亡之际，恐怖的集中营都以即兴创作为特征。1933 年，集中营系统还没有形成；而 1944 年，它开始摇摇欲坠。[97]

要想建立一个新的卫星营，最终决策权通常是在经济与管理部手中。然而，一旦营地开始启动并运行，就很少再向柏林方面报告了。这些重新安置的卫星营往往通过地方党卫队特别督察组来协调囚犯的部署，后者向卡姆勒在柏林的办公室做进一步汇报。卫星营和相应的主营之间甚至有更紧密的联系。许多囚犯经主营来到这里。此外，各主营的党卫队官员会在卫星营承担行政职务，比如给囚犯分发衣物和药品。结果就是出现了一层地区监督，从而摆脱了经济与管理部的直接控制。[98]

主营就像巨大的交通枢纽。新囚犯很少在那里长期停留，很快就会被转移到其附属的卫星营中。1944 年 9 月，拉文斯布吕克主营登记接纳了 12216 名新囚犯；当月，11884 人被转去了卫星营。[99]1944 年，卫星营吸收了大量新囚犯，如同恶性膨胀
466 一般增长。结果是主营和卫星营之间的平衡发生了决定性转移。以布痕瓦尔德集中营为例。1939 年战争爆发时，只有一小部分囚犯（不到 10%）被永久地关押在主营之外。战争初期，这个数字缓慢攀升，但到 1943 年夏天时依然低于 15%。然而，一年之内天翻地覆，布痕瓦尔德卫星营接纳的囚犯比例上升到 34%（1943 年 10 月 1 日）、46%（1943 年 12 月 1 日）和 58%（1944 年 8 月 15 日）。[100]其他集中营也发生了类似的变化，结果

惊人：到 1944 年底，大多数集中营的囚犯被关押在卫星营里。[101]

示意图6　1944年秋，布痕瓦尔德及其卫星营

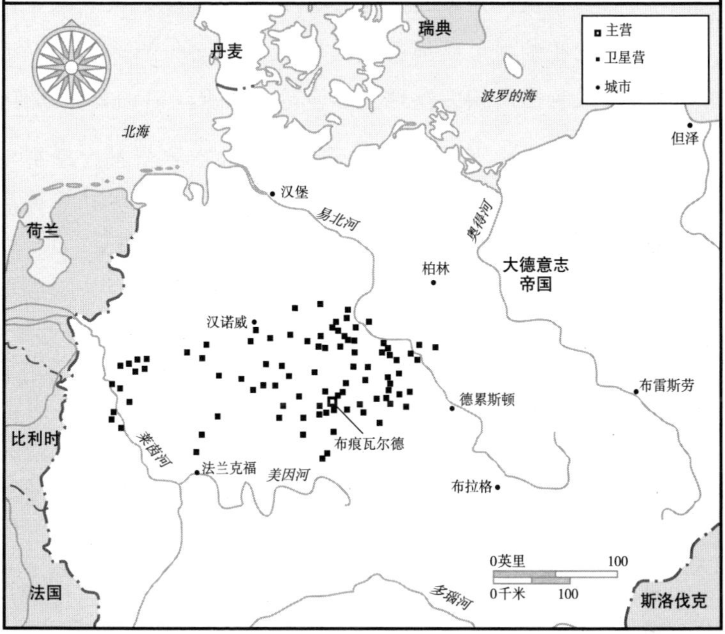

1944 年时，主营与其卫星营之间的输送并不都是单向的。正如我们所知，大量囚犯运输也是在朝着相反的方向进行，将重病、受伤和筋疲力尽的囚犯运回主营；其中大多数囚犯都在建筑工地工作，被视为可以轻易替换的角色。[102]除了濒死的囚犯 467
之外，许多卫星营还将尸体运回主营焚烧。举例来说，在 1944 年 4 月多拉建起自己的火葬场之前，上千具尸体都被运到大约 50 英里外的布痕瓦尔德焚烧。等多拉具备火化能力之后，也开始接收附近其他卫星营的尸体。[103]总而言之，集中营囚犯的总体行动往往如此：新囚犯从主营到卫星营当奴隶劳工，在死亡或

濒死时再被送回去。

现有集中营系统结构的逐步解体反映在卫星营的管理构成上，后者并不是主营传统模式的完美翻版。卫星营的党卫队员工和岗位更少，内部组织也更简单。正常情况下，没有政治或管理部门，较小的卫星营里甚至没有医生、医务室或囚犯食堂。最有权势的人物是所谓的营地主管。他负责卫星营的日常运作，是事实上的指挥官，由一名考勤主管协助。这些地方的党卫队队员享有很大的自治权。的确，他们是由主营的官员任命和监督的，或者由经验丰富的区域卫星营群主管任命和监督。但是，尽管有频繁的检查和汇报，这些高级官员依然不能对所有的新营地保持严格的控制。随着每个营地的扩建，卫星营越来越多，中央统一控制变得更加困难，地方官员获得的独立自主权也就更大。[104]

士兵变看守

1944 年，集中营几乎面目全非，成千上万的新看守加入集中营。党卫队的胃口是巨大的。所有新卫星营都必须配备人员，而且，由于监管设施较差，卫星营需要的看守比主营更多。[105]对新员工的需求给经济与管理部的管理者们带来了巨大的压力，他们自战争开始后就一直在努力解决人员短缺的问题。1944 年，人力资源的竞争比以往任何时候都更加激烈，而集中营系统还在往前线派驻较年轻的哨兵。[106]尽管如此，经济与管理部还是设法增强了它的力量。到 1944 年 4 月，集中营工作人员已经超过了 2.2 万人，到年底可能会增长到 5 万多人。[107]

大部分新人来自军方。由于集中营的奴隶劳工也惠及军队，因此经济与管理部坚持要求军方下拨士兵来当看守。在希特勒

和施佩尔的支持下，经济与管理部一直和军方进行谈判，结果 468
就是从 1944 年春季开始，大量的士兵拥入集中营系统。到了夏天，已有超过 2 万名士兵加入集中营，接下来几个月人数继续上升。大多数新看守在主营接受了一些简短的训练之后便被派往卫星营。到 1945 年初，集中营内超过一半的男性工作人员都当过兵；在卫星营中，他们的人数远远超过了经验丰富的党卫队官员。[108]他们中大多数是哨兵，跟从前相比，与囚犯的接触更密切。他们不仅负责押送囚犯到工地并在那里看管他们，他们在营地中的存在感也更强，因为看守团和指挥参谋部之间的区别变得更加模糊。[109]

大多数士兵都是预备役，最近才被征召成为现役。他们平均已经四五十岁了——有的囚犯称他们为“祖父”——经常要努力挣扎才能满足集中营工作对体力的需求。56 岁的胡戈·贝恩克（Hugo Behncke）在加入诺因加默集中营后写道，最初的训练“非常严格，我这个年龄的男人几乎难以承受”。像他这样的人并非来自战场，而是来自国内一线的常规工作岗位。贝恩克在 1944 年 6 月应招加入集中营前曾是汉堡一家殡仪店的职员。另一位新招人员，55 岁的威廉·菲尔克（Wilhelm Vierke）在 1944 年 11 月被派往萨克森豪森前是一名园丁。这些新招的人员比党卫队志愿者所受的思想洗脑更少——菲尔克甚至不是纳粹党员——而且更不情愿成为看守；战争即将结束，他们担心会受集中营内的罪行所累，遭到盟军的惩罚。[110]

在集中营党卫队老兵的眼中，女性工作人员的拥入使集中营员工的构成变得更加复杂。到 1945 年 1 月 1 日，集中营系统大约有 3500 名女性看守，反映出近期女性囚犯人数的上升。和大多数新招的男性看守一样，这些女性看守也与以前的不同。

在战争初期，许多女性看守是自愿加入集中营的。但从 1943 年开始，当局越来越要依靠施压和胁迫，才能从职业介绍所招到人，或者直接从女囚犯所在的工厂里招募。[111]尽管党卫队拒绝了一些不合适的女性（就像遣返士兵一样），但也没办法设定太多的要求。例如，坚定的意识形态已不再是硬性标准，只有一小部分女性看守是纳粹党员。[112]

1944 年，大量新员工的拥入破坏了集中营的形象，再也无
469 法修复。宣传画上精干的政治军人形象最终被战争的现实摧毁。自 1939 年之后，特奥多尔·艾克的招聘标准和意识形态培训逐渐被抛弃，到 1944 年后期就已经完全过时了。许多看守都是被征召入集中营的年长士兵，而不是眼神清亮的党卫队志愿者；集中营也没有雇用狂热分子，反倒是招收了成千上万连加入党卫队都不够格的女性；德国的骄傲更是被大量的外国看守取代。艾克的老员工现在已经所剩不多，卫星营里更是寥寥无几。[113]

新招募的工作人员中多有抱怨，不过，他们的不满主要集中在严苛的工作上，而不是囚犯的命运。他们抱怨乏味刻板的生活、狭窄简陋的住处，还有漫长的工作时间。1945 年 1 月，前飞行员斯特凡·保勒（Stefan Pauler）在从埃尔里希寄出的一封信里写道，纳粹党卫队是一个“虐待狂俱乐部”，自己因为辞职被拒而感到愤怒。在明显违反协议的情况下，一些女性看守甚至向党卫队上级正式投诉恶劣的工作条件。更常见的是，不满的新员工明哲保身，寻求其他的消遣。“周日，我们收到了一瓶价值 3.8 马克的葡萄酒，”斯特凡·保勒在 1944 年 11 月记录说，“我马上就把它喝了。”[114]

从理论上讲，大多数新员工会成为党卫队队员，只有部分例外（特别是女性看守和海军人员）。但实际上，新员工与经验

丰富的老员工之间存在严重分歧。绝不是所有退役士兵都渴望将军服换成黑黢黢的党卫队制服。最初埃尔里希集中营分发旧的党卫队制服时，斯特凡·保勒抱怨说，衣服让像他这样的老兵看起来像“小丑”。而且，保勒和其他军人仍然要单独佩戴特别的徽章，以此跟集中营党卫队队员区分开来。甚至像胡戈·贝恩克这样热烈拥护纳粹政权的人也把自己视为一名士兵，始终跟党卫队员工保持距离，私下承认和他们“有时相处得非常不愉快”。[115]

退役士兵和老练的集中营党卫队队员处于互不信任的状态。党卫队的老员工们嘲笑新来者是愚蠢的菜鸟，还担心他们的散漫可能导致囚犯逃跑或起义。这些士兵不仅与囚犯聊天，还抨击里夏德·格吕克斯，甚至对囚犯表示“怜悯”，没有意识到“每个囚犯都是国家的敌人，必须得到应有的惩罚”。[116]为了遏制这样的危险趋势，格吕克斯向Ⅵ部的当地党卫队寻求支援。这个员工指导部门在 1941 年至 1942 年隶属于集中营指挥参谋部，但在 1944 年时便独立了出来。然而，这个部门并没有发挥教导员工的职责，仅是强调集中营的基本责任，即便是实践教训 470
也让位于娱乐，旨在分散员工对日常苦差和阴郁未来的关注。[117]

在党卫队队员对新员工的抱怨中，有一点倒是真的。与经验丰富的集中营党卫队队员相比，一些退伍士兵确实对囚犯更和善。[118]神父雅克·博卡（Jacques Boca）被关押在诺因加默集中营附属的沃尔夫斯堡 - 拉格贝格卫星营（Wolfsburg - Laagberg），他在秘密日记中记录了新的营地主管上任后发生的改善，这位退役的军队上尉任职后，为休养中的囚犯建造了一个专门的营房。“我在那里度过了美好的时光，”他写道，“我不挨冻，也不用劳作。”[119]即使是集中营里的“下等公民”——犹太囚犯，待遇也有所改善。战争结束后几年，叶菲姆·K.（Efim K.）仍然记得当时惊讶的心情，一位德国前上校在瓦伊瓦拉卫星营时，把他和其他囚犯带到一个摆满食物的桌子前，说："吃吧，孩子们，我认为你们需要。"[120]

虽然有个别囚犯受益，但卫星营部署退役士兵这件事，对囚犯生活的整体影响还是不值一提。卫星营跟主营并无不同，依然是以贫困和虐待为主，这也引出了一个关键的问题，即集中营党卫队的精神是如何传输到卫星营的。显然，这种重要的工作交给了一小部分经验丰富的官员，主要是集中营党卫队老员工。虽然这些人的数量远远不及新员工，但他们占据了新卫星营内大多数高级职位（正如他们在主营的指挥参谋部里那样）。在主营里可靠的审头的支持下，这些老员工掌控了全局。他们已经将集中营党卫队的价值观内化于心，并且知道卫星营可以提供不一样的职业前景，拥有更多的权力和更高的薪酬。就连普通军士也可以成为一营之首，掌管上千囚犯，只要施行恐怖统治就可以。

集中营党卫队的老员工将命令新员工运用暴力作为第一步。更常见的是，向冷酷转变的过程是循序渐进的，像此前其他的看守一样，许多新人习惯了集中营里颠倒的道德。胡戈·贝恩克成为看守后几个月，原本很少在信里提到囚犯的他，漫不经心地对妻子说起了最近从他所在的卫星营向诺因加默主营运送伤残囚犯的事情，他把囚犯描述为肮脏、恶心、愚蠢的骷髅："他们的下场就是诺因加默的火葬场。"每日浸泡在集中营的极端恐怖中，需要具备极强的道德素养才能抵抗住，不被腐蚀。"最糟糕的是，"自我意识非比寻常的斯特凡·保勒在1945年1月中旬给母亲写信说道，"在这里，人可以变得对其他人的悲惨苦痛完全无动于衷。”

系统运行所需要的就是让集中营的新员工履行基本职责。 471
他们有时可能不如经验丰富的党卫队员工残忍，但他们该做的仍然做了。1945 年 4 月初，胡戈·贝恩克在给妻子的最后一封长信中提到，最好的办法是希望德国取得胜利，“把头埋在土里，假装什么都不知道”，然后“继续履行我的看守之责”。[121] 总的来说，结果令人不寒而栗：集中营系统并不像特奥多尔·艾克设想的那样，需要大量的政治军人。在卫星营，一小群对暴力习以为常的集中营党卫队老人，足以把控一大批普通男女的思想。这突出了集中营走向灭亡时最引人注目的一个方面：即便党卫队的存在被削弱，恐怖却依然如旧。

生产与建设

自集中营系统创立伊始，每个囚犯的命运就已经由他们所在的劳动分队决定了。条件可能天差地别，而囚犯则永远费尽心机想要逃离最艰苦的工作，或紧紧把握住条件稍好的工作。劳动分队之间的差距在战争期间进一步拉大。调换到另一个分队通常是生死抉择，同样要紧的是调换到另一个集中营。

跟以生产为主的卫星营相比，从事建设工作的集中营通常更致命。在重新安置的营地，大批不具备技术的奴隶被视为消耗品；建造工程中，当局追求以最少的投入取得最大的产出，因此预料到会导致大量囚犯死亡。相比之下，从事生产工作的囚犯人数略少，但通常具备相应技能，取代他们需要耗费更多的时间和精力。因此，他们受到的虐待更少，获得的食物更多，也能享受更好的医疗服务。吕特延堡集中营（Lütjenburg）是诺因加默集中营的一个小卫星营，建于 1944 年秋天，有 200 名高技能囚犯，专门生产 V2 火箭陀螺仪。一名吕特延堡的前囚犯表示，这里的条件跟其他集中营相比“就像疗养院”。[122]

当然，生产类集中营也不是什么好地方。住宿条件简陋，劳动节奏非常紧张，特别是交通运输等技术含量低的岗位。食物永远是不够的。“布痕瓦尔德的汤比这里的好喝多了。”法国抵抗运动的斗士罗贝尔·安泰尔姆（Robert Antelme）在 1944 年秋天被送到甘德斯海姆卫星营（Gandersheim）时偷偷记录道。在那里，大概有 500 名囚犯在生产亨克尔战斗机的机身。
472 “饥饿缓慢且悄无声息地渗透进我们的生活，”他写道，“现在，我们被它彻底控制了。”某些生产类集中营的死亡率甚至赶上了建设类集中营，特别是在 1944 年底以后。[123]

不过，卫星营功能上的不同也导致了彼此间存在显著的差异。在多拉集中营，这种差别尤为显著。党卫队通常把新来的囚犯关押在主营，一小撮身体健壮、技术过硬的囚犯被挑出来从事生产工作，其余大部分人被遣送到建设分队。囚犯会继续接受体检，一旦身体变虚弱，就会被送去条件更差的营地。如此一来，囚犯最开始或许能在主营里面条件稍好的生产队劳动，等他们筋疲力尽、生产力下降后，就会被送到卫星营，成为一名建筑工人。在那里，党卫队会努力榨干囚犯身上最后一点劳动力，然后把囚犯丢弃到另一个卫星营（或综合性集中营）等死。结果，多拉集中营的大部分囚犯会经历不止一个集中营，每迁移一次，就离死亡更近一步。[124]

对上千名多拉的囚犯来说，最后一站是埃尔里希建设营。这个营地是在 1944 年 5 月初匆匆建成的，位于多拉集中营以北不到 10 英里的地方。[125]这里一直人满为患，很快就关押了超过 8000 名男性囚犯，几乎是周围城镇人口的两倍。这里原本是两个废弃的石膏厂，根本不适宜居住。只要一下雨，所有东西就糊上了一层泥，囚犯不得不睡在破败的建筑和棚屋里，刚开始连屋顶都没有。公共厕所更是无从谈起，纯粹是“名副其实的粪坑”，一名法国幸存者后来写道。医务室后来才出现，对救治囚犯没起半点作用；偶尔做一台手术，用的是不干净的器械，到 1945 年初，所有的药也都用光了。[126]

1944 年夏天，埃尔里希的一天从凌晨 3 点 20 分开始，囚犯会被第一遍点名叫醒。两个小时后，他们被装上货车送去工地，一般是附近用于党卫队搬迁项目的隧道。在那里，他们要经受 13 个小时的折磨，从早晨 6 点到晚上 7 点（中间只有 1 个小时休息），比多拉其他卫星营的劳动时间都长。许多人在隧道深处劳作，有时甚至只能赤足。然后，他们通常要等上几个小时才能搭上回埃尔里希的火车。经过一天筋疲力尽的劳作后，这种延误“对我个人而言或许是有生以来最恐怖悲惨的事情，不是指被折磨的极限，而是人类悲痛的极限”，法国幸存者让 - 亨利·托赞（Jean - Henry Tauzin）在 1945 年写道。等囚犯们最终回到埃尔里希时，通常已经是深更半夜，他们还要等着再点 473
一次名。最好的时候，他们能期盼在拥挤的铺位和肮脏不堪的稻草铺睡上 5 个小时。很少有人能在地下撑过 8 周。[127]

对于埃尔里希这些已知必死的囚犯，党卫队会扣留重要的物资。囚服一直都不足。17 岁的匈牙利犹太人维尔莫什·雅库博维奇（Vilmos Jakubovics）于 1944 年 8 月被送到这里，8 个月的时间里，他从没穿过干净的衣服：“我们只有令人作呕、爬满虱子的衣服穿。”到 1944 年秋天，许多囚犯赤裸着身子，只裹一层薄毯。党卫队在埃尔里希的官员及时给内部囚犯统计增添了一个新类别——“没穿衣服的”。在寒冷的营房，囚犯醒来时常常四肢冻僵；有些被冻死，还有一些被饿死。囚犯常常好几天都领不到少得可怜的面包配额，维系生命的只有咖啡代用品和稀汤寡水；他们平均每天只摄入800卡路里热量，几乎要饿疯了。[128]

埃尔里希的地狱也少不了暴力虐待。几乎所有的看守都曾是飞行员，而营地的主宰则是几个强硬派的党卫队队员，他们最为残暴，总是对囚犯拳打脚踢。其中一名领导者是自称奥斯维辛毒气室创造者的卡尔·弗里奇；他1944年夏天来到埃尔里希，是最有经验的党卫队队员之一。当他秋季卸任后，一把手就换成了奥托·布林克曼（Otto Brinkmann），也是一个残暴程度毫不逊色的老党卫队队员。有一次，他强迫一名囚犯把尸体的睾丸切下来，撒上胡椒粉和盐吃下去。“我只是想看看，”布林克曼战后说，“这种事是不是真能发生。”[129]

劳动和死亡是埃尔里希的全部。几个月的时间里，它成为多拉集中营区死亡率最高的地方，而这完全在党卫队的算计之中。毕竟，被挑选出来送往埃尔里希的囚犯都已是疲惫虚弱的人，在党卫队眼中，他们仅存的价值就是剩余的这点力气了。“不可挽回，囚犯一个接一个，前额被烙上了死亡的印记。”1944年12月26日，一名囚犯在秘密日记中偷偷写道。彼时，大约3000名埃尔里希的囚犯——占囚犯总数的一半——被剥削至身体极度虚弱，已经无法再劳动。1945年1月，超过500名埃尔里希的囚犯死亡，月死亡率达到7%。维尔莫什·雅库博维奇初来时，是跟一群匈牙利来的犹太人一起劳动，“其中有30个人来自我的家乡，”1945年夏天他在作证时说，“只有我一个人活了下来。”[130]

474 不是所有建设营的死亡率都像埃尔里希一样高。[131]许多经历过数座建设类集中营的囚犯发现，此中也有很大区别。1944年5月，16岁的匈牙利犹太人耶诺·雅各布维奇（Jenö Jakobovics）来到附属于“巨人劳动营”的埃伦布施卫星营（Erlenbusch），他或许可以松一口气。劳动依然艰辛——每天工作12个小时，修建新的火车站设施——但起码有吃的、穿的和温水。附近的沃尔夫斯贝格卫星营（Wolfsberg），条件则差上许多，雅各布维奇1944年秋天被转了过去。那里是“巨人劳动营”最大也最重要的卫星营，1944年11月22日共关押了3012名囚犯（其中510人年龄在14岁到18岁之间，跟雅各布维奇一样）。大部分人不得不睡在临时搭建起来的单薄脆弱的木制营房里，累死累活地挖隧道和参与其他建筑工程。而相比于恶劣的条件，看守的残暴最让雅各布维奇震惊：“在这里，看守直接以消灭囚犯为目的。”[132]由于沃尔夫斯贝格是犹太人专属的营地，这不禁让人想到一个关键的问题。如我们所见，大多数登记在册的犹太囚犯在1942~1943年面临劳动谋杀。鉴于沃尔夫斯贝格的情况，当大批犹太人被遣送回德国内部从事战时经济生产时，难道党卫队的这套方法一直沿用到了1944年？

纳粹的种族等级论

第三帝国是种族主义国家，许多历史学家认为，纳粹领导者直到最后崇尚的都是极端种族主义。[133]把这个结论用在集中营，有些人推测，基于纳粹的意识形态，囚犯的种族等级继续决定着囚犯的生存概率，即便政权为赢得战争而做最后的疯狂挣扎时也是如此。[134]然而，近期的研究却展现出更复杂的情景，显示经济压力开始削弱纳粹种族主义政策的威力，至少暂时如此，因为集中营系统的调度开始加快为筹备全面战争服务。[135]

历史学家延斯－克里斯蒂安·瓦格纳（Jens-Christian Wagner）称，局部的“意识形态侵蚀”在许多卫星营都很明显。在埃尔里希和整个多拉集中营区，法国和比利时囚犯的存活率远低于吉卜赛人、波兰人和苏联人，尽管后三者在纳粹种族等级论中属于下等人种。[136]多拉不是个例。诺因加默的卫星营也是如此，来自西欧国家的囚犯比东欧人的死亡率更高。[137]

是什么打破了纳粹信奉的种族理念？貌似有两个决定性的
475 方面。其一，卫星营中囚犯抵达的时间。以法尔格营地为例，法国囚犯抵达时，关键的审头位置已经被其他先来者占据，后来者无法再得到那些救命的位置。[138]其二，囚犯的专业背景如今比其民族更重要。法国囚犯通常都是知识分子，从未学过交易，经常被分配去从事体力劳动。相反，一些苏联囚犯掌握技术，因此更容易被分到生产岗位。而且因为他们年轻、常干体力活、以前有应付饥饿和短缺的经验，因此更能承受艰苦的奴役。法国囚犯让－皮埃尔·勒努阿尔（Jean－Pierre Renouard）回忆起诺因加默附属的汉诺威－米斯堡卫星营（Hanover－Misburg）里的一段插曲。他被命令去操作沉重的风钻，结果绊倒了两次，因此被狂怒的看守打到失去意识；当他醒来后，一个身体强壮、操作娴熟的俄罗斯囚犯接替了他的工作，看上去明显更轻松，也不会挨打。[139]

但党卫队意识形态的让步也是有限的：经济压力并没有彻底推翻囚犯的种族等级。德国囚犯依然处在等级中的最顶端，而犹太囚犯大多依然是最下等的人，对他们而言，强制劳动通常还是意味着死亡。对卫星营中犹太人的致命剥削已经在被占领的东欧地区得到了“良好贯彻”，从1944年春天起，伴随着向德国腹地大规模遣送的兴起，党卫队的此类暴虐行为一路向西传播。在许多混合型集中营，管理者会把犹太人挑出来，给他们最差的待遇。“如果犹太人吞咽太多的食物，”诺因加默一座男子卫星营的党卫队领导据说这样宣称，“他就会变胖、变懒，最终成为厚颜无耻的无赖。”[140]

党卫队把许多新建的卫星营几乎全留给了犹太囚犯。它们大多数是像上巴伐利亚的考弗灵一般死亡率高的建设营。考弗灵卫星营建于 1944 年 6 月，附属于达豪集中营，可能是德国战前境内最大的犹太人卫星营区，有 11 个独立的营地。不到一年的时间，大约 3 万名集中营囚犯被输送到这里，绝大部分是犹太男子，为战斗机参谋部工作。囚犯 24 小时轮班，大多在建造 3 个巨大的地堡（其中 2 个后来被弃用），供飞机工厂使用；一长队一长队的囚犯背着一袋袋水泥穿过杂乱的建筑工地，其他人则在水泥搅拌机那里劳作。在这个匆匆搭建起的营地里，他们无休止地遭受折磨。没有标准的营房，他们睡在盖在地洞上的临时小木屋里，屋顶上盖着土，四处漏风。一名囚犯将这里的条件比作最黑暗的中世纪。1944 年末，经济与管理部的一条允许在附近的民用医院给犹太囚犯实施紧急手术（为了激励奴隶劳工们）的指示也被直接忽视了。相反，当地管理者在削减 476
患病囚犯的配额。年轻的匈牙利犹太人萨拉蒙·菲勒普（Salamon Fülöp）后来讽刺地记录说，行凶者依靠“饥饿疗法”来治疗病患；囚犯会吃一切能找到的东西，包括草和干木头。这里还有反复的筛选；比如 1944 年秋天，超过 1300 名囚犯被送进了奥斯维辛的毒气室。没有人确切地知道，考弗灵里总共死了多少囚犯，但估算有将近 1.5 万人——大概是总人数的一半。[141]

像考弗灵这样的集中营区建立在囚犯的生命之上，而对党卫队来说，最不值钱的是犹太人的生命。在许多卫星营，看守一直沉浸在反犹的暴行中，即便在大范围的经济压力面前，这也相当明显。结果，相比关押其他种族的营地，关押犹太囚犯的建设营通常死亡率更高。然而，事实并非如此简单。跟过去一样，一些掌握技术的犹太囚犯可以暂时受到保护，免于最悲惨的酷刑。党卫队高级官员也并不总会把犹太人送到条件最差的卫星营。奴隶劳工的分配通常更随机，不是由种族主义思维驱使，而是根据填补短期空缺的需要。比如，在诺因加默，大多数犹太人被派到生产营，避开了条件最差的建设营。[142]显然，反犹主义并不是决定卫星营里犹太人命运的唯一因素。在种族以外的所有因素中，性别最具决定性。

性别和存活率

“集中营里的女性，”埃德加·库普费尔听传言说法国女人被留在达豪主营区后，在1944年9月的日记里这样写道，“难以想象！”[143]达豪这样的德国主要集中营曾经根本不关押女囚犯（除了少数被迫在妓院卖淫的妓女），突然之间拥入这么多女人，即便其中大多数只是临时待在这里；一旦她们登记完毕，党卫队通常会把她们遣送到卫星营从事奴隶劳动。[144]女性大批拥入集中营系统带来了几个改变。党卫队撤销了禁止男女囚犯同在军工产业工作的命令，也放松了对输送奴隶劳工的规则，响应了工业对小规模囚犯队伍的需求；党卫队不再输送超过1000人的批次，而是把女囚的最低“订购量”减到了500人，为更多的需求铺路。[145]

477 女性囚犯分布在德国的所有卫星营。直到1944年夏天，大多数此类营地都附属于拉文斯布吕克集中营。但是随着卫星营如雨后春笋一般出现，经济与管理部简化了行政职权。1944 年秋天和冬天，拉文斯布吕克约半数的卫星营（大概关押了 1.4 万女囚犯），其监督管理权被移交给了其他主要集中营（不过也保留了一些联系，布痕瓦尔德和弗洛森比格等集中营会定期把“伤残的”女囚送回拉文斯布吕克）。因为这些主营建起了更多的卫星营，女子营的网络继续扩张。到 1944 年底，超过 100 座卫星营关押了女囚；有的是专门的女子营，有的是男女混合的卫星营。[146]然而，男女即便同在一个营，也是分开生活和劳动的。

性别之间最大的区别在于存活率。在卫星营里，男性囚犯的死亡率远高于女性，不禁令人想起 1942 年之前的岁月，党卫队对女性的恐怖行动推迟了。[147]很难相信，一些历史学家辩称，女性作为主妇的经历给予了她们较男性而言极大的生存优势。[148]女性囚犯之间更紧密的联系也是决定性的因素，这同样令人难以置信。[149]更重要的是女性服劳役的类型：与男性不同，大多数女囚从事生产工作。在拉文斯布吕克的卫星营，女性被分到生产和建设工作的比例大概是 4∶1，男性正好相反。公司通常更愿意让女性从事武器制造中的精密加工，让女囚犯制作军需品、防毒面具、战舰和战斗机。[150]

女囚犯也较少遭遇来自同伴和官员的极端虐待。大多数情况下，党卫队当局不怎么害怕女子的力量。尽管一些官员告诫过要提防女性狡诈的天性，但集中营党卫队并没有过分担忧女性会有暴力袭击和越狱。这反映在人员部署的安保水平上；按比例来看，党卫队通常在男子卫星营部署的看守是女子卫星营的两倍。[151]而且，集中营区里女囚犯的看守通常也是女性。[152]跟一些男性看守不同，女性看守并没有受过前线战争的“残暴教育”。尽管她们一般行为粗野且喜怒无常，但的确较少对女性囚犯施虐；致命的极端暴力行为属于个例。[153]显然，有一点是相同的，许多上了年纪的男性预备役军人被拉来当看守。卫星营里的女性幸存者常常表示，这些男看守较为和善，允许她们多休息一会儿，也会给她们更多的食物。即便一些犹太女人对这些退伍士兵的回忆也是“非常得体”，提出了卫星营中针对女性的反犹恐怖行为的关键问题。[154]

478 至于卫星营中的生存概率，性别的重要程度超过了种族：犹太女性的存活率比非犹太男性更高。[155]的确，从事建设——清理废料、挥镐、挖壕沟——的犹太女性通常面临很大的危险：仅被送去考弗灵一处的女囚就超过4000人（大多数是匈牙利犹太人），其中许多人跟男囚一起在危险的工地上劳动。[156]然而，1944年时，德国集中营里绝大多数犹太女人从事的是生产工作，所以跟其他女囚一样，她们的生存概率更大。[157]比如，在格罗斯-罗森的卫星营里，犹太女人大多从事纺织和军工生产工作，死亡率大约在1%；相比之下，“巨人劳动营”建设类营区中，犹太男人的死亡率超过27%。[158]这样看来，弹药、武器和其他纳粹战时用品的生产制造将数千名犹太女人从必死的命运中拯救了出来，至少当时如此。

许多犹太女人和其他女囚一起被关押在卫星营里，虽然她们总会面临更多的折磨，但并没有被挑出来集体灭绝。布痕瓦尔德的莱比锡-舍讷费尔德卫星营（Leipzig - Schönefeld）里有超过4200名不同民族和背景的女囚，她们在1944年秋天时从事武器生产，技艺娴熟的犹太囚犯跟其他囚犯的待遇相差无几。据一名幸存者回忆，当时营地主管是一名集中营党卫队的老队员，他曾跟新来的囚犯们保证说会按表现来决定她们的命运，而不是制服上的黄色星星。[159]

其他犹太女人则被送到犹太人专属的生产营。有一座营地是为西门子 & 舒克特工厂做工，开设于 1944 年 10 月中旬，位于纽伦堡，对面是城南的大型公墓。营里关了 550 名女囚，本章开篇时我们提到的阿格内斯·罗饶就在其中。跟罗饶一样，其他女囚也是从匈牙利被送到奥斯维辛，然后再转到纽伦堡劳动。在铁丝网围着的这两间营房里，罗饶与其他许多女囚一起，用精密的工具制作电子产品。在纳粹的集中营里，有一个享有特权的小分队，这些女人都知道。“我们不再受日常筛选的威胁，或被毒气室的恐怖笼罩，”罗饶在 1944 年 12 月 6 日的日记里写道，“我在奥斯维辛时是死的。”她几周后补充说：“但只有在纽伦堡，我开始工作后，才重生过来。”强制劳动虽然艰苦——罗饶每天要工作 15 个小时——但不会面临被处决的危险；生活条件虽然恶劣——囚犯有时饥寒交迫、瑟瑟发抖——但不会致死；暴力虽然常见——工作时会挨巴掌，偶尔会被殴打——但不会致命。这对囚犯来说已是巨大的改变。营地因 479
1945 年 2 月 21 日盟军空袭而关闭之前，党卫队记录在案的死亡只有 3 例。[160]

那时，对大部分犹太女囚来说，被送到德国境内的卫星营意味着改善生活。[161]但这些女人在所有被关押的犹太人里只占一小部分。更多人以“不适合劳动”为由，被杀死在奥斯维辛。1944 年 4 月 26 日，约瑟夫·戈培尔跟希特勒聊天时提及匈牙利犹太人的遣送，他是这样总结的：“如果说有什么的话，那就是元首对犹太人的仇恨有增无减……只要是我们够得到的地方，他们就躲不开我们的报复。”[162]至于那些被选出来服劳役的犹太男女，人们应该记得纳粹领导人曾受到短期经济或战略考虑的影响。[163]这种例外并没有从根本上扭转纳粹的反犹政策，而1944年时卫星营里服劳役的一些犹太人幸存，只意味着免于处决的偶然情况。[164]这些囚犯自己也很好地意识到，他们的死里逃生纯属运气。“当一切尘埃落定，”罗饶于1944年12月22日在日记中写道，“我能活下来只是因为这个时候没人想要杀我。”[165]

外面的世界

弗里茨·昆池（Fritz Güntsche）又羞又气。这位在诺德豪森教书的老师在1951年回溯第三帝国最后的岁月时，指责了同胞们这种刻意的遗忘，那些人总是靠捏造的谎言来忽略附近多拉集中营的残暴过往。“那些说此类事情都是撒谎的人！”昆池怒发冲冠。列队经过镇上的囚犯做何解释？被送到布痕瓦尔德的尸体做何解释？与本地人一起在工厂里和建筑工地上一起干活的囚犯又做何解释？所有这一切已是铁证，昆池写道：“我们窥得了多拉集中营和里面受到威逼的人员的一角！可我们没有去干涉那里发生的事情，我们不敢去对抗那些卑鄙的人。我们要对那里发生的一切负责。”孤掌难鸣，这样的呼声淹没在了对纳粹暴行的缄默当中，反映了20世纪50年代早期德国的普遍状态——昆池未公开的手稿被锁在柜子里，而钥匙在东德的档案馆里——而他指出了许多方法，集中营在第三帝国末期因此向社会公开。[166]随着国内遍布越来越多的卫星营，大批德国人目睹了政府以他们的名义犯下的罪行。而且，不仅德国人了解到更多集中营里的情况，盟国也比以前更清晰地了解到党卫队的恐怖行为。

480 ### 眼不见，心不烦？

集中营从未切断与外界的联系，尤其是与周围社区的联系。

党卫队在20世纪30年代末曾试图让营地与世隔绝，但战争开始后，却无法阻止它们再度现身于人前。谋杀苏联战俘和其他纳粹受害者的罪行无法被彻底掩盖，在一列列饥肠辘辘的囚犯向集中营行进的过程中，总会泄露出些许内情。“焚尸炉的烟囱，”一名达豪妇女在战后回忆说，“不分白天黑夜都冒出恶臭。”[167]另一个与当地人的接触点是奴隶劳工。理论上，党卫队依然试图阻挡外界的目光；大概在1942年，达豪哨兵接到的指示是，所有被抓到的偷窥者都要被拽到集中营当局面前。[168]但此类规则到了20世纪40年代早期已很难再彻底贯彻，因为外派的囚犯在增多（早在卫星营泛滥之前）。[169]通常，这种劳务派遣的倡议来自当地的官员和交易商。特别是农民，他们会在收获季请求集中营派人协助，这是州立监狱流传下来的传统。来自弗洛森比格的农民格蕾特尔·迈尔（Gretel Meier）就曾在1942年6月向集中营指挥官“申请派遣四人的收割小组”，因为“我的丈夫在前线”（经济与管理部批准了她的申请）。农业劳动力的短缺致使党卫队出租了数量可观的囚犯；1942年秋天，拉文斯布吕克大约13%的女囚在当地干农活。[170]

偶尔，集中营囚犯也为小公司、当地城镇和城市做工。[171]他们的存在感自1942年秋天开始不断增强，因为希姆莱决定指派新的党卫队建筑旅去清理瓦砾和废墟。囚犯们穿着条纹制服——公众长期把这种衣服跟犯罪联系在一起——伴随着党卫队的施暴，格外显眼。前囚犯弗里茨·布林格曼（Fritz Bringmann）回忆起在奥斯纳布吕克（Osnabrück）的街道上发生过一起不寻常的事故。因为一名党卫队队员在殴打已经失去意识的囚犯，从围观的人群里站出了一个女人，她挡在囚犯身前申斥这名党卫队队员；当天晚上，那名囚犯兴奋地说起这次仗义援手的事，证明说依然有德国人“没有忘记人性和非人性的区别”。[172]

然而，战争刚开始的那些年，在绝大多数德国人心中，集
中营和里面的囚犯依然抽象。他们与囚犯的直接接触很少，媒
体报道也不多；即便是像奥斯维辛这样的大集中营落成，当地
481 和地区报纸上也不会有消息。[173]当然，集中营系统并没有被彻底
遗忘。公开演讲和流行文化中偶有提及。比如，1941 年在慕尼黑举办的大德国艺术展上，有一张大幅油画描绘了几十个集中营囚犯——可以通过他们的帽子、制服和带颜色的三角形辨认出来——在弗洛森比格采石场劳作（这幅画后来被人以希特勒的名义用 4000 德国马克买走了）。[174]当地的纳粹权贵也依然用集中营来威胁“捣乱者”，频率之多乃至希特勒在 1942 年夏天发布了一则正式的警告。他坚称，德国人民是得体之人，纳粹不可以经常用集中营这种严厉的惩罚来威胁他们。[175]然而，大部分德国人仍把集中营抛在脑后，就像他们在 20 世纪 30 年代末那样。当他们想到那里的囚犯，或许脑海中浮现的是危险的罪犯和其他国家公敌——这个形象在那时如此根深蒂固，以至于战后很长时间里依然存在。[176]

公众对集中营在纳粹最终解决方案里发挥的作用也不甚了解。诚然，奥斯维辛集中营里的种族屠杀从未如行凶者所愿，被瞒得密不透风。[177]党卫队圈子里必定广为流传。约翰·保罗·克雷默医生在 1942 年 9 月第一次参与筛选后，在日记里写道：“奥斯维辛被称为湮灭之营，名不虚传！”[178]除了党卫队，一些普通的德国士兵也目睹了奥斯维辛里的罪行，到 1944 年，军队里多位高级长官都熟知那里进行的大规模毒气灭绝。[179]铁路工人和其他政府工作人员也知道。1943 年 1 月，德国最高层司法官

员——战前曾与集中营保持一定距离——在帝国司法部部长提拉克的带领下参观了奥斯维辛集中营。[180]许多当地居民对附近集中营的大规模屠杀也略有耳闻。整个地区谣言四起，只不过有时主要的遇难者被认为是波兰人而不是犹太人。[181]通过亲朋好友的转述和盟国无线电广播，有关奥斯维辛的只言片语在帝国内部流传开来。而对于那些还没有被遣送的德国犹太人来说，朋友和熟人死亡的报道并没有引起一些人的警觉，让他们怀疑奥斯维辛是"快捷的屠宰场"，维克托·克伦佩雷尔在 1942 年 10 月 17 日的日记里写道。[182]尽管如此，奥斯维辛在纳粹德国并没有家喻户晓。虽然许多普通的德国人大概知道东边对欧洲犹太人的大规模屠杀，但他们主要听说的是屠杀和枪击，并不是集中营。大部分德国人只在战后才听说奥斯维辛。[183]

482 这种忽视主要归因于纳粹当局极力封锁有关集中营罪行的消息。集中营党卫队官员禁止用普通邮件的形式寄送染了囚犯鲜血的衣服，唯恐包裹封口不小心漏开。他们也不许给已故苏联劳工的家属发死亡通知，哪怕集中营高死亡率的谣言在东部占领区甚嚣尘上。[184]此外，党卫队开始用秘密代码来掩饰集中营登记处记录的死亡人数，以免引起猜疑。[185]至于民间谣传，纳粹当局或许后悔 1939 年 10 月盖世太保曾发布的一条指令——鼓励集中营里艰苦生活的"传闻宣传"，以提高集中营的"震慑作用"。[186]事实上，公开讨论集中营里的暴行和谋杀依然要受到惩罚。大嘴巴的集中营党卫队官员轻则被解雇，重则被监禁。其他人就没这么走运了。一名 1931 年加入纳粹党的汉诺威牙医在 1943 年夏天告诉一名患者，说自己痛恨集中营里"中世纪的惩罚手段"和屠杀数百万犹太人，结果被德国法庭判处死刑。[187]

为了掌控公众对集中营的看法，纳粹当局继续对囚犯接触外界实施严格的管控。信件依然被严格控制，最好的情况下，每两周可以寄一次（许多囚犯群体的寄信频率远低于此，或者干脆不许寄）。囚犯们写信时必须用清晰的德文——这就拦住了大部分外国囚犯——也不能提到患病、奴隶劳动和集中营生活。通常，他们甚至都不准提及身处集中营的事实。[188]

尽管只允许写温和的内容，这些信件却依然对囚犯有重要意义，囚犯们热切期盼偶尔能收到的回信；深爱之人依然活着的消息可以赋予他们强大的力量。"我一遍又一遍地读（你的信），"比克瑙特别工作队的哈伊姆·赫尔曼在 1944 年 11 月给身处法国的妻女的最后一封信里写道，"反反复复，直到我生命的最后一刻。"[189]与此同时，囚犯继续打破党卫队的规定。一些暗示——比如"温斯顿叔叔"过得怎样之类的问题——如此明显，以至于监察人员只有瞎了眼才会看不到。其他暗示则更微妙，需要一些外国文化常识。"豪拉小姐（Halál，匈牙利语，意为死亡）在这里非常忙。"比克瑙集中营里的爱丽丝·巴拉（Alice Bala）在 1943 年 7 月的信中写道。[190]一些囚犯甚至想方设法夹带秘密信息出去，会更公开地表达自己的想法。20 岁的雅努什·波戈诺夫斯基（Janusz Pogonowski）在 1943 年 4 月（他死前三个月）从奥斯维辛集中营寄出的最后一封信里告诉
483 家人，他最好的朋友最近被枪杀了，请求家里多寄些东西来，因为"我最近分到的食物很不够吃"。[191]这类信息点燃了外界对集中营的流言。随着一些囚犯被释放回家，更多的细节流出。

释放和"缓刑"

集中营囚犯被释放的希望随着战争爆发而破灭。1939 年秋天，赖因哈德·海德里希下令，保护性拘禁的囚犯在战时一般

不予释放。或许会有例外，他补充说，但警官们不得释放已知的政治活动分子、危险的罪犯，“特别是不合群的人”。[192]仅仅几个月后，我们看到，海因里希·希姆莱禁止再释放犹太人，这条指令不折不扣地得到了贯彻。根据为希姆莱准备的党卫队绝密数据来看，1940 年 6 月至 1942 年 12 月，奥斯维辛释放的犹太囚犯只有一人。[193]

但是，并没有绝对的禁令不允许释放囚犯。比如，在 1940 年，拉文斯布吕克集中营释放了 387 名女性，萨克森豪森集中营释放了 2141 名男性。跟这些集中营里的囚犯总数相比，被释放的仅占一小部分，但足以给那些被抓入集中营的人希望。[194]这些少数的幸运儿里，有佩戴绿色、黑色和红色三角的德国囚犯，也有包括捷克人和波兰人在内的外国囚犯。1940 年 2 月 8 日释放的规模最大，经希姆莱首肯，克拉科夫大学的 100 名教授被释放，这是受国外压力所迫。[195]一些被释放的德国人直接被拖进了军队。1939 年夏天起，够资格参军的囚犯在集中营里接受了军事委员会举办的体检，释放后即刻参军，连他们自己都不相信。[196]

1942 年之后获释的囚犯数量较此前有所减少，因为警察害怕犯罪和暴动事件加倍发生。党卫队的数据显示，1942 年下半年，集中营系统每个月平均释放 800 名囚犯。[197]有时，几乎会完全暂停释放。例如，1943 年 11 月的第一周，3.3 万名布痕瓦尔德的囚犯里只有 3 人获释。[198]与此同时，战前集中营颇为常见的大规模释放也几乎彻底停止了。少数例外之一是迅速释放了 1944 年夏天在雷雨行动中被围捕的前民主派人士。几周之后，公众对纳粹专横地逮捕没有参与过任何反对活动的老年德国人 484
感到不安和愤慨，甚至有来自纳粹高层的指责，在多重压力下，警方才释放了大部分人。[199]

不是所有被释放的集中营囚犯都获得了实际的自由：数千人被送去了迭勒旺格特别分队，这个声名狼藉的党卫队特别分队把一些曾经的囚犯变成了刽子手。迭勒旺格特别分队成立于1940年，此前希特勒下令挑选国家监狱中非法捕猎野生动物的偷猎者组成一支特别分队。1940年5月和6月，许多人被送到萨克森豪森集中营接受训练（1942年人数增多）。这个分队由指挥官奥斯卡·迭勒旺格（Oskar Dirlewanger）统领，他是党卫队最可憎的大恶棍之一，已经因贪婪的犯罪欲望而引人瞩目，从动用极端的政治暴力到贪污和性犯罪，无恶不作。作为这支以他名字命名的党卫队特别分队的指挥官，他如今更是涉及掠夺、强奸和大屠杀，尤其擅长在东部占领区杀害手无寸铁的平民。[200]

1943～1944年，大概有2000名集中营的德国囚犯加入了迭勒旺格特别分队，使其发展壮大。这些人包括所谓的反社会人士和刑事犯罪分子（有几个同性恋者刚刚因为“堕落的性冲动”被阉割）。不是所有人都想要从集中营里熟悉的环境换到充满未知危险的前线。“那时，我们在集中营里过得相当好，”一名老“罪犯”后来写道，“我们本可以等到战争结束。”一些人很快被送回了集中营，其他人躲避或加入了游击队。但绝大多数人步入了第三帝国最黑暗的一个领域，在那里，行凶者和被害者的界限被抹去了。这些人多年来在集中营里被当作社会边缘人群，如今为纳粹事业而战，犯下了可怕的罪行，却依然屈服于党卫队的暴力。迭勒旺格用极端恐怖的手段对待他的人（希姆莱满意地提到用“中世纪”方法对待“我们集中营里的无用之人”），把当过囚犯的人作为炮灰。希姆莱认为，“有罪的人”去“流血牺牲”可以挽回大量“德国男孩”的生命。[201]

35 岁的威廉·K.（Wilhelm K.）来自慕尼黑，是众多伤亡人员中的一个。他穷困潦倒，却有 5 个孩子，为了养家糊口而开始偷猎，被逮捕判刑后，从 1942 年起就被关进了达豪集中营。尽管他对共产党满怀同情，对党卫队充满仇恨，1944 年夏天时也只能别无选择地加入了迭勒旺格特别分队。“亲爱的，”他在 8 月末给妻子的一封密信中写道，“你和孩子们需要好的生活，我暂时没有其他选择，只能加入他们，所以别生气。”仅仅 485
几周后，威廉·K. 在镇压华沙起义时遇难，迭勒旺格特别分队在其中扮演了残酷的角色。[202]

1944 年秋天，第一批政治犯加入了迭勒旺格特别分队。希姆莱迫切需要加固德国的防御，所以愿意让德国共产党人等国家的公开敌人走出集中营。这些囚犯在虚假的承诺和威压之下加入了分队。许多人担心自己的命运，那些留在集中营里的同僚亦是如此。“当我看到他们这个样子，我本可以哭泣。”埃德加·库普费尔看到曾经的同志如今身穿党卫队制服、佩戴骷髅头的标记后，在达豪日记里写道。1944 年 11 月中旬，将近 800 名前集中营囚犯抵达斯洛伐克，加入迭勒旺格特别分队。多数人意在尽快逃跑，而成功来得比他们希望的更快。一个月内，大约三分之二的人溜走加入了红军——或许是此次战争到目前为止德国军队最大规模的一次逃亡。但是，他们逃离党卫队的狂喜并没有持续太久：大部分逃跑的反法西斯德国人被抓到了苏联的强制劳动营，许多人将客死他乡。[203]

近距离接触

1944 年 5 月 24 日，希姆莱告诉德国将军们，匈牙利犹太人会被遣送到第三帝国，他坚称普通的德国民众不会注意到这点。党卫队会把这些囚犯锁在地下工厂里，让他们成为“隐形奴隶”。“没有一个人，”希姆莱保证说，“会出现在德国民众的视野里。”[204]但是，由于囚犯人数和卫星营的数量爆炸性增长，党卫队关于隐瞒集中营的老政策到1944年时并没有奏效，此前也从没成功过。无论希姆莱想不想，他的集中营系统已经跟德国社会紧密交织在一起。比如，在林茨地区，毛特豪森集中营区的无限扩张意味着最终每五名居民能使用一名囚犯。[205]

由于多数集中营囚犯在德国平民附近或脚下劳动，最近距离的接触也发生在强制劳动期间。在多拉，1944年夏天有5000名集中营囚犯和3000名德国工人一起生产V2火箭，后者中很多都是本地人。[206]其中有一名多拉囚犯，法国学生居伊·拉乌尔-杜瓦尔（Guy Raoul-Duval）后来试图总结这些德国工人的态度：

486 有的是猪，有的是好人，但大部分是愚蠢的杂种，不一定恶毒但凶狠，被无止境的战争磨得筋疲力尽……在警察和工程师的恐怖统治下，非常疲倦，相信帝国最终必然会战败，却还不信灾难会马上降临，因此出于惯性，继续着他们的节奏。[207]

拉乌尔-杜瓦尔口中被形容成“猪”的少数德国平民工人会成为有权势的监督者。他们甚至不需要对囚犯动手；通常，他们让审头当执行者。不过，一些监督者也会亲自上阵，特别是在建设营里，囚犯的性命尤为廉价。偶尔，暴力行为如此普遍，经理不得不给员工下书面禁令：如果囚犯行为出格，员工应举报而不是动手殴打。[208]确实常会有向党卫队的告发，即刻就会招来惩罚——比如 1945 年初在汉诺威 - 米斯堡卫星营，在一名德国工人向集中营党卫队的监督者投诉说自己的三明治被偷后，一名比利时囚犯和一名法国囚犯立刻被处决。[209]

也有一些德国平民工人对囚犯施以援手，给他们食物和其他补给品（虽然这并没有阻止他们在另一些场合表现得更加顺从）。[210]其中一些德国人是出于自身利益，跟绝望的囚犯在黑市上做利润可观的交易。[211]其他人则是出于善良。集中营的拓展并没有侵蚀每一个沾染它的人；正如一些工人的心随时间而变硬，也有一些人的心在了解囚犯之后变软。[212]少数人甚至在党卫队起疑时维护囚犯。有一次，奥斯维辛党卫队指责一名犹太囚犯蓄意破坏，因为他钻孔深度的不正确导致了珍贵的金属零件损坏，他的德国领班解释说他原本是“可靠的工人”，这纯粹是一次失误。[213]最著名也是最例外的当属德国商人奥斯卡·辛德勒（Oskar Schindler）拯救了数以百计的犹太人，他确保犹太囚犯在自己的金属制品和军需品工厂有较好的工作环境，并保护他们免于被灭绝，先是在普拉绍夫的扎布罗基卫星营（Zablocie，建在他的工厂），然后是 1944 年秋天随着公司和其中许多囚犯搬迁，在摩拉维亚布瑞恩利兹（Brünnlitz）一座全新的卫星营（附属于格罗斯 - 罗森集中营）。[214]

除了恐怖和支持，还有距离和独善其身，这些无疑是大多数平民工人的反应。“事实上，我们对平民来说是不可触碰的。”普里莫·莱维记下了在莫诺维茨附近碰到德国工人时的情 487
形。[215]许多平民不喜欢近距离接触囚犯，他们努力忽视这些可怜的穿着条纹制服的人；他们确实学着去忽略囚犯们。在甘德斯海姆，罗贝尔·安泰尔姆曾为一间满是当地人的办公室清洗地板。“对他们来说，我根本不存在。”他后来写道。其中一个人，当安泰尔姆捡起他身边的一张纸时，他无意识地转身避开。“这个德国人撤回了脚，如同睡觉时无意识驱走额前的苍蝇而不必睁开眼睛一样，都是下意识的行为。”只有一个女人没有把目光移开；她盯着安泰尔姆，然后越来越不安。“我成了她的一个重负，让她失去了镇静。如果我擦到她衬衫的袖子，我想她会生病。”[216]

这种焦虑是因为人们对敌国人，特别是集中营囚犯的整体偏见；在许多德国工人眼中，这些剃了头、得了病的囚犯只是进一步证实了纳粹宣传中的成见。集中营党卫队又火上浇油，警告平民说男性囚犯是危险的罪犯，女性囚犯是带着性病的妓女。[217]文化上的不同加上大量外国囚犯不会说德语，更加深了民众的怀疑。不过，语言上的障碍并非无法克服。在汉诺威市的大陆橡胶工厂，德国平民工人和政治犯一起生产防毒面具，对独裁者的仇恨使他们站在了同一条战线。“希特勒是狗屎（Scheiβe）。”一些德国人说。“斯大林是狗屎。”囚犯们紧跟着说。[218]

当然，这种互动是被严格禁止的。经理们会告诫员工，不许他们跟囚犯私下聊天，这是希姆莱的指示；不守规矩的人会遭到保护性拘禁。[219]毫无疑问，这些威胁大多是口头威慑，但当局偶尔也会做出实质惩罚：几名德国工人确实因为跟囚犯讲话而被逮捕。[220]德国平民如果被发现帮囚犯私下送信或者给他们吃的喝的，将受到更严厉的惩罚——包括被拘留在盖世太保营。早在1942年2月，萨克森豪森指挥官汉斯·洛里茨就告诉手下的官员，他最近把犯了这些过错的几个平民工人送去了盖世太保那里。洛里茨坚称，其余员工必须“把每个囚犯都视为国家的敌人”。[221]结果，许多平民学会了不要多管闲事。

但是冷漠也是一个主要因素。许多平民工人对囚犯的困境视若无睹。他们已经习惯为了德国经济压榨外国人，集中营囚犯仅是最近被剥削的群体，还有更多强制劳动力。一般来说，只要战争继续，就免不了死亡和破坏，更何况许多德国人把自 488
己视为战争的受害者，要承受定量配给、空袭和前线的死亡。许多平民工人自己尚且要挣扎求存，更没有时间去关心囚犯的命运。[222]这对其他普通德国人来说也一样。“如果我没记错，无论他们有多惨，我根本没想太多，”一个德国人后来说起 1944 年末他作为年轻士兵，在奥斯维辛看到一些党卫队队员和囚犯时的感受，“你会担心自己的命运，无暇去考虑其他人。”[223]

社区里的集中营

雷德勒 - 齐普夫是一个宁静的小镇，位于上奥地利乡下的一个山谷里，开阔的田野和郁郁葱葱的山丘围绕着农场和村舍，还有优美的花园和果园。乡间的田园生活在 1943 年秋天时突然被打破，因为 V2 火箭的测试范围被设定在附近的山区里。重型机械和高科技材料陆续被运到，新的混凝土建筑拔地而起，电线和铁路被铺设起来，引擎测试带来了震耳欲聋的爆炸声和震动。然后，镇外几百码的地方建起了新卫星营，囚犯也来了。他们的痛苦居民都看在眼中，经常可以看到他们列队进出营地，而且工程师、建筑工人、秘书和党卫队队员经常说起酷刑和死亡，许多人还住在当地人家里。就连营地也没有隐蔽起来，当地的孩子们爬到树上就能窥到里面。简而言之，一名居民后来说：“所有齐普夫人都知道发生了什么。”[224]

随着战争后期卫星营兴起，相似的一幕也出现在了许多德国城镇和村庄。这些营地融入了当地的社交、行政和经济生活，成了当地的一部分。商人提供服务，侍者照料党卫队队员，当地登记处的官员记录囚犯死亡人数。不管是死是活，囚犯都无法被忽略。一些本地人能了解到营地里的情况，一些看守的家眷也能；胡戈·贝恩克的妻子在 1944 年 9 月和 11 月到诺因加默的萨尔茨吉特 - 瓦滕施泰特卫星营（Salzgitter - Watenstedt）探亲，曾多次看到囚犯。在外面街道上碰见囚犯的次数更多，因为他们的队列会经过民宅和商店。一些小分队还会在当地社区里工作，给民宅、公司、火车站和教堂铲雪或者清理碎石。
489 公开施暴是常事，因为党卫队队员觉得没必要再遮掩他们的残暴。囚犯的大规模死亡也成了公开的秘密，因为尸体在运走时总是很显眼。事实上，一些居民还要给党卫队搭把手。在毕辛根（Bisingen），当地马车夫被指派把尸体从卫星营（属于纳茨维勒综合营区）运到乱葬岗。“有一天，我从营地拉走了 52 具尸体去掩埋。”一位老人在战后作证说。他甚至知道其中有哪几个是被处决的，因为鲜血会从木头棺材里渗出来。[225]

在更大的德国城市里也一样，集中营囚犯出现在了公众的视野里。再一次，在匆匆建起的营地周围生活的人们成了直接目击者。例如，布痕瓦尔德的玛格达卫星营（Magda）建在马格德堡 - 罗腾湖的一处居民区边上；居民从窗户和阳台上就能看到营地里面的情况，而他们的孩子就在电网旁边玩耍。[226]卫星营散布在德国许多主要城市。在慕尼黑，截至 1944 年秋天至少有 19 座卫星营，各种规模都有，从很小的营地到像阿拉赫这样容纳超过 4700 名囚犯的大营；另外，市里至少游走着十支清除炸弹的囚犯小分队。[227]其他大城市里也一样。“如果有人乘坐城市列车，”杜塞尔多夫的一位市民回忆，他曾经常在乘坐市郊火车时看到囚犯们列队返回营地，“无论他们想不想，都会看到那些可怜人的脸、他们剃光的头，皮肤蜡黄，瘦骨嶙峋。”[228]

公众遇到集中营囚犯时感情很复杂，看德国平民工人的反应就知道。一些围观者，包括孩子在内，公开表现出敌意，在囚犯列队经过街道时嘲讽和咒骂。偶尔会集结一群暴徒，冲囚犯扔棍子和石头。在 1944 年夏天的汉诺威－米斯堡，一群男孩闲逛经过一个建筑工地时发现让－皮埃尔・勒努阿尔在休息，而其他人都在辛劳工作，其中一个男孩在其他同伴的挑唆下走上前怒斥他。[229]相比之下，有的平民会帮助囚犯。个别情况下，他们会支持集中营里的地下活动。[230]更常见的是，当地人会给囚犯留下食物，有时让自己的孩子在中间跑腿。埃洛・科兹洛夫斯基（Ella Kozlowski）是匈牙利犹太人，受命在不来梅清理废墟，几十年后她告诉一名采访者，当时曾有一位路过的德国人每天带着年幼的女儿，把热粥藏在瓶子里偷偷带给她，持续了好几周：“我觉得很难告诉你这对我们意味着什么。”[231]这些善举背后的动机有很多，可能出于政治、宗教和人道主义信念，也可能是为感谢囚犯从废墟里救出被困的当地人。[232]

不过迄今为止，德国民众最普遍的反应是冷漠。“我很高兴 490
自己什么也没听见，什么也没看见。”梅尔克的一位居民这样形容她的态度。[233]囚犯们非常能体会这种沉默。在与普通德国民众接触的过程中，囚犯们会密切关注他们的面孔和姿态，寻找同情的痕迹，如果对方回避他们谨慎的偷瞄，他们会感到受伤。阿尔弗雷德・格林菲尔德（Alfred Groeneveld）是荷兰抵抗运动的斗士，1943 年秋天被抓进布痕瓦尔德在卡塞尔（Kassel）的卫星营。当他发现当地居民在街上经过囚犯们时漠不关心，不禁深受打击：“就好像他们一点儿都不想知道发生了什么！他们巴不得越少看我们越好，好像在提前克制，不让自己记起这一切。”[234]

但是闭口不言意味着什么呢？有人争辩说，德国民众这种刻意的忽视标志着他们与纳粹在大规模屠杀上串通一气，使他们从旁观者变为行凶者。[235]但这种说法其实是混淆了公众被动的因果。诚然，公众的默许使党卫队能更轻松地实施恐怖统治，但这并没有告诉我们背后有什么动机，而且，集中营的罪行当然不是建立在公众的准许之上。虽然战时的公众舆论很难解读，但许多德国人的态度显然不只是冷漠。很多人依然支持集中营制度。对他们来说，无视囚犯所受的虐待实际上是一种方法，让他们可以忽略自己赞同的政策中令人不快的现实。而且，这也反映了他们对囚犯的恐惧。纳粹的宣传成功地将囚犯塑造成危险的罪犯，大量外国人的拥入以及当地纳粹报纸散布的传言进一步加剧了公众的担忧，传言说逃跑的囚犯是小偷和杀人犯；有时，再次被捕的囚犯甚至会被当众吊死。[236]

不过，集中营在德国内部并非广受欢迎，这点直到纳粹统治终结也没有改变。许多德国人的确在第一次面对面接触囚犯时被吓到了。[237]随着德国战败的可能性越来越大，这样的道德担忧因恐惧盟军的报复而进一步加重。“上帝保佑，别让我们遭到同样的报复。”1943 年秋天，一群女人在看到一排幽灵般的乌克兰囚犯从达豪火车站列队走回集中营的时候，不由得流下了眼泪。[238]党卫队领导也充分意识到公众对集中营的不安情绪。1944 年 6 月 21 日，海因里希·希姆莱在对军队将军们的秘密讲话中承认普通德国人“常常想到”集中营，“非常可怜”里面的囚犯，并且会说“哦，集中营里那些可怜人！”之类的话。[239]

希姆莱和其他纳粹领导人把这些批判观点视为扰乱社会治
491 安。1944 年 7 月 20 日，刺杀希特勒的炸弹阴谋失败后，纳粹夺大了同谋者从集中营解救囚犯的计划（另外，当局把密谋者的许多家人关进了集中营，包括刺客嫌疑人施陶芬贝格伯爵的亲戚）。[240]许多德国抵抗者确实反对和痛恨这些集中营，从他们的传单和私人文件中可以明显看出这一点。[241]但对集中营感到不安的不仅是那些从根本上反对第三帝国的德国人，有时甚至还有纳粹的老支持者。[242]

可是，对集中营的保留意见为什么没有转化为对囚犯的更多支持呢？恐惧显然是一个原因：党卫队看守公开威胁试图帮助囚犯的德国人。而就像对那些平民工人一样，当局偶尔还会“找后账”；比如在米尔多夫（Mühldorf），1944 年 8 月，当地一名妇女偷偷给一群犹太囚犯送水果之后被逮捕。[243]但此类情况很少见。纳粹统治的后几年，许多德国人就开始听天由命了。他们的无能为力可以由一名妇女的话语概括，1944 年夏天，她目睹了从施图特霍夫走来的疲惫不堪的囚犯们在党卫队看守的鞭笞下工作：“心怀怜悯是我唯一能做的了。”[244]那么，把目光移开也可能是一种听天由命的表示。

在被纳粹占领的欧洲，许多人的心态是不同的。虽然有很多冷漠、恐惧和勾结，但更多的是反抗。反对占领者的决心是广泛的，常常形成了对集中营囚犯的鲜明看法：作为共同敌人的受害者，他们理应得到帮助。部署在德国工厂和建筑工地的外国平民工人比德国工人更有可能帮助囚犯。[245]战俘自知落入纳粹手中意味着什么，也给予了一些支持。在莫诺维茨附近，当地战俘营（建于 1943 年秋天）的英国士兵经常把红十字会的一些物资留给集中营囚犯。德国犹太人弗里茨·帕格尔（Fritz Pagel）会说一点英语，他以机械师的身份跟一群英国士兵一起干活，一名英国炮手会定期给他食物；这名士兵甚至写信给帕格尔在伦敦的哥哥，这对他自己来说是极大的危险。[246]

在纳粹占领的欧洲地区，集中营附近的当地居民也比第三帝国境内的居民表现得更勇敢。党卫队建筑旅的囚犯在1944年春天和夏天被遣送到被占领的法国和比利时的卫星营（为德国火箭建发射台），他们的感触最明显。尽管有党卫队的威胁，许多当地人还是给他们食物，有时会无视党卫队的威胁，直接走向囚犯。一些居民甚至帮助逃跑的囚犯，给他们提供衣服和庇
492 护所；来自经济与管理部的格哈德·毛雷尔抱怨说，法国人给了在逃人员“一切可能的帮助”。24岁的德国耶和华见证会信徒赫尔穆特·克内勒（Helmut Knöller）是一名集中营的老囚犯了，他对西欧当地人的慷慨感到惊讶：“我们这些囚犯在佛兰德过着美好的生活，那是我们在集中营度过的最美好的时光！比利时人给我们带了各种各样的物品，大量的烟草……面包和水果、甜食、糖、牛奶，等等。”几个星期后，1944年秋天，克内勒回到德国，当地居民截然不同的态度让他大受打击，这态度让党卫队感到振奋，而不是囚犯。[247]

在被占领的欧洲地区，对集中营的敌意在反纳粹抵抗行动中最为强烈——考虑到战时集中营在地下政治组织中扮演的重要角色，这便不足为奇了。作为纳粹恐怖主义的象征，集中营经常在传单和涂鸦中遭到谴责。[248]在菲赫特，据说当地人甚至向党卫队看守扔石头。[249]最重要的是对囚犯的系统性帮助，让人想起1933～1934年德国左翼活动分子在他们的网络被摧毁之前的活动。波兰本土军队和其他抵抗组织设法给奥斯维辛的囚犯偷送金钱、食物、药物和衣服。“谢谢你们所做的一切。这药是无价之宝。”1942年11月19日，一名波兰囚犯在给当地地下组织的信中写道。党卫队很清楚奥斯维辛周围的地方反对浪潮。

1940 年夏天发生第一起囚犯逃跑事件后，鲁道夫·霍斯向上司抱怨了“狂热的波兰人”，他们“随时准备对他们仇视的党卫队采取任何行动”。[250]有组织的抵抗运动的另一个任务是收集和传播关于集中营的信息。在奥斯维辛附近，波兰抵抗力量收到了大量来自囚犯的秘密信息，以及一些从集中营里偷走的文件。囚犯们冒着巨大的风险收集这些材料，希望更多的人能够看到。[251]尽管困难重重，但有些人做到了。[252]

盟国和集中营

1940 年末的某个时候，位于伦敦以北约 50 英里的布莱切利园的英国特工取得了突破：他们破解了一个（或多个）党卫队用来编码无线电传输的高级恩尼格玛密码。现在，英国人可以窃听纳粹的恐怖活动，包括在集中营和柏林总部之间高度敏感的通信。[253]在接下来的几年中，英国情报部门搜集了大量破译的信息，从 1942 年的资料中可以看出，他们对集中营系统有了惊人的了解。特工人员可以利用囚犯人数的每日统计数据，追 493
踪集中营内部和各集中营之间的活动；例如，很明显，许多“不合格”的囚犯被送到达豪。这些信息也透露了很多关于党卫队的信息，包括人员配备级别和调遣，以及德意志裔人看守的拥入。鉴于集中营的功能，英国情报部门已经意识到，在希姆莱的个人命令下，奴隶劳工转向工业，在奥斯维辛和布痕瓦尔德附近以及其他地方正在建造主要的工厂。此外，还有许多关于流行病、体罚、人体实验、处决和囚犯“试图逃跑时被枪杀”的报告，透露出内部恐怖统治的许多细节。至于奥斯维辛在集中营系统中的位置，很明显，大量犹太囚犯正被送往一个夺命集中营。[254]虽然这些材料被破译，却零零散散。不仅因为英国人错过了党卫队的许多信息，还因为最机密的交流根本就不会通过无线电发送。[255]这意味着在布莱切利园被破译的命令的意义常常模糊不清。例如，人们不会马上想到，把生病的囚犯送到达豪是杀害伤病员计划的一部分。同样不清楚的是，奥斯维辛是系统性大规模灭绝犹太人的目的地，因为这些犹太人抵达奥斯维辛后大多被立即杀害，英国人得不到他们的信息。

为了获得更详细的信息，除了解密之外，盟国还需要其他来源的信息。战争初期不缺乏情报，特别是在伦敦，英国当局搜集到的情报比美国当局搜集到的更广泛、更可靠。[256]一些关于集中营内部虐待和暴行的描述来自海外的英国人。[257]但是最能说明问题的材料来自外部机构，如犹太团体和波兰流亡政府，他们收集并传播了大量来自波兰地下组织的报告。尽管有时令人感觉困惑和矛盾，并倾向于叙述波兰人民的苦难，但这些报告补充了有关集中营的重要细节，包括大规模灭绝犹太人的新闻，独家揭露了（特别是从 1943 年开始）奥斯维辛集中营的筛选、毒气室和火葬场。在伦敦的波兰当局不仅把机密材料交给了英国和其他国家政府，还直接给媒体提供了一些报道，从而在美国、瑞士、英国和其他地方的报纸上发表了文章。早在 1941 年 6 月，《泰晤士报》就刊登了一篇简短的文章，讲述“可怕的奥斯维辛集中营”里的饥饿、苦役和对波兰囚犯的谋杀。[258]

随着战争接近尾声，盟国收到了更加详细的报告，尤其是
494 关于纳粹的最终解决方案。虽然盟国政府（至少）从 1942 年底就已经意识到纳粹对欧洲犹太人有系统性的大规模灭绝计划，但还没有充分了解到奥斯维辛和马伊达内克集中营在种族灭绝中的确切作用。1942 年 12 月 17 日，著名的盟国宣言公开谴责了纳粹对东欧犹太人的大规模屠杀，但并没有直接提到集中营，

只是说犹太人在“劳动营”里被活活累死。就连这一声明也很快被英国和美国的高级政府官员遗忘了，他们质疑目击者证词的可靠性，担心对纳粹暴行的过度曝光可能会分散作战精力。[259]人们过了很长时间才认识到纳粹罪行的严重性。

但到了 1944 年，真相变得不容忽视。可以肯定的是，盟国的情报仍然是零散的，这导致了关于集中营系统不同方面的描述依然令人困惑。[260]然而，集中营的轮廓，尤其是奥斯维辛，变得越来越清晰。在审讯过程中，德国战俘提到了集中营里的大屠杀，偶尔会提到毒气。被盟军俘虏的德国将军们也发表了类似的言论。[261]到目前为止，最重要的信息，也是最近的信息，都来自逃犯。瑞士在 1944 年 6 月中旬收到了第一份关于屠杀匈牙利犹太人的详细报告，此时距屠杀开始仅四周。报告非常准确地总结道：“在比克瑙建成之前，从来没有这么多犹太人被毒气杀害。”[262]

最有影响力的幸存者描述来自两个斯洛伐克犹太人——鲁道夫·弗尔巴和阿尔弗雷德·韦茨勒（Alfred Wetzler），他们在 1942 年被遣送到奥斯维辛集中营，1944 年 4 月 10 日逃脱。他们穿过斯洛伐克边境后，在日利纳的犹太社区找到了庇护所，并写出了关于集中营的长达 60 页的书面报告。这份报告被翻译成不同的语言，全面分析了奥斯维辛集中营，概述其发展、布局、管理，以及内部条件。最重要的是，两个人详细描述了奥斯维辛集中营作为死亡集中营的情况，以及来自欧洲各地的犹太人抵达奥斯维辛的情形，还有筛选、毒杀和火化。严肃的语气和大量的细节使报告显得更加可怕。在接下来的几个月里，复印件被分发给斯洛伐克和匈牙利有影响力的人物，也传到了日内瓦的世界犹太人大会、梵蒂冈、美国战争难民委员会和几个盟国政府。1944 年夏天，一些结论被媒体大肆报道；几个月后，弗尔巴和韦茨勒报告的全文摘录在美国出版。[263]

鉴于人们对奥斯维辛大屠杀的了解日益增多，一些幸存者
495 和历史学家后来问，为什么盟军没有炸毁屠杀设施或通往集中营的道路？“为什么这些火车可以畅通无阻地驶进波兰？”1944 年 5 月，15 岁的埃利·维泽尔与父母、姐妹和祖母一起从匈牙利被遣送到奥斯维辛，他这样问道。[264]事实上，早在 1941 年，英国空军就应波兰流亡政府的要求，首次考虑对奥斯维辛进行轰炸。但这些提议只有当匈牙利犹太人遭到大规模屠杀时才有了下一步进展，1944 年 5 月和 6 月，犹太领导人也紧急呼吁轰炸比克瑙及其相连的铁路线。[265]看盟军的反应，显然缺乏紧迫感。苏联对所谓的最终解决方案几乎没有表现出任何兴趣，尽管西方盟国参与得更积极，但其军事领导人关注的是战争战略——制定通往胜利的最快路线——而不是人道主义使命。最后，请求被拒绝了。[266]

这并不意味着盟军在 1944 年夏天错过了制止大屠杀的重要机会。铁路轨道和院落很难击中，也容易被修复，火车可以改道。对比克瑙的直接攻击虽然具有重大的象征意义，但可能救不了多少生命。从技术层面上说，美国轰炸机在 1944 年 7 月左右开始轰炸目标是可行的（莫诺维茨附近的法本工厂被认定为军事目标，8 月 20 日第一次遭到轰炸），但此时绝大多数被遣送的犹太人已经死亡。此外，轰炸机的不精确性使它不太可能在不伤及附近囚犯聚集区的情况下击中集中营设施，那时还没有真正的“精确打击”。即使这样的袭击成功了，也很难阻止大屠杀。纳粹领导人灭绝犹太人的决心不会被落在比克瑙的炸弹改变（事实上，党卫队习惯性地将盟军的空袭归咎于犹太人，

集中营被击中后，有时还会攻击犹太人作为“报复”）。党卫队的杀手无疑会找到其他方式继续他们的屠杀使命。[267]实际上，他们已经这样做了。在对匈牙利犹太人的种族灭绝中，正如我们所见，奥斯维辛党卫队不仅使用毒气室和火葬场，还采取枪击和露天活埋；正如纳粹特遣部队在 1941 年至 1942 年在苏联所证明的那样，设施的技术含量对种族灭绝并不重要。

尽管如此，从集中营死里逃生并向世界发出警告的囚犯们并没有白冒生命危险。对纳粹罪行日益增长的认识可以挽救生命。比如，引起冲击的鲁道夫·弗尔巴和阿尔弗雷德·韦茨勒可能有助于说服匈牙利摄政王霍尔蒂终止 1944 年 7 月的驱逐。[268]一般来说，逃出来或还在集中营里的囚犯提供的目击者报 496
告向盟国描绘了集中营的情况。基于囚犯证词的文章和广播节目帮助驱散了部分冷漠和怀疑。到 1944 年 11 月，弗尔巴和韦茨勒的报告发表时，大多数美国人知道了集中营是大规模灭绝的地点。[269]至关重要的是，盟国媒体的报道也反馈回了第三帝国。通过阅读外国报纸和收听敌方广播——数百万人偷偷在听 BBC 频道——越来越多的德国人了解了奥斯维辛和马伊达内克集中营中的暴行。[270]外国新闻甚至渗透进了集中营。意识到他们并没有被外界遗忘，囚犯们又燃起了新的希望，并且有了更大的决心去对抗党卫队。[271]

注　释

1. 此段和前一段，参见 Wagner, *Produktion*, 184 – 94, 376, 459, 485 – 86, Van Dijk quote on 189; idem, *Mittelbau – Dora*, 48; Michel, *Dora*, 66 – 75; Sellier, *Dora*, 58 – 61; Eisfeld, *Mondsüchtig*, 120; NARA, M – 1079, roll

5, Vernehmung W. Hein, April 16, 1945; ibid., roll 6, examination of C. Jay, August 7, 1947; ibid., examination of H. Iwes, August 12, 1947, quote on 299; testimony of K. Kahr, April 10, 1947, *TWC*, vol. 5, 396。感谢Jens－Christian Wagner 提供更多关于隧道住宿的细节。

2. 此段和前一段，参见 Wagner, *Mittelbau－Dora*, 31－37, 161; Wagner, *Produktion*, 89; Neufeld, *Rocket*, 176, 184－204; Eisfeld, *Mondsüchtig*, 112－18; IfZ, F 37/3, Himmler diary, entries June 28 and 29, 1943。

3. Himmler to Pohl, December 17, 1943, cited in Wagner, *Produktion*, 89. 概述参见 Fröbe, "Arbeitseinsatz," 352－56。

4. Freund, *Zement*, 449－57; Wagner, *Produktion*, 87－88; *OdT*, vol. 4, 354－60, 416－20. 更多地下工程正在现有集中营内进行；ibid., 375。

5. Buggeln, "Building"; idem, *Arbeit*, 239; idem, *Bunker*; *OdT*, vol. 5, 372－76.

6. IfZ, Burger to Loerner, August 15, 1944, ND: NO－399; ibid., Fa 183, Bl. 6－7, n. d.; Schulte, *Zwangsarbeit*, 402, table 6.

7. Hördler, "Ordnung," quote on 298; Buggeln, *System*, 95.

8. 卡林·奥尔特（*System*, 243）创造了"重新安置项目集中营"的说法。

9. Wagner, *Produktion*, 244－59, 386; Fings, *Krieg*, 14, 316.

10. Wiedemann, "Rózsa"; Jochem, "Bedingungen," 64－69; Gerlach and Aly, *Kapitel*, 18, 31－35, 53. 此时，罗饶用的是婚后的姓沙皮拉（Schapira）。

11. Nansen, *Day*, 410; Zámečník, "Aufzeichnungen," 220, 224; AdsD, KE, E. Büge, Bericht, n. d.（1945－46）, 103, 159; StANü, EE by K. Roeder, February 20, 1947, ND: NO－2122.

12. Quote in Kupfer－Koberwitz, *Dachauer*, 349（entry for August 14, 1944）. See also YIVO, RG 294. 1, MK 488, series 20, folder 541, Bl. 1279－86: testimony J. Levine, n. d.（1945－46）; Nansen, *Day*, 512－13; NAL, WO 208/3596, CSDIC, SIR Nr. 727, August 11, 1944.

13. 估算见 Buggeln, *System*, 135。

14. Boelcke, *Rüstung*, Hitler quote on 338; Wagner, *Produktion*, 89－96; Raim, *Dachauer*, 28－35, 37－41; Süß, *Tod*, 13－14.

15. Fröbe, "Arbeitseinsatz," 357－58; Kroener, "'Menschenbewirtschaftung,'"

912 - 18; Kooger, *Rüstung*, 283 - 84; Wagner, *Produktion*, 94, 97; Uziel, *Arming*, 1 - 2.

16. Wagner, *Produktion*, 90 - 91, 101 - 104; Fröbe, "Kammler," 312 - 14; idem., "Arbeitseinsatz," 358 - 59.

17. Perz, *Projekt Quarz*; *OdT*, vol. 4, 405 - 408.

18. 此段和前两段，参见 Fröbe, "Kammler"。See also Wagner, *Produktion*, 106 - 10, Kammler quote on 103; Wagner, *Mittelbau - Dora*, 41 - 44, Speer quotes on 44; BArchB, Film 44563, Vernehmung O. Pohl, December 17, 1946, p. 14; IfZ, F 13/8, Bl. 462 - 66: R. Höss, "Dr. Ing. Kammler," n. d. (1946 - 47); Broszat, *Kommandant*, 271 - 75; Fings, *Krieg*, passim; Schley, *Buchenwald*, 62 - 63; Buchheim, "Befehl," 241; Kogon, *Theory*, 97 - 98; Eisfeld, *Mondsüchtig*, 120; *OdT*, vol. 3, 539 - 44; Hördler, "Ordnung," 255; Megargee, *Encyclopedia*, vol. 1/A, 402 - 405。

19. Raim, *Dachauer*, 41 - 60; *OdT*, vol. 2, 360 - 73, 389 - 95; Wagner, *Produktion*, 101, 110; Müller, "Speer," 448 - 55; Buggeln, "'Menschenhandel'"; Schalm, *Überleben*, 76, 154. 虽然军备部部长施佩尔是 OT 的官方主管，但实际领导者克萨韦尔·多施（Xaver Dorsch）常常单独行动。

20. *OdT*, vol. 6, 461 - 67; Megargee, *Encyclopedia*, vol. 1/A, 782 - 83.

21. Glauning, *Entgrenzung*, 101 - 19; Megargee, *Encyclopedia*, vol. 1/B, 1012 - 14; Bütow and Bindernagel, *KZ*, 77 - 90, 106 - 11, 223; Wagner, *Produktion*, 111 - 16; Freund, *Zement*, 451. 多达 4 万名集中营囚犯可能被（在任何时候）调配给盖伦贝格；Buggeln, *System*, 131 - 33。

22. Testimony of O. Pohl, 1947, *TWC*, vol. 5, 445 - 46. 波尔谈及 1944 年底大约有 60 万集中营囚犯（他仅指能劳动的囚犯）。这些人中，他估计有 23 万 ~25 万人被私人企业雇用，大约 18 万人派给了卡姆勒特别参谋部，4 万 ~5 万人派给了卡姆勒建设视察团（属于 WVHA - C 处），还有 1.5 万人派给了卡姆勒建设和铁路旅。

23. Quotes in Fröhlich, *Tagebücher*, II/11, February 29, 1944, p. 366; BArchB, NS 19/4014, Bl. 158 - 204: Rede des Reichsführers SS vor Generälen, June 21, 1944, Bl. 166, 162. See also Rede bei der SS Gruppenführertagung in Posen, October 4, 1943, *IMT*, vol. 29, ND: 1919 - PS, pp. 144 - 45.

24. BArchB (ehem. BDC), SSO Pohl, Oswald, 30. 6. 1892, Pohl to

Himmler, April 5, 1944.

25. Kaienburg, "*Vernichtung*," 320 – 21; Buggeln, *Arbeit*, 131 – 33, 141.

26. 例子参见 Glauning, *Entgrenzung*, 249 – 55, 405 – 406。

27. Wagner, *Produktion*, 389 – 90; Wagner, *IG Auschwitz*, 265 – 69.

28. 例子参见 Buggeln, *Arbeit*, 309 – 10。

29. Estimates in Spoerer, "Unternehmen," 68 – 69. See also idem, *Zwangsarbeit*, 186.

30. Spoerer, "Unternehmen," 70, 88 – 90; Buggeln, *System*, 58; Wagner, *Produktion*, 76, 394; Hayes, "Ambiguities," 14 – 16.

31. Orth, *System*, 248 – 49; Wagner, *Produktion*, 580; Schulte, *Zwangsarbeit*, 406 – 409, 413.

32. Schulte, *Zwangsarbeit*, 399 – 403.

33. Quotes in Strebel, *Ravensbrück*, 439. See also Roth, "Zwangsarbeit"; Hördler, "Ordnung," 326; Spoerer, *Zwangsarbeit*, 111; Wagner, *IG Auschwitz*, 144, 219; Fröbe, "KZ – Häftlinge," 652 – 54.

34. Ibel, "Digitalisierung"; Römmer, "Digitalisierung," 10 – 12.

35. Naasner, *Machtzentren*, 454; Kershaw, *End*, 79.

36. Wagner, *Produktion*, 116 – 18, 237, 240; Kroener et al., "Zusammenfassung," 1003 – 1006, 1016 – 17; Raim, *Dachauer*, 138 – 41.

37. Kaienburg, *Wirtschaft*, 1043 – 44, 1095. 对比之下，许多实业家有更合理的日程安排：他们想把机器和工厂保存到战后；Fröbe, "Arbeitseinsatz," 371 – 72; Wagner, *Produktion*, 117 – 18。

38. Hayes, *Industry*, 367; Wagner, *IG Farben*, 263, 295.

39. Glauning, *Entgrenzung*, 218 – 20; Wagner, *Produktion*, 116.

40. Neufeld, *Rocket*, 264. See also Wagner, *Produktion*, 202 – 207, 220, 288.

41. Wagner, *Produktion*, 288; Kogon, *Theory*, 98 – 99.

42. Hördler, "Ordnung," 9 – 11, 329 – 30, 338 – 40; Orth, *System*, 260 – 62.

43. Freund, "Mauthausen," 263; Maršálek, *Mauthausen*, 161 – 62; LG Frankfurt, Urteil, May 27, 1970, *JNV*, vol. 34, 219, 229; Kogon et al., *Massentötungen*, 77 – 78; Friedlander, *Genocide*, 149 – 50; Hördler, "Ordnung," 346 – 58, 373. 正如 Hördler 所说的那样，哈特海姆谋杀并不

是 14f13 行动的延续，而是有更具体的目标，主要针对来自附近毛特豪森的患病囚犯。

44. Hördler, "Ordnung," 316, 398.

45. *OdT*, vol. 7, 48 - 49; Kranz, "Erfassung," 230; idem., "KL Lublin," 376; Marszałek, *Majdanek*, 77, 133.

46. Quote (attributed to Richard Glücks) in NAL, WO 235/19, statement of J. Kramer, May 22, 1945, p. 10. See also Wenck, *Menschenhandel*, 338 - 43; *OdT*, vol. 7, 200 - 202.

47. Quotes in NARA, M - 1079, roll 6, examination of C. Jay, August 7, 1947, Bl. 62; Zeugenaussage J. H. Mulin, May 5, 1945, in Niedersächsische Landeszentrale, *Bergen - Belsen*, 89 - 90. See also *OdT*, vol. 7, 200 - 201; Wenck, *Menschenhandel*, 340; Wagner, *Produktion*, 493.

48. Broszat, *Kommandant*, 205, 208, 263 - 66, quote on 264; StANü, EE by K. Sommer, January 22, 1947, ND: NO - 1578.

49. *OdT*, vol. 4, 45; IfZ, Fa 183, Bl. 6.

50. IfZ, Burger to Loerner, August 15, 1944, ND: NO - 399; ibid., Fa 183, Bl. 6 - 7, n. d.; Schulte, *Zwangsarbeit*, 402, table 6; Strebel, *Ravensbrück*, 349. 布痕瓦尔德的数字包括奥尔德鲁夫的囚犯（在党卫队的表格中单独列出）。将多拉的女性囚犯排除在外似乎是故意的，或许是为了避免扰乱高调的生产突击队；感谢 Jens - Christian Wagner 在此点上的贡献。

51. Roth, "'Asozialen,'" 449 - 53; Wachsmann, *Prisons*, 221 - 22, 319 - 20; Longerich, *Himmler*, 718 - 19; *OdT*, vol. 1, 162 - 63; Röll, *Sozialdemokraten*, 185 - 90. 佐尔德曼在 1945 年春天集中营被解放后没过几周便去世了。

52. Lotfi, *KZ*, 235 - 36; Kroener, "'Menschenbewirtschaftung,'" 929; Kaienburg, "*Vernichtung*," 302 - 303 (n. 37); Herbert, *Fremdarbeiter*, 356.

53. Longerich, *Himmler*, 725 - 26.

54. Sellier, *Dora*, 56; Strebel, *Ravensbrück*, 151 - 52.

55. Borodziej, *Geschichte*, 249 - 51; Snyder, *Bloodlands*, 298 - 309; Strebel, *Ravensbrück*, 143 - 44; *OdT*, vol. 8, 109 - 14; IfZ, Burger to Loerner, August 15, 1944, ND: NO - 399. Quotes in LULVR, interview No. 357, June 13, 1946.

56. Buggeln, *System*, 139; Pohl, "Holocaust," 159 - 60.

57. Browning, *Remembering*, 153 - 54, 218; Karay, *Death*.

58. Pohl, "Holocaust," 159; Piper, *Zahl*, 185 - 86; Friedländer, *Jahre*, 658 - 61.

59. Friedländer, *Jahre*, 636 - 42; Longerich, *Himmler*, 711 - 13, 726 - 27; Piper, *Zahl*, table D; Levi and de Benedetti, *Auschwitz*, 32 - 35; Czech, *Kalendarium*, 730.

60. Kárný, " Theresienstädter," 213 - 15; Piper, *Zahl*, 192; Friedländer, *Jahre*, 667.

61. Cesarani, *Eichmann*, 159 - 73; Pohl, "Holocaust," 158; Longerich, *Himmler*, 714 - 15; Gerlach and Aly, *Kapitel*, 276, 375.

62. Quote in WL, P. III. h. No. 233, E. Fejer, " Bericht aus der Verfolgungszeit," January 1956, p. 7. 概述参见 Gerlach and Aly, *Kapitel*, 271 - 73, 355 - 67; Pohl, "Holocaust," 158。

63. Fröbe, "Arbeitseinsatz," 360 - 61, quote on 361; idem, "Kammler," 314; Gerlach and Aly, *Kapitel*, 163 - 71, 251 - 52, 375; Wagner, *Produktion*, 98 - 99; Cesarani, *Eichmann*, 162.

64. 此外，超过 15000 名犹太囚犯很可能在 1944 年死于莫诺维茨；Wagner, *IG Auschwitz*, 281。

65. 最后一点，参见 Pohl, "Holocaust," 158。1944 年 5 月至 7 月，430000 ~ 435000 名犹太人从匈牙利而来，还有来自其他地方的 35000 人，导致这期间被遣送的犹太人总数达到 465000 人，甚至更多，堪比 1942 年 5 月到 1944 年 4 月被遣送到奥斯维辛集中营的犹太人总数（456450 人）；Gerlach and Aly, *Kapitel*, 276, 375; Piper, *Zahl*, table D。

66. Interrogation of R. Höss, April 2, 1946, in Mendelsohn, *Holocaust*, vol. 12, 121 - 27; Höss testimony and quote, January 1947, in Van Pelt, *Case*, 262; YVA, M - 5/162, affidavit D. Wislieceny, November 29, 1945, p. 4; Stangneth, "Aufenthaltsorte," 4; BArchK, All. Proz. 6/101, Bl. 29.

67. StB Nr. 14/44, May 8, 1944, in Frei et al., *Kommandanturbefehle*, 445 - 46.

68. StANü, EE by K. Sommer, April 4, 1947, ND: NO - 2739, p. 3.

69. 利布兴切尔的名声，参见 Orth, *SS*, 245 - 46。

70. Quote in BArchB (ehem. BDC), SSO, Liebehenschel, Arthur, 25. 11. 01, Stellungnahme R. Baer, July 3, 1944. See also ibid., Brandt to

Pohl, June 26, 1944; ibid., Pohl to Brandt, June 6, 1944; ibid., RS, Liebehenschel, Arthur, 25.11.01, Fernspruch, October 3, 1944; ibid., Ärztlicher Untersuchungsbogen, August 29, 1944; IfZ, F 13/7, Bl. 389 - 92: R. Höss, "Arthur Liebehenschel," November 1946; ibid., F 13/8, Bl. 468 - 71: R. Höss, "Richard Baer," November 1946; Orth, *SS*, 243 - 46. 利布兴切尔最终获准在 1944 年秋天结婚，因为他的未婚妻即将临盆，但他永远都没有原谅波尔；BArchB, Film 44837, Vernehmung A. Liebehenschel, September 18, 1946, p. 33。

71. Hördler, "Ordnung," 64, 268 - 70.

72. Quotes in BArchK, All. Proz. 6/106, Bl. 25; ibid., 6/101, Bl. 29. See also ibid., 6/97, Bl. 22; ibid., 6/99, Bl. 4; Gerlach and Aly, *Kapitel*, 275, 296 - 97; Höss testimony, January 1947, in Van Pelt, *Case*, 262; Piper, *Zahl*, table D.

73. Gerlach and Aly, *Kapitel*, 276, 285 - 86, 289 - 96, 375, 413（这些数据否定了被反复提起的说法，即不超过 10% 的匈牙利犹太人在筛选时能达到奥斯维辛里奴隶劳工的标准；Longerich, *Holocaust*, 408）。See also Braham, "Hungarian Jews," 463 - 64; Dirks, "*Verbrechen*," 111; StANü, EE by K. Sommer, April 4, 1947, ND: NO - 2739, p. 3; Strzelecka and Setkiewicz, "Construction," 91, 98 - 99; Browning, *Survival*, 234 - 35, 240; WL, P. III. h. No. 562, Protokoll Dr. Wolken, April 1945, p. 13; Wagner, *Produktion*, 419.

74. StB Nr. 14/44 (May 8, 1944), StB Nr. 15/44 (May 11, 1944), StB Nr. 20/44 (July 29, 1944), all in Frei et al., *Kommandanturbefehle*, 445 - 46, 475; Hördler, "Ordnung," 65. 贝尔自 1944 年 5 月 11 日开始领导旧主营（奥斯维辛 I 号）。

75. Iwaszko, "Reasons," 17; LSW, Bl. 44 - 66: Vernehmung S. Dragon, May 10, 11, and 17, 1946, Bl. 59; Van Pelt, *Case*, 187, 262; Citroen and Starzyńska, *Auschwitz*, 78; Vaisman, *Auschwitz*, 39; WL, P. III. h. No. 867, "Eine polnische Nicht - Jüdin in Auschwitz," August 17, 1957, p. 8; "Bericht von Czesław Mordowicz," summer 1944, 303; Gilbert, *Music*, 177 - 78; Gutman, *Auschwitz Album*.

76. Pressac and Van Pelt, "Machinery," 237 - 38; Piper, *Mass Murder*, 178, 184 - 85, 193; Van Pelt, *Case*, 188, 256, 262; LSW, Bl. 44 - 66: Vernehmung S.

Dragon, May 10, 11, and 17, 1946, Bl. 56, 58; USHMM, RG - 11.001M.03, reel 19, folder 21, Aktenvermerk, Besuch des Hauptamtschefs, June 20, 1944. 集中营党卫队后来建起了一个巨大的空营房，以掩盖露天火化；Perz and Sandkühler, "Auschwitz," 295。

77. Schmid, "Moll," 129 - 32; APMO, Proces Höss, Hd 6, Bl. 38 - 45: O. Wolken, "Lager - Bilder," n. d. (c. spring 1945), Bl. 44; LSW, Bl. 44 - 66: Vernehmung S. Dragon, May 10, 11, and 17, 1946, Bl. 52; NARA, RG 549, 000 - 50 - 9, Box 440A, statement P. Lazuka, April 23, 1945; Aussage S. Jankowski, April 16, 1945, in SMAB, *Inmitten*, 49 - 50; Höss testimony, January 1947, in Van Pelt, *Case*, 262 - 63.

78. *DAP*, Vernehmung S. Baretzki, February 18, 1965, 29223 - 38, quote on 29237; Strzelecka and Setkiewicz, "Construction," 98 - 99; Strzelecka, "Women," 174; Langbein, *Menschen*, 66 - 67; Rózsa, "Solange," 100 - 108.

79. Iwaszko, "Reasons," 40 - 41.

80. Piper, *Zahl*, 103; Bauer, "Gypsies," 453.

81. 参见第 8 章。

82. 此段和前三段，参见 Zimmermann, *Rassenutopie*, 326 - 38, 340, letter quote on 335; Winter, *Winter*, 45 - 53, quote on 47; Guttenberger, "Zigeunerlager," quote on 132; Langbein, *Menschen*, 52, 271 - 73; Kubica, "Children," 289; WL, P. III. h. No. 795, "Gipsy - Camp Birkenau," January 1958; ibid., No. 664, "… Juden und Zigeuner," September 1957; Fings, "'Wannsee - Konferenz,'" 333; Strzelecka and Setkiewicz, "Construction," 84 - 85, 90 - 91, 93 - 94; Szymański et al., "'Spital'"; Grotum, *Archiv*, 261; Piper, "'Familienlager,'" 297; Świebocki, "Sinti," 332, 341。

83. 根据一名波兰政治犯的证词，几位历史学家提出，当地的集中营党卫队渴望清空吉卜赛营，好为即将到来的匈牙利犹太人腾地方，他们在 1944 年 5 月 16 日开始行动，但因囚犯强烈反抗而收手，导致党卫队放弃了消灭剩余吉卜赛人的第一次尝试（Zimmermann, *Rassenutopie*, 340; Lewy, *Nazi Persecution*, 163; Czech, *Kalendarium*, 774 - 75）。然而，这种说法并没有得到吉卜赛营前囚犯的证实（testimonies by Paul Morgenstern, Aron Bejlin, and Max Friedrich, all in *DAP*; accounts by Winter and Guttenberger, cited above）。

84. Quotes in *DAP*, Vernehmung J. Glück, August 20, 1964, 15108; WL, P. III. h. No. 795, "Gipsy – Camp Birkenau," January 1958, p. 8. See also Strzelecka and Setkiewicz, "Construction," 91; Zimmermann, *Rassenutopie*, 336; Winter, *Winter*, 83 – 84.

85. Broszat, *Kommandant*, quote on 163; *DAP*, Vernehmung A. Bejlin, August 28, 1964, 16314 – 18, quote on 16318; ibid., Vernehmung J. Mikusz, April 26, 1965, 32386; APMO, Proces Höss, Hd 6, Bl. 46 – 50, O. Wolken, "Frauen u. Kinderschicksale," February 18, 1945, Bl. 49; ibid., Hd 5, Bl. 24 – 38: testimony of Dr. B. Epstein, April 7, 1945; Zimmermann, *Rassenutopie*, 343 – 44; Świebocki, *Resistance*, 42; Hördler, "Ordnung," 63; Broad, "Erinnerungen," 186.

86. See Świebocki, "Sinti," 332 – 35, quote (from 1943) on 335; Zimmermann, *Rassenutopie*, 339 – 47; WL, P. III. h. No. 795, "Gipsy – Camp Birkenau," January 1958, p. 8; Winter, *Winter*, 85 – 88; Wagner, *Ellrich*, 71 – 73; idem, *Produktion*, 648; idem, "Sinti," 103.

87. Quotes in BArchB, Film 14428, Pohl to Himmler, April 5, 1944, underlined in original (letter drafted by Maurer); ibid., Himmler to Pohl, April 22, 1944. 关于奥尔德尼岛和洛布伊尔，参见 *OdT*, vol. 5, 347 – 49; ibid, vol. 4, 400 – 404。

88. Glauning, *Entgrenzung*, 121 – 23.

89. Schalm, "Außenkommandos," 58 – 59.

90. WVHA figure in BArchB (ehem. BDC), SSO, Glücks, Richard, 22. 4. 1889, O. Pohl, Vorschlagsliste, January 13, 1945. 根据 OdT 的数据，1945 年 1 月有 557 个卫星营（感谢 Chris Dillon 为我收集了这些数据）。

91. 卫星营是集中营主营外关押囚犯的固定地点，在管理上仍隶属于集中营。它们与外面的劳动分队不一样，劳动分队的囚犯还是会在晚上回到主营里休息；Buggeln, *Arbeit*, 105。

92. 这个观点是 Sabine Schalm 提出的，他针对囚犯人数少于 250 人的小营建议了一个新术语（卫星营小队）；Schalm, *Überleben*, 45 – 50。

93. 有影响力的卫星营类型学，参见 Freund, "Mauthausen," 225。

94. Buggeln, *Arbeit*, 152 – 55; Wagner, *Produktion*, 480; Megargee, *Encyclopedia*, vol. 1/A, 346 – 48.

95. Wagner, *Ellrich*, 57.

96. Fings, *Krieg*, 247 – 70.

97. 另一种不同的解读，认为集中营系统在 1944 年迎来了一个秩序化和理性化的新阶段，参见 Hördler, "Ordnung"。

98. Buggeln, *Arbeit*, 105 – 106, 113 – 14, 118, 121 – 23; Wagner, *Produktion*, 472; Hördler, "Ordnung," 253 – 54, 263.

99. Strebel, *Ravensbrück*, 450.

100. Stein, "Funktionswandel," 170, 178, 184.

101. Buggeln, *Arbeit*, 45; idem, *System*, 117 – 18, 133.

102. *OdT*, vol. 8, 48 – 49; Buggeln, *Arbeit*, 164 – 65; Hördler, "Ordnung," 333.

103. Wagner, *Produktion*, 498, 537; Schalm, *Überleben*, 309.

104. Buggeln, *Arbeit*, 117 – 21, 136, 152, 159 – 62, 396 – 99, 407 – 408, 416 – 17; idem, "Schulung," 189 – 90; Glauning, *Entgrenzung*, 149 – 58, 404; Wagner, *Ellrich*, 124, 127 – 28; idem, *Produktion*, 328; Freund, "Mauthausen," 270; BArchL, B 162/7995, Bl. 214 – 44: Vernehmung J. Hassebroek, March 16 – 22, 1967, Bl. 222.

105. Buggeln, *Arbeit*, 394.

106. Hördler, "Ordnung," 161.

107. BArchB (ehem. BDC), SSO, Harbaum, August, 25. 3. 1913, Bl. 119: R. Glücks, Personal – Antrag, April 24, 1944（这 2. 2 万名员工里面不包括女看守，因为她们不是党卫队队员）; IfZ, Fa 183, Bl. 6 – 7, n. d.（经常被引用的 1945 年 1 月集中营党卫队人数 39969 是不完全统计数据，因为遗漏了数千名从军队调到集中营的工作人员; Buggeln, *Arbeit*, 392 – 93）。

108. Perz, "Wehrmacht," 70 – 80; Buggeln, *Arbeit*, 392 – 93. See also IfZ, Fa 127/2, Bl. 276: Himmler to Pohl et al., May 11, 1944; BArchB (ehem. BDC), SSO, Harbaum, August, 25. 3. 1913, Bl. 119: R. Glücks, Personal – Antrag, April 24, 1944; Glauning, *Entgrenzung*, 167 – 68; Wagner, *Produktion*, 332, 336 – 37; Ellger, *Zwangsarbeit*, 212 – 13; Hördler, "Ordnung," 176. 我在此处用的"士兵"一词含义广泛，也包括海员和飞行员。

109. Glauning, *Entgrenzung*, 168 – 69, 173, 176; Buggeln, *Arbeit*, 436;

Wagner, *Produktion*, 332; Riedle, *Angehörigen*, 47.

110. Wagner, *Produktion*, 335 – 38, prisoner quote on 335; AGN, Ng. 7. 6. , H. Behncke to his family, September 1, 1944, quote on 35. 菲尔克的例子，参见 USHMM, RG – 11. 001M. 20, reel 89, folder 127。

111. 历史学家仍在争论，被选为集中营看守的女性可以拒绝到什么程度；Mailänder Koslov, *Gewalt*, 119 – 25, 133 – 35。数字参见 IfZ, Fa 183, Bl. 6 – 7, n. d。

112. Strebel, *Ravensbrück*, 102; Buggeln, *Arbeit*, 462; Perz, "Wehrmacht," 76; Oppel, "Eßmann," 87.

113. Hördler, "Ordnung," 9, 161; Buggeln, *Arbeit*, 393, 667; Orth, *SS*, 54.

114. Bornemann, *Geheimprojekt*, 190 – 98, Pauler quotes on 197, 192; AGN, Ng. 7. 6. ; Heike, "Lagerverwaltung," 235.

115. Bornemann, *Geheimprojekt*, Pauler quote on 198; AGN, Ng. 7. 6. , H. Behncke to his wife, n. d. , quote on 66; BArchB, Film 44563, Vernehmung O. Pohl, July 15, 1946; Perz, "Wehrmacht," 81; Wagner, *Produktion*, 321, 334 – 36; Hördler, "Wehrmacht," 14; Buggeln, *Arbeit*, 433.

116. Glücks to LK, December 18, 1944, in Wagner, *Mittelbau – Dora*, 109. See also Glauning, *Entgrenzung*, 167; Wagner, *Produktion*, 335 – 36, 345. 党卫队有关女看守的抱怨，参见 Lasik, "SS Garrison," 290; Sprenger, "Aufseherinnen," 27; Schwarz, "Frauen," 807。

117. Hördler, "Ordnung," 23, 34 – 35, 181 – 90; idem, "Wehrmacht," 17 – 18; Buggeln, "Schulung."

118. Perz, "Wehrmacht," 82; Wagner, *Produktion*, 324; Fings, *Krieg*, 82 – 83 (on police reservists). 更令人怀疑的记录，参见 Hördler, "Wehrmacht," 18 – 19。

119. Quote in Jansen, "Zwangsarbeit," 93.

120. BArchL, B 162/5109, Bl. 1859 – 69: Erklärung Efim K. , September 19, 1962, quote on 1865. 该集中营的正确拼法，参见 *OdT*, vol. 8, 150 (n. 2)。还有几名犹太囚犯也回忆起德国士兵的友善行为；BArchL, B 162/2985, Bl. 2032 – 34: Vernehmung Calelzon B. , September 7, 1973; BoA, testimony G. Kaldore, August 31, 1946; Eichhorn, "Sabbath," 209 – 10。

121. 此段和前两段，参见 Buggeln, *Arbeit*, 395 – 96, 399, 404 – 407, 417 – 19, 437 – 38, 442, 482 – 83, 667; idem, "Lebens-und Arbeitsbedingungen," 50; Wagner, *Produktion*, 343 – 44, Pauler quote on 339; AGN, Ng. 7. 6. , H. Behncke to his wife, January 28 and April 2, 1945, quotes on 167 and 260。See also Schalm, *Überleben*, 153 – 55; Hördler, "Ordnung," 178; *OdT*, vol. 4, 51; Fröbe, "Mineralölindustrie," 175.

122. Buggeln, *Arbeit*, 142 – 43, quote on 143; Freund, "Mauthausen," 267 – 68; Fröbe, "Arbeitseinsatz," 365 – 67; idem, "KZ – Häftlinge," 656 – 57; Wagner, *Produktion*, 362 – 71, 380, 476, 487, 500; *OdT*, vol. 5, 477 – 79.

123. 关于甘德斯海姆，参见 Antelme, *Menschengeschlecht*, quotes on 115; Megargee, *Encyclopedia*, vol. 1/A, 346 – 48; *OdT*, vol. 3, 374 – 76。概述参见 Buggeln, *Arbeit*, 17, 156, 213, 224 – 25, 283 – 95, 328。

124. Wagner, *Produktion*, 366 – 67, 469, 483, 493 – 97.

125. 镇上还有第二个小很多的卫星营埃尔里希 – 比尔格加滕（Ellrich – Bürgergarten）; *OdT*, vol. 7, 301。

126. Sellier, *Dora*, quote on 201; Wagner, *Produktion*, 478 – 79, 487 – 89; idem, *Ellrich*, 56, 59 – 66.

127. Tauzin, 1945, cited in Sellier, *Dora*, 208; Wagner, *Produktion*, 382 – 83, 479; idem, *Ellrich*, 90 – 96.

128. Quotes in YVA, O 15 E/1761, Protokoll V. Jakubovics, July 9, 1945; Bornemann, *Geheimprojekt*, 191. See also Wagner, *Produktion*, 382, 470 – 71, 476 – 77, 487; idem, *Ellrich*, 59, 96 – 98; Sellier, *Dora*, 210 – 12.

129. NARA, M – 1079, roll 11, Aussage O. Brinkmann, June 30, 1947, quote on Bl. 1069; Wagner, *Ellrich*, 118 – 19, 127 – 36; Bornemann, *Geheimprojekt*, 188; JVL, DJAO, RaR, *United States v. Andrea*, April 15, 1948, 46 – 50.

130. Quotes in YVA, O 15 E/1761, Protokoll V. Jakubovics, July 9, 1945; Wagner, *Ellrich*, 89. See also ibid. , 100, 104 – 109; idem, *Produktion*, 314, 382, 477, 488.

131. 工程的工期越紧，条件越差；Buggeln, *Arbeit*, 239 – 40, 243, 256 – 60。

132. YVA, O 15 E/647, Protokoll J. Jakobovics, July 2, 1945. See also *OdT*, vol. 6, 286 – 87, 457 – 59.

133. Herbert, "Arbeit." 这个术语参见 Burleigh and Wippermann, *Racial State*。

134. Orth, *System*, 240; Zimmermann, "Arbeit," 747.

135. 首先是 Jens – Christian Wagner (*Produktion*) 的创举。更近期的研究，参见 Buggeln, *Arbeit*, 282; Kranebitter, "Zahlen," 148。

136. Wagner, *Produktion*, 402, quote on 579; idem, *Ellrich*, 110 – 11; idem, "Sinti."

137. Buggeln, *Arbeit*, 333.

138. Buggeln, *Arbeit*, 241, 245.

139. Renouard, *Hölle*, 39; Wagner, *Produktion*, 403, 579; idem, *Ellrich*, 112; Buggeln, *Arbeit*, 245, 497 – 98, 550.

140. Quote in Buggeln, *Arbeit*, 314 (n. 104). 混合型卫星营里的犹太人，参见 Freund, "Häftlingskategorien," 880; idem, *Toten*, 380 – 83; Wagner, *Produktion*, 405 – 407。

141. Raim, *Dachauer*, 154 – 55, 192 – 246; idem, "KZ – Außenlagerkomplexe." See also Ervin – Deutsch, "Nachtschicht"; YIVO, RG 294.1, MK 488, series 20, folder 549, Bl. 718 – 27: testimony of S. Heller, July 10, 1945; YVA, O 15 E/534, protokoll S. Fülöp, July 1, 1945, quote on 2; Hördler, "Ordnung," 251; LG Augsburg, Urteil, June 28, 1950, *JNV*, vol. 6, 653 – 60. 其他（主要）对犹太人来说致命的建设营包括马格德堡 – 罗腾湖、巨人劳动营、汉诺威 – 阿勒姆和施坦佩达。

142. Buggeln, *Arbeit*, 216, 251, 296, 329 – 30; Wagner, *Produktion*, 370, 407 – 408.

143. Kupfer – Koberwitz, *Tagebücher*, 356.

144. Schalm, *Überleben*, 205.

145. Strebel, *Ravensbrück*, 426 – 27; Perz, "Wehrmacht," 78; Fröbe, "KZ – Häftlinge," 667 – 68.

146. Strebel, *Ravensbrück*, 428 – 29, 441 – 43; Hördler, "Ordnung," 289 – 92, 341.

147. Buggeln, *Arbeit*, 217, 317 – 18; Rudorff, *Frauen*, 386.

148. 缝纫和烹饪可以带来显而易见的好处，木工和类似的交易（更多是男性从事）也一样。此外，因为许多男性囚犯参过军，他们更容易适应集中营内军事化的管理；Buggeln, *Gewalt*, 513 – 15; Debski, *Battlefield*,

82 - 83。

149. 针对这种说法的辩论，参见 Buggeln, *Arbeit*, 280, 508, 513; Ellger, *Zwangsarbeit*, 315。我跟劳伦斯·兰格一样，都不相信幸存者证言显示出在互帮互助的程度上存在巨大的性别差异。即便是这样，也可能只是单纯反映出男性幸存者不太愿意提及他们在感情上曾依赖于其他男性的支持。

150. Strebel, *Ravensbrück*, 522; Ellger, *Zwangsarbeit*, 134, 315 - 16; Buggeln, *Arbeit*, 226.

151. Debski, *Battlefield*, 84; Rudorff, *Frauen*, 390; Buggeln, *Arbeit*, 278, 280 - 81, 394 - 95, 467 - 68; idem, *System*, 126 - 27. 参见第 10 章。

152. 女子卫星营通常由男性营地主管管理，看守团的哨兵通常也是男性；Ellger, *Zwangsarbeit*, 190, 214, 311; Buggeln, *Arbeit*, 464。

153. Pfingsten and Füllberg - Stolberg, "Frauen," 921; Buggeln, *Arbeit*, 466 - 67; Sprenger, "Aufseherinnen," 29 - 30; Rudorff, *Frauen*, 389 - 90.

154. Ellger, *Zwangsarbeit*, 215 - 16, 306 - 307, 312, 316, quote on 216.

155. 诺因加默的情况，参见 Buggeln, *Arbeit*, 333。此处的"种族"一词是党卫队当局认定的用法。

156. Raim, *Dachauer*, 193 - 94, 200; idem, "KZ - Außenlagerkomplexe," 75 - 76; Schalm, *Überleben*, 195 - 96; YIVO, RG 294. 1, MK 488, series 20, folder 549, Bl. 718 - 27: testimony Dr. S. Heller, July 10, 1945.

157. 从事生产活动的犹太女人，参见 Zimmermann, "Arbeit," 746 - 47。

158. Rudorff, *Frauen*, 386 - 91.

159. Seidel, "Frauen," 155 - 56; *OdT*, vol. 3, 495 - 500.

160. Rózsa, "Solange," 98, 121, 125, 133, 141, 144, 157 - 61, 225, quotes on 107, 188; Jochem, "Bedingungen," 83 - 91; *OdT*, vol. 4, 213 - 16.

161. Buggeln, *Arbeit*, 275; Ellger, *Zwangsarbeit*, 95; *OdT*, vol. 6, 301 - 303, 410 - 12.

162. Fröhlich, *Tagebücher*, II/12, April 27, 1944, p. 202.

163. Browning, *Remembering*, 153 - 54. 另见萨克森豪森集中营里的犹太人造假行动队和贝尔根 - 贝尔森集中营里的"人质"（第 6 章）。

164. See also Buggeln, *Arbeit*, 658.

165. Rózsa, "Solange," 159.

166. Wagner, *Produktion*, 534 – 55, Güntsche quote on 535.

167. Steinbacher, *Dachau*, quote on 184; Zámečník, "Aufzeichnungen," 210 – 11.

168. ITS, 1. 1. 6. 0, folder 55, KL Dachau, Auszug aus der DV der KL Bewachung, n. d. (1942?).

169. 其中一些卫星营在战前就已经出现；例子参见 *OdT*, vol. 3, 388 – 92, 587 – 90。

170. G. Meier to LK Flossenbürg, June 18, 1942, in KZ – Gedenkstätte Flossenbürg, *Flossenbürg*, quote on 171; Strebel, *Ravensbrück*, 207; Wachsmann, *Prisons*, 95. 1942 年，出租费用是男囚每天三马克，女囚每天两马克；IfZ, WVHA to Kommandanturen, August 17, 1942, ND: PS – 3685。

171. Schley, *Nachbar*, 71 – 75.

172. Bringmann, *Neuengamme*, quote on 43; Fings, *Krieg*, 161 – 62. 关于囚犯制服，参见 Schmidt, "Geschichte und Symbolik," 292 – 93。

173. Steinbacher, "*Musterstadt*," 193.

174. E. Mercker, "Granitbrüche Flossenbürg" (1941), oil on canvas, displayed in the exhibition *Histories in Conflict*, Haus der Kunst, Munich, June 2012 – January 2013. 集中营党卫队依然组织国家和政党官员以及国外要人的分期访问；例子参见 Wein, "Krankenrevier"。

175. Fröhlich, *Tagebücher*, II/4, June 13, 1942, pp. 510 – 18.

176. Schley, *Nachbar*, 108 – 109; Horwitz, *Shadow*, 93, 109; Wagner, *Produktion*, 157 – 58; Glauning, *Entgrenzung*, 332 – 33; Marcuse, *Legacies*.

177. Dörner, *Die Deutschen*, 606.

178. Kremer, "Tagebuch," September 2, 1942, 211.

179. Neitzel, *Abgehört*, 283; Tyas, "Intelligence," 12.

180. Czech, *Kalendarium*, 380; NAL, HW 16/23, GPD Nr 3, Glücks to Höss, January 22, 1943. 概述参见 Steinbacher, "*Musterstadt*," 249 – 52。

181. Dörner, *Die Deutschen*, 325; Steinbacher, "*Musterstadt*," 247 – 49; Frei, *1945*, 156 – 57; Broszat, *Kommandant*, 247.

182. Klemperer, *Zeugnis*, 47, 268, 306, 313, 378, quote on 259.

183. Dörner, *Die Deutschen*, 398, 416, 605 – 608; Fritzsche, *Life*, 240, 262 – 64.

184. BArchB, NS 4/Bu 31, Bl. 15: WVHA to LK, July 11, 1942; ibid., NS 3/426, Bl. 40: WVHA - D to LK, February 25, 1943.

185. BArchB, NS 3/426, Bl. 76: Himmler to Glücks, May 26, 1943; Grotum, *Archiv*, 219.

186. RSHA circular, October 26, 1939, in *NCA*, vol. 1, 962.

187. Dörner, *Die Deutschen*, 39 - 40, 355 - 56, quote on 355; LG Cologne, Urteil, April 20, 1970, *JNV*, vol. 33, 646.

188. BArchB, NS 3/391, Bl. 4 - 22: Aufgabengebiete in einem KL, n. d. (1942), Bl. 8; ibid., NS 4/Bu 31, Bl. 19: Verhalten beim Briefe - Schreiben, n. d.; ibid., NS 4/Na 6, Bl. 24: WVHA to LK, April 12, 1943; Wagner, *Produktion*, 463. 被禁的群体包括苏联战俘和所谓姓名不详的囚犯; Lasik, "Organizational," 168。1944 年夏天对犹太囚犯书信的禁令，参见 Sprenger, *Groβ - Rosen*, 165。

189. C. Herman to his wife and daughter, November 6, 1944, in SMAB, *Inmitten*, quote on 259. 其他例子，参见 Bárta, "Tagebuch," 50 - 51; S. Sosnowski to his wife, October 27, 1940, in Geehr, *Letters*, 44 - 45。

190. Quotes in Maršálek, *Mauthausen*, 50; A. Bala to J. Esztsadnika, July 1943, in Bacharach, *Worte*, 328.

191. J. Pogonowski to his family, April 21, 1943, in Piper, *Briefe*, 44 - 45.

192. IfZ, RSHA, AE, 2. Teil, Bl. 202: Runderlaß Chef Sipo und SD, October 24, 1939.

193. BArchB, NS 19/1570, Bl. 12 - 28: Inspekteur für Statistik, Endlösung der Judenfrage, Bl. 24.

194. *OdT*, vol. 3, 39; Strebel, *Ravensbrück*, 175.

195. Niethammer, *Antifaschismus*, 36 (n. 36); Roth, "'Asozialen,'" 449; Strebel, *Ravensbrück*, 174 - 75; KZ - Gedenkstätte *Flossenbürg*, Flossenbürg, 46; Eisenblätter, "Grundlinien," 167; August, "*Sonderaktion*," 7, 42 - 46. 被捕的克拉科夫大学教授中，犹太教授无一人被释放。

196. BArchB, NS 3/391, Bl. 4 - 22: Aufgabengebiete in einem KL, n. d. (1942), Bl. 16 - 17; Maršálek, *Mauthausen*, 251; Weiss - Rüthel, *Nacht*, 175; Gostner, *1000 Tage*, 169.

197. Glücks to Lagerärzte, December 28, 1942, in NMGB, *Buchenwald*,

257 - 58，1942 年 7 月到 11 月的数字。

198. BArchB, NS 4/Bu 143, Schutzhaftlager - Rapport, November 6, 1943.

199. *OdT*, vol. 1, 163; Hett and Tuchel, "Reaktionen," 382 - 83.

200. Klausch, *Antifaschisten*, 27 - 75.

201. Himmler quotes in "Dokumentation. Die Rede Himmlers," 378; Himmler to Dirlewanger et al., February 19, 1944, in Heiber, *Reichsführer!*, document 299, p. 319. Other quotes in ITS, 1. 1. 6. 0, folder 25, *Wahrheit und Recht 2* (June 1946), doc. 82095211; Ley and Morsch, *Medizin*, 304. See also ibid., 302 - 305; Klausch, *Antifaschisten*, 68, 75 - 104, 120 - 21, 136 - 37, 398 - 400; Heger, *Männer*, 141.

202. Eberle, "'Asoziale,'" quote on 266; Klausch, *Antifaschisten*, 105 - 21, 401.

203. Quote in Kupfer - Koberwitz, *Tagebücher*, 390. See also Klausch, *Antifaschisten*, 140 - 270, 327 - 96, 404 - 15; Wachsmann, *Prisons*, 263 - 69.

204. Rede vor Generälen, May 24, 1944, in Smith and Peterson, *Geheimreden*, 203.

205. Fabréguet, "Entwicklung," 207, figure for March 1945.

206. Wagner, *Produktion*, 549.

207. Cited in Sellier, *Dora*, 137.

208. Kaienburg, "KZ Neuengamme," 46; Wagner, *IG Auschwitz*, 119, 233; Wagner, *Produktion*, 379 - 80, 550 - 51.

209. Renouard, *Hölle*, 43 - 44, 163; Fröbe et al., "Nachkriegsgeschichte," 577 - 78.

210. Ellger, *Zwangsarbeit*, 304; Wysocki, "Häftlingsarbeit," 58. 在顺从与不顺从之间的摇摆，参见 Lüdtke, "Appeal," 49。

211. Levi, *If*, 88.

212. Buggeln, *Arbeit*, 262 - 63, 618; Kielar, *Anus Mundi*, 382.

213. ITS, KL Auschwitz OCC2/35a, Ordner 57, Vernehmungsniederschrift, October 4, 1944.

214. Megargee, *Encyclopedia*, vol. 1/A, 718 - 20; ibid., vol. 1/B, 872 - 73; *OdT*, vol. 8, 289 - 94; ibid., vol. 6, 262 - 65. 这件事后来因托马斯·肯尼利撰写的著作《辛德勒方舟》（伦敦，1982）和史蒂文·斯皮尔伯格

执导的电影《辛德勒的名单》（1993）而闻名。

215. Levi, *If*, 126.

216. Antelme, *Menschengeschlecht*, quotes on 69 – 70; Todorov, *Facing*, 243.

217. 背景参见 Wagner, *Produktion*, 560 – 62; Buggeln, *Arbeit*, 593 – 94, 610。

218. Füllberg – Stolberg, "Frauen," quote on 328.

219. Mittelwerk GmbH, Umgang mit Häftlingen, December 30, 1943, in Wagner, *Mittelbau – Dora*, 120.

220. 例子参见 Kaienburg, "KZ Neuengamme," 47。

221. BArchL, B 162/30170, Bl. 368: LK Sachsenhausen, Anordnung, February 2, 1942, underlined in the original. See also Wysocki, "Häftlingsarbeit," 61.

222. Wagner, *Produktion*, 178 – 80, 503, 554; Fings, "Public Face," 118.

223. Quotes in Kempowski, *Haben*, 117.

224. Horwitz, *Shadow*, 83 – 98, quote on 94; *OdT*, vol. 4, 416 – 17.

225. Glauning, *Entgrenzung*, 332 – 38, 346 – 52, quote on 336; Riexinger and Ernst, *Vernichtung*, 59, 67 – 68; Kaienburg, "KZ Neuengamme," 49; Wagner, *Produktion*, 536 – 45; Maršálek, *Mauthausen*, 93; AGN, Ng. 7. 6., H. Behncke to his family, September 30, 1944; ibid., E. Behncke to her family, November 25, 1944.

226. Bütow and Bindernagel, *KZ*, 9, 115, 175.

227. 估算的结果基于 *OdT*, vol. 2, 396 – 450。清理炸弹的小分队，参见 ibid., 421。

228. Fings, "Public Face," quote on 117; Delbo, *Auschwitz*, 183 – 85.

229. Renouard, *Hölle*, 29; Kielar, *Anus Mundi*, 366; Riexinger and Ernst, *Vernichtung*, 60.

230. 例子参见Zámečník, "Aufzeichnungen," 233 – 34。

231. Ellger, *Zwangsarbeit*, 177, 294, quote on 306; Steinbacher, *Dachau*, 175 – 77; Horwitz, *Shadow*, 111; Raim, *Dachauer*, 270。

232. Bringmann, *Neuengamme*, 43; Glauning, *Entgrenzung*, 343 – 45.

233. Quote in Horwitz, *Shadow*, 114. See also ibid., 93; Wagner, *Produktion*, 560 – 61; Glauning, *Entgrenzung*, 345; Fings, "Public Face," 118; Buggeln, *Arbeit*, 623.

234. Quote in Kirsten and Kirsten, *Stimmen*, 133. See also ibid. , 306.

235. Horwitz, *Shadow*, 175 - 76.

236. Wagner, *Produktion*, 538 - 39, 547 - 49, 556 - 60; Schley, *Nachbar*, 109; *OdT*, vol. 6, 68.

237. Fings, "Public Face," 118.

238. Quote in Zámečník, "Aufzeichnungen," 226. See also Dörner, *Deutschen*, 321 - 22, 328; NAL, WO 208/3596, C. S. D. I. C. , S. I. R. 727, Information from Lt. Marcinek, August 11, 1944.

239. BArchB, NS 19/4014, Bl. 158 - 204: Rede vor Generälen, June 21, 1944, quotes on 166.

240. "Dokumentation. Die Rede Himmlers," 393; Kupfer - Koberwitz, *Tagebücher*, 346; Loeffel, "*Sippenhaft*"; Vermehren, *Reise*, 152 - 53.

241. 1941 年德国的反对传单参见 Kulka and Jäckel, *Juden*, doc. 3282; Goerdeler, "Ziel" (autumn 1941), 898; Hamerow, *Road*, 325。

242. 例子参见 Steinbacher, "*Musterstadt*," 315。

243. Raim, *Dachauer*, 269; Fings, "Public Face," 118; Horwitz, *Shadow*, 93.

244. Quote in Kempowski, *Haben*, 108.

245. Kautsky, *Teufel*, 235 - 40. 概述参见 Buggeln, *Arbeit*, 619。

246. WL, P. III. h. No. 198, F. Pagel, "Eines der Vielen Tausende[n] von Schicksalen," autumn 1955; Wagner, *IG Auschwitz*, 89, 139. 据说另一位英国战俘曾短暂地顶替了莫诺维茨里的一位犹太囚犯，他的故事参见 Avey, *Man*。

247. Fings, *Krieg*, 220 - 28, 242 - 43, Maurer quote on 226, Knöller quote (from October 1944) on 242, underlined in the original; Klein, *Jehovas*, 129 - 30; Kogon, *SS - Staat* (1946), 336 - 37; Whatmore, "Exploring."

248. RSHA, Meldung staatspolizeilicher Ereignisse, September 17, 1941, in Boberach, *Regimekritik*, doc. rk584; Meldungen aus Frankreich, March 5, 1943, ibid. , doc. rk 1059; Parteikanzlei, Auszüge aus Berichten der Gauleitungen et al. , May 8, 1943, in Kulka and Jäckel, *Juden*, doc. 3594.

249. NAL, FO 371/34523 - 005, Press Reading Bureau Stockholm to Political Intelligence Department London, July 22, 1943.

250. Quotes in Höss to Glücks, July 12, 1940, cited in Steinbacher,

"*Musterstadt*," 200; S. Kłodziński to T. Lasocka - Estreicher, November 19, 1942, in Świebocki, *Resistance*, 334 - 35. See also ibid., 145 - 53, 171 - 90.

251. Świebocki, *Resistance*, 272 - 92.

252. 波兰地下组织针对奥斯维辛和马伊达内克集中营内犹太人灭绝行动的报告，参见 Friedrich, "Judenmord," 113 - 17。

253. Breitman, *Secrets*, 88 - 89, 112 - 13.

254. Quotes in NAL, HW 16/66, "II. Concentration Camps," November 27, 1942. See also ibid., HW 16/6, Part 2, Bl. 534 - 35: report on German police, September 26, 1942. 概述参见 ibid., HW 16/11; ibid., HW 16/17 - 19。一些被破译的集中营囚犯人数统计被编入了一份无价的文章中；Schulte, "'London'"。

255. 最后一点，参见 Breitmann, *Secrets*, 113。

256. Breitman et al., *U. S. Intelligence*, 31 - 32.

257. NAL, FO 371/34523 - 005, Press Reading Bureau Stockholm to Political Intelligence Department London, July 22, 1943; ibid., FO 371/34389 - 0008, Berne to Foreign Office, October 6, 1943.

258. "German Brutality in Prison Camp," *The Times*, June 11, 1941, 3; Świebocki, *Resistance*, 304 - 14; Breitman, *Secrets*, 116 - 21, 231; Gilbert, *Auschwitz*, 51 - 52, 92; Laqueur, *Secret*, 200. 概述参见 Fleming, *Auschwitz*。波兰地下组织发表于 1942 年 12 月的另一份有关奥斯维辛的早期描述（英译本发布于 1944 年），参见 Kunert, *Auschwitz*。

259. *Hansard*, December 17, 1942, vol. 385, cc2082 - 7; Breitman, *Secrets*, 229 - 31; Laqueur, *Secret*, 169, 196, 201 - 204; Van Pelt, *Case*, 131 - 34.

260. Breitman et al., *Intelligence*, 33 - 37.

261. Tyas, "Intelligence," 12; Neitzel, *Abgehört*, 283.

262. "Bericht von Czesław Mordowicz," quote on 302 - 303; Gilbert, *Auschwitz*, 231 - 32.

263. Świebocki, *Resistance*, 224 - 27, 298 - 99, 315 - 19; idem, *London*, 25 - 46, 57 - 67, 75 - 76; Vrba, *Forgive*. 未删减的报告，参见 "Bericht Vrba"。针对美国媒体和大屠杀的更广泛的概述，参见 Lipstadt, *Beyond Belief*。

264. Wiesel, *All Rivers*, 74.

265. Westermann, "Royal Air Force"; Gilbert, *Auschwitz*, 236 - 37, 245 - 48.

266. Neufeld, "Introduction," 8 - 9; Feingold, "Bombing"; Gilbert, *Auschwitz*, 301 - 306; Mahoney, "American." 苏联发挥的作用，参见 Herf, "Nazi Extermination Camps"; Orbach and Solonin, "Indifference"。

267. Neufeld, "Introduction." See also Weinberg, "Allies"; Gilbert, *Auschwitz*, 307; Mahoney, "American," 440 - 41; Overy, *Bombing War*, passim; Horwitz, *Shadow*, 115 - 16; APMO, Proces Höss, Hd 6, Bl. 51 - 62: O. Wolken, "Chronik des Lagers Auschwitz II," n. d. (c. spring 1945), Bl. 58 - 59.

268. Conway, "Augenzeugenberichte," 279. 在匈牙利读过弗尔巴和韦茨勒的报告的犹太人领袖是否应该向匈牙利犹太人发出警示，对此的争论参见 idem, "Vrba - Wetzler report"; Bauer, "Anmerkungen"。

269. Gallup, *Poll*, 472.

270. Dörner, *Die Deutschen*, 204, 209, 415; Kempowski, *Haben*, 123.

271. 盟军对集中营内情况的报告，参见 DaA, 9438, A. Hübsch, "Insel des Standrechts" (1961), 246; Zámečník, "Aufzeichnungen," 240。

第 10 章　不可能的抉择

497 第二次世界大战结束前的一天，达豪集中营的几名囚犯定下一个协议。为了展示囚犯之间并非只有冲突不和，他们决定行君子之道；在约定的一整天时间里，粗鲁与自私的行为要让位于礼貌和怜悯，就仿佛他们仍在营外过着平常的生活。当约定的那天来到时，这群人尽自己最大的努力去保持理想中的体面，从早晨爬起来穿衣、洗漱、饮食开始。而到了傍晚，他们所有人都被集中营内残酷的现实击败了。“人心之中的恶兽占据了上风，”这是比利时抵抗运动斗士、达豪集中营囚犯阿蒂尔·奥洛（Arthur Haulot）于 1945 年 1 月 19 日在日记中写下的话，“脱离正常秩序后，人是没有办法泰然生活太久的。”[1]

虽然战后幸存者们对集中营有许多相互矛盾的评论，但所有人都认同一点，那就是囚犯们的行为不能用常理评判。这是集中营内公认的。[2]许多囚犯认为，集中营已经使传统意义上的道德天翻地覆。在那里，善良无私的举动也许相当于自杀，而那些出格之举——包括谋杀——可能是正义的。如果不能理解这个无情的现实，适应集中营内的法则，就可能招致杀身之祸。[3]但集中营内的法则究竟是什么呢？

一些囚犯给出了言简意赅的答案：丛林法则。他们认为，集中营内的残酷条件使人们就物资和职位展开了无穷无尽的斗争，少数享有特权的人（其中大部分是审头）与为了一点点多
498 余的面包、床铺和衣服拼死争斗的大多数囚犯之间形成了一条

巨大的鸿沟。在这个残酷的视角下，其他囚犯都是自己生存道路上的死敌，要与所有人为敌。战争结束前一年的诺因加默的卫星营内，一名比利时的老囚犯身染恶疾，正在缓慢走向死亡。他在医务室内给儿子写了一条绝望的消息："集中营变了，里面除了狼还是狼。"[4]如果将这一观点用于所有的集中营，未免过于灰暗。但我们也不能将这点完全抹去。不过，也许囚犯们在苦难中团结友爱的理想画面更让人心安，但囚犯之间的冲突是真实存在的。而随着集中营系统变得更为致命，这种冲突也变得越发恶毒。

然而，囚犯之间的关系并不仅仅是敌意和无序。首先，这里有些不成文的规矩。在囚犯私下的准则里，偷窃属于别人的面包是罪。节约面包需要极强的自律，因为饥饿的囚犯总想吞掉配给的全部面包。每一片旧面包都象征着囚犯想要活下去的意志；而每一次偷窃都被视为无法容忍的背叛，与叛国罪同样严重。就像诺因加默集中营的一名室长对一批新囚犯所说的那样："从同志那里偷窃面包是最恶毒的行为，这等于在偷窃他的生命。"[5]这规矩并没能使偷窃停止，也没有建立完美的公正，一些无辜的囚犯成了替罪羊。但无论如何，这种偷窃的行为总归被认定为犯罪，应该被惩罚。

所以说，集中营内确实存在一种道德制度。[6]囚犯们也许无法行使外面那样的道德标准，就像达豪"君子协议"所揭示的那样。但在集中营这个扭曲的世界里，他们还是保有了一种是非观。当然，每个人的道德标准各异，但总有些底线是大部分囚犯不想跨越的。按基本的规则生活不仅仅是为了生存，也是为了自尊。"我对每个人都很坦诚，"1942 年 9 月，雅努什·波戈诺夫斯基在从奥斯维辛寄给家人的密信中写道，"我没做任何亏心事。”[7]单靠一个人几乎是不可能保住尊严的，波戈诺夫斯基感谢了两名帮他熬过恶疾的朋友，他们的帮助不只是精神上的，还有物质上的。正是因为他们，他写道，他的灵魂才“健康、自豪和强健”。[8]正如一些观察家所说，这种囚犯间互助的例子在集中营中并不是个例，而是相当常见。[9]而其形式也是多种多样的，从分享食物到讨论政治，削弱了党卫队试图实行的全面统治。

一些囚犯把此类行为视为反抗：求生本身就是“一种抵抗的形式”，阿格内斯·罗饶于 1945 年 2 月初在日记中这样写
499 道。[10]一些学者也持相同的观点，将抵抗的意义扩展至集中营内所有的不合作行为。意大利心理学家安德烈亚·德沃托（Andrea Devoto）明确地指出：“任何事都可以被视为抵抗，因为无论做什么都是被禁止的。”[11]然而，这种含混的定义将许多千差万别的行为模糊成了一体。破坏德军军需品的人和为了求生不择手段，甚至伤害他人的人能用同一个词来形容吗？针对集中营的情况，即便更为狭义的“抵抗”概念也可能存在争议，因为囚犯们没有任何颠覆纳粹政权的希望。

总而言之，也许用其他词去描述囚犯们的选择更为恰当，不过不同类别的词汇必然会有重叠。不屈不挠，这包括了囚犯自我保护和自我激励的行为；团结，指囚犯群体的互相保护，不让精神被击垮；还有反抗，这包括抗议和其他有计划有目的反抗集中营党卫队的行为。考虑到党卫队无所不在的威慑，这种直接的对抗非常少见，而且有时也十分模糊。比如从集中营逃走，也许囚犯会就此加入游击队，或是将纳粹的罪行宣告于世，但考虑到纳粹的连坐政策，越狱也会置其他囚犯于死地。[12]

被胁迫的社区

囚犯们必须足智多谋才能在战争期间的集中营有一线存活

的生机，他们需要掌握一名囚犯所说的“集中营技能”。[13]囚犯们必须充分利用已有的技能，还要学会新的技能，才能获得生存的机会；一位掌握多种语言的囚犯也许能获得翻译这样的优待职位，而有天赋的囚犯画师也许能用所画的作品换取食物。[14]囚犯们的不屈不挠也表现在保留进入集中营之前身份的仪式上。对于普里莫·莱维来说，日常盥洗不仅是为了保持清洁——这在肮脏的环境中是不可能的——更是为了保持自己的人性。[15]其他人在宗教中寻找到了安宁。当回忆起 1944 年秋天在拉文斯布吕克集中营的日子时，一名波兰女人在战后作证说上帝拯救了她，使她免于精神崩溃。[16]一些囚犯从艺术和精神生活中汲取营养，回想从前读过的书籍、诗篇和故事。在拉文斯布吕克集中营，夏洛特·德尔博用自己的面包换来了一本莫里哀的《恨世者》，每天一点儿一点儿地背诵。默背剧本“几乎可以消磨整个点名的时间”，她后来写道。[17]

虽然自我保护十分重要，但没有任何一个囚犯能独自熬过 500
集中营。集中营是一个社交空间，囚犯们经常要互动。他们在集中营内的命运往往是由他们在这个“被胁迫的社区”中的地位所决定的［“被胁迫的社区”一词是奥斯维辛集中营幸存者 H. G. 阿德勒（H. G. Adler）提出的］。[18]一名奥斯维辛集中营的审头在 1942 年 3 月底对一群新来的囚犯说，如果不能团结一致，他们将在两个月里全部死光。[19]

一些囚犯群体是由党卫队创立的，其他的则是靠囚犯们共同的爱好和背景划分出来的。一些群体可以追溯到囚犯们在集中营之前的生活，其他的则是在集中营内产生。一些群体如一盘散沙人来人去，另一些则坚如磐石对外人封闭。而使情况更为复杂的是，囚犯们往往不只属于一个团体。比如普里莫·莱维是一个受过良好教育、来自意大利的犹太无神论者，这里面任何一个关于他自我的方面都会影响他在奥斯维辛集中营内的社交关系。[20]

陪伴对所有囚犯都很重要，无论这陪伴是基于同情还是功利，无论是机缘还是出于相同的信仰。但陪伴也是一把双刃剑，因为它也会造成矛盾。囚犯之间建立关系，是因为命运把他们扔进了同一间营房或是同一支劳动队，这种关系往往并不牢靠。而大多数情况下，部分囚犯的团结一致也会造成与其他囚犯的冲突。于是每一位囚犯都面临着同样的困境：如何在集中营这样非人的环境中拥有正常的社交生活？[21]

家人与朋友

“我们相依为命，”埃利·维泽尔描述与父亲在奥斯维辛集中营里的关系时这样写道，“他需要我，就像我需要他一样。”有时他们会一起分享少得可怜的几勺汤羹或几块面包，有时他们也会给对方精神上的支持。“他是我的支柱，我的氧气。我对他来说也一样。”[22]维泽尔并不是个例。在如炼狱般的集中营里，许多囚犯都和自己的亲人形成了紧密的关系，因为在他们的社交关系里，信任尤为必要。这点在犹太人或是吉卜赛人中特别明显，因为他们往往是一大家人一起被送进来。[23]他们一起来到集中营，也希望一起活下来。[24]

其他小型的求生单位则是由密友组成，有时候甚至只有两个人。[25]许多人在进集中营之前就已经互相认识。曾在同一座城市中经历风雨，相同的过往和文化让他们在集中营内结成了共同的阵地。更多人则是因为他们被纳粹迫害的相同经历而结下友谊，可能是在遣送的火车、工地、营房或者医务室里结成了同盟。[26]玛格丽特·布伯-诺伊曼后来提到，她与其他囚犯的友谊帮助她活了下来。而她在集中营中最亲密的朋友就是米莲娜·耶森斯基（Milena Jesenská）。她于 1940 年在拉文斯布吕克 501
集中营里结识了这位捷克记者，后者因为帮助人们逃离德占捷克而被逮捕，两个女人很快就熟起来。她们亲如家人，经常一起谈论过往（两人都曾经从共产主义运动中脱离）、现在和将来；耶森斯基建议她们应该一起写一本关于斯大林和希特勒治下集中营的书，就叫《集中营时代》。在拉文斯布吕克集中营，两个女人尽最大可能照顾对方。当布伯-诺伊曼被扔进地堡后，她的朋友每天给她偷送面包和糖。而当耶森斯基重病时，她的朋友每天偷偷过来看望她，持续了数月。[27]

这种友谊在集中营的小生态中十分常见。许多女人间十分亲密，甚至互称姐妹。她们形成了包含十多名成员的虚拟家庭，共同分享食物、衣服和情感支持，并且互相保护以免被筛选淘汰。成为一名“营中姐妹”是一种“非常快乐、受到鼓舞的感觉”，阿格内斯·罗饶于 1945 年 1 月写道，“无论发生什么，我们都能依靠彼此”。[28]有一种观点认为，集中营的女囚比男囚更容易形成这样亲密的友谊。[29]但亲密的陪伴并不分性别，普里莫·莱维就是一个例子。他与一位同样二十多岁的名叫阿尔贝托（Alberto）的意大利囚犯结下了深厚的友谊。数月来，睡在同一个铺位的两人很快“结成了亲密的同盟”，莱维如此写道，他们一起分享搜集来的每一点额外的食物（两人直到 1945 年 1 月才分开，阿尔贝托踏上了奥斯维辛的死亡行军，之后再也没回来）。[30]许多男性囚犯享受着类似的友谊，一些人事后羞于谈论这种关系，而其他人则没有任何迟疑，称之为“同床兄弟”和“同志婚姻”。[31]

不过在集中营的严酷环境中，任何紧密的联系都可能被打破，尤其是对那些每天都浸淫在集中营暴力中的普通囚犯。[32]集中营中从不缺乏骇人的画面，但很少有情况比朋友家人之间互相劫掠、儿子拒绝分给父亲面包更令人难安。[33]更多的情况下，这种由强烈的团结感结成的小团体内部的互相帮助往往会给他人带来伤害，不管是有心还是无意。每群囚犯首先都是为了自己团体的生存而斗争，用普里莫·莱维的话说，这叫“我们主义”（也就是一种集体自我中心主义），我们也可以称之为“抱团”。每当一个团体成功获得食物、香烟或是衣服，几乎肯定意味着其他人能“寻获”的物资减少；有时，囚犯团体甚至会从别人那里偷窃。[34]

502 也有无法加入任何团体的囚犯。集中营里被孤立的“活死人”尤其如此。这些将死之人像游魂一样飘荡在营区里。不过他们的存在不像幽灵那样缥缈，而是会带着感染的伤口和冒着臭气的褴褛。“每个人都被他们恶心到了，没人显示出一点同情。”奥斯维辛囚犯玛利亚·奥厄扎辛斯卡（Maria Oyrzyńska）回忆说。其他人则是有多远躲多远，不仅仅是因为恶心，也是为了自我保护；因为“活死人”总是引火上身——偷窃食物、逃避劳动、无视命令——其他人害怕会被他们牵连。因此“活死人”总是在最孤独的处境中死去。[35]

大部分囚犯都明白，和亲朋好友结成小团体可以给予自己最大的生存希望。虽然这种联盟十分重要，但也总是容易因遣送、疾病、筛选和死亡而分崩离析。在父亲什洛莫于 1945 年初死于布痕瓦尔德集中营后，埃利·维泽尔开始对环绕在他身边的人间地狱漠不关心：“没有什么能触动我了。”[36]米莲娜·耶森斯基于 1944 年 5 月死去之后，玛格丽特·布伯－诺伊曼也变得同样绝望：“我感到彻底绝望。生活似乎已经没有意义。”最终她还是没有放弃，幸存后将她们在拉文斯布吕克集中营里谈论过的书写了出来，以此纪念这位死去的朋友。[37]

同志

除了亲友之间的社会羁绊，还有因相同信仰产生的同志情谊，无论这种信仰是早已有之还是在集中营内萌芽。[38]左翼的囚犯们尤为亲密，甚至比战争开始前还要亲密，他们经常进行秘密集会，讨论意识形态问题，分享关于战争的最新消息（从报纸上和藏起来的收音机中搜集来），通过纪念重要事件和共同唱诵革命歌曲来践行工人阶级传统。[39]其他政治囚犯也同样忠诚于自己的事业。在达豪可怕的考弗灵卫星营中，几名犹太复国主义者拼凑出了一份希伯来文报纸，呼吁犹太囚犯团结起来，创立犹太人的国家。[40]这种集体活动可以被理解为一种自我肯定；政治犯们携起手来共同对抗，以免被抹除入营前的身份，并从他们所属的集体中获取力量。[41]

一些团体做的远不止鼓舞士气，而是发展成了一个求生网络。政治犯互相分享必需品，利用他们的联系来帮助他人免受
惩罚性劳役之苦，甚至免于送往死亡营。就像战争开始前一样， 503
地位较高的囚犯会留心在新来的囚犯中寻找自己的同志，向他们解释集中营的基本法则并且保护他们。[42]这是另外一个党派团结的例子，任何好处都仅限于特定的囚犯。其他背景的囚犯经常被排除在外，被视为不可信任的人和不配的人；就像一位前囚犯解释的，根本原则就是“政治优先”![43]有时候这意味着牺牲别人去救另一个人。赫尔穆特·蒂曼（Helmut Thiemann）是德国共产党人，也是布痕瓦尔德的审头。他在战后作证说他和

他的同事在医务室内设立了一个特殊的房间，“仅供我们在各个国家的同志使用”。共产党审头尽他们所能去帮助这些囚犯，给他们提供手头最好的药。蒂曼补充说，对其他人“我们必须毫不容情”。[44]

政治犯中“抱团”最极端的例子则是所谓的调包牺牲者。几座集中营内都曾出现这种做法，而记录最详细的是在布痕瓦尔德集中营。在这里，共产党审头通过篡改党卫队名单，将名字替换成其他囚犯的方法来保护一些同志免于人体实验。这就是“我们拯救彼此”的方法，蒂曼的同事恩斯特·布塞（Ernst Busse）在战后作证说，这样“我们在集中营地下组织的成员可以过上相对安全的生活”。同样，布痕瓦尔德集中营劳动办公室的共产党审头会篡改遣送到卫星营的囚犯名单。他们会让自己的同志免于被遣送到像多拉这样置人于死地的集中营，改为遣送那些他们认为招人厌或者低级的囚犯，包括罪犯、同性恋者和其他社会边缘分子。“所有这些消极分子都是由国家（共产党）团体选出来的，”前囚犯文员伊日·扎克（Jirí Žák）于1945年作证说，“他们也会判定积极分子，那些不应该被遣送的人。”扎克不是唯一一位战后坚决为自己的做法辩护的共产党人。“当我有机会救下十名反法西斯战士的时候，”布痕瓦尔德资历最深的共产党员之一瓦尔特·巴特尔（Walter Bartel）在1953年东德的一次党内调查时说，“我绝对会这么干。”[45]

当然，并不是所有政治犯都享受同样的保护，因为这些佩戴红色三角的囚犯从未形成过统一战线。即便是纳粹政权最顽强的对手之间，也存在着紧张的对立关系。社会民主党和共产党之间长久以来的敌意从未完全消除，其他意识形态团体更是如此。比如法国民族主义者和苏联共产党员之间完全没有共识。

即便是一个政治团体内部也会产生冲突。德国共产党员之间会因为意识形态分歧（比如《苏德互不侵犯条约》以及在集中营内的正确路线）而产生冲突。持异见者很快会被视为背离路线，排除在集体之外。当拉文斯布吕克集中营的德国共产党员得知玛格丽特·布伯－诺伊曼曾被斯大林囚禁过，他们便给她贴上了“托洛茨基分子”的标签并与她断绝了联系。而对布伯－诺伊曼来说，她的敌人们还沉迷于过去，陷在“1933 年脱离现实的共产主义幻境”之中。[46] 504

信徒

每天早晨，在奥斯维辛的囚犯们起床之前，埃利·维泽尔和父亲便起床走到附近的一个营房中。在那里，一群传统的犹太人互相进行仪式性的祝福，分享两个从黑市获得的犹太教经文护符匣。因为处于党卫队最致命的恐怖威胁下，犹太人的祈祷障碍重重。即便如此，他们还是想方设法坚守信仰。“没错，即使在死亡营中我们也会进行宗教仪式，”维泽尔后来写道，“我见过的苦难太沉重，让我无法与过往剥离，也让我无法拒绝那些蒙难之人的遗志。”[47]

善于观察的囚犯都明白在集中营是无法履行宗教戒律的。他们不得不在祈祷的时间工作，打破一些饮食的戒律，也没有祈祷书和宗教领袖的精神指引。[48]不过他们还是尽可能地忠于信仰，并依据共同信仰形成紧密的集体。波兰政治犯中广泛流传基督教的宗教仪式，这种信仰也成了他们民族认同感的一部分。他们秘密地进行周日礼拜，甚至将圣体偷运进了集中营；至少一名囚犯在奥斯维辛地堡里领过圣体，是其他囚犯将圣体系在绳子上，从牢房的天窗给他送下去的。[49]

许多囚犯从宗教信仰中汲取力量。一些人形成了紧密的宗教团体，几乎平均分配所有东西；比如在一些集中营，耶和华见证会的信徒会平均分配所有家人寄过来的钱和食品。而且，宗教实践也是他们与入营前生活的持续纽带，还可以帮助他们找到受难的意义，把集中营视为几个世纪以来压迫的顶点、对信仰的神圣考验，或是对人类罪孽的忏悔。[50]一些无神论囚犯觉得有宗教信仰的囚犯比他们有优势，因为信仰在宇宙中给了这些人一个支点，从而摆脱党卫队统治的世界，至少在精神领域是如此。[51]

但投身宗教也会带来危险。囚犯们祈祷时总要承受风险，甚至有时还会因此遭受惩罚。党卫队和审头多次将宗教仪式变
505 成行刑仪式。在达豪集中营，他们逼迫天主教神父喝下大量的圣餐葡萄酒（由梵蒂冈捐赠），同时还在宗教节日实施特别的虐待。关押在达豪集中营的1870名波兰神父有将近半数死在这里。[52]即便信徒逃过了惩罚，礼拜本身也会给他们带来危险。信徒往往需要早起，这剥夺了他们重要的睡眠时间，加速了他们的衰弱。遵守饮食戒律同样如此。一些正统的犹太人试着只吃符合犹太教规的食物，很快就筋疲力尽地死去了。[53]

正统犹太人的日常宗教生活经常会引发事端。一些囚犯将祈祷视为噪声，尤其是在晚上，还指责信教的犹太人面对党卫队的暴力时毫不抵抗。“你想怎么祈祷就怎么祈祷，”迪奥尼斯·莱纳德在逃离马伊达内克集中营前不久对一名被关押的唱诗班领唱说，“我选择实际行动。”[54]其他世俗的囚犯将礼拜看作怪诞的行为：在地狱中饱受磨难的人为什么还要向上帝祈祷？在奥斯维辛集中营里，一次筛选过后，普里莫·莱维看到另一个铺上的一位老人在祈祷，当听到老人感谢上帝宽恕的时候，

普里莫被激怒了："他难道不明白下一次可能就该轮到他被杀了吗？他难道不知道今天发生的一切是恶行吗？这恶行没有祈祷能够消解，没有宽恕，没有救赎，人力永远无法洗刷。如果我是上帝，我会唾弃这个犹太老人的祈祷。"[55]这种不理解是相互的。一些正统的犹太人因为其他人没有宗教信仰而愤愤不平，斥责他们为何质疑、抱怨和抛弃上帝。[56]

这些冲突再次昭示了犹太囚犯的多样性。虽然他们都佩戴黄星，但并没有形成统一的社群，分歧甚至比战前更大。因为现在所有犹太囚犯都不得不为生存而战，所以基于宗教、政治和文化形成的不同阵营更为鲜明。另外还有国家和语言的壁垒；东欧的犹太人大多说意第绪语，许多从西欧来的犹太人都听不懂。被关在集中营多年之后，贝内迪克特·考茨基总结说："几乎没人见到过犹太人有同志情谊。"[57]不过这又有什么区别呢？毕竟和其他团体相比，犹太人能获得的实质性支持太少。"我们在物质上无法帮助任何人，"迪奥尼斯·莱纳德在1942年写道，"因为我们什么都没有。"[58]尽管如此，许多犹太囚犯还是顶住了生存的压力，和其他人团结起来，形成了小的互助网络，其中包括埃利·维泽尔、普里莫·莱维和阿格内斯·罗饶。

虽然犹太人内部有许多团体，其他囚犯却将他们视为一个整体，而且是显眼的目标。犹太人生活在恐惧之中，害怕遇到危险的人，尤其是凶残贪婪的审头。囚犯中的反犹主义随处可 506
见，审头会一边殴打犹太人一边大喊："肮脏的犹太人必须灭绝！"[59]即便是战争结束几十年后，诺因加默集中营附属的一座卫星营的一位因暴力而臭名昭著的前营区长依旧开诚布公地说出自己的动机："总的来说，我不喜欢犹太人。至少在集中营里，他们都是些奉承鬼和马屁精。"[60]但这其中还有其他因素，毕竟囚犯们都习惯于看不起比他们更孱弱的囚犯。[61]

与此同时，并非所有人都排斥犹太囚犯。虽然党卫队时常威胁要惩罚那些对犹太人太友善的人，但还是有一些人忽视威胁，用一种谨慎的方式与犹太人相处。事实上，一些人展现了伟大的关怀和勇气，将他们的同情扩展到自己周边的密友圈之外。[62]1942 年夏天，当拉文斯布吕克集中营党卫队对犹太人实行减少食物配给一个月的处罚时，另外一队由捷克女性领导的囚犯团体经常将自己的一部分面包偷运进犹太女囚的营房。[63]这并非个例。在奥斯维辛-莫诺维茨集中营，波兰囚犯偶尔也会将自己的配给送给犹太人。“他们自己也没有很多，”匈牙利犹太人乔治·卡尔多（George Kaldore）回忆说，“但还是会分给我们。”[64]

分裂的国家

在战争接近尾声的那些深夜里，如果一个人能听到营房中的夜话，他会听到囚犯们用许多种语言低语。以布痕瓦尔德主营为例：到 1944 年底，它关押了超过 24 个国家的囚犯，包括一小部分西班牙人（295 名囚犯）、英国人（25 名囚犯）、瑞士人（24 名囚犯）和阿尔巴尼亚人（23 名囚犯）。“人仿佛一直处于巴别塔之下。”普里莫·莱维写道。[65]随着囚犯人口变得更为国际化，国籍成了社区的重要划分因素，使一部分囚犯团结在一起，也使另一部分囚犯分道扬镳。[66]

对于虚弱的囚犯来说，这种建立在同一种语言和文化之上的国籍抱团可以救命。除此之外，囚犯们会偶尔庆祝自己国家的传统，一起唱民歌或是讲述古老的传说。营房里大部分的集会都是经历了漫长劳苦的一天之后，一种自发的对国家归属感

图上：1944 年夏天，鲁道夫 · 霍斯和奥斯维辛党卫队队员在佐拉赫特度假。第一排从左至右依次是：副官卡尔 · 赫克尔、火葬场主管奥托 · 莫尔（部分被遮挡）、霍斯、指挥官里夏德 · 贝尔（部分被遮挡）和约瑟夫 · 克拉默、集中营营区负责人弗朗茨 · 霍斯勒（部分被遮挡）、约瑟夫 · 门格勒（部分被遮挡），还有其他两名官员。

图下：1944 年 5 月，一名身穿制服的党卫队医生（中）在监督筛选，3500 名犹太人从喀尔巴阡山罗塞尼亚被送到奥斯维辛 – 比克瑙。（背景里）那些被选中即时处决的囚犯被带去火葬场。

图上：1944 年 5 月，党卫队对刚抵达的囚犯进行筛选后，比克瑙 Ⅲ 号火葬场外等待被送入毒气室的犹太妇女和儿童。

图下：1944 年 5 月，享有特权的“加拿大”突击队的男女囚犯在比克瑙党卫队仓库外，将被害犹太人的财物进行分类。

图上：1944 年 8 月，囚犯从比克瑙毒气室里偷拍的照片，记录了当时露天焚烧被害犹太人尸体的场景。

图下：1943 年，党卫队拍摄的比克瑙 Ⅱ 号或 Ⅲ 号火葬场里所谓的特别工作队囚犯。

图上：1942 年 7 月 18 日上午，党卫队领袖海因里希·希姆莱（第一排，左）视察奥斯维辛－莫诺维茨的法本公司建筑工地，随行的有平民首席工程师马克斯·福斯特（中）和指挥官鲁道夫·霍斯（右）。

图下：1944 年，党卫队集中营系统的负责人奥斯瓦尔德·波尔（中）到访奥斯维辛，陪同他的是指挥官里夏德·贝尔。他们两人之间（后面）是火葬场设施的主要设计者卡尔·比朔夫。

图上：1944 年 3 月，马伊达内克的看守们在卢布林一家舞厅兼餐厅庆生。

图下：战时诺因加默集中营党卫队的宿舍，大多数常规看守在铁丝网外过着一成不变的生活。

图上：大约 1944 年，从事战时生产的奴隶劳工：由一名平民工头指挥，法尔格卫星营的囚犯在建造生产潜水艇用的防空洞。

图下：1944 年，军备部部长阿尔贝特·施佩尔（中右）和上奥地利州的大区长官奥古斯特·埃格鲁伯（中左）与林茨卫星营的囚犯在一起。

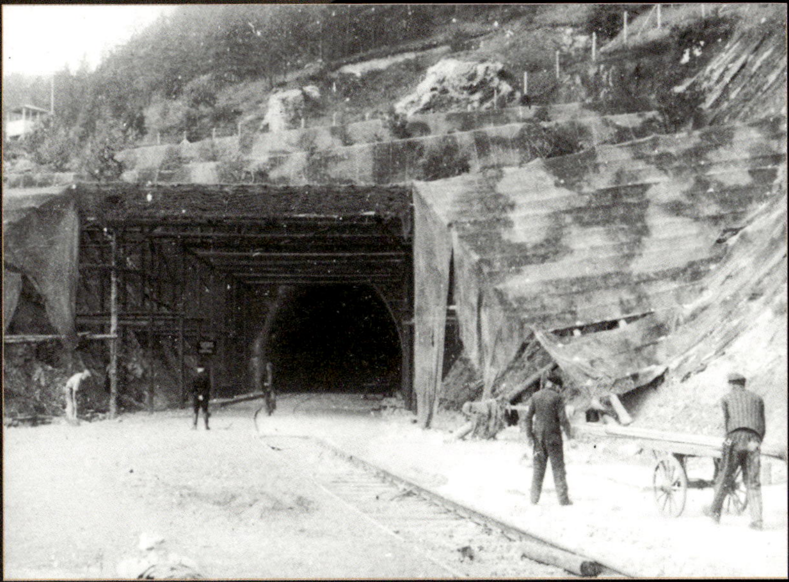

图上：1943 年 10 月，科隆的一位德国平民从自家厨房窗户偷拍到的照片。来自布痕瓦尔德的囚犯被编入党卫队建筑旅，负责清理轰炸后的疮痍。

图下：1944 年夏天，多拉卫星营的一名囚犯正推着手推车前往隧道入口，这里是 V2 火箭的生产地。

图上：1944 年 6 月，一名法国囚犯偷拍的布痕瓦尔德集中营里简陋的“小营”。囚犯睡在帐篷（中）或没有窗户的马厩（左）里；马厩的设计容量大约是 50 匹马，如今却容纳了 2000 人。

图下：考弗灵一座卫星营的小屋（解放后拍摄）。党卫队把囚犯塞入这样一间害虫滋生、稻草或泥土为顶的小屋。

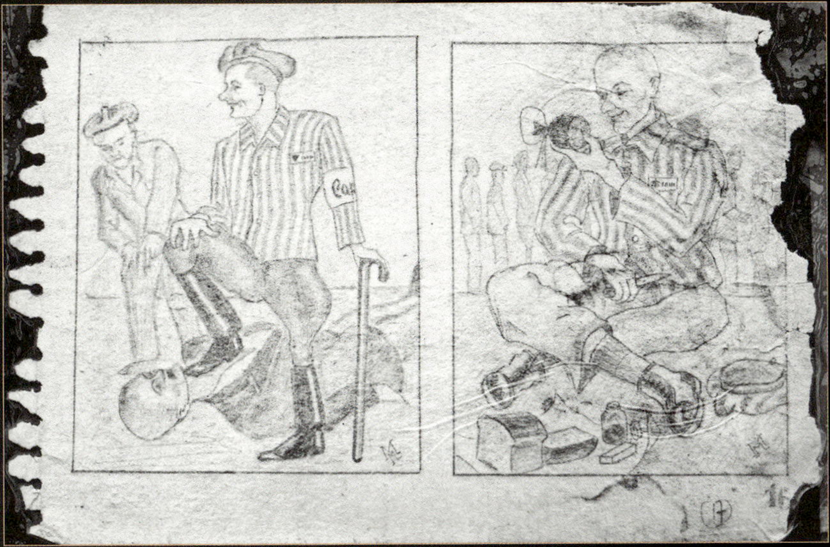

图上：年轻德国犹太人彼得·埃德尔的自画像，显示出集中营如何改变了他。画中是他在奥斯维辛集中营大门前两个迥然不同的形象，写着“这是谁？”——“你！”——“我？”——“是的！”

图下：不知名的奥斯维辛囚犯在 1943 年所绘，画出了所谓审头的权力和特权。

图上：这张照片是施塔恩贝格湖景区的一名居民偷偷拍摄的，记录了 1945 年 4 月 28 日从达豪开始死亡行军的囚犯。

图下：1945 年 4 月底，囚犯在贝洛森林，他们从被遗弃的萨克森豪森集中营开始死亡行军。前景中有的人拿着红十字会的食物包。

图上：1945 年 4 月 30 日，从被遗弃的利托梅日采卫星营驶出的列车载着数千名囚犯在捷克的一座小镇停留，当地居民无视党卫队的禁令，给囚犯分发食物并拍照。

图下：拍摄于 12 岁的乔治斯 · 科恩在诺因加默接受医疗实验的时候。1945 年 4 月 20 日他被绞死。他是在最后关头被集中营党卫队杀害的无数遇难者之一。

图上：达豪被解放后不久，一名美国士兵站在一节满是囚犯尸体的车厢外。这些囚犯大约三周前从布痕瓦尔德出发。

图下：苏联士兵在爱沙尼亚科隆卡卫星营查看被焚烧的尸体。1944 年 9 月 19 日，就在红军到达前不久，党卫队屠杀了囚犯并把集中营付之一炬。

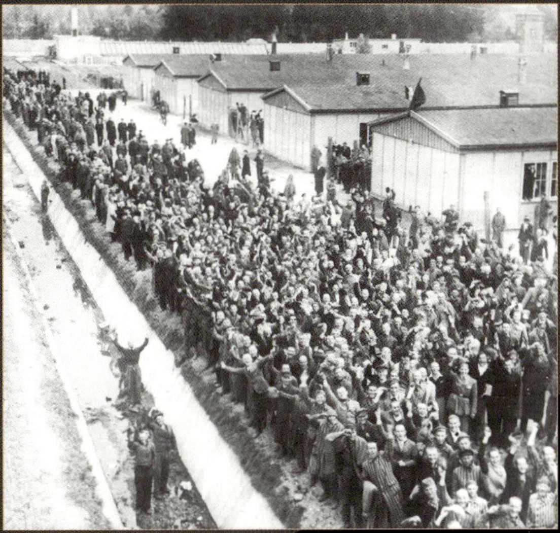

图上：1945 年 4 月 29 日，达豪囚犯欢迎美国军队（从瞭望塔拍摄）。

图下：1945 年 4 月 13 日，在马格德堡附近解放了一列贝尔根 - 贝尔森的死亡列车。

图上：1945 年 4 月 18 日的贝尔根 - 贝尔森集中营，英国军队抵达三日后。数千名幸存者在接下来的几周不幸身亡。

图下：1945 年 5 月 6 日解放后两天，年轻的幸存者们在埃本塞卫星营做饭。

图上：1945 年 6 月 1 日，布痕瓦尔德幸存者从魏玛火车站出发，前往法国的一家儿童福利机构。一名年轻人在车厢上写道：“我们的父母呢？你们这些凶手。”

图下：1947 年 4 月 16 日，在原奥斯维辛主营的广场处决鲁道夫·霍斯。

图上:1945 年 4 月 16 日，美国士兵带着尸体在布痕瓦尔德火葬场附近与魏玛平民对峙。这是盟军报道中出现的众多独家照片中的一张。

图下:1955~1960 年的达豪明信片，难民聚居区，主路（右下）旁边是曾经的囚犯营房，如今变成了住宅。

的表达。当然，也有组织有序的活动，比如跳舞和游戏。[67]除了能激发囚犯们的爱国热情，这种表演也可以让他们从灰暗的生活中暂时逃脱出来。阿格内斯·罗饶在纽伦堡卫星营中和其他匈牙利囚犯建立了一个戏剧团体，她们表演著名歌曲，模仿囚
犯同伴或是看守。[68]囚犯的音乐中也融入了对集中营的感想。奥 507
斯维辛的波兰囚犯创作的歌曲之中有一首名为《毒气室》，是按一首流行的探戈旋律填的词：

这里有一间毒气室，
我们将在这里遇见彼此，
我们将在这里认识彼此，
也许就是明天——谁知道呢？[69]

许多强化国家归属感的活动处于灰色地带，党卫队是默许的。至少在正式的文化活动上是如此，这些活动对于不同的观众有着不同的意义。达豪集中营囚犯在 1943 年组织了“波兰日”，表演合唱、管弦乐和舞蹈，他们在表演中融入了爱国主义信息。波兰囚犯为他们这种反抗行为感到自豪，而坐在第一排的党卫队官员毫无察觉，还大声鼓掌要求返场。[70]

虽然有这种精神上的胜利，但大部分以国籍划分的囚犯群体并没有紧密团结在一起。虽然他们制服上的字母可能相同（以此指出他们的来源），但那些在集中营之外将这些人分开的现实问题并没有立刻消失。[71]内部分歧最大的恐怕要数衣服上有“R”字母的人了——他们是被归为苏联人的囚犯。带有 R 字母的人通常包括所有在苏联广袤领土内的人，涵盖了许多不同民族、持不同政见的人。最为显著的是俄罗斯人和乌克兰人之间

的敌意，这也反映了他们在苏联国内的敌对关系。许多被俘虏的俄罗斯士兵依然效忠莫斯科政权，将乌克兰囚犯看作叛国者和通敌者。这种敌意反之亦然，许多强制劳动队的乌克兰囚犯将俄罗斯战俘视为斯大林的追随者，他们压迫了波兰的民族主义，并通过强制集体化的政策谋杀了数百万乌克兰人。[72]

更糟的是，许多苏联囚犯还要面对来自其他国家囚犯的无端敌意，他们将苏联人视为懒汉、小偷和谋杀犯。这种一面倒的印象根植于多年以来的偏见，再次彰显了早于集中营便存在的固有认知和习惯。[73]其他囚犯在面对想象中原始粗鄙的东方囚犯时，经常会涌出一股优越感，他们还担心苏联人将疾病带到集中营里。日常生存的压力只会将这种恐惧放大，很难想象会有一个地方能比集中营更容易传播这种对国家的思维定式。[74]

508 苏联囚犯位于囚犯等级的最底端，与其他境遇更好的囚犯群体之间的冲突也在所难免。冲突的导火索之一就是食物分配不均，它带来了囚犯群体内不断的嫉妒和摩擦。在萨克森豪森集中营，饥饿的苏联囚犯包围了挪威囚犯的营区，后者享受着来自红十字会的充足的救济包。消瘦的苏联人祈求一点点的残渣，在地面上搜索食物的碎屑。挪威人试图将他们打走。“他们就像苍蝇一样，你没法将他们赶走，他们会回来，在这里扎营，躺着等待从我们奢侈盛宴上掉下来的任何东西。”其中一名挪威囚犯于 1943 年秋天在日记中这样写道。普通的挪威人，他补充说，对待这些苏联囚犯“比对待自家的狗还要差”。[75]

如果苏联人被描述为野蛮和原始，那几乎位于等级最顶端的德国人，名声也没有好到哪里去。“死去的和活着的人”，三名从奥斯维辛幸存下来的波兰囚犯于 1946 年写道，都“对德国人有无尽的鄙视和仇恨”。[76]这种敌意来自德国及其欧洲邻国之间的宿怨，并且随着希特勒的崛起急剧升级；许多波兰囚犯将自己与德国囚犯的冲突视为对抗外界德国侵略者的延续。[77]一些德国囚犯受到的优待也激发了其他外国人的仇恨，还有他们时不时显露出来的傲慢。最让人厌恶的是德国审头肆意行使权力。许多外国人将审头的虐待视为整个德国邪恶的证据，这种虐待抹除了德国囚犯和德国行凶者之间的界限。“事实上看起来他们都是一个样，囚犯、党卫队或者是德国国防军。”一名外国囚犯于 1944 年 10 月在萨克森豪森集中营里记叙道。[78]

德国人和苏联人并不是仅有的面对敌意的群体。几乎每一个国家群体都被其他人嘲笑、畏惧和鄙视过，曾经被指责贪婪、凶残以及对党卫队卑躬屈膝。比如许多法国囚犯鄙视波兰人，而这种感觉反过来也是一样。[79]波兰人和苏联人的关系甚至更糟，体现了两国之间糟糕的关系。当维斯瓦夫·凯拉被任命为奥斯维辛－比克瑙一个苏联战俘营的文员时，他没有隐藏自己的厌恶；反过来他的苏联手下也是一样，每次都用一句简短的“滚蛋”来回复他的命令。[80]

面对这种种情况，党卫队并非袖手旁观。他们不仅没有创造一个让囚犯群体互相友爱的客观环境，还故意激化国家之间的敌意。他们抬高德国囚犯的地位，给他们优待，比如像审头这样有权力的职位；这种偏爱甚至可以让一些德国囚犯免于被送往奥斯维辛等置人于死地的集中营。[81]党卫队还在国家群体间煽风点火，让囚犯负责实施体罚（代替党卫队队员）。海因里 509
希·希姆莱在 1943 年夏天下令，由波兰人处罚俄罗斯人，俄罗斯人处罚波兰人和乌克兰人。鲁道夫·霍斯用他一贯愤世嫉俗的语气总结了党卫队领导人的想法：“敌对关系越多、对权力的争夺越激烈，集中营就越好管理。这就叫分而治之。”[82]

精英

随着战争的持续，囚犯之间的鸿沟变得越来越大。在集中营解放前一年，社会地位的差距也达到了最大。玛格丽特·布伯-诺伊曼回忆说：

> 在待遇更好的囚犯营区，成群的小孩四处游荡着乞讨食物，衣衫褴褛、饥饿难耐的人在垃圾桶里翻找食物残渣。其他囚犯凭借在集中营里的影响力，可以吃饱穿暖。还有一个女人在西区的街上漫步，遛着集中营党卫队领导的灵缇。[83]

每个集中营都有受优待的精英囚犯，不超过囚犯总人口的10%。能否进入这一专属俱乐部取决于囚犯的内部地位，而这是由无数因素决定的，比如民族、国籍、职业、政治信仰、语言、年龄和来到集中营的时间。[84]每个集中营的等级体系都不尽相同，还会因新囚犯的到来或党卫队的工作重点改变而发生变化。不过也有一些固定的原则。有技术的囚犯普遍比没技术的地位高；犹太人大多位于最底层，而德国人位于顶层；有经验的囚犯具有优势，因为资历可以转化为实际的技术和人脉，这两点对于生存来说至关重要。

资历老的囚犯彼此尊重，因为他们知道怎样存活下来。这群被称为“老手”的人，也会对新来的人抱有一种不信任的态度。鲁道夫·弗尔巴回忆说，在奥斯维辛集中营有一种“老手黑帮”，在其他集中营也一样，老囚犯们享有优势。[85]他们与新来者的区别显而易见，老囚犯佩戴的编号数字更小，囚服更干净。[86]甚至在夜里漆黑一片的营房中也能区分这两者，因为老囚犯们会使用特定的词汇和短语，也就是集中营的语言。[87]

掌握这种语言对活下去至关重要。对新来的囚犯来说，没 510
有比学会一些基本德语更重要的事情了，这是党卫队的语言，因此也是权力的语言。命令通常是用德语下的，从点名的“列队!”“脱帽!”（“Antreten!”“Mützen ab!”）到加快步伐的命令：“走快点!”“动起来!”“加速!”“快走!”（“Schneller!”“Los!”“Tempo!”“Aber Dalli!”）不管汇报什么，囚犯们都必须用德语：“12969 号囚犯前来报到。”即便囚犯们用母语说话，也会用德语词汇指代一些物件、任务和区域。[88]普里莫·莱维明白在上学时学到的基础德语无比珍贵：“会说德语意味着活命。”为了增加活下去的概率，他让一名囚犯教他德语，学费是面包：“我觉得这面包花得实在太值了。”[89]那些掌握集中营语言的人有望成为集中营的老手，而那些无法掌握的人则只能随波逐流，将自己暴露于惩罚之下；毛特豪森集中营的囚犯将审头的棍子称为“译员”（Dolmetscher），这个叫法并非凭空而来。[90]

除了特定的词汇之外，集中营的老囚犯会用一种不同的语调——尖锐、粗粝且凶狠。[91]有时他们会用党卫队的委婉说法指代死亡和谋杀，比如“离去”、“终结”和“过烟囱”。但大多时候他们的语言直白到粗俗。“快点拉，贱货!”一名审头在奥斯维辛公共厕所朝一个女人喊道，“不然我宰了你然后把你扔进屎堆里。”这里也没有体面的空间。1944 年夏天，埃本塞集中营的捷克囚犯德拉霍米尔·巴尔塔（Drahomír Bárta）在日记中写道，囚犯们常用的侮辱性词汇包括“猪”和“白痴”。[92]

这种粗俗的语调反映了囚犯的堕落，但同时也是他们宣泄恐惧和失望的出口。黑色笑话都有着一个相似的作用，讽刺或是充满怨恨的幽默成了集中营老资历囚犯的一个特质。“发现这种幽默感，”大卫·鲁塞（David Rousset）后来写道，“支撑着我们许多人活了下来。”[93]幽默是一种防御机制，可以让囚犯们暂时远离集中营的恐怖——无论多么短暂。没什么是不可以开玩笑的，无论是食物（在萨克森豪森，一份恶心的鲱鱼糊被称为“猫屎”），还是党卫队的侮辱（在达豪，在囚犯的平头上剃下的一道被称为“虱子的高速路”），抑或死亡本身（在布痕瓦尔德，囚犯们会拿焚尸炉飘出的云朵形状开玩笑）。关于囚犯的笑话也很多，尤其是新来的囚犯。这些人期待着很快就被释放，而资历老的囚犯则会刺激他们：“开头 15 年最难熬，之后你就能慢慢习惯了。”就是这样，老囚犯们树立了强硬的老手形象，屹立于那些还在学习集中营一切的新来者之上。[94]

511 自 1940 年 6 月和第一批囚犯来到这里，维斯瓦夫·凯拉已经在奥斯维辛集中营熬过了几个春秋，如今已成为一名老资历的囚犯（囚号 290）。通过与其他老资历波兰囚犯的关系，他可以获得重要的商品以及更多的食物，包括偶尔拿到香肠、火腿这样的美味。当他感染了斑疹伤寒，他从朋友那里拿到了药品，而当党卫队因为他生病而把他筛选出来时，他的经验和人脉再次把他从毒气室救了出来。就像其他老囚犯一样，凯拉得以逃离最糟糕的劳动分队，待在医务室里，在 1943 年以前几乎没有劳作过，躲避劳动和保住性命的技巧也愈发纯熟。他对于日常暴力的恐惧也逐渐消失，其他审头都会注意不去纠缠他这样的老囚犯，因为这些人可能会认识有权势的朋友。甚至少数党卫队队员也会表示尊重。不过凯拉从来没有感到过安全。他知道现在的一切都是通过运气、诡诈和牺牲获得的，有可能第二天就会失去。这一天在 1944 年 11 月到来了，凯拉被送往诺因加默集中营的卫星营波塔韦斯特法利卡（Porta Westfalica）。像他这样的老资历囚犯对这种调动极为恐惧，因为他们通常会从囚犯阶级的顶层掉下去；现在他们自己成了新来者，受新集中营的特权阶级摆布。[95]

这些囚犯中的精英阶层有时似乎活在另外一个世界中。普通犯人每日为了求生而疲于奔命。而特权囚犯则可以享受奢侈的休闲时光。虽然这种奢侈是受规定限制的，但这些活动还是将他们带去了超越集中营的另外一个地方。[96]党卫队允许的其中一项消遣活动是体育，尤其是男性囚犯，他们可以参与一系列体育活动。[97]足球尤其流行，像在纳粹建立的泰雷津这样的犹太人聚居区，国家之间的比赛经常在几座集中营之中上演。比赛大多在周日进行。有特权的囚犯还可以观看囚犯之间的拳击比赛，选手们可以获得食物奖励。虽然这种比赛原本是为了特权囚犯和党卫队队员娱乐而设立的，他们喜欢在比赛中下注，但有些囚犯从其中看到了一些反抗的成分，尤其是当一个外国人将一个德国人击倒在地时。[98]

党卫队也会批准特权囚犯进行一些文艺活动。周日他们可以前往集中营管弦乐队举办的音乐会，欣赏从歌剧到流行音乐等一系列丰富的节目。[99]他们还可以在集中营图书馆里阅读书籍，享受独处的时光，这些图书馆随着战争的进行变得越来越大。“集中营的图书馆太棒了！尤其是在古典文学领域。”荷兰作家、左翼记者尼科·罗斯特（Nico Rost）在 1944 年夏天的达豪日记中这样写道。[100]在几座集中营里，党卫队甚至会放映电影。一些囚犯得以在荧幕上的剧情和浪漫中短暂忘记自己，但

512 恐怖和死亡从未走远。在布痕瓦尔德集中营，观看电影的大厅也被当作行刑厅使用，比克瑙集中营的电影则是在火葬场旁边放映。一天晚上，维斯瓦夫·凯拉刚刚看完一场轻歌剧，走在回营房的路上，他经过了一大队犹太男人、女人和小孩，这些人正在去毒气室的路上。[101]

与集中营最格格不入的要数一些人脉广博的囚犯的结婚典礼了，比如1944年3月18日，奥地利共产党人鲁道夫·弗里梅尔（Rudolf Friemel）娶了他的妻子，后者带着他们年幼的儿子从维也纳来探望他。他们在城里办了结婚典礼，在党卫队营房举办了喜宴，之后这对夫妻踱步穿过主营区前往妓院，在那里度过新婚之夜。其他囚犯很少谈论这些事，因为他们明白奥斯维辛登记处的官员大多签发的不是结婚证明而是死亡通知——包括鲁道夫·弗里梅尔，他于1944年12月底越狱失败之后被绞死。[102]

从表面上看，集中营囚犯可以享受闲暇时光十分不寻常。但这符合党卫队对于集中营的愿景。毕竟，集中营党卫队总会试着保持一些正常的轨迹，比如芳香的花坛，而囚犯图书馆也向来访者和员工展示了一个有序的形象。更重要的是，党卫队想要通过一些刺激来赢得某些特定囚犯的合作，用好处换取服从。这种娱乐活动使纳粹受害者之间的不平等现象进一步加剧。那些踢足球的囚犯体格健壮，穿着干净的运动服和带钉的球鞋抢球，而其他囚犯瘦骨嶙峋，衣衫褴褛，为了生存而挣扎；没有什么画面比这更能凸显群体之间的鸿沟。[103]特权囚犯和死囚的世界经常会交织在一起。1944年7月9日是一个周日，那天下午在埃本塞集中营，德拉霍米尔·巴尔塔继续履行他作为审头的职责，为一名逃跑失败后祈求开恩的波兰囚犯和抓住他的党卫队队员做翻译。巴尔塔目睹了囚犯被党卫队队员殴打，然后被一条狗咬残。之后他像往常一样度过了周日剩下的时光，和朋友们打排球。[104]

审头

正如“活死人”代表了集中营对囚犯身体的摧残，审头则代表了集中营对囚犯灵魂的腐蚀。审头走狗的形象出现在许多集中营幸存者的证言中。在描述奥斯维辛的审头时，匈牙利犹太人伊蕾娜·罗森瓦瑟（Irena Rosenwasser）简单地说：“他们知道自己位于顶端，因为他们可以打可以杀，可以送人去毒气室。”[105]囚犯职员的影响力确实在二战期间显著提高了。因为员 513
工极度紧缺——党卫队队员与囚犯的比例从 20 世纪 30 年代末期的将近 1∶2 下降到了 1943 年中期的 1∶15——所以官方任命了更多的囚犯作为监督员和职员。[106]在新建的卫星营中，这点尤为突出，对大多数毫无经验的党卫队队员来说，这些老囚犯起到了无法替代的作用。奥斯维辛集中营的第一任囚犯营区长布鲁诺·布罗德尼维茨（Bruno Brodniewicz）被其他囚犯广泛地认为是一个爱记仇的暴君，他后来担任过诺伊－达赫斯（Neu－Dachs）、埃特拉赫特（Eintrachthütte）和俾斯麦赫特（Bismarckhütte）这几座卫星营的营区长。[107]囚犯们明白审头职位所带来的地位和特权能帮助他们活下来——在埃本塞集中营，囚犯职员存活下来的概率几乎是普通囚犯的 10 倍——所以当机会来临时，几乎没有人拒绝这一职位。[108]最大的受益者是像布罗德尼维茨这样的德国人，他们占据大多数的要职。对于大多数普通囚犯来说，他们完全就像是另一个种族：他们是“集中营里的半神”。[109]这一描述抓住了其他囚犯对他们的敬畏，但也明确指出审头并不是谁都动不得的。党卫队仍然处于最高地位，可以随时将他们从神坛上推下去。

权力与特权

战争期间审头的崛起似乎势不可挡。由于党卫队视察的次数变得不那么频繁（因为缺少人手和害怕染上疾病），营头们获得了前所未有的权力，监工的影响力也开始增长；早在1941年，被任命为奥斯维辛法本公司工地总监工的囚犯手下就有十几名审头，每名审头手下又管理着50～100名囚犯。[110]审头们也有了新的职责，他们可以前往集中营几乎所有区域。随着党卫队组织复杂化，文书工作也越发繁重，许多囚犯被招募到行政岗位。中队办公室（orderly room）是主营区的数据中心，审头们在这里汇总囚犯人数和构成的相关数据，监管囚犯的营房分配。在政治办公室，囚犯们承担了书记员的职责，从登记新囚犯到录入党卫队通信。而在劳动办公室，审头编写关于劳动产出的报告，并且帮着分配囚犯去劳动分队和卫星营，这项工作尤为关键。[111]

许多新任审头的工作都与胁迫和恐吓相关，尤其是在战争后期。当涉及肉体惩罚时，党卫队此时已经依靠营头和其他人
514 员来鞭打囚犯，他们会收到钱或者香烟等小奖励。[112]除此之外，党卫队建立了审头小队，进一步用囚犯管理囚犯，这种现象在大集中营中尤为常见。他们更广为人知的名字是营区警察，据一名前布痕瓦尔德小队成员描述，他们的职责主要是维持“秩序与纪律”。这在实际中意味着他们需要在营区巡逻，引导新来的囚犯，守卫食物仓库以防止其他囚犯偷窃，通常会暴力行事。[113]

一些审头（其中有男有女）直接参与大规模屠杀之中，将病弱囚犯筛选出来，押送他们前往处刑地点或是直接杀死他们。达豪火葬场的高级审头埃米尔·马尔在 1944～1945 年帮助绞死了上千名囚犯。“我的工作包括将绞索套在囚犯脖子上。”他后来承认说。[114]审头也会按照公开或半公开的指令暗杀某些囚犯，这种情况并不罕见。审头也会按照自己的意愿杀人，所作所为远比战前凶残。就连绝望的囚犯乞求食物、衣服或是去医务室看病都会导致致命的结果。1945 年初，一名波兰犹太囚犯在被遣送到弗洛森比格的一座卫星营途中想要面包，结果被一名德国审头活活打死。[115]

一些审头攫取了巨大的权力，甚至让他们的党卫队主子感到不安。但总的来说，审头的存在对党卫队而言，好处要远远大于坏处：这是一种用更少的党卫队队员经营更多集中营的办法，简单有效。不过，占统治地位的囚犯总会有与党卫队官员钩心斗角或是窥得党卫队太多犯罪和腐败秘辛的风险。集中营官方的回应就是替换掉有嫌疑的审头（甚至是党卫队官员），将他们打入地牢甚至更惨。[116]

权力越大，获得的特权也就越大。审头在人群中十分显眼，这不仅仅是因为他们展现地位的胸章或是带颜色的臂章。他们的资历越深，也就越显眼——尤其是对于男人来说，他们之间的社会地位差别尤为显著。这些审头一般留长头发，而不是像普通犯人剃光头。他们穿着干净衣服，还有皮鞋甚至靴子可穿，不会像其他人那样衣衫褴褛。一些高级审头还会将他们的囚服重新剪裁，或是穿从党卫队仓库偷来的平民服装，或是在裁缝工坊定做剪裁得体的套装。“他们穿得更好，”大卫·鲁塞写道，“因此他们看起来更有人样。”[117]

审头们看起来也更精神，“他们是集中营里唯一健康的囚犯”，一名幸存者在 1945 年这样说。[118]大多数时候他们免于繁重的体力劳动，也很少接触病人。高级审头通常分开睡，住在营
515 房入口处的一个区域，或是自己的专属营房。在这段时间里，他们逃脱了充满病菌、人满为患的营区，逃脱了木板床和干草包。他们睡在干净的床铺上，周围都是珍贵的文明记号——花瓶、鲜花、窗帘。进餐也是在铺着整齐桌布的桌子上。[119]

审头通常会通过贪污和偷窃让自己富裕起来。他们从别人的配给和包裹中，甚至是党卫队的仓库中顺手牵羊。“犹太囚犯带来了太多的东西，我们就拿了，我们当然会这么做，”奥斯维辛集中营审头约普·温德克在战后如是说，他补充道，“作为审头，我们总会把最好的留给自己。”[120]敲诈和牟取暴利的现象十分猖獗，审头们将他人的悲惨转化成自己的利益。1943 年 11 月，饥肠辘辘的海姆·卡尔沃（Haim Kalvo）找到他的监工想多要一点儿食物。此时距离他和其他 4500 名希腊犹太人被遣送到这座奥斯维辛的卫星营已经过去六个多月了。这位绝望的萨洛尼卡酒馆老板提出用自己嘴里的金牙换，审头答应他可以用一颗金牙换取几个面包。于是审头“拿出一把钳子，在我俩走到一边后，将金牙拔了出来”。卡尔沃在几天后对听说这次交易的党卫队队员说道（卡尔沃最终在集中营幸存下来）。[121]

性爱大体上也只有审头才能享用，这不仅限于营区妓院中。在营区里也一样，一些审头借职权之便，予取予求。男人强迫女囚犯就范，不过因为男女营区相距甚远，同性关系要频繁得多。最常见的关系发生在审头和年轻囚犯之间，这些年轻囚犯被称为“陪宝儿”（Pipel），通常是出于一些实际原因就范，比

如希望得到食物、影响力和保护。[122]同时，性暴力也会带来深深的伤疤或是更可怕的后果。一些凶残的审头试图杀死自己的受害者来避免被发觉。当青少年罗曼·弗里斯特（Roman Frister）一天夜里在奥斯维辛卫星营的营房中被审头强奸后，他发现审头把他的制服帽偷走了。如果没有帽子，弗里斯特会在下次点名时受到惩罚。为了救自己，弗里斯特偷了另外一位囚犯的帽子，后者第二天早上被党卫队处死了。[123]

审头从不羞于展现自己的权力和特权。这么做会强化他们的地位，让其他囚犯听话，比如一名毛特豪森的审头在集中营巡逻时坚持戴白手套。他们对普通囚犯的蔑视可以用一个例子总结——曾经一名德国审头想都不想，便用普里莫·莱维的肩膀把自己的脏手擦干净。[124]有时候，审头这种对于他们地位的自豪感昭然若揭。当约普·温德克这种人在 1942 年秋天获得莫诺维茨集中营营区长的位子时，这代表着他社会地位的巨大提升。 516
在德国社会边缘过了半生，经历了长时间的失业，并因为小偷小摸而坐牢，这个没有技能的男人现在站在了数千名囚犯之上。他曾经是一名领主，温德克在 20 多年后因为自己的罪行受审时，仍然这么欣然地回忆。[125]

普通囚犯对审头的反应各不相同。一些囚犯会奚落审头的权力和自大，不过一般情况下他们会躲开如温德克那样最臭名昭著的审头，回避他们行走的路线。还有一些马屁精，希望通过拍马屁来提升自己的地位，或者得到一点儿食物；这也是囚犯们会争着为营区长拿汤壶的原因。[126]而最通常的反应是嫉妒和厌恶，这也刺激了一些审头去不断重申他们的权力。“我有权力，”一名萨克森豪森集中营的审头每天早上都会对囚犯们说同样的话，“把你们每一个人都捏碎。”[127]

审判一名审头

卡尔·卡普（Karl Kapp）很容易就被当作典型的审头。他于 1933 年第一次成为监督员，当时他 35 岁，因为是工会积极分子和社会民主党城市议员而被逮捕，短暂地在达豪关押过一阵。他的审头生涯真正开始是 1936 年他作为一名老资历的政治犯被抓回这里之后。接下来的几年里，这名来自纽伦堡、口音浓重的屠夫稳步晋升，从营头到监工（监督 1500 名犯人），一路当到整个集中营的营区长。[128]在他担任达豪审头的这些年里，卡普获得了严苛的名声。他总是用短促有力的声音朝囚犯嚷嚷。他抽打那些涉嫌偷懒的人，或是将他们报告给党卫队，这可能令他们丧命。除此之外，他还会依照命令杀人，参与党卫队在营内外的处决。当局作为奖励给了他许多特权，就像少数超过党卫队预期的审头一样，他最终于 1944 年获得了终极奖赏——自由。1944 年他被释放和家人团聚，在二战末期成了拉文斯布吕克党卫队的建筑承包商。[129]

但卡尔·卡普一点儿都不典型，或者说根本没有典型审头这一说。确实有一些囚犯加深了凶残审头的印象。玛格丽特·布伯－诺伊曼如此描述她在拉文斯布吕克集中营凶残而贪婪的监督员：他们似乎是在模仿党卫队队员，直到变得一模一样，除了制服之外。但也有截然相反的例子，她补充说，比如那些
517 让囚犯们过得更好的善良的女审头。[130]虽然男审头往往比女审头更频繁地使用暴力，但他们中也有体面的人。有些人坚守原则不去殴打其他囚犯，更多的人则只有在党卫队在附近时才会变得严苛。[131]

随着审头在党卫队中越陷越深，他们经常会经历良知上的

拷问，海泽根布什集中营的年轻囚犯大卫·科克（David Koker）在 1943 年 11 月的日记中称之为“道德宿醉”。[132]党卫队让审头变成酷吏和刽子手的尝试对许多人来说是分水岭。在达豪，并非所有审头都遵循卡普强行施加的命令，对囚犯进行肉体惩罚。在一次营头们的激烈会议上，一名审头抨击了卡普的做法，宣称宁愿自己被打也不愿意打囚犯伙伴，这个发言收获了其他审头的欢呼。不管在达豪集中营还是其他地方，有这种想法的审头在鞭打囚犯时会假装很用力，但实际不然，他们通过这种方式来违抗党卫队的命令。[133]其他人则公开挑战权威。1943 年 7 月，达豪卫星营阿拉赫的营区长、共产党员卡尔·瓦格纳（Karl Wagner）就直接拒绝打其他囚犯；他被鞭打了 25 下，然后扔进地堡关了几周。[134]

卡尔·卡普参与党卫队处决的行为在达豪囚犯中极具争议，也招致了其他高级审头的蔑视。不过当他们与他对峙时，他只是耸耸肩离开。[135]和卡普不一样，一些审头在党卫队面前坚持原则：他们不会杀人。当多拉集中营党卫队让两名囚犯营区长格奥尔格·托马斯（Georg Thomas）和路德维希·希姆恰克（Ludwig Szymczak）在点名广场绞死一名俄罗斯犯人时，他们违抗了命令。怒不可遏的党卫队队员从他们制服上扯下代表审头的臂章，将他们拖走；这两人都没能活到战争结束。[136]党卫队会威胁审头，如果不乖乖听话当好打手，他们自己也会被处决。在这种威逼下，那些屈服于党卫队的审头，也不是所有人都能像卡普一样，无所谓自己的所作所为。在布痕瓦尔德集中营，一名共产党审头在被迫杀死另一名囚犯之后无法承受内疚，最终上吊自杀。[137]

即便是卡普这样的人，其内心也远比他表现出来的更为复杂。像他这样对党卫队言听计从的审头都有合理的理由。首先这是一个简单的自保问题，对那些表现得太仁慈的审头，党卫队会毫不犹豫地将他们降级或是惩处。[138]失去审头的职位对他们来说不仅仅意味着失去特权，也会将他们暴露在同伴的愤怒之下。曾受过审头处罚的囚犯经常会幻想有一天风水轮流转，如果有这样的机会，他们会实行报复。党卫队认为这种复仇情绪是有益处的，因为这可以让审头们成为更好的从犯。就像海因
518 里希·希姆莱在 1944 年对纳粹将军们解释的："只要我们觉得（一名审头）不合格，他就不再是审头了，他再次和囚犯们睡在一起。他知道这些囚犯会在当晚就把他打死。"[139]就这样，一些审头陷入了恶性循环。只要其他囚犯视他们为党卫队的走狗，他们便没有其他的选择，只能加倍凶残，以防自己因失去党卫队的保护而丧命。[140]

但卡尔·卡普并不仅仅关注自己的生存，他还利用权力帮助其他囚犯。作为营区长，他允许囚犯偷运食物到受罚队，还帮助一些囚犯获得了更好的职位。[141]当然，他能做的也有限，而他帮忙或许也是出于自我利益的考虑，因为这些人形成了一个对他感恩的圈子。[142]不过，卡普帮助的人范围很广，还延伸到了来自其他背景的囚犯。他曾经冒着很大的风险救下了几名他不认识且政治观念和他相左的囚犯。[143]

就像许多高级审头一样，卡普坚定地认为他的暴力阻止了很多更坏的事情。在战后接受审讯时，他坚称自己只会在没有办法时才会向党卫队告发囚犯，而且仅限于这些囚犯的行为威胁到集体的时候；而在其他所有时候，他都确保是由自己亲自进行惩罚。卡普继续说，有些囚犯眼中疯狂的暴虐，其实是他精心计算之后不让党卫队亲自施暴的努力。如果他没有在检查

营房时下严苛的命令，凶残的党卫队分区主管将会自己来惩罚囚犯。如果他不去打那些点名迟到的犯人，党卫队会让全体囚犯遭殃。如果他不去踢偷懒的囚犯，党卫队折磨他们的同时还会惩罚劳动分队的其他人。[144]

卡尔·卡普得出了一个令人震惊的结论：为了防止党卫队施暴，他必须自己扮演党卫队的角色。[145]这种观点也得到了不少普通囚犯的认同。他们认可说审头的惩罚要比党卫队轻得多，也会将党卫队的注意力引开，他们也会为审头惩罚偷窃和偷逃的囚犯鼓掌。[146]“在他的嚷嚷下，卡普可以阻止真正的恶棍过来。”一名在达豪集中营幸存下来的牧师这样说。甚至一些卡普的受害者也为他辩护。因为在前往点名广场时说话，卡普打了保罗·胡萨克（Paul Hussarek）的脖子，后者确信卡普的做法使他避免落到党卫队手里，也避免了一个更糟糕的结果。“直到今天我仍然感激卡普打了我。”他许多年后说。[147]还有许多其他幸存者为卡普说话，甚至一些视他为坏蛋的对头也承认卡普避免了党卫队更加过分的行为。[148]

1960 年的慕尼黑法庭剖析了卡尔·卡普的行为，在这里他
被指控虐待和谋杀囚犯。最终，法庭认定卡普无罪。法庭宣布， 519
卡普远非自愿成为党卫队走狗，他对囚犯们保持了忠诚，冒险保护了他们。[149]考虑到案件的复杂性，这可以说是一个过分一边倒的判决。法官用道德标准衡量了这些充满争议的行为，最终对一个无法简单回答的问题——“卡普是不是一个好人?”——做出了有力的答复。毕竟，难道卡普没向党卫队告发过自己的同伴吗？难道他没参与鞭打、绞死无辜的囚犯吗？

即使那些咒骂卡尔·卡普的人也要记住，他并没有自由选择的权利。毕竟他也是纳粹暴行的受害者，在集中营里被关押

了将近九年。[150]对其他有特权的囚犯来说也是一样。一些最冷酷的审头也经历过党卫队生不如死的折磨。在奥斯维辛集中营，一名女审头殴打了一位与她母亲年龄相近的老囚犯，当另一名囚犯跟她对峙时，审头回答说："我母亲也被送进毒气室了，对我来说无所谓。"[151]对于那些一步步走上审头位置的人来说，每天的集中营生活和权力的熏陶都给他们留下了无法消弭的印记；任何保留道德良知的老手都被其他犯人当作圣人。[152]这并不是给每个暴力行为找借口。但毕竟审头都在一定程度上有些作用。即便最坏的审头说到底仍是一名犯人，希望能熬过今天。从这个角度来说，所有囚犯都一样：他们中没有人知道自己是否能活过明天。[153]

阶层

审头阶层内部的差距并不比囚犯之间的差距小。像卡尔·卡普这样有权力的人物和做营区服务的囚犯有着巨大的差别，后者需要听候上级调遣，给他们擦鞋、做饭、铺床。即使都是审头也有主人和仆人之分，这就是大卫·鲁塞所写的，一场"一步步往爬上"的残酷斗争。[154]那些成功登顶的人会成为要人。他们占据了中队办公室、劳动办公室和政治办公室，还有医务室、厨房和衣库的要职；一些重要的营头和劳动监工也属于此列。[155]这些人权力巨大但数量很少；获得审头职务的囚犯很少，获得要职的就更少了。比如 1945 年 2 月，毛特豪森集中营关押了 1.2 万名囚犯（不包括病弱囚犯的营区），只有 184 名审头有资格佩戴腕表，这是这些要人的特权之一；有一点非常显著，其中 134 人都是德国人。[156]

就像我们之前看到的，集中营党卫队从策略上让德国人地

位高于外国人，这也反映了德占欧洲地区的社会关系。虽然在 520
1944年，德国人在集中营全部人口中的比例远低于20%，但最顶层的审头职位大多由德国囚犯把持。[157]党卫队的行为受到了纳粹种族主义思维的影响。[158]希姆莱经常提起一种对“相同血脉”的忠诚，即使那些看起来是人渣的德国囚犯，集中营党卫队的领导们也觉得自己的同胞是瘦死的骆驼比马大，地位应该高于其他国家的废物。[159]

这种优待不仅是教条指示的，也是出于实用主义。德国囚犯会说管理者的母语德语，这点非常关键；他们的语言是集中营的官方语言——无论是文件、标志还是指令——同时党卫队的要求可以被很好地理解。经验也很重要。党卫队找的是那些了解集中营的人，而几乎所有最了解集中营的囚犯都是德国人。[160]随着战争期间对审头的需求量越来越大，集中营党卫队有时会将实际考虑置于意识形态之上，将那些最受鄙视的囚犯群体中的德国人提拔到关键岗位上。比如被当作同性恋者抓起来的囚犯，他们在战争前期饱受党卫队暴力虐待，这种虐待于1942年夏天到达顶点。[161]虽然之后他们中也有人被杀，但越来越多佩戴粉色三角的囚犯被任命为文员、营头和劳动监工；在贝尔根－贝尔森集中营，一名德国同性恋者甚至于1944年末被任命为营区长，监督这座由普通保护性拘禁犯组成的集中营。[162]

中阶或是低阶的职位通常由外国囚犯获得，随着战争的推进，外国审头的数量不断攀升，地位也有所提高。在东部占领区，德国囚犯远不能填满空缺的职位，所以许多职位落到了波兰人头上。[163]在其他地方，党卫队也依靠外国人，尤其是在战争后半段。几乎来自所有欧洲国家的囚犯都被提拔过，但他们的职业前景因集中营不同而有所差异，主要取决于营中该国囚犯数量以及他们的资历。在拉文斯布吕克集中营，来自波兰的大规模遣送早在1940年就出现了，波兰女人也就逐渐占据了低阶和中阶的审头职位，甚至挤掉了一些德国“反社会分子”。相比之下，法国女人直到1943~1944年才被大规模遣送到这里，因此她们基本上被排除在营头和营区警察这样的职位之外。[164]

随着审头阶层的扩张，其中的犹太人也不断增加，虽然他们大部分职责仅限于监视犹太囚犯。[165]最开始，这种发展仅限于
521 有大批犹太人遣送过来的奥斯维辛集中营和马伊达内克集中营。据幸存者说，在1944年初期，奥斯维辛－比克瑙集中营内约一半的营头都是犹太人。[166]随着犹太人被关进波罗的海地区的东欧集中营以及德国境内的卫星营，佩戴黄色星星的审头人数在其他地方也有所增加。在专为犹太人设立的卫星营中，犹太人被任命为劳动监工、医生、文员和营头，甚至有人被任命为营区长。他们中的一些人此前有在犹太人聚居地工作的经验，在囚犯同胞和德国统治者之间的灰色地带游刃有余。在犹太人聚居地，犹太人委员会被赋予了管理人们日常生活的重要责任。[167]

当然，审头并没有什么职业保障，顶层职位如此，下面更是如此，升职、调职、解职十分频繁。高级审头一项最大的权力就是提拔别人。明面上，人事任命是集中营党卫队做出的。但实际上，党卫队队员经常被有经验的审头左右，尤其是在选择中阶和低阶管理岗的人选上。通过这种方式，那些囚犯管理者决定了审头阶层的组成，创造了由感恩和忠诚织就的囚犯关系网。[168]这是另外一个“抱团”的例子。比如政治犯就会竭尽所能为他们的支持者获得审头的职位，同样地，外国审头也会提拔他们本国的人；在拉文斯布吕克，许多波兰审头能获得职位还要归功于海伦娜·科雷文娜（Helena Korewina），她是党卫

队集中营主管的翻译，十分有影响力。[169]对于审头职位的竞争再次引发了囚犯群体的对立。这种斗争在各个阶层展开，但最为显著的还是在囚犯阶层顶端，对立的双方往往是两个德国囚犯群体：佩戴红色三角的政治犯和佩戴绿色三角的所谓罪犯。

红绿之争

当贝内迪克特·考茨基于 1945 年回忆起他作为犹太社会主义者在达豪、布痕瓦尔德和奥斯维辛的七年时光时，他对自己的囚犯同胞没什么好话。但他将最严厉的谴责留给了“绿色”审头，他们“极度凶残并且贪得无厌”。考茨基形容他们比起人来更像动物。他说，作为屡教不改的重犯，这些人成了党卫队完美的共犯。党卫队将他们变成了最忠诚的走狗。他记录称，无论“绿色”审头在何处获得了高级审头的职位，结果必然是灾难性的，集中营里将充满背叛、折磨、敲诈、性虐待和谋杀。 522
“绿色”是“集中营里的瘟疫”。只有为了所有体面的囚犯谋取利益的政治犯才敢站出来和他们对抗。考茨基总结说，正直的“红色”和邪恶的“绿色”较量，对其他囚犯来说是生死攸关的事。[170]

考茨基的话代表了许多幸存者的想法，尤其是像他一样的前政治犯。[171]在他们的证言中，他们往往将“绿色”形容为死亡威胁，这些人在进入集中营前就是无法无天的罪犯。根据一名德国共产党员在 1945 年的叙述，纳粹在掌权后聚集了“几千名恶棍、杀人犯和诸如此类的人”，然后就用这些以谋杀为爱好的混蛋填充了几乎所有的审头职位。[172]可怖的“绿色”审头形象被一遍又一遍地描绘，已经成了集中营流行作品中的固定形象。但这不过是夸张的漫画式描述。确实就像许多漫画一样，其中有一些真实。曾被定罪的人确实获得了一些高级审头职位，尤其是在一些男子集中营，他们中不少人都在集中营里犯下了丑恶的罪行；“血腥阿洛伊斯”“恐怖的伊凡”这些审头外号不言自明。[173]但事实是他们中部分人的罪行招致了整个群体的恶名。

和许多政治犯的普遍认知不同，只有很少的“绿色”囚犯是作为暴力罪犯被送来集中营的。即便是像普里莫·莱维这样精明的观察者也错误地认为纳粹党特别选择了一些监狱的顽固犯罪分子来集中营当审头。[174]事实上就像我们之前看到的，大部分战前时期被关在集中营中的罪犯仅犯下了轻微的财产罪行，而不是暴力罪行。这一点在战争时期并没有改变。被判刑的强奸犯和杀人犯通常不会被送到集中营，而是送到国家监狱中，这些人要么被关在黑暗的牢房里，要么被送上绞刑架或者断头台。[175]集中营中大部分“绿色”囚犯只是小偷小摸，或者根本没犯罪。这些男人和女人作为十恶不赦罪犯的名声不是来自他们的犯罪记录，而是来自囚犯同伴们的黑色幻想。在他们的想象中，这些小偷小摸的罪犯变异成了连环杀手。[176]一些审头的暴力行为似乎印证了这些想象中的杀人往事，疯狂的谣言终于变成了现实。

但现实往往是另一番模样，即便是那些最臭名昭著的“绿色”囚犯。比如恶毒的审头布鲁诺·弗罗耐克（Bruno Frohnecke）。弗罗耐克自 1941 年起就作为惯犯被关在这里，成了奥斯维辛一个大型施工队的祸害。他只要抓住机会就虐待其他囚犯，用拳头、
523 棍棒打他们，踢他们的下腹和生殖器。“我唯一能说的就是我从来没见过他这样的人，”一名幸存者在 1946 年这样告诉德国警察，“他不是个恶棍；他是个谋杀犯，名副其实的谋杀犯。”但

在他落入党卫队手里之前，弗罗耐克并没有展现出任何残暴的迹象。他本来是个笨拙的骗子，不是个杀手，因为一些小诈骗案一次又一次被抓。简单来说，弗罗耐克并不是天生的杀手：他是在集中营内才变成暴力罪犯的。[177]另外，弗罗耐克的背景对“绿色”审头来说十分典型，但他在集中营内的行为并不典型。有些其他“绿色”审头展现了伙伴友谊，冒着很大风险从死神手里救下了其他囚犯，其中包括犹太人。[178]

奥斯维辛前 30 位审头的案例十分有代表性。在文学作品中，这些人有时被定义为典型的“绿色”罪犯。[179]当你近距离观察时就会发现更复杂的故事。虽然他们都是从萨克森豪森集中营来的“绿色”老手，在奥斯维辛享受着许多优待，但他们中并非所有人都滥用权力。一些人确实变成了谋杀犯，就像进入集中营前撬保险箱的伯恩哈德·博尼茨（Bernhard Bonitz，囚号 6）。在他成为营头的第一年据说就勒死了至少 50 名奥斯维辛囚犯。他会将受害者摔在地上，用一根棍子压住他们的脖子，然后踩在棍子两头。他后来作为法本公司工地施工队的第一审头长继续着他的恶行，管控约 1200 名囚犯。[180]不过他的一些“绿色”同事和他的言行完全不同。因为博尼茨和其他臭名昭著的审头“对囚犯们的所作所为”，他们都避着走，这是容尼·勒谢尼克（Jonny Lechenich，囚号 19）的原话。有一次他们当面指责博尼茨；他们告诉他，他也是一名囚犯，应该用更人性的方式对待他的同伴。勒谢尼克自己成了集中营地下组织的活跃分子，之后和两名波兰囚犯逃了出去，加入了波兰本土军队。[181]他并不是唯一一个没被冲昏头脑的人。奥托·屈泽尔（Otto Küsel，囚号 2）是奥斯维辛劳动办公室的一名审头，他是一个广为人知的体面人。最终他和三名波兰人于 1942 年底逃跑了，事前并没有向党卫队告密。在经过九个月的逃亡之后，屈泽尔再次被捕；他被带回奥斯维辛集中营，关在地堡中折磨了几个月。[182]

更多情况下，并非只有像伯恩哈德·博尼茨这样的“绿色”审头如此凶残。比如每当犹太囚犯被另一个佩戴黄色三角的人折磨，他们都会愤怒不已：“你自己不也是犹太人，不是和我们一样？”阿夫拉姆·凯泽尔（Avram Kajzer）这样质问他在格罗斯－罗森集中营的监工，后者用拳头回应了他的话。[183]对于
524 凶残的“绿色”审头的关注使人们忽略了一个难堪的事实：无论是哪个背景的审头，他们都可能和党卫队沆瀣一气、实施暴行。

集中营党卫队习惯上也不会比“红色”更偏爱“绿色”。自集中营诞生以来，政治犯就已经填充了管理职位，这种情况在战争中得以延续。比如重要的办公室职位几乎都被政治犯占据，因为他们很可能本身已经掌握了必要的管理技巧。“红色”也会拿到其他有影响力的位置，比如在布痕瓦尔德集中营，德国共产党员于 1943 年前已经掌握了所有关键职位。[184]

集中营党卫队这种务实的做法使得佩戴红色三角和绿色三角的德国人之间的关系恶化。[185]在达豪集中营里“红色”占据了上风，他们努力将“绿色”送去做苦力或是人体实验，并且限制他们接受治疗。其中一名前囚犯回忆起当他前往医务室寻求治疗水肿时，“红色”审头将他打出来并大喊：“滚开，绿猪！”达豪集中营的政治犯辩解称他们的行为是为了报复战争初期他们在弗洛森比格集中营中遭受的“绿色”虐待。而弗洛森比格的“绿色”又反过来称他们的攻击是为了报复更早时候政治犯在达豪对他们的虐待。[186]这种暴力的循环似乎没有终点，不断加深两个囚犯群体间的敌意。

不过，这种争权夺利的意义被夸大了。总的来说，斗争的结果只对很少数受益的囚犯有意义。“红色”审头只为他们自己的群体战斗。[187]同样地，大多数“绿色”审头获得的利益也只是惠及他们的同伙，甚至连同一个营房其他佩戴绿色三角的犯人都无法受益。[188]从整体来看，当“红色”掌权的时候更多囚犯受益的可能性更大。[189]但这最多只是一个度的问题，因为佩戴红色和绿色三角的高级审头都会抱团，广大的普通囚犯很难将他们区分开。一名奥斯维辛的波兰幸存者在 1946 年写道，德国政治犯和“绿色”没有“任何”区别，他们都同样被其余囚犯憎恨着。[190]

党卫队抓住一切可能的机会让囚犯们为了审头职位争得头破血流，这种斗争的激烈程度在低阶囚犯中也是一样。[191]根据海因里希·希姆莱的说法，这样做的目的是“让一个国家和另一个国家敌对”，让一个法国审头管理波兰犯人，或是让一个波兰审头管理俄罗斯犯人。党卫队有时也会用这种方法让“红色”德国人和“绿色”德国人互相斗争，以防止任何一个群体独大，不听党卫队的命令。[192]

一些囚犯有着不同的想法。1942 年秋天，经济与管理部以“煽动叛乱”的罪名将 18 名萨克森豪森集中营的共产党员送到 525
了弗洛森比格集中营，他们都是高级的“红色”审头，其中包括营区长哈里·瑙约克斯。名义上这些囚犯干部是被送来做苦力，但党卫队肯定是想让在弗洛森比格占绝大多数的“绿色”审头将他们折磨死。不过出乎党卫队的意料，这些“绿色”罪犯帮助他们活了下来，就连共产党员自己都觉得惊讶。[193]其他地方的囚犯也会偶尔携起手来。比如在布痕瓦尔德集中营，一个“绿色”撬锁贼制作的钥匙让“红色”审头拿到了党卫队保险箱中的秘密文件。[194]不过，更多情况下，这些囚犯会互相攻击。正如卡尔·阿道夫·格罗斯（Karl Adolf Gross）在1944年6月9日的达豪日记中绝望地总结："我们共同的敌人挑拨不同颜色的囚犯群体互相敌对简直易如反掌！"[195]

医务室之内

最能感受到道德两难的人恐怕还是那些在医务室工作的审头。随着战争的推进，集中营党卫队在囚犯中招募了越来越多的文员、护士和医生。少数职位提供了帮助或伤害其他囚犯的机会。几乎每天早上，油尽灯枯的囚犯都会把集中营医务室围得水泄不通，但审头们往往只会接收那些很快就会痊愈的人。"对于那些我拒绝的人，"一名多拉集中营的囚犯医生在战后写道，"这通常意味着判了死刑。"[196]这些医生也参与置人于死地的筛选，因为他们往往比大多数党卫队医师更合格，也对病人了解更多，所以他们的话也更有分量。[197]荷兰的犹太医生埃利·科恩协助了他在奥斯维辛集中营的第一次筛选之后崩溃了；他此后还参加了多次筛选，但羞耻感一直萦绕在他心中。[198]一些医务审头甚至会进行毒药注射或参与人体实验，就像上文提到的门格勒医生的助手米克洛什·尼斯力。[199]事实上，几乎所有实验都需要囚犯的帮助。在达豪集中营中，十多名审头在拉舍尔医生臭名昭著的实验团队中工作，检查实验设备、记录数据、进行尸检还有选定一些受害者。[200]

就像一名囚犯医生所说，成为"体制的一部分"最主要的原因和其他成为审头的人一样——生存。虽然有被感染的风险，但医务室仍然是集中营囚犯最安全的工作地之一，对犹太人来说尤为如此。受过训练的医生的死亡率一直很低也证明了这一点。“我们被保护得太好了，”科恩写道，“我们真的是活在另一个世界里。”[201]就像集中营通常那样，生存意味着沉重的代价： 526
助长党卫队的恐怖。同其他斯洛伐克犹太人于 1942 年 4 月来到这里几个月之后，扬·魏斯（Ján Weis）成了奥斯维辛主营医务室的一名男护士。1942 年秋天的一天，他必须按照惯例帮助党卫队勤务兵杀死生病的囚犯。一名病入膏肓的囚犯进来，魏斯惊恐地发现这是他的父亲。因为害怕丢掉自己的性命，他什么也没说；他看到党卫队勤务兵给“父亲注射了毒药，（之后）我把他，我的父亲，抱走了”。[202]

每一天，审头都必须在医务室里做出生死攸关的决定。因为资源稀缺，救助一些囚犯就意味着要牺牲其他人。“我应该帮助一名有几个孩子的母亲，”奥斯维辛的囚犯医生埃拉·林根斯－赖纳（Ella Lingens－Reiner）扪心自问，“还是一名年轻女孩？她还有大好的人生等着她。”[203]一些审头完全根据医学准则做决定。在党卫队的筛选中，他们试图通过送走那些孱弱、可能活不了多久的病人来保护那些强壮的人。[204]其他因素也会纳入考虑范围，包括是否跟审头有相同的民族背景、政治倾向。就像我们之前提到的赫尔穆特·蒂曼，他是一名 1938 年到 1945 年在布痕瓦尔德集中营关押的忠诚的共产党人。在一份写于战争刚刚结束时为自己声辩的德国共产党内部文件中，他辩称参与党卫队对其他犯人的谋杀是为了保住自己在医务室的职位，以便保护共产党人。“因为我们的同志比其他人价值更高，所以我们必须在一定程度上同党卫队合作，在处死病入膏肓的人和残疾人这方面。”[205]

许多其他的医务审头同样根据每个囚犯的价值来做这种性命攸关的决定。作为拉舍尔医生达豪实验站的高级审头，瓦尔特·内夫会进行“囚犯交换”，以救一些他认为更值得活下去的囚犯的命。比如相比牧师，他会先用所谓的恋童癖者和其他“底层人”（他如此称呼）进行实验。不过这种实践在更广泛的囚犯群体中是有争议的，毕竟一些审头仅仅根据谣言或是个人好恶就判了别人死刑。[206]有了这样巨大的权力，不难想象一些医务审头失去了他们的道德底线。[207]

相反，也有一些集中营医务室的审头仍然将自己视为救死扶伤的人。当然，逆天改命是超出他们能力范围的。但一些人还是忍着疲惫为了一线生机而努力，他们依靠自己的医学技术、勇气和智谋拯救生命。在 1943 ~ 1944 年冬天的比克瑙女子集中营，一名囚犯医生照顾了 700 多名病人。[208]他们通过严格的防感染措施来降低传染病的传播，通过将囚犯藏在医务室内来帮助他们逃避筛选。[209]

527 最了不起的一次营救发生在年幼的路易吉·费里（Luigi Ferri）身上，他和祖母于 1943 年 6 月 3 日同一小批犹太人一起从意大利来到奥斯维辛集中营。党卫队队员一开始没看到路易吉，这名 11 岁的小男孩发现自己独自一人被困在了比克瑙隔离营中。如果不是他引起了囚犯医生奥托·沃尔肯（Otto Wolken）的注意，党卫队无疑会在几小时内将他杀死。奥托·沃尔肯是一位来自维也纳的犹太医生，足智多谋。路易吉眼泪汪汪地诉说了自己的故事，沃尔肯医生冒着生命危险将小男孩保护下来，把他当作自己的“集中营儿子”。虽然党卫队不断要求将小男孩交出来，但沃尔肯还是在接下来的两个月里通过一些密友的帮助，将他藏匿在不同营房里。之后到了 1944 年 8 月中旬，沃尔肯贿赂一名政治办公室的审头，让路易吉正式登记。虽然小男孩现在可以在集中营内更加自由地活动，但沃尔肯仍然需要保护他，在筛选时将他藏起来，让他睡在医务室的保险柜里。当苏联军队在 1945 年 1 月底到达奥斯维辛集中营时，沃尔肯和路易吉都在活下来的那一小批幸存者之中。[210]

反抗

极权统治下很少会有公然反抗，集中营里更是屈指可数。在战争期间，反抗行为有许多无法克服的阻碍。大部分囚犯因为太疲劳，没有精力去思考如何反抗党卫队。那些不必为每日生存而烦恼的特权囚犯则没什么动机去反抗，因为他们的反抗反而会让他们失去很多东西。囚犯之间的冲突进一步削减了大规模行动的可能性，也没有从外界获得精神和物质支持的希望。考虑到党卫队试图粉碎任何反抗迹象的强硬态度，暴力冲突看起来是一种不理智的自杀行为。“反抗根本不可能，”雅努什·波戈诺夫斯基于 1942 年夏天在奥斯维辛写道，“稍有违反集中营规矩的行为都可能招致可怕的后果。”[211]因为无法反抗党卫队，囚犯们越发麻木。在毛特豪森集中营，一名波兰囚犯在一场纪念死去同志的秘密仪式上说，他们这些士兵“注定是徒手殉难”。[212]尽管如此，每座集中营都有个别囚犯冒着极大的风险挑战党卫队。虽然他们大部分的行动都湮没在历史的尘埃里，但还是有一些留在了党卫队的档案和幸存者的记忆中。

囚犯的地下活动 528

根据一些幸存者的记录，政治犯会通过国际间合作形成强有力的秘密组织，与集中营党卫队针锋相对，营救囚犯并破坏纳粹的战争行动。这种描写迎合了我们对坚强不屈的囚犯的渴求，但这也是经过粉饰的，因为在集中营进行反抗面临着巨大的困难。[213]确实有来自不同国家的少部分囚犯会尝试一起合作，尤其是在战争后期。但他们的努力成果十分有限；比如在达豪集中营，一个真正意义上的国际囚犯委员会直到战争结束前才出现。有组织的反抗行为无论在规模上还是范围上都非常有限，即使是最大胆的行动也仅仅使一小部分囚犯受益。其他许多囚犯甚至从来都不知道集中营中有这样的地下行动。[214]

有组织的反抗行为中最为大胆的就是将那些几乎必死的囚犯救下来，把他们藏起来或者给予一个新的身份。这种行动危险而复杂，就像前面提到的年少的路易吉·费里。[215]根据集中营的规矩，营救一名囚犯往往就意味着害了另一个人。在布痕瓦尔德集中营，德国共产党员们庇护了数百名儿童，一直到战争结束。其中就包括小孩斯特凡·耶日·茨威格（Stefan Jerzy Zweig），他还不到一米高，被共产党员们视为纯洁生命的象征（他只有 4 岁，是集中营最小的幸存者）。当这个孩子的名字出现在遣送奥斯维辛的名单上时，共产党审头成功将他从名单上划掉了。但遣送的囚犯数量不能减少，所以一个叫威利·布卢姆（Willy Blum）的吉卜赛人顶替了斯特凡。这个 16 岁的男孩于 1944 年 9 月 25 日离开布痕瓦尔德，之后死在了奥斯维辛。[216]

集中营史上可能最叹为观止的营救行动同样发生在布痕瓦尔德集中营，从中可以看到集体反抗行动的成就和局限。1944 年夏天，巴黎的盖世太保向该集中营遣送了一批特别的囚犯。这批囚犯中包括 37 名盟军的特工，在法国顽强抵抗的战士，还有来自比利时、英国、美国和加拿大的间谍。当得知这批人会被处死后，一些老资历的布痕瓦尔德囚犯想出了一个精巧的妙计。他们声称斑疹伤寒在特工的营区暴发了，以便将其中三个有名的人运到了斑疹伤寒隔离区，也就是 46 号营房的一层，铁丝网将这里与营区其他地方隔离开来。这三人是斯特凡纳·埃塞尔（Stéphane Hessel，一位为戴高乐将军工作的法国官员）、爱德华·约-托马斯（Edward Yeo-Thomas，最无畏的英国特工之一，代号“白兔”），还有亨利·珀勒韦（Henri Peulevé，另外一名资深的英国间谍）。他们在那里等着一些病人病死，以 529
便将自己的身份与病人的身份互换。经过了为期数周的紧张等待后，三人终于都有了新的名字。“多亏了你的照顾，计划才能顺利进行。”这是埃塞尔在 1944 年 10 月 21 日写给欧根·科贡的秘密便条上的内容，这名德国医务人员是该营救计划的幕后大脑。“我感觉自己就像那些在千钧一发时被救下来的人一样。终于解脱了！”为了防止这三名外国人被别人在布痕瓦尔德认出来，其他审头很快将他们送到了卫星营里。

这种极度冒险的行动随时可能失败。它需要布痕瓦尔德几名审头的巨大勇气和随机应变的能力，还要摒弃个人的好恶和政治倾向来通力合作。他们欺骗了党卫队官员，伪造了记录，偷窃了文件，藏匿了特工，甚至朝其中一人体内注射了牛奶来引起高烧。这些冒险得到了回报：三名特工全部活了下来。但诸如此类的行动是有组织抵抗的极限。和埃塞尔、约-托马斯、珀勒韦三人一起来到布痕瓦尔德集中营的其余 34 名盟军特工均于 1944 年 9 月和 10 月被枪毙或绞死。就像欧根·科贡所写：“在当时的情况下根本没有任何可能去营救他们。”[217]

营救他人往往有着难以逾越的困难，对地下组织来说，搜集集中营党卫队的罪证相对容易。由波兰士兵和民族主义者领导的奥斯维辛秘密组织，当他们建立了和外部波兰抵抗组织的联系后，这方面尤为成功；在一个极其特别的例子中，为了加入集中营的地下组织，维托尔德·皮莱茨基（Witold Pilecki）

中尉以一个假名让自己被德国当局抓住。通过和外部的联系，波兰囚犯将重要的资料从奥斯维辛偷运出去，其中包括地图和数据，以及关于党卫队暴徒、处决、医疗实验、生存状况和大规模屠杀的报告。这些地下工作者甚至拿到了党卫队的文件，比如遣送的名单。“你要好好利用这两份被毒杀的囚犯名单，”斯坦尼斯瓦夫·克洛德辛尼茨基（Stanisław Kłodziński）于1943年11月21日在他和波兰抵抗组织联络人的通信中写道，“你应该将它们的原件送往伦敦。”[218]

为了搜集纳粹最终解决方案的有关证据，奥斯维辛的囚犯地下组织需要特别工作队成员的协助，后者几乎每天都近距离见证大规模的屠杀。在火葬场周边严防死守的死亡禁区搜集证据意味着“将所有人的性命置于危险之中”，特别工作队成员
530 扎尔门·雷文塔尔在1944年写道；但他觉得自己必须向世界公布纳粹的罪行，“因为如果没有我们，没人知道在何时发生了什么”。[219]最为大胆的行动发生在1944年8月底，一名特别工作队的囚犯在别人的帮助下，用一台隐藏相机记录了罗兹犹太人被屠杀的场景。他掩藏在比克瑙V号火葬场的毒气室里，拍摄了外面在坑中焚烧尸体的画面；之后他又来到户外，抓拍了树丛中其他脱掉衣服的受害者；四幅影像被保存了下来，几天之内就被偷送出了奥斯维辛，直到今天仍是关于大屠杀最有力的证据之一。[220]

跟其他反抗行为一样，记录集中营的罪行也需要极大的勇气。毕竟囚犯知道党卫队将会报复所有参与反抗活动的人。事实上党卫队甚至会捏造罪行。“他从鸡毛蒜皮的琐事中都能找出反抗叛乱的意味。”一名奥斯维辛政治办公室的党卫队队员如是描述他的上司马克西米利安·格拉布纳。[221]党卫队的警报通常是

被其他囚犯的告密触发的，当地的指挥官会建立自己的线人网络（此举是按照经济与管理部的指令）；据称仅萨克森豪森集中营的党卫队就有将近 300 名线人。[222]嫌疑人被政治办公室的党卫队队员拖到地堡中严刑拷打。虽然搜集的证据往往微不足道，但他们的惩罚措施极端严厉；当多拉的党卫队在 1944 年秋天听到风声称有人企图炸毁隧道时，他们拷问了数百名无辜的囚犯，并最终处决了超过 150 名苏联人，还有一些德国的审头，其中包括 4 名前共产党营区长。[223]

面对可能的破坏活动时，纳粹当局同样毫不留情，这也是党卫队另外一个特点。处罚措施严酷而多样，无心之举也可能招来杀身之祸。一句玩笑可能会让一名囚犯丧命，一些象征性的举动也是一样；在多拉集中营，党卫队曾经勒死一名涉嫌朝 V2 火箭的箭身撒尿的俄罗斯囚犯。[224]党卫队甚至会将绝望之举曲解为破坏活动，他们将那些把床单的一部分做成手套和袜子的囚犯处死。[225]通过这种方式，大多数囚犯被迫屈服。虽然他们总体上不愿意为敌人工作，但集中营内并没有大规模的抵抗活动。“我永远都不会参与破坏活动，”一名前囚犯的话代表了许多人的心声，“因为我想活下去。”[226]

反抗与越狱

正面挑战党卫队是疯狂之举，大多数老资历的囚犯都同意这点。取悦、贿赂、欺骗党卫队官员已经非常危险了，直接反抗他们只会招来灾难。一名弗洛森比格囚犯在傍晚点名时侮辱了党卫队队员，之后便被打得失去了意识。这件事招致了阿尔 531
弗雷德·许布施的思考：是什么使得这些“疯子”逆流而上？“每一个人很早以前就明白任何反抗行为都会被粉碎！”[227]因此，

二战期间公然反抗的行为极端罕见。而当这种行为出现时，那些反抗者会深深留在幸存者的记忆之中。

一些新来的囚犯敢于反抗党卫队，因为他们还不明白集中营意味着什么。[228] 39 岁的慕尼黑人约瑟夫·加施勒（Josef Gaschler）被带到萨克森豪森集中营时还在战争的初期。当他看到党卫队队员一拳打到其他新来的囚犯脸上时，他大喊道："这里到底发生了什么？是我们都沦为小偷了吗？你们还敢说自己是文明人？"党卫队用拳脚回答了他的话，将他拖到惩罚连，然后杀了他（官方的死亡证明上说他是死于"精神失常和极端的疯狂"）。[229]这种暴行能很好地说服新囚犯遵守规矩。不过即便是老囚犯也会偶尔反抗党卫队。一些人就是突然崩溃了，绝望、悲伤或是愤怒充斥头脑，一时间失去了全部的自控能力。[230]其他人则是为了遵守道德和宗教习俗。比如耶和华见证会的信徒一直坚定遵守一个核心教义，他们拒绝任何与德国军事战争相关的工作。党卫队因为这些人的顽固而怒不可遏，一路闹到了希姆莱面前。这些囚犯遭到毒打，有几个人因此丢了性命。[231]党卫队这种残酷的回应确保了囚犯反抗成为罕见的个例。[232]

党卫队最凶残的一次回击发生在 1944 年春天的毛森圣米其林（Mülsen St. Micheln），即弗洛森比格集中营的卫星营，由茨维考（Zwickau）附近的一家废弃的纺织厂改建而来。这里的囚犯在工厂一层制作战斗机发动机，晚上睡在拥挤的地下室里。这些人从未离开过工厂。而对饥肠辘辘、占据囚犯中绝大多数的苏联人来说，这里的条件尤为恶劣。1944 年 5 月 1 日晚上，其中有几个人因为饥饿而发狂，将地下室的稻草床垫点燃，也许是企图趁乱逃跑。党卫队可不会让他们从这个人间炼狱逃脱。他们将囚犯锁在里面，将想逃走的囚犯击毙，同时阻止本地消防队进去救火。“烟雾中充斥着肉体烧焦的味道。我什么也看不见，我只想努力吸到空气。”其中一名囚犯回忆道，他紧抓着地下室天窗的围栏，吊了好几个小时，火焰在下面燎烤着他的身体。当火终于熄灭时，大约 200 人被烧死，更多的人被严重烧伤。但党卫队还没完。接下来的几个月里，他们处死了几十名在火灾中幸存下来的苏联人。信息很明确：公然反抗将会遭到恐怖打击。[233]

因为身体上的抵抗毫无效果，所以一些大胆的囚犯向党卫队提交了书面抗议。1943 年 3 月，几名因为人体实验失去生育能力的波兰女性向拉文斯布吕克集中营指挥官抗议。她们在信中试图为手术造成的可怕后果讨回公道：“我们要求你亲自跟我们见面，或是给我们一个答复。”不出所料，指挥官祖伦根本毫无回应。但女人们没有放弃。几个月后当党卫队试图继续实验时，这些受害者在狱友的庇护下藏在了营房里。“我们自己下定决心，宁愿让他们把我们枪毙，”其中一名受害者作证说，“也不要让他们随意把我们的身体剖开做实验。”不过党卫队再一次摆明了态度。这些所谓的兔子被拖进地堡中，其中几人被实施手术；其他几个反抗者被关进了牢房里，几天都没有食物和新鲜空气。[234] 532

当公开反抗绝无可能，一些囚犯试图将逃走当作唯一逃避死亡的方法。被囚禁在奥斯维辛集中营时，斯坦尼斯瓦夫·弗拉克辛斯基（Stanisław Frączysty）重复做着一个梦，梦中他变成了一只小动物，从集中营周围的铁丝网中间轻松地穿过，将一切恐怖都抛在了身后。[235]许多囚犯都有逃跑的想法，而且不仅仅是在梦里。但最终只有很少的人（其中大部分是男人）选择了冒险逃跑，逃跑的人数随着二战接近尾声越来越多。[236]比如从毛特豪森集中营逃跑的人数就从 11 人（1942 年）升至超过 226 人（1944 年）。在布痕瓦尔德营区，党卫队报告称在 1944 年 9 月动荡的两周时间内，有 110 名囚犯逃跑。不过考虑到当时有超过 8.2 万人关押在那里，逃跑的人数在囚犯总数中依然是九牛一毛。[237]

不断递增的逃跑人数反映了集中营系统在战争期间的变化。从完善的主营逃跑非常困难——直到 1945 年 4 月也没有一个人从诺因加默集中营逃走。成功越狱的概率在仓促建成、防卫很差的卫星营中更高。[238]囚犯遣送的激增以及资深党卫队看守的短缺也提高了逃跑的概率。一名波兰囚犯在 1944 年 7 月成功逃走后解释说，员工的短缺“让我一直在想如何逃走”。[239]

逃跑的情况千差万别。一些囚犯使用武力开路，拖拽、殴打或者杀死看守。[240]更普遍的是靠瞒天过海，爬进离开集中营的卡车或是藏在一个安全的地方直到党卫队放弃搜索。伪装也可以奏效，有几名囚犯就是扮成党卫队军官逃跑的。其中一例发
533 生在 1942 年 6 月的奥斯维辛集中营。四名波兰囚犯偷偷绕过党卫队看守，闯入了党卫队的储藏室，拿走了制服和武器，开着一辆豪华轿车离开。当他们在一个检查点被拦下时，穿成二级小队长的主谋将头伸出车窗，不耐烦地指了指栏杆旁的哨兵，栏杆很快就被提起来了。“几分钟之后，我们已经开到了奥斯维辛市里。”其中一名逃脱者回忆说。据奥斯维辛地下组织领袖维托尔德·皮莱茨基说，当营区负责人汉斯·奥迈尔发现自己的人被骗后，他“几乎疯了，猛扯自己的头发”。[241]

逃跑最终能否成功取决于很多因素，运气是最重要的，其次是和外面的联系。囚犯们一旦离开了集中营附近，他们就需要支援，而且非常紧迫。在欧洲占领区，一些逃亡者从抵抗组

织那里获取庇护，通常他们自己也会加入地下组织；从奥斯维辛逃跑之后，维托尔德·皮莱茨基参加了注定失败的 1944 年华沙起义。其他逃亡者则一直藏匿，直到战争结束。1944 年夏天，塞勒姆·肖特在女朋友和一名德国平民承包商的帮助下从莫诺维茨集中营逃走，他换上了平民的衣服，乘上了一辆满载的夜班火车回到了他的家乡柏林。他在这里活了下来，就像几千名躲在德国首都的犹太人一样。他得到了老朋友们的帮助，在几间安全屋之间搬来搬去，朋友还给他办了假的证明文件。[242]

少数逃亡者甚至穿过了交火线，其中包括帕维尔·斯滕金（Pavel Stenkin）。他是 1942 年 11 月奥斯维辛－比克瑙营区苏联战俘大逃亡的少数几名幸存者之一。他重新加入了红军并于 1945 年作为解放者进入柏林。[243]另外一个是波兰的马辛尼克（Marcinek）中尉。他拿着伪造的文件、一把手枪和党卫队制服乘坐火车和汽车来到了诺曼底前线，于 1944 年 7 月 19 日冒着密集的炮火进入盟军阵地。和马辛尼克一起的还有一位名叫施雷克（Schreck）的德国人，他缜密策划了这次行动。让英国军队感到惊讶的是，施雷克不是囚犯，而是萨克森豪森集中营的党卫队队员。因为卷入了一桩腐败丑闻，他宁愿被盟军俘虏也不愿接受党卫队惩罚。[244]

越狱的行为总会促使纳粹当局展开追捕，虽然成功逃脱党卫队和警察追捕的囚犯人数是不可能摸清的，但成功的机会很少，至少在战争最后几个月之前是如此。以 1940 年到 1945 年从奥斯维辛集中营区逃跑的 471 名男女为例，总共有 144 人逃亡成功，他们中大部分人在二战中活了下来。但另外 327 人被抓回了集中营，面临的是严酷的惩罚。[245]

534 党卫队的回应

虽然从集中营中成功越狱的例子很少，但海因里希·希姆莱依然重视。他担心危害德国公众的安全，因此下令尽一切可能阻止越狱行为，从埋放地雷到训练猎犬将囚犯撕成碎片。为了增加紧迫感，他坚持要求每座集中营必须亲自向他汇报越狱的情况。[246]因为害怕希姆莱发火，里夏德·格吕克斯每天早上都问他在T字楼的管理者是否有囚犯越狱，他已经将防止囚犯越狱作为第一要务。[247]他手下的经济与管理部官员规劝各地的党卫队“永远都不要相信囚犯”并严格遵守程序。[248]虽然官方规定哨兵在开火前应该先喊“站住”，但一份内部的集中营党卫队手册则指示守卫开枪前不需要警告。[249]上级会奖励那些阻止越狱行动的机警之人，奖励休假和其他福利，同时也会警告那些疏忽大意的人。[250]党卫队也给囚犯传递出一个信息：任何胆敢逃跑的人都将面临可怕的命运。

杀鸡儆猴是集中营党卫队对抗逃跑最重要的手段。一些被抓住的逃犯如希姆莱所愿被狗撕碎；之后，党卫队会将残缺不全的尸体扔在点名广场上示众。[251]大部分情况下，这些倒霉的人是被活捉回来的。党卫队首先会严刑拷打，搞清楚谁帮了他们以及他们如何逃过封锁。[252]之后他们会被当众羞辱，随之而来的是相应的惩处。一些运气好的逃犯只挨了50鞭或被送往惩罚连（党卫队会对那些冲动逃跑的囚犯展现一些“仁慈”）。[253]大部分人则丢了性命。

一些本地的党卫队队员决定自己解决问题。[254]在其他时候，处决重新逮捕的囚犯需要遵循正规流程，指挥官提交申请，得到上级的许可才可以进行。[255]1942年起，集中营党卫队官员实行了一系列仪式性的处决，让人想起了 1938 年夏天处决埃米尔·巴加茨基，那也是集中营第一次处决。奥地利囚犯汉斯·博纳维茨（Hans Bonarewitz）的行刑仪式就是一个很好的例子。1942 年 6 月 22 日中午左右，博纳维茨从毛特豪森集中营逃走，藏在了卡车的一个木箱里。几天后他被重新抓了回来，面对的是折磨和死亡。整整一周，他和他藏身的木箱一起在囚犯面前游街示众。党卫队还在木箱上面写下了许多讽刺的话，比如歌德的名句："此处无限好，何必去远游。"之后在 1942 年 7 月 30 日，党卫队强迫博纳维茨坐上平时运尸体去火葬场的手推车。几名囚犯缓慢地将车拖往点名广场的绞刑架，其他囚犯则立正站好。整个仪式持续了超过一小时，一名囚犯充当主持人， 535
十名来自集中营管弦乐队的囚犯在旁边奏乐，其中有一首是经典儿歌《小鸟们都回来了》。整个过程党卫队一直拍照，记录了博纳维茨的最后时光。在绞刑架上，党卫队鞭打、折磨他，最终将他绞死。在他死之前，绳子断开了两次，过程中一直有管弦乐伴奏。[256]

囚犯们对这种公开绞刑（有时候调侃地称作"德国文化之夜"）的反应截然不同。[257]一些人暗自发誓报仇或是大声抗议。[258]其他人则无动于衷，责怪被处刑的犯人，因为党卫队队员在越狱发生之后往往会进行集体处罚。最普遍的反应或许是恐惧。一名毛特豪森集中营的前囚犯记得有一次处决两名德国越狱犯时，其中一人受伤太重，不得不由别人抬到绞刑架上。看到这场景，这名毛特豪森囚犯很快就失去了任何逃跑的冲动："这场面起作用了——宁愿在采石场里一命呜呼也不要上绞刑架！"[259]

公开处刑并不是党卫队唯一的威慑手段。官方有时候会把逃跑囚犯的家人关进集中营作为人质。[260]集中营党卫队也会连坐惩罚其他囚犯。从早期起就有磨人的点名、殴打和其他虐待，到了后期党卫队还会杀人。1941 年春天一名波兰囚犯逃跑之后，奥斯维辛集中营党卫队将 10 名囚犯关在地堡中饿死。几个月后又发生了一起逃跑，党卫队用同样的方式惩罚了另一波囚犯。为了救其中一个死囚，圣方济会神父马克西米利安·科尔贝（Maksymilian Kolbe）站出来愿代替他。党卫队接受了他的牺牲，当他活了超过两周之后，党卫队的耐心被消耗殆尽；科尔贝直接被注射处决。[261]集体处决很快就成了奥斯维辛和其他集中营常用的威慑手段。受害者之中就包括雅努什·波戈诺夫斯基，这名年轻的波兰人一直秘密和家人保持通信。当与他同一个劳动队的 3 名囚犯逃跑之后，他和其他 11 名囚犯于 1943 年 7 月 19 日傍晚在奥斯维辛被当众绞死。[262]

党卫队的集体惩罚措施发挥了一些作用，囚犯们在逃跑之前会三思而行。他们对其他人逃跑的感觉也很复杂。一方面，这种逃跑可以提振囚犯们的士气，就像每一次党卫队遭受打击一样，世界了解他们遭遇的希望也会增加。[263]另一方面，囚犯们也害怕恐怖的惩罚会随之而来。[264]党卫队很明白许多囚犯将逃亡
536 者视为群体之中的叛徒，他们有时会利用这种愤怒的情绪，萨克森豪森集中营“绿色”囚犯阿尔弗雷德·维蒂希（Alfred Wittig）就是这样。1940 年夏天的一个下午，维蒂希失踪了。党卫队一边搜索集中营，一边让全体囚犯立正站好直到深夜。当党卫队终于将他们从点名广场解散时，不少人都倒下了。对维蒂希的搜索于第二天一早继续，当藏在沙堆下的他被发现时，党卫队官员将他送到了其他囚犯手里：“你们想把他怎样都可以。”几十名囚犯因为前一晚的折磨怒不可遏，活活将维蒂希踩

死了。因为党卫队没有直接参与，官方文件上的死因第一次变得准确："肺部和其他内脏受伤（被其他囚犯同伴打死）。"[265]

必死之人的反抗

在二战后半段的某个时刻，马拉·齐姆特鲍姆（Mala Zimetbaum）和埃德克·加林斯基（Edek Galiński）在奥斯维辛成了恋人。这是少数几段在集中营中萌发的恋情，也成了集中营里希望与悲剧的象征，被书籍、电影和连环画小说传颂。[266]他们两人都是奥斯维辛集中营老资历的囚犯。齐姆特鲍姆是一名波兰犹太人，1942 年 9 月从比利时过来；加林斯基则早来了两年多，是第一批被送来的波兰政治犯。进入集中营以来，他们两人都获得了高级别的职位，可以在比克瑙女营区的医务室 X 光间内幽会。两个人经常讨论一起逃离这里，经过缜密的计划，在 1944 年 6 月 24 日（周六）下午，他们赌上了一切。他们穿着偷来的党卫队制服，分别离开了营区，漫步进了小镇，假装是周末休假的党卫队队员。他们在维斯瓦河的河岸碰头之后，两人尝试穿越边境前往斯洛伐克。但在两周的逃亡之旅后，筋疲力尽的两个人在喀尔巴阡山迷了路。边境守卫最终将两人抓获。当他们回到奥斯维辛的时候，党卫队队员将两人扔进了地堡——加林斯基在墙上刻下的诅咒党卫队去死的话如今仍然清晰可见。

但是，1944 年 9 月 15 日，这个将二人处决的日子并不像党卫队所期望的那样顺利。埃德克·加林斯基在比克瑙其中一处男子营区里经过一队队囚犯被押送到绞刑台。然而，在党卫队宣布他的罪名之前，加林斯基试图抢先上吊自尽。党卫队队员将他拉了回来，他大喊战斗口号的同时，行刑人将他脚下的木

板撤掉了。在比克瑙女子营区，马拉·齐姆特鲍姆也反抗了党卫队。当她被押送前往点名广场绞刑架的途中，她拿出了一个
537 剃须刀片割了自己的手腕。当一名党卫队队员试图阻止她时，她直接打了他。被吓呆的党卫队队员将她拉走，她最后一次被看到是在火葬场附近的一个手推车上，看起来已经半死不活了。齐姆特鲍姆继续活在其他囚犯的记忆之中。她不仅逃离了奥斯维辛，还和折磨她的人正面对抗，砸碎了党卫队精心布置的舞台。“我们第一次看到一名犹太囚犯举起拳头打向德国人。”一名年轻的幸存者后来敬佩地说。[267]

死囚的反抗很少见，但并非没有先例。为了防止像埃德克或者马拉这样的死囚和其他人说话，党卫队官员有时候会在公开处决前塞住他们的嘴。[268]但凶手们明白死刑仍然会团结其他囚犯，加深他们对党卫队的鄙视。这无疑是集中营党卫队在大多数的情况下暗中处决的一个原因。但即便是秘密进行，一些囚犯仍然会反抗，攻击他们的杀手或是在死前大喊政治口号。党卫队试图对这种意外一笑置之，但他们内心肯定是不安的，因为他们没能将受害者击溃。[269]

在比克瑙毒气室也发生过抵抗。当党卫队推一些囚犯——犹太人、吉卜赛人和其他人——进去的时候他们会反击，不过这种绝望的反抗是徒劳的。还有一些人则在前往毒气室的路上唱革命歌曲或是宗教诗篇。[270]最出名的一次抵抗发生在1943年10月23日，比克瑙毒气室外发生了一场大规模骚乱，一名犹太囚犯夺下了党卫队队员手中的枪并朝看守开枪。三级小队副队长约瑟夫·席林格（Josef Schillinger）受了致命伤，另一位官员身受重伤。党卫队队员之后重新控制住了局面，开始了对囚犯的屠杀。其中一名看守因为用“威慑手段镇压叛乱”而受到

赞扬。席林格死亡的消息很快传遍了集中营其他角落，关于到底发生了什么有各种各样的传言。在最流行的说法中，杀死他的是一个绝世美女，一个年轻舞者。至于席林格，囚犯中的传言是这样的：当他倒下即将死去时，他抽泣着说：“哦，上帝啊，我的上帝，我做了什么你让我受这样的苦。”这最后的遗言也许源自复仇的幻想，但紧随其后的党卫队怒火则十分真实；深夜，看守用机枪朝比克瑙营区扫射，射杀了几十名囚犯。当然，死这么多人对奥斯维辛党卫队来说不算什么，他们已经习惯比这规模大得多的屠杀了。[271]

奥斯维辛里的一次起义

1944 年 10 月 7 日星期六的午后，明媚的秋日万里无云。一小群党卫队队员走进奥斯维辛－比克瑙Ⅳ号火葬场外的院子，命令约 300 名特别工作队的囚犯列队站好。党卫队宣称要进行 538
一次换营筛选，然后开始选人。然而，并不是所有囚犯都走上前来，场面变得紧张起来。突然，年龄最大的一名囚犯，波兰犹太人哈伊姆·诺伊霍夫（Chaim Neuhoff）猛冲出来，用锤子袭击了一名党卫队队员。其他囚犯纷纷加入，挥舞着石头、斧子、铁棍，迫使党卫队队员退到营区的铁丝网之后。比克瑙的空气中充斥着尖叫声、枪声和警报声，还伴随着阵阵浓烟——这并不是平常火化尸体的烟，而是火葬场自己着火了，囚犯们纵火将之点燃。比克瑙特别工作队起义开始了。[272]

起义已经酝酿了几个月。“很长一段时间以来，我们‘特别工作队’一直想给自己可怕的工作画上一个句号，”扎尔门·格拉多夫斯基于 1944 年秋天在比克瑙写道，“我们想要做一件大事。”[273]早在 1944 年春天就有起义的传言，大概是因为随后到来的对比克瑙家庭营的清洗（清洗发生在 3 月），但是最终起义没有发生。不过密谋者们仍然开始搜集武器，包括手雷，里面的爆炸物是在附近联合武器工厂工作的女性囚犯偷来的，手雷被暗中送入特别工作队。对武装起义的呼吁自 1944 年仲夏以来越发强烈。特别工作队的囚犯认为一旦对匈牙利犹太人的大规模毒杀结束，他们对党卫队来说就没有用了。而考虑到红军推进的速度，奥斯维辛集中营很可能也将被疏散，囚犯们害怕党卫队会在撤离前把他们全部处死；毕竟，他们已经掌握了纳粹最终解决方案这一最黑暗的秘密（同样的担心催生了前一年发生在特雷布林卡集中营和索比堡集中营的起义）。比克瑙特别工作队的队员们觉得起义势在必行，但因为工作岗位不断变动，行动的日子也一拖再拖。事态很快就变得越发急迫。1944 年 9 月 23 日，党卫队筛选了 200 名特别工作队的队员，声称要将他们转移到其他集中营。而其他队员在接下来的几天发现了真相，他们在火葬场发现了同伴焦黑的残尸。当党卫队在 10 月初宣布很快将再进行一次筛选的时候，在Ⅳ号火葬场工作的囚犯认为这是给他们判了死刑。他们必须行动，否则就永远没有机会了。[274]

但比克瑙起义的准备工作非常不足。他们无法指望集中营其他地下囚犯加入，因为后者确信与党卫队的暴力冲突最终会导致一场屠杀。特别工作队和其他大部分普通囚犯之间有一个不可调和的矛盾，一方退无可退，另一方则希望坚持最后这几
539 个月。“他们跟我们不同，他们没必要着急。”扎尔门·雷文塔尔在 1944 年秋天苦涩地写道。[275]事实上，特别工作队内部在武装起义的问题上也分成了两派；一些囚犯已经忍无可忍，另一些则想等待一个更有利的时机，也就是整个集中营和他们站在

一起的时候。特别工作队的几位主要领导站在审慎派这一边，因为他们不会参加于 1944 年 10 月 7 日即将到来的筛选，因此也反对参与起义。那些决定起义的人不仅被伙伴们孤立，还没有筹划。他们根本没有时间做出周密的计划，从一开始，起义就掺杂了困惑和混乱。一旦Ⅳ号火葬场着火，囚犯们就无法拿到藏在里面的手雷；因为手雷被烧塌的屋顶盖住，他们最强大的武器就这样被浪费了。[276]

这次起义从开始就注定了失败。几分钟内，党卫队的增援部队就到达了Ⅳ号火葬场，射杀反抗的囚犯。当时正值白天，很容易就能瞄准。其中一名幸存者偷偷潜入营区院子里，看到他的同志们“一动不动地躺着，血浸透了他们的囚服”，党卫队队员继续对还能挪动的囚犯开枪。此时，剩余的大部分囚犯都逃到了旁边的Ⅴ号火葬场，躲进里面。党卫队守卫很快将他们拖了出来，和其他被抓的囚犯一起扔在地上，朝许多人的后颈开枪。当党卫队队员收工的时候，两个火葬场的地上躺倒了 250 多具尸体。[277]

与此同时，哈伊姆·诺伊霍夫在Ⅳ号火葬场揭竿而起后约 30 分钟，Ⅱ号火葬场也展开了第二波起义。那里的特别工作队囚犯听到了附近的枪响，看到了滚滚而起的浓烟。根据他们带头人的指示，他们一开始保持冷静。但当一些党卫队队员朝他们营区而来时，一群苏联战俘失去了方寸，将一名德国审头扔进了燃烧的焚化炉里。这时不管想与不想，Ⅱ号火葬场其他的特别工作队队员只能加入起义，他们纷纷用小刀和手雷武装自己。有人在营区周围的铁丝网上划开了一个口子，约 100 名囚犯从这里逃走了。但党卫队最终把他们全部抓回；有些囚犯甚至跑到了几英里外的拉伊斯科（Rajsko）小镇，但党卫队最终还是将他们藏身的棚子烧成了平地。

报复仍未停止。在接下来的几周，党卫队处死了起义的大部分幸存者，其中包括勒吉布·郎弗斯，他在1944年11月26日的最后一次特别工作队筛选中被杀掉。死前他留下了一份最后的笔记："我们确信他们会将我们带向死亡。"其他受害者还包括四名女性囚犯，她们将爆炸物偷偷带进比克瑙集中营。埃斯图西亚·沃伊科布拉姆（Estusia Wajcblum）是其中的一员，
540 经过几周的酷刑之后，她在地牢中给姐姐送出了最后一封信："那些在我窗外的人还有希望，但我什么都没有了……我失去了一切，我好想活下去。"[278]

数百名索比堡集中营和特雷布林卡集中营的囚犯逃脱了追捕，对比之下，没有一名比克瑙特别工作队的囚犯成功脱逃。这是因为党卫队在奥斯维辛周围的严防死守和周密的安保部署。当年早些时候为了阻挠一场起义，党卫队加强了警戒。在起义开始之后几小时内，党卫队便屠杀了比克瑙特别工作队（大约660人）超过三分之二的队员（党卫队损失了三个人，都被当作烈士缅怀）。只有驻扎在Ⅲ号火葬场的特别工作队囚犯毫发未损，他们没有起义，就像无事发生一样继续工作。[279]

起义并没有中断比克瑙集中营对犹太人的大规模处决。被焚毁的Ⅳ号火葬场自1943年5月之后就已经停用了，集中营党卫队继续使用其他设施，在起义后的一次为期两周多的屠杀潮中，用毒气杀死了大约四万名男女和孩童。死者中包括数千名来自泰雷津的犹太人。虽然党卫队将这个犹太人聚居区一直维持到了最后，但在1944年秋天还是将大部分居民送进了奥斯维辛，绝大多数人在到达后便立刻被处死。最后一批泰雷津的遣送于10月30日抵达；2038名男女和孩童刚下车，党卫队直接将其中1689人

处死，这也许是集中营历史上最后一次大规模毒气处决。[280]

比克瑙集中营的起义让我们得以窥见集中营里面对暴力反抗的两难处境。囚犯明白起义反抗很可能使他们丢掉性命。很少有人会愿意冒这个险。总的来说，只有那些知道自己很快要被杀的囚犯愿意站出来反抗；这是面对死亡宿命时爆发出的勇气。“我们已经放弃能活到解放那刻的希望了。”扎尔门·格拉多夫斯基写道，不久后他便在 1944 年 10 月 7 日的起义中丧命。[281]与之形成对比的是，那些与自杀式叛乱撇清关系的囚犯仍然对幸存抱有希望，无论这希望多么渺小。这也是为什么奥斯维辛集中营主要的地下组织反对加入 1944 年秋天的武装起义，致使特别工作队成员感到被孤立和被抛弃。[282]

这次起义是囚犯们抗争的有力象征，而我们对此事的了解大多直接来源于特别工作队的幸存者。当党卫队于 1945 年 1 月中旬放弃奥斯维辛集中营时，约有 100 名特别工作队成员随着数万名囚犯一起被驱赶着向西前行，他们当中几乎所有人——
包括什洛莫·德拉贡和他的兄弟亚伯拉罕，还有菲利普·米 541
勒——都熬到了解放。[283]不过，这种好运气是个特例。集中营系统的最后几个月是最为致命的，死亡会降临到数十万登记的囚犯头上。这些男人、女人和小孩越靠近自由，就越有可能死在集中营里。

注　释

1. Haulot, “Lagertagebuch,” 183.
2. 例子参见 Lévy - Hass, *Vielleicht*, 54 - 57。
3. Brzezicki et al. , “Funktionshäftlinge,” 236; Adler, “Selbstverwaltung,”

228.

4. Jureit and Orth, *Überlebensgeschichten*, 190 - 91, quote on 87; Cohen, *Human*, 281; Wagner, *Produktion*, 458; Adler, "Selbstverwaltung," 229 - 30. 措辞参见对自然状态的描述：T. Hobbes, *The Leviathan* (London, 1651)。

5. Kupfer - Koberwitz, *Häftling*, 302 - 305, quote on 273; Langbein, *Menschen*, 160; Zámečník, *Dachau*, 147 - 48.

6. 关于"集中营里道德生活"的讨论，参见 Todorov, *Facing*。

7. J. Pogonowski to his family, September 25, 1942, in Piper, *Briefe*, quote on 23 - 24.

8. Ibid., quote on 24.

9. 前一种观点，参见 Sofsky, "Grenze," 1159。后一种观点，参见正文以及 Aharony, "Arendt"。

10. Rózsa, "Solange," 227.

11. Świebocki, *Resistance*, quote on 14; Strebel, *Ravensbrück*, 530; Zámečník, *Dachau*, 320; Tuchel, "Möglichkeiten," 224.

12. 背景参见 Langbein, *Widerstand*, 57 - 58; Pingel, *Häftlinge*, 20; Tuchel, "Selbstbehauptung," 939; Browning, *Survival*, 297; Van Pelt, "Resistance"; Świebocki, *Resistance*, 14 - 17; Peukert, *Inside*, 81 - 85; Kershaw, *Nazi Dictatorship*, 183 - 217。

13. Pollak, *Grenzen*, quote on 47; Browning, *Survival*, 297.

14. Antelme, *Menschengeschlecht*, 65; Fröbe, "Exkurs."

15. Levi, *If*, 46 - 47. 普遍来说，借鉴 Pierre Bourdieu 的作品，参见 Suderland, *Territorien*。

16. Erpel, "Trauma," 129 - 31.

17. Delbo, *Auschwitz*, 187 - 88; Todorov, *Facing*, 97 - 103, 107 - 108; SMAB, *Forbidden Art*; Blatter and Milton, *Art*, 142, 187. 囚犯里并不是所有知识分子都能在精神生活中找到慰藉；Améry, *Jenseits*, 15 - 36。

18. Adler, *Theresienstadt*.

19. "Bericht Tabeau," 112.

20. Levi, "Intellectual," 117. "自我"一词，参见 Brubaker and Cooper, "'Identity,'" 7（感谢 Anna Hájková 向我推荐这篇文章）。

21. Pingel, "Social life." See also idem, "Destruction," 172.

22. Wiesel, *Rivers*, 80 – 81.

23. 例子参见 Gerlach and Aly, *Kapitel*, 398。

24. 亲子关系参见 Shik, "Mother – Daughter," 115, 122; Sonnino, *Nacht*, 86 – 87; Buser, *Überleben*, 273 – 75。

25. Jureit and Orth, *Überlebensgeschichten*, 65; Luchterhand, "Prisoner."

26. Świebocki, *Resistance*, 44 – 45; Goldstein et al., *Individuelles*, 45; Pollak, *Grenzen*, 170.

27. Buber – Neumann, *Milena*, 22, 273, 284, 289, quote on 20; Buber, *Dictators*, 213, 238 – 39, 277 – 78, 293 – 94, 309. See also Darowska, *Widerstand*.

28. Rózsa, "Solange," quotes on 212; Ellger, *Zwangsarbeit*, 279 – 89.

29. 例子参见 *OdT*, vol. 1, 246。

30. Levi, *If*, 63, 144, 161, 393, quote on 144; Shik, "Weibliche Erfahrung," 113 – 17.

31. Kolb, *Bergen – Belsen*, quote on 258; Fröbe, "Arbeit," quote on 243; Suderland, *Extremfall*, 308 – 15.

32. Pollak, *Grenzen*, 50.

33. Walter, "Kinder," 190; Langbein, *Menschen*, 102.

34. Todorov, *Facing*, 82; Shik, "Weibliche Erfahrung," 115. "抱团"一词及其定义，参见 Brubaker and Cooper, "'Identity,'" 19 – 21。

35. Ryn and Kłodziński, "Grenze," quote on 127.

36. Wiesel, *Nacht*, quote on 153; idem, *Rivers*, 92 – 95.

37. Buber, *Dictators*, 294.

38. 在这个方面的先驱性研究，参见 Pingel, *Häftlinge*; Pollak, *Grenzen*, esp. 54, 105。

39. Apel, *Frauen*, 203, 213, 309; Strebel, *Ravensbrück*, 103 – 104, 543 – 44, 550; Rolnikaite, *Tagebuch*, 214 – 15; Gilbert, *Music*, 107 – 15; Morsch, *Sachsenhausen – Liederbuch*.

40. Mankowitz, *Life*, 32 – 37.

41. See also Pingel, *Häftlinge*.

42. StAMü, StA Nr. 34588/1, Bl. 210 – 12: Vernehmung H. Stöhr, July 21, 1956; Langbein, *Widerstand*, 94.

43. Quote in Poller, *Arztschreiber*, 75.

44. Hartewig, "Wolf," quotes on 947; Langbein, *Widerstand*, 128 – 30.

45. Niethammer, *Antifaschismus*, 51 – 55, 57, 284, 298 – 99, 519, quotes on 85 (Busse) and 426 (Bartel); Hackett, *Buchenwald*, quote (Žák) on 298; Wagner, *Produktion*, 401 – 402. 其他集中营，参见 Buggeln, *Arbeit*, 125; Heger, *Männer*, 146。

46. Buber, *Dictators*, 195, quote on 257; Langbein, *Widerstand*, 117 – 23, 130 – 31, 146; Niethammer, *Antifaschismus*, 268, 288, 293, 305; Kaienburg, "'Freundschaft?,'" 30 – 31; Röll, *Sozialdemokraten*, 231 – 44.

47. Wiesel, *Rivers*, 82 – 83.

48. Rahe, "Bedeutung," 1009, 1014, 1016.

49. Świebocki, *Resistance*, 339; Strebel, *Ravensbrück*, 549 – 50; Rahe, "Bedeutung," 1018; Lanckorońska, *Michelangelo*, 238.

50. Obenaus, "Kampf," 860; Rahe, "Bedeutung," 1010, 1015; Jaiser, "Sexualität," 130 – 31; Waxman, *Writing*, 69 – 70.

51. Améry, *Jenseits*, 27 – 28; Levi, "Intellectual," 118. 第二次世界大战期间，有关正统犹太人的宗教想法，参见 Greenberg, "Introduction"。

52. Escher, "Geistliche," 302 – 305, 309 – 10; Gruner, *Verurteilt*, 88; JVL, JAO, Review of Proceedings, *United States v. Weiss*, n. d. (1946), 63.

53. Rahe, "Bedeutung," 1011; Wagner, *IG Auschwitz*, 135 – 36; Gutterman, *Bridge*, 185 – 86.

54. Lenard, "Flucht," quote on 157; WL, P. III. h. No. 573, A. Lehmann, "Das Lager Vught," n. d., p. 22.

55. Levi, *If*, 135 – 36, quote in 136.

56. *OdT*, vol. 6, 499; Greenberg et al., *Wrestling*, 58 – 60.

57. Kautsky, *Teufel*, 153 – 59, quote on 194; Goldstein et al., *Individuelles*, 51; Raim, *Dachauer*, 262 – 63; Nomberg – Przytyk, *Auschwitz*, 19; Levi, *If*, 51, 55, 74; idem, "Communicating," 78.

58. Lenard, "Flucht," quote on 158; Glicksman, "Social," 948.

59. Quote in LaB, B Rep 058, Nr. 3850, Bl. 71 – 72: Zeugenaussage Herbert F., May 10, 1947. See also Langbein, *Menschen*, 96 – 98; Vaisman, *Auschwitz*, 16 – 17; BoA, testimony of I. Rosenwasser, August 22, 1946; Kautsky, *Teufel*, 193 – 95.

60. Buggeln, *Arbeit*, 371, quote on 267.

61. Warmbold, *Lagersprache*, 275; Kautsky, *Teufel*, 195.

62. Adler et al., *Auschwitz*, 102; Langbein, *Widerstand*, 195. 集中营内的关怀，参见 Todorov, *Facing*, 84, 118。

63. Strebel, *Ravensbrück*, 553 – 54.

64. BoA, testimony of G. Kaldore, August 31, 1946.

65. Levi, *If*, 44. 在不同的营区和集中营里，囚犯中占比最多的群体，其语言通常会有一些优势；Langbein, *Menschen*, 96; Raim, *Dachauer*, 252。数据参见 NMGB, *Buchenwald*, 707; BArchB, NS 4/Bu 143, Schutzhaftlager – Rapport, April 15, 1944。

66. 纳粹拘禁下的社交生活，参见 Hájková, "Prisoner Society"。

67. Kosmala, "Häftlinge," 101, 105; Daxelmüller, "Kulturelle," 989 – 90.

68. Rózsa, "Solange," 113 – 14, 146, 176.

69. Gilbert, *Music*, 151 – 58, quote on 152. 犹太歌曲的集合，参见 Kaczerginski, *Lider*。

70. Kosmala, "Häftlinge," 109 – 11.

71. *OdT*, vol. 1, 95.

72. Langbein, *Widerstand*, 167 – 69; Golczewski, "Kollaboration"; Zarusky, "'Russen,'" 125, 128 – 29. 集中营党卫队一般会把苏联人当作"俄罗斯人"，但乌克兰囚犯的三角标志上偶尔会是"U"，而不是"R"（Tillion, *Ravensbrück*, 218）。1941 年起被遣送到集中营的战俘属于例外，他们通常被归为"苏联战犯"。

73. Suderland, *Extremfall*, 316. See also Tillion, *Ravensbrück*, 218; Rovan, *Geschichten*, 85.

74. Buggeln, *Arbeit*, 500; Wagner, *Produktion*, 399; AdsD, KE, E. Büge, Bericht, n. d. (1945 – 46), 136 – 37.

75. Nansen, *Day*, 411, 449, 517, quotes on 430, 432.

76. Siedlecki et al., *Auschwitz*, 4.

77. See also Debski, *Battlefield*, 195 – 203.

78. Nansen, *Day*, quote on 504; Langbein, *Widerstand*, 105 – 106, 109; Buber, *Dictators*, 308; Vermehren, *Reise*, 202 – 203.

79. Michel, *Dora*, 76; Sellier, *Dora*, 110; Lanckorońska, *Michelangelo*,

243 – 44.

80. Kielar, *Anus Mundi*, quote on 269; Langbein, *Widerstand*, 154.

81. AdsD, KE, E. Büge, Bericht, n. d. (1945 – 46), 204; BArchB, NS 3/426, Bl. 16: WVHA to LK, January 20, 1943. 1944 年春天，因为奥斯维辛集中营的“高死亡率”，RSHA 下令不要再将德国女性囚犯送去那里；USHMM, RG – 11. 001M. 05, reel 75, folder 8, RSHA to WVHA, April 12, 1944。

82. Broszat, *Kommandant*, 156. See also Wagner, *Produktion*, 398; BArchB, NS 3/426, Bl. 107: WVHA to LK, July 14, 1943（指女性囚犯）。

83. Buber, *Dictators*, 297.

84. Hájková, "Prisoner Society," chapter 2; Pingel, *Häftlinge*, 180; *OdT*, vol. 3, 320（计算有些微错误）; Freund, *Toten*, 403。

85. Quotes in Warmbold, *Lagersprache*, 287; Vrba, "Warnung," 14. See also Levi, "Grey Zone," 24 – 25; idem, *If*, 34; Obenaus, "Kampf," 850 – 51; Klüger, *weiter*, 113; Sofsky, *Ordnung*, 171.

86. Langbein, *Menschen*, 90 – 91; Levi, *If*, 126.

87. 编史参见 Hansen and Nowak, "Über Leben"。

88. Wesołowska, *Wörter*, 85, 155 – 91, quotes on 164, 233, 235, 236; Warmbold, *Lagersprache*, 122 – 32.

89. Levi, "Communicating," 75.

90. Maršálek, *Mauthausen*, 349.

91. Warmbold, *Lagersprache*, 318.

92. Quotes in Warmbold, *Lagersprache*, 132, 135; Maršálek, *Mauthausen*, 350; Wesołowska, *Wörter*, 234; Bárta, "Tagebuch," 64.

93. Rousset, *Kingdom*, quote on 172; Warmbold, *Lagersprache*, 317.

94. Warmbold, *Lagersprache*, 257, 262 – 71, quote on 264; Zámečník, "Aufzeichnungen," quote on 204; Kogon, *Theory*, 239, quote on 72; Frankl, *Ja*, 54, 76 – 78; Unger, "Encounter," 280.

95. Kielar, *Anus Mundi*, 154 – 60, 225 – 27, 233 – 34, 244, 264, 278, 351, 366 – 73.

96. Langbein, *Menschen*, 151.

97. *OdT*, vol. 4, 495.

98. Maršálek, *Mauthausen*, 47; Wagner, *Produktion*, 460; Langbein,

Menschen, 155 – 56; Hájková, "Prisoner Society," 232.

99. Gilbert, *Music*, 130 – 32, 159 – 60, 175 – 76; Fackler, "'Lagers Stimme,'" 485 – 87, 499.

100. Rost, *Goethe*, 25, 223, 244, quote on 44; 日记经编辑后出版。See also Laqueur, *Schreiben*, 134 – 39; Seela, *Bücher*, 79 – 91.

101. Kielar, *Anus Mundi*, 352 – 54; Kogon, *Theory*, 133 – 34; Wagner, *Produktion*, 461; 以及第 3 章。

102. Sommer, *KZ – Bordell*, 134; Langbein, *Menschen*, 328; BArchB, NS 3/426, Bl. 69: WVHA to LK, May 22, 1943.

103. Nansen, *Day*, 477; Borowski, *This Way*, 83 – 84; Pingel, *Häftlinge*, 180.

104. Bárta, "Tagebuch," 63.

105. BoA, testimony (in German) of I. Rosenwasser, August 22, 1946.

106. Figures in Hördler, "Ordnung," 161; 第 3 章。

107. *OdT*, vol. 5, 185, 213, 287; Freund, "Mauthausen," 271; Langbein, *Widerstand*, 101; Strzelecka and Setkiewicz, "Construction," 65; Langbein, *Menschen*, 174, 181.

108. Freund, *Toten*, 406 – 407; Brzezicki et al., "Funktionshäftlinge," 234.

109. Quote in Renouard, *Hölle*, 46.

110. Strebel, *Ravensbrück*, 235; Selbmann, *Alternative*, 326; Wagner, *IG Auschwitz*, 114.

111. Kogon, *Theory*, 55; Hackett, *Buchenwald*, 117 – 20; Piper, "Exploitation," 78 – 79; Sofsky, *Ordnung*, 155 – 56.

112. Wagner, *Produktion*, 348; StANü, EE by K. Roeder, February 20, 1947, ND: NO – 2122.

113. Quote in K. Keim, "Bericht," spring 1945, in Niethammer, *Antifaschismus*, 220. See also Kogon, *Theory*, 58 – 59; Wagner, *Produktion*, 434; Strebel, "Arm," 37, 46.

114. JVL, JAO, Review of Proceedings, *United States v. Weiss*, n. d. (1946), quote on 72; Ambach and Köhler, *Lublin – Majdanek*, 150, 155, 178 – 79, 190, 204; LK Gross – Rosen, Exekution der Transportjüdin Scheer, November 13, 1944, in Tuchel, *Inspektion*, 111.

115. JVL, DJAO, *United States v. Becker*, RaR, n. d. (1947), 30 – 31.

116. 被党卫队撤换的审头，参见 BArchB, NS 4/Na 9, Bl. 113: Kommandanturbefehl, June 13, 1942。

117. Rousset, *Kingdom*, quote on 134; WL, P. III. h. No. 198, F. Pagel, "Eines der Vielen Tausende[n] von Schicksalen," autumn 1955, p. 9; BoA, interview A. Kimmelmann, August 27, 1946; Kautsky, *Teufel*, 258 – 60; Maršálek, *Mauthausen*, 69; DaA, Nr. 7566, K. Schecher, "Rückblick auf Dachau," n. d. , 232; Buggeln, *Arbeit*, 27, 490, 532; Kupfer – Koberwitz, *Tagebücher*, 466, 468, 472 – 73; Wagner, *IG Auschwitz*, 113.

118. Paserman, "Bericht," 149.

119. *OdT*, vol. 1, 222; Rousset, *Kingdom*, 133; Sellier, *Dora*, 152; Wagner, *IG Auschwitz*, 127; Kielar, *Anus Mundi*, 195.

120. Wolf, "Judgement," quote on 630; Jansen, "Zwangsarbeit," 91; LaB, B Rep 058, Nr. 3850, Bl. 153 – 60: Schwurgericht Berlin, Urteil, March 1, 1948, Bl. 155; NARA, M – 1079, roll 5, Bl. 454 – 65: testimony Willi Z. , June 17, 1947.

121. Quote in APMO, Proces Maurer, 10a, Bl. 132: KL Auschwitz, Vernehmungsniederschrift, November 26, 1943. 关于卡尔沃，参见 Czech, *Kalendarium*, 496; ITS, doc. 496950#1, KL Auschwitz, Häftlingspersonalbogen, n. d. (1943); Recanati, *Memorial Book*, 104。这件事可能指的是同一趟遣送抵达的另一名叫 Juda Kalvo（或 Calvo）的囚犯；ITS, doc. 505749#1, KL Auschwitz, Vernehmungsniederschrift, November 26, 1943。

122. Shik, "Sexual Abuse"; Heger, *Männer*, 58, 63 – 64, 66, 79; Jaiser, "Sexualität," 128; Buser, *Überleben*, 193 – 94. 概述参见 Sommer, *KZ – Bordell*, 201; Wagner, *Produktion*, 412; Zinn, "Homophobie," 89 – 90; Hájková, "Barter"。

123. Frister, *Mütze*, 295 – 300; APMO, Proces Höss, Hd 6, Bl. 129 – 312: Vernehmung O. Wolken, April 17 – 20, 1945, Bl. 215 – 16; Buser, *Überleben*, 194 – 95.

124. Levi, *If*, 113 – 14; Sofsky, *Ordnung*, 173 – 74; Maršálek, *Mauthausen*, 53.

125. LG Frankfurt, Urteil, June 14, 1968, *JNV*, vol. 29, 448 – 49, 484; Wagner, *IG Auschwitz*, 121 – 22.

126. Kupfer - Koberwitz, *Tagebücher*, 411; NARA, M - 1204, roll 6, examination of A. Ginschel, October 4 and 7, 1946, Bl. 4619 - 20; Frankl, *Ja*, 93.

127. Quote in AdsD, KE, E. Büge, Bericht, n. d. (1945 - 46), 104.

128. StAMü, StA Nr. 34588/8, LG Munich, Urteil, October 14, 1960, pp. 3 - 8; ibid., Nr. 34588/7, Bl. 160 - 72: LG Munich, Beschluss, May 27, 1960; ibid., Nr. 34588/2, Bl. 95 - 106: Vernehmung K. Kapp, November 14 - 16, 1956. 卡普在达豪期间曾被转到毛特豪森待了一段时间，他在那里的采石场当上了审头。1943 年，他从达豪被调去协助建立奥格斯堡 - 豪恩施泰滕卫星营（Augsburg - Haunstetten）和华沙主营。

129. Testimonies in StAMü, StA Nr. 34588/1; ibid., Nr. 34588/2. See also Zámečník, "Aufzeichnungen," 204 - 205.

130. Buber, *Dictators*, 216. See also LG Cologne, Urteil, April 20, 1970, *JNV*, vol. 33, 673; Sofsky, *Ordnung*, 160 - 61.

131. Buggeln, *Arbeit*, 348, 529; Rousset, *Kingdom*, 152; Deutsches Rundfunkarchiv, DW 4025830, "Das Lager," Deutsche Welle, November 20, 1968, Kamiński testimony at 8 minutes and 35 seconds（感谢 René Wolf 为我提供这个项目的复印件）。

132. Koker, *Edge*, 289.

133. Zámečník, "Aufzeichnungen," 204 - 205, 225 - 26; Kaienburg, "'Freundschaft?,'" 34; Langbein, *Menschen*, 217 - 18.

134. Zarusky, "'Tötung,'" 81 - 82; Pingel, *Häftlinge*, 192 - 93.

135. StAMü, StA Nr. 34588/1, Bl. 218 - 19: Zeugenvernehmung E. Zapf, July 24, 1956; ibid., Nr. 34588/2, Bl. 11 - 13: Zeugenvernehmung H. Schwarz, August 20, 1956.

136. Wagner, *Produktion*, 439, 448; NARA, M - 1079, roll 6, examination of C. Jay, August 7, 1947, Bl. 66 - 67. 托马斯和希姆恰克在 1945 年 4 月被枪毙，就在集中营撤离前不久。

137. Kirsten and Kirsten, *Stimmen*, 203 - 207; Naujoks, *Sachsenhausen*, 198.

138. 例子参见 Ambach and Köhler, *Lublin - Majdanek*, 155。

139. BArchB, NS 19/4014, Bl. 158 - 204: Rede vor Generälen, June 21, 1944, Bl. 165. 复仇的幻想，参见 Szalet, *Baracke 38*, 354。

140. Wagner, *IG Auschwitz*, 120; Sofsky, *Ordnung*, 162 – 63.

141. StAMü, StA Nr. 34588/1, Bl. 29: Zeugenvernehmung A. Daschner, March 2, 1956; ibid., Nr. 34588/7, Bl. 14 – 16: Vernehmung F. Olah, July 24, 1959.

142. Sofsky, *Ordnung*, 164.

143. StAMü, StA Nr. 34588/7, Bl. 40 – 43: Vernehmung E. Oswald, September 2, 1959; ibid., Nr. 34588/8, LG Munich, Urteil, October 14, 1960, 21 – 23; ibid., Nr. 34588/2, Bl. 59 – 60: Vernehmung P. Hussarek, October 22, 1956.

144. Ibid., Nr. 34588/2, Bl. 95 – 106: Vernehmung K. Kapp, November 14 – 16, 1956; ibid., Nr. 34588/1, Bl. 130 – 32: Vernehmung K. Kapp, May 11 – 12, 1956.

145. 这一悖论，参见 Sofsky, *Ordnung*, 167。

146. Wagner, *IG Auschwitz*, 119; Kaienburg, "'Freundschaft?,'" 32; Kautsky, *Teufel*, 198 – 201.

147. Quotes in StAMü, StA Nr. 34588/8, LG Munich, Urteil, October 14, 1960, p. 21; ibid., Nr. 34588/2, Bl. 59 – 60: Vernehmung P. Hussarek, October 22, 1956.

148. StAMü, StA Nr. 34588/8, LG Munich, Urteil, October 14, 1960, p. 20 – 21; ibid., Nr. 34588/2, Bl. 41: Vernehmung W. Neff, October 8, 1956.

149. StAMü, StA Nr. 34588/8, LG Munich, Urteil, October 14, 1960.

150. See also Kaienburg, "'Freundschaft?,'" 43.

151. BoA, testimony (in German) Irena Rosenwasser, 22. 8. 1946. See also *JVL*, JAO, Review of Proceedings, *United States v. Weiss*, n. d. (1946), 108; LG Augsburg, Urteil, June 28, 1950, JNV, vol. 6, 654 – 55.

152. 例子参见 Rousset, *Kingdom*, 151 – 52。

153. Kielar, *Anus Mundi*, 304.

154. Rousset, *Kingdom*, 135. 战时，党卫队在每座集中营指派三名营区长；Kogon, *Theory*, 54。

155. Kautsky, *Teufel*, 160.

156. Maršálek, *Mauthausen*, 55; 127. See also Adler, "Selbstverwaltung," 225; Wagner, *Ellrich*, 76.

157. 整个集中营系统中的德国人数量并没有确切数字。海因里希·希姆莱非常清楚集中营里囚犯群体的构成，他在 1944 年 8 月 3 日对大区长官的讲话指出，大概 18% 的囚犯是德国人。此前大约六周，他在对军队将军们的演讲中给出的比例是 10%。See "Dokumentation. Die Rede Himmlers," 393; BArchB, NS 19/4014, Bl. 158 - 204: Rede vor Generälen, June 21, 1944, Bl. 161. 在布痕瓦尔德，截至 1944 年夏天，德国囚犯的比例下滑至不足 10%; Stein, "Funktionswandel," 180。当上高级审头的德国人，参见 Buggeln, *Arbeit*, 131。

158. 集中营内外国囚犯的视角，参见 Rousset, *Kingdom*, 148 - 49。

159. Quote in Rede bei der SS Gruppenführertagung in Posen, October 4, 1943, *IMT*, vol. 29, p. 122, ND: 1919 - PS.

160. 1943 年秋天，50 名布痕瓦尔德的营头中将近四分之三是老资历的囚犯（囚犯人数不足 5000 人），而且几乎都是德国人; ITS, KL Buchenwald GCC 2/versch., Ordner 492, Bl. 109: Aufstellung der Blockältesten, October 21, 1943。集中营的官方语言，参见 Hansen and Nowak, "Über Leben," 116, 124。

161. Müller, "Homosexuelle," 85 - 87; Röll, "Homosexuelle," 99 - 100; Zinn, "Homophobie," 83 - 84.

162. *OdT*, vol. 7, 208; Michelsen, "Homosexuelle," 128; Mußmann, "Häftlinge," 136; Wagner, *Produktion*, 410 - 12; Heger, *Männer*, 124 - 25.

163. Czech, "Prisoner Administration," 365; *OdT*, vol. 6, 497; ibid., vol. 7, 46; Kielar, *Anus Mundi*, 276 - 77.

164. Strebel, *Ravensbrück*, 139, 238 - 39; Schikorra, *Kontinuitäten*, 222 - 23; Erpel, *Vernichtung*, 49; Tillion, *Ravensbrück*, 215, 221 - 22.

165. 例子参见 Wagner, *IG Auschwitz*, 123。

166. "Bericht Vrba," 269, 290; Kárný, "Familienlager," 169; Marszałek, *Majdanek*, 82.

167. 主要集中营，参见 Siegert, "Flossenbürg," 36; Kolb, *Bergen - Belsen*, 75 - 77; Apel, *Frauen*, 231 - 32, 348。卫星营，参见 ibid., 349; Raim, *Dachauer*, 246 - 47; Ellger, *Zwangsarbeit*, 177 - 89; Glauning, *Entgrenzung*, 189 - 90。集中营和犹太人聚居区，参见 Raim, "KZ - Außenlagerkomplexe," 78; *OdT*, vol. 8, 260 - 61; Rabinovici, *Jews*, 200 - 201。在纳粹恐怖统治的背景下，"灰色地带"一词的用法，参见 Levi,

“Grey Zone”。

168. Wagner, *Produktion*, 398, 435; Buggeln, *Arbeit*, 127, 130 – 31, 522.

169. Strebel, *Ravensbrück*, 237; Oertel, *Gefangener*, 201.

170. Kautsky, *Teufel*, 8 – 9, 141 – 45, 160 – 61, quotes on 142 – 43. 考茨基的书完成于1945年底，出版于1946年；ibid., 13。

171. 考茨基曾是一名工会官员，是德国社会民主党主要领导卡尔·考茨基（Karl Kautsky）的儿子。他虽然在集中营里被归为犹太人，但他认为自己首先是政治犯。

172. Quote in “Arbeit unter Berufsverbrechern,” spring 1945, in Niethammer, *Antifaschismus*, 228. See also Eiden, “Buchenwald,” 221; Eberle, “‘Asoziale,’” 254 – 55.

173. Quotes in Siegert, “Flossenbürg,” 459. 在拉文斯布吕克的女性营头中，显然“绿色”囚犯没有被充分代表；Strebel, *Ravensbrück*, 235。

174. Levi, *If*, 97 – 98; idem, “Resistance,” 1965, in Belpoliti, *Levi*, 18.

175. 即便是1942～1943年被当作“反社会人士”移交给党卫队的国家囚犯中，小偷小摸的人也远远多于暴力罪犯；Wachsmann, *Prisons*, 132 – 37, 284 – 96。

176. Renouard, *Hölle*, 30, 160; Tillion, *Ravensbrück*, 180.

177. LaB, B Rep 058, Nr. 3850, Bl. 153 – 60: Schwurgericht Berlin, Urteil, March 1, 1948; ibid., Bl. 53 – 55: Vernehmung B. Frohnecke, March 28, 1947. Quote in ibid., Bl. 10: Vernehmung Heinz J., November 22, 1946。

178. 例子参见 Kwiet, “‘Leben,’” 237; BoA, interview with J. Bassfreund, September 20, 1946。

179. 最近的研究参见 *OdT*, vol. 5, 135 – 36。

180. LG Frankfurt, Urteil, June 14, 1968, *JNV*, vol. 29, 447, 500 – 503; Wagner, *IG Auschwitz*, 114 – 15, 120 – 21. 其他恶名昭彰的审头包括家庭营的营区长阿尔诺·博姆（Arno Böhm, Nr. 8）、首位奥斯维辛营区长布鲁诺·布罗德尼维茨（Nr. 1）和他的副手莱奥·维奇克（Leo Wietschorek, Nr. 30）; Kárný, “Familienlager,” 168; Strzelecka and Setkiewicz, “Construction,” 65。

181. HHStAW, Abt. 461, Nr. 37656, Bd. 32, Vernehmung J. Lechenich,

April 25, 1968, quote on 10; LG Frankfurt, Urteil, June 14, 1968, *JNV*, vol. 29, 484; Strzelecka and Setkiewicz, "Construction," 65; Czech, *Kalendarium*, 318; Świebocki, *Resistance*, 158.

182. *DAP*, Vernehmung O. Küsel, August 3, 1964, 13909 - 18, 13953 - 54; Świebocki, *Resistance*, 36 - 37; Langbein, *Menschen*, 180 - 81. 其他形象正面的审头有汉斯・博克（Hans Bock, Nr. 5）和库尔特・帕赫拉（Kurt Pachala, Nr. 24）; Strzelecka and Setkiewicz, "Construction," 65; Czech, *Kalendarium*, 233, 383; *DAP*, Mitschrift beisitzender Richter, 7646 (May 14, 1964)。

183. Quote in Gutterman, *Bridge*, 154.

184. *OdT*, vol. 3, 333; Hartewig, "Wolf," 952 - 54; Langbein, *Widerstand*, 36; Neurath, *Gesellschaft*, 223 - 24. 即使在格罗斯 - 罗森，一座通常被形容为"绿色"控制的集中营，关键的审头岗位也把持在德国政治犯手中; Spenger, *Groß - Rosen*, 140, 290。

185. Niethammer, *Antifaschismus*, 38 - 41.

186. DaA, 14. 444, *Die Vergessenen*, Nr. 3, July 1946, pp. 2, 6, 17 - 18, quote on 7; ibid., 9438, A Hübsch, "Insel des Standrechts" (1961), 186 - 87, 200, 223, 236; Gross, *Zweitausend*, 237 - 38.

187. Langbein, *Widerstand*, 139 - 41; Niethammer, *Antifaschismus*, 299.

188. "绿色"营区，参见 StAMü, StA Nr. 34588/1, Bl. 29: Aussage A. Daschner, March 2, 1956; ITS, KL Buchenwald GCC 2/versch., Ordner 492, Bl. 109: Aufstellung der Blockältesten, October 21, 1943。"红色"和"绿色"囚犯在空间上的隔离反映出党卫队的命令; IfZ, WVHA - D to LK, September 22, 1943, ND: PS - 3685。

189. Wagner, *Produktion*, 436; Buggeln, *Arbeit*, 527; Fings, *Krieg*, 174.

190. Siedlecki et al., *Auschwitz*, 9. See also Levi, *If*, 98.

191. Buggeln, *Arbeit*, 557 - 58.

192. Quote in BArchB, NS 19/4014, Bl. 158 - 204: Rede vor Generälen, June 21, 1944, Bl. 168. See also Sofsky, *Ordnung*, 158 - 59; Broszat, *Kommandant*, 126; Buggeln, *Arbeit*, 237.

193. Quote in NAL, HW 16/11, WVHA - D to Flossenbürg, November 4, 1942. See also Naujoks, *Leben*, 333 - 40; Selbmann, *Alternative*, 358 - 71.

194. BArchL, B 162/7996, Bl. 360 - 64: Vernehmung R. Gottschalk, November 14, 1960.

195. Quote in Gross, *Zweitausend*, 238. 支持认信教派的前神父格罗斯于 1940 年来到达豪；Laqueur, *Schreiben*, 104 - 107。

196. Quote in Tauke, "Häftlingskrankenbauten," 36. See also Ley, "Kollaboration."

197. Lifton, *Doctors*, 218 - 21; Dirks, "*Verbrechen*," 312 - 13.

198. Cohen, *Abyss*, 90 - 91, 100.

199. 注射参见 Ambach and Köhler, *Lublin - Majdanek*, 179, 190。

200. BArchL, B 162/21846, Bl. 167 - 254: W. Neff, "Recht oder Unrecht," n. d.; Klee, *Auschwitz*, 220 - 22.

201. Lifton, *Doctors*, 215 - 16, quote on 221; Cohen, *Abyss*, quote on 97. See also Fabréguet, *Mauthausen*, 197 - 98.

202. *DAP*, Aussage J. Weis, November 6, 1964, quote on 24264; ibid., Mitschrift beisitzender Richter, November 6 and 12, 1964, 24269 - 75.

203. Quote in Langbein, *Menschen*, 245.

204. Adler et al., *Auschwitz*, 105.

205. Hartewig, "'Wolf,'" quote on 946; Niethammer, *Antifaschismus*, 517. 蒂曼的供认并没有损害他在德意志民主共和国的仕途，他后来当上了国家安全局的高级领导。

206. BArchL, B 162/21846, Bl. 167 - 254: W. Neff, "Recht oder Unrecht," n. d., 221, 227 - 28, 231, quote on 245; StAMü, StA Nr. 34433, Bl. 206 - 12: LG München, Protokoll der Sit zung, December 30, 1948. 概述参见 Lifton, *Doctors*, 223; Niethammer, *Antifaschismus*, 309。

207. Lifton, *Doctors*, 242 - 53; WL, P. III. h. No. 562, Protokoll Dr. Wolken, April 1945, pp. 2 - 3; JVL, JAO, Review of Proceedings, *United States v. Weiss*, n. d. (1946), 101.

208. Adler et al., *Auschwitz*, 105 - 106; Strebel, *Ravensbrück*, 240 - 41.

209. Zámečník, *Dachau*, 327 - 31; APMO, Proces Höss, Hd 6, Bl. 129 - 312: Vernehmung O. Wolken, April 17 - 20, 1945, Bl. 260 - 61.

210. Ibid., Bl. 279 - 83; Świebocki, *Resistance*, 56 - 57; Czech, *Kalendarium*, 792; Adler et al., *Auschwitz*, 295. 路易吉被一名天主教徒养大，他的母亲是意大利人，父亲是意大利犹太人。

211. J. Pogonowski to his family, July 14, 1942, in Piper, *Briefe*, quote on 16; Langbein, *Widerstand*, 59 - 60; Todorov, *Facing*, 54; Świebocki, *Resistance*, 17 -26.

212. Quote in Ryn and Kłodziński, "Tod," 290.

213. See also Buggeln, *Arbeit*, 501 -505.

214. *OdT*, vol. 1, 250 - 51; Zarusky, "'Tötung,'" 81; Zámečník, *Dachau*, 334 -42; Semprun and Wiesel, *Schweigen*, 40.

215. Niethammer, *Antifaschismus*, 212; Strebel, *Ravensbrück*, 555; Zámečník, *Dachau*, 328 -29.

216. Niven, *Buchenwald*, 18 -39, 206 -208; Heberer, *Children*, 189. 包括茨威格在内的12名囚犯从原遣送名单上被划去，由其他人顶替。小说化的叙述，参见 Apitz, *Nackt*（首次出版于1959年）。2012年，茨威格起诉布痕瓦尔德纪念馆负责人，禁止后者将自己的案例描述为"调换牺牲者"；"KZ - Überlebender wehrt sich gegen Begriff des 'Opfertauschs,'" *Süddeutsche Zeitung*, February 25, 2012。成年囚犯保护儿童，参见 Buser, *Überleben*, 105, 183 -91, 275 -77。

217. 此段和前一段，参见 Kogon, *Theory*, 206 - 15（这里记载的盟军特工为43人，而不是37人），quotes on 214, 215; Hessel testimony in Kirsten and Kirsten, *Stimmen*, 183 -87; Sellier, *Dora*, 324; ODNB, articles 37063 and 35501; Hackett, *Buchenwald*, 241 - 42。关于约 - 托马斯，参见 Seaman, *Bravest*。

218. Świebocki, *Resistance*, 257, 267 - 92, quote on 278; Pilecki, *Auschwitz*, 11, 17, 23.

219. Lewental, "Gedenkbuch," quotes on 222, 248; Friedler et al., *Zeugen*, 243 -44.

220. Didi - Huberman, *Bilder*, 20 - 34; Friedler et al., *Zeugen*, 214 - 18; Stone, "Sonderkommando"; Deposition of H. Tauber, May 24, 1945, in Piper, *Mass Murder*, 268. 特别工作队囚犯拍摄的其他照片没有被找到。

221. Broad, "Erinnerungen," 192.

222. APMO, Proces Maurer, 5a, Bl. 113: WVHA - D to LK, March 31, 1944, ND: NO -1554; Naujoks, *Leben*, 131.

223. Wagner, *Produktion*, 446 -49. 有一次反抗导致27名萨克森豪森囚

犯被处决，参见 LG Münster, Urteil, February 19, 1962, *JNV*, vol. 18, 293 - 94。

224. NARA, M - 1079, roll 6, examination of H. Iwes, August 12, 1947, Bl. 299; Langbein, *Widerstand*, 68.

225. Bárta, "Tagebuch," 94; JVL, JAO, Review of Proceedings, *United States v. Weiss*, n. d. (1946), 70 - 71.

226. Quote in Buggeln, *Arbeit*, 325. See also Schalm, *Überleben*, 308; Wagner, *Produktion*, 450; Świebocki, *Resistance*, 17.

227. DaA, 9438, A. Hübsch, "Insel des Standrechts" (1961), 209.

228. Warmbold, *Lagersprache*, 286; Langbein, *Widerstand*, 59.

229. Quotes in AdsD, KE, E. Büge, Bericht, n. d. (1945 - 46), 97; ITS, doc. 4105401#1.

230. 例子参见 APMO, Proces Höss, Hd 5, Bl. 24 - 38: testimony of Dr. B. Epstein, April 7, 1945, Bl. 32 - 33。

231. Hesse and Harder, *Zeuginnen*, 146 - 205; Strebel, *Ravensbrück*, 535 - 36; *OdT*, vol. 1, 247 - 48; Witte et al., *Dienstkalender*, 316. 其他耶和华见证会的信徒采取了不那么极端的态度，为了让党卫队满意，也会参与劳动。

232. 另一个例子，参见 Wagner, *Dora*, 423 - 25。

233. Sobolewicz, *Jenseits*, 213 - 21, quote on 219; *OdT*, vol. 4, 203 - 206.

234. Quotes in LULVR, interview No. 117, January 13, 1946; report by N. Iwanska, in Tillion, *Ravensbrück*, 185. See also Strebel, *Ravensbrück*, 534.

235. Jagoda et al., "'Nächte,'" 200.

236. Buggeln, *Arbeit*, 280 - 81; Świebocki, *Resistance*, 232.

237. Maršálek, *Mauthausen*, 261; BArchB, NS 4/Bu 143, Schutzhaftlager-Rapport, September 15, 1944.

238. Kaienburg, "KZ Neuengamme," 39.

239. Quote in NAL, WO 208/3596, CSDIC, SIR 716, August 9, 1944.

240. Piper, *Briefe*, 13, 46, 52; Świebocki, *Resistance*, 197, 243 - 44.

241. Świebocki, *Resistance*, 199 - 202, quote on 199; Pilecki, *Auschwitz*, quote on 205. 四人中有三人幸存。

242. Davis, "Introduction"; Kwiet, "'Leben,'" 239 – 41; Kaplan, *Dignity*, 228.

243. Świebocki, *Resistance*, 245.

244. NAL, WO 208/3596, CSDIC, SIR 716, August 9, 1944; ibid., CSDIC, SIR 741, August 10, 1944. 相似的例子，参见 Langbein, *Menschen*, 494 – 500。

245. 依然不知道逃出奥斯维辛集中营区的另外 331 人的命运；Świebocki, *Resistance*, 232 – 33。逃跑中被杀的囚犯一般不在这些统计当中。

246. Himmler to Pohl and Glücks, February 8, 1943, in Heiber, *Reichsführer!*, 236; BArchB, NS 3/426, Bl. 87: WVHA – D to LK, June 20, 1943.

247. IfZ, F 13/7, Bl. 383 – 88: R. Höss, "Richard Glücks," November 1946, Bl. 385 – 86.

248. WVHA – D to LK, January 6, 1944, in Tuchel, *Inspektion*, 193.

249. BArchB, NS 3/426, Bl. 122 – 28: Aufgaben und Pflichten der Wachposten, n. d. (1943); APMO, Proces Maurer, 5a, Bl. 126 – 41: Bilderbuch "Falsch – Richtig" für die Posten im KL – Dienst, n. d., Bl. 140.

250. JVL, DJAO, *United States v. Becker*, RaR, n. d. (1947), 29; Fröbe, "Arbeit," 174 (n. 28); BArchB, NS 3/426, Bl. 135: WVHA – D to LK, August 12, 1943.

251. NAL, WO 235/301, Bl. 185 – 87: deposition of A. Lütkemeyer, November 4, 1946.

252. 审讯参见 BArchL, B 162/7999, Bl. 918 – 19: WVHA – D to LK, January 26, 1944; ibid., Nr. 7994, Bl. 139 – 42: WVHA – D, Richtlinien zur Bekanntgabe an die Leiter der politischen Abteilungen, 1944, ND: NO – 1553。

253. AdsD, KE, E. Büge, Bericht, n. d. (1945 – 46), 90; WL, P. III. h. No. 1174a, Vernehmung R. Kagan, December 8 – 10, 1959.

254. 一个例子，参见 Angrick and Klein, "*Endlösung*," 429。

255. BArchL, B 162/7999, Bl. 768 – 937: StA Koblenz, EV, July 25, 1974, Bl. 919 – 20.

256. Fackler, "Panoramen," 251 – 59, quotes on 252, 254; Maršálek,

Mauthausen, 257; NAL, HW 16/19, GPD Nr. 3, KL Mauthausen to WVHA - D, June 23, 1942.

257. Quote in NAL, WO 208/3596, CSDIC, SIR Nr. 727, August 11, 1944.

258. 例子参见 Nansen, *Day*, 487。

259. Quote in Gostner, *KZ*, 114. See also Maršálek, *Mauthausen*, 217.

260. Broszat, *Kommandant*, 152 - 53; Albin, *Gesucht*, 220 - 21.

261. Czech, *Kalendarium*, 88, 107, 111; Todorov, *Facing*, 54 - 55. 天主教会后来把科尔贝封为圣徒，他救下来的囚犯在战争中幸存了下来。

262. Piper, *Briefe*, 5, 13（显然，波戈诺夫斯基在集中营党卫队动手前上吊自杀了；ibid., 6, 55）。

263. Paserman, "Bericht," 158.

264. StAMü, StA Nr. 34588/8, LG Munich, Urteil, October 14, 1960, p. 18.

265. Quotes in AdsD, KE, E. Büge, Bericht, n. d. (1945 - 46), 99; AS, Häftlingsdatenbank.

266. Świebocki, *Resistance*, 203; Loewy, "Mutter"; Gałek and Nowakowski, *Episoden*.

267. 此段和前一段参见 Kagan, "Mala"; Czech, *Kalendarium*, 303, 805, 878 - 79; Kielar, "Edek"; idem., *Anus Mundi*, 242, 297 - 98; Świebocki, *Resistance*, 259 - 61; *DAP*, Aussage Steinberg, September 28, 1964, 19448; BoA, testimony of H. Frydman, August 7, 1946 (also for the quote)。我对逃跑的叙述主要借鉴了 1947 年前奥斯维辛囚犯拉亚・卡根（Raya Kagan）的证词，这个人有机会看到党卫队在政治办公室的文件。

268. Wagner, *Mittelbau - Dora*, 95.

269. Langbein, *Menschen*, 135; Nansen, *Day*, 500; Świebocki, *Resistance*, 40; Broad, "Erinnerungen," 143 - 44.

270. Unbekannter Autor, "Einzelheiten," 179; Vaisman, *Auschwitz*, 32.

271. Quotes in Borowski, *This Way*, 146; Hördler, "Ordnung," 271. 席林格之死最普遍的版本，参见 Friedler et al., *Zeugen*, 154 - 57。其他叙述，参见 Lewental, "Gedenkbuch," 195; Chatwood, "Schillinger"。党卫队的反应参见 APMO, Proces Höss, Hd 6, Bl. 51 - 62; O. Wolken, Chronik des

Lagers Auschwitz II, n. d. (c. spring 1945)。

272. Friedler et al. , *Zeugen*, 271 - 73（火葬场的编号不同）。See also Müller, *Eyewitness*, 155 - 56; Lewental, "Gedenkbuch," 241.

273. S. Gradowski, letter, September 6, 1944, in SMAB, *Inmitten*, 137 - 39.

274. Friedler et al. , *Zeugen*, 240 - 42, 248 - 51, 258 - 63, 266 - 68. See also Lewental, "Gedenkbuch," 239 - 40; Gutman, "Aufstand"; Arad, *Belzec*, 286 - 364, esp. 299. 与家庭营被清洗的可能联系，参见 Van Pelt, "Resistance"。

275. Lewental, "Gedenkbuch," quote on 229; Świebocki, *Resistance*, 81 - 82, 134 - 35, 237 - 41.

276. *DAP*, Aussage F. Müller, October 5, 1964, 20543; Lewental, "Gedenkbuch," 228, 238 - 41; Friedler et al. , *Zeugen*, 273 - 74, 278.

277. Müller, *Eyewitness*, quote on 157; Friedler et al. , *Zeugen*, 272 - 75.

278. 此段和前一段，参见 Friedler et al. , *Zeugen*, 275 - 81, quote on 292; Fulbrook, *Small Town*, quote on 316; Lewental, "Gedenkbuch," 241 - 43; Gutman, "Aufstand," 216 - 19。

279. Friedler et al. , *Zeugen*, 274 - 79; BArchB (ehem. BDC), SSO Pohl, Oswald, 30. 6. 1892, Pohl to Himmler, April 5, 1944; StB Nr. 26/44, October 12, 1944, in Frei et al. , *Kommandanturbefehle*, 499. 特雷布林卡和索比堡的逃亡计划更周密，参与者也更多；总共有 400 名囚犯逃脱了党卫队和警方的追捕，120 ~ 130 人幸存到战争结束；Arad, *Belzec*, 363 - 64。

280. Pressac and Van Pelt, "Machinery," 234; Czech, *Kalendarium*, 891 - 921; Friedler et al. , *Zeugen*, 285; Adler, *Theresienstadt*, 185 - 95; Piper, *Zahl*, 192; Kárný, "Herbsttransporte."

281. S. Gradowski, letter, September 6, 1944, in SMAB, *Inmitten*, quote on 138; Friedler et al. , *Zeugen*, 376.

282. Lewental, "Gedenkbuch," 247 - 49.

283. Figures in Friedler et al. , *Zeugen*, 299, 307.

第 11 章　死亡或自由

542 1945 年 2 月 25 日星期日，奥德·南森按惯例去医务室帮忙。自从近一年半以前以政治犯的身份被遣送到萨克森豪森集中营，这位 43 岁的挪威人大多数周末都会去集中营的医务室。通常，他是去帮助同胞，但这次他直奔最年轻的一个病人——10 岁的犹太男孩汤米（Tommy），1934 年生于捷克斯洛伐克，他的父母是从德国移民过来的。汤米是独自一人。1944 年，他和父母在奥斯维辛集中营被拆散，他最近一个人被送到萨克森豪森。南森是 2 月 18 日在医务室第一次见到他，深受触动，一个目睹过难以想象的痛苦的孩子，怎么还能如此温顺。那天，南森看着汤米大大的眼睛和富有感染力的微笑，感觉仿佛是天使降临到萨克森豪森。他极为想念自己在挪威的孩子，并决心照顾汤米，不惜贿赂医务室的审头，让汤米能够逃过筛选。南森 25 日再度来探望汤米时，带来了沙丁鱼这样的稀有小吃。当他坐在男孩旁边时，汤米告诉了他奥斯维辛集中营撤离的消息。

1945 年 1 月 18 日，集中营党卫队将汤米和大部分剩余的囚犯一起从奥斯维辛集中营强行运出。汤米紧跟着从比克瑙儿童营来的两个男孩，踏上了无休止的西行辗转之旅。一切都被冰
543 雪覆盖，道路上不仅散落着死马、烧毁的车辆和残损的尸体，还有熙熙攘攘逃离红军的德国士兵和平民。汤米看到许多囚犯在途中死亡，觉得自己很快也会死。

在比克瑙待了六个月后，汤米已是骨瘦如柴，母亲留给他

的靴子对抵御寒冬并没有什么作用。他不止一次想放弃，但还是坚持了下去。经过三天漫长得似乎看不到尽头的跋涉，汤米和其他幸存者最终到达了德国边境小镇格莱维茨，纳粹曾在这里伪装成波兰军队发动假进攻，标志着第二次世界大战的开始。在此地，汤米等人被迫上了一辆敞篷的轨道车。起初，汤米紧紧地被大人压着，几乎不能呼吸，但后来死亡削减了队伍的规模。致命的寒冷折磨着汤米冻僵的双脚。除了雪，他没有什么可吃的，他试图把雪想象成冰激凌。“我哭得很厉害。”他告诉南森。十多天后，火车到达了萨克森豪森附近。汤米很快被送进了主营的医务室，他的两个脚趾已经冻伤变黑，因此被截掉了。“可怜的小汤米，他还将遭遇什么?”奥德·南森在写下汤米的故事时不由想到。[1]

这个小男孩是 1945 年初进入萨克森豪森的数千名奥斯维辛囚犯之一。[2]德国战前境内的其他集中营也挤满了靠近前线的集中营遣返的囚犯。随着盟军不断推进，党卫队关闭了一个又一个集中营，迫使数十万人步行或乘坐火车、卡车和马车离开。他们长途跋涉穿过纳粹控制的欧洲，有时，致命的旅程蜿蜒数百英里。[3]

集中营系统在达到顶峰后迅速分崩离析：高潮和崩溃紧密相连。尽管在 1944 年战争造成一些中断，致使党卫队关闭了几个主营和数十个卫星营，但到年底，集中营的恐怖设备仍然很强大。1945 年 1 月 15 日，奥斯维辛集中营撤离前夕，党卫队登记的总囚犯人数突破了纪录，达到 714211 人。[4]随后的几个月，其余的集中营迅速壮大，因为它们既吸收被疏散营地的囚犯，又接收新逮捕的囚犯。比如，到 1945 年 2 月底，毛特豪森集中营的囚犯人数超过 8 万，比一年前增加了 5 万人。[5]纳粹德国境内剩余的集中营不仅达到了最大规模，也愈发致命。饥饿和疾病猖獗，随着第三帝国化为乌有，党卫队也开始了最后的杀戮狂欢。[6]

544 集中营内，囚犯的士气多年来都与战争的进展密切相关。盟军取得重大胜利的消息，如 1943 年的意大利登陆和 1944 年的法国登陆，都让囚犯们欣喜若狂，他们微笑、吹哨，甚至跳舞。[7]但迅速得到解放的希望落空了一次又一次，许多囚犯不得不在虚构的谣言、唯心论者和算命先生的故事中寻找慰藉，直到 1945 年初，囚犯们才能真正确信战争将很快结束。[8]盟军现在势不可挡。在东线，苏联军队深入第三帝国。在西线，1944 年 12 月，德国国防军蕴含了纳粹领导人最后一线希望、孤注一掷的攻击很快失败，随后西方盟军果断推进，直到 1945 年 3 月初越过莱茵河。1945 年 4 月 25 日，美国和苏联士兵在易北河会师，将负隅顽抗的德军拦腰截为两段。不到两周后，1945 年 5 月 7 日凌晨，德国投降。[9]

集中营最后几个月和几周的生活是难以忍受的紧张。当囚犯们听到前方的爆炸声越来越近时，他们感觉“如坐针毡”，一名囚犯在密信中写道。[10]集中营好像蜂房，囚犯们如同蜜蜂一般聚在一起交换最新的新闻。他们的心情在希望和苦恼之间剧烈波动。有人坚信，解放会随时到来。其他人则担心党卫队会在盟军到达之前处决他们，或者强行把他们送走。离开集中营的前景使许多囚犯感到恐惧，特别是他们亲眼看见了此前九死一生跋涉到此的囚犯。但他们也害怕被抛在后面，尤其是老弱病残，比如萨克森豪森集中营的小汤米。“如果这个营地被疏散了，然后会怎么样呢？”1945 年 2 月底，男孩问奥德 · 南森，“如果我仍然躺在这里，不能跑，他们会怎么对我？”两周后，当南森等像他一样的挪威囚犯离开营地之前，他最后一次去看望汤米，担心此生再也见不到这个男孩了。[11]

1945 年 1 月至 5 月初，很难说有多少囚犯在撤离中或在集中营里丧生。然而，死亡率大概达到 40%——大约 30 万名成年男女和儿童死亡——这个估算或许并不离谱。此前，从未有过这么多登记的囚犯如此快速地死亡。[12]大约有 45 万名囚犯挺过了最后一次灾难，其中犹太人、苏联人和波兰人最多。[13]大部分幸存者是在集中营里被解救的，尽管盟军抵达时有些营地已经被神秘清空。1945 年 4 月 22 日至 23 日，在萨克森豪森主营，苏联军队发现了不到 3400 名囚犯，其中大部分在糟透了的病 545
区。[14]汤米就在其中。男孩跛着脚走出营房后，他看见红军走进大门，高喊着："打倒希特勒，打倒希特勒！"从这一刻起，托马斯（汤米）·伯根索尔（Thomas Buergenthal）开始思考他能够死里逃生的原因。几十年后，他写道："如果用一个词概括我总能活下来的原因，那就是运气。"[15]

终结的开始

1945 年 1 月 27 日下午 3 点左右，当苏联军队到达奥斯维辛集中营主营和比克瑙时，这里看起来与几个月前截然不同。党卫队拆毁了许多建筑，并纵火焚烧了"加拿大"突击队的 30 座营房，也就是存放被害犹太人财产的地方；苏联士兵穿梭其中时，废墟还在阴燃。党卫队官员烧毁这些仓库之前，已经把最有价值的货物运回了德国内部。建筑材料和技术设备，如用于灭菌实验的 X 光机，也都搬走了。党卫队还从 1944 年 11 月开始拆除了比克瑙的火葬场和毒气室；最后一个还在运行的 V 号火葬场，在解放前不久也被炸毁。现在，比克瑙"死亡工厂”成了一片废墟。至于曾经人满为患的囚犯大院，如今也基本没人了。不到五个月前，即1944年8月底，营里还关押着超过13.5万名囚犯。到苏联解放奥斯维辛时，只剩下7500人，大部分是最后撤离时被遗弃的病弱囚犯。[16]但是，丢掉奥斯维辛对党卫队依然是一个巨大的打击，因为这个集中营就如同王冠上的宝石：工业合作的典范、德国定居点的前哨，以及主要的死亡营。

最近，奥斯维辛集中营的解放日已成为纪念大屠杀的重要日子。[17]然而，1945年1月27日这个象征性的日子既不是解放集中营的开端，也不是结束。对大多数囚犯来说，距离苦难结束还有很长一段时间；如果说彻底的解放，那是在几个星期或几个月之后，是在1945年4月和5月又一轮的死亡行军之后。至于开端，集中营早在1944年春秋之间就开始了第一阶段的撤离；虽然人们大多已经遗忘了这个阶段，但它预示了接下来将上演的许多恐怖场景。

546 早期撤离

自从盟军在1944年6月诺曼底登陆后节节推进，到9月初，德军似乎在西线上处于失败的边缘。军事形势似乎越来越无望，德国民众的情绪跌入谷底。[18]经济与管理部预感到还会丧失更多的土地，于是下令紧急撤离最靠西的两个集中营。1944年9月5日和6日，党卫队撤走了位于荷兰的海泽根布什集中营主营的所有囚犯，共计3500人；其小型卫星营也被关闭。[19]位于法国阿尔萨斯的纳茨维勒集中营大约在同一时间被疏散。1944年9月2日至19日，近6000名囚犯都从主营被遣送到达豪；党卫队还遗弃了莱茵河左岸的十几个卫星营，转移走了另外 4500 名囚犯。但整个纳茨维勒营区并没有完全撤离，位于莱茵河右岸的卫星营依然开着。事实上，在德军暂时稳住战局后，又新增了几个卫星营，到 1945 年 1 月初，整个营区大约关押了 22500 名囚犯。由于其卫星营如今围绕着一个已经被关停的主营，纳茨维勒将集中营系统的残余一直封存到了最后。[20]

尽管速度很快，但西欧地区的集中营在 1944 年秋天撤离时还是相当有序的。经济与管理部在盟军到达之前就关闭了这些营地，留出了足够的时间用火车将绝大多数囚犯送走，这是党卫队首选的运输方式。与徒步行军相比，在火车上看管囚犯不仅更容易，旅程时间也短得多。虽然这样的遣送令人精疲力竭，但没有造成大规模死亡。“我们在到达（拉文斯布吕克）时除了累得要命之外，状态还是相当不错的。”一名曾在海泽根布什关押过的囚犯回忆道。结果是，早期撤离期间的西部囚犯几乎都活了下来。[21]

1944 年在被纳粹占领的东部地区，情况却截然不同。在这里，党卫队官员已经预见到要弃营并开始准备撤离，希望将许多战俘部署到其他地方，继续为战争效力。但是这些计划常常因为任务的规模——五个主营和几十个卫星营在红军可及的范围内——以及红军推进的速度而落空。由于德国军事资源集中在西线，红军取得了重大突破，德国国防军遭受了数十万人的伤亡，丧失了大片土地。[22]

党卫队在波兰总督府依然有一定的控制权，因此及时带走了大部分集中营的囚犯。从 1943 年底开始，经济与管理部官员
开始着手关闭马伊达内克集中营，在未来几个月内将数千名囚 547
犯移走。1944 年 4 月，更多囚犯被撤离。大约有 10000 名囚犯被用货车运送到奥斯维辛等其他集中营。1944 年 7 月 22 日，当党卫队最终抛弃主营，红军迅速包围后，集中营已经是半空置

状态了。党卫队只留下几百名生病的囚犯，强行带走了其他囚犯，有 1000 人以上，让他们徒步或乘坐火车向西撤退；此外，还有来自马伊达内克最后一批卫星营的 9000 名囚犯，包括在华沙的大营（已经失去了主营地位）里的囚犯。[23]

一部分马伊达内克的囚犯被带到普拉绍夫，这是波兰总督府的另一个主要集中营。但它也很快被抛弃了。集中营党卫队再一次早早做起准备。囚犯们从卫星营调回主营，这是遣送的起点。1944 年 7 月底到 8 月初，党卫队又调派火车把囚犯从普拉绍夫运到弗洛森比格、奥斯维辛、毛特豪森和格罗斯－罗森集中营，将囚犯人数从 20000 多人减少到 5000 人以下。1944 年 10 月，又有数千人离开普拉绍夫，最后一批卫星营也关闭了。1945 年 1 月 14 日，当地区高级党卫队和警察领导人最终下令完全撤离主营时，里面只剩下大约 600 名囚犯。[24]

此时，党卫队还放弃了波罗的海占领区北部仅有的三个综合集中营区（里加、科夫诺和瓦伊瓦拉），不过这些集中营的关停更为仓促。里加是在 1944 年夏秋之季被关闭的，主营的撤离一直持续到 10 月 11 日，就在苏联军队进入该市前不久。在此期间，大约 10000 名囚犯被押上驶往公海的船只，这是他们几个月来一直恐惧的前景。囚犯们被困于甲板下好几天，很快就浑身沾满了汗水、呕吐物和排泄物。抵达但泽后，饥肠辘辘的幸存者被送上驳船，沿着维斯瓦河驶向施图特霍夫，那里很快挤满了来自被关停的集中营的囚犯。[25]

施图特霍夫的囚犯中包括数千名来自科夫诺的犹太囚犯，那里关停的速度甚至比里加还快。1944 年 7 月，它的十几个卫星营全部废弃，主营也一样。“我们的命运是未知的。我们的精神状态很糟糕。”其中一名囚犯什穆埃尔·明茨贝格（Shmuel

Minzberg）在撤离前写道。在差不多两周的时间内，10000 多名犹太人被迫撤离，大部分被赶上火车和船只，也许有四分之一的人熬到了战争结束。党卫队在彻底离开科夫诺之前，夷平了主营区。在立陶宛同党的帮助下，他们烧毁或炸毁了房屋，杀害了数百名躲藏在地堡里的犹太人；其他逃跑的人也被击毙。1944 年 8 月 1 日苏联军队抵达后，废墟中只剩下少数的幸 548
存者。[26]

波罗的海最北端的集中营——瓦伊瓦拉撤离得最慢，历时 7 个月。在 1944 年 2 月和 3 月的第一波撤离潮中，党卫队匆忙遗弃了大约 10 个营地，包括主营。例如，2 月 3 日，数百名囚犯被匆匆带离索斯基卫星营（Soski）时，红军已经到几英里之外了。囚犯们常常要跋涉数天，才能到达更偏西的卫星营，那里的情况令人惊恐。在埃雷达，生病的囚犯会被扔进沼泽地里的营房。"每天大约要死 20 个人。"一名幸存者在几个月后，也是临死前作证说。1944 年中期，瓦伊瓦拉集中营区剩余的囚犯面临第二波撤离。随着红军夏季攻势迅速推进，前线再次逼近。"我们周围到处是噪音，飞行员被击中，无论白天还是黑夜都没有安宁。大量的弹片从我们头上飞过，"1944 年 8 月 29 日，波兰犹太人赫塞尔·克鲁克（Hershl Kruk）在拉格迪卫星营（Lagedi）里写道，"我们的命运会怎样，很难说。"最后，由于爱沙尼亚几乎从剩余德国领土上脱离，党卫队将大多数瓦伊瓦拉的囚犯用船运到施图特霍夫。在海上 7 天没有进食后，一名囚犯回忆说："我们到达但泽时状况非常糟糕！"[27]

波罗的海之殇

1944 年 9 月下旬，苏联军队到达科隆卡，这是瓦伊瓦拉最后一个还开着的卫星营。里面有100多名幸存者，其中许多人处于极度震惊的状态。“我们现在自由了？德国人走了吗？”他们怀疑地问。一些人摸了摸士兵制服上的红星，以确信自己不是在做梦。就在几天前，这些囚犯本来是要被处决的。1944年9月19日一大早，苏联军队据此只有几天的脚程，党卫队把科隆卡的囚犯（大约2000名成年男女）带到点名场，将他们分成几组。全副武装的党卫队队员随后将第一组人带进森林；不久之后，其他人听到密集的机关枪声。恐慌在剩余的囚犯中蔓延，他们试图逃跑。可大多数人都被杀了。当天夜里晚些时候，党卫队离开科隆卡之前点燃了柴堆和营房，以抹去犯罪证据，并阻止苏联军队使用该营地；剩下少数设法躲藏起来的幸存者，他们藏在了散落在营地和附近森林的尸堆中。[28]

549 这不是波罗的海地区唯一一次屠杀。一天前在拉格迪卫星营，包括赫塞尔·克鲁克在内的几百名囚犯被卡车运到森林里处决。[29]虽然此类屠杀在波罗的海地区比较少见，但它们标志着这里的集中营撤离与同时期西欧的撤离有根本性区别：在东部，特别是在波罗的海地区，大规模死亡从一开始就是党卫队计划的一部分。局势混乱是一个重要因素。在科隆卡和拉格迪，党卫队因为苏联军队的迅速逼近而感到焦虑，与其把囚犯丢在这里，不如在逃跑前斩草除根。[30]但是，这些最后一刻发生的屠杀在纳粹的意识形态里有更深层的原因。毕竟，当地集中营关押的绝大多数囚犯是犹太人，在党卫队的眼里，他们的性命微不足道，特别是从他们身上已经榨取不到劳动价值之后。

这种残忍的认知在集中营党卫队准备从波罗的海地区撤离期间发挥着指导性作用。在红军到达各集中营之前的几个月里，当地党卫队官员加快了对老弱病残囚犯的筛选：为什么要救那些丧失劳动价值，只会在运输过程中增加负担的囚犯？出于同样的理由，儿童也成了目标。在 1944 年春天疯狂的几个星期里，集中营党卫队杀害了几千名男孩和女孩。在科夫诺的主营，指挥官在处决之前还给孩子们举办了一个派对作为伪装。随后而来的遣送伴随着可怕的场景。当党卫队把孩子们拖走时，家长们尖叫着乞求。一些人跟孩子一起上了卡车，手牵手一起赴死；还有一些家庭在党卫队拆散他们之前自杀了。留下的父母伤心欲绝。1944 年 3 月底的一个晚上，维尔纳卫星营的囚犯下工回到营地，发现党卫队把孩子们送走了，他们“不吃、不喝、不睡”，格里戈里·舒尔（Grigori Schur）写道，他失去了儿子阿伦（Aron）。“在漆黑的夜里，犹太人为他们的孩子哀号。”[31]

波罗的海地区的屠戮一直持续到最后。在里加集中营，1944 年夏天的最后一次筛选由集中营资深医生爱德华·克雷布斯巴赫博士协调，他是一名党卫队老队员，1941 年首次参与毛特豪森集中营对残疾囚犯的大规模屠杀。克雷布斯巴赫和他的助手对囚犯们的力量进行判断——强迫他们冲刺和跳过障碍——然后处理掉最体弱的 2000 人。[32]党卫队在波罗的海地区的其他集中营里也犯下了相似的罪行。在瓦伊瓦拉集中营的“10% 筛选”期间——幸存者是这样称呼的，指的是被选出来处决的囚犯比例——1944 年 7 月，刽子手将受害者装上卡车，然后穿着滴血的制服返回。[33]

从筛选和屠杀中幸存下来的集中营囚犯被遣送回远离前线 550
的地方。与西边的撤离不同，波罗的海地区装备简陋的交通工具在 1944 年夺去了更多的生命。数以百计的囚犯在火车和船上被饿死或憋死。[34]更糟糕的是，徒步行军需要穿越道路、田野和冰冻的沼泽，造成数千人死亡。第一批死亡发生在 1944 年 2 月和3月，索斯基等属于瓦伊瓦拉集中营的卫星营被废弃，撤离的囚犯在冰天雪地中蹒跚而行。有的人被冻死，有的人被惊慌失措的党卫队官员开枪打死，还有的人被活着扔进湖里或海里。[35]1944年夏天，东欧地区的撤离又造成了更多的死亡，包括7月28日离开华沙的那一批，就在起义失败前几天。那一天清晨，绝大多数囚犯——超过4000人（几乎都是犹太人）——在警犬、党卫队和士兵的看管下匆忙出发。太阳暴晒下人们都汗流浃背，其中一些人是赤脚的。他们极度干渴，几乎无法咽下所剩无多的食物；囚犯舔脸上滴下的汗水，但这只能让他们更渴。“我们祈求上帝下雨，”奥斯卡·帕斯曼在1945年回忆道，“但什么都没有。”很快，第一批囚犯垮掉了，落后的人被击毙。在行进了大约75英里，每天步行超过12个小时之后，幸存者到达库特诺（Kutno），在那里他们被塞进火车。5天后抵达达豪时，只有3863名囚犯还活着；至少有89人在为运输家畜设计的铁路货车里丧生。[36]

集中营的早期撤离很长时间以来一直被忽视，被第三帝国最后几个月里更大规模的死亡行军盖过。但是，它们也是集中营历史的重要组成部分，一些历史学家预言说恐怖还未降临，但早期撤离恰好与他们的观点相左。[37]恐怖行动从准备撤离阶段就已经开始。在此期间，集中营党卫队打包财物和战利品，监督拆除部分营房和装备。跟其他地区撤退的党卫队一样，集中营党卫队也试图摧毁犯罪证据：尸体被挖出来烧毁（有时由一个特别的党卫队部门执行），一同被焚毁的还有可以证明有罪的文件。此外，当局通过运输或系统性谋杀，缩减囚犯的人口规模。[38]到最后弃营的时刻，党卫队会采用各种运输方式，把剩余的囚犯转移走。这在很大程度上取决于军事形势。在西边，党卫队会事先计划好，用火车运送囚犯。而在东边，党卫队经常会被快速逼近的苏联红军追赶，匆忙将囚犯带走或者试图把他们都杀掉，就像在科隆卡集中营一样。这就是东边早期撤离的致死率远高于西边的原因之一。前线离集中营越近，囚犯们的 551
处境就越危险。[39]

东方的最后一个秋天

1944 年夏天，英格·罗特希尔德（Inge Rotschild）和父母一起来到施图特霍夫，年仅 12 岁的她在纳粹的犹太人聚居区和集中营里度过了漫长得仿佛没有尽头的时光。1941 年底，身为德国犹太人的英格和家人从科隆卡被驱逐到里加，然后被关进了米尔格拉本卫星营（Mühlgraben）。正是在这里，她失去了 9 岁的弟弟海因茨（Heinz），弟弟没能通过 1944 年 4 月里加集中营对儿童进行的筛选。几个月后，英格被迫登上一艘拥挤的船只，跟其他幸存的囚犯一起被带到施图特霍夫，她在那里待到了 1945 年 2 月。[40]

正如我们所见，施图特霍夫成为波罗的海地区的集中营关闭后幸存囚犯的主要目的地。英格·罗特希尔德是 1944 年下半年从这些集中营撤离的 2.5 万多名犹太囚犯之一。数以千计的人，以男性为主（其中有英格的父亲），很快被运送到西边像米尔多夫和考弗灵这样的卫星营从事奴隶劳动。许多妇女和女孩留了下来。1944 年 6 月至 10 月，来自奥斯维辛的 2 万多名犹太妇女也被运到这里，此时，奥斯维辛正处于准备撤离的阶段。因此，施图特霍夫发生了巨大的变化，凸显了集中营撤离的另一个影响：不仅有营地被关闭，剩余的营地也发生了翻天覆地的变化。[41]

只需看看囚犯的人口规模就可想而知。施图特霍夫一直是二级营，1944 年春天时关押的囚犯不超过 7500 人。然而，仅仅几个月后，到 1944 年夏末，已发展到 6 万多人（随着波罗的海地区集中营的看守陆续到来，党卫队员工的人数也有所增长）。新囚犯大多是犹太女人。其中许多人被送到施图特霍夫的卫星营；1944 年 6 月至 10 月，集中营党卫队为犹太囚犯建立了 19 个卫星营，他们生活在最原始的条件下，通常住在帐篷里。而在主营，大约 1200 名或更多的囚犯挤在以前只住 200 人的营房里；囚犯甚至睡在厕所里。集中营里所有资源都稀缺，不仅仅是空间。“没有盥洗的设施，”英格·罗特希尔德后来作证说，“几天之内，我们身上都爬满了虱子。”[42]

施图特霍夫有频繁的筛选，英格补充说。事实上，从 1944
552 年夏天开始，当地的集中营党卫队官员就加紧了对疲惫、年老、生病、体弱和怀孕囚犯的系统性谋杀，就像他们在波罗的海地区的集中营里所做的那样。施图特霍夫党卫队最初认为这是解决主营人满为患的根本办法，患病囚犯的人数每天都在增加，还有更多的“不适合劳动”的囚犯从卫星营返回。但是，当地的党卫队也越来越多地用杀戮来为可能的撤离做准备，先动手杀死那些会成为运输负担的囚犯（以波罗的海营地为例）。[43]

从施图特霍夫筛选出来的几千名受害者被火车运往比克瑙，主要是儿童及其母亲。其他人在施图特霍夫就地处决，特别是在 1944 年秋天比克瑙杀人设施关闭之后。正是在这个时候，施图特霍夫的党卫队建立了一个小毒气室，用齐克隆 B 毒杀犹太人（以及一些波兰政治犯和苏联战俘）。不过，施图特霍夫党卫队的主要武器是致命的注射和射击。考勤主管阿尔诺·开姆尼茨（Arno Chemnitz）在火葬场安装了一个颈部射击装置，这个装置是他在 1941 年从布痕瓦尔德一名分区主管处决苏联“人民委员”时学到的。另一名施图特霍夫的党卫队队员后来描述了例行处决五六十名妇女后的情形：“我没有细看尸体，但我看到地板上干涸的血泊，尸体面孔沾染的血迹，我记得门框也溅上了血。”

更多的囚犯死于悲惨的生活条件。营房里死去的人迅速地成倍增加。一些囚犯醒来时，压在身上的人就已经在夜间死去，尸体都冰凉了。1944 年秋冬，营地遭遇了一场斑疹伤寒疫情，这是第三次也是最严重的一次疫情。党卫队最终甚至不得不暂停大规模处决，到了 1945 年 1 月 8 日，里夏德·格吕克斯将整个集中营封闭了近两周。到这个时候，每天约有 250 名囚犯死亡，而死亡直到撤离时仍在继续。[44]

1944 年秋冬季，其他东部集中营的生活也笼罩在撤离的阴影下。在奥斯维辛这座最大的集中营里，党卫队的准备工作最为紧张。正如我们所见，物资和机器被搬走，党卫队官员的家属最终也不得不舍弃华丽的居所（霍斯夫人和孩子于 1944 年 11 月初离开）。留在奥斯维辛集中营的党卫队官员变得越发紧张，因为前线越来越近了。他们能及时逃脱吗？当地抵抗力量会不会从外面攻击集中营？[45]苏联人会先到达这里吗？1944 年秋天，当党卫队在 BBC 频道收听盟国广播时，这种担忧进一步升级，广播里点了几个臭名昭著的奥斯维辛官员的名字，并警告说，任何涉及进一步流血事件的人都将被绳之以法。随着奥斯 553
维辛党卫队的情绪变消沉，一些看守失去了掠夺和荒淫的心情。[46]

毒气室的关闭成为奥斯维辛集中营灭亡的缩影。1944 年 10 月底或 11 月初的某个时候，集中营内的毒气处决——纳粹死亡营的最后一项——永远地停止了。不久，党卫队开始拆除比克瑙的杀戮设施，囚犯们被迫隐藏剩余的灰烬和骨头碎片。[47]有些党卫队刽子手因为完成了自己的职责而如释重负。“你可以想象，我的爱人，”1944 年 11 月 29 日，党卫队驻军首席医生维尔茨博士写信给他的妻子，“我不必再做这种可怕的工作，以后也不存在了，这对我来说实在是太美好了。”[48]囚犯们也承认这是一件大事。米克洛什·尼斯力回忆说，当他看着火葬场的墙壁倒塌时，他仿佛看到了第三帝国的崩塌。[49]

为什么党卫队要拆除比克瑙毒气室？许多历史学家指出，希姆莱或许下令停止大规模屠杀犹太人。[50]如果这样的命令真的存在，那只不过是希姆莱为了与西方谈判以达成秘密和解的姿态罢了。在实践中，党卫队从未放弃最终解决方案，在奥斯维辛集中营，对犹太人和其他囚犯的屠杀仍在继续，即使毒气室已经被关闭。[51]放弃毒气室的真实动机或许更现实。由于德国军队的处境越来越不利，对犹太人的大规模驱逐接近尾声，奥斯维辛党卫队迫切要赶在红军到达集中营之前掩盖罪行。[52]党卫队不想让马伊达内克的事件再一次上演，那里的毒气室基本上完好无损地落入了苏联军队手中。[53]他们也想要抢救杀人设施的硬件，所以把火葬场的许多部件拆除、打包，然后运往了西边。最终目的地是毛特豪森附近的一个绝密地点，在那里，党卫队计划重建至少两个比克瑙的火葬场，还把比克瑙的一些杀人专家派往毛特豪森。更可能的情况是，这个最终从未建成的新营地或许也要建毒气室，用于继续进行系统性的大规模屠杀。[54]

党卫队逐渐准备放弃奥斯维辛时，跟之前的撤离行动一样，也先将许多囚犯转移走了。这是奥斯维辛集中营囚犯的人数在四个月内几乎腰斩的主要原因，12 月底时骤降到了 7 万人。几个营区被关闭并彻底拆除，包括比克瑙巨大的“墨西哥”延伸区（BⅢ区）。[55]1944 年下半年，大约有 10 万名囚犯被送出奥斯维辛。以前，该集中营是无数囚犯的终结之地，如今，再次开 554
始了反向流动。我们看到，有些囚犯被运到了北边的施图特霍夫，但大多数被送到更靠西的集中营，远离即将逼近的红军。其中之一是格罗斯－罗森集中营，这是西里西亚地区仅存的主要集中营。[56]

1944 年下半年，格罗斯－罗森集中营以惊人的速度壮大，每天都有来自其他地方的囚犯抵达。到了 1945 年 1 月 1 日，这里总共关押了 76728 名囚犯，从集中营系统里不起眼的位置一下跃升为第二大集中营；其中有 2.5 万多名犹太妇女，她们大多来自奥斯维辛集中营的卫星营。跟施图特霍夫一样，格罗斯－罗森集中营现在也是一个庞大的收容营，关押着来自东部集中营的囚犯。由于过度拥挤，主营陷入了混乱，秩序开始崩溃。从 1944 年秋天起，党卫队开始用奥斯维辛拆卸运送过来的营房建设一个新营地，但条件更差。寒冬降临，囚犯们暴露在严寒中，因为许多营房都缺少门窗；没有厕所或盥洗室，囚犯们每天踩的都是雪、泥和粪便。格罗斯－罗森集中营现存的许多卫星营里，状况也没有好到哪里。1945 年初，阿夫拉姆·凯泽尔亲眼看见德恩豪卫星营（Dörnhau）里的两名同狱囚犯扑向警犬丢弃的一块骨头，用火烤后吃了下去。他在日记中写道："再没有什么能让我惊讶了。"[57]

逃离红军

1945 年 1 月 12 日，苏联军队发动了全面进攻，迫使第三帝国屈服。坦克沿着广阔的东部战线不断突破，横扫德国国防军的防御，迅速向德国腹地推进。当红军在月底重新集结时，前

示意图7　1945年初，撤离奥斯维辛（主要路线）

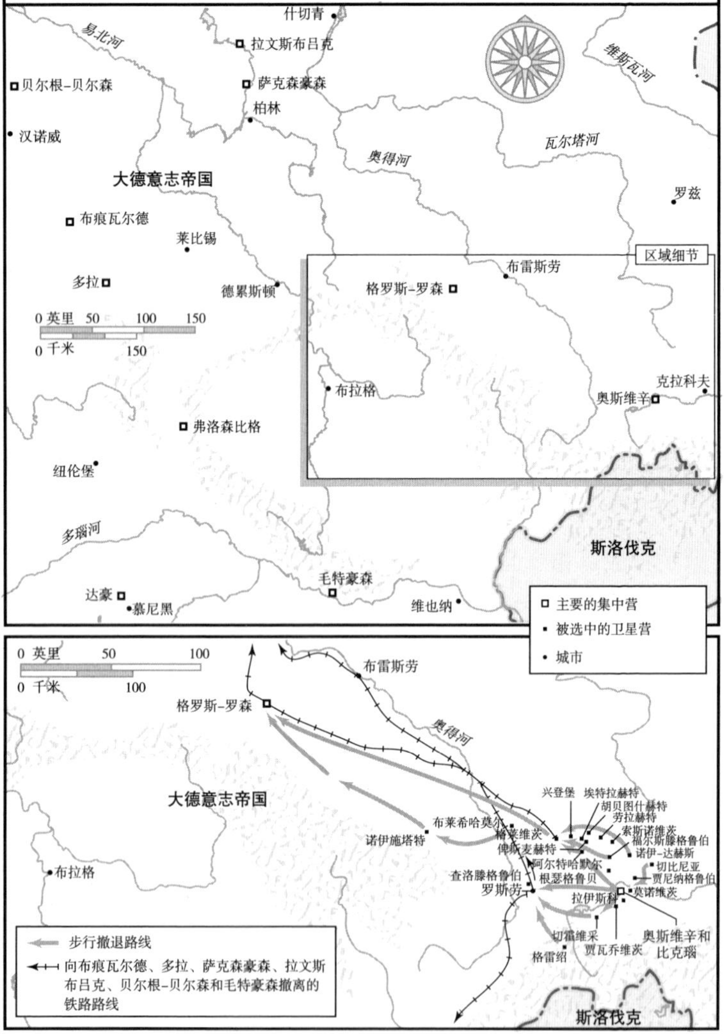

线已重新划定。第三帝国已经失去了在波兰占领区以及其他重要领土——东普鲁士、东勃兰登堡和西里西亚——的最后立足点，数百万德国平民加入了撤退的国防军行列，开始了一次令

人绝望的大规模逃亡。[58]

苏联军队前进的道路上矗立着奥斯维辛、格罗斯－罗森和施图特霍夫这三大集中营，截至 1945 年 1 月中旬共关押了超过 19 万名囚犯，人数至少占整个集中营系统的四分之一。[59]早先参与讨论集中营大撤退的人包括大区长官、党卫队高级官员和警方领导，他们对撤离有举足轻重的影响力。[60]经济与管理部也发挥了关键作用。奥斯瓦尔德·波尔率先命令奥斯维辛党卫队制订撤退计划，在他最后一次访问集中营时，大约是 1944 年 11 月，他与当地政党、警察和党卫队当局一起查看了他宠信的指挥官里夏德·贝尔起草的蓝图。[61]回到奥拉宁堡，波尔的管理者 556
们将决定囚犯撤离的最终目的地。[62]鉴于实际情况瞬息万变，他们依旧无法从远处具体把控，因此，后勤安排大多还是掌握在当地的党卫队指挥官和官员手中。[63]

尽管有所准备，但是在 1945 年 1 月中旬苏联军队发动大规模进攻时，党卫队依旧被打了个措手不及。当地的纳粹领导人只会添乱，往往拒绝下达撤离命令，直到为时已晚。[64]在奥斯维辛，集中营党卫队弃营逃跑时，一切都陷入了混乱之中。“一片混乱，党卫队惊慌失措。”囚犯们潦草地记下了当时的场景，而看守们则在主营里横冲直撞，围捕囚犯，分发补给，收拾货物，销毁文件。1945 年 1 月 17 日，囚犯们开始列队离开奥斯维辛集中营，两天内，超过四分之三的囚犯都上了路。当囚犯们把奥斯维辛集中营甩在身后时，有些人情绪昂扬，比如特别工作队的最后幸存者希望通过混入长途跋涉的队伍来躲避党卫队的杀害。然而，绝大多数囚犯在离开时都充满了恐惧，他们担心下雪、党卫队和未知的命运。“这样的撤退，”当第一梯队出发时，一名波兰囚犯写道，“意味着至少一半的囚犯会被消灭。”[65]

最终，大约四分之一的奥斯维辛囚犯在途中死亡。[66]

奥斯维辛的囚犯们最开始时是步行向西撤退。两条长约40英里的主要路线会把他们带去罗斯劳和格莱维茨。抵达后，大多数幸存者——包括我们前面提到的小男孩汤米·伯根索尔——被塞进火车，驶向帝国的更深处。规模最大的一批，估计有15000名囚犯，被送往格罗斯-罗森主营，不过那里已经人满为患，也即将撤离。[67]

与匆匆撤离的奥斯维辛不同，西北方170英里处的格罗斯-罗森集中营的撤离工作持续了数月。虽然在1945年初，主营和许多卫星营被匆忙放弃，但整个营区依旧存在；鉴于前线的推进方式，到了1945年5月初，还有几十个卫星营仍在运行。[68]在施图特霍夫，最终的撤离也被延迟了。1945年1月，党卫队在下半个月里抛弃了大约30个卫星营，让许多囚犯徒步行军到主营。[69]而主营随后在1945年1月25日和26日也开始部分撤离。红军就在30英里外，党卫队带领大约12500名囚犯中的一半向西边大约85英里外的劳恩堡（Lauenburg）地区徒步行进。抵
557 达后，党卫队把幸存者关进临时营地，没有食物、水或暖气。几周后，党卫队再次放弃劳恩堡集中营，并迫使剩余的囚犯再次踏上死亡之旅，留下数百具尸体。与此同时，施图特霍夫主营仍然开放。由于其偏远的位置，苏联人绕过了该地区，直到1945年5月9日才接管该集中营；到那时，只剩下了150名幸存者。在过去几周里，成千上万的人在徒然等待看似近在咫尺的解放中死去。遇难者中包括英格·罗特希尔德的母亲，她死在了女儿13岁生日那天，瘦得只剩下皮肤和骨头。[70]

1945年初的集中营系统处于一直流动的状态。在1月和2月逃离红军后，党卫队将超过15万名囚犯赶出奥斯维辛、格罗

斯－罗森和施图特霍夫集中营（萨克森豪森的多个卫星营也受到了影响）。[71]集中营党卫队官员安排人员迁徙时，排在第一位的是那些“适合工作”的囚犯。按惯例，可能受希姆莱和波尔的指示，这些囚犯是要送到其他集中营当奴隶劳工的。[72]但病弱者的命运就不好说了。正如在 1944 年东部早期撤离期间，似乎没有来自高层的明确指示，主动权在当地集中营党卫队手中。如果能运走，官员们有时会清空整个集中营，强迫所有患病的囚犯上卡车、马车或火车。在其他地方，特别是更偏远的卫星营，党卫队会在长途跋涉前进行筛选，杀掉最体弱的囚犯。[73]

规模最大的一次屠杀发生在撤离利伯罗瑟（Lieberose）期间，这是萨克森豪森的一个卫星营，主要关押来自波兰和匈牙利的犹太人。1945 年 2 月 2 日，大约 1600 名囚犯徒步前往 60 英里外的主营。另有 1300 人留在后面。他们的命运早在几天前的电报里就注定了，这封电报可能来自萨克森豪森的指挥官，下令处决这些老弱病残。党卫队里从不缺少乐于效劳的恶魔。“来吧，我们走，”一个哨兵说，“打死这些犹太人，咱们还能得一些杜松子酒。”屠杀持续了三天。有一些绝望的反抗，一名囚犯刺伤了营地主管的脖子。但是没有生路。少数人藏在丢弃的制服和鞋子堆里，稍后被另一群党卫队队员拖出来处死了。[74]

然而，在 1945 年 1 月和 2 月的集中营大撤退期间，屠杀不是党卫队的默认方式。官员们很可能把精疲力竭的囚犯抛在后面，当作杀掉了。例如，在 1945 年 1 月施图特霍夫部分撤离期间，指挥官霍佩发布书面指示，把“生病和无法行军”的囚犯原地留下；数千人眼睁睁看着其他人离开。[75]在格罗斯－罗森也 558
一样，党卫队在卫星营留下了数百名生病的囚犯。[76]一些官员由于害怕盟军的报复，所以最后一刻放下了屠刀。[77]在其他地方，他们只是因为红军来得太快，没来得及而已。在废弃的党卫队营房里，幸存者们后来发现了仓促撤退的迹象：装满啤酒的玻璃杯、喝了一半的汤、玩到一半的棋牌游戏。[78]

1945 年初，红军解放了 10000 多名囚犯，大多是从奥斯维辛主营、比克瑙和莫诺维茨解放的，约有 7000 人。[79]死亡撤离和苏联军队到达之间相差了超过一周的时间，在营地附近的短兵相接中，红军损失了 200 多名士兵。对于剩下的囚犯来说，这是一个非常危险却充满希望的时期，是他们苦难的最后一章，结局仍然未知。奥托·沃尔肯博士后来说，最后这段时间或许是他在集中营里度过的五年多中最艰难的日子了。大约在 1 月 20 日或 21 日，当大部分奥斯维辛哨兵离开后，剩下的囚犯变得更加大胆，在铁丝网上划洞，穿过不同的营区，闯入党卫队的储藏室。囚犯们试着自己管理，他们照顾病人、生火、分发食物。但是现在庆祝还为时过早。一名兴高采烈的苏联囚犯找到一些啤酒和武器后喝醉了，不小心向比克瑙的天空开了火，结果被一支德国巡逻队发现并击毙。一群搬进党卫队食堂的法国囚犯也因此被害。除了纳粹杀手之外，还有其他危险，包括寒冷、饥饿和疾病。然而，绝大多数囚犯都活到了 1945 年 1 月 27 日。当第一批苏联士兵出现在比克瑙的大门前时，一些囚犯朝他们跑去。“我们拥抱并亲吻他们，”奥托·沃尔肯几个月后回忆说，“喜悦的泪水夺眶而出，我们得救了。”[80]

然而，在奥斯维辛集中营的其他地方，命运在最后发生了可怕的转折。比克瑙获得解放的同一天，党卫队恐怖袭击了位于北边仅 12 英里处的福尔斯滕格鲁伯卫星营（Fürstengrube）。8 天前，党卫队弃营而去，留下大约 250 名生病的囚犯自生自灭。1945 年 1 月 27 日下午，当生的希望近在咫尺时，一群党卫队队员突然闯入营地，几乎杀光了所有囚犯。只有大约 20 名囚犯活着看到红军，他们经历了奥斯维辛最后一次屠杀。[81]

死神在路上

没有人知道在 1945 年初的撤离期间，在结冰的道路和拥挤的火车上，在沟渠和森林中，有多少集中营囚犯死亡。这个数 559
字一定是好几万，其中估计有 1.5 万名男女老少来自奥斯维辛集中营。[82]虽然对早期撤离的普遍记忆被死亡行军主导，但大多数向帝国内部集中营大本营的撤离是靠火车。这些列车上的条件跟早期从西部集中营（比如纳茨维勒）撤离时比起来要糟糕得多。集中营里所有可怕的状况都被带进了火车车厢里。由于轨道车辆供不应求，德国当局使用了大量的敞篷货车，这些车辆对恶劣天气没有丝毫的抵御作用。由于运输上的延迟，痛苦被大大延长了。虽然大多数火车最终到达了目的地，但常常是沿着拥挤和支离破碎的德国铁路网缓慢行驶数天之久。[83]致死率最高的一次是 1945 年 1 月 23 日从奥斯维辛的劳拉赫特卫星营出发的一趟列车。这趟车移动得极其缓慢，常常被迫彻底停车，将近一周后才终于到达毛特豪森，此时，车上约七分之一的囚犯已经死亡。[84]

然而，对大多数囚犯来说，撤离的磨难不是从火车上开始的，而是发生在那之前的死亡行军时，1945 年初曾夺去了大多数囚犯的性命。囚犯们在离开前只会收到极少的食物。一位奥斯维辛幸存者回忆说，她得到了一罐牛肉和两块不适于食用的面包。这本来可以支撑好几天的，但饥饿的人常常在出发前就把所有食物一扫而光了。[85]很快，囚犯们的体力就消耗殆尽，走路时已经是恍惚的状态，有时，朋友之间甚至互相都认不出来了。[86]但是，行军并没有抹去囚犯之间的所有差别。一些小范围的互相扶持依然存在，亲密的朋友和家人会尽全力彼此帮忙，而那些形单影只的人往往最先倒下。享有特权的囚犯跟在集中营里一样，待遇相对较好。他们更健康，吃得更好，还能穿着合脚的鞋子和保暖的衣服，而其他人则衣衫褴褛，只能穿木鞋，很快就垮掉了。[87]鲁道夫·霍斯受奥斯瓦尔德·波尔的指派，监督东部的撤退事宜，他很容易就能找到囚犯们行军的路线：只要跟着尸体走就行。[88]

行军的死亡率差别很大，取决于物资是否充足和距离长短等因素。[89]虽然疾病和疲劳是主要死因，但枪杀也相当普遍。根据党卫队的规则，所有被怀疑要逃跑的囚犯都是目标，即使是走到路边排便的囚犯也有危险。[90]虽然党卫队没有明确接到应该如何对待患病囚犯的指令，但他们一般也用杀戮来解决。大多数受害者是在掉队后被党卫队的子弹击中，孤独地死去，不过
560 也有一些大规模杀戮。例如，从奥斯维辛的布莱希哈莫尔卫星营（Blechhammer）出发的一队囚犯，党卫队把病人都装上雪橇，用手榴弹把他们炸死。[91]

杀人者中很少有高级别的党卫队官员，因为大多数当地的一把手已经跑了。尽管他们嘴上说要昂首挺胸与苏联对抗，但纳粹高层还是养成了先走为上的习惯。鲁道夫·霍斯痛苦地回忆说，奥斯维辛集中营指挥官里夏德·贝尔自己躲在舒适的党卫队豪华轿车中，有大把的休闲时间。[92]其他指挥官也迅速跑路，把监督囚犯行军的工作甩给下属。他们中很多是未正式任命的官员，只是在卫星营里升到了高级职位。但负责运输的领导人不可能每时每刻都跟着长长的队伍，这意味着，扣动扳机的决定权往往还是在普通看守手里。“实际上，每名看守可以自

己决定是否要开枪。”一名看守在战后作证说。其中一些行刑者是女人，这打破了集中营党卫队最后的一个性别禁忌。不过绝大多数还是男性，包括一些最近才加入的年长士兵。[93]

1945 年初，对红军的恐惧驱使着许多党卫队的刽子手。苏联军队在推进期间对德国人展开了可怕的报复，第三帝国充斥着大屠杀的故事，这都是纳粹宣传机器巧妙运用的产物。许多普通德国人认为这些罪行是对集中营暴行的报复，“向敌人展示如果他们赢了，他们可以对我们做什么”。与此同时，看守们自己决心要跑在红军前面。如果体弱的囚犯拖累了行军的速度，如果吼叫、耳光和脚踢都无法让他们再向前走，党卫队就会击毙他们。[94]看守们保命的欲望导致集中营囚犯撤离期间一次最严重的屠杀发生了。1945 年 1 月底，大约 3000 名施图特霍夫的囚犯（大部分是犹太妇女）徒步抵达了东普鲁士的帕尔姆尼肯镇（Palmnicken）。一侧是波罗的海，另一侧是不断推进的苏联军队，急于逃跑的党卫队将囚犯押送到附近的海岸，用机关枪扫射。受伤的幸存者或淹死或冻死，他们的尸体在当地海滩上被海浪冲刷了好几天。[95]

启示录

1945 年 3 月中旬，奥斯瓦尔德·波尔根据希姆莱的指示，开始疯狂前往各个集中营视察实际情况。他在鲁道夫·霍斯和经济与管理部其他官员的陪同下，经过满目疮痍的营区时，想 561
必已经意识到气数将尽。但是，他并没有放慢霍斯称之为“极速巡视”的步伐。“尽我所能视察每一个营地。”波尔后来说。最后，他视察了战前德国境内至少六个主要的集中营。[96]

这些集中营内的情况最近急剧恶化，挤满了近来从被关停集中营撤离的饱受摧残的囚犯。在1945年的头三个月里，布痕瓦尔德党卫队记录的死亡人数比1943年和1944年的总和还要多。虽然一些火葬场日夜不停地运转，但死者的尸体还是迅速堆成了山。在达豪，集中营党卫队从1945年2月开始将数千名囚犯埋到了主营地附近一座小山上的乱葬坑中，因为焚化炉的速度已经跟不上了。尼科·罗斯特在1945年2月25日的达豪日记中指出，太多的囚犯正在死亡，以至于幸存者没有时间去哀悼他们的朋友。[97]

奥斯瓦尔德·波尔在1945年3月的巡视期间目睹了这一切。波尔和管理人们一致认为，情况最糟糕的是贝尔根－贝尔森集中营，在那里，指挥官克拉默带他们参观时，他们看到大批饥饿的囚犯和尸体。经济与管理部官员的回应是向当地党卫队发出各种命令，就像他们巡视期间在其他地方所做的那样。铁石心肠的鲁道夫·霍斯利用他自己的专长，就大规模火化尸体提供了实用的建议。与此同时，波尔本人也给了些毫无价值的指示，让集中营党卫队把附近森林里采摘的草药、浆果和庄稼加到囚犯们的日常饮食中。他还利用最后一次与贝尔根－贝尔森和其他集中营官员开会的机会，讨论他们的撤离计划，而大规模处决仍在党卫队的考量中占据了重要位置。[98]

疾病与战争赛跑

1945年1月5日，弗洛森比格

亲爱的玛丽安！在这封信中，就这一次，我将向你说出全部真相。我身体还不错。但集中营里的生活令人害怕。1000个人，却只有200张床位。误杀和鞭打，还有饥饿是家常便饭。每天有超过100个人死去——倒在厕所的混凝土地上或外面。环境之脏乱已经难以描述——虱子（还有）更多其他的……告诉所有（我们的）熟人，让他们捐食物——面包、香烟、人造黄油都行。你的赫尔曼。

德国共产党人赫尔曼·豪布纳（Hermann Haubner）的这封求援信被偷偷送出集中营，最终送到了他妻子手中。但这没能救他。1945 年 3 月 4 日，豪布纳死亡。其他 3206 名囚犯在弗洛 562
森比格集中营被废弃前最后一个月死亡。[99]

在 1945 年的最初几个月，余下的集中营变成了灾区，包括那些此前情况还不算太糟糕的集中营。这场灾难的直接原因之一是囚犯人数激增。当然，过度拥挤并不算新鲜事，布痕瓦尔德集中营自 1942 年以来一直挤得满满的。[100]但是，集中营并没有为最后这个时期的人口高峰做好准备，1944 年下半年，靠近前线的集中营开始大规模将囚犯运回内地集中营。到年底，许多集中营区彻底超载，不料，1945 年初还有第二波撤离。第三帝国中心地带的所有集中营，如今登记的囚犯人数都突破了纪录。布痕瓦尔德仍然是规模最大的，1945 年 3 月 20 日统计的囚犯人数是 106421 人；大约 30% 的人被塞进主营，其余分布在 87 个卫星营里，拥挤程度也不相上下。[101]

1945 年 1 月 31 日，阿蒂尔·奥洛在达豪日记中写道，最后几个月是“疾病与战争赛跑”。[102]囚犯们会被盟军及时拯救吗？还是说会像前面许多人一样死于饥饿和疾病？现在，每日的配给几乎一无所有。在像埃尔里希这样的集中营里，就连作为囚犯主食的面包也没有了。1945 年 3 月 8 日，比利时囚犯埃米尔·德洛努瓦（Émile Delaunois）在日记中写道：“这种饥饿感太可怕了。”两周后，他补充说：“只剩下活死人了！”仅在 3

月，就有近1000名囚犯在埃尔里希死亡，几乎每六个人里就会死一个人。[103]

这并非天灾，而是人祸，是集中营党卫队多年来恐怖统治的顶峰。过度拥挤是纳粹政策的直接产物。同样，各种用品的严重短缺也与党卫队的理念有关，即囚犯作为德国人民长期以来的敌人，不配得到更好的对待。1945年春天，当囚犯因饥饿而死亡时，集中营党卫队自己仍然定期收到高品质的食物，包括肝酱和香肠。解放后，前囚犯发现党卫队的仓库里堆满了食物，还有鞋子、外套、床垫和药品。[104]集中营党卫队的领导对有序改善囚犯的困境毫无兴趣，更愿意把一切怪罪到受害者头上。1944年11月，奥斯瓦尔德·波尔得知一些党卫队官员申请给囚犯一些更好的衣服，他非常愤怒。波尔不仅没有怜悯囚犯，反而大喊说，他的人最好教他们如何看好自己的东西，“如果需要的话，可以藏起来”。[105]

563 这一切痛苦和绝望使本就暴躁的囚犯群体进一步分裂。一些集中营陷入了暴力无序的状态。饿红了眼的囚犯会伏击将食品补给运送到厨房和营房的囚犯，结果被其他手持棍棒的人击退。还有一些集中营充斥着谋杀，只是为了一口吃的。1945年4月17日，埃本塞集中营的一群囚犯杀死了一名13岁的男孩，因为他刚从毛特豪森的另一个卫星营而来，还偷藏着一块面包。[106]

数以万计的囚犯转移到新集中营后不幸殒命，这个男孩不过是其中的一个。对于部分囚犯来说，经历过恐怖的火车车厢和徒步行军后，到达目的地是一种解脱。[107]但这种解脱不会持续太久。这些新来者身体极度虚弱，大部分人发现自己在新目的地没有保障和关系，完全暴露在党卫队的恐怖力量之下。1945

年 2 月，许多从利伯罗瑟来到萨克森豪森的犹太人就是这样。他们在关停卫星营时躲过了“射杀犹太人”的劫难，紧接着熬过了常常打赤脚和充满了冻伤的死亡行军，最终还是死在了萨克森豪森。在他们到达目的地时，党卫队展开大规模筛选，杀害了大约 400 人。更多人是在集中营的隔离区里被冻死或饿死的。1945 年 2 月 12 日，奥德·南森看着一群人钻进垃圾箱，为残羹冷炙打得不可开交。他们被德国审头击退，但很快又扑了上来，他们瘦骨嶙峋的身体沾满了鲜血。

南森因无能为力而饱受内心的折磨，当他回到自己在萨克森豪森的营房时，看到的却是截然不同的画面。他的挪威同伴们仍然过着相对舒适的生活。多亏了红十字会的包裹，他们有足够的食物，以及大量的香烟（集中营里的硬通货）。饭后，他们可以读小说、聊天或玩游戏，“丝毫不受外边死亡和毁灭的干扰”，南森写道。一些挪威人把利伯罗瑟犹太人的垂死挣扎视为他们堕落的证据。“那些不是人，而是猪！”有一个人对南森说，“我宁可饿死，也永远不会堕落到去吃那样肮脏的东西！”[108]

囚犯群体仍然存在严重的不平等，囚犯的生存概率也是如此。少数特权囚犯眼中的垃圾却是底层囚犯的补品，这种情况不仅存在于萨克森豪森。1945 年 1 月，在埃本塞，一名德国审头可能因为吃了太多土豆炖牛肉，结果吐了，一名饥饿的俄罗斯囚犯毫不嫌弃地吃掉了他的呕吐物。[109]尼科·罗斯特在 1945 年 3 月 21 日总结概括了这种巨大的不平等，他当时是达豪医务室的审头，负责收集死在主营里的囚犯的名单。他指出，在厨房工作的囚犯没人死掉，因为他们可以自取所需。大多数德国 564
囚犯也活了下来，他补充说，因为他们占据更好的职位，可以收到更多的食物。同样，在关押捷克囚犯和牧师的营房里也几乎没人死亡，因为他们可以收到外面的补给包裹。“但在其他地方，”罗斯特写道，“却是尸体、尸体、尸体。”[110]

死亡地带

死亡率最高的是主营和一些卫星营中安置患病囚犯的特殊区域，留在那里的都是党卫队眼中注定要死的囚犯。[111]集中营党卫队可以借鉴以前的经验：自从第二次世界大战初期情况恶化以来，集中营会将病号隔离在特殊区域，加速他们的死亡。从1944年末开始，党卫队官员进一步强化了这种隔离式的死亡政策，作为人口超负荷的集中营处理囚犯患病和传染的办法，尤其是不能再把囚犯遣送到奥斯维辛之后。[112]

所谓的“屎区”装的是被痢疾掏空身体的囚犯，他们躺在满是屎尿的池子里。有给感染斑疹伤寒的囚犯设立的“死亡区”，有时被铁丝网围起来，以防他们逃到营里其他地方。有“康复区”，在那里，憔悴枯槁的囚犯躺卧在难以形容的污秽中。还有医务室，往往只是等死的房间；然而，绝望的囚犯恳求进入这些区域，有的人在入口外就倒下了。[113]

最大的死亡地带是主营里曾经的隔离区，在1944年迅速扩张，成千上万的新囚犯暂时住在帐篷里。最初，党卫队曾将这个区域作为中转营，将大多数囚犯稍后送到别处从事奴隶劳动。但随着时间的推移，越来越多患病的囚犯留了下来，随着囚犯人数的增加和疾病的蔓延，这些空间获得了一个新的功能，即隔离病人和将死之人的巨大场所。

其中最糟糕的是布痕瓦尔德的“小营”，两年前开始启用，是一些无窗的马棚，用铁丝网与主营隔开。到1945年4月初，这里关押了1.8万名囚犯。许多人最近才从关停的集中营撤离到这里，处于震惊和疲惫的状态。在“小营”里，毗邻的主营里的苦难——寄生虫、疾病和饥饿——被进一步放大，1945 年 1 月至 4 月，大约 6000 名囚犯死在这里。什洛莫·维泽尔也在其中。他的儿子埃利后来说，布痕瓦尔德曾承诺要比奥斯维辛集中营条件更好，结果却大同小异：“对我来说，刚开始，‘小营’比奥斯维辛还要糟糕。”[114]

到 1945 年初，活死人实在是太多了，以至于集中营党卫队 565
不得不把整个卫星营指定为收容所，党卫队有时称这些地方为“倒地就死营”。[115]比如，1945 年 1 月，多拉党卫队在诺德豪森边上，利用波尔克空军兵营废弃的机库建了一个卫星营，离主营不远。垂死的囚犯源源不绝，新营地很快填满了；不到三个月的时间里，大约 12000 名多拉囚犯被关进来，其中许多是从奥斯维辛和格罗斯 - 罗森集中营撤离的幸存者。最虚弱的人——连走路、站立或说话的力气都没有——被集中丢在其中一间双层机库里等死；党卫队偶尔会用水管冲洗里面的混凝土地，以洗去一些血液和粪便。囚犯们很快称波尔克营为“活火葬场”，名副其实。在美军于 4 月 11 日到达营地前的几周里，每天死亡人数多达 100 人，总共有超过 3000 人死亡。1945 年 3 月初的一天，其余 2250 名垂死的囚犯被塞进棚车送走，从此消失。他们的目的地是贝尔根 - 贝尔森，现已成为集中营系统中最大的死亡地带。[116]

贝尔森

1945 年头几个月，贝尔根 - 贝尔森的老囚犯们沮丧地看着一排排行尸走肉般的男女老少朝他们的营地走来。一次又一次的遣送带来了更多的囚犯，全都“形销骨立”，从去年夏天就关在这里的汉娜·莱维－哈斯（Hanna Lévy－Hass，她是因为在黑山参加抵抗运动而被捕）在1945年2月的日记中写道。短短8周内，该集中营的规模扩大了一倍多，从1945年1月1日的18465名囚犯增加到3月1日的41520人，英国军队在4月15日解放贝尔根－贝尔森时，囚犯人数则达到53000人左右的峰值。[117]随着营地扩张，混乱、疾病和死亡也以毁灭性的速度肆虐。

贝尔根－贝尔森被纳粹当局作为“犹太人质”集中营，此后承担了多项新职能，走上了通往灾难的道路。从1944年春天开始，正如我们所见，集中营党卫队把它当成了收容其他集中营患病和垂死囚犯的隔离营。随后，在1944年夏天，它又建立了一个中转营地，成千上万从被占领的东欧地区前往德国卫星营的妇女在这里短暂停留。其中大约2500人留在贝尔根－贝尔森，包括两名年轻的德国犹太人，15岁的安妮·弗兰克（Anne Frank）和她的姐姐玛戈（Margot）。1944年10月底从奥斯维辛撤离，她们几周前乘坐最后一趟离开荷兰的帝国中央安全局列
566 车（姐妹俩与父母和其他四个人在阿姆斯特丹的一个藏身处躲藏了两年，但最终还是被纳粹当局逮捕）。在贝尔根－贝尔森，姐妹俩最初挤在中转营地的帐篷里，帐篷几乎完全没有避寒和防雨的功能。1944年11月7日，一场暴风雨将几顶帐篷吹走后，集中营党卫队将妇女转移到“明星营地”内的营房。[118]那时，犹太人质们的处境急剧恶化。虽然他们仍被单独关押，但党卫队开始像对待集中营的其他囚犯一样对待他们。1944年12月，汉娜·莱维－哈斯写道：“营地里的情况每天都在恶化。难道还没有到最悲惨的地步吗？”[119]

更糟糕的是，1945年初的大规模遣送彻底压垮了整个集中营。虽然经济与管理部的官员继续把贝尔根－贝尔森作为收留其

他集中营内半死囚犯的目的地，但他们也把它变成了接收撤离囚犯的营地，囚犯最初来自奥斯维辛和格罗斯－罗森等东部的集中营，后来也有来自德国腹地的集中营。[120]例如，4 月 11 日，一列火车从刚刚关停的多拉附属的沃夫利伯卫星营（Woffleben）驶出。在为期一周的旅途中，约有 150 名囚犯死亡（另有 130 人逃跑）。大约 1350 名幸存者被送进贝尔根－贝尔森，其中就包括前文提到的埃米尔·德洛努瓦。就在沃夫利伯撤离之前，他发誓“不惜一切代价尽快重获自由”。他的确撑过了在贝尔根－贝尔森的最后一段时光，但解放后不久就去世了。[121]

贝尔根－贝尔森党卫队急忙重新分配营区，开辟新营地，包括在附近军营建立的一个次级营。即便如此，依旧人满为患，空间紧缺。囚犯人数的构成也发生了变化。大多数新囚犯是女性，使贝尔根－贝尔森成为唯一一座女性人数远超男性的战时集中营（除拉文斯布吕克和施图特霍夫之外）。它也不再是只关押犹太人的营地。尽管犹太人仍然是最大的群体——在 1945 年 4 月中旬时大约占囚犯总数的一半——但也有其他背景的囚犯，包括许多来自波兰和苏联的政治犯。[122]

1945 年 3 月 17 日，著名的荷兰律师、犹太复国主义领袖阿贝尔·赫茨伯格（Abel Herzberg）在日记中写道：“这里发生的是世界历史上最骇人听闻的事。”此时，他作为犹太人质来到贝尔森已经一年有余。[123]新囚犯即便还没有窥见贝尔根－贝尔森的恐怖，也能从空气中闻到。一股混杂了腐烂和死亡的臭气在最后几周里笼罩着整个营区，这是一种来自奥斯维辛等集中营的囚犯们非常熟悉的味道。1945 年 2 月 8 日，另一位犹太人质、16 岁的阿里耶·科雷茨（Arieh Koretz）在日记中写道：“我们 567
浑身都是虱子，一切都是肮脏污秽的，到处是粪便。”成千上万的囚犯越来越脏，一名囚犯医生后来说，整个集中营，就像一个巨大的厕所。到了晚上，囚犯们更痛苦，寒风从残破的屋顶、窗户和门漏进来。营房经常是空荡荡的——灯、稻草铺、被子、炉子、椅子统统都没有——除了大量囚犯，有死的，也有活的。[124]疾病也在肆虐，斑疹伤寒在营中造成了毁灭性的影响。最大的杀手是饥饿。“我已经工作了五天，但没有面包吃。”1945年3月25日，24岁的荷兰犹太人路易斯·塔斯（Louis Tas）写道。“昨晚要饿疯了，做梦都是食物。”他第二天补充说。到处都是皮包骨头的活死人，骨头占了体重的一半以上。[125]

囚犯们生的希望消退得很快。“我再次病倒，放弃了活着离开这里的全部希望，”1945年3月7日，阿贝尔·赫茨伯格写道，“我害怕这种痛苦，与死亡做斗争。”[126]每天早晨，囚犯们会把前一天夜里死去的人扔出营房，不过他们会先从僵硬的尸体上扒下衣服和贵重物品。尸体随后被扔上卡车或手推车，丢到营地的不同角落；等到最后，甚至没有人再管运尸的事了。[127]

在集中营的历史上，从来没有像1945年3月的贝尔根－贝尔森那样，有那么多囚犯死于疾病和物资匮乏。在这一个月中，营里平均关押着约45500名囚犯，约有18168人丧生。[128]安妮和她的姐姐玛戈没能撑下来。在生前最后一段时光里，姐妹俩被斑疹伤寒和痢疾折磨，相拥待在医务室的一张毯子下。当朋友们在那里发现她们时，他们恳求安妮起床。但此前一直在照顾垂死的姐姐的安妮只是回答说：“在这里，我们两个可以躺在一张床铺上，我俩在一起，很平静。”[129]

集中营党卫队的领导并没有谋划贝尔根－贝尔森的灾难。当然，他们希望体弱的囚犯死掉，但肯定不是以这个速度死亡。[130]1945年3月1日，随着局势失控，指挥官约瑟夫·克拉默给经济与管理部发了一封言辞坦率的信，警告说条件“难以维持”。供给短缺和过度拥挤正在制造一场“灾难”。克拉默要求更多的床和毯子，还有食物和灭虱设备。[131]但他的呼吁并不诚恳。克拉默竭力想在党卫队上级，以及未来盟军的法官面前把自己描绘成一个负责任的官员。[132]此前，他很少在致经济与管理部的信中表现出紧迫感。事实上，作为一名资深的集中营党卫队官员和激进的反犹主义者，他在 1944 年 12 月初到贝尔森后， 568
给这里带来了更多的痛苦。当整个悲剧发生时，克拉默和他的手下大多是袖手旁观，尤其是注意保护自己免受疾病的侵害。1945 年 3 月，贝尔根－贝尔森营区内再难看到党卫队官员的身影。“再没有点名，也没有工作，”阿贝尔·赫茨伯格在 1945 年 4 月 1 日写道，“只有死亡。”[133]

大屠杀

除了物资短缺造成的死亡外，集中营党卫队还靠大规模处决来消灭弱者。1945 年最初几个月，致命的筛选扩散到了余下的所有集中营，可能是经济与管理部的指示。党卫队用枪毙、注射死刑和毒气杀害了数万名体弱的囚犯，决心把撤离过程中被视为健康风险、消耗资源和障碍的囚犯全部除掉。[134]有时，党卫队会在囚犯们到达新营地后筛选受害者。[135]营区内部还会有进一步的筛选，特别是在死亡地带。在乌克马克（Uckermark）——一个为“离经叛道的”女孩和年轻妇女建立的治安营，1945 年 1 月，该营地主要由拉文斯布吕克党卫队接管，专门关押主营及其他附属卫星营里最虚弱和最年迈的妇女——党卫队每天都会筛选。“我们可能是病了，但我们还是人！”其中有一个囚犯在 1945 年 2 月 9 日绝望地写道。当中选者被党卫队开卡车拉走时，那些幸免于难的人听到他们的哭声和尖叫声渐行渐远。卡车停在附近拉文斯布吕克的火葬场，在那里，被判死刑的人被迫进入一间小屋，这间小屋在 1945 年 1 月被改造成了毒气室。乌克马克营总计有 8000 名（或更多）女囚，其中 3600 人被谋杀，可能一半都是犹太人。[136]

除了病人之外，集中营党卫队还处决了政治犯和其他需要封口的囚犯。随着政权垮台，整个第三帝国掀起了最后一波疯狂的屠杀。跟希特勒一样，在自我毁灭欲望的驱使下，一小撮狂热分子瞄准了德国战败主义者、外国工人、囚犯和更多群体；如果纳粹德国要灭亡，这些“社会异类”也要一起死。[137]旨在关押最危险敌人的集中营不可避免地处于大屠杀的中心。希特勒和其他纳粹领导人早就设想到，如果战败，就要对集中营囚犯展开血腥清算，这一刻在 1945 年初降临了。[138]清算的对象包括被选中的“高价值”囚犯，比如盟军的特工和知名的抵抗分
569 子。例如，最后几天被弗洛森比格党卫队绞死的人中，有 13 名英国特工、3 名被指控蓄意破坏的法国妇女，以及 7 名德国反抗领袖，包括神学家迪特里希·朋谔斐尔（Dietrich Bonhoeffer）。[139]

最初，许多此类谋杀都遵循的是 1939 年建立的自上而下的路线，由帝国中央安全局正式签发处决令。显然，集中营指挥官在 1945 年初被要求上报那些他们视为威胁的囚犯，以备放弃集中营时不留后患。帝国中央安全局可能搜索了危险囚犯的数据库，进一步扩展了这些名单，然后批准执行死刑。[140]但是，随着中央政府结构解体，德国各地的地区和地方官员获得了更大的权力，可以随心所欲地杀人，最终导致暴行升级。[141]在集中营，指挥官们正式接到了可以下令处决囚犯的官方许可，被授予了他们长期以来一直在争取的权力。[142]

一些注定要死的囚犯展开了反击，就像比克瑙特别工作队的囚犯做过的那样。规模最大的一次叛乱涉及了毛特豪森里“子弹”行动（Kugel）的囚犯。面对越来越多的战俘越狱，德军最高统帅部早在 1944 年 3 月就下令，一旦捕获越狱的敌方军官和非正式任命的官员（美国和英国公民除外），就全部送往毛特豪森。这项秘密行动的代号——“子弹”行动——明确显示了不会留活口。在接下来的几个月里，大约 5000 名判了死刑的囚犯被押送到毛特豪森。大多数是从纳粹的奴隶劳动点逃跑的苏联战俘。毛特豪森党卫队在他们抵达时就处决了几百人，其余都单独关押在 20 号营房，这是一个被石墙和电网包围的隔离区。“本来打算让这些囚犯在我手底下慢慢饿死，”负责该营区的党卫队分区主管后来承认说，“或者让他们死于疾病。”现实确实如此，到 1945 年 1 月底，只有六七百名囚犯还活着。[143]

1945 年 2 月 1 日至 2 日夜间，大多数幸存的“子弹”行动囚犯面对注定的死亡，试图逃离毛特豪森。几个同谋者勒死了高级审头，一个忠于党卫队的德国（或奥地利）政治犯。然后，这些人手持石块、木鞋、肥皂块和灭火器袭击了附近探照灯和守卫塔处的党卫队队员，并抢到了一挺机关枪。超过 400 名囚犯用衣服和湿毯子让电网短路，然后爬过了围墙：这是集中营史上最大规模的逃亡。整个地区对他们的无情追捕持续了大约两个星期。大多数逃犯一两天内就被抓获，当场处决；只 570
有少数人在党卫队和一些当地人所谓的“猎兔”中幸存下来。“我们真的打死了那些家伙。”一名党卫队队员当时吹嘘说。[144]

在其他地方，党卫队通过杀戮来改写历史，让目击者永远沉默，以掩盖最令人发指的一些罪行。目击者包括集中营里许多享有特权的囚犯，他们为知道的所有秘密付出了生命的代价；

还有人体实验的幸存者。[145]其中一名受害者是年轻的乔治斯·科恩，前文提到他在 1944 年 11 月与其他 19 名犹太男孩和女孩一起从奥斯维辛被送到诺因加默。在那里，一名党卫队医生让他们感染肺结核，然后监督他们的腺体手术，导致他们病入膏肓。乔治斯最虚弱，毫无生气地瘫在他的铺位上。不过，孩子们还是活了下来，直到战争的最后几天。结果，1945 年 4 月 20 日，差三天就到 13 岁生日的乔治斯和其他孩子在深夜被党卫队带到汉堡市布伦胡瑟达姆（Bullenhuser Damm）的一所空学校，这里曾被党卫队征用，设立了一个卫星营。在地窖里，这些可怜的孩子被党卫队营区高级医生麻醉，然后被绞死；之后，医生喝了杯咖啡定了定神，开车返回诺因加默。[146]

党卫队顽固分子的奉献精神一目了然。虽然集中营党卫队近年来发生了巨大的变化，但其核心仍然是狂热分子。眼看战争即将结束，他们加倍地迫害囚犯。[147]许多人曾在东部占领区服役，他们把学到的所有虐待和杀戮技巧带到了剩余的集中营。这是真的，因为首先，1000 名奥斯维辛集中营前工作人员中一部分人在 1945 年初被重新调派，还有他们最暴力的审头。“我必须承认，奥斯维辛的环境让我变得更冷血。”一名党卫队官员后来为自己在毛特豪森的行为辩护时说道。毛特豪森吸收了大约 100 名奥斯维辛的前党卫队队员。更多人最终去了多拉，其中包括新指挥官里夏德·贝尔，在他的管理下，暴力行为骤增。贝尔根－贝尔森的新指挥官约瑟夫·克拉默也来自奥斯维辛，随后带来了更多的老员工。“他们都是混蛋、暴徒和虐待狂。”阿里耶·科雷茨在日记里写道。[148]

与此同时，鲁道夫·霍斯成了拉文斯布吕克的常客，1944 年末，他在那里（他的妻子和家人搬到了隔壁）监督大规模枪决和新毒气室的建造。霍斯一定有回家的感觉，因为周围都是奥斯维辛集中营里的熟面孔，比如新的营区负责人约翰·施瓦茨胡伯（两人在达豪时期就认识了）。这些杀人专家来到拉文斯布吕克并非偶然，而是被经济与管理部特意派去除掉所谓危 571
险和生病的囚犯。奥斯维辛即便已经关闭，它的阴影依旧笼罩着集中营系统。[149]

奥斯维辛的老员工里很少有比 29 岁的奥托·莫尔更精通大屠杀的人了，他以前是比克瑙火葬场的负责人。经济与管理部重视莫尔的才华，于是在 1945 年初任命他为一支机动杀人部队的领导。这支队伍完全由比克瑙的老员工们组成，参加了拉文斯布吕克的大规模毒气处决，也是利伯罗瑟大屠杀和萨克森豪森处决行动的幕后黑手。1945 年 2 月底，经济与管理部把莫尔派往德国南部，前往考弗灵营区，让他在那里继续他的杀戮狂欢。这里的囚犯只知道他是“奥斯维辛来的走狗”。[150]然而，莫尔是一个极端的案例，当他继续自己的疯狂时，他的一些同事却放下了屠刀。

集中营党卫队里的意见从未统一过，在 1945 年初，分歧更是越来越大。那时，国内对希特勒和纳粹政权的支持已经基本崩溃。[151]集中营党卫队被低落压抑的民众情绪感染，特别是因为越来越多的普通德国人——海关官员、铁路工人、人民冲锋队成员（德国民兵组织，是纳粹摇摇欲坠的最后一道防线）和其他平民——在战争末期被征召为集中营看守，充分体现了集中营的招募已经十分狂乱。[152]1944 年夏天，随着盟军登陆法国以及红军在东部不断推进，集中营党卫队也开始接到了辞呈。“你们很快就会被解放了，”科隆卡的党卫队看守告诉囚犯，“我们该倒霉了。他们会毫不手软地干掉我们。”[153]战败主义在接下来的几个月进一步蔓延，甚至萨克森豪森的模范营地也显眼地从入口处撤下了纳粹旗帜。[154]弗洛森比格的一个卫星营的一名看守甚至绝望到让犹太囚犯为德国的胜利祈祷。[155]

一些党卫队队员争先恐后地与集中营的罪行划清界限。过去，他们感到不可一世。[156]但是，随着“千年帝国”的倾覆，他们担心风水轮流转。“祝你来年一切顺利，”埃利·科恩回忆起 1944 年底奥斯维辛集中营里一位看守的话，“明年咱们的地位很可能就要对调了。”[157]越来越多的集中营党卫队队员干脆躲开，就像德国国防军士兵从军队潜逃一样，假装生病或者遁走。[158]剩下的党卫队队员里，一些人开始换上更为友善的嘴脸。他们精心策划博取囚犯的怜悯，希望之后可以帮到自己。囚犯们称之为购买“生命保险”，其中一个例子是毛特豪森指挥官弗朗
572 茨·齐赖斯，他突然标榜自己是犹太人的朋友。1945 年 4 月，他不止一次带着一个年轻的犹太男孩在集中营里走来走去，男孩明显被特意打扮过，穿着专门定做的衣服。[159]少数党卫队官员甚至开始违抗上级命令。党卫队医生弗朗茨·卢卡斯（Franz Lucas）曾自愿参加奥斯维辛集中营的筛选，但在 1945 年初，他却公然拒绝在拉文斯布吕克集中营做同样的事。战后，一名党卫队同事不承认这种态度变化是为了战后保命的狡猾伎俩。[160]

集中营党卫队的领导们对士气和纪律的崩塌暴跳如雷。1945 年 2 月底，奥斯瓦尔德·波尔宣称，所有与囚犯建立“私人关系”的人都是“叛徒”，并威胁要处决他们。[161]已经与集中营世界密不可分的指挥官们也积极响应这种强硬立场。1945 年 4 月 20 日，希特勒的最后一个生日，在放映纳粹宣传片《科尔贝格》（*Kolberg*）——一部粗糙的史诗片，赞颂个人对国家的牺牲奉献——时，诺因加默集中营的指挥官马克斯·保利发誓

说，任何玷污党卫队制服的人都将面临残酷的惩罚。他的部下并不怀疑他的话，因为他刚刚把其中一人——保利不喜欢的军官，可能因为对囚犯较为友善——以玩忽职守的罪名交给党卫队法庭，此人四天后就被处决了。[162]

希姆莱的退路

1945 年初，纳粹领导人不得不面对失败。盟军坚守住局势，战场上没有奇迹般的逆转，德国国防军溃不成兵，自 1944 年秋季以来，德国武器产量迅速下降。在柏林的掩体中，希特勒进一步陷入忧郁和偏执，怒斥所有导致他垮台的罪人，从他自己的将军到犹太人。然而，尽管现实如此绝望，希特勒还是没有偏离他绝不妥协的路线——彻底胜利或彻底毁灭。不撤退、不投降、不谈判。

相比之下，希特勒的一些副手则希望拯救自己的性命和权力。希姆莱和其他纳粹领导人在计划自己的退路时，考虑与西方合作，希望西方对苏联统治欧洲的恐惧能促使他们同意单独媾和。但是，任何这样的计划从一开始就是妄想。即使盟军还没有最终敲定针对德国彻底投降的政策，希姆莱也是所有同伙中最不可能被赦免的人：他曾登上《时代》杂志的封面，照片里的他站在一堆尸体前，被评为纳粹臭名昭著的屠夫。希姆莱的愚蠢在战争末期暴露出来。他假设希特勒实际上已经退位， 573
于是通过一个使者向西方势力提出了秘密投降提议。盟军直接公开拒绝了希姆莱的提议。1945 年 4 月 28 日，当希特勒听到这个消息时，他陷入了最后的愤怒，就“人类历史上最可耻的背叛”大声咆哮。几个小时后，在他自杀前不久，他把希姆莱开除出党。[163]

对希姆莱而言，与西方盟国做交易是一种屈辱。然而，对于成千上万的集中营囚犯来说却意味着救赎，因为希姆莱想要把自己打造为一个可敬的谈判对象，这对囚犯们是有利的。早在 1944 年，他首次试图假扮成务实的政治家，当时他批准释放了一些犹太囚犯。1944 年 6 月 30 日，在与国外犹太组织进行秘密谈判后，党卫队挑选出 1684 名犹太人，从布达佩斯遣送到贝尔根 - 贝尔森，这些犹太人在那里享受特级待遇，直到他们被送往瑞士（8 月和 12 月）。党卫队索要物资和金钱作为回报，但这笔交易也是出于希姆莱想要达成和平协议的渴望。[164]

1945 年初，关于释放囚犯的秘密谈判愈发密集。虽然希姆莱仍然谨慎，但他找退路的策略促使他寻求与国外更密切的联系。与此同时，外国政府（如瑞典和法国）和组织（如世界犹太人大会）受集中营内大屠杀相关报告的敦促，恰好也在加大拯救囚犯的力度。救援工作由瑞士外交官卡尔·J. 伯克哈特（Carl J. Burckhardt）领导的红十字国际委员会和副主席福尔克·贝纳多特（Folke Bernadotte）伯爵代表的瑞典红十字会牵头。1945 年 1 ~4 月有一连串的信件往来和会议，偶尔会涉及希姆莱的私人按摩师费利克斯·克斯滕（Felix Kersten）作为中间人。[165]外国使团见到了第三帝国的恶棍天团，包括帝国中央安全局的新领导恩斯特·卡尔滕布伦纳（Ernst Kaltenbrunner）和他的盖世太保首长海因里希·米勒，鲁道夫·霍斯、恩诺·洛林等集中营党卫队的管理者，以及像分队长库尔特·贝歇尔（Kurt Becher）这样的党卫队高官（他是 1944 年占领匈牙利期间的关键人物，1945 年 4 月被希姆莱任命为帝国集中营行政长官，主要负责与盟国和红十字会谈判）。[166]

至于希姆莱本人，他希望得到外国官员的同情，抱怨说自己是一个被误解的人。尽管他的形象很糟糕，但他坚称自己一直是个好牧羊人，只关心囚犯的福祉。为了证明此点，他在幕后做了一些战术调整，下令暂时停止体罚和致命的人体实验。[167]
希姆莱和手下为外国客人们创造了一个完全不同的集中营形象。 574
1945 年 4 月，在红十字国际委员会官员造访拉文斯布吕克集中营时，指挥官祖伦大讲特讲集中营里的教育任务。希姆莱也赞同这种说法。他向谈判人员保证，有关大规模死亡和谋杀的报道只是“凶残的政治宣传”。为了打消外界对贝尔根－贝尔森集中营恶劣条件的担忧，希姆莱声称一切都在医疗专家小组的掌控之中。[168]

在与党卫队的接触中，外国救援人员最初并没有底牌。的确，红十字国际委员会继续寄送食品包裹（特别是给西欧和斯堪的纳维亚的囚犯），直接往集中营里投送物资。[169]但谈判者对德国拒绝外界适度巡视感到沮丧，并抱怨经济与管理部管理者们违背承诺。[170]最重要的是，在释放囚犯这一关键问题上几乎没有任何动静。希姆莱在 1945 年 2 月决定，只有在特殊情况下，才能交出来自丹麦和挪威的老弱病残囚犯；1 月至 3 月间，丹麦政府只接收了大约 140 名被释放的囚犯。[171]

希姆莱在此期间最重要的让步是将斯堪的纳维亚囚犯转移到诺因加默的一个特别营区。从 1945 年 3 月中旬开始，瑞典红十字会的大客车和卡车将囚犯从其他集中营运送到这个营区。奥德·南森便在其中。当他和挪威囚犯一起走出萨克森豪森集中营时，“我们好像插上了翅膀，飞向一排白色大客车”。到了 3 月底，南森和其他 4800 多名斯堪的纳维亚囚犯在诺因加默享受着高品质的食物、舒适的住宿条件和良好的医疗服务。他们的喜悦给其他囚犯造成了更大的痛苦。为了给即将入住的囚犯腾出空间，党卫队将囚犯从所谓的康复区撵出去。有些人几个小时内就死了。还有超过 2000 名囚犯被大客车运走——正是送挪威囚犯来的那些车——瑞典红十字会不情愿地同意帮助运送这些精疲力竭的囚犯到卫星营（许多人将在那里死去）。一些斯堪的纳维亚囚犯对这一切深感不安。1945 年 3 月 31 日，奥德·南森写道，他感到一种“不配和不公平所带来的折磨感，我们比那些境况更糟的人过得更好，那些人濒临死亡，我们却不愁吃喝”。[172]

只有到了 1945 年 4 月，由于德国大部分地区已经被占领，党卫队才最终交出了更多的囚犯。希姆莱渴望与盟军达成协议，他把希望寄托在人脉强大的贝纳多特伯爵身上，后者是瑞典国王的侄子。当月他们开了三次会，最后一次是在 4 月 23 日至 24
575 日晚上，当时希姆莱提出西部前线有条件投降（贝纳多特是向盟军转述的使者）。为了助力他的事业，希姆莱释放了更多的囚犯。起初，主要受益者是斯堪的纳维亚囚犯：丹麦和瑞典红十字会带走了近 8000 名囚犯，包括被关押在诺因加默的这一批。1945 年 4 月 20 日，奥德·南森在“通往自由的巴士”上完成了他在德国的最后一篇日记。囚犯们越过边境来到丹麦后，数千人在街上夹道欢迎，挥舞着旗帜，给他们递鲜花、面包和啤酒。希姆莱很快同意释放更多的囚犯。下令屠杀无数妇女和儿童的人如今将他的“善心”扩大到少数女囚犯身上，包括孕妇和重病者，以及有孩子的母亲。在最后两周的战争中，丹麦和瑞典红十字会接收了大约 9500 名妇女，大部分来自拉文斯布吕克集中营。另有 2000 人乘上了红十字国际委员会的卡车，被送到了瑞士。大多数获救妇女来自波兰，也有来自法国、比利时和其他地方的。“我们身后的集中营变得越来越小，”法国囚犯玛丽霍·雄巴尔·德劳韦（Marijo Chombart de Lauwe）这样描述自己 1945 年 4 月 22 日从毛特豪森获救时的状态，“我坐在这里，眼神空洞，沉默而茫然。”囚犯们需要时间才能醒悟自己真的自由了。[173]

但被释放的囚犯仍是少数。1945 年 4 月和 5 月初，大约 2 万名男女老少获救，与此同时，还有数十万人仍然被困在集中营里。希姆莱在做出战术让步时，决心抓住大部分囚犯作为与盟军讨价还价的筹码——而这意味着从集中营的致命撤离还将继续。[174]这个谋算在他对待犹太囚犯的态度上暴露无遗，在与红十字会讨论时，他总是反复提到犹太人的命运。他曾想过，改善犹太人的生存条件可能会提高自己在西方的可信度。[175]现在，他终于做出了一些象征性的举措。1945 年 3 月 13 日左右，就在波尔开始他最后一次紧张忙碌的集中营巡视前，希姆莱显然指示他转告指挥官们，应该停止屠杀犹太人。希姆莱向外国谈判对象做出了类似的承诺，并直接告诉集中营指挥官，要改善犹太囚犯的待遇。[176]但是，他虚伪的干预来得太迟了，已经于事无补。例如，在毛特豪森集中营，尽管上面突然下令优待生病的犹太人，犹太囚犯依然比其他群体更容易死亡。[177]

希姆莱渴望得到西方的信任，因此愿意释放更多的犹太囚犯。他为了改写自己实施种族灭绝的黑历史，声称一直在支持犹太人有序搬离德国的工作。为了证明自己，在 1945 年 4 月 20 576
日晚上与世界犹太人大会代表诺伯特·马苏尔（Norbert Masur）的非同一般的会面后，他同意立即从拉文斯布吕克集中营向瑞典红十字会释放 1000 名犹太妇女。马苏尔从瑞典来到德国，他的安全由党卫队负责。[178]然而，除了这种战术调整之外，希姆莱从未做过更多的让步。[179]总之，他继续把犹太囚犯当作与西方达成协议的人质。“照顾好这些犹太人，善待他们，”据说希姆莱在 1945 年 3 月底这样告诉毛特豪森指挥官齐赖斯，“他们是我最好的资本。”[180]

希姆莱的人质策略也决定了贝尔根－贝尔森其余犹太人质的命运。1945 年 4 月 7 日至 10 日，就在英国军队到达集中营的前几天，帝国中央安全局派出了三列火车，把 6700 名犹太人运往泰雷津，这是最后一个犹太人聚居区，现在被重新命名为另一个人质营。经过近两周的漫长路途，只有一列火车到达目的地。其余两列火车像幽灵一样在饱受战争蹂躏的德国漂泊了很多天，直到被盟军解放。那时，车上数百名囚犯已经身亡。[181]

最后的几周

到了 1945 年 4 月初，集中营系统陷入混乱，坠入了世界末日和失败的大漩涡中。自这一年年初以来，随着盟军锋利地切入德国境内，希姆莱的恐怖王国迅速萎缩。在 1945 年头三个月里，集中营党卫队共损失了大约 230 个卫星营。[182]与此同时，混乱和死亡在剩余的集中营里蔓延。就连他们大肆吹嘘的战争生产也由于短缺和空袭而几乎陷入停滞，却还要不断派党卫队和囚犯假装运转，掩盖事实。“警笛得了腹泻。”1945 年 2 月 19 日，阿格内斯·罗饶在纽伦堡的一位朋友开玩笑说，就在营地被击中的前几天，这是盟军在战争最后几个月摧毁的几个卫星营之一，造成了更多人死亡。[183]1945 年 1 月到 3 月间，在撤离期间和剩余的集中营里，共有 15 万囚犯死亡，导致囚犯人数多年来首次大幅骤降。[184]

但是，如果认为集中营党卫队已经终结，那就大错特错了。虽然它的掌控力削弱得很快，但还没有完全倒台。而且，这台恐怖装置的规模仍然可观。1945年4月初，还有10个主要集中营和近400个卫星营在运转。[185]剩余的集中营里，还有3万到3.5万名党卫队官员。[186]尽管囚犯人数骤减，但仍有大约55万人 577
身陷囹圄，远远超过一年前。[187]这些男人、女人和儿童来自欧洲各地，大多数被关在卫星营里。德国囚犯的比重下降至史上最低水平，在囚犯总人数中不到10%。[188]相比之下，犹太囚犯已经成长为规模最大的群体之一。近几个月来，第三帝国战前境内的集中营里犹太囚犯的人数迅速增加，首先是因为向卫星营输送奴隶劳工，其次是因为从东部的撤离。到了1945年初春，犹太人大约占集中营囚犯总人口的30%。[189]

直到1945年4月至5月初，集中营系统才算彻底崩溃。在戏剧性的五周内，党卫队经济与管理部解散，盟军到达剩余的卫星营和最后几个主营：布痕瓦尔德和多拉（4月11日）、贝尔根-贝尔森（4月15日）、萨克森豪森（4月22~23日）、弗洛森比格（4月23日）、达豪（4月29日）、拉文斯布吕克（4月30日）、诺因加默（5月2日）、毛特豪森-古森（5月5日）和施图特霍夫（5月9日）。[190]在100多个集中营里，盟军发现了党卫队留下的囚犯，从一些卫星营里屈指可数的幸存者到贝尔根-贝尔森里5.5万名幸存者，人数不一而足。在此期间，估计共有25万名囚犯从集中营里被解放。[191]

然而，当盟军到达时，大多数集中营是空的。党卫队已经从卫星营里撤走了绝大多数人，并减少了大多数主营的囚犯人数。在诺因加默，当英国士兵进入广阔的营区时，几乎没有遗留下来的囚犯。[192]荒废的集中营与外面挤满囚犯的道路和火车形成了鲜明对比。无数的死亡运输在摇摇欲坠的第三帝国里纵横往返，因为通往其余集中营的铁路往往被切断；数以万计的囚犯没能坚持到盟军到来。

历史学家对最后一批死亡撤离有两种相互矛盾的说法。一些人认为集中营系统非常有韧性，即使到最后，囚犯的长途跋涉也可以被视为移动中的小型集中营。[193]另一些人则认为，这批撤离不应该属于集中营的历史，而是纳粹种族屠杀的一个新阶段。[194]最后，两种说法都缺乏充分的说服力。1945 年春天，集中营系统没有稳定性可言；把长途跋涉的囚犯大军视为移动的集中营，也是忽略了其与集中营内生活的明显差异。[195]与此同时，死亡撤离仍然是集中营历史的一部分。毕竟，撤离由集中营党卫队控制，他们已经习惯了杀掉逃跑或筋疲力尽的囚犯。
578 至于囚犯本身，他们极度糟糕的身体状况是集中营的产物，而他们在集中营内学到的行为和建立的联系，在旅途中却被证实是无价之宝。归根结底，死亡撤离加速了集中营系统内长期存在的趋势。其结构变得更加灵活多变，因为囚犯永远在移动；行凶者获得了更多的自主权，杀人完全不受惩罚；工作人员变得更加多样化，因为越来越多的男性从外界被征召为看守。审头拥有更大的影响力，其中一些人有了正式武装和增派的护卫。恐怖行为更加现于人前，因为载着囚犯大军的火车在德国各地到处跑。[196]

“（绝对）不能让一个囚犯活着落到敌人手中”

1945 年春天，集中营大规模撤离的决定还没有最终敲定。在恐慌逐渐攀升的情况下，党卫队领导者考虑过几个替代方案，还向困惑的地方官员发出过自相矛盾的信号。[197]最激进的想法是血洗所有囚犯，让他们为第三帝国陪葬。希特勒曾鼓吹说宁可将德国夷为平地也不给敌人留下任何东西的时候，党卫队领导人和地方官员之间也零星讨论过彻底摧毁集中营，连同里面的人一起。但是，正如希特勒的焦土命令没有执行一样，党卫队也从未真正要杀死所有囚犯。[198]

另一个极端是大规模释放。在纳粹监狱撤离的时候，帝国司法部决定释放大量被认为无害的囚犯。[199]但是，这样的措施对希姆莱和他的下属官员来说是不可接受的。大规模释放会摧毁集中营的创始神话，证明它并非抵御国家最邪恶敌人的堡垒。最终，帝国中央安全局只同意释放几千名政治犯。[200]还有几千名德国士兵被塞入杂乱的集团军，尽管像约瑟夫·戈培尔这样的纳粹要员们抱有希望，但这些不情不愿、装备不良的士兵并没有为保卫祖国做出明显的贡献。[201]

还有一种方案是先把选定的囚犯转移走，然后弃营，留下绝大多数人。经济与管理部内部有些人支持这种做法。毕竟，到 1945 年春天，像以前那样有秩序的大规模疏散已经不可能了；运输系统已经支离破碎，最后一批集中营也在崩塌。[202]希姆莱同样不太认真地对待这个想法，当谈到布痕瓦尔德主营的最后撤离时，他下令把剩下的囚犯留给盟军。[203]但他很快改变了主意。1945 年 4 月 6 日，指挥官皮斯特接到希姆莱的新指令，要立即弃营。希姆莱要求，要最大限度地清空布痕瓦尔德，将囚 579
犯都送去弗洛森比格。[204]最后，仍然采用的是党卫队默认的撤离模式。[205]

1945 年 4 月，集中营党卫队放弃了 8 个主营和 250 多个卫星营，强迫数十万囚犯踏上撤退之旅。一些党卫队官员屈服于当地工业和市政府的压力，他们要求党卫队先盟军一步把奴隶劳工带走，以洗刷自己与集中营罪行的任何联系。[206]此外，党卫队头领认为有充分的理由扣住囚犯不放。[207]希姆莱本人仍然把囚犯——尤其是犹太人——当作他单独媾和的筹码。[208]经济与管理部领导人仍然认为集中营是重要的军备生产场所。波尔和他的管理者们拒绝接受不可避免的现实，疯狂地工作，以保持最后的工厂继续运行，而无情的汉斯·卡姆勒希望制造新的奇迹武器；在多拉地下设施被废弃后，卡姆勒想在另一个隧道工厂中生产防空导弹，因此把蓝图、机器和囚犯带到埃本塞。[209]从卡姆勒这些狂热分子的角度来看，把身体健全的奴隶留在废弃的集中营里，这种想法是蓄意破坏。

也许最重要的是，党卫队领导人认为必须保护德国公众。他们记得 1918 年革命期间，当被（错误地）指控犯有严重罪行的囚犯重获自由时，发生了恐怖的报复事件。[210]从布痕瓦尔德撤离后，他们的恐惧变成了现实。虽然希姆莱改变指令后，集中营党卫队在最后一刻设法带走了大约 2.8 万名囚犯，但美军到达时，营里还剩下 2.1 万名囚犯。他们的解放令德国当局大吃一惊——魏玛警察长在 4 月 11 日下午给集中营指挥官皮斯特打电话，却被一个欢欣鼓舞的囚犯告知皮斯特已经不在了。该地区很快就充斥着囚犯抢劫和强奸无助平民的报道。这些故事大部分都毫无根据，出于多年来被压抑的恐惧，当地人将极小的插曲也歪曲成暴行。但是谣言越传越烈，甚至传到了德国元首的耳朵里。希特勒非常生气，据说他给希姆莱下令，集中营撤离时，所有能走动的囚犯都要带走。[211]

于是，希姆莱开始行动。1945 年 4 月 15 日前后，他与集中营党卫队官员们举行了会议，在专列上接见了里夏德·格吕克斯和其他高官。他提到魏玛所谓的暴行，明确下令剩余的集中
580 营要彻底清空。[212]仅仅几天后，大约在 1945 年 4 月 18 日，希姆莱在给弗洛森比格的电报中重申了他的强硬路线，漠视所有将

囚犯留给盟军的建议："弃营时没有什么可商量的，（绝对）不能让一个囚犯活着落到敌人手中。看魏玛－布痕瓦尔德的囚犯就知道，他们会以最残忍的方式虐待当地人民。"[213]当时，其他主营似乎也接到了类似的指示。[214]

毫无疑问，外国媒体近期对集中营党卫队罪行的报道强化了希姆莱不妥协的立场。在盟军到达马伊达内克、纳茨维勒和奥斯维辛等集中营后，曾有一些早期曝光，包括第一部在废弃集中营拍摄的电影，但国外的反应依然不强。[215]直到 1945 年 4 月，最近解放的集中营里拍摄的照片才传遍全球。媒体的注意力最初集中在布痕瓦尔德——1945 年春天第一个被解放的党卫队集中营，里面还有大批囚犯。[216]希姆莱对这些报道感到非常愤怒，因为这是对他正在把自己描绘成一个人道主义者的公然嘲弄。1945 年 4 月 20 日至 21 日，在会见世界犹太人大会代表时，他痛斥外国媒体对布痕瓦尔德"恐怖故事"的报道。希姆莱威胁说，将来他可能不会再留下任何囚犯。[217]

不过，这种威胁并非一锤定音，因为当地的集中营党卫队没有或没能力严格执行希姆莱的命令。在战争最后三周中被遗弃的所有主要集中营里，只有诺因加默几乎是完全清空的。相比之下，在弗洛森比格、萨克森豪森和拉文斯布吕克，集中营党卫队留下了一些患病的囚犯。[218]许多卫星营也一样。[219]因此，并非所有集中营党卫队的人在接到希姆莱指示的时候都理解了其中的含义，即必须运走所有能动的囚犯，然后把剩余的杀掉。[220]

与此同时，在最后一批坚挺到政权末日的集中营，党卫队也确实无处再遣送囚犯。最终，达豪主营只是部分清空，美军在 4 月 29 日解放了大约 3.2 万名囚犯。几天后，当党卫队官员逃离毛特豪森时，大约在主营和古森留下了3.8万名囚犯。[221]在最后一批卫星营（超过80个）中，党卫队工作人员在5月初逃跑时也留下了大部分囚犯。然而，直到集中营党卫队穷途末路，他们普遍还是在努力执行全部（或近乎全部）撤离的政策。

最引人注目的例外是贝尔根－贝尔森，这是唯一正式移交给盟军的主要集中营。1945年4月11日，希姆莱授权他的代表、党卫队分队长库尔特·贝歇尔将贝尔根－贝尔森附近地区
581 移交给英国军队。也许希姆莱想向西方做出一个大力度的示好，不过他也有放弃这个集中营和其中囚犯的现实理由，因为撤离有可能会将斑疹伤寒传染给德国民众和军队。1945年4月15日下午，在达成本地停战协议后，英军前往集中营主营。唯一一位没有逃跑的党卫队指挥官约瑟夫·克拉默接待了他们，正式将集中营移交给英军。英军士兵进入集中营时惊呆了。尽管党卫队竭尽全力清理现场，但还有超过1.3万具尸体散落在主要营区里。亚历山大·史密斯·艾伦（Alexander Smith Allan）少校回忆说："简直就是尸体地毯，大多数已经是皮包骨头，其中许多尸体没穿衣服，胡乱堆在一起。"在不稳定的过渡时期，一些党卫队人员起初协助管理营地时甚至向囚犯开枪，但随着其罪行的全貌浮出水面，英军解除了剩余党卫队人员的武装并把他们关押起来。"我逮捕的第一个人是约瑟夫·克拉默，"诺曼·图尔格（Norman Turgel）中士在战后说，"身为犹太人，逮捕了纳粹德国最臭名昭著的一个刽子手，我为此深感自豪。"[222]

弃营

到了1945年春天，党卫队官员成了撤离专家。[223]通常，他们首先会关闭离前线最近的卫星营，将囚犯送回主营或其他被

指定为接收营的卫星营。虽然盟军的推进经常破坏这些计划，并将囚犯转移到其他地方，但一些接收营的规模依然变得非常庞大。1945 年 4 月，在诺因加默综合营区里，沃伯林（Wöbbelin）和桑德博斯特尔（Sandbostel）两个卫星营接收了近 1.5 万名囚犯；里面如同人间地狱，大约 4000 名囚犯在解放前死亡。“在我们看到沃伯林之前，就先闻到了它的味道，死亡的味道。”美军地区指挥官后来写道。[224]

党卫队的另一个惯例是消除犯罪证据。在剩余的营地中，官员们销毁了文件、刑具和其他的罪行证据，包括绞刑架。萨克森豪森、毛特豪森和拉文斯布吕克的毒气室也被拆除，囚犯的尸体被匆忙掩埋或焚烧。目的是赶在盟军到来之前让一切“看起来得体”，拉文斯布吕克指挥官弗里茨·祖伦这样对囚犯们说。在诺因加默主营，党卫队甚至强迫囚犯清理营房的地板和窗户，粉刷其中一些墙壁，期待用白色的涂料来掩盖多年的野蛮行径。[225]

在最后撤离的前夕，当地集中营党卫队的官员决定了剩余 582
伤残者的命运。在过去几周和几个月里，许多虚弱的囚犯已经死亡。但是，灾难性的条件总是创造出更多的活死人，他们的命运直到最后都悬而未决。个别集中营的党卫队官员做出了非常不同的选择，就像他们的同事在早些时候的撤离中所做的那样。有的人在交通工具允许的情况下，强迫伤残囚犯离开。[226]在其他地方，在营地被清除时，党卫队把病人留了下来。也有一些人遵循希姆莱的指示，不让囚犯落入盟军手中，因此展开了最后的屠杀。

如何处理伤残囚犯只是当地集中营党卫队面临的困境之一。当他们意识到像布痕瓦尔德和达豪这样的集中营只能部分清空时，党卫队官员不得不决定带走哪些囚犯。在达豪，他们开始召集犹太人，后来又加上德国人和苏联人。1945 年 4 月 26 日共有 8646 名囚犯离开，几乎一半来自苏联，超过三分之一是犹太人，其余是德国人。[227]在布痕瓦尔德，党卫队最先选择带走的也是犹太人，然后增加了其他囚犯，包括波兰人、苏联人、捷克人、法国人、比利时人和德国人；撤离的 2.8 万名囚犯中，超过半数来自“小营”。[228]显然，党卫队官员并不是随机挑选囚犯踏上死亡运输的旅途。他们有特定的针对对象，尤其是那些被认为价值很高或特别危险的囚犯，“犹太人质”这两类都算。[229]

囚犯们不惜一切代价逃避最后的死亡运输。他们长久以来一直梦想着离开集中营，现在却迫切地想留下来，等待盟军的到来。在布痕瓦尔德和达豪的局部撤离期间，一些囚犯试图阻挠和拖延党卫队。但大多数抵抗轻而易举就被镇压。1945 年 4 月 9 日，一名布痕瓦尔德囚犯沮丧地写道：“即便党卫队人数很少，他们还是可以强迫囚犯做任何他们认为必要的事情。”[230]

然而，党卫队的掌控往往只能维持到营地门口。虽然他们仍然强大到足以迫使囚犯离开，却无法保持运输按计划进行。随着德国运输系统分崩离析，火车经常停下来或改变方向。原本计划一天就能抵达的旅程或许需要花费数周时间，而且持续的时间越长，死亡的囚犯就越多。1945 年 4 月 7 日，一列满载约 5000 名囚犯的火车从布痕瓦尔德出发，大约三周后抵达达豪时，车上堆了 2000 多具尸体（这些是美国士兵 4 月 29 日首次进入达豪时发现的尸体）。党卫队在其他地方将幸存者从卡在半路的火车上赶下来，继续步行。但是，由于许多道路不再可以
583 通行或被切断，长途跋涉的队伍往往走散或迷路。囚犯们感觉好像在绕圈子走，总是在躲避距离最近的盟军部队。[231]

在路上，党卫队运输负责人已不能指望从上级那里得到任何指导。通信网络也在崩塌，基本上无法再和党卫队经济与管理部总部联系。不久，经济与管理部就彻底消失了。奥斯瓦尔德·波尔于 4 月中旬离开他在柏林的办公室，就在德国首都被包围前不久，他的大多数手下，包括 D 处的人也离开了办公室。1945 年 4 月 20 日至 21 日，包括里夏德·格吕克斯在内的最后一批集中营党卫队管理者从奥拉宁堡逃跑。在党卫队保安人员最后一次锁上门后，自 1938 年夏天以来成为集中营系统神经中枢的 T 字楼自此空无一人。[232] 正如德国在 4 月底分裂一样，集中营党卫队也支离破碎。从柏林逃走的经济与管理部管理者们分成了两组，一组北上，一组南下，很快失去了联系。[233]

除了少数例外，最后一波死亡运输原本也计划向北或向南移动，因为党卫队试图掌控住最后的囚犯。[234] 起初，大多数是通往剩余的主要集中营。同样，集中营党卫队的管理者也聚集到仍在运营的集中营。在北部，经济与管理部 D 处的残部在拉文斯布吕克建立了一个临时基地。与此同时，奥斯瓦尔德·波尔南下（显然是根据希姆莱的指示），在达豪种植园定居。在这里，还有其他几名经济与管理部官员，包括 D 处的几名官员和他们的家人，以及两名前指挥官里夏德·贝尔（多拉）和赫尔曼·皮斯特（布痕瓦尔德）及其手下。就在达豪获得解放的前几天，波尔为他的部下主持了最后一顿丰盛的晚餐。他习惯于奢华的生活，也要以这样的方式谢幕。[235]

1945 年 4 月下旬，随着盟军逼近最后一批主要集中营，一些输送的列车开始转向完全虚构的地点。在南部，像帝国中央安全局领导卡尔滕布伦纳等纳粹领导人梦想着在奥地利土地上会有一座坚不可摧的高山堡垒，还自带军火工厂。几个集中营党卫队官员驶向蒂罗尔（Tyrol）这个假想地点。其中包括指挥官皮斯特和他的同事爱德华·魏特（Eduard Weiter），后者取代马丁·魏斯成为达豪的指挥官。他们在4月28日或29日最后一刻逃离达豪，驾驶着满载食物和酒的车队离开。在希姆莱的祝福下，徒步行进的囚犯们也向南前往奥兹山谷，那里正在建造一处战斗机测试设施。希姆莱下令，如果必要的话，囚犯可以住在地洞里；不过最后，很少有囚犯活着踏上奥地利的土地。[236]

584 德国北部的党卫队也想象了一个偏远的新营。[237]集中营党卫队领导人考虑了各种地点，包括波罗的海沿岸［吕贝克和弗伦斯堡（Flensburg）］的德国城市和波罗的海的一个岛屿［费马恩（Fehmarn）］。甚至有人提出将囚犯带到挪威，在那里，奥斯维辛集中营的前营区负责人奥迈尔正带着来自萨克森豪森的看守建立一座新的集中营。虽然没有适当的计划，但一些运载着囚犯的车队开始驶向德国北角。许多被盟军拦截，但1945年5月初，党卫队仍然从诺伊施塔特（Neustadt，吕贝克城外）的诺因加默和施图特霍夫集中营集结了一万多名囚犯。大部分被扣留在诺伊施塔特湾的三艘船上（货船“雅典”号和“提尔贝克”号，以及客轮“阿科纳角”号）。囚犯们挤在甲板下，没有食物、水或空气；每天早上，苏联囚犯亚历山大·马奇纽（Aleksander Machnew）回忆说，他们不得不用绳子把死人吊出来。[238]

与此同时，许多集中营党卫队领导人聚集在更远的北方，在弗伦斯堡，幻想中的“北部堡垒”成为吸引第三帝国顽固派精英的磁石。那里是德国临时政府的所在地，由狂热的军事指挥官卡尔·邓尼茨（Karl Dönitz）元帅领导，希特勒于1945年

4 月 30 日自杀后，他成了德意志帝国的总统。此外，那里还有纳粹恐怖统治的专家们，包括党卫队和帝国中央安全局高层官员。经济与管理部高层工作人员在 4 月 28 日左右逃离集中营后，通过拉文斯布吕克也抵达了此处，同行的还有其他集中营党卫队的老队员。这是一个显赫的群体。办公室 D 处的所有部门领导都在场——鲁道夫・霍斯、格哈德・毛雷尔、恩诺・洛林和威廉・布格尔——以及他们名义上的上司里夏德・格吕克斯。还有几位前指挥官——马克斯・保利（诺因加默）、安东・凯因德尔（萨克森豪森）、弗里茨・祖伦（拉文斯布吕克）和保罗・维尔纳・霍佩（施图特霍夫）——和他们的一些工作人员。最后，还有贝尔塔・艾克（Bertha Eicke）和她的家人；作为传奇人物特奥多尔・艾克的遗孀，她跟高层关系密切，由霍斯亲自照顾。这些人被吸引到弗伦斯堡的首要原因是海因里希・希姆莱的存在，他也在 1945 年 5 月 3 日至 4 日左右北上，与手下碰面。这是希姆莱和他的集中营党卫队领导人之间的最后一次集会。[239]

致命运输

1945 年春天最后一波死亡运输再现了早期撤离的痛苦。囚犯们在行进途中不能有片刻喘息，即便是连夜长途跋涉之中。谷仓和棚子挤满了人，常常根本无法入睡，而那些躺在露天的人——在采石场、田野或森林空地上——在寒冷和雨中颤抖，经常发生混战，较为强壮的囚犯们会抢夺食物和毯子。[240]偶尔，集中营 585
党卫队在临时营地重新部署。最大的此类营地建于 1945 年 4 月 23 日，当时萨克森豪森死亡行军的第一队人马停在一个叫贝洛（Below）的村庄附近。与贝洛的森林相比，即使是最原始的卫星营也算是设施完善了。至少有 1.6 万名囚犯睡在泥泞的洞穴或用树枝搭成的帐篷里。白天，他们围着火堆，或走几步寻觅树皮、树根和甲虫充饥。几天后，追寻着死亡行军踪迹的红十字国际委员会卡车带着食品包裹抵达之后，囚犯们才吃上了真正的食物。分发的牛奶、罐头肉和水果无疑挽救了囚犯的生命。但在 1945 年 4 月 29 日至 30 日，党卫队恢复行军时，已有数百人死亡。[241]

在最后的运输过程中，党卫队的屠杀行为不断攀升。由于普通看守在德国战败已成定局的情况下越来越不愿意沾染鲜血，因此集中营党卫队的领导人把处决掉队囚犯的任务交给了特别挑选出来的一批党卫队人员，他们跟在队尾。例如，在弗洛森比格死亡行军中，所谓的埋骨小队由埃里希·穆斯班德带领，他是马伊达内克和比克瑙火葬场的前任主管，我们上一次提到他，是说他向女看守挥舞尸体残肢。像穆斯班德这样的党卫队队员，长期习惯于杀戮，偶尔还会在射杀疲惫不堪的囚犯之前，嘲弄和折磨他们。[242]

许多老练的党卫队杀手是反犹主义者，许多受害者都是犹太人，这样的事实导致一些历史学家将 1945 年春天的致命运输形容为种族屠杀的最后阶段：随着毒气室关闭，现在通过其他方式消灭犹太囚犯。[243]毫无疑问，在这些死亡行军中，犹太人在囚犯中占很大比例——大约三分之一到一半——在遇难者中也占很大一部分。[244]然而，党卫队并没有试图在撤离期间有计划地杀害所有犹太人。这一次，没有来自上面的种族灭绝命令；相反，希姆莱把犹太人当作人质，这也是为什么在盟军逼近时，比起大多数其他囚犯，犹太人更有可能被带出集中营。在随后的致命运输中，党卫队并没有区别对待犹太人和其他囚犯。[245]他们通常一起行军，有着相同的命运。事实上，由于囚犯的编号和制服要么混在一起，要么丢失，许多犹太人利用最后几周的混乱——当档案丢失或销毁时——来掩盖身份，无论如何都无法将他们与其他囚犯群体区分开。最终，生存主要取决于运气和力量。[246]

586 即使党卫队专门挑出犹太人进行单独运输，也不一定是大规模灭绝的前奏。1945 年 4 月 10 日从贝尔根－贝尔森出发的“犹太人质”列车，许多护送者都是士气低落、上了年纪的退伍士兵，他们基本不找囚犯的麻烦。一些人还把食物和香烟分给囚犯，而负责运输的领导则试图沿途寻找额外的补给品。有时，看守甚至允许囚犯离开火车，在乡间游荡觅食——这在早些时候的集中营撤离中是完全无法想象的。[247]

所有这些都得出了一个至关重要的结论：集中营撤离的主要目的不是谋杀犹太人或其他囚犯。[248]虽然因疲惫、饥饿、疾病和子弹而大批量死亡是必然的结果，但并不意味着刻意的终结。在大规模灭绝时，党卫队仍然拥有更有效的手段，偶尔在最后一刻的屠杀中显示出毁灭性的效果。[249]不管怎么说，在 1945 年 4 月和 5 月初，这些运输确实是致命的，数以万计的囚犯死在德国的道路、火车和船只上，其中包括一些被盟军意外杀害的囚犯，这也许是撤离史上最悲惨的一章。[250]

1944 年，随着轰炸袭击的升级，盟军攻击了许多使用奴隶劳工的德国工厂，被误杀囚犯的人数有所增加。1944 年 8 月 24 日发生了最致命的一次袭击：在美国突袭布痕瓦尔德军工厂后，近 400 名囚犯丧生，其中包括前社民党国会主席鲁道夫·布赖特沙伊德（Rudolf Breitscheid）。党卫队在此次袭击中也伤亡过百，包括许多党卫队人员的家属；办公室 D 处的实际领导人格哈德·毛雷尔在空袭中失去了妻子和三个孩子。[251]其他主要集中营和一些卫星营也遭到了轰炸。[252]囚犯们对这些突袭心情复杂。一方面，他们为党卫队施暴者的脆弱不堪和盟军制霸长空、事实上缩短战争的事实感到快意。另一方面，他们知道未来的解放者可能会杀死他们，因为炸弹无眼，不会区分行凶者和受害者。1944 年 10 月，当达豪螺丝厂的囚犯被密集的炸弹击中时，他们认为“这将是我们所有人的末日”，埃德加·库普费尔在秘密日记中写道，他彼时正在医务室恢复他那骨折的脚。[253]

1945 年头几个月，由于盟军飞机投下的炸弹比以往任何时候都多，低空飞行的飞机开始扫射士兵和平民，所以空袭对囚犯生命的威胁有所增加。臭名昭著的奥拉宁堡砖厂是空袭目标之一，1945 年 4 月 10 日被夷为平地，数百名囚犯被埋在废墟和瓦砾之中。几天前对诺德豪森的一次突袭夺去了更多的生命，杀掉了波尔克死亡地带的 1300 名囚犯。[254]更多的伤亡发生在集
587 中营之外。运输囚犯的列车伤亡尤为惨重。例如，1945 年 4 月 8 日晚，美国对策勒（Celle）货运站的袭击摧毁了一长列火车的一部分，这列火车载着 3500 名来自诺因加默和布痕瓦尔德的囚犯。袭击造成几百人死亡，更多人重伤。[255]

最严重的灾难发生在 1945 年 5 月 3 日战争就要结束时。在英国对基尔和吕贝克附近德国船只发动大规模空袭时，数枚导弹击中了诺伊施塔特湾的“提尔贝克”号和“阿科纳角”号船。瑞士红十字会发出紧急警告，称两艘船都关押了囚犯，但前方没有及时收到信息。从爆炸和船只失火中幸存下来的囚犯或冻死或淹死，还有些囚犯被英国战斗机射死。安纳托利·库利科夫（Anatolij Kulikow）后来作证说：“我已经游了一会儿，但没有力气继续游了。”他被其他囚犯救上救生艇，这是海军历史上最大的灾难，夺走了 7000 多条生命，只有大约 500 人得以幸存。[256]

德国普通民众

1945 年 4 月 26 日下午 4 点半左右，集中营队伍来到了奥伯林德哈特（Oberlindhart），一个位于下巴伐利亚州起伏丘陵中的宁静村庄。在兄弟的农场里，52 岁的主妇琴塔·施马尔茨尔（Centa Schmalzl）独自一人时，大约 280 名缓慢行进的囚犯步入她的视野，周围有几十名党卫队看守。焦躁不安的运输领导人，一个上了年纪、脸庞鲜红的党卫队男子粗暴地告诉施马尔茨尔，他们会留下来过夜。然后，他要求给一个自称他妻子的女人准备一张床，拿一些食物给他的看守，那些人已经在厨房安顿下来。琴塔·施马尔茨尔看到看守殴打那些乞讨食物的囚犯。他们还打倒了一名试图给俘虏送水的当地法国工人。党卫队最终给饥饿的囚犯分发了一些土豆后，便把他们锁在谷仓里，不过时间不长。附近发生爆炸后，惊慌失措的党卫队队员在午夜后又把他们赶了出来。就在他们离开之前，琴塔·施马尔茨尔听到谷仓传来枪声。随后过来一名党卫队队员，要求她处理掉谷仓里的三具尸体；其他囚犯已经离开，消失在夜色之中。[257]

琴塔所见的是 4 月 7 日布痕瓦尔德撤离的一段插曲，当时有 3000 多名囚犯，其中大多数是“小营”的犹太人，此后他们又被分成不同的队伍。囚犯大军向遥远的达豪跋涉，奥伯林德哈特只是沿途无数犯罪现场的其中一个。[258] 1945 年春天，类似的场景在德国各地都曾出现。在街道、广场和车站，当地德国人直面来自集中营的死亡运输：他们见到了囚犯被殴打，听到了枪声，闻到了死亡的气味。自 1943 年底卫星营蔓延以来， 588
党卫队的恐怖统治变得更加清晰可见；如今完全公之于众，因为就连奥伯林德哈特这样的偏远角落也出现了囚犯的身影。[259]

德国平民的反应各不相同，跟早先见到囚犯时一样。一种反应是震惊；甚至几个月后，一些证人提起当时的情景都会崩溃，因此无法作证。[260]偶尔，担心的当地人会把食物和饮料留在路上，或者直接交给囚犯。[261]也有人帮助那些逃跑的囚犯。在运输过程中，有许多逃跑事件，因为绝望的囚犯们趁着越来越混乱的形势，常常在一时冲动下偷偷溜走。[262]由于经济与管理部的囚服几个月前用完了，许多囚犯因此换上了便服，这更有利于他们逃跑。[263]成功逃脱往往需要当地德国人假装视而不见或提供庇护。[264]1945 年 4 月 28 日发生了集中营历史上罕有的一件事，大约 15 名越狱的囚犯甚至参加了当地平民在集中营发源地达豪的起义。一小群反叛分子决心在不流血的情况下将该镇移交给美军，因此向市政府发起了猛攻。党卫队很快包围了他们，虽然大多数反叛分子逃走了，但仍有六个人被击毙。[265]

然而，比起支持，更常见的是沉默。少数德国帮手远远不及沉默的大多数，这些人袖手旁观，或者在囚犯经过时移开了视线。这种被动可以掩盖不同的情绪，包括好奇、冷漠和顺从。[266]其中最重要的是恐惧：对党卫队的恐惧，因为党卫队威胁愿意帮助囚犯的当地人，偶尔还狠狠惩罚他们；[267]对连坐的恐惧，因为盟军即将到达，平民不想与党卫队的罪行有牵连，当一名看守在奥伯林德哈特附近的一个村庄将一名精疲力竭的囚犯拖走时，一名当地妇女恳求他不要在她家门外射杀受害者；[268]最后还有对囚犯的恐惧。集中营囚犯是危险罪犯的形象根深蒂固，一些当地人遇到囚犯队伍时会公开发泄他们的厌恶，对着囚犯高喊“叛徒”、“强盗”和“杂种”。[269]党卫队看守鼓励这种敌意，并提醒当地人：“这些人是罪犯。”[270]

恐惧有时会变成偏执和恐慌，幻想逃跑的囚犯会攻击手无寸铁的平民。事实上，大多数在逃的囚犯都小心翼翼地远离他人的视线。但是，这并没有阻止关于危险的囚犯成群结队逍遥法外的谣言，也助长了类似的焦虑，认为有外国工人团伙打劫。当地官员和报纸发出了歇斯底里的警告，关于抢劫、强奸和谋杀的议论很多，就像布痕瓦尔德集中营撤离之后一样。[271]人民冲锋队的老队员、希特勒青年团的年轻人、三流党派官员以及当 589
地社区的正直成员在刺激之下纷纷行动，向当局告发逃跑的囚犯或参与搜捕行动，形成第三帝国末期纳粹恐怖统治典型的分权现象。[272]

受害者中包括 1945 年 4 月 8 日美国空袭后从策勒的列车中逃跑的囚犯。第二天早上，德国士兵、警察和党卫队武装力量搜查了附近的花园和树林——大多数囚犯都躲藏在那里——并朝囚犯开枪。当地平民也参与了搜捕。屠杀是由当地军事指挥官策划的，他声称囚犯正在全镇“屠戮和劫掠”；在策勒附近，至少有 170 名囚犯被杀。[273]在德国其他许多城镇和村庄，在当地居民的协助下，逃亡的囚犯被谋杀。一位目击者在一次类似的追捕之后写道，这是“真正的流血事件”，他依然震惊于一些邻居突然发疯杀人，开枪打死躲在地窖、棚子和谷仓里的囚犯。[274]

对于还在党卫队管控下的囚犯，一些当地人也参与了杀戮。1945 年 4 月 13 日，在马格德堡以北的小镇加尔德勒根（Gardelegen）就发生了这样一件事。几个囚犯经过长途跋涉后刚到达该地区不久，这里就几乎完全被美军包围。加尔德勒根当地狂热的纳粹领导人提出，如果被解放，这些囚犯将对民众构成严重威胁。当地一些民众被逃跑囚犯所犯暴行的故事激怒，纷纷支持这位领导人。4 月 13 日下午，囚犯们从镇中心的军营被押到城外一个偏僻的砖砌谷仓里。凶手们——掺杂了党卫队队员、伞兵和其他人——用火把和火焰喷射器点燃谷仓内浸满汽油的稻草，并往里面投掷手榴弹。谷仓很快就着起了大火。波兰囚犯斯坦尼斯瓦夫·马耶维奇（Stanisław Majewicz）是活下来的 25 个幸存者之一，他后来回忆说："人被活活烧死时的尖叫声越来越大，呻吟声也越来越大。"那些试图逃跑的人遭到机枪扫射。当美军在 4 月 15 日到达现场时，他们发现了大约 1000 具烧焦的尸体。[275]

关于这次暴行的新闻经美国媒体迅速传播开来，加尔德勒根也成为纳粹战时罪行的一个象征。但这是一个偶发事件，并不是常态。很少有地方领导人像加尔德勒根领导那样一心一意进行大规模屠杀。例如，就在大约 20 英里之外，另一位纳粹党官员保护了行进到村子里的 500 名囚犯。即使在加尔德勒根，也只有少数平民积极参与谋杀囚犯。更多的德国人，不管在这里还是其他地方，都不想把自己跟败局已定的事业绑在一起。[276]

590 集中营和其中的囚犯总会在普通德国人中引起一系列反应。不论是在第三帝国的初期还是末期，民意从来没有统一过。即使在像奥伯林德哈特这样的小村庄里，分歧也很明显。1945 年 4 月 26 日，当布痕瓦尔德的囚犯在这里停留时，大多数当地人都默然旁观。有几个人呼吁大规模处决；其他一些人，包括市长在内，则庇护逃跑的囚犯。即便在囚犯大军离开村庄后，当地的闹剧仍在继续。一些狂热的居民揭发说有囚犯藏匿在施马尔茨尔家的谷仓里。但还有另一个转折：再次被抓的囚犯恳求当地一名警察饶命时，出于同情，警察把他们转移到了另一个农场，在那里他们等到了第二天到达的美国士兵，最终获得了自由。[277]

结局

到了 1945 年 5 月初，哪怕最执迷的纳粹狂热分子也知道游戏即将结束。第三帝国已成废墟，许多像鲁道夫·霍斯这样毕生奉献给党卫队的人认为“我们的世界已经跟元首一起逝去了”。他们最后的希望是海因里希·希姆莱。当霍斯和其他集中营党卫队管理者们于 1945 年 5 月 3 日至 4 日在弗伦斯堡与他们的领袖会面时，他们很可能期待的是最后决战的召唤。希姆莱会为他们提供另一个梦幻般的愿景吗？还是会命令他们在荣光中倒下？但最终什么都没有。在新成立的邓尼茨政府外，几乎僵硬的希姆莱满面笑容，轻快地宣布，他对集中营再没有任何指示。他与下属们握手告别之前，发出了最后一条指令：官员们应该伪装自己，躲藏起来，就像他为自己打算的一样。[278]

即使败退，集中营党卫队的领导人依然追随希姆莱。办公室 D 处的几个人换上了海军制服和假身份。格哈德·毛雷尔变成了保罗·克尔（Paul Kehr），霍斯变成了弗朗茨·朗（Franz Lang）。霍斯、毛雷尔和其他几个经济与管理部的人一起，假装在德国北部农村的小农场里工作，起初躲过了抓捕。然而，他们的前任上司里夏德·格吕克斯虽然把名字改成了松内曼（Sonnemann），却完全不可能假冒成农场雇员来蒙混过关。格吕克斯六年前接手集中营系统时还身材强壮，如今消瘦得却像当年体形的影子。他逐渐失去了制度上的权力，同时还伴随着身体机能的显著衰退，在他与奥斯瓦尔德·波尔越来越少的会面中尤其明显。他猛吃药和酗酒，据传已经失去了理智，与其说是活着，不如说更像个死人，他最终在弗伦斯堡的一家德国军队医院里了结了自己。1945 年 5 月 10 日，在第三帝国投降后 591

不久，格吕克斯咬破了一粒氰化钾胶囊，自杀身亡。[279]

格吕克斯的死算是赶上了1945年春天席卷德国的自杀浪潮。纳粹宣传机构将自杀赞颂为终极的牺牲。事实上，导致前纳粹官员自杀的主要原因是恐惧和绝望。[280]党卫队的自杀潮由海因里希·希姆莱带头，他于1945年5月23日被英国人囚禁，被捕两天后自杀身亡。在其他自我了断的集中营党卫队官员中，有恩诺·洛林和达豪最后一任指挥官爱德华·魏特。[281]大多数自杀的人都是顽固的党卫队老队员，尽管有些人对集中营系统感情复杂，其中包括汉斯·德尔莫特，这名年轻的奥斯维辛医生在第一次筛选囚犯时就崩溃了。[282]与希姆莱和格吕克斯一样，几个集中营党卫队自杀者都用的是氰化物，为了这个目的，他们几个月前在萨克森豪森处决囚犯时已经进行了测试。其他几个人，如格罗斯－罗森集中营指挥官阿图尔·勒德尔，则采用了更戏剧性的方式：作为一个有着长期施暴史的人，勒德尔选择了符合自己的血腥死亡方式，用手榴弹引爆了自己。[283]

然而，大多数集中营党卫队的官员还是想在第三帝国倒台后存活下来。他们也许谈论过英勇的牺牲和神风特工队的使命，但最终，他们争先恐后地保护自己的羽毛。[284]大批的党卫队看守也是如此。在剩余的集中营里，官员们往往在最后时期远离营地，策划逃跑。当那一刻到来时，他们换上便服，消失得无影无踪。[285]同样，押送撤离囚犯的党卫队在最后一刻也试图逃避抓捕；如果手头没有平民的衣服，他们就穿上囚犯制服。[286]

在逃跑之前，党卫队的押送人员必须决定剩余囚犯的命运。有些人选择杀戮。例如，1945年5月3日清晨，从布痕瓦尔德撤离，已到达巴伐利亚特劳恩施泰因（Traunstein）附近小树林的囚犯在党卫队的命令下整队，随后党卫队开火扫射，打死了

58 名囚犯。然后，看守们“扔掉武器，迅速逃跑”，唯一的幸存者作证说，他被打伤后倒在了两个死去的同伴身下。[287]在其他地方，党卫队看守会在短暂的停留或过夜期间消失，只关心拯救自己的性命。[288]1945 年 5 月 2 日，当萨克森豪森死亡运输的幸存者在什未林（Schwerin）附近一个小村庄外的森林空地上醒来时，所有看守都不见了，他们目瞪口呆。“我们无法理解，也不相信。”奥地利犹太人瓦尔特·西莫尼（Walter Simoni）在战后回忆道。[289]但被遗弃的囚犯并不安全；他们是“自由人，但还没有解放”，正如一位幸存者后来所说，他们仍然面临纳粹狂热分子的迫害。毫无头绪再加上疲惫不堪，一些茫然的囚犯实际上继续着漫无目的的行进，即使已经没有了党卫队的押送。[290]直 592
到盟军到来才最终结束了行军。我们永远不会知道有多少囚犯在 1945 年 4 月和 5 月初在德国城市和村庄、火车上、森林里和开阔的公路上获得了自由，但他们的总数很可能超过 10 万。[291]

在最后一批集中营里，更多的男人、女人和孩子活了下来。在第三帝国最后 5 个星期，盟军解放了主要集中营里大约 16 万名囚犯，大多数在布痕瓦尔德、贝尔根 - 贝尔森、达豪和毛特豪森 - 古森。此外，盟军部队还从 100 多个卫星营里解放了大约 9 万名囚犯，有些集中营甚至在德国正式投降之后还在运营。绝大多数被解放的卫星营很小，关押的囚犯不到 1000 人。但也有像埃本塞一样巨大的卫星营，美军在 1945 年 5 月 6 日就遇到了大约 1.6 万名幸存者。其中包括米克洛什·尼斯力博士，他于 1945 年 1 月从奥斯维辛经过死亡撤离抵达毛特豪森营区，还有集中营里的长期囚犯、捷克翻译德拉霍米尔·巴尔塔。当第一批美国士兵出现在埃本塞时，巴尔塔在他的日记中提到，士兵们被“难以形容的狂喜场景”包围。[292]

被囚禁的最后时刻充满了混乱。这些囚犯长期处于精神衰弱的状态，在对解放的希望和对党卫队屠杀、流弹和炸弹的恐惧之间游走。1945 年 4 月 28 日，阿格内斯·罗饶在弗洛森比格集中营的霍利绍夫卫星营（Holleischen）里写道："让我们继续坚持三个星期的是战争两三天就会结束的传言。"她在纽伦堡的旧营遭到轰炸后来到了这里。她在附近的弹药车间忍受着强度更大的奴隶工作，直到 1945 年 5 月 3 日那里也被盟军炸弹击中。罗饶再次幸存下来，但她仍在党卫队手中。"我们离解放的距离是如此近，如此真实，"她第二天写道，"这使我们更难接受……在最后一刻必须死去的念头。"自由终于在 5 月 5 日早上降临——美国士兵从周围的森林里出现——它是如此突然。被改造成霍利绍夫卫星营的农场里先是沉默，随后是几声大叫："他们来了！他们到这里了！"营地里上千名女囚疯狂地欢呼起来。[293]

有时，从恐怖向自由的过渡更有秩序。在布痕瓦尔德，1945 年 4 月 11 日早些时候，党卫队指挥官皮斯特告诉集中营的老面孔，德国共产党人汉斯·艾登（Hans Eiden），自己将把营地交给他。不久之后，皮斯特通过大喇叭发布了最后的命令，
593 让党卫队队员立即离开。此时，美军已经近在眼前；党卫队逃跑时响起了枪声，瞭望塔上的看守是最后一个离开的。中午时分，党卫队最终撤退干净，囚犯们从藏身处走出来，朝正门走去。不久之后，艾登通过大喇叭发表了讲话，确认"党卫队已经离开集中营"，由囚犯国际委员会主管大局。当美军到达主营区时，其中一座塔楼上飘扬着一面白旗。[294]

1945 年 4 月 29 日下午，美军到达达豪时也看到了一面白旗，不过这面旗是由焦虑的党卫队升起的，而不是囚犯。虽然达豪不是最后一个倒下的集中营，但它的解放象征着纳粹恐怖

机器的毁灭。自从党卫队在此处建立第一个临时营地以来，已经过去了 12 年多。从那时起，达豪曾多次改头换面，并被赋予了多种功能：纳粹革命的堡垒、模范营地、党卫队训练场、奴隶劳工库、人体实验场所、大规模灭绝处和卫星营网络中枢。达豪不是最致命的集中营，却是当时德国内外最恶名昭彰的集中营。1945 年 5 月 1 日，《纽约时报》头版报道“达豪，德国最可怕的灭绝营被解放了”。自 1933 年以来，在达豪集中营区停留过的 20 多万名囚犯中，从 1945 年 1 月起的最后几个月中至少有 1.4 万人丧生，这还不包括身份不明的遇害者，比如那些在主营解放后还持续了几天的死亡运输中的囚犯。[295]

达豪的最后几个小时和其他集中营一样紧张。1945 年 4 月 29 日早晨，大多数党卫队队员已经逃离，但瞭望塔上的看守仍然拿囚犯来练习机关枪。可以听到附近的爆炸声，飞机在阴暗的天空呼啸而过，坦克发动机的轰鸣声来了又去。然后囚犯们听到轻型武器的火力越来越近，一些看守开枪还击。最后，一名美国军官在两名记者的陪同下，从门房探看营区内部，然后进入空荡荡的点名广场。几分钟后，广场上挤满了欣喜若狂的囚犯，他们拥抱并亲吻了解放者。“他们抓住我们，”这位军官第二天写道，“把我们抛到空中，用尽全力欢呼着。”[296]

不久，整个达豪都沸腾了，消息迅速传遍了营区的各个角落。就连医务室的囚犯也听到了狂欢的声音，开始庆祝，其中包括无畏的达豪历史记录者埃德加·库普费尔，近几个月来他越来越虚弱。现在，他从床上看着其他生病的囚犯挣扎着起身 594
走到外面，或者透过窗户看着激昂的场面。[297]

不久，库普费尔见到了莫里茨·霍伊诺夫斯基（Moritz Choinowski），几周前，霍伊诺夫斯基因耳部感染在达豪医务室接受治疗。这位在波兰出生的50岁犹太人还活着几乎是一个奇迹。他在集中营的磨难始于几年前，1939年9月28日，盖世太保将他从马格德堡的家乡抓到布痕瓦尔德。当天下午，霍伊诺夫斯基交出了所有东西——钱、文件、西装、帽子、衬衫、袜子、套头外衣和裤子——变成了集中营的囚犯。“我赤身裸体地站在那里，领到了一件囚服。”他后来写道。他的红黄色三角标志着他是一个政治犯（他曾经是社民党的支持者），也是一个犹太人。他在布痕瓦尔德度过了早期的战争年代，尽管在致命的采石场中待过几个月并多次受到体罚（包括三次“25鞭”），他还是活了下来，并逃脱了凶残的T－4医生的魔爪。1942年10月19日，他与来自布痕瓦尔德的另外400人一起乘坐一辆货运车抵达奥斯维辛后，在第一次大规模筛选中幸免于难。在接下来的两年里，在大屠杀最严重的时期，他又在奥斯维辛－莫诺维茨熬过了多轮的筛选，尽管身负重伤，还是经受住了更多的病痛、饥饿和殴打。从奥斯维辛至地狱般的格罗斯－罗森营的死亡运输中，他再一次坚持了下来，在此期间，一颗党卫队的子弹擦着他的头部而过，击中了他的耳朵。1945年1月28日，他来到达豪，熬过了最后几个月的强制劳动，尽管他已经严重消瘦和病弱，还感染了斑疹伤寒，这种传染病在1945年初夺去了达豪数千人的生命。不知何故，莫里茨·霍伊诺夫斯基居然活了下来，1945年4月29日，在集中营煎熬了2000多天后，他自由了。“这是真的吗？”当他在达豪医务室里拥抱并亲吻库普费尔时，他不由得哭了。库普费尔在日记中继续写道：“他一直在哭，当我想到他怎么熬过来时，也止不住落泪。”[298]

注　释

1. 此段和前两段，参见 Nansen, *Day*, 553 - 68, quotes on 562 - 63; Buergenthal, *Lucky Child*, 64 - 105; Kubica, "Children," 282; Strzelecki, "Liquidation," 31。

2. 数据参见 Knop and Schmidt, "Sachsenhausen," 23。

3. Blatman, *Death*, 11.

4. IfZ, Burger to Loerner, August 15, 1944, ND: NO - 399; ibid., Fa 183, Bl. 6 - 7, n. d.; Neander, *Mittelbau*, 86 - 87.

5. 在毛特豪森，除了来自其他被废弃的集中营的现有囚犯外，1945 年 1 ~ 4 月还登记了超过 2 万名新囚犯；Fabréguet, *Mauthausen*, 126; idem, "Entwicklung," 207; *OdT*, vol. 4, 314。

6. Keller, *Volksgemeinschaft*.

7. Zámečník, "Aufzeichnungen," 224; Nansen, *Day*, 482.

8. Kautsky, *Teufel*, 182 - 83; Rózsa, "Solange," 137, 204; Kupfer - Koberwitz, *Tagebücher*, 403 - 404.

9. Bessel, *Germany*, 31 - 34, 46 - 47, 130 - 31; Kershaw, *End*, 129 - 61.

10. Marszałek, *Majdanek*, quote on 240; Mess, "*Sonnenschein*," 64, 66, 76; Rózsa, "Solange," 222; Kielar, *Anus Mundi*, 347.

11. Nansen, *Day*, 561 - 68, quote on 563; Levi, *Periodic Table*, 140; Gross, *Fünf Minuten*, 118; Kupfer - Koberwitz, *Tagebücher*, 431, 442 - 43; Overesch, "Ernst Thapes," 641.

12. 这是假设 1945 年集中营体系的囚犯人数大约为 75 万人。其他历史学家估计，死亡率在囚犯总人数的三分之一到二分之一之间；Orth, *System*, 335, 349; Neander, "Vernichtung," 54; Bauer, "Death Marches," 2 - 3。

13. 法国历史学家 Joseph Billig 提出了类似的估计（45 万名幸存者）；Spoerer and Fleischhacker, "Forced Laborers," 193。至于更高的估计（幸存者有 70 万人甚至更多），参见 Gellately, *Backing*, 219。

14. Morsch and Ley, *Sachsenhausen*, 142; Morsch, "Einleitung," 8.

15. Quotes in Buergenthal, *Child*, 112, 211. 关于运气，参见 P. Levi, "Preface," 1965, in Belpoliti, *Levi*, 12－16; Bettelheim, *Surviving*, 101。

16. Strzelecki, "Liquidation," 19－20, 41－48; Czech, *Kalendarium*, 860, 989; Pressac and Van Pelt, "Machinery," 239.

17. 除不同国家设定的纪念日期外，联合国大会指定1月27日为悼念种族大屠杀遇难者的国际纪念日；www. un. org/en/holocaustremembrance。

18. Müller, *Weltkrieg*, 314－18; Kershaw, *End*, 61.

19. *OdT*, vol. 7, 146－47, 156－84.

20. Steegmann, *Konzentrationslager*, 100－145, 162－68; *OdT*, vol. 6, 48－190; Müller, *Weltkrieg*, 318－21. 莱茵河左岸的卫星营撤离工作一直持续到1944年10月。

21. Strebel, *Ravensbrück*, quote on 171; Steegmann, *Konzentrationslager*, 100, 105, 164; *OdT*, vol. 6, 41; Neander, *Mittelbau*, 139－40.

22. Evans, *Third Reich at War*, 618－24; Kershaw, *End*, 92.

23. *OdT*, vol. 7, 66－68, 86－87, 91, 95, 97; ibid., vol. 8, 109－13; Marszałek, *Majdanek*, 239－44.

24. *OdT*, vol. 8, 272－80, 292－98.

25. *OdT*, vol. 8, 51－54, 66－87; Megargee, *Encyclopedia*, vol. 1/B, 1230－32; Harshav, *Last Days*, 699. 里加综合营区的一部分囚犯被带到了拉脱维亚西岸的利保（Libau），那里还有几个营地一直持续到1945年2月；*OdT*, vol. 8, 81。

26. Dieckmann, *Besatzungspolitik*, vol. 2, 1299－1321, quote on 1320; Blatman, *Death*, 60－61; Friedländer, *Jahre*, 614; *OdT*, vol. 8, 202, 210－31.

27. *OdT*, vol. 8, 135, 140－42, 149－77; Gruchmann, *Krieg*, 205－10. Quotes in Harshav, *Last Days*, 667, 702, 703; LULVR, interview No. 422, July 28, 1946, p. 10, Gdansk in the original.

28. YVA, 033/8, "Was is forgekom in di lagern fon estonia," December 1944, quote on 5（Kim Wünschmann 翻译）; BArchL, B 162/5116, Bl. 1716－21: Aussage Benjamin A., July 5, 1961; ibid., Bl. 1835－42: Vernehmung W. Werle, June 5, 1962; ibid., Nr. 5120, Bl. 2234－52: Vernehmungsniederschrift Nissan A., July 15, 1965; ibid., Bl. 2256－62: Vernehmungsniederschrift Benjamin A., September 21, 1965; WL, P. III. h.

No. 1012, B. Aronovitz, "Die grausame 'Liquidierung' des Klooga – Camps," September 1949; *OdT*, vol. 8, 135, 164; Gruchmann, *Krieg*, 210; Angrick and Klein, "*Endlösung*," 429。

29. *OdT*, vol. 8, 169.

30. 稍后的集中营撤离中类似的动机，参见 Blatman, *Death*, 179, 425 – 27。

31. Dieckmann, *Besatzungspolitik*, 1297 – 98, quote on 1286; *OdT*, vol. 8, 48 – 51, 68, 78, 80 – 81, 85, 215 – 19, 227, 267 – 68.

32. *OdT*, vol. 8, 27 – 28, 51 – 52, 74, 77 – 78, 81 – 85; WL, P. III. h. No. 286, letter, H. Voosen, October 1945; Maršálek, *Mauthausen*, 174. 有时，克雷布斯巴赫形同里加的指挥官；Hördler, "Ordnung," 53。

33. *OdT*, vol. 8, 141, 149, 154, 160 – 61.

34. 例子参见 *OdT*, vol. 8, 54。

35. *OdT*, vol. 8, 140, 151, 168, 172 – 73, 180; YVA, 033/8, "Was is forgekom in di lagern fon estonia," December 1944, p. 4; BArchL, B 162/5120, Bl. 2234 – 52: Vernehmungsniederschrift Nissan A., July 15, 1965, Bl. 2241 – 42.

36. Paserman, "Bericht," quote on 160; *OdT*, vol. 8, 112 – 13, 124; Mix, "Räumung," 272 – 73; Blatman, *Death*, 64; DaA, 6589/I, statement A. Kramer, November 1, 1945, p. 115.

37. 历史学家曾倾向于将早期撤离描述为有秩序的、与之后混乱的死亡行军完全不同的行动；Neander, *Mittelbau*, 85 – 88; *OdT*, vol. 1, 298。战后对死亡行军的研究，参见 Winter and Greiser, "Untersuchungen"。

38. Wenck, *Menschenhandel*, 345 – 46; *OdT*, vol. 7, 91; ibid., vol. 8, 273; Marszałek, *Majdanek*, 243; Neander, "Vernichtung," 46 – 48, 59. 销毁证据，参见 Hoffmann, "*Aktion 1005*"; Hördler, "Ordnung," 206 – 207。

39. 这个和其他因素，也可参见 Blatman, *Death*, 72。

40. Bericht I. Rotschild, January 25, 1946, in Tych et al., *Kinder*, 219 – 24; *OdT*, vol. 8, 79 – 81.

41. *OdT*, vol. 6, 493, 505, 513; ibid., vol. 8, 53, 202; Hördler, "Ordnung," 208 – 14. 1944 年，施图特霍夫还接收从其他纳粹拘留点遣送来的犹太囚犯。

42. Bericht I. Rotschild, January 25, 1946, in Tych et al., *Kinder*, quote

on 223 – 24; *OdT*, vol. 6, 485, 505, 513; ibid., vol. 8, 53; Rolnikaite, *Ich*, 258; Orth, *System*, 229 – 30; Hördler, "Ordnung," 212, 218; Megargee, *Encyclopedia*, vol. I/B, 1425.

43. Hördler, "Ordnung," 214, 222, 230, 242, 245. Hördler 的重要研究有许多值得学习的地方，不过，即将发生的撤离没有影响施图特霍夫的杀戮行动，这个论点我并不认同。施图特霍夫的撤离准备工作从 1944 年秋天开始（Orth, *System*, 295 – 96; *OdT*, vol. 6, 514），而这一时期杀害囚犯的行为一定也属于准备工作的一部分，就像在其他面临被占领威胁的集中营里一样。

44. 此段和前一段，参见 Hördler, "Ordnung," 133, 214 – 17, 224, 231, 235, 241, quote on 233 – 34。See also Bericht I. Rotschild, January 25, 1946, in Tych et al., *Kinder*, 224; Orski, "Vernichtung"; *OdT*, vol. 6, 501 – 502, 506; Rolnikaite, *Ich*, 260 – 66.

45. Czech, *Kalendarium*, 923 – 24; Kielar, *Anus Mundi*, 352.

46. Gilbert, *Auschwitz*, 324 – 26; "Germans Plan Mass Execution," *The Times*, October 11, 1944, p. 4; *DAP*, Aussage S. Kłodziński, May 22, 1964, 8470; Broad, "Erinnerungen," 183; Dirks, "*Verbrechen*," 171 – 72.

47. Friedler et al., *Zeugen*, 285; Czech, *Kalendarium*, 921; Hoffmann, "*Aktion 1005*," 293 – 94. 切姆诺灭绝营曾在 1944 年夏天短暂地重新开始大规模清除犹太人；Kershaw, *End*, 123。

48. Quote in Hördler, "Ordnung," 410.

49. Nyiszli, *Auschwitz*, 144.

50. 大部分历史学家认可希姆莱下达过"停止"命令，至少对比克瑙有过此种命令；Orth, *System*, 259, 274 – 75; Gerlach and Aly, *Kapitel*, 401; Pressac and Van Pelt, "Machinery," 239。

51. APMO, Dpr – ZO, 29/2, LG Frankfurt, Urteil, September 16, 1966, p. 60.

52. Czech, *Kalendarium*, 941.

53. Friedländer, *Jahre*, 657; *OdT*, vol. 7, 68.

54. 毛特豪森的计划，参见 Perz and Freund, "Auschwitz"; Hördler, "Ordnung," 381 – 85。

55. Czech, *Kalendarium*, 860, 921 – 22, 929, 932, 948; IfZ, Fa 183, Bl. 6 – 7, n. d.

56. Strzelecki, "Liquidation," 22 - 23; *OdT*, vol. 6, 493.

57. Gutterman, *Bridge*, quote on 146; Sprenger, *Groß - Rosen*, 224 - 26, 286 - 92; *OdT*, vol. 6, 202 - 17; Rudorff, *Frauen*, 87 - 101; Orth, *System*, 279 - 80; Konieczny, "Groß - Rosen," 320.

58. Bessel, 1945, esp. 23 - 28, 35 - 36; Kershaw, *End*, 167, 175; Evans, *Third Reich at War*, 681 - 82, 711 - 12.

59. IfZ, Fa 183, Bl. 6 - 7, n. d.

60. Blatman, *Death*, 52 - 57; Orth, *System*, 272 - 73; Neander, *Mittelbau*, 89 - 96.

61. Orth, *System*, 276; IfZ, F 13/8, Bl. 468 - 71: R. Höss, "Richard Baer," November 1946.

62. Orth, *System*, 273 - 74; Kolb, *Bergen - Belsen*, 305 - 306; Greiser, *Todesmärsche*, 39 - 42; Neander, "Vernichtung," 50.

63. Blatman, *Death*, 81. 1944～1945 年，德国监狱管理方也采取了类似的方法，参见 Wachsmann, *Prisons*, 324。

64. Kershaw, *End*, 176, 229.

65. Czech, *Kalendarium*, quotes on 967; Levi, *If*, 161; Friedler et al., *Zeugen*, 299; Strzelecki, "Liquidation," 27; Müller, *Eyewitness*, 166.

66. Strzelecki, "Liquidation," 27, 40.

67. Strzelecki, "Liquidation," 27 - 28, 31 - 33, 36 - 37.

68. *OdT*, vol. 6, 217 - 18, 223 - 473; Sprenger, *Groß - Rosen*, 292 - 301; Bessel, *1945*, 72 - 76.

69. 数据参见 *OdT*, vol. 6, 531 - 792。

70. *OdT*, vol. 6, 514 - 20, 607 - 609, 611 - 16, 670 - 72, 674 - 76, 687 - 89, 703 - 706, 737 - 39, 772 - 74; Orth, *System*, 282 - 87, 332 - 33; Bericht I. Rotschild, January 25, 1946, in Tych et al., *Kinder*, 224.

71. 估计有两万名囚犯从萨克森豪森被转移到其他集中营；Blatman, *Death*, 163 - 64。

72. Neander, "Vernichtung," 46; idem, *Mittelbau*, 87, 138; Blatman, *Death*, 62, 80, 83, 103.

73. Blatman, *Death*, 56, 99 - 103, 114 - 15; *OdT*, vol. 6, 284, 302, 733 - 35.

74. Weigelt, "'Komm,'" quote on 184. See also Knop and Schmidt,

"Sachsenhausen," 27; *OdT*, vol. 3, 224 – 29; Hördler, "Ordnung," 397 – 99; BStU, MfS HA IX/11, RHE 15/71, vol. 6, Bl. 97 – 99: Zeugenaussage Fritz M., June 18, 1964; ibid., RHE 15/71, Bd. 3, Bl. 113 – 16: H. Simon, Bericht über Lieberose, March 3, 1950; USHMM, RG – 06.025 * 26, File 1558, Bl. 157 – 75, interrogation of G. Sorge, December 19, 1946, Bl. 171 – 72.

75. Orth, *System*, quote on 284; *OdT*, vol. 6, 514 – 16. 其他例子参见 ibid., 267, 299, 339。

76. *OdT*, vol. 6, passim.

77. Broad, "Erinnerungen," 195.

78. Levi, *If*, 171.

79. Strzelecki, "Liquidation," 48. 另外 500 名囚犯在奥斯维辛的卫星营中幸存下来，格罗斯 – 罗森的卫星营里也有几百人幸存。此外，数千名囚犯从死亡行军中逃脱。

80. APMO, Proces Höss, Hd 6, Bl. 129 – 312: Vernehmung O. Wolken, April 17 – 20, 1945, quote on 310; Strzelecki, "Liquidation," 45 – 47; Czech, *Kalendarium*, 994（感谢 Dan Stone 提供的这个参考资料）; Adler et al., *Auschwitz*, 128; Levi, *If*, 162 – 79。

81. Megargee, *Encyclopedia*, vol. 1/A, 240 – 41; *OdT*, vol. 5, 224.

82. Estimates in Strzelecki, "Liquidation," 27, 40; Orth, *System*, 286.

83. Neander, *Mittelbau*, 128, 136; Steinke, *Züge*, 62; Bessel, *1945*, 77.

84. *OdT*, vol. 5, 440 – 41; Megargee, *Encyclopedia*, vol. 1/A, 261 – 62; WL, P. III. h. No. 416, A. Lehmann, "Die Evakuations – Transporte," n. d. (1946?).

85. LULVR, interview No. 139, January 16, 1946.

86. LBIJMB, MM 32, P. Heller, "Tagebuchblätter aus dem Konzentrationslager," October 1945, p. 7; BoA, interview with Dr. L. Frim, September 25, 1946.

87. Blatman, *Death*, 87, 116, 431. See also NARA, M – 1204, reel 4, Bl. 2373 – 97: examination of M. Pinkas, August 19 – 20, 1946, Bl. 2385; Vaisman, *Auschwitz*, 61; Laqueur, *Bergen – Belsen*, 115.

88. Broszat, *Kommandant*, 219.

89. Blatman, *Death*, 12, 432; Neander, *Mittelbau*, 140. 整体条件更好、

囚犯更健康的话，即便是漫长的死亡行军，也能有大部分人幸存；*OdT*, vol. 6, 223 – 25。

90. APMO, Oswiadczenia, vol. 89, Bl. 131 – 35: testimony J. Wygas, July 10, 1978; Orth, *System*, 276 – 77, 285.

91. BArchL, B 162/20519, Bl. 186 – 95: Aussage Moszek G., February 25, 1947; Blatman, *Death*, 85 – 86; Neander, *Mittelbau*, 141 – 42.

92. IfZ, F 13/8, Bl. 468 – 71: R. Höss, "Richard Baer," November 1946; Neander, *Mittelbau*, 137 – 38; Blatman, *Death*, 103; Bessel, *1945*, 88 – 89.

93. Blatman, *Death*, 96, 370 – 72, 378 – 80, 418, quote on 193. See also Greiser, *Todesmärsche*, 97, 108; *OdT*, vol. 6, 253.

94. Orth, *System*, 278 – 79; Blatman, *Death*, 76 – 79, 92; Kershaw, *End*, 114 – 16, 181 – 82. Quote in Stuttgart SD report, November 6, 1944, in Noakes, *Nazism*, vol. 4, 652. 杀掉虚弱的囚犯也意在警告其他囚犯不要掉队。

95. Blatman, *Death*, 117 – 25; Henkys, "Todesmarsch."

96. Quotes in testimony O. Pohl, June 7, 1946, in *NCA*, supplement B, 1595; Broszat, *Kommandant*, 211. See also ibid., 217; StANü, Erklärung R. Höß, March 14, 1946, p. 6, ND: NO – 1210; IfZ, ZS – 1590, interrogation of G. Witt, November 19, 1946, p. 20. 完整的路线未可得知。据霍斯说，包括诺因加默、贝尔根 – 贝尔森、布痕瓦尔德、达豪和弗洛森比格。波尔说他还去了毛特豪森、萨克森豪森和拉文斯布吕克（testimony above, dated June 7, 1946, and StANü, testimony of O. Pohl, June 13, 1946, p. 19, ND: NO – 4728）。

97. Rost, *Goethe*, 234; *OdT*, vol. 3, 347（男囚的死亡人数）; Strebel, *Ravensbrück*, 523; KZ – Gedenkstätte Dachau, *Gedenkbuch*, 11; Buggeln, *Arbeit*, 210 – 13; Orth, *System*, 314; NARA, M – 1174, roll 3, Bl. 1441 – 65: examination E. Mahl, December 6, 1945, Bl. 1461。

98. StANü, Erklärung R. Höß, March 14, 1946, p. 6, ND: NO – 1210; ibid., testimony of Oswald Pohl, June 13, 1946, p. 18 – 20, ND: NO – 4728; Orth, *System*, 303 – 304; Erpel, *Vernichtung*, 73; NAL, WO 253/163, Trial of War Criminals, Curiohaus, April 2, 1946, p. 55 – 56.

99. H. Haubner to his wife, January 5, 1945, in KZ – Gedenkstätte

Flossenbürg, *Flossenbürg*, 185. See also *OdT*, vol. 4, 53.

100. *OdT*, vol. 3, 321 – 22.

101. Stein, "Funktionswandel," 188.

102. Haulot, "Lagertagebuch," 185.

103. Wagner, *Ellrich*, 97, 108, quotes on 96, 98; Sellier, *Dora*, 212 – 13. See also Cohen, *Human*, 55 – 56; Strebel, *Ravensbrück*, 194.

104. Kupfer – Koberwitz, *Tagebücher*, 331, 372; JVL, JAO, Review of Proceedings, *United States v. Weiss*, n. d. (1946), 132, 138; Güldenpfenning, "Bewacher," 72.

105. Wagner, *Produktion*, 472 – 73, quote on 473.

106. Vogel, *Tagebuch*, 93; Rousset, *Kingdom*, 160; Bárta, "Tagebuch," 94, 138; Kolb, *Bergen – Belsen*, 147.

107. 例子参见 LBIJMB, MM 32, P. Heller, "Tagebuchblätter aus dem Konzentrationslager," October 1945, p. 11。

108. 此段和前一段，参见 Nansen, *Day*, 541 – 48, quotes on 541, 548; *OdT*, vol. 3, 227; BStU, MfS HA IX/11, RHE 15/71, vol. 4, Bl. 23 – 28: Vernehmung Wojciech C., January 17, 1969。

109. Bárta, "Tagebuch," 81 – 82, 182.

110. Rost, *Goethe*, quote on 253.

111. Orth, *System*, 260 – 62; Wagner, *Produktion*, 494.

112. Hördler, "Schlussphase," 223 – 24; idem, "Ordnung," 410; Erpel, *Vernichtung*, 94.

113. Quotes in Rost, *Goethe*, 237; YIVO, RG 104, MK 538, reel 6, folder 749, testimony F. Uhl, January 4, 1947; Nansen, *Day*, 578，南森也用了"死亡等候室"的短语。概述参见 Siegert, "Flossenbürg," 474 – 75; Bárta, "Tagebuch," 92 – 94; Szita, *Ungarn*, 120 – 21。

114. 此段和前一段，参见 Semprun and Wiesel, *Schweigen*, 7 – 8, quote on 11; Greiser, "'Sie starben'"; Hördler, "Schlussphase," 235 – 37; *OdT*, vol. 3, 323 – 25; ibid., vol. 4, 49 – 50, 300 – 301; Hackett, *Buchenwald*, 318 – 19。

115. Megargee, *Encyclopedia*, vol. 1/A, quote on 784; Raim, *Überlebende*, 17; Hördler, "Ordnung," 337.

116. Wagner, *Produktion*, 264 – 65, 271 – 72, 475, 482, 495 – 96, 506 –

509, quote on 496; idem, *Ellrich*, 104, 153 – 54; *OdT*, vol. 7, 320 – 21; NARA, M – 1079, roll 7, Bl. 1849 – 67: examination of H. Maienschein, September 18, 1947, Bl. 1857 – 58.

117. Lévy – Hass, *Vielleicht*, 53 – 54, quote on 53; *OdT*, vol. 7, 204; Stiftung, *Bergen – Belsen*, 217.

118. Wenck, *Menschenhandel*, 343 – 47; *OdT*, vol. 7, 202 – 203; Kolb, *Bergen – Belsen*, 112 – 17; Lasker – Wallfisch, *Inherit*, 159; Gutman, *Enzyklopädie*, 472 – 76.

119. Lévy – Hass, *Vielleicht*, quotes on 43 – 44; Wenck, *Menschenhandel*, 268 – 71; Koretz, *Bergen – Belsen*, 127.

120. Wenck, *Menschenhandel*, 347 – 49, 351 – 60.

121. Wagner, *Ellrich*, 162 – 63, quote on 157 – 58; *OdT*, vol. 7, 340 – 41. 到了 1945 年 4 月初，德洛努瓦已经从埃尔里希被转移到沃夫利伯（感谢延斯 – 克里斯蒂安·瓦格纳提供这一信息）。

122. Wenck, *Menschenhandel*, 351 – 61; *OdT*, vol. 7, 190, 204 – 207. 1945 年初，拉文斯布吕克综合集中营中女性占到了囚犯总人数的 85%，在施图特霍夫达到 64%；IfZ, Fa 183, Bl. 6 – 7, n. d。

123. Herzberg, *Between*, 203; Van Pelt, "Introduction," 41.

124. Koretz, *Bergen – Belsen*, quote on 155; Kolb, *Bergen – Belsen*, 137 – 40; Wenck, *Menschenhandel*, 349, 371 – 74; Obenaus, "Räumung," 517; WL, P. III. h. No. 839, Dr. P. Arons, "Faelle von Kannibalismus," December 1957.

125. Vogel, *Tagebuch*, 99 – 102, 109, quotes on 113; Wenck, *Menschenhandel*, 349 – 50, 371 – 72; Koretz, *Bergen – Belsen*, 161; MacAuslan, "Aspects," 37.

126. Herzberg, *Between*, 201 – 202, quote on 201.

127. WL, P. III. h. No. 494, A. Lehmann, "Im Lager Bergen Belsen," 1946; Wenck, *Menschenhandel*, 373 – 74; Koretz, *Bergen – Belsen*, 165.

128. Niedersächsische Landeszentrale, *Bergen – Belsen*, 164 – 65.

129. Testimony of L. Jaldati, ibid., quote on 130; Shephard, *Daybreak*, 17.

130. 在某个阶段，奥斯瓦尔德·波尔显然考虑过关闭集中营，不再接收更多的遣送，但这个计划石沉大海。Testimony O. Pohl, June 7, 1946,

in *NCA*, supplement B, 1604; NAL, WO 235/19, statement of J. Kramer, May 22, 1945, p. 13.

131. Kramer to Glücks, March 1, 1945, in Niedersächsische Landeszentrale, *Bergen - Belsen*, 160 - 63.

132. 我假设克拉默写信时考虑到了要在战后凭此内容为自己辩解（包括他提到贝尔根 - 贝尔森这场灾难，“肯定没人想对此承担责任”），而且事实上克拉默显然在他的公寓留了一份复印件，跟其他私人文件放在一起。

133. Herzberg, *Between*, quote on 207; Kolb, *Bergen - Belsen*, 137 - 38, 141, 145, 195 - 97; Lévy - Hass, *Vielleicht*, 58.

134. Hördler, “Schlussphase,” 234 - 35, 239; Erpel, *Vernichtung*, 78; Strebel, *Ravensbrück*, 466. 党卫队经济与管理部的指示，参见 Orth, *System*, 288 - 89, 298 - 99; Blatman, *Death*, 213; Strebel, *Ravensbrück*, 464。仅在萨克森豪森和拉文斯布吕克，就有 1 万或更多的囚犯被杀；Orth, *System*, 299; Tillion, *Ravensbrück*, 367。概述参见 Hördler, “Ordnung,” 135, 203, 360 - 61（尽管没太强调即将撤离的重要性）。

135. 例子参见 Maršálek, *Mauthausen*, 106。

136. 很多受害者是刚到不久的囚犯。还有 2000 名囚犯在拉文斯布吕克综合营区内其他地方筛选出来后被毒气杀害。See Buchmann, *Frauen*, quote on 32; Strebel, *Ravensbrück*, 475 - 88; Erpel, *Vernichtung*, 74, 85 - 88; Hördler, “Ordnung,” 310; Tillion, *Ravensbrück*, 279 - 99, 367 - 92; LULVR, interview No. 449, May 7, 1946. 关于乌克马克的概述参见 Strebel, *Ravensbrück*, 356 - 83, 460 - 61, 468 - 75; Erpel, *Vernichtung*, 80 - 85。

137. Keller, *Volksgemeinschaft*; Bessel, *1945*, 48 - 66; Kershaw, *End*, 392; Wachsmann, *Prisons*, 319 - 23; Wegner, “Ideology.”

138. Fröhlich, *Tagebücher*, II/4, May 24, 1942, p. 361; Wachsmann, *Prisons*, 210 - 11.

139. *OdT*, vol. 4, 54; Siegert, “Flossenbürg,” 478 - 80; KZ - Gedenkstätte Flossenbürg, *Flossenbürg*, 206 - 11.

140. Orth, *System*, 296 - 98; StANü, Erklärung H. Pister, July 2, 1945, p. 37, ND: NO - 254.

141. Keller, *Volksgemeinschaft*.

142. NAL, HW 16/15, GPD Headlines, April 7, 1945.

143. Quotes in Müller to Stapo(leit)stellen, March 4, 1944, in Maršálek, *Mauthausen*, 263 - 65; YUL, MG 1832, Series II—Trials, 1945 - 2001, Box 10, folder 50, Bl. 1320 - 23: statement J. Niedermayer, February 6, 1946. See also Kaltenbrunner, *Flucht*, 11 - 12, 21 - 99; Maršálek, *Mauthausen*, 266 - 67; LaB, B Rep. 057 - 01, Nr. 296, GStA Berlin, Abschlußvermerke, November 1, 1970, pp. 178 - 85. Kaltenbrunner 认为，1944 年 2 月 "子弹" 行动的第一批牺牲者是东欧平民工人，而不是战俘。

144. JVL, DJAO, *United States v. Altfuldisch*, RaR, March 1946, quote on 42; Maršálek, *Mauthausen*, 267 - 70; ASL, Kam 5539, L4, Bl. 37 - 44: Bericht V. Ukrainzew, n. d. ; Horwitz, *Shadow*, 124 - 43; Kaltenbrunner, *Flucht*, 99 - 168.

145. Wagner, *Produktion*, 448; Maršálek, *Mauthausen*, 322, 330.

146. Schwarberg, *SS - Arzt*, 34 - 55. 处决的指令可能来自 WVHA。

147. Wagner, *Produktion*, 356; Bárta, "Tagebuch," 83.

148. Koretz, *Bergen - Belsen*, quote on 158; YUL, MG 1832, Series II—Trials, 1945 - 2001, Box 10, folder 50, Bl. 1330 - 32: statement of F. Entress, January 26, 1946, quote on 1331 (Entress 在奥斯维辛工作了将近两年后，于 1943 年接管毛特豪森); Lasik, "SS - Garrison," 332; Wagner, *Produktion*, 272 - 73, 307 - 308; idem, *Ellrich*, 153; Orth, *SS*, 247, 255 - 60; Hördler, "Ordnung," 70, 158。

149. Hördler, "Schlussphase," 229 - 32; idem, "Ordnung," 147 - 57, Erpel, *Vernichtung*, 86; Strebel, *Ravensbrück*, 61, 467 - 68; Broszat, *Kommandant*, 222. 然而，接收奥斯维辛工作人员的重要性不应该被夸大，还有大量来自其他集中营的党卫队队员也精通大规模谋杀。

150. Schmid, "Moll," 133 - 38, quote on 134; Hördler, "Schlussphase," 228 - 29, 242 - 43; idem, "Ordnung," 365 - 66. 莫尔残忍到底，他在 1945 年 4 月底从考弗灵出发的死亡行军中还射杀了几十名筋疲力尽的囚犯。

151. Evans, *Third Reich at War*, 467, 651 - 53, 714 - 15; Kershaw, *Nemesis*, 764 - 66; idem, *End*, 389; Bessel, *1945*, 2, 42, 65.

152. Buggeln, *Arbeit*, 447 - 55; Wagner, *Produktion*, 341 - 42. 人民冲锋队护送撤离，参见 Blatman, *Death*, 304, 397; Greiser, *Todesmärsche*, 112。

153. Quote in Harshav, *Last Days*, 694. See also AGN, Ng. 7.6. , H. Behncke to his wife, August 28, 1944; Kupfer - Koberwitz, *Tagebücher*, 314;

Nansen, *Day*, 492.

154. Weiss - Rüthel, *Nacht*, 181.

155. Rózsa, "Solange," 152.

156. Langbein, *Menschen*, 482.

157. Cohen, *Abyss*, quote on 105; Rózsa, "Solange," 212; Naujoks, *Leben*, 342.

158. *OdT*, vol. 4, 297; Bessel, *1945*, 18 - 19; Kershaw, *End*, 220.

159. Rózsa, "Solange," 296, quote on 217; Maršálek, *Mauthausen*, 325; Glauning, *Entgrenzung*, 241 - 42; Freund, "Mauthausenprozess," 38; Burger, *Werkstatt*, 189.

160. *DAP*, Aussage S. Baretzki, February 18, 1965, quote on 29219; Strebel, *Ravensbrück*, 245, 466 - 67; Hördler, "Ordnung," 150 - 51. 1965 年在法兰克福 - 奥斯维辛审判中，针对卢卡斯医生的判决是三年三个月有期徒刑，后来被取消。

161. APMO, Proces Maurer, 5a, Bl. 114: WVHA, Chefbefehl Nr. 7, February 27, 1945.

162. NAL, WO 253/163, examination of M. Pauly, April 2, 1946, p. 60; Orth, *SS*, 260 - 61; Buggeln, *Arbeit*, 642 - 44; Welch, *Propaganda*, 189 - 97.

163. 此段和前一段，参见 Kershaw, *Nemesis*, 751 - 828, quote on 819; idem, *End*, 79; Longerich, *Himmler*, 740 - 52; *Time. The Weekly Newsmagazine*, October 11, 1943。

164. Wenck, *Menschenhandel*, 272 - 335; Longerich, *Himmler*, 728 - 30; Bauer, *Jews*, 145 - 238. 1944 年 11 月，希姆莱也同意遣返 200 名丹麦警察和 140 名患病的挪威学生; Stræde, "'Aktion,'" 179 - 81; Erpel, *Vernichtung*, 124。

165. 应该特别当心克斯滕后来的证词; Fleming, "Herkunft"; Neander, *Mittelbau*, 99; Wenck, *Menschenhandel*, 362 - 63。关于伯克哈特和贝纳多特，参见 Favez, *Red*, 284 - 85; Erpel, *Vernichtung*, 128 - 29。

166. Erpel, *Vernichtung*, passim; Bauer, *Jews*, 249 - 50; Hördler, "Ordnung," 26, 314.

167. NAL, WO 235/19, statement J. Kramer, May 22, 1945, p. 13; APMO, Proces Maurer, 5a, Bl. 117 - 20: H. Pister, "Strafen für Häftlinge,"

July 21, 1945, ND: NO – 256; Heiber, *Reichsführer!*, 387 (n. 2).

168. Longerich, *Himmler*, 746 – 49; Jacobeit, "*Ich*," 82 – 83.

169. Favez, *Red*, 99, 258, 261, 265; Zweig, "Feeding," 845 – 50. 此类行动因为没有足够多合适的交通工具以及交通运输网络的崩塌而受阻。

170. Erpel, *Vernichtung*, 104 – 105, 111; Favez, *Red*, 268.

171. Stræde, "'Aktion,'" 176, 183; Erpel, *Vernichtung*, 131.

172. Nansen, *Day*, 570 – 82, quotes on 572, 582; Grill, "Skandinavierlager," 196 – 206; Erpel, *Vernichtung*, 131 – 34; Obenaus, "Räumung," 519 – 44.

173. Nansen, *Day*, quote on 592; Jacobeit, "*Ich*," 32 – 35, 40, 77, de Lauwe quote on 41; Erpel, *Vernichtung*, 114 – 19, 128 – 29, 134 – 54; Bernadotte, *Fall*, 45 – 46, 53, 58 – 59; Stræde, "'Aktion,'" 182 – 84; Grill, "Skandinavierlager," 206 – 15; Longerich, *Himmler*, 749 – 50; Hertz – Eichenrode, *KZ*, vol. 1, 125 – 28; Maršálek, *Mauthausen*, 323.

174. See also Longerich, *Himmler*, 752.

175. Favez, *Red*, 265 – 66; Breitman et al., *Intelligence*, 111.

176. Orth, *System*, 302 – 303; Erpel, *Vernichtung*, 138; StANü, Erklärung H. Pister, July 2, 1945, p. 15, ND: NO – 254; StANü, Erklärung R. Höß, March 14, 1946, p. 6, ND: NO – 1210; ibid., testimony O. Pohl, June 13, 1946, p. 20, ND: NO – 4728; NAL, FO 188/526, report N. Masur, April 1945.

177. Fabréguet, *Mauthausen*, 186 – 87; Maršálek, *Mauthausen*, 325.

178. Longerich, *Himmler*, 746 – 49; NAL, FO 188/526, report N. Masur, April 1945; Erpel, *Vernichtung*, 148.

179. 这让人很难把希姆莱 1944 年 11 月宣称的提议当真，谈判时他提出释放 60 万犹太人；Bauer, *Jews*, 225。

180. Quote in Maršálek, *Mauthausen*, 136. 波尔还说，希姆莱曾想利用犹太人"在和平谈判时讨价还价"；testimony O. Pohl, June 7, 1946, in *NCA*, supplement B, 1596。

181. Wenck, *Menschenhandel*, 362 – 71; WL, P. III. h. No. 842, J. Weiss, P. Arons, "Bergen – Belsen," June 20, 1945; Hájková, "Prisoner Society," 5, 279.

182. 计算基于 *OdT*, vols. 2 – 8（感谢 Chris Dillon 把这些数据合到一起，我在这一节前后都用到了）。

183. Rózsa，“Solange，” 180，184，187，196，199 - 200，225，240 - 41，quote on 238. See also Buggeln，*Arbeit*，294；Greiser，*Todesmärsche*，77.

184. 集中营囚犯的数量从 71.5 万（1945 年 1 月中旬）下降到大约 55 万（4 月初），意味着“折损”了 16.5 万人。总共“折损”接近 20 万人，因为集中营还在接纳新囚犯。数万人被释放、被解放或逃跑。但绝大多数“折损”的囚犯都死了，可能有 15 万人。

185. 卫星营的情况，参见注 182。

186. Aussage A. Harbaum，March 19，1946，*IMT*，vol. 35，493，ND：750 - D.

187. 估测基于 Wenck，*Menschenhandel*，362；Stein，“Funktionswandel，” 187；DaA，ITS，Vorläufige Ermittlung der Lagerstärke（1971）；Wagner，*Produktion*，648；*OdT*，vol. 5，331；ibid.，vol. 6，48 - 190，223 - 473；Strebel，*Ravensbrück*，182；Maršálek，*Mauthausen*，127；USHMM，*Encyclopedia*，vol. 1/B，1423，1471；AS，JSU 1/101，Bl. 84：Veränderungsmeldung，April 1，1945（感谢 Monika Liebscher 提供参考）；AGFl to the author，May 17，2011。

188. 数据参见 Comité，*Dachau*（1978），207；Wagner，*Produktion*，648；Stein，“Funktionswandel，” 187 - 88；*OdT*，vol. 4，52 - 53，316；ibid.，vol. 5，331。

189. 一些集中营的数据，参见 *OdT*，vol. 4，316；ibid.，vol. 7，265；Comité，*Dachau*（1978），206（感谢 Dirk Riedel 提供参考）；Stein，“Funktionswandel，” 187。犹太囚犯的总数比党卫队建议的数字高出一些，因为一些犹太人成功地隐藏了身份。

190. *OdT*，vols. 2 - 7.

191. 4 月和 5 月初，估计有 9 万名囚犯从卫星营被解放，大约 15.5 万人从主营被解放。See data in *OdT*，vols. 2 - 7；USHMM，*Encyclopedia*，vol. I.

192. *OdT*，vol. 5，339；KZ - Gedenkstätte Neuengamme，*Ausstellungen*，129. 党卫队在 1945 年 4 月和 5 月完全撤离了超过 260 个卫星营（见注 182）。

193. Greiser，*Todesmärsche*，136 - 37.

194. Blatman，*Death*，7，10，411.

195. 除了运输过程中频繁的逃跑，集中营里很多日常的例行公事——有围绕强制劳工的固定时间表——在火车和行军途中也不复存在了。

196. 审头作为护卫，参见 NARA，M - 1204，roll 6，Bl. 4607 - 87：examination of A. Ginschel，October 4 and 7，1946。

197. Greiser，*Todesmärsche*，52；Erpel，*Vernichtung*，140 - 44；Blatman，*Death*，155.

198. 很多历史学家争论说，希特勒在 1945 年 3 月发布了一项通用的命令，要在盟军逼近时摧毁每一座集中营和里面的囚犯。然而，有关这条命令的消息来源并不可靠；Neander，*Mittelbau*，97 - 106，289 - 308。希特勒的焦土命令，参见 Kershaw，*Nemesis*，784 - 86。

199. Wachsmann，*Prisons*，323 - 24，331.

200. 被释放的囚犯包括一些德国教士、长期囚犯（包括玛格丽特·布伯 - 诺伊曼）和 1944 年华沙起义后被捕的波兰女性。Strebel，*Ravensbrück*，460，498 - 500；Distel，"29. April，" 5.

201. Klausch，*Antifaschisten*，316 - 26；Fröhlich，*Tagebücher*，II/15，March 1，1945；ITS，KL Dachau GCC 3/998 - 12 II H，folder 162，Freiwillige für den Heeresdienst，March 5，1945.

202. WVHA 的支持，参见 Glücks to KL Buchenwald，April 7，1945，in Tuchel，*Inspektion*，215；Broszat，*Kommandant*，280。很多历史学家表明，希姆莱自己下令在 3 月中旬停止所有集中营撤离（Neander，*Mittelbau*，106 - 109；Orth，*System*，302 - 308；Blatman，*Death*，137，154，199 - 200）。这个推测很大程度上是基于希姆莱私人按摩师费利克斯·克斯滕的话，但后者是出了名不靠谱的证人（见注 165）。瓦尔特·舍伦贝格（Walter Schellenberg）和鲁道夫·霍斯等前党卫队官员在战后作证时也提到过这条假定的希姆莱指令（IfZ，ED 90/7，Schellenberg，"Memorandum，" n. d.，Bl. 30；IfZ，G 01/31，Zeugenaussage R. Höss，*IMT*，April 15，1946）。但是前者的证词不可靠且自私自利（Breitman et al.，*Intelligence*，113 - 14，447），而后者的证词在这点上是前后矛盾的（cf. Broszat，*Kommandant*，280）。综合所有因素考虑，似乎希姆莱没有发布过概括的停止令。集中营系统的前领导奥斯瓦尔德·波尔在战后大量的证词中并没有提到有这样一条命令。而且，希姆莱在发布这条假定的命令后，集中营撤离仍一直持续，没有中断（见下文）。最可能的是，希姆莱对他的外国谈判人员做出过一些承诺——或许关于停止一切撤离——但并没真想履行（他在 1945 年春天与外国代表会谈期间不断说谎；NAL，FO 188/526，Report N. Masur，April 1945）。

203. StANü, Erklärung H. Pister, July 2, 1945, p. 34, ND: NO – 254; Greiser, *Todesmärsche*, 52. 遵循希姆莱的命令，布痕瓦尔德指挥官显然承诺一些德国囚犯不会撤离；Overesch, "Ernst Thapes," 638。大概在同一时期，WVHA 可能下达了类似的指令，不清空弗洛森比格集中营；Zámečník, "Kein Häftling," 224 – 25。

204. Pister to WVHA – D, April 6, 1945, in Tuchel, *Inspektion*, 214; NAL, HW 16/15, GPD Headlines, April 6, 1945; Greiser, *Todesmärsche*, 57.

205. 1945 年 3 月中旬到 4 月中旬，党卫队撤离了剩余 10 个集中营综合营区中 9 个营区的 160 多座卫星营；见注 182。

206. Buggeln, *Arbeit*, 626 – 34, 655 – 57.

207. 后续也可参见 Neander, *Mittelbau*, 152 – 61。

208. 这是党卫队强迫犹太囚犯从布痕瓦尔德卫星营（以及其他地方）前往泰雷津的主要原因；Greiser, *Todesmärsche*, 55 – 56; Blatman, *Death*, 177。

209. Broszat, *Kommandant*, 218; Fröbe, "Kammler," 316; Wagner, *Produktion*, 277.

210. Wachsmann, *Prisons*, 325; Neander, *Mittelbau*, 160 – 61.

211. Blatman, *Death*, 153 – 54; Greiser, *Todesmärsche*, 57, 76; StANü, Erklärung H. Pister, July 2, 1945, p. 41, ND: NO – 254; Broszat, *Kommandant*, 280; IfZ, G 01/31, Zeugenaussage R. Höss, April 15, 1946, p. 14; Overesch, *Buchenwald*, 81 – 82.

212. StANü, Erklärung H. Pister, July 2, 1945, pp. 40 – 41, ND: NO – 254; Orth, *System*, 310 – 11.

213. DaA, 21.079, Hauptsturmführer Schwarz, "The raport [*sic*] about my way to Flossenbürgk [*sic*]," April 24 (?), 1945. 这个德文原文的英译本不是很好（可能是曾经的囚犯翻译的）。原文已经遗失。我按照译文，对几处语法和熟语做了更正（特别是将“粗暴对待”改成了“虐待”）。对这个被误解很深的命令的分析，参见 Zámečník, "Kein Häftling"; Zámečník的希姆莱电报版本里包括英译本（即遗失的德文原件）中没有的一句话（“必须马上清空这座集中营”）。

214. Zámečník, "Kein Häftling," 229; Orth, *System*, 326; NAL, WO 309/408, deposition of M. Pauly, March 30, 1946, p. 2.

215. Abzug, *Inside*, 3 – 8; *OdT*, vol. 1, 315; Van Pelt, *Case*, 154 – 57;

Klemperer, *Zeugnis*, vol. 2, 648; Zelizer, *Remembering*, 49 – 61; Struk, *Photographing*, 138 – 49.

216. Frei, "'Wir waren blind'"; Abzug, *Heart*, 21 – 59.

217. NAL, FO 188/526, report N. Masur, April 1945. 希姆莱向贝纳多特也做了类似的抱怨（Bernadotte, *Fall*, 51），还抱怨了贝尔根 – 贝尔森解放后的负面报道。

218. *OdT*, vol. 3, 67; ibid., vol. 4, 55 – 57, 513.

219. 例子参见 *OdT*, vol. 3, 79; ibid., vol. 4, 225, 242, 530; ibid., vol. 6, 244。

220. 希姆莱可能自己做出了此番"特许"; Zámečník, "Kein Häftling," 220; Greiser, *Todesmärsche*, 58 – 59。

221. Maršálek, *Mauthausen*, 127.

222. Flanagan and Bloxham, *Remembering*, quotes on 9, 13; Wenck, *Menschenhandel*, 374 – 82; Kolb, *Bergen – Belsen*, 157 – 64, 225 – 27; Shephard, *Daybreak*, 33 – 42; Reilly, *Belsen*, 22 – 28; Niedersächsische Landeszentrale, *Bergen – Belsen*, 175 – 80; Orth, *SS*, 265. 至少有一座卫星营阿默斯福特（Amersfoort）也正式投降（于 1945 年 4 月 19 日）; *OdT*, vol. 7, 153。

223. 自从东欧第一座集中营关闭至 1945 年春，已经过去一年多的时间了。

224. Hertz – Eichenrode, *KZ*, vol. 1, quote on 340; Baganz, "Wöbbelin"; Volland, "Stalag"; Greiser, *Todesmärsche*, 78 – 80; Knop and Schmidt, "Sachsenhausen," 25; Buggeln, *Arbeit*, 635 – 36; Schalm, *Überleben*, 102; Blatman, *Death*, 142, 166, 214.

225. Jacobeit, "*Ich*," quote on 162; Greiser, *Todesmärsche*, 82; Perz and Freund, "Tötungen," 258 – 59; Morsch, "Tötungen," 275; Hertz – Eichenrode, *KZ*, vol. 1, 197; Buggeln, *Arbeit*, 637; APMO, Proces Maurer, 5a, Bl. 117 – 20; H. Pister, "Strafen für Häftlinge," July 21, 1945, ND: NO – 256.

226. Greiser, *Todesmärsche*, 83 – 84; Blatman, *Death*, 299; Obenaus, "Räumung," 527 – 28.

227. Distel, "29. April," 6 – 7; Zarusky, "Dachau," 51; Zámečník, *Dachau*, 382 – 84. 从其他集中营集合的另外 137 名显要的德国和外国囚犯乘大巴车离开。

228. Greiser, *Todesmärsche*, 64 – 76, 240, 500 – 508; idem, "'Sie

starben,'" 112.

229. See also Greiser, *Todesmärsche*, 73, 241.

230. Overesch, "Ernst Thapes," 646, quote on 644; Greiser, *Todesmärsche*, 71 - 73, 243 - 44; Distel, "29. April," 7.

231. Greiser, *Todesmärsche*, 91 - 95, 146, 206, 502 - 503; Neander, *Mittelbau*, 88, 128 - 51; Blatman, *Death*, 143, 177, 208 - 209; Kielar, *Anus Mundi*, 388; Bessel, 1945, 63, 85, 92 - 93. 除了火车和步行之外，党卫队偶尔也用船；Orth, *System*, 334。

232. StANü, G. Rammler report, January 30, 1946, ND: NO - 1200; ibid., EE by K. Sommer, January 22, 1947, ND: NO - 1578; BArchB, Film 44563, Vernehmung O. Pohl, September 26, 1946, p. 51; Schulte, *Zwangsarbeit*, 426 - 28.

233. IfZ, F 13/6, Bl. 343 - 54: R. Höss, "Oswald Pohl," November 1946, Bl. 354.

234. 第一次详细描述出现在 Orth, *System*, 313 - 35。

235. StANü, Erklärung R. Höss, March 14, 1946, ND: NO - 1210; ibid., G. Rammler report, January 30, 1946, ND: NO - 1200; ibid., testimony O. Pohl, June 13, 1946, ND: NO - 4728; ibid., EE by G. Wiebeck, February 28, 1947, ND: NO - 2331; IfZ, F 13/6, Bl. 343 - 54: R. Höss, "Oswald Pohl," November 1946, Bl. 354; Orth, *SS*, 264 - 65.

236. Orth, *System*, 317 - 19, 328 - 29; Wildt, *Generation*, 726 - 27; *OdT*, vol. 2, 459 - 61; JVL, JAO, Review of Proceedings, *United States v. Weiss*, n. d. (1946), p. 77; BArchL, B 162/7998, Bl. 623 - 44: Vernehmung J. Otto, April 1, 1970, Bl. 626; StANü, Erklärung H. Pister, July 2, 1945, p. 41 - 42, ND: NO - 254; Tuchel, "Die Kommandanten des KZ Dachau," 347 - 48.

237. 另一种不同的观点，参见 Buggeln, *Arbeit*, 655。

238. Orth, *System*, 322, 325 - 26, 329 - 35. See also Lange, "Neueste Erkenntnisse"; *OdT*, vol. 6, 518 - 19; Hertz - Eichenrode, *KZ*, vol. 1, 262; NAL, WO 208/4661, statement H. Aumeier, June 29, 1945, p. 13.

239. Orth, *SS*, 267 - 68; StANü, Erklärung R. Höss, March 14, 1946, ND: NO - 1210; ibid., G. Rammler report, January 30, 1946, ND: NO - 1200; Wildt, *Generation*, 731 - 34; Kershaw, *End*, 352, 400; Hördler, "Ordnung,"

154; Broszat, *Kommandant*, 222, 281 - 82; Hillmann, "'Reichsregierung.'"

240. Greiser, *Todesmärsche*, 151 - 52; Kaplan, "Marsch," 26.

241. 在贝洛森林停留时，数百名囚犯被释放或移交给红十字国际委员会。See *OdT*, vol. 3, 291 - 93; Zeiger, "Todesmärsche," 66 - 68; Orth, *System*, 323; Farré, "Sachsenhausen." 这个地方可能也关押了一些来自拉文斯布吕克的女囚；Blatman, *Death*, 169 - 70。

242. LG Cologne, Urteil, October 30, 1967, *JNV*, vol. 26, 797 - 98; Greiser, *Todesmärsche*, 164; Lasik, "Organizational," 184 (n. 80); Neander, *Mittelbau*, 143; JVL, DJAO, *United States v. Becker*, RaR, n. d. (1947), pp. 49 - 50; NARA, RG 549, 000 - 50 - 9, Box 438, statement S. Melzewski, September 6, 1945. 至于其他不情愿这样做的看守，参见 Blatman, *Death*, 110, 114, 420; Greiser, *Todesmärsche*, 99 - 100, 154, 272 - 73; Jacobeit, "*Ich*," 84。

243. Goldhagen, *Executioners*, 332, 363, 367, 371. See also Rothkirchen, "'Final Solution'"; Bauer, "Death Marches," 4, 8. 对这个论点的批评，参见 Blatman, *Death*, esp. 416; Sprenger, "KZ Groß - Rosen," 1120; Greiser, *Todesmärsche*, 27 - 29; Buggeln, *Arbeit*, 625。

244. Estimate in Greiser, *Todesmärsche*, 27 - 28. See also Blatman, *Death*, 194; Kolb, "Kriegsphase," 1135.

245. 反对观点，参见 Goldhagen, *Executioners*, 345。

246. Blatman, *Death*, 417. See also Greiser, *Todesmärsche*, 136, 139 - 40; BoA, testimony of B. Warsager, September 1, 1946; de Rudder, "Zwangsarbeit," 230 - 31. WVHA 在 1944 年 11 月给犹太人引入了新的标志，三角形上有一道黄色条纹，不过鲜少实际应用；Hördler, "Ordnung," 272。

247. Laqueur, *Bergen - Belsen*, 106, 112 - 13, 121.

248. 反对观点，参见 Bauer, *Jews*, 241; Sofsky, *Violence*, 104 - 107; idem, "Perspektiven," 1160 - 63。

249. See also Neander, *Mittelbau*, 164 - 65.

250. 有 8000 ~ 12000 名布痕瓦尔德囚犯和 8000 名诺因加默囚犯死于运输途中；Greiser, *Todesmärsche*, 9; Buggeln, *Arbeit*, 635, 653。

251. Gedenkstätte Buchenwald, *Buchenwald*, 204 - 206; Röll, *Sozialdemokraten*, 139 - 56; *VöB*, September 1, 1944; IfZ, F 13/6, Bl. 355 -

58: R. Höss, "Gerhard Maurer," November 1946; Kirsten and Kirsten, *Stimmen*, 188 – 92.

252. 例子参见 *OdT*, vol. 2, 285; ibid., vol. 4, 459。

253. Kupfer – Koberwitz, *Tagebücher*, quote on 383; Antelme, *Menschengeschlecht*, 89; Langbein, *Menschen*, 149.

254. Kaienburg, *Wirtschaft*, 683; Wagner, *Produktion*, 280 – 81; Bessel, *Germany 1945*, 12, 24.

255. Strebel, *Celle*.

256. Hertz – Eichenrode, *KZ*, vol. 1, 53 – 55, 265 – 74, quote on 272; Lange, "Neueste Erkenntnisse"; Garbe, "'Cap Arcona.'"

257. NARA, RG 549, 000 – 50 – 9, Box 438, statement C. Schmalzl, September 11, 1945; ibid., statement X. Triebswetter, September 11, 1945; ibid., statement S. Melzewski, September 6, 1945.

258. Greiser, *Todesmärsche*, 284, 500 – 502; NARA, RG 549, 000 – 50 – 9, Box 438, statement W. Triebswetter, September 11, 1945.

259. Horwitz, *Shadow*, 144 – 51; Greiser, *Todesmärsche*, 262 – 68.

260. 例子参见 NARA, M – 1174, roll 2, Bl. 762: examination of G. Neuner, November 26, 1945。See also Horwitz, *Shadow*, 151; Zarusky, "Dachau," 58.

261. Laqueur, *Bergen – Belsen*, 120 – 28; Herzberg, *Between*, 213; Horwitz, *Shadow*, 152 – 53; Greiser, *Todesmärsche*, 269 – 70.

262. 例子参见 YVA, O 15 E/1761, Protokoll V. Jakubovics, July 9, 1945。

263. Buggeln, *Arbeit*, 145 – 48; WVHA – D to WVHA – B, August 15, 1944, ND: NO – 1990, *TWC*, vol. 5, 388 – 92.

264. Jacobeit, "*Ich*," 113 – 15; Greiser, *Todesmärsche*, 190 – 93, 197, 273 – 75; Wagner, *Produktion*, 555; Blatman, *Death*, 429 – 31.

265. Zarusky, "'Tötung,'" 85; Distel, "29. April," 8. See also Holzhaider, *Sechs*.

266. Greiser, *Todesmärsche*, 125, 161; Erpel, *Vernichtung*, 176 – 77; Neander, *Mittelbau*, 135 – 36.

267. Horwitz, *Shadow*, 146 – 47, 153; NARA, M – 1174, roll 2, Bl. 762 – 70: examination of T. Weigl, November 26, 1945.

268. NARA, RG 549, 000 - 50 - 9, Box 438, statement X. Triebswetter, September 11, 1945; Greiser, *Todesmärsche*, 125, 160.

269. Maršálek, *Mauthausen*, quotes on 296; Dietmar, "*Häftling X*," 131. See also Greiser, *Todesmärsche*, 260 - 61; Neander, *Mittelbau*, 161 - 62; Blatman, *Death*, 399, 401 - 402.

270. JVL, JAO, Review of Proceedings, *United States v. Weiss*, n. d. (1946), quote on 68; Greiser, *Todesmärsche*, 160; Horwitz, *Shadow*, 154.

271. Blatman, *Death*, 270 - 71, 396 - 400, 405, 418 - 19. See also Neander, *Mittelbau*, 135; Schulze, *Zeiten*, 291; Herbert, *Fremdarbeiter*, 330 - 31, 338 - 39.

272. Blatman, *Death*, 394 - 405, 419; Greiser, *Todesmärsche*, 115 - 23, 132, 167.

273. 大部分幸存者被迫前往贝尔根 - 贝尔森。See Strebel, *Celle*, 52 - 123, quote on 61; Bertram, "8. April 1945."

274. ASL, Kam 5539, L4, Bl. 26 - 29: Schwertberger Postenchronik, 1945, quote on 28.

275. Obenaus, "Räumung," quote on 542; Blatman, *Death*, 272 - 342; Neander, *Mittelbau*, 466 - 73; Gring, "Massaker."

276. Blatman, *Death*, 343 - 46; Bessel, *1945*, 45, 65.

277. Greiser, *Todesmärsche*, 126 - 27, 199 - 201, 274.

278. Broszat, *Kommandant*, 222 - 23, 281 - 82, quote on 222; StANü, Erklärung R. Höss, March 14, 1946, ND: NO - 1210; Kershaw, *End*, 359 - 60; Orth, *SS*, 268 - 69.

279. IfZ, F 13/7, Bl. 388: R. Höss, "Richard Glücks," November 1946; Broszat, *Kommandant*, 224 - 25; *DAP*, Aussage W. Boger, July 5, 1945, 3251; Naasner, *SS - Wirtschaft*, 334; IfZ, ZS - 1590, interrogation G. Witt, November 19, 1946, 9; BArchB, Film 44840, Vernehmung G. Maurer, March 13, 1947, pp. 3 - 5.

280. Goeschel, *Suicide*, 149 - 66.

281. Longerich, *Himmler*, 757; BArchL, B 162/7996, Bl. 381 - 85: Liste von SS - Führern und Unterführern, November 6, 1967; *OdT*, vol. 2, 486. 也有传闻说汉斯·卡姆勒自杀了（Fröbe, "Kammler," 316 - 17），不过传言说他被捕后关在了美军的拘留中心（Karlsch, "Selbstmord"）。

282. 德尔莫特在 1945 年逃出达豪后不久就自杀身亡；Langbein, *Menschen*, 559；Lifton, *Doctors*, 311。

283. Sigl, *Todeslager*, 84；Raim, "Westdeutsche Ermittlungen," 223.

284. 这种思维模式，参见 Broszat, *Kommandant*, 222－23。

285. Rózsa, "Solange," 278－79；Maršálek, *Mauthausen*, 331－32；Kaplan, "Marsch," 34.

286. Greiser, *Todesmärsche*, 102；JVL, JAO, Review of Proceedings, *United States v. Weiss*, n. d. (1946), p. 67.

287. Greiser, *Todesmärsche*, quote on 177.

288. Blatman, *Death*, 207；Neander, *Mittelbau*, 150.

289. YVA, 033/989, anonymous testimony (by W. Simoni), n. d. (1947), 40.

290. Kaplan, "Marsch," 31－33, quote on 31；Zeiger, "Todesmärsche," 68；WL, P. III. h. No. 804, M. Flothuis, "Arbeit für die Philips－Fabrik," January 1958, p. 16.

291. 战争最后 5 周内，大约 15 万名囚犯死亡（4 月初集中营囚犯大约有 55 万人）。剩下的 40 万囚犯中，可能有 25 万人在集中营里被解放，大约 2 万人在国外被释放，还有数千人在德国境内被释放。这意味着超过 10 万男女老少是在行军途中和火车运输中被解放的。

292. Bárta, "Tagebuch," quote on 96；Freund, "KZ Ebensee," 22, 31；Freund, *Toten*, 337；Evans, "Introduction," xvi. 盟军抵达的最后一批集中营里有 1945 年 5 月 11 日被解放的毛特豪森小营圣兰布雷希特（St. Lambrecht），以及 5 月 12 日被解放的更小的弗洛森比格小营施拉肯韦尔特（Schlackenwerth）；*OdT*, vol. 4, 250－52, 429－33。

293. Rózsa, "Solange," 302－22, quotes on 290, 316, 323；*OdT*, vol. 4, 151－54.

294. Overesch, *Buchenwald*, 60－85, quote on 68；Greiser, *Todesmärsche*, 76.

295. "Dachau Captured by Americans Who Kill Guards, Liberate 32, 000," *New York Times*, May 1, 1945；KZ－Gedenkstätte Dachau, *Gedenkbuch*, 9, 13, 19；Rost, *Goethe*, 302.

296. Quote in W. Cowling to his parents, April 30, 1945, in Dann, *Dachau*, 21－24. See also Zámečník, *Dachau*, 390－96；Distel, "29. April,"

8 - 11; Rost, *Goethe*, 304 - 305; Antelme, *Menschengeschlecht*, 401.

297. Kupfer - Koberwitz, *Tagebücher*, 419, 425, 444 - 45.

298. Quotes in Kupfer - Koberwitz, *Tagebücher*, 445; Ballerstedt, "Liebe," 207. See also Czech, *Kalendarium*, 322, 328 - 29; Stein, *Juden*, 126; Zámečník, *Dachau*, 365 - 67; ITS, docs 5278997 #1, 5323555 #1, 5364738#1, 5376484#1, 9896136#1, 9918546#1, 9934351#1, 9943226#2 (感谢 Susanne Urban 提供给我这些文件); BLA, EG 74002, EE by M. Choinowski, March 1, 1946 and June 16, 1958; ibid., Bay. Hilfswerk, Fürsorgebericht, April 24, 1949; ibid., Antrag M. Choinowski, June 23, 1958。

终　曲

595 解放是宣泄情感的时刻。许多囚犯为失去的一切感到悲伤和愤怒，但也感到轻松和狂喜。集中营死了，他们还活着。莫里茨·霍伊诺夫斯基和埃德加·库普费尔在达豪的拥抱，承载了囚犯的痛苦和幸存者的希望，可以算是故事的大结局。但是，这些希望常常破灭，而集中营也已成为他们生命中无法抹去的一部分。事实上，一些幸存者从来就没有希望可言。成千上万的人病入膏肓，根本意识不到发生了什么；当霍伊诺夫斯基和库普费尔拥抱时，附近的囚犯正在死去，目光直直略过美军士兵。[1]其他人则困惑不解地看着欢庆的人群。达豪里一名十几岁的幸存者几周前才失去了父亲，他回忆说："人们欢快地唱歌跳舞，在我看来，他们好像失去了理智。我看着自己，却认不出我是谁。"[2]与此同时，当欣喜若狂的幸存者们从集中营的深渊里爬出来后，最初的兴奋感迅速减弱。

以莫里茨·霍伊诺夫斯基本人为例。1945 年 6 月，他从达豪一家美国人经营的医院康复出院，住进了难民收容所，然后在 1946 年初搬到了慕尼黑郊区一间简陋的房子里。在接下来的三年里，他过着惨淡的生活。他的身体被集中营毁了；左臂几乎不能用力，并且持续疼痛，尤其是党卫队鞭打留下的慢性感染疤痕。由于无法工作，他只能靠救济金来支付房租和暖气费，购买食物、寝具和衣服。"自 1946 年以来，我没有收到过一双
596 鞋。"他在 1948 年 4 月向一个援助机构恳求道。他孤身一人，

误认为女儿和前妻（他们的婚姻被纳粹法庭宣布无效，因为前妻是“雅利安人”）已经在摧毁他们家园的那次马格德堡的毁灭性轰炸中丧生。他最后的希望是去投奔居住在美国的兄弟，在很多无家可归的难民看来，美国是充满希望的土地。20 世纪 40 年代末，在美国暂时放宽了移民限制后，数以万计的大屠杀幸存者前往北美，1949 年 6 月，霍伊诺夫斯基登上“缪尔将军”号海军军舰，横渡大西洋。在底特律和兄弟待了一段时间之后，他搬到了俄亥俄州的托莱多（Toledo），1952 年与另一位幸存者结婚。但他再也无法恢复往日的生活。

在第三帝国建立之前，莫里茨·霍伊诺夫斯基是一位精力充沛的商人，白手起家，经营着欣欣向荣的裁缝店和车间。现在，他身体孱弱、疾病缠身，苍白手臂上党卫队刺下的文身不断提醒着他，谁是摧毁一切幸福的罪魁祸首。他只能靠服用止疼药偶尔工作。他主要受雇于当地的干洗店和裁缝铺，到 20 世纪 50 年代中期，每月平均挣 125 美元，勉强够维持生活。与此同时，尽管他的女儿在德国不断努力，最终在 1953 年与父亲重新取得了联系（她最后一次听到父亲的消息是在 9 年前，从奥斯维辛寄来的明信片上），但他几年前提出的赔偿要求却一无所获。1957 年 4 月，霍伊诺夫斯基直接向巴伐利亚赔偿办公室主任提出上诉，后者翻出了他的案子，“把我从困境中拯救出来”。几个月后，他收到了第一笔赔偿款，但继续生活在简陋的环境中。他在寄给女儿的最后一批信件中提到，他虽然为自己从集中营幸存下来心怀感激，却质疑所有的痛苦是为了什么：“人类从战争中没有学到任何教训，相反，几乎所有国家都再一次厉兵秣马，这或许就是人类的结局。”1967 年 3 月 9 日晚，霍伊诺夫斯基在托莱多医院去世，享年 72 岁。[3]

那时，他的前达豪同志埃德加·库普费尔正在意大利撒丁岛过着隐居的生活。解放后的最初几年，他也一直挣扎求存。在达豪遭遇的轰炸使他的脚严重受伤，他还患上了抑郁症，一度游走在自杀的边缘。他在自己的家乡德国仿佛是个陌生人，1953年，在瑞士和意大利短暂停留了一段时间后，他跟霍伊诺夫斯基一样去了美国。但他并没有在此定居。集中营带来的疼痛和噩梦依然折磨着他，在1960年彻底崩溃后，这位56岁的穷困老人告诉一位熟人："我在美国的生活并没有镀金。我当过
597 旅馆的行李员、仓库保安、洗碗工、圣诞老人，最后在这里（好莱坞）的一个大电影院看门。"

埃德加·库普费尔不久后回到欧洲，在意大利居住了20多年，越来越离群索居。他对达豪编年史缺乏兴趣，生活在赤贫之中；一次又一次，他不得不"勒紧腰带，才能不饿死"。跟法院长期斗争之后，他在20世纪50年代收到了一些赔偿。从20世纪60年代起，他也从德国政府领取养老金，只不过数额很小，因为冷漠的陪审员最小化地判定他遭受的精神痛苦。当局未能确保及时付款，使这种侮辱雪上加霜。又一次迟到的汇款后，通常拘谨内敛的库普费尔失去了镇定。解放后的这些年，他仍然不得不为每一个破烂儿乞讨。"相信我，这辈子让我恶心，"他在1979年11月写信给斯图加特赔偿办公室，并补充道，"可能最好的结局是我自杀，那你们就少了一个麻烦制造者，德国政府只需要为我的葬礼买单。但我不确定我是否想让那些对此负有责任的人满意。"1991年7月7日，库普费尔最终回到德国，死在一家疗养院里，完全默默无闻。[4]

所有幸存者都有自己的故事，有些更幸福，有些甚至比库普费尔和霍伊诺夫斯基更悲惨。无论他们经历了什么，他们常

常面临类似的困难：伤病造成的持久痛苦，寻找新的住处，工作、社会的冷漠，以及为争取赔偿金的屈辱斗争。而所有痛苦的回忆、集中营最后的残忍，都深深烙印在了他们心中。对罪行的记忆，幸存者比行凶者要痛苦得多，后者只要能够逃脱法律的制裁，往往可以过上平静的生活，忘记集中营的一切。[5]幸存者却不能奢望于此。

解放初期

1945年4月15日下午，贝尔根－贝尔森解放几小时后，阿图尔·莱曼爬过围在自己营区外已经损坏的栅栏，冲进旁边的女子营地，寻找他的妻子格特鲁德（Gertrude）。一年多前，党卫队在菲赫特把他们拆散，两个孩子已经死在了奥斯维辛集中营。从那时起，在战前移民到荷兰的中年德国犹太律师莱曼，艰难地在集中营里存活了下来，经过奥斯维辛、毛特豪森和诺因加默，最终辗转来到贝尔根－贝尔森。在解放后的几天里，他继续寻找妻子，但徒劳无功。后来他才得知，妻子在英军到 598
后不久便去世了："我重返自由的那一天，她死了。"[6]

格特鲁德·莱曼是1945年春天集中营解放的2.5万到3万名囚犯中的一员，但不久后就去世了；到了1945年5月底，至少有10%的幸存者死亡。[7]在战争末期，大型集中营里的苦难成倍增加，导致死亡率也达到顶峰。被解放的集中营里，贝尔根－贝尔森规模最大、死亡率最高。英军在两处一共发现了5.3万名囚犯，包括莱曼和他妻子在内的大多数囚犯被关押在主营。在这里，斑疹伤寒和其他疾病仍在肆虐，患病和饥饿的囚犯已经几天没有吃的喝的了。"死亡还在继续。"阿图尔·莱曼后来写道。[8]

解放后集中营的紧急救援任务落到了盟军的个别部队肩上。现场的士兵对这次人道主义灾难毫无准备。在漫无头绪的占领期间，无论是关于集中营位置还是内部条件的信息，往往都是过时且不准确的。大多数情况下，部队都不是以解放具体的集中营为目标，只是偶然发现了它们。[9]他们的第一反应是震惊。他们满目皆是骨瘦如柴的幸存者和腐烂的尸体，被排泄物和死亡的恶臭淹没。[10]与此同时，一些劫掠成性的士兵甚至借着最初的混乱侵犯女囚。“这是最糟糕的，我当时都是半死的状态。”伊尔莎·海因里希（Ilse Heinrich）作证说，她被当作“反社会分子”关在拉文斯布吕克集中营，最终幸存了下来。[11]

盟军指挥官们还在争先恐后地寻找更多的人员和物资，因此无暇及时下达命令和提供援助，于是幸存者们自己动手。集中营党卫队刚一离开，幸存的囚犯就冲进储藏室和仓库；在贝尔根－贝尔森，阿图尔·莱曼看到夜空被囚犯们做饭的火光映亮了。但就在一些幸存者庆祝时，一些人喝着党卫队的香槟，另一些人则感到了囚犯们自行管理的阴暗面。和过去一样，囚犯们为战利品而战。最弱者往往空手而归，而一些较强壮的人则一直吃，直到难受才作罢。莱曼回忆道：“大多数（囚犯）迅速扫光了一切，新一轮的死亡开始了。”[12]幸存者也会到集中营外搜集补给品，走到附近的党卫队居住区、村庄和城镇。

对于集中营以外处于死亡行军期间被解放的囚犯来说，他们的需求最为迫切。他们极度需要食物、药品和住处，却无法指望路过的盟军部队给予帮助，最初不得不自食其力。在大多数情况下，这意味着寻求当地人的帮助，或从他们那里直接拿。
599 雷娜特·拉克尔（Renata Laqueur）是在从贝尔根－贝尔森前往泰雷津的火车上被解放的，她步行到附近的特勒比茨镇

（Tröbitz）求救，该镇位于柏林以南约 90 英里处，那里布满了苏联坦克和士兵。拉克尔走进一家德国人家索要食物；在他们紧张的注视下，她默默吃完了食物，然后去了当地的商店，这些商店都被死亡列车上的其他幸存者洗劫一空（苏联军方后来允许他们进行官方掠夺）。拉克尔在偷来的自行车上装了尽可能多的补给，随后慢慢回到火车上，她病重的丈夫身边。“当我看到保罗（Paul）的脸时——他看到肉、面包、熏肉、果酱和糖时的神情——所有的付出和痛苦都值得了。”她在几个月后写道。[13]

许多德国人害怕与被释放的囚犯相遇。一些人愿意伸出援手，包括特勒比茨镇的妇女，她们后来把保罗·拉克尔和其他伤残囚犯从火车上抬到临时医院，尽管不清楚她们是出于善意还是另有打算。[14]但更多的人退避三舍，将幸存者视为威胁。一位来自离集中营几英里的贝尔根村庄的农民声称，囚犯和奴隶劳工们被释放后展开的抢劫已经成为“三十年战争以来最大的恐怖”。[15]当普通德国人了解到虚弱的幸存者没什么可怕的，后者往往同样感到害怕时，早期的恐慌就让位于厌恶，抱怨肮脏的外国人到处排便，并对他们所谓的特权和牟取暴利愤愤不平。这种敌意产生于长期的社会和种族偏见，直接受到战败和占领的影响。大多数当地人都沉浸在自己是受害者的意识中，几乎没有余力去同情其他人。[16]

不良反应并不仅限于纳粹民族共同体的前成员。盟军官员有时也很少表示同情。在污垢和疾病中，他们发现很难把幸存者当人看，在他们眼中，幸存者（用一位美国国会议员造访布痕瓦尔德时的话来说）就像“恍惚的类人猿”。他们尤其为幸存者的行为所困扰。一些解放者曾以为他们很好管理，现在却抱怨他们不讲卫生、行为粗鲁、没有道德。贝尔根－贝尔森的一名英国官员抱怨说，幸存者“把难民营搞得如地狱般混乱”，另一位官员则厌恶地看着囚犯们像“一大群愤怒的猴子一样为每一口食物打斗”。[17]某种程度上，是解放者们内化于心的文明社会规范与幸存者们根深蒂固的集中营生存法则之间的冲突，导致了同理心的缺位。例如，“组织”一直是生存的基本规则，囚犯在解放初期自然而然地继续“组织”（他们仍然这么说）。
600 当一名困惑的英国士兵拦住一个波兰男孩（后者提着一大袋从贝尔根－贝尔森附近劫掠的食物），质问他是否知道偷窃是错的时，男孩回答说：“偷？我们不是在偷东西，我们只是‘组织’了我们想要的！”[18]

在救济工作逐渐跟上、条件有所改善之后，这种紧张的气氛有所缓和。然而，在最大的集中营中，解放后最初几个星期，情况仍然十分危急，因为盟军官员必须跟党卫队遗留下来的过度拥挤问题、饥饿和传染病做斗争。在达豪，正如 1945 年 5 月 8 日法国囚犯报告的那样，一些规格为 75 人的营房里，仍然挤满了多达 600 名生病的囚犯。由于医疗资源很少，他们的生命在不断流失，他们与尸体掺杂在一起；到月底，已有 2221 名达豪幸存者丧生。[19]

最大的挑战在贝尔根－贝尔森，阿图尔·莱曼指出，英国军队面临着“超人般的任务”。[20]早期，他们集中力量解决食物和水的供给问题。尽管战争仍在激烈进行，但英国当局很快下拨了额外的补给。随着更多的救援人员在 4 月下旬抵达，其中包括一群英国医科学生，一个更有序的常规就餐程序启用，包含不同的食谱。5 月 5 日，一名学生在日记中写道：“幸存者们慢慢恢复人样。”到那时，一支特别小队已经用杀虫剂彻底清洁了营房和囚犯，这是解放后几天内此处和其他地方开始的抗击斑疹伤寒的措施。尽管做出了这些努力，到 1945 年 5 月底，依然有大约 13000 名贝尔根－贝尔森的幸存者没能活下来。[21]

在被解放的集中营内，伴随着盟军管控力增强，医疗救援力度也在不断上升，不过，并非所有的幸存者都乐于服从盟军的管理。最大的争论点是限制囚犯的行动。几个集中营被暂时封锁，达豪的美军指挥官威胁要射杀任何未经许可离开的人。军方希望遏制抢劫和传染病，并准备有序地释放幸存者。但此时，幸存者却感觉自己是被集中营铁丝网困住的自由人。[22]

为了维持纪律，军方很依赖在现有组织结构中挑选出来的囚犯头目（甚至像“营头”这样的称呼还在一些营地里沿用）。在最初的日子里，有组织的囚犯团体——通常都是从地下浮出水面的——在许多被解放的集中营里发挥了核心作用。在盟军的支持下，这些囚犯负责分发物资、维持纪律、监督避免劫掠事件的发生。1945 年 5 月 1 日，达豪的营区长自豪地宣布现在是“同志自治”，甚至想继续每天的点名制度。在布痕瓦尔德，601
负责集中营治安的武装囚犯不仅要看守党卫队官员，还要在地狱般的“小营”巡逻，那里被外面的幸存者视为疾病和犯罪行为的源头，从而延长了仍困其中之人的痛苦；1945 年 4 月 24 日，美军的一份报告发现，“小营”就像是“尚未解放的集中营”。[23]即使盟军指挥官们的权力越来越大，但有组织的囚犯群体——在达豪、布痕瓦尔德和毛特豪森等地，通常由国际囚犯委员会管理——仍然是一支主要力量，他们与新的管理当局配合，维持秩序。1945 年 5 月 8 日，达豪委员会发出呼吁：“没有混乱，没有无政府状态！”[24]

国际囚犯委员会由前政治犯主导，他们塑造了未来几年对集中营的记忆；大多数人是左倾，在解放的集中营里热烈庆祝劳动节（5 月 1 日）。相比之下，社会边缘人士根本没有发言权，犹太人也被边缘化。盟军指挥官和囚犯统领都不承认他们是独特的群体，至少最开始不是这样。在达豪和布痕瓦尔德，犹太幸存者不得不在国际囚犯委员会中为了一席之地而斗争。1945 年 4 月 16 日，一位年轻的波兰人在他的布痕瓦尔德日记中写道："我们要求由犹太代表来处理犹太事务。"[25]

这不是囚犯之间打着国际团结的旗帜发生的唯一冲突。尚未解决的政治冲突破坏了气氛，在冷战时期的欧洲也依旧如此，幸存者团体之间围绕纪念活动你来我往。更为明显的是国家集团之间的紧张关系，这是集中营的另一个遗留问题。国籍成为解放后囚犯社区的主要区分标志，各国囚犯有独立的营房、组织和报纸；在劳动节的庆祝活动中，大多数曾经的囚犯在本国国旗下游行。冲突很快因旧有的怨恨和新问题而爆发，不过很少像埃本塞发生的那样激烈，苏联和波兰的幸存者公然发生枪战。最不稳定的是一些德国幸存者的处境，他们由于在战时集中营里享受了相对特权地位而遭到强烈的记恨。1945 年 4 月 30 日，一名德国囚犯在达豪写道："老实说，我们应该很高兴他们没有砸我们的头。"[26]

就连释放的时间也由囚犯的国家背景决定，至少在达豪是这样。1945 年 5 月 7 日，德国投降后数天内，美军开始将前囚
602 犯转移到条件较好的党卫队营房和集中营外的建筑里，按国籍一批一批来。1945 年 6 月 2 日，国际囚犯委员会的最后一期公报写道："我们欢欣鼓舞、充满喜悦地离开这个地狱，一切都结束了。"[27]

其他被解放的集中营也很快被清理干净。在贝尔根 - 贝尔

森，英军在四周之内将所有幸存者从主营搬出，一个营房接一个营房，然后把空屋彻底付之一炬。最后一个营房在 1945 年 5 月 21 日的仪式上被点燃；士兵和前囚犯们看着木屋被火焰吞噬，其中一面墙上钉着一幅希特勒的大照片。与此同时，患病的幸存者已经得到了清洁和消毒，并被送往附近一个设备相当齐全的英国医院，那里可以容纳一万名病人。阿图尔·莱曼也在其中。他接受了两次手术，高烧昏迷。但他慢慢地好转，非常享受热水浴和干净的床铺。最重要的是医护人员的照顾，特别是负责他的护士长，有时会坐在他身边听他讲述自己的故事。“我跟她讲我的妻子和孩子，”他在解放后第二年写道，“她抚摸着我的头，告诉我一切都会好起来。这也让我相信，一切都会好起来。”[28]

幸存者

深陷集中营的噩梦中时，囚犯们常常幻想幸福的未来。一名奥斯维辛的囚犯在 1942 年写道，有些囚犯渴望在农村过上平静的生活，而其他人则只幻想派对和寻欢作乐。[29]解放后，设想中平静的满足或者享乐主义都在战后欧洲的冷光下迅速消退。绝大多数幸存者希望返回家园，尽管没有人知道等待他们的是什么。一旦他们离开集中营，他们就不得不面对重建自身存在感的现实，这一步通常从盟军战地医院和难民集散中心开始，这些地方挤满了因纳粹恐怖统治而无家可归的人。1945 年 5 月 26 日，从纳茨维勒的一个卫星营被释放几周后，在索比堡失去亲人的荷兰犹太人尤勒斯·舍维斯（Jules Schelvis）在法国一家军事医院里写道：“我必须在没有妻子和家人的情况下重新开始生活。”[30]

战争结束时，第三帝国曾经的领土充斥着数百万背井离乡的男女老少。其中一些人选择自行回家，不过盟军不鼓励这种独立的做法，担心会成为军事行动的阻碍，并且造成疾病和社会动乱的蔓延。相反，盟军启动了一个庞大的遣返计划，迅速采取行动，减少他们管控下的难民数量。第一批被遣返的是集中营的前囚犯。[31]

603 虽然对于集中营的所有幸存者来说，回家的道路很艰难，但事实证明，有些人的回家路更为坎坷。总体而言，西欧人的前景更好。诚然，他们要辛苦跨越饱经战争蹂躏的土地，乘坐拥挤的火车和卡车，但旅程很少超过几个星期。例如，1945 年 7 月 4 日，雷娜特·拉克尔和逐渐康复的丈夫离开了德累斯顿附近的一个难民接收营；三周后，她坐在阿姆斯特丹家里的大沙发上，仍然穿着她在特勒比茨"组织"的希特勒青年团衬衫。此时，阿图尔·莱曼已经回到荷兰一个月了，由于身体不好（体重只有 82 磅），他是乘坐飞机离开德国的。最快被遣返的可能是法国囚犯，他们几乎都在 6 月中旬回到了家，许多人受到了英雄般的欢迎。1945 年 5 月 1 日，一大群人抵达巴黎，并沿着香榭丽舍大道列队游行，他们回忆说，经过哭泣的人群，在凯旋门受到了戴高乐将军的问候。戴高乐将军用这个机会巩固了纳粹抵抗者组成的"另一个法国"的形象，成为战后早期法国民族记忆的重点；同年晚些时候，戴高乐任命幸存者之一埃德蒙·米舍莱（Edmond Michelet）为国防部部长。[32]

对于大多数东欧幸存者来说，情况却大不相同。在前集中营里，苏联囚犯听说了有关他们归宿的惊人谣言，迫使达豪公告（由忠诚的斯大林主义者经营）强烈否认：一位红军上尉答应，所有人回家时都能感受到"关怀与爱"。然而，即使是怀疑者也别无选择，因为大多数流离失所的苏联人所居住的西方盟国已经同意遣返他们，即使这意味着使用武力。1945 年春秋两季之间，数以万计的集中营幸存者抵达苏联的过检和集结营地，在那里他们感受到的是怀疑和敌意。所谓的懦夫、逃兵和叛徒很快被划分为强制劳动力或被判至古拉格。“我很难谈论这件事，”达豪的一名乌克兰幸存者回忆道，他回国后被送到了顿涅茨煤田挖煤，“我们从集中营幸存下来，然而一些同志却死在这些矿井里。”那些侥幸躲过惩罚的人在苏联社会通常会面临歧视，因此，他们对于在集中营的经历保持沉默。[33]

东欧犹太人从集中营回来后也承受了巨大的不幸。在获释后的几周内，数以万计的人已经返回家园（大多数是匈牙利人）。[34]他们首要的目标是寻找遗失的家人，但往往希望会化为绝望。莉娜·斯图马钦（Lina Stumachin）历经了几个集中营后最终得以幸存，她拖着肿胀的双腿，以最快的速度从萨克森州 604
回到波兰。“在我的想象中，”她后来说，“我看到我的房子，还有失去的一切都会重新回到我的身边。”而当她最终到达温泉小镇扎科帕内（Zakopane）时——直到战争爆发前她一直在那里经营着一家商店——曾经的店铺已经荡然无存，只有山羊在吃草。她的丈夫和孩子也杳无音信：“我等了好几天、好几个星期，一无所获。”[35]当地对像斯图马钦这样的幸存者几乎没有支持。纳粹已经根除了传统犹太文化，以及大多数波兰犹太人。与此同时，原本的犹太业主被驱逐后，当地波兰人接管了犹太人的住宅和其他财产，如今往往拒绝归还（同样的情况也发生在匈牙利和波罗的海国家）。一波反犹太歧视和暴力很快将许多集中营幸存者以及战争期间在苏联领土上避难的犹太人赶回西方，他们主要回到了美国在德国的占领区。[36]

1946 年，几乎所有仍生活在德国境内的外国幸存者都来自东欧，有些人一直待在长期难民营，直到 20 世纪 50 年代。许多人是在幸存者委员会的安排下——主要按照国家划分——委员会记录下他们所受的痛苦，帮他们争取利益。在拒绝遣返的人中，有成千上万的乌克兰人和波罗的海人，他们不想在苏联的统治下生活。一些来自被苏联吞并地区的波兰人也是如此。其他波兰人则担心国内日益兴起的共产党，害怕自己最终会像幸存者维托尔德·皮莱茨基一样被夺去生命，后者在奥斯维辛集中营囚犯地下组织中扮演过重要角色；他被波兰秘密警察逮捕，1948 年因反共活动被处决。[37]

然后，还有无处可去的犹太幸存者。最脆弱的是儿童。托马斯（汤米）·伯根索尔很幸运，1946 年底在德国哥廷根与母亲团聚（她本人是奥斯维辛和拉文斯布吕克的幸存者）。其他很多孩子再也没见过他们的父母，只能住在孤儿院。莉娜·斯图马钦离开了扎科帕内和波兰这个伤心地后，便在巴黎的一家孤儿院工作。1946 年 9 月，她在接受采访时说，照顾孤儿可以帮助填补她生活中的空虚，让她忘记“你曾经也有自己的家和孩子”。至于未来，她想随孤儿们一起去巴勒斯坦。其他犹太难民也前往那里，特别是在 1948 年以色列建国之后；然而，即使在那里，他们的新生活也面临着艰难的开始，笼罩在痛苦的过往、贫困和早期犹太定居者的不信任之下。当然，并非所有幸存者都是犹太复国主义者，成千上万的人被英美等国接纳；其
605 中包括伯根索尔，已经长成 17 岁少年的他于 1951 年抵达纽约，开启了杰出的法律生涯，最终被任命为海牙国际法庭法官。[38]

无论他们身在何处，无论他们多么成功，幸存者身上的伤疤从未愈合过。“没有人归来时依旧如初。”欧根·科贡写道。[39]

最先注意到的是肉体上的创伤。前囚犯离开集中营时都体弱多病，大多数再未完全恢复健康。埃尔米纳·霍瓦特曾因是吉卜赛人而被关进奥斯维辛和拉文斯布吕克，她在 1958 年 1 月接受采访时解释了感染、冻伤和人体实验如何使她无法工作。“我想重新开始（我的生活），”她说，“要是我身体健康就好了。”两个月后她去世了，年仅 33 岁。许多幸存者是自杀，有些是在解放后几十年，比如琼·埃默里，由此可见集中营给人留下的精神创伤有多么深重。[40]

普里莫·莱维在 1987 年自杀前不久写道，“对罪行的记忆”会跟随幸存者几十年，“不让受折磨的人获得平静”。[41]许多人因其所见、所受和所为遭到了巨大的伤害。曾在奥斯维辛协助过门格勒医生的囚犯米克洛什·尼斯力在 1946 年极度痛苦的回忆录结尾发誓，他再也不会举起手术刀了。[42]一般来说，前囚犯们通常会感到那么多人都死了，自己也不配苟活。他们对生活提不起兴趣、充满焦虑，20 世纪 50 年代和 60 年代有限的心理疏导导致他们的问题进一步恶化。一位幸存者当时抱怨说，医生只诊断出他的身体问题，“但我需要的是一个了解我心理问题的人”。[43]

前囚犯以不同的方式背负着集中营的过往。一些人致力于解决集中营的遗留问题，有的在幸存者协会和出版物中纪念历史，有的成为纠正社会错误的政治家，还有的追捕当年的行凶者。1945 年 5 月 25 日，西蒙·维森塔尔（Simon Wiesenthal）刚刚从差点儿让他在毛特豪森丧命的折磨中恢复过来，便表示愿意为当地的美军指挥官效力，因为“那些人（纳粹）的罪行如此深重，必须不遗余力地逮捕他们”；这成了维森塔尔毕生的使命，一直到他 60 年后去世。[44]其他幸存者也协助给集中营党卫队的人定罪。[45]像大卫·鲁塞和玛格丽特·布伯－诺伊曼等人再一次更大范围地与政治暴力和恐怖做斗争，尽管他们在20世纪40年代末和50年代对苏联古拉格发动的猛烈抗争使他们失去了许多左翼的朋友，其中包括集中营的幸存者们。[46]

606 更多的前囚犯回归自己的私人生活，回到原来的职业，恢复之前的教育，重建家庭。不过，他们还是会经常与其他幸存者（通常是配偶或亲密的朋友）私下分享他们的经历。几百名犹太儿童是这样，他们几乎都是孤儿，在1945年至1946年被带到英国，在那里定居，彼此之间一直保持联系。"我们比亲兄弟还亲，"科佩尔·肯德尔［Kopel Kendall，生于坎德尔库基尔（Kandelcukier）］在50多年后回忆道，"这救了我。"[47]

最后，也有些人想把集中营彻底从头脑中抹去。1945年5月，什洛莫·德拉贡在一次漫长的、为自己在特别工作队的经历作证时，激烈地表达了这种冲动。"我拼命想回归正常的生活，"他告诉波兰调查人员，"忘记我在奥斯维辛经历的一切。"和德拉贡一样，一些幸存者试图压制他们的记忆，只关注现在，埋头工作。[48]但即使过去的回忆不在白天纠缠，也会在夜晚重现。20世纪70年代对奥斯维辛幸存者的调查显示，他们中的大多数人经常梦见集中营。[49]1949年底随兄弟移民到以色列的什洛莫·德拉贡本人也饱受噩梦之苦。多年的沉默后，迫于围绕特别工作队的耻辱和污名，兄弟俩才开始谈论比克瑙的人间地狱。[50]

其他幸存者不得不在法庭上面对过去，因为他们要为控诉曾经的施暴者作证。不是每个人都愿意这样做。1960年，一位奥斯维辛的幸存者拒绝在德国法庭作证时写道："如果我的噩梦能作为法庭上的证据，那我无疑是一个重要的证人。"[51]但许多幸存者出于对正义的渴望，以及对历史和逝去者的责任感，勇敢地站了出来。[52]这种经历锥心刺骨。他们一走上证人席，就不得不重温他们生命中最糟糕的时刻。1964 年，当法官问他是否结婚时，拉约什·施林格（Lajos Schlinger）回答说："我没有妻子。她永远留在奥斯维辛了。"[53]持怀疑态度的法官、带有敌意的律师和厚颜无耻的被告，使法庭的压力对于部分证人来说格外地大。在对纽伦堡医生审判时，一名幸存者跳出证人席，击中了一名被告，后者曾在达豪海水实验中对他施以酷刑。"这个混蛋毁了我的生活。"当狱警把他带走时，他尖叫道。[54]前囚犯们也因为无法回忆起被告们足够详细的犯罪细节而感到沮丧。然而，最令人不安的是许多司法调查的结果，特别是在后来的几年里，递交法院的案件越来越少，判决也更加宽大。[55]这绝对不是幸存者们在集中营里苦苦支撑时曾想象的正义。

正义 607

囚犯们常常幻想复仇。复仇的梦想支撑着他们熬过集中营里最黑暗的日子，在死神面前紧紧抓住他们不放。1944 年秋天，一名比克瑙特别工作队囚犯在预料到死亡时，遗憾地表示，不能"像我想象中那样复仇"。[56]解放后，一些幸存者释放了一直压抑的对复仇的渴望。在重获自由的头几个小时，他们羞辱、折磨、杀害党卫队的人，连尸体都不放过；在达豪，一位美国官员看着一名瘦骨嶙峋的囚犯朝死去的看守脸上小便。[57]不过，因为大多数党卫队的工作人员已经溜走了，可恨的审头成了首当其冲的目标。数百人被打死、勒死和踩死，其中包括像奥斯维辛前营区长布鲁诺·布罗德尼维茨这样臭名昭著的人物。幸存者们认为这是伸张正义；毕竟，处决残忍的审头长期以来一直是集中营的基本法则。德拉霍米尔·巴尔塔在记录埃本塞的一场屠杀时写道："这是可怕和不人道的，但很公正。"那次杀戮中大约有50名曾经的囚犯头目被"正义处决"。[58]

尽管囚犯遭受了痛苦和习惯于暴力，但这种报复性杀戮仍然比较少见。[59]许多囚犯过于虚弱，或找不到自己仇恨的对象；其他人，包括一些资深的囚犯，敦促要适度。"我们不应该像他们（德国人）对我们那样"，一名布痕瓦尔德幸存者建议道，否则"我们最终会像他们一样"。[60]盟军的克制也同样重要。诚然，一些士兵起初袖手旁观，为囚犯们报仇而高兴。在情绪激昂的时刻，少数人甚至更极端，朝党卫队队员和审头开枪；1945年4月29日，在看到达豪死亡列车上大量的尸体时，一些美国士兵处决了他们遇到的第一批党卫队队员，然后又抓了几十个，让他们靠墙排成一排，在一名激动的军官介入前，把他们枪毙了。[61]但这属于例外。盟军将俘获的绝大多数行凶者看管起来，制止了进一步爆发暴力事件。[62]应该由法庭，而不是受害者来伸张正义。

惩罚纳粹罪犯一直是战争的一个主要目的，1945年春天，集中营党卫队是主要目标之一。盟军解放最后一批大型集中营后不久，美国、英国和苏联的战争罪行调查人员就赶到了现场，为军事审判搜集证据。最重要的法庭设在党卫队曾经崇敬的地点——达豪。这是一个极具象征意义的举动，美军将集中营系
608 统的发源地变成了战争罪行审判中心（也有实际原因：自1945年夏天以来，达豪被用作美国拘留营）。截至1947年底，达豪法庭针对集中营罪行起诉了约1000名被告。[63]

第一次达豪审判开始于1945年11月15日，在曾经的奴隶劳工车间。受审的是40名来自达豪集中营的被告，由指挥官马

丁·魏斯领导。为了迅速伸张正义，法庭在不到一个月的时间内认定所有被告有罪，并判处绝大多数人死刑。他们因为自1942年1月以来（《联合国宣言》发布的日期）参与"共同设计"，对敌方平民和战俘犯下战争罪行而被定罪，即使没有证据证明他们参与过杀人，这一法律概念也让他们无可辩驳。这为后来在达豪进行起诉提供了法律模式，其中包括对美军解放的其他主要集中营（毛特豪森、布痕瓦尔德、弗洛森比格和多拉）的工作人员进行主审，以及大约250场后续审判，主要涉及附属卫星营的工作人员。死刑的执行地点是兰茨贝格监狱，而不知悔改的指挥官魏斯则是1946年5月第一批被绞死的战犯之一。他在给幼子的告别信中写道："为国捐躯，死得其所。"[64]

虽然达豪的美国法庭效率最高，但它并不是第一个针对集中营罪犯的盟军军事法庭。最早是英国于1945年9月至11月在吕讷堡（Lüneburg）审理的案件——针对在贝尔根-贝尔森被指控犯有战争罪行的男男女女。最后，30名被告被定罪（14人被判无罪），其中11人被判绞刑；前指挥官约瑟夫·克拉默是1945年12月13日在哈默尔恩（Hameln）监狱被处决的罪犯之一。在接下来的几个月里，英国军事法庭判处了更多的罪犯，从主营到卫星营。[65]法国军事法庭也起诉了集中营罪行；其中就判处拉文斯布吕克前指挥官弗里茨·祖伦死刑，1950年6月执行，此前他隐姓埋名住在巴伐利亚，直到被前秘书指认出来。[66]苏联军事法庭也在惩罚集中营凶徒。最引人注目的案件是在柏林对萨克森豪森工作人员的审判，于1947年11月结束，14名被告被判处无期徒刑（苏联暂时放弃死刑），其中包括"铁人"古斯塔夫·佐尔格和人称"快枪"的威廉·舒伯特；在不到一年的时间内，包括前指挥官安东·凯因德尔在内的6名被告在苏联劳动营中丧生。[67]

除了在德国占领区内的盟军法庭外，前集中营党卫队工作人员在波兰也面临审判，波兰一直是集中营犯罪的主要地点。
609 事实上，这是一个由共产党临时政府设立的波兰特别法庭，主持了第一次审判和处决：1944 年底，马伊达内克的 5 名党卫队队员被公开绞死在曾经的火葬场旁边。战争结束后，更多的诉讼随之而来。特别法庭审理了许多案件，包括 1946 年夏天在格但斯克结束的审判，判处施图特霍夫的官员公开绞刑，11 名前囚犯身着旧制服充当行刑者。最引人注目的案件发生在克拉科夫新建的波兰最高国家法庭。1946 年 9 月 5 日，法庭判处普拉绍夫指挥官阿蒙・戈特死刑。1947 年 12 月 22 日，法庭认定 39 名奥斯维辛行凶者有罪；被判死刑的 23 名被告包括阿图尔・利布兴切尔、汉斯・奥迈尔、马克西米利安・格拉布纳和埃里希・穆斯班德（约翰・保罗・克雷默博士后来因年事已高而被免除死刑）。1947 年 4 月 2 日，法庭判处奥斯维辛集中营指挥官鲁道夫・霍斯死刑，前一年他被英国战犯部队跟踪到偏远的农场。两周后，霍斯站在奥斯维辛集中营曾经搭建的绞刑架上，凝视着如今站在他近 7 年前建立起的集中营广场上的一群观众。他以典型的大胆姿态，移动头部来调整绞索的位置。然后，绞刑架的活板门打开。[68]

在霍斯离开被占领的德国之前，他作为盟军引渡到波兰的数百名集中营罪犯之一，在纽伦堡国际军事法庭为纳粹主要罪犯作证。在对主要战犯的首次审判中，已经提到了集中营：赫尔曼・戈林被指控建立集中营系统，前帝国中央安全局领导恩斯特・卡尔滕布伦纳协助运营该系统，阿尔贝特・施佩尔负责指挥内部的强制劳动（同时，党卫队被宣布为犯罪组织）。最令人痛心的时刻之一发生在 1945 年 11 月 29 日，当时美国检察官放映了一部长约一个小时的关于集中营暴行的电影。一些被告起初似乎惊呆了，而反对他们的公众情绪则更加强硬。一位观众惊呼："为什么我们不能直接枪毙这些畜生?"[69]

在随后的纽伦堡法庭上，集中营的地位更加突出。在对法本公司的审判中（1947 年 8 月至 1948 年 7 月），公司高层管理人员被指控剥削奥斯维辛－莫诺维茨的囚犯。虽然诉讼表明，集中营犯罪的共谋深入"可敬的"德国社会，惩罚却较为温和，因为法官倾向于认为被告是犯错的商人，而不是蓄意谋杀奴隶的推动者。[70]对医生的审判中（1946 年 11 月至 1947 年 8 月），人体实验是重点。几名被告被判处死刑，其中包括布痕瓦尔德的庸医霍芬博士和格布哈特教授，后者是拉文斯布吕克磺 610
胺实验的幕后主使。[71]最后是党卫队经济与管理部的案子（1947 年 4 月至 11 月），针对集中营系统内的党卫队高层管理者。他们中的大多数人被判长期监禁，其中一人被处决——奥斯瓦尔德·波尔。波尔在 1951 年 6 月被处决之前皈依了天主教（跟鲁道夫·霍斯和马丁·魏斯一样），还发表了一篇关于他宗教顿悟的文章，引人瞩目的不是他的忏悔，而是完全不知所谓。[72]

否认是集中营党卫队俘虏的默认模式。[73]最极端的是有人声称集中营内一切安好。马丁·魏斯在审判前宣称，"达豪是个条件良好的集中营"，而约瑟夫·克拉默抗议说，他"从未收到囚犯的任何投诉"；称集中营有虐待和酷刑的前囚犯被说成了险恶的说谎者。[74]集中营党卫队的核心教义并没有被遗忘，被告们依然把囚犯描述为离经叛道的社会异类，而他们自己是体面的人。"我曾是职业军人。"奥斯瓦尔德·波尔在绞刑架上宣称。[75]

集中营被告普遍把自己描述成正规士兵的形象，这只不过是另一种形式的否认。毕竟，忠诚的集中营党卫队队员在当地发起的行动——他们对理想的“政治军人”形象如痴如醉——对加深国内的恐怖统治起到了推波助澜的作用。现在，许多被告把自己描绘成没有意识形态和信念的下属，就像阿道夫·艾希曼几年后在耶路撒冷所做的那样：他们只是尽了自己的职责。虽然听话士兵的故事有性别特指，但女性党卫队被告也提出了类似的观点。例如，拉文斯布吕克禁闭室的前负责人在法庭上声称，她“就是机器里一个小小的没有生命的齿轮”。被告们也不可避免地互相推诿，在指挥链上前后转移责任。诚然，一些老帮凶坚守在一起，仍然致力于党卫队同志的理想。但是这些纽带往往不堪一击，在法庭上磨损殆尽。当党卫队经济与管理部的前管理人们把一切责任都推到他身上后，奥斯瓦尔德·波尔不得不为“我的荣誉是忠诚”这句党卫队座右铭的消亡而哀叹。[76]

虽然在盟军法庭指控的共谋罪面前否认个人责任无济于事，但集中营党卫队被告的谎言却越来越离谱。大规模屠杀的凶手否认了一切，比如比克瑙火葬场主管奥托·莫尔（他声称只当过园丁）和机动杀人小队的队长（“我没有射杀任何人。我是一个德国士兵，而不是一个杀人犯”）。[77]高层官员也假装无辜。阿图尔·利布兴切尔说，他是在没有阅读党卫队督察组指令内
611 容的情况下签的字，并且对奥斯维辛的毒气室毫不知情。他的谎言如此拙劣，以至于连他的审讯者都失去了冷静。“你就像一个小孩子。”审讯人员某天责骂道。但利布兴切尔并没有被吓住。在最后向波兰总统请求宽恕时，他否认所有罪行，把一切都推到他上司身上，还暗示他自己一直在帮助囚犯。[78]

这种谎言不仅仅是绝望的防御策略。当然，许多被告为了

自救而撒谎。但是，最忠实的集中营党卫队队员已经习惯了罪恶的常态，他们依旧坚信自己的行为是正义的，认为谋杀病人是一种人道主义行为，党卫队暴力不过是一种纪律措施。就连局外人也被党卫队的这种理念洗脑。热带医学的资深教授克劳斯·席林彼时 74 岁，可能是达豪审判中年龄最大的被告，他不仅为凶残的疟疾实验辩护，还请求法庭让他完成研究，造福科学和人类。他说，他所需要的只是一把椅子、一张桌子和一台打字机；不过他得到的是绞刑架。[79]

被告们的妄想和谎言背后偶尔也隐藏着半真半假的真相。只有极少数人能做到基本完全坦白。鲁道夫·霍斯是最健谈的证人，口头和笔头都坦诚得令人惊讶。与此同时，霍斯继续坚定地遵循纳粹的意识形态，令他最后悔的不是犯下的罪行，而是没能成功隐藏，变成一个农民。[80]如果说坦白的人罕有，那表示悔恨的人更少。奥斯维辛集中营前营区负责人汉斯·奥迈尔忏悔得不情不愿。他于 1945 年 6 月在挪威被捕，很快就抛开了显而易见的谎言，详细交代了大屠杀；他还给不相信这一切的德国军官们做演讲，细数党卫队的所作所为。在 1947 年波兰法庭审判之前，奥迈尔承认了他的罪行和他对囚犯的强硬态度，将此归因于在达豪的长期浸淫——也是在那里，他在 1934 年第一次获得了特奥多尔·艾克的青睐——以及在奥斯维辛日常对犹太人实行的大规模灭绝。在他最后申请从轻处罚的时候，他声称自己"感到极大的悔恨"。他跟顽固不化的利布兴切尔一样，于 1948 年初被处决。[81]

那么，我们应该如何评判战后对集中营罪犯的早期审判呢？鉴于盟军法庭面临的巨大困难——德国初被占领后的混乱，缺乏法律先例，时间、人员和资源的不足——很容易理解为什么大多数评论员都表示了肯定。[82]毕竟，很多集中营党卫队的领导受到了惩罚。其中包括经济与管理部的大多数高层官员，比如最后一个受审的奴工管理人格哈德·毛雷尔，他于1953年在波兰被处决。此外，这里面还包括大多数幸存的战时集中营指挥
612 官。1945年至1950年，14名前指挥官被军事法庭判处死刑并执行（汉斯·洛里茨于1946年被英军俘获后上吊自杀）；到了20世纪40年代末，只有7名战时指挥官还活着。[83]

但是，这些判决并不能掩盖盟军审判的严重缺陷，因为在追求迅速判决时违背了基本的法律标准。仓促的准备造成了程序上的灾难，包括错误的起诉和定罪，而许多供词是通过不正当手段提取的。[84]被指控的人中只有少数能获得有效的辩护，有些审判不到一天就结束了。然后就是选择被告时的随机性，特别是在俘获的低阶党卫队人员中。一些人很快被判刑，另一些人则永远逃脱了审判——更别提纳粹医生和工程师了，尽管他们也参与了集中营的暴行，却被盟军当作技术专家而逃脱了惩罚。[85]

判决方面也存在严重的不平等。几名经济与管理部和法本公司的高层领导和经理所受的处罚比普通看守和哨兵轻得多，尽管他们应负的责任更大。[86]审判的时机很重要。最初，盟军法官意在严厉威慑和报复，反映了国内要严惩集中营凶犯的呼声。但到了1947和1948年，当前管理人们受到审判时，早期的愤怒已经消散。随着冷战将德国分裂为东西两方的战略盟友，对纳粹罪行的判刑变得更加宽大，更多的被告逃出生天。[87]

盟军审判最令人不安的一面是未能区分党卫队官员和管事的囚犯。从一开始，两者就经常一起受审。盟军法官不熟悉集中营的基本组织结构，或不愿去费心理解其中的许多“灰色地

带”，因此将审头也视为犯罪同谋（有时认作党卫队的人），从而加深了对审头的错误印象，而这种误解一直持续到今天。[88]例如，在第一次贝尔森审判中，一名犹太幸存者因为当过两天身份卑微的营头，就被迫与克拉默这样罪恶深重的党卫队指挥官一起坐到了被告席上。[89]受审的审头人数很多——在美军主持的达豪审判中，几乎10%的被告是集中营的前囚犯——而且判决很重。[90]前审头确实普遍比党卫队队员判得更重，或许是因为他们在其他囚犯脑海中比无名的看守们更清晰。他们也不太可能被赦免；贝尔森审判中最后一名从监狱获释的被告不是党卫队的官员，而是一名波兰的审头。[91]

大多数审头在幸存者中名声参差不齐，反映出囚犯之间早 613
先的分歧。同一个人可能被一个团体称赞为英雄，被另一个团体斥责为恶棍，因此，所有完善的正义都是错觉。[92]即便在普遍被辱骂的审头中，人们也应该问问他们是否真的罪有应得。以克里斯托夫·克诺尔（Christof Knoll）为例，他是一个特别恶毒的达豪监督员，在1945年12月提出了慷慨激昂的辩护。“审头也是囚犯”，他在法庭上大喊，并列举了他在达豪近12年间遭受的党卫队威胁、虐待和殴打。在被判处死刑后，克诺尔得到了比利时政治犯阿蒂尔·奥洛的意外支持，后者如今成了达豪国际囚犯委员会主席。无论像克诺尔这样的审头犯了什么罪，奥洛都打着幸存者的名义，声称他们主要是集中营的受害者，把他们当作党卫队志愿者进行严厉惩罚是错误的。美国当局无动于衷，于1946年5月在兰茨贝格绞死了克诺尔与另一名审头，还有26名党卫队队员。[93]

虽然对盟军的审判表示肯定，但事实上绝大多数的集中营罪犯没有受到惩罚。[94]1942年到1945年，许多判决仅以伤害盟军（或非德国）国民论处，放过了大量的集中营党卫队官员。[95]其他嫌疑人在被盟军俘获时自杀，比如布痕瓦尔德斑疹伤寒案的幕后主犯丁博士以及奥斯维辛的首席医师维尔茨博士，后者把毒气处决犹太人形容成解决病患和过度拥挤问题的“令人不快”但“合适的方案”，此后不久，他于 1945 年 9 月上吊自杀。[96]还有许多罪犯轻松逃过法网。一些人逃往海外，比如门格勒博士，他采用了与阿道夫·艾希曼相同的逃亡路线前往拉丁美洲，直到 1979 年 2 月在巴西一处度假胜地溺水身亡，死前一直安然无恙。[97]大部分逃亡者仍待在前第三帝国境内，一旦盟军的战争罪行审判在 20 世纪 50 年代初结束，他们的惩罚便首先取决于德国和奥地利的法庭。

德国法庭从 1945 年夏天开始，在盟军授权下，对针对德国国民的纳粹暴力犯罪提出起诉，到 1949 年，当东德、西德成立时，法官们已经审理了数百起涉及集中营犯罪的案件；除了指控党卫队和审头在卫星营和死亡行军中犯有战时罪行外，法庭还追捕了早期集中营和战前集中营的行凶者。一些被告受到了严厉惩罚，包括 1946 年 12 月被判处死刑的“安乐死”医生门内克博士（他的老朋友施泰因迈尔医生于 1945 年 5 月自杀）。
614 但是在战后早期，人们也可以看到端倪，例如肤浅的调查和温和的判决。[98]在奥地利人民法院面前，同样的诉讼情况也遍布全国。比如 1952 年，因斯布鲁克（Innsbruck）的法官们对针对一名普拉绍夫党卫队队员的谋杀指控不予理会，因为法院认为前犹太囚犯的证词“充满仇恨”，存在水分；法院认为幸存者所描绘的日常暴力“难以置信”，实际上却是真的。[99]这种判决反映出民众当时对集中营的看法，不过这些看法在战后的奥地利和德国绝非毫无争议。

记忆

1945 年 4 月 16 日星期一中午，千人以上的男女和儿童浩浩荡荡地从魏玛市中心出发，缓缓穿过乡村，爬上埃特斯山，进入布痕瓦尔德的大门。这些当地人在美国解放者的命令下集合，在美军的带领下参观集中营。魏玛市民没有错过任何恐怖的场景，从营房中饥肠辘辘的幸存者到火葬场里烧焦的残尸，美国军官则向他们宣讲德国人犯下的罪行。[100]1945 年春季，同样的情形也发生在其他被解放的集中营，盟军强迫德国平民直面集中营的残酷。这包括在集中营内和死亡行军的沿途挖掘乱葬坑；当地人不得不挖出死者，清洗尸体，参加葬礼。1945 年 5 月 7 日，在 200 名沃伯林受害者的集体葬礼上，一行行尸体被摆在附近的城镇广场上，一位美国牧师指责当地居民“对这些暴行负有个人和集体责任”，因为他们支持纳粹主义。[101]

在战后的头几周和几个月里，像布痕瓦尔德和沃伯林这样的集中营非常显眼。在盟军猛烈的再教育运动中，在被占领的德国，到处都是印着集中营内图像的海报、传单和小册子，详细的报道也出现在报纸、新闻特辑和电台广播中。据一位观察家说，整个国家“充斥着尸体的照片”。在德国占领区，宣传在 1946 年达到高潮，当时超过 100 万观众观看了令人痛心的 22 分钟的美国纪录片《死亡工厂》（*Death Mills*），这部纪录片也把责任推到了广大民众的身上。[102]幸存者的回忆录和罪犯审判也揭示了更多的细节，被媒体大肆报道。[103]

然而，公众看到的集中营是不完整的。集中营的历史和功能仍然模糊不清，而行凶者大多被描绘成禽兽——尤其是女性罪犯，她们的暴力行为被解释为女性天性的扭曲。媒体对女性犯罪者的痴迷在1947年达豪的布痕瓦尔德审判中达到高潮，当时，报道以第一指挥官的遗孀伊尔莎·科赫为中心，尽管她没有党卫队职衔，在犯罪中也只是个外围人物（美国当局后来将她的无期徒刑减为四年监禁）。[104]

德国普通民众对集中营犯罪的反应各不相同，跟他们在整个第三帝国时期一样。有些人继续视而不见，只关注自己的命运。但是在1945～1946年，人们很难回避这个话题，由于盟军的压力和个人的兴趣，产生了大量的议论。一些德国人表示羞愧和愤怒，要求严惩凶犯。[105]而另一些持不同观点的人则认为这些残暴的故事都是盟军的宣传手段，辩解说集中营是运行良好的机构，专门关押和再教育那些危险的流浪者，给纳粹宣传注入了新的活力。[106]

大多数德国人可能发现自己介于两者之间。他们承认发生了可怕的事情，有时打心底表现出厌恶，但他们否认对此负有任何责任。首先，他们声称这些罪行是纳粹狂热分子在暗地里犯下的。这是隐形集中营的说法，否认了公众对集中营普遍（或偏颇）认知的所有记忆，从早期集中营公然的恐怖暴行到最后的死亡行军。其次，许多德国人将囚犯的命运与自己的命运等同起来，从而将罪行相对化看待。这是德国受害情结的说法：据说，囚犯和普通德国人都受到了纳粹和战争的摧残。因此，许多德国人对集体有罪的指控感到愤怒，导致由资深政治家和神职人员带头展开辩解无罪的运动。早在1945年4月22日星期日，就在美军带领当地人参观布痕瓦尔德集中营后六天，魏玛教堂宣读了一份公告，宣布当地人对“完全不知道”的罪行“不负任何责任”。[107]这些说法在20世纪40年代后期盟军放弃消灭纳粹化的推动下根深蒂固，构成了德国战后早期关于第三帝国的重要叙述。[108]

在年轻的德意志联邦共和国，对集中营的记忆最初被边缘化，反映出将纳粹历史抛在脑后的社会和政治共识。大多数德国人认为，现在是时候继续向前看了，并专注于重建他们的生活和国家。[109]20 世纪 50 年代初期广泛的“失忆”让剩余的集中营凶犯占了便宜。在盟军“胜利者伸张正义”的呼声日益高涨之际，广泛性失忆也鼓动了大赦的呼声。鉴于西德新政府是冷战不断升级时的战略同盟，在其压力下，美国当局释放了大多数党卫队囚犯；1958 年，美国达豪审判释放了最后一名党卫队被告。英国和法国法院也实行了大赦（波兰和苏联当局也是如 616
此）。[110]一些罪人重新回归了自己的职业。例如，在法庭接受了纳茨维勒囚犯自愿进行致命的碳酰氯实验的说法后，奥托·比肯巴赫教授被允许继续以医生的身份执业。与此同时，许多前集中营党卫队的专职成员找到了新的工作：1954 年获释后，格罗斯－罗森集中营指挥官约翰内斯·哈塞布勒克成了一名推销员。[111]

在公诉机关几乎不施加政治压力的情况下，系统调查几乎消失，对纳粹凶犯的定罪也急剧减少；1955 年，西德法院只起诉了 27 名被告，跟 1949 年的 3972 人相差甚远。审判即将结束，尚未被判刑的人可能永远都不会面临正义的审判。[112]关键是，大多数党卫队逃亡者通过适应战后自由社会的规范隐藏了起来，再次表明集中营犯罪时社会心理原因的重要性；在不同的环境中，这些曾经的集中营党卫队行凶者夹起尾巴，过着守法的生活。[113]虽然他们的行为改变了，但他们的信念往往不会改变。集中营党卫队核心网络残存了下来，曾经的工作人员和他们的家人因怀旧而团结在一起。1975 年，前指挥官哈塞布勒克在接受以色列历史学家汤姆·塞格夫（Tom Segev）采访时嘲弄道：“我唯一遗憾的是第三帝国的崩溃。”[114]

虽然早期德意志联邦共和国对集中营的记忆逐渐消退，但并没有彻底消失。部分原因在于存在争议的赔偿问题，这个问题在20世纪50年代和60年代让西德政治家和实业家们很是为难。德国当局为了与过去划清界限，不情愿地向一些受害者提供直接赔偿，并向以色列、西欧国家和犹太组织（由“索赔会议”作为代表）一次性支付赔款。这些措施旨在帮助西德重新获得国际社会的接纳，而不是帮助所有受害者，因此导致了一个充满不平等、司法不公和侮辱的制度（正如埃德加·库普费尔和莫里茨·霍伊诺夫斯基的例子）。那些完全没获得赔偿的人中包括许多曾经的奴隶劳工，因为德国实业家争辩说是纳粹政权迫使他们雇用集中营囚犯。[115]质疑这种谬论的一位幸存者是德国犹太人诺贝特·沃尔海姆（Norbert Wollheim），他在奥斯维辛－莫诺维茨为法本公司做工。1951年，他向这家化工巨头提起民事诉讼，这场官司演变成一场旷日持久的政治和法律大戏，1957年才达成向“索赔会议”支付近3000万马克的庭外和解（其他大型德国公司批评了
617 这次协议，成功地打击了幸存者的民事诉讼）。[116]

20世纪50年代，刑事审判也使集中营继续存在于公众视线当中。媒体依然报道诉讼，现在主要涉及审头和低阶的党卫队官员，比如二等兵施泰因布伦纳，他可能是在达豪杀害汉斯·拜姆勒的凶手，1952年被慕尼黑法院判终身监禁。[117]特别是在这一个十年的尾声，个别案件获得了广泛的媒体曝光，激发了更多关于集中营的批判。其中包括对古斯塔夫·佐尔格和威廉·舒伯特的审判。两人都在西伯利亚的煤窑幸存了下来，并于1956年返回西德。但是，他们不是那些逃脱苏联抓捕后就逍遥法外

的纳粹罪犯。他们很快再次被捕，在国内和国际媒体的聚光灯下再次受审，并于 1959 年初（第二次）被判处无期徒刑。[118] 佐尔格于 1978 年死在监狱中，成为少数面对过去的集中营党卫队罪犯之一（“我们丧失了良知！”他曾对一名心理医生喊道）。相比之下，舒伯特则忠于他的事业。1986 年被释放后，他在公寓里建了一座神龛，中间是一张他在党卫队的照片，周围环绕的是希特勒和其他纳粹领导人的照片；他在 2006 年的葬礼吸引了一群新纳粹分子。[119]

20 世纪 60 年代，西德民众的态度继续发生变化，部分原因是对幸存者回忆录重新燃起了兴趣。1960 年，长期担任总理的康拉德·阿登纳（Konrad Adenauer）亲自在回忆录前言中批评那些想通过抹去对集中营恐怖事件的记忆来美化国家形象的同胞。[120] 更重要的是，1958 年设立了国家社会主义犯罪中央调查办公室，在其推动下，备受瞩目的法律诉讼程序出台，标志着一种更加系统的司法方法。最引人注目的是 1963 年 12 月至 1965 年 8 月在法兰克福的第一次奥斯维辛审判。被告席上站着 20 名被告，领头的是两名前副官（1960 年被捕的里夏德·贝尔指挥官在审判前死于心脏病发作）。随之而来的潮水般的媒体报道，仅在国家级报纸上就有近千篇文章，还有电台和电视节目，引起了大多数德国人的注意。“该死！”1964 年 12 月，一位读者写信给法兰克福一家报社，“别再报道奥斯维辛了”。[121]

西德的诉讼程序导致了不完善的正义，因为犯罪者往往受益于他们否认受害者后得到的法律保护。[122] 审判也导致了不完善的历史教训。媒体报道是不规律的，特别是在审判马伊达内克工作人员这样的大案要案中，审判于 1975 年 11 月在杜塞尔多夫开庭，5 年零 7 个月后结束，创下了西德审判时间最长、费 618

用最高的纪录。[123]然而，媒体报道却只是浮于表面。或许，这一点在继续将被告视为“反常物种”上最为明显。在这里，盟军的诉讼和早期的西德案件已经定下了基调，包括二审伊尔莎·科赫——媒体称她为“布痕瓦尔德的红发绿眼女巫”——她从美国拘留所获释后再次被捕，1951 年被奥格斯堡法院判处无期徒刑（她后来受精神疾病折磨，坚信集中营的前囚犯会在牢房里虐待她，并于 1967 年自杀）。[124]

民众对 20 世纪 60 年代和 70 年代西德审判的态度好坏参半；特别是奥斯维辛的审判，短暂地激起了对纳粹行凶者进一步诉讼的反对呼声。然而，与此同时，这些案例使民众有史以来第一次看到集中营内的详细图像，极大地推动了教育和文化倡议，这些举措往往由年轻一代领导，他们为创造一种更复杂的记忆文化做了许多事情。[125]

到 20 世纪 80 年代，德意志联邦共和国早期描绘的歪曲的集中营画面出现了许多裂缝。特别是在当地活动家揭露了集中营与广大民众之间的无数联系后，隐形集中营的说法失去了威力。历史学家和活动家也开始把焦点转向湮没在公众记忆中的受害者群体。正如纳粹时期曾有的囚犯等级制度一样，战后也有幸存者的等级制度。从一开始，社会边缘人士——包括同性恋者和吉卜赛人——就被普遍的偏见，以及决心与更不受欢迎的受害者群体脱离的前政治犯推到了最底层。早在 1946 年，一些“反社会”和“犯罪”的幸存者就联合起来，在一本短暂出现过的刊物中抗议他们的被边缘化。他们宣布，集中营中的痛苦不应用幸存者佩戴的三角标志的颜色来衡量。但他们的呼吁没有人听到。社会边缘人士普遍被排除在赔偿和纪念之外，几十年后他们才被确认为集中营的受害者。[126]

把20世纪80年代描绘成黄金时期是错误的。纳粹的过去在德意志联邦共和国内仍然充满争议，民众对集中营的记忆也仍然参差不齐。很少有德国人完全理解集中营系统的运作或它的规模，许多主要的集中营和几乎所有卫星营仍然模糊不清。人们依旧搞不清楚谁在集中营内受苦，谁又在掌管集中营，因为肤浅的行凶者形象长期存在。然而，自德意志联邦共和国成 619
立以来，公众记忆发生了显著变化。最重要的是，大多数德国人现在接受了纪念集中营及其受害者的道德义务。[127]

但是在边界另一端的奥地利共和国，情况有些不同。在奥地利是纳粹暴政的第一个外国受害者的说法基础上，政治和社会精英们完全避开了与奥地利纳粹历史的对抗，直到20世纪80年代。虽然西德法律机构上下协调追捕集中营罪犯，但奥地利却相反，在20世纪70年代初实际上放弃了起诉。对参与建造比克瑙毒气室和火葬场设施的两名党卫队建筑师的最后一次审判，在1972年以对正义的嘲弄而告终。陪审团不仅认定被告无罪，还付给了他们损害赔偿金。大多数奥地利人无视了这个案子，其他人则喜欢这种做法，使共产党国家报纸对让奥地利变成“纳粹大屠杀凶手的避难所”的可耻判决大为恼火。[128]

这与苏联主导的德意志民主共和国的共产党领导人观点一致，他们很少放过严惩那些让纳粹罪犯逃脱之人的机会，更要把自己的反法西斯荣誉徽章擦得更耀眼。事实上，早期在东德的审判很多，但到了20世纪50年代中期，数量便急剧减少。德意志民主共和国的领导人也想继续向前看，释放定罪的罪犯，而许多前纳粹支持者则悄无声息地融入了这个新国家。20世纪60年代，对集中营罪行的诉讼案件再次微增，而且更加协同，部分归因于要与西德保持一致。被告中包括库尔特·海斯迈尔

（Kurt Heissmeyer），就是对乔治斯·科恩和诺因加默里其他儿童进行结核病实验的医生，他在马格德堡是受人尊敬的肺科专家，受到当地精英心照不宣的保护；他于 1966 年被判终身监禁，不久后去世。然而，此类诉讼具有高度的政治意义，并没有像西德逐渐开始做的那样，激发与纳粹历史更直接的对抗。[129]

自从德意志民主共和国宣布自己是抵抗纳粹主义的继承者以来，集中营就在国家论述中占据了中心位置。德国统一社会党负责纪念活动，借鉴了鲁迪·雅恩（Rudi Jahn）等共产党幸存者自我美化过的描述，鲁迪在早期的大众出版物中吹嘘说，布痕瓦尔德是“欧洲反法西斯解放斗争的总部”。德国共产党中的前囚犯拥入国家职位，加速了将这种夸张表述转化为官方历史［尽管没有人进入国家最高职位，不像在波兰，社会主义者约瑟夫·西兰凯维兹（Józef Cyrankiewicz）在 1947 年成为总
620 理，他曾是奥斯维辛集中营地下力量的重要成员］。作为反法西斯精神活生生的体现，共产党员中的前囚犯拥有特殊的地位，并有望巩固 20 世纪六七十年代一连串回忆录中广为流行的官方集中营版本（同时，所谓的叛徒也被写了出来）。经国家批准后的对集中营的描述也用在纪念仪式上，首先是在布痕瓦尔德，那里已经被塑造成共产党抵抗运动的圣地。[130]

纪念之地

1958 年 9 月 14 日，德意志民主共和国的政治精英们庆祝了最隆重庄严的国事之一：为布痕瓦尔德国家纪念馆题献。到了第二年，新纪念馆已经吸引了超过 60 万游客，包括学校组织参观的儿童。纪念馆包括墓地、指示塔、一座巨大的钟楼和一个形象高大、直面党卫队的囚犯雕像——暗示布痕瓦尔德是自我

解放，这是共产党官方叙述中虚构的焦点，给美国解放者的决定性作用打了折扣。之后在拉文斯布吕克（1959 年）和萨克森豪森（1961 年）举行了更多的国家纪念活动。这三处地点都试图通过庆祝国际团结和共产主义囚犯的英雄气概，赋予东德反法西斯地位；正如抵抗战士在集中营中战胜了纳粹主义一样，德意志民主共和国也会打败法西斯的化身。1958 年 9 月 14 日，格罗提渥（Grotewohl）总理在布痕瓦尔德的演讲中承诺“继承已故英雄的遗志”，指的是大约 5.6 万名在集中营遇难的受害者。他没有说，在第三帝国灭亡后，布痕瓦尔德又有 7000 多名囚犯死亡，这些人不是党卫队的牺牲品，而是死于苏联占领军之手。[131]

1945 年 8 月至 1950 年 2 月，布痕瓦尔德曾作为苏联在德国领土上的十个专用营地之一。红军卫兵接管了集中营党卫队的设施，就像他们在萨克森豪森和利伯罗瑟所做的那样，那些集中营也成了专用营地。旧的囚犯营房里挤满了新囚犯，都是被临时逮捕、被军事法庭定罪或未经审判的人。大多数囚犯是曾经参与纳粹运动的德国中年男子。但是，他们不是作为战犯被拘留——很少有高官或暴力行凶者——而是对苏联当前占领的所谓威胁。他们甚至包括一些反对纳粹主义的前抵抗者，比如罗伯特·蔡勒（Robert Zeiler），布痕瓦尔德集中营的幸存者，他于 1947 年被重新关押在营地里，被指控为美国间谍。

总体而言，将前集中营暂时改造成盟军拘留营没有什么不 621
寻常。在战后早期，达豪和弗洛森比格被美军征用，诺因加默和埃斯特尔韦根被英军征用，纳茨维勒被法军征用。但西方盟军迅速释放了大部分囚犯，并将剩余的战犯嫌疑人妥善关押起来。苏联当局却不是如此，他们忽视了这些专用营地和通常无害的囚犯。冷漠和无能导致条件恶化，饥饿、过度拥挤和疾病造成了大规模死亡。在被带到三个苏联专用营地的10万名囚犯中，超过2.2万人丧生。[132]

盟军把前集中营用于临时拘留的举措，妨碍了幸存者早期的现场纪念活动。在许多集中营里，囚犯在解放后立即聚在一起悼念死者。1945年4月19日，在布痕瓦尔德，幸存者在点名广场上举行了即兴悼念，聚集在一座木制方尖碑周围（在其他地方，幸存者建造了更永久的纪念碑）。但是，在专门营地建立之后，布痕瓦尔德很快就变成了禁区，前囚犯不得不将纪念活动挪到别处。1953年，当该遗址被指定为国家纪念馆时，这项倡议不是来自幸存者，而是来自德国统一社会党，后者将囚犯协会挤到了一边。那时，前集中营的面貌已经发生了巨大的变化。有些部分已经坍塌；有些被拆除；有些被苏联军队和德国本地人拿走，比如机器、管道，甚至火葬场的窗户。后来为了建纪念馆和博物馆，又做了更多改建和拆除。到纪念馆开幕时，旧营地大部已经消失，取而代之的是东德版本的新布痕瓦尔德。[133]

其他国家的集中营纪念馆也反映了各个政府的纪念倾向，他们试图在这些遗址的纳粹过往中打上主流国家叙述的印记。的确，幸存者组织发挥了重要作用，但博物馆和纪念碑的出现及其建造速度在很大程度上是由更广泛的社会力量决定的。[134]比如，1947年在原奥斯维辛集中营主营内开设的国家博物馆是在波兰新政府的资助下建立起来的，自那之后一直在扩建和改造（相比之下，位于德沃里的前法本公司工厂被划分给了波兰化工巨头Synthos，禁止举办纪念活动并封存）。几十年来，公众对
622 奥斯维辛的记忆被波兰政府主导。奥斯维辛作为波兰人民共和

国的主要纪念馆，标志着对德国的爱国抵抗、民族苦难、社会主义团结和天主教殉难——这些主题引起了波兰大部分民众的共鸣。相比之下，有关犹太囚犯的记忆被抛在一边，他们明明才是主要遇害者，却随着比克瑙营区的逐渐衰败一同湮没在公众的记忆中。近几十年来，记忆变得更加多样化，与 20 世纪 80 年代末共产主义国家的变化有一定关联，不过这并没有结束关于纪念的政治争论。[135]此类纪念上的冲突扎根于集中营自己的历史中。一直以来，集中营系统始终履行多种职能，这就使不同的利益集团在叙述中强调自己的那部分。

这在毛特豪森也很明显，在通往前集中营的路上建起了一座巨大的纪念公园。从 1949 年献给法国自由战士的花岗岩纪念碑开始，共有十几座国家纪念碑，每一座都反映了赞助国的公众记忆。至于奥地利当局，他们于 1949 年开设了一座纪念馆，包括一些经过修复的集中营建筑（不过大多数囚犯营房已经被卖废料和拆除）。根据奥地利官方对纳粹时期的描述，纪念馆主要设计为国家殉难场所，在以前洗衣房的地方建了天主教教堂，并在点名广场上建了大理石棺。博物馆直到 1970 年才增设，以奥地利受害者为展览重点。自那之后，毛特豪森的纪念内容发生了变化，反映了自 20 世纪 80 年代以来对过去的关注越来越多。对被遗忘的受害者也追加了纪念碑，如同性恋者（1984 年）、罗姆人（1994 年）和耶和华见证会信徒（1998 年），在一个新游客中心（2003 年）开始讲解更细致的集中营历史。民众的兴趣骤然上升，来访的奥地利学生人数从 6000 人（1970 年）增加到 5.1 万多人（2012 年）。[136]

自战后早期以来，邻近的德意志联邦共和国的纪念格局也发生了变化。集中营系统的发源地达豪的开发历史，最好地诠释了这段漫长曲折的过往。美国军事审判结束后，巴伐利亚当局将前囚犯营地改造成东欧德意志裔难民的住宅区（其他集中营成了难民营，包括贝尔根－贝尔森和弗洛森比格）。达豪的囚犯营房被改建为公寓，医务室成为幼儿园，灭虱区成了餐厅，后来被称为“火葬场”。多年来，集中营的历史被住宅区掩盖，在 1953 年至 1960 年间，该遗址上连个简陋的博物馆都没有。
623 大多数当地人忘记了曾经的集中营，或歪曲了它的历史。达豪市长——在纳粹时期就已经成为副市长——在 1959 年告诉记者，许多囚犯被作为罪犯正确地拘留起来。其他集中营地区的地方政客同样不愿意面对真相。1951 年，汉堡市长反对在诺因加默建法国纪念馆，因为“应该尽一切努力避免揭开旧伤疤，重新唤醒痛苦的回忆”；反而将曾经的集中营当监狱用了几十年，监狱用砖都是从诺因加默的党卫队建筑上拆下来的。

直到 20 世纪 60 年代，达豪才成为重要的纪念场所。在幸存者组织的压力下，巴伐利亚州最终将居民从营地迁出，最后一批居民在 1965 年春季国家纪念馆开放前离开。同其他地方一样，这个过程也伴随着对该地点的彻底改造。当局不顾幸存者的意愿，夷平了许多集中营的老建筑，留下了一个开阔整洁的空白地区。新打的地基表明了营房曾经的位置。在以前的点名广场周围，两个新建的小屋旨在说明囚犯的日常生活，还有一座博物馆展示了纳粹主义的兴起和集中营的历史。然而，这只是一部分历史，重点放在了政治犯身上。广场上由幸存者协会竖立的新纪念碑也体现出这一点，其中包括一条由不同囚犯群体佩戴的彩色三角组成的链子：红色（政治犯）、黄色（犹太人）、紫色（耶和华见证会信徒）和蓝色（回归的移民）。然而，代表社会边缘人士的颜色都不见了：没有黑色（反社会人士)、绿色（罪犯)、粉红色（同性恋者）或棕色（吉卜赛人)。与此同时，在遗址的远端出现了几座新建筑，包括一座大型天主教教堂和修道院、一座犹太人纪念碑，以及一座新教教堂，旨在给囚犯的苦难赋予宗教意义。扩建后的达豪纪念馆吸引了越来越多的游客，到 20 世纪 80 年代初，每年的参观人数从大约 40 万人（1965 年）上升到 90 万人。这处纪念场所越来越引人瞩目，结果在当地政客中引起了一些敌意，他们仍然倾向于掩盖过去。他们的反对从 20 世纪 90 年代才开始减弱，当时达豪和其他德国集中营纪念馆进入了新的纪念阶段。[137]

1990 年东西德的统一对德国的记忆文化产生了重大影响，尤其是在东德。在接下来的几年里，国家集中营纪念馆被从德意志民主共和国的宣传中剥除和改造，尤其是对苏联专门营地的纪念。这个过程在布痕瓦尔德尤为痛苦，因为新馆长与社会主义者领导的集中营幸存者协会之间的冲突演变成了对共产党审头行动的公开争吵。[138]但是，统一也影响了西德的记忆。德国 624
共产党人及其同伴们所受的苦难，以前被普遍的冷战思维边缘化，现在逐渐得到了更多人的认可。[139]同样地，集中营里苏联囚犯的命运获得了更多关注，他们最终在第二波德国赔偿浪潮之后，以强制劳工的身份获得了一些赔偿（尽管这对大多数人来说已经太迟了)。[140]

冷战的结束使越来越多的民众加深了对第三帝国的了解，缓和了德国之外对激进民族主义卷土重来的忧虑。自 20 世纪 90 年代以来，德国政府积极带头牢记纳粹的罪行，从指定奥斯维辛解放日为国家社会主义受害者纪念日，到在柏林市中心为被害的欧洲犹太人建立纪念馆。同样，政府已经开始直接支持集中营纪念仪式，为官方纪念活动的变化提供了重要的催化剂。[141]多拉（被掩盖在布痕瓦尔德的阴影下）和弗洛森比格（在达豪的阴影下）等此前被遗漏的集中营，近年来已经被重新提起；在弗洛森比格，前囚犯的厨房和洗衣房直到 20 世纪 90 年代以前都被一家私企占用，现在则办起了关于集中营的展览。[142]新的纪念碑和博物馆出现在了长期被遗忘的卫星营和死亡行军路线沿途，使人们更加了解集中营系统的庞大规模。[143]就连达豪等地已经落成的纪念馆，也随着新的研究和公众观念的变化而再次被改造。

达豪，2013 年 3 月 22 日。那是一个阳光明媚、寒冷的春日，就像 80 年前集中营首次开放时一样。这个地点很容易就能找到，因为沿途有很多指示标（直到 20 世纪 80 年代，市政当局还一直低调处理）。任何乘火车来的人都可以沿着纪念之路行走，路上有许多语种的展板，一直通到纪念馆。入口处矗立着一个新的游客中心，2009 年在州仪式上直播剪彩，此前一直回避纪念仪式的巴伐利亚政治机构也参加了落成仪式。"我们不会忘记、不会掩盖、不会相对化这里发生的一切。"总理保证说。游客们和过去囚犯们一样，穿过党卫队的旧门房，踏上一条不顾当地反对、2005 年重新开放的小路。刻着"劳动使人自由"字样的锻铁门直接通向点名广场，那里聚集了几个大型游客群体。这是安静的一天，像大多数星期五一样，但仍有约 1500 名
625 游客。广场左侧有两个重建的营房和其他营房的轮廓，被营区内通往火葬场的路一分为二。广场右侧是 2003 年翻修过的博物馆。正前方是大约 30 名学术、档案和教学人员的办公室。负责人在纪念达豪周年纪念的报纸采访中说，他们的任务是"不受政治倾向影响，客观地讲述这个集中营的历史"。[144]对集中营的

纪念显然已经走过了漫长的道路。不过，这远不意味着终点。纪念活动将不断改变，不管在这里还是在其他曾经的集中营地点。集中营的历史也不会结束。盲点仍然存在。新的信息来源、方法和问题将使我们重新思考自认为已知的事实；比如，在 2013 年 3 月 22 日，还没有一个达豪历史学家能够肯定地指出 80 年前一切开始的精确地点。

同样，我们对集中营更深层含义的探究也将继续，不过，要推断出单一本质的努力注定还不足。正如我们所见，集中营在纳粹统治的不同时期具有不同的含义。即使是奥斯维辛也不只有种族灭绝这一个功能，因为党卫队也用它来摧毁波兰的抵抗力量，并与工业界建立更密切的合作。它作为纳粹最终解决方案最致命的场所，也不是预先定好的。1942 年，在数十万犹太人已经在其他地方被杀害后几个月，它才逐渐出现。奥斯维辛距离种族大屠杀有一段漫长曲折的发展历程。[145]然而，没有足够的简单答案不足以也不应该阻挡我们提出关于集中营性质的更宏大的问题。例如，集中营是现代的专有产物，因为它依赖于官僚主义、交通运输、大众传媒和技术，以及工业化制造的营房、铁丝网、机关枪和毒气灌装设备。但是，正如一些学者所建议的那样，这是否就使集中营成为像大规模疫苗接种或普选一样的现代范式了？正如历史学家马克·马祖尔（Mark Mazower）尖锐地问道："是什么决定了一个历史符号……比另一个更好？"[146]还有集中营的起源问题。自然，集中营是德国历史的产物；它在特定的国家政治和文化条件下出现和发展，并从魏玛准军事化部队的暴力行径以及德国军队和监狱的纪律传统中汲取灵感。但是，正如一些囚犯所争论的，这是否就意味着集中营是"土生土长的德国产物"？[147]答案并不确定。毕竟，

集中营系统背后的掌控者奉行激进的纳粹意识形态，远非大多数德国平民可比，后者对集中营的感情更加矛盾。更普遍来说，
626 集中营与20世纪其他地方建立的镇压性营地有一些共同的特点。话虽如此，集中营的发展仍然与其他极权主义政权下的营地不同，这也许是最重要的问题：如何最好地理解纳粹集中营的走向？

正如这段复杂的历史所示，集中营的轨迹没有什么必然的因素。纵观战时的恐怖岁月，很难不把它们看作早期集中营的必然结果。但是，从1933年的达豪到1945年的达豪，两者之间并没有直接的发展轨迹。集中营也很可能有不同的发展方向，在20世纪30年代中期，它们似乎都要消失了。集中营之所以能继续存在，是因为纳粹领导人，尤其是阿道夫·希特勒本人，开始把集中营视为灵活的非法镇压工具，容易适应政权不断变化的需求。个别集中营的特殊性在很大程度上归功于当地党卫队的倡议。但是，这些官员又是在上级设定的更广泛的范畴内运作，最终，集中营很像地震仪，紧密跟随着政权统治者的总体目标和野心。集中营行事之所以如此摇摆不定，是因为纳粹领导人的重点随着时间推移而改变，还有政权的激进化，以及集中营本身的变化。

虽然出现了一些急转弯，但集中营的发展却没有急刹车。正如在本书开头所提到的，集中营的后续阶段可能看起来是截然不同的世界，但这些世界内在仍有着千丝万缕的联系。20世纪30年代中期，集中营的基本规则、组织和精神就已经到位，此后基本上没有改变。同样，党卫队在1941年的开创性大规模灭绝计划，夺去了数以万计体弱囚犯和苏联战俘的性命，给种族大屠杀留下了重要的遗产，包括在奥斯维辛使用齐克隆B。

集中营不同阶段之间的联系可以体现在鲁道夫·霍斯这样的核心党卫队队员身上，霍斯在第三帝国初期，在达豪里学到了虐囚；随后在战争初期，在萨克森豪森毕业，成了系统性谋杀的专家；再到奥斯维辛的种族灭绝；最终负责监督拉文斯布吕克的最后屠杀。在他的整个职业生涯中，新的暴行开创了新的领域，每一次越轨行为都使下一次变得更容易，使他跟其他党卫队凶徒一样，习惯了早些时候无法想象的残暴行为。集中营系统是一个巨大的价值扭转器。它的历史是这些突变构成的历史，将极端暴力、折磨和谋杀统统正常化。这一历史将继续被书写，也将继续流淌不息，那些见证者、行凶者和受害者的记忆也将继续存在。

注　释

1. Antelme, *Menschengeschlecht*, 401 - 402; BoA, interview with J. Bassfreund, September 20, 1946. 战后对“幸存者”一词的使用，参见 Reinisch, “Introduction”。解放集中营，参见 Stone, *Sorrows*（感谢 Dan Stone 将早期的初稿分享给我）。

2. Testimony of P. H., February 1946, in Heberer, *Children*, 384.

3. 此段和前一段，参见 BLA, EG 74002。其他信息参见 R. König to M. Choinowski, n. d.（1953 年末，版权归作者所有）; ITS, Doc. No. 90343219#1; Shephard, *Road*, 364 - 79; Cohen, *Case*, 30。Quotes in BLA, EG 74002, M. Choinowski, Antrag auf Erteilung eines Bezugsscheins, April 14, 1948; ibid., M. Choinowski to Landesentschädigungsamt, April 20, 1957; M. Choinowski to R. König, May 10, 1965（版权归作者所有，感谢 Rita von Borck 分享给我这封信和其他信息）。

4. 此段和前一段的引用，参见 DaA, Nr. 27376, E. Kupfer to K. Halle, September 1, 1960; StAL, EL 350 I/Bü 8033, E. Kupfer to Landesamt für

Wiedergumachung, November 28, 1979。库普费尔的战后生活，参见 StAL, EL 350 I/Bü 8033; Distel, "Vorwort," 15 – 17; ITS, doc. 81062064#1。

5. Todorov, *Facing*, 263; Orth, *SS*, 273 – 95.

6. WL, P. III. h. No. 494, A. Lehmann, "Im Lager Bergen Belsen," 1946, quote on 4; ibid., No. 573, A. Lehmann, "Das Lager Vught," n. d., 33; ibid., No. 416, A. Lehmann, "Die Evakuations – Transporte," n. d. (1946); Koker, *Edge*, 369 – 70.

7. 我的计算是基于在纳粹统治最后 5 周的时间里，从集中营解放了约 25 万名囚犯。

8. WL, P. III. h. No. 494, A. Lehmann, "Im Lager Bergen Belsen," 1946, quote on 5; Stiftung, *Bergen – Belsen*, 217; Reilly, *Belsen*, 25 – 26; report G. Hughes, June 1945, in Niedersächsische Landeszentrale, *Bergen – Belsen*, 186 – 93.

9. Shephard, *Road*, 69 – 72; idem, *Daybreak*, 28 – 32; Zweig, "Feeding," 843 – 45; Zelizer, *Remembering*, 64.

10. Abzug, *Inside*, passim.

11. Quote in Strebel, *Ravensbrück*, 503. See also Gutterman, *Bridge*, 225 – 26; Erpel, *Vernichtung*, 193 – 94; WL, P. III. h. No. 864, G. Deak, "Wie eine junge Frau Auschwitz und den Todes – Marsch überlebt hat," March 1958, p. 18; ibid., No. 828, T. Krieg, "Der 'Totenzug' von Bergen – Belsen nach Theresienstadt," December 1957, p. 8. 有关苏联士兵在占领期间强奸德国妇女，参见 Grossmann, *Jews*, 48 – 71; Beevor, *Berlin*。

12. WL, P. III. h. No. 494, A. Lehmann, "Im Lager Bergen Belsen," 1946, quote on 5; Helweg – Larsen et al., *Famine*, 255 – 62; Reckendrees, "Leben," 101 – 102; Vaisman, *Auschwitz*, 65 – 66; Kielar, *Anus Mundi*, 402; Goldstein et al., *Individuelles*, 188; YVA, M – 1/E 121, Aussage M. Weiss, June 24, 1946, p. 8; MacAuslan, "Aspects," 50 – 55. 士兵出于好意，会过量分发油腻的食物，导致暴饮暴食的问题恶化，伤害了囚犯们已经受损的消化系统。

13. Laqueur, *Bergen – Belsen*, 129 – 32, quote on 132; Greiser, *Todesmärsche*, 201, 207 – 14.

14. Laqueur, *Bergen – Belsen*, 136.

15. Quote in Schulze, *Zeiten*, 299. See also Meyer, *Kriegsgefangenen*, 80.

16. Schulze, *Zeiten*, 91, 120 - 21, 295 - 96, 299 - 300; Meyer, *Kriegsgefangenen*, 81 - 85; Vogel, *Tagebuch*, 166; Greiser, *Todesmärsche*, 281.

17. Quotes in Abzug, *Inside*, 132; Reilly, *Belsen*, 41; MacAuslan, "Aspects," 74. See also Shephard, *Road*, 67, 101 - 102; Flanagan and Bloxham, *Remembering*, 65 - 66.

18. Quote in letter by A. Horwell, May 1945, in Flanagan and Bloxham, *Remembering*, 65. "组织" 一词的使用，参见 Laqueur, *Bergen - Belsen*, 131; YVA, 033/989, anonymous testimony (by W. Simoni), n. d. (1947), p. 41。

19. Rovan, *Geschichten*, 293 - 97; Zámečník, *Dachau*, 398.

20. WL, P. III. h. No. 494, A. Lehmann, "Im Lager Bergen Belsen," 1946, p. 5.

21. MacAuslan, "Aspects," 65, 69 - 82, 106 - 107, 110 - 11, quote on 75. See also Reilly, *Belsen*, 26 - 28, 33 - 40; Flanagan and Bloxham, *Remembering*, 21 - 40; Kolb, *Bergen - Belsen*, 315; Stiftung, *Bergen - Belsen*, 253.

22. Benz, "Befreiung." See also Overesch, "Ernst Thapes," 657, 661 - 63, 670; Greiser, *Todesmärsche*, 280; Erpel, *Vernichtung*, 195.

23. Quotes in ITS, 1. 1. 6. 0/folder 21, Bl. 2 - 3: Lagerälteste to Blockältesten, May 1, 1945; E. Fleck and E. Tenenbaum, "Buchenwald," April 24, 1945, in Niethammer, *Antifaschismus*, 196. See also Greiser, "'Sie starben,'" 122 - 23; Benz, "Befreiung," 39 - 42, 47, 53; Maršálek, *Mauthausen*, 338 - 39; Freund, *Zement*, 434 - 35.

24. Quote in Benz, "Befreiung," 51. 在贝尔森，囚犯组织力量较弱；Kolb, *Bergen - Belsen*, 165。

25. Szeintuch, "'Tkhias Hameysim,'" quote on 215 (Kim Wünschmann 翻译); Poljan, "'Menschen,'" 87; Mankowitz, *Life*, 39; Königseder and Wetzel, *Lebensmut*, 19 - 20。

26. Gross, *Fünf Minuten*, 214, 217, 244, 263 - 64, quote on 216; Overesch, "Ernst Thapes," 666 - 68; idem, *Buchenwald*, 121; Freund, *Zement*, 429; Hammermann, "'Dachau.'"

27. Benz, "Befreiung," 54, 59, quote on 61; Poljan, "'Menschen,'" 86 - 87.

28. WL, P. III. h. No. 494, A. Lehmann, "Im Lager Bergen Belsen,"

1946, quote on 6; MacAuslan, "Aspects," 134 - 59; D. Sington report, 1948, in Niedersächsische Landeszentrale, *Bergen - Belsen*, 202 - 203.

29. J. Pogonowski to his family, n. d. (November 1942?), in Piper, *Briefe*, 36 - 39.

30. Hördler, "Ordnung," quote on 313; Schelvis, *Sobibor*, 2.

31. Bessel, *1945*, 255 - 62; Shephard, *Road*, 63 - 64; Judt, *Postwar*, 29.

32. Laqueur, *Bergen - Belsen*, 139; WL, P. III. h. No. 494, A. Lehmann, "Im Lager Bergen Belsen," 1946, p. 5; Sellier, *Dora*, 333; Judt, *Postwar*, 29 - 30; Rovan, *Geschichten*, 256 - 76. 法国的情况，参见 Koreman, "Hero's Homecoming"; Dreyfus, "Aufnahme"; Bauerkämper, *Gedächtnis*, 227 - 28; Michelet, *Freiheitsstraße*。

33. Poljan, "'Menschen,'" quote on 84; Distel and Zarusky, "Dreifach," quote on 101; Shephard, *Road*, 78 - 83; Erpel, *Vernichtung*, 211 - 14.

34. Shephard, *Road*, 100 - 101; Gerlach and Aly, *Kapitel*, 409.

35. BoA, interview with L. Stumachin, September 8, 1946.

36. Gross, *Fear*. See also Zaremba, "Nicht"; Königseder and Wetzel, *Lebensmut*, 47 - 57; Shephard, *Road*, 185 - 87; Michael, *Davidstern*; Szita, *Ungarn*, 211, 216; Ellger, *Zwangsarbeit*, 254 - 55.

37. Königseder, "Aus dem KZ," 226 - 28, 231; Shephard, *Road*, 83 - 94, 200 - 211; Holian, *Between*, 213 - 36; Pilecki, *Auschwitz*, liii - liv; Debski, *Battlefield*, 245; Lowe, *Savage*, 212 - 29. 背景参见 Stone, *Goodbye*。

38. Quotes in BoA, interview with L. Stumachin, September 8, 1946. See also Buergenthal, *Child*, 134 - 65; Segev, *Million*, 118 - 19, 153 - 86.

39. Kogon, *Theory*, 300.

40. Quote in WL, P. III. h. No. 795, "Gipsy - Camp Birkenau," January 1958. See also Pilichowski, *Verjährung*, 166 - 69; Cohen, *Human*, 63 - 81; Langbein, *Menschen*, 549 - 50; Helweg - Larsen et al., *Famine*, 418.

41. Levi, "Memory," 12. 概述参见 Langer, *Holocaust*。

42. Nyiszli, *Auschwitz*, 158; Evans, "Introduction," xvii. 尼斯力在 1956 年死于心脏病发作。

43. Helweg - Larsen et al., *Famine*, quote on 436; Delbo, *Auschwitz*, 257 -

67; Leys, *Guilt*; Niederland, *Folgen*, 8 - 9, 229 - 35; Jureit and Orth, *Überlebensgeschichten*, 166 - 70.

44. Freund, "Mauthausenprozess," quote on 43. 概述参见 Pick, *Wiesenthal*; Segev, *Wiesenthal*。

45. 例子参见 Stengel, *Langbein*。

46. Wachsmann, "Introduction" (2009), xviii - xxii; Todorov, *Hope*, 148 - 58.

47. Quote in author's interview with K. Kendall, June 1996. See also Gilbert, *Boys*, 140 - 41, 203 - 204, 385; Jureit and Orth, *Überlebensgeschichten*, 56 - 57; Ellger, *Zwangsarbeit*, 261.

48. LSW, Bl. 44 - 66: Vernehmung S. Dragon, May 10, 11, and 17, 1946, quote on 66; Fings, *Krieg*, 297; Jureit and Orth, *Überlebensgeschichten*, 170; Niederland, *Folgen*, 170.

49. Jagoda et al., "'Nächte,'" 222.

50. Greif, *Wir weinten*, 50, 122 - 24.

51. Langbein, *Menschen*, quote on 540; Fröbe et al., "Nachkriegsgeschichte," 547.

52. Lichtenstein, *Majdanek*, 82 - 85.

53. DAP, Aussage L. Schlinger, September 14, 1964, quote on 17788; Renz, "Tonbandmitschnitte."

54. Schmidt, *Justice*, quote on 237. 这名前囚犯因为污辱法庭而被判三个月监禁，不过后来被保释了。

55. DA, A 3233, A. Carl to H. Schwarz, November 19, 1967; Lasker - Wallfisch, *Inherit*, 128.

56. Letter M. Nadjary, November 1944, in SMAB, *Inmitten*, 270 - 73; 纳贾里（Nadjary）幸存下来并移民美国。See also Bacharach, *Worte*, 60 - 65; Roseman, "'... but of revenge,'" 79 - 82; Langbein, *Menschen*, 133; Stoop, *Geheimberichte*, 52; LBIJMB, MF 425, L. Bendix, "Konzentrationslager Deutschland," 1937 - 38, vol. 4, 59, 64.

57. Bohnen, "Als"; Gutterman, *Bridge*, 224.

58. Bárta, "Geschichte," quote on 161; Freund, *Zement*, 419 - 20; Liblau, *Kapos*, 144; Niethammer, *Antifaschismus*, 65; Wagner, *Produktion*, 445; Szita, *Ungarn*, 192 - 93; Goldstein et al., *Individuelles*, 84; Stiftung,

Bergen - Belsen, 231; Cramer, *Belsen*, 88 - 89.

59. 在布痕瓦尔德（关押了超过 2 万名囚犯）解放后，治安维持会处决了不到 80 人；Abzug, *Inside*, 52。

60. Quote in Heberer, *Children*, 381. See also BoA, interview with I. Unikowski, August 2, 1946; Gutterman, *Bridge*, 224; Todorov, *Facing*, 216 - 20.

61. 对这些事记载最好的是 Zarusky, “Erschießungen”。

62. Kielar, *Anus Mundi*, 405; BoA, interview with B. Piskorz, September 1, 1946.

63. Hammermann, “Kriegsgefangenenlager”; Jardim, *Mauthausen*, 22; Sigel, *Interesse*, 38. 早期抵达的战争罪行调查人员，参见 Wickert, “Aufdeckung”; DaA, A 3675, testimony Colonel Chavez, n. d. ; Jardim, *Mauthausen*, 62 - 63; Cramer, *Belsen*, 47 - 92。

64. Quote in Orth, *SS*, 286. See also Sigel, *Interesse*, passim; Jardim, *Mauthausen*, 10 - 50; Yavnai, “U. S. Army.” 这 36 名被判死刑的人中，8 人后来得到了减刑。

65. Cramer, *Belsen*. See also Jardim, *Mauthausen*, 36 - 37; *OdT*, vol. 1, 348 - 49.

66. Form, “Justizpolitische,” 58 - 61; Paetow, “Ravensbrück - Prozess.”

67. *OdT*, vol. 1, 350 - 51; Eiber, “Nürnberg,” 45 - 48; Morsch, *Sachsenburg*, 46; Sigl, *Todeslager*.

68. Prusin, “Poland's Nuremberg.” See also Struk, *Photographing*, 119 - 23; BArchL, B 162/1124, Bl. 2288 - 316: Volkstribunal Krakow, Urteil, September 5, 1946; IfZ, G 20/1, Volkstribunal Krakow, Urteil, December 22, 1947; Marszałek, *Majdanek*, 248; Harding, *Hanns*, 240 - 45; Rudorff, “Strafverfolgung,” 337 - 38, 346. 克雷默博士于 1958 年从波兰被释放，在西德又接受了一次审判，虽然被判处十年有期徒刑，但因为他在波兰已服了时间相当的刑期，因此没有再重复服刑。他后来在 20 世纪 60 年代去世；Rawicz, “Dokument,” 11 - 16。

69. Weckel, *Bilder*, 115 - 23, 219 - 26, quote on 222; Indictment, n. d. (October 1945), *IMT*, vol. 1, 27 - 92; Orth, *SS*, 282; Broszat, *Kommandant*, 226 - 27; Rudorff, “Strafverfolgung,” 333.

70. 最重的处罚不过是 8 年监禁。See Lindner, “Urteil”; Wagner, *IG*

Auschwitz, 297 - 311. 并不是所有与集中营有关联的经理都能侥幸脱身：齐克隆B的供应商特施和施塔贝诺公司（Tesch&Stabenow）的所有者及其副主管在1946年3月被英国法庭判处死刑；UN War Crimes Commission, *Law Reports*, 93 - 103。

71. Weindling, *Nazi Medicine*; Schmidt, *Justice*.

72. Schulte, "Zentrum"; Von Kellenbach, *Mark*, 88 - 97; Orth, *SS*, 282 - 86.

73. 集中营党卫队的辩护策略（及下文内容），参见 Jardim, *Mauthausen*, 115 - 67; Cramer, *Belsen*, 193 - 234; Hammermann, "Verteidigungsstrategien"。

74. Quotes in JVL, JAO, Review of Proceedings, *United States v. Weiss*, n. d. (1946), p. 136; NAL, WO 235/19, statement J. Kramer, May 22, 1945, p. 14.

75. Von Kellenbach, *Mark*, quote on 95; Cramer, *Belsen*, 260.

76. Wolfangel, "'Nie,'" quote on 76; Von Kellenbach, *Mark*, quote on 91（我的翻译）; Hammermann, "Verteidigungsstrategien," 90 - 95; Cramer, *Belsen*, 199 - 201; Kretzer, *NS - Täterschaft*, 336 - 37; Roseman, "Beyond Conviction?"

77. NARA, M - 1174, roll 3, Bl. 1428 - 36: examination of O. Moll, December 5 - 6, 1945, Bl. 1431, 1434. 起初，莫尔在奥斯维辛务农，但很快就被调到了毒气室（Hördler, "Ordnung," 152）。他于1946年5月被绞死。

78. BArchB, Film 44837, Vernehmung A. Liebehenschel, September 18, 1946, quote on 26; USHMM, 1998. A. 0247, reel 15, NTN 169, Bl. 52 - 53: Gnadengesuch A. Liebehenschel, December 24, 1947; IfZ, G 20/1, Volkstribunal Krakow, Urteil, December 22, 1947, p. 102.

79. JVL, JAO, Review of Proceedings, *United States v. Weiss*, n. d. (1946), 106; Sigel, *Interesse*, 71 - 75. See also Jardim, *Mauthausen*, 107; Cramer, *Belsen*, 201 - 208; Hammermann, "Verteidigungsstrategien," 86, 91, 95.

80. Broszat, *Kommandant*, 76 - 79, 229 - 35; Orth, *SS*, 282 - 83; Prusin, "Poland's Nuremberg," 11 - 12.

81. Quote in USHMM, 1998. A. 0247, NTN 169, Bl. 60: Gnadengesuch Aumeier, December 24, 1947. See also ibid., reel 15, Bl. 184 - 93: statement of H. Aumeier, December 15, 1947; Hördler, "Ordnung," 49; APMO,

Proces Liebehenschel, ZO 54, Bl. 19 – 29: interrogation H. Aumeier, August 10, 1945; ibid., Bl. 33 – 39: questionnaire H. Aumeier; NAL, WO 208/4661, statement H. Aumeier, July 25, 1945; Langbein, *Menschen*, 559 – 60.

82. Sigel, *Interesse*, 196; Greiser, *Todesmärsche*, 449; Cramer, *Belsen*, 390 – 91.

83. Schulte, *Zwangsarbeit*, 434; Tuchel, *Inspektion*, 217 – 18; Orth, "SS – Täter," 55 – 56; Riedel, *Ordnungshüter*, 338. 可能成功逃脱的最高级别的 WVHA 官员是奥古斯特·哈邦（August Harbaum），他曾是格吕克斯的副手，1946 年逃脱了盟军的囚禁。

84. Jardim, *Mauthausen*, 82 – 83, 165 – 67, 206 – 207, 213 – 14, 216; Greiser, "Dachauer," 166; Cramer, *Belsen*, 245 – 46; Pohl, "Sowjetische," 138.

85. Jardim, *Mauthausen*, 96, 102, 202; Hammermann, "Verteidigungsstrategien," 88 – 89; Eisfeld, *Mondsüchtig*, 164 – 73; Klee, *Auschwitz*, 90, 253. 概述参见 Jacobsen, *Paperclip*。

86. 其中一个例子：党卫队一级突击大队长莫蒙提（Mummenthey）曾是德国土地与采石公司的负责人，掌管所有党卫队采石场，他在 1947 年 11 月被判终身监禁，结果 1953 年初就被释放，而四级小队长克利莫维奇（Klimowitsch）只是一名普通的哨兵，在毛特豪森采石场巡逻，却在 1946 年 5 月被判死刑并执行；Schulte, *Zwangsarbeit*, 473; JVL, DJAO, *United States v. Altfuldisch*, RaR, March 1946, p. 46。

87. Sigel, *Interesse*, 160, 194; idem, "Dachauer," 77; Bryant, "Militärgerichtsprozesse," 120 – 22; Wagner, *Produktion*, 568. 根据 1944 年底一项美国民意调查，大多数受访者要求处决在集中营里杀人的德国人，最好是"用毒气室、绞刑架、电刑或开枪处决"；Gallup, *Poll*, 472。

88. Kretzer, *NS – Täterschaft*, 131 – 33; JVL, JAO, Review of Proceedings, *United States v. Weiss*, n. d. (1946), p. 162; Sigel, *Interesse*, 57; Jardim, *Mauthausen*, 47.

89. Cramer, *Belsen*, 114 – 15. 囚犯经调查无罪。

90. Yavnai, "U. S. Army," 62 – 63. 20 世纪 50 年代和 60 年代，以色列法官通常对集中营前审头的判决比较轻；Ben – Naftali and Tuval, "Punishing"。

91. Cramer, *Belsen*, 115, 249, 257. See also Raim, *Dachauer*, 248; Bessmann and Buggeln, "Befehlsgeber," 540.

92. Brzezicki et al., "Funktionshäftlinge," 238; Wagner, *IG Auschwitz*, 200, 321 -22.

93. NARA, M - 1174, roll 3, examination of L. Knoll, December 7, 1945, quote on 1593 ("capo" in the original); JVL, JAO, Review of Proceedings, *United States v. Weiss*, n. d. (1946), pp. 107 - 108, 155 - 56; Zámečník, *Dachau*, 154 -55; Sigel, *Interesse*, 57 -63, 75. 克诺尔还有其他的名字：克里斯蒂安和路德维希。

94. 1945 ~1953 年，大约 6400 名存活下来的奥斯维辛党卫队官员中只有 673 人受到了波兰法庭的审判，波兰法庭审理的奥斯维辛诉讼最多；Lasik, "Apprehension"。

95. Eiber, "Nürnberg," 43 - 44; Jardim, *Mauthausen*, 30 - 32, 112 - 13.

96. Beischl, *Wirths*, 212 - 16, quote on 228; Klee, *Personenlexikon*, 112.

97. Keller, *Günzburg*, 60; Stangneth, *Eichmann*, 377. 概述参见 Schneppen, *Odessa*; Stahl, *Nazi - Jagd*。

98. Raim, *Justiz*, 647 -53, 1007 -39; Wieland, "Ahndung," 15 -51, 57; Eichmüller, "Strafverfolgung"; Eschebach, "Frauenbilder." 门内克被判刑主要是因为他参与了整体的"安乐死"计划，他在执行死刑前就已经去世；LG Frankfurt, Urteil, December 21, 1946, *JNV*, vol. 1, 143 - 44; Klee, *Personenlexikon*, 403, 601。

99. Kuretsidis - Haider, "Österreichische," quote on 257.

100. Schley, *Nachbar*, 1 -3.

101. Hertz - Eichenrode, *KZ*, vol. 1, 344 - 52, quote on 351; *OdT*, vol. 5, 546; Greiser, *Todesmärsche*, 297 - 315; Wagner, *Produktion*, 565; Raim, *Dachauer*, 276 -77; Erpel, *Vernichtung*, 200; Perz, *KZ - Gedenkstätte*, 34 -35.

102. Brink, *Ikonen*, 23 -78, quote on 46; Weckel, *Bilder*, 151 -72, 418 - 56; Peitsch, "*Deutschlands*," 107.

103. Cramer, *Belsen*, 271; Erpel, "Ravensbrück - Prozesse"; Urban, "Kollektivschuld."

104. Greiser, "Dachauer," 170; JVL, DJAO, *United States v. Prince zu Waldeck*, RaR, November 15, 1947, p. 95. See also Heschel, "Atrocity"; Kretzer, *NS - Täterschaft*; Jaiser, "Grese."

105. Brink, *Ikonen*, 84, 89; Weckel, *Bilder*, 517 – 18; Neitzel, *Abgehört*, 313 – 15.

106. Peitsch, "*Deutschlands*," 102 – 103; Schulze, *Zeiten*, 76, 286; Marcuse, *Legacies*, 80 – 81.

107. Schley, *Nachbar*, quotes on 4, emphasis in the original; Knigge, "Schatten," 156; Weckel, *Bilder*, 170 – 72, 493, 528; Chamberlin, "Todesmühlen"; Brink, *Ikonen*, 84 – 93; Peitsch, "*Deutschlands*," 96, 131, 142; Steinbacher, *Dachau*, 220; Johe, "Volk," 332; Rüther, *Köln*, 908 – 10. 概述参见 Frei, *Vergangenheitspolitik*; Moeller, *War Stories*; Marcuse, *Legacies*。

108. Stone, *Goodbye*, chapters 1 and 2.

109. Marcuse, *Legacies*, 151 – 57; Kansteiner, "Losing," 108 – 12.

110. Sigel, *Interesse*, 159 – 93; Jardim, *Mauthausen*, 208 – 11; Urban, "Kollektivschuld."

111. Klee, *Auschwitz*, 385 – 88; Segev, *Soldiers*, 228.

112. Eichmüller, *Keine Generalamnestie*, 226, 425, 428 – 30.

113. Steiner, "SS," 432 – 33, 441; Mallmann and Paul, "Sozialisation," 19 – 20.

114. Orth, *SS*, quote on 291; Mailänder Koslov, *Gewalt*, 230 – 31, 299, 488; Steiner, "SS," 441; Schwarz, *Frau*, 162; Dicks, *Licensed*.

115. Goschler, *Schuld*; idem, "Wiedergutmachungspolitik."

116. 沃尔海姆在 1958 年指示他的律师结束法律程序；Rumpf, *Fall Wollheim*。一件没成功的民事案件，参见 Irmer, "'Stets'"。

117. Distel, "Morde," 113. 施泰因布伦纳在 1962 年被释放，两年后自杀身亡。

118. Van Dam and Giordano, *KZ – Verbrechen*; Gregor, *Haunted*, 250 – 55; Eichmüller, *Keine Generalamnestie*, 155, 174 – 81, 214 – 19, 430; "Charge of Killing 11, 000 Prisoners," *The Times*, October 14, 1958; LG Bonn, Urteil, February 6, 1959, *JNV*, vol. 15.

119. Dicks, *Licensed*, quote on 100; AEKIR, 7 NL 016 Nr. 95, Sorge to Schlingensiepen, March 3, 1965, January 4, 1970, March 1, 1970; Riedle, *Angehörigen*, 203, 219.

120. K. Adenauer, "Geleitwort," in Michelet, *Freiheitsstrasse*, 5 – 6.

121. Pendas, *Frankfurt*, 20 - 21, 249 - 52, quote on 256; Wittmann, *Beyond*, 3, 174 - 90; Orth, *SS*, 289 - 90; Weinke, *Verfolgung*, 82 - 93, 333; Horn, *Erinnerungsbilder*; Wolf, "'Mass Deception.'"

122. 有些案子，包括20世纪70年代针对奥斯维辛绝育医生霍斯特·舒曼的诉讼，因为被告病重而失败（Schilter, "Schumann," 106 - 107）。其他则根本没到法庭这一步，因为受诉讼时效的影响，比如针对 WVHA - D 处前管理人的漫长调查，最终在 1974 年废弃（BArchL B 162/7999, Bl. 768 - 937: StA Koblenz, EV, July 25, 1974）。

123. Zimmermann, *NS - Täter*, 169 - 93.

124. Przyrembel, "Transfixed," quote on 396; LG Augsburg, Urteil, January 15, 1951, *JNV*, vol. 8; StAMü, Justizvollzugsanstalten Nr. 13948/2, Vermerk, ORR Meyer, February 1967. 1960 年后的审判往往聚焦被告的残忍行为，这是因为过失杀人受到了诉讼时效的影响，意味着检察官必须证明"杀戮欲"或"卑鄙动机"才能确保以谋杀定罪；Pendas, *Frankfurt*, 56 - 61; Wittmann, *Beyond*, 36 - 53。

125. Gregor, *Haunted*, 265; Pendas, *Frankfurt*, 253 - 54; Wittmann, *Beyond*, 271 - 72.

126. Marcuse, *Legacies*, 335 - 71; DaA, 14.444, *Die Vergessenen*, Nr. 3, July 1946; Ayaß, "Schwarze"; Baumann, "Winkel - Züge"; von dem Knesebeck, *Roma*; Mussmann, *Homosexuelle*. 1946 年这本刊物的失败一定程度上归咎于其中一位创始人卡尔·约赫海姆 - 阿明（Karl Jochheim - Armin）的政治极端主义，他曾是奥托·施特拉塞尔（Otto Strasser）与纳粹决裂后创立的施瓦策前线（Schwarze Front）的一名成员，直到 1984 年去世前一直是极右翼活动家；*Schwarze Front* 3（2008）；Eiber, "*Ichwusste*," 128 - 29。

127. Silbermann and Stoffers, *Auschwitz*; Paul, "Täter," 33 - 67.

128. Kuretsidis - Haider, "Österreichische Prozesse," 250 - 52, 263 - 65, quote on 252; idem, "Verfolgung"; Uhl, "Victim"; Allen, "Realms."

129. Wieland, "Ahndung," 60 - 90; Bauerkämper, *Gedächtnis*, 132 - 37, 195 - 97; Weinke, *Verfolgung*, 344 - 54; Diercks, "Gesucht"; Stone, *Goodbye*, chapter 1.

130. KPD Leipzig, *Buchenwald!*, quote on 96; Niethammer, *Antifaschismus*, passim; Goschler, *Schuld*, 407 - 11; Overesch, *Buchenwald*, 101; Langbein,

Menschen, 22; Hartewig, "Wolf," 941 - 43; Gring, "'zwei Feuern'"; Schiffner, "Cap Arcona - Gedenken"; Borodziej, *Polens*, 270.

131. Overesch, *Buchenwald*, 62 - 63, 78 - 81, 261 - 328, quote on 326. See also *OdT*, vol. 1, 317 - 18; Niven, *Buchenwald*, 56 - 71; Reichel, *Politik*, 101 - 106; Endlich, "Orte," 354 - 58; Knigge, "Schatten," 165 - 69; Marcuse, *Legacies*, ill. 74; idem, "Afterlife," 200.

132. 此段和前一段，参见 Greiner, *Terror*。See also Ritscher et al., *Speziallager*, 7 - 10, 64, 70 - 73, 82, 216 - 17; Wachsmann, *Prisons*, 357 - 58; *OdT*, vol. 6, 44. 英军虐待俘虏的情况，参见 Cobain, *Cruel*。

133. Overesch, *Buchenwald*, 261 - 300; idem, "Ernst Thapes," 658; Reichel, *Politik*, 102 - 103; Niven, *Buchenwald*, 56 - 71.

134. Marcuse, "Afterlife," 203.

135. Huener, *Auschwitz.* See also Citroen and Starzyńska, *Auschwitz*; Kucia and Olszewski, "Auschwitz." 其他波兰人的集中营回忆录，参见 Marcuse, "Afterlife," 191 - 94。

136. Perz, *KZ - Gedenkstätte.* 感谢 Andreas Kranebitter 提供 2012 年的数字。

137. 此段和前一段，参见 Marcuse, *Legacies*; idem, "Afterlife," 189 - 90, 195 - 99; Prenninger, "Riten," quote on 192; Endlich, "Orte," 359; Reichel, *Politik*, 124。

138. 一项简短的调查，参见 Niven, *Buchenwald*, 201 - 204。

139. 例子参见 Hett, *Crossing*, 258 - 59。概述参见 Wachsmann and Steinbacher, *Linke*。

140. Goschler, "Wiedergutmachungspolitik," 79 - 84. 从 2000 年对强制劳工支付战争赔偿，参见 idem, *Entschädigung*; Hense, *Verhinderte Entschädigung*。

141. Reichel et al., "'Zweite Geschichte,'" 19 - 20; Schmid, "Deutungsmacht," 206 - 209; Siebeck, "'Raum,'" 75 - 76; Endlich, "Orte," 367 - 69.

142. Skriebeleit, "Ansätze," 19 - 20.

143. Garbe, "Wiederentdeckte."

144. 感谢 Dirk Riedel 在 2013 年 3 月 22 日带我参观，也感谢达豪纪念馆其他工作人员——Albert Knoll、Rebecca Ribarek 和 Ulrich Unseld——当天提供的帮助。Quotes in H. Holzhaider, "Zeugnis wider das Vergessen,"

Süddeutsche Zeitung, May 2 and 3, 2009; G. Hammermann, "Bezug zur Gegenwart," ibid., March 22, 2013. 关于指示标，参见 Marcuse, *Legacies*, ill. 77。

145. 大屠杀编史中这些术语的运用，参见 Schleunes, *Twisted Road*; Browning, *Fateful Months*。关于奥斯维辛的概述，参见 Pressac and Van Pelt, "Machinery," 213。

146. 他对吉奥乔·阿甘本（Giorgio Agamben）著作的评论，参见 Mazower, "Foucault," quote on 31。针对现代化辩论的调查，参见 Stone, *Histories*, 113 - 59。

147. Quote in Debski, *Battlefield*, 206.

附　录

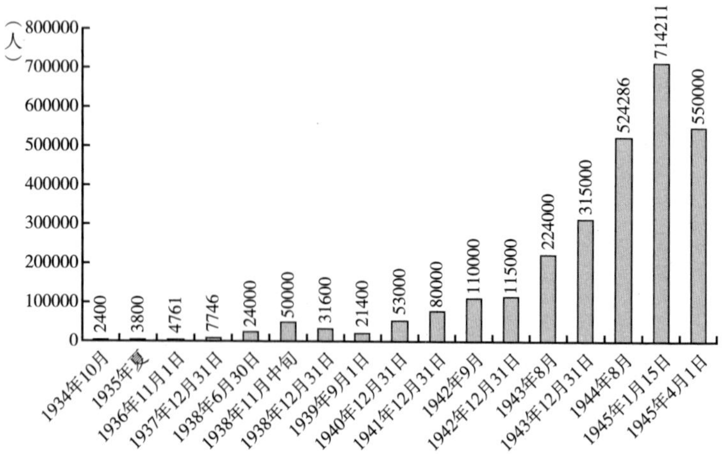

图1　1934～1945年集中营党卫队关押囚犯数量

*1935年、1938年、1940年、1941年、1942年12月、1943年12月和1945年4月是估测数据。

表1　党卫队集中营的囚犯死亡人数

主要集中营区和运行时间	总死亡人数
阿拜斯多夫(1942)	6
奥斯维辛（1940～1945）	至少1100000(包括至少870000名还没正式登记,刚到便被杀的犹太人)
贝尔根-贝尔森（1943～1945）	大约37000
巴特苏尔察（1936～1937）	0
柏林-哥伦比亚（1934～1936）	至少3
布痕瓦尔德（1937～1945）	大约56000
达豪（1933～1945）	大约39000
多拉（1944～1945）	15000～20000
埃斯特尔韦根(1934～1936)	28
弗洛森比格（1938～1945）	大约30000
格罗斯-罗森（1941～1945）	至少40000
海泽根布什（1943～1944）	大约750
科夫诺(1943～1944)	大约6000
利赫滕堡（1934～1939）	大约25
毛特豪森（1938～1945）	超过90000
马伊达内克（1941～1944）	大约78000
纳茨维勒（1941～1945）	19000～20000
诺因加默（1940～1945）	至少43000
下哈根（1941～1943）	至少1235
普拉绍夫（1944～1945）	至少2200
拉文斯布吕克（1939～1945）	30000～40000
里加（1943～1944）	7000～7500
萨克森堡（1934～1937）	至少30
萨克森豪森（1936～1945）	35000～40000
施图特霍夫（1942～1945）	大约61500
瓦伊瓦拉（1943～1944）	至少4500
华沙（1943～1944）	超过3400
集中营总死亡人数	超过170万

大部分数据（通常只是大概）是估测，永远无法得知精确的遇难人数。

来源：*OdT*, vol. 2, 27－30, 198－99; vol. 3, 65; vol. 4, 57; vol. 5, 339; vol. 6, 43, 195, 520; vol. 7, 24, 122, 145, 187, 261; vol. 8, 104, 134－42, 276－80; Piper, *Zahl*, 167; http://totenbuch.buchenwald.de; Schilde and Tuchel, *Columbia－Haus*, 51－57, 68; KZ－Gedenkstätte Dachau (ed.), *Gedenkbuch*, 9, 13; http://totenbuch.dora.de; Klausch, *Tätergeschichten*, 292－94; Association (ed.), *Mauthausen*, 10; Dieckmann, *Besatzungspolitik*, 1248－1327; Hördler and Jacobeit (eds.), *Lichtenburg*; idem (eds.), *Gedenkort*; Kranz, "Erfassung," 243; Strebel, *Ravensbrück*, 510; Helm, *If*; R. B. Birn to the author, March 28, 2014; D. Drywa to the author, April 8, 2014; F. Jahn to the author, May 6, 2014.

表 2　党卫队职务与军队职级的对应关系

党卫队	军队
党卫队全国领袖	元帅
党卫队全国总指挥	将军
党卫队全国副总指挥	上将
党卫队地区总队长	中将
党卫队旅队长	少将
党卫队区队长	准将
党卫队分队长	上校
党卫队一级突击大队长	中校
党卫队二级突击大队长	少校
党卫队一级突击中队长	上尉
党卫队二级突击中队长	中尉
党卫队三级突击中队长	少尉
一级小队长	军士长
二级小队长	技术军士
三级小队长	参谋军士
三级小队副队长	中士
四级小队长	下士
突击队员	一等兵
党卫队队员（狙击兵）	二等兵

来源：Zentner and Bedürftig（eds.），*Encyclopedia*，753；Snyder（ed.），*Encyclopedia*，280.

致谢

本书的写作过程离不开过去十年里支持和帮助我的每一个人，我在此深表感谢。

在研究和撰写的不同阶段，下列机构为我提供了必要的支持：英国艺术与人文研究理事会（AHRC）、英国国家学术院（British Academy）、利华休姆信托基金（Leverhulme Trust）和哈里·弗兰克·古根海姆基金会（Harry Frank Guggenheim Foundation）。我非常感谢他们提供的资助和奖学金，还有支持我申请的各位同事：Richard Bessel、Jane Caplan、Sir Richard Evans、Norbert Frei、Mary Fulbrook、Neil Gregor、Sir Ian Kershaw、Jeremy Noakes 和 Richard Overy。

同样要感谢的还有纪念馆、图书馆和档案馆的工作人员。我在此特别感谢：Albert Knoll 和 Dirk Riedel 为我提供达豪的资料；Andreas Kranebitter 为我提供维也纳和毛特豪森的资料；Johannes Ibel 为我提供弗洛森比格的资料；Monika Liebscher 为我提供萨克森豪森的资料；Wojciech Płosa 为我提供奥斯维辛的资料；还有 Sabine Stein 为我提供布痕瓦尔德的资料。他们学识渊博，并且不厌其烦地解答和回应我的频繁提问和请求，远远超出了自己的工作范围。此外，我还要感谢马格德堡城市档案馆的 Maren Ballerstedt；犹太人大屠杀纪念馆的 Na'ama Shik、Daniel Uziel 和已故的 David Bankier；StAMü 的 Robert Bierschneider；Sztutowo 的 Danuta Drywa；IfZ 的 Andreas

Eichmüller、Edith Raim 和 Jürgen Zarusky；WL 的 Christine Schmidt；StANü 的 Gunter Friedrich；德国抵抗运动纪念馆的 Karoline Georg 和 Johannes Tuchel；BArchB 的 Sabine Gresens；达豪的 Gabriele Hammermann 和 Julia Rosche；多拉的 Regine Heubaum 和 Jens - Christian Wagner；拉文斯布吕克的 Cordula Hundertmark；弗洛森比格的 Annette Kraus 和 Jörg Skriebeleit；萨克森豪森的 Astrid Ley 和 Günter Morsch；诺因加默的 Reimer Möller；巴特阿罗尔森 ITS 的 Margret Schmidt 和 Susanne Urban；维威尔斯堡的 Jan Erik Schulte；奥斯维辛的 Agnieszka Sieradzka；LaB 的 Bianca Welzing - Bräutigam。

从参考文献可以明显看出，其他历史学家对我助益良多。许多专家也很热心地与我分享了更多的资料和想法，为本书做出了极大的贡献。我要感谢 Carina Baganz、Antony Beevor、Ruth Bettina Birn、Marc Buggeln、Gabriel Finder、Klaus Gagstädter、Gideon Greif、Wolf Gruner、Susanne Heim、Sarah Helm、Ulrich Herbert、Ben Hett、Jörg Hillmann、Stefan Hördler、Franziska Jahn、Tomaz Jardim、Padraic Kenney、Angelika Königseder、Tamar Lewinsky、Andreas Mix、Pieter Romijn、Andreas Sander、Stefanie Schüler - Springorum、Patrik Schwarz、Rolf Seubert、Dan Stone、Friedrich Veitl、Robert Jan van Pelt、Rita von Borck、Irene von Götz、Peter Warneke、Paul Weindling、Michael Wildt 和 René Wolf。我还要感谢伦敦大学伯贝克学院的同事和朋友们给予我的支持，包括 John Arnold、Catharine Edwards、David Feldman、Matt Innes、Jessica Reinisch、Jan Rüger、Julian Swann 和 Frank Trentmann；我要特别感谢 Christian Goeschel，他作为英国艺术与人文研究理事会的博士后研究员，帮我查到了战前集

中营的关键文件。

我非常幸运，能够得到我的四位博士生专家级的科研帮助，他们会继续撰写关于纳粹恐怖统治的杰出研究成果：Chris Dillon、Julia Hörath、Paul Moore 和 Kim Wünschmann。Kim 还协助做了一些翻译工作，同样帮忙翻译的还有 Jeff Porter、Katharina Friedla 和 Shaun Morcom。我还要感谢 David Dunning、Amelia Nell 和 Ina Sondermann 提供的行政帮助。

在本书的撰写阶段，我得到了许多同事和朋友的热诚帮助，感谢他们对本书手稿的阅读和指正。对于他们在各个部分的注释说明，我在此表达诚挚感谢：Marc Buggeln、Wolfgang Burgmair、Christoph Dieckmann、Julia Hörath、Tomaz Jardim、Michael Metzger、Elissa Mailänder Koslov、Anna Hájková、Dieter Pohl、Jessica Reinisch、Dirk Riedel、Jan Rüger、Ulf Schmidt、Robert Jan van Pelt、Jens - Christian Wagner 和 Matthias Weber。我非常感谢 Jane Caplan、Chris Dillion、Paul Moore、Michael Wachsmann 和 Kim Wünschmann。如果没有他们的通篇评论和诚恳意见，这本书必定会逊色许多。

能够与 FSG 的编辑 Eric Chinski 共事实属我的荣幸，在我前进的每一步，他都给予了莫大的鼓励，并对手稿做出了无数重要的改进。我还要感谢 Wylie Agency 的 Andrew Wylie 和 James Pullen，他们从一开始就相信这本书，给了我非同一般的支持。由于 Scott Auerbach、Gabriella Doob、Frieda Duggan、Peng Shepherd 和 FSG 其他同事的高效工作和热情鼓励，从我电脑里的文档到实际付梓的冗长过程变得轻松许多。Jeff Ward 做出了非常出色的示意图，Pon Ruiter 和他的团队在最后一刻提出了几个重要的修改意见。对此，我都深表感谢。

在家中，Basti、Christa、Michael 和 Gabi 每天都尽其所能地帮助我，Gerald 在照片上帮了我一个大忙，Mike 像往常一样是我宝贵的顾问和朋友。Tracey 又一次陪我度过了关于恐怖主题的漫长研究项目——从最初的萌芽到最后的结束——她给了我全部的支持与爱，让我能够最终完成它。Josh 还提醒我，在写作的每一天，在我的书桌之外都有一个更美好的世界。感谢他们所有人。

图片来源说明

1. 1933 年 3 月 6 日，一名冲锋队看守在位于柏林弗里德里希大街的早期集中营里，威胁近期被逮捕的政治犯。（akg - images，courtesy of ullstein bild）

2. 1933 年，纳粹针对政敌建立了很多临时集中营，其中一个是在不来梅附近奥奇坦河上的一条旧拖船。（Staatsarchiv Bremen）

3. 1933 年 4 月 30 日发表在德国讽刺性杂志《喧声》上的漫画。（bpk/*Kladderadatsch*）

4. 1933 年 4 月 10 日，纳粹党报《人民观察家报》刊登在头版的照片。（akg - images）

5. 1933 年 5 月，达豪集中营政治宣传照片《高产的劳动力》。（Bundesarchiv，picture 152 - 01 - 24）

6. 慕尼黑国家检察官文件中的尸检照片。（Staatsarchiv Munich）

7. 1936 年 3 月，飞扬跋扈的集中营督察官特奥多尔·艾克在利赫滕堡视察。（USHMM，courtesy of Instytut Pamięci Narodowej）

8. 1941 年，艾克更为保守的继任者里夏德·格吕克斯在格罗斯 - 罗森集中营视察。（USHMM，courtesy of Martin Mansson）

9. 1936 年 5 月 8 日，党卫队领导人海因里希·希姆莱在达豪车间跟一名政治犯面对面站立。（Bundesarchiv，picture 152 - 11 - 11/Friedrich Franz Bauer）

10. 1938年6月28日，政治宣传照片记录了重建和扩建后的达豪集中营。（akg - images, courtesy of ullstein bild）

11. 将囚犯反手吊在房梁上是党卫队官方最重的刑罚之一。（KZ - Gedenkstätte Dachau）

12. 拉文斯布吕克集中营墙外，来自一名看守为儿子所做的相册。（Mahn – und Gedenkstätte Ravensbrück/ Stiftung Brandenburgische Gedenkstätten）

13. 1940年12月，指挥官卡尔·奥托·科赫和妻子伊尔莎以及孩子在布痕瓦尔德办公室外。（Gedenkstätte Buchenwald）

14. 1937年，萨克森豪森集中营，党卫队抓拍工作中的指挥官科赫及其下属。（Archive of the Federal Security Service of the Russian Federation, Moscow, with the kind assistance of the Gedenkstätte und Museum Sachsenhausen）

15. 1934年，达豪集中营，特奥多尔·艾克在主持一场党卫队成员联谊晚会。（Hugh Taylor Collection）

16. 1936年，埃斯特尔韦根集中营外，党卫队队员在新建的泳池嬉戏。（Archive of the Federal Security Service of the Russian Federation, Moscow, with the kind assistance of the Gedenkstätte und Museum Sachsenhausen）

17. 1935年，埃斯特尔韦根集中营的囚犯在“锻炼”。（Archive of the Federal Security Service of the Russian Federation, Moscow, with the kind assistance of the Gedenkstätte und Museum Sachsenhausen）

18. 1940年，党卫队私下拍摄的布痕瓦尔德哨兵，这些年轻人在展示他们的体育能力和同志情谊。（Gedenkstätte Buchenwald/personal album of Gerhard Brendle）

19. 1936 年 12 月，纳粹周刊《插图观察员》头版文章中“政治惯犯”的形象。（KZ－Gedenkstätte Dachau）

20. 犯轻微罪行的约瑟夫·科拉切克在达豪集中营的存档照片。（International Tracing Service，Bad Arolsen）

21. 1941 年，拉文斯布吕克集中营的女囚在做草鞋。（Mahn－und Gedenkstätte Ravensbrück/ Stiftung Brandenburgische Gedenkstätten）

22. 1938 年 11 月，布痕瓦尔德集中营里在点名。（USHMM/American Jewish Joint Distribution Committee，courtesy of Robert A. Schmuhl）

23. 1939 年秋天，第二次世界大战爆发后，站在布痕瓦尔德特别营帐篷外的波兰囚犯。（USHMM/American Jewish Joint Distribution Committee，courtesy of Robert A. Schmuhl）

24. 1940 年，捷克囚犯用基本工具拆除萨克森豪森集中营附近党卫队一处建设失败砖窑的水泥地基。（Gedenkstätte und Museum Sachsenhausen，Mediathek）

25. 1941 年 5 月，达豪党卫队队员聚集在亚伯拉罕·博伦施泰因的尸体不远处。（Gedenkstätte und Museum Sachsenhausen，Mediathek）

26. 弗洛森比格党卫队采石场的奴隶劳工，大约拍摄于 1942 年。（Beeldbank WO2－NOID）

27. 1941 年，海因里希·希姆莱造访毛特豪森集中营。（Museu d'Història de Catalunya/Fons Amical de Mauthausen）

28. 奥地利犹太人爱德华·拉丁格在达豪集中营的存档照片。（Staatsarchiv Nuremberg，ND：NO－3060）

29. 1941 年 9 月 3 日，门内克医生和其他参与“安乐死”计划的医生在施塔恩贝格湖景区放松。（Bundesarchiv，B 162

picture－00680）

30. 1941年6月，赤身裸体的囚犯们在毛特豪森的院子里接受大范围消毒。（BMI/Fotoarchiv der KZ－Gedenkstätte Mauthausen）

31. 1942年7月30日，所谓的“职业罪犯”汉斯·博纳维茨被押往毛特豪森绞刑架。（BMI/Fotoarchiv der KZ－Gedenkstätte Mauthausen）

32. 1941年9月，萨克森豪森集中营的苏联战俘。（Národní archiv，Prague）

33. 1941年9月至10月，萨克森豪森集中营处决了9000名苏联战俘，照片里是其中几具尸体。（Národní archiv，Prague）

34. 1944年夏天，鲁道夫·霍斯和奥斯维辛党卫队队员在佐拉赫特度假。（USHMM）

35. 1944年5月，一名身穿制服的党卫队医生在监督筛选。（USHMM，courtesy of Yad Vashem）

36. 1944年5月，党卫队对刚抵达的囚犯进行筛选后，比克瑙Ⅲ号火葬场外等待被送入毒气室的犹太妇女和儿童。（USHMM，courtesy of Yad Vashem）

37. 1944年5月，享有特权的“加拿大”突击队的男女囚犯在比克瑙党卫队仓库外，将被害犹太人的财物进行分类。（USHMM，courtesy of Yad Vashem）

38. 1944年8月，囚犯从比克瑙毒气室里偷拍的照片。（State Museum Auschwitz－Birkenau，Oświęcim）

39. 1943年，党卫队拍摄的比克瑙Ⅱ号或Ⅲ号火葬场里所谓的特别工作队囚犯。（State Museum Auschwitz－Birkenau，Oświęcim）

40. 1942 年 7 月 18 日上午，党卫队领袖海因里希·希姆莱视察奥斯维辛 - 莫诺维茨的法本公司建筑工地。(State Museum Auschwitz - Birkenau, Oświęcim)

41. 1944 年，党卫队集中营系统的负责人奥斯瓦尔德·波尔到访奥斯维辛，陪同他的是指挥官里夏德·贝尔。(USHMM)

42. 1944 年 3 月，马伊达内克的看守们在卢布林一家舞厅兼餐厅庆生。(Landesarchiv North Rhine - Westphalia, Rhineland division, RWB 28432/3)

43. 战时诺因加默集中营党卫队的宿舍。(KZ - Gedenkstätte Neuengamme)

44. 大约 1944 年，从事战时生产的奴隶劳工。(Staatsarchiv Bremen, collection Schmidt)

45. 1944 年，军备部部长阿尔贝特·施佩尔和上奥地利州的大区长官奥古斯特·埃格鲁伯与林茨卫星营的囚犯在一起。(bpk/Hanns Hubmann)

46. 1943 年 10 月，科隆的一位德国平民从自家厨房窗户偷拍到的照片。(NS - Dokumentationszentrum, Cologne)

47. 1944 年夏天，多拉卫星营的一名囚犯正推着手推车前往隧道入口，这里是 V2 火箭的生产地。(bpk/Hanns Hubmann)

48. 1944 年 6 月，一名法国囚犯偷拍的布痕瓦尔德集中营里简陋的“小营”。(Gedenkstätte Buchenwald)

49. 考弗灵一座卫星营的小屋。(U. S. National Archives)

50. 年轻德国犹太人彼得·埃德尔的自画像。(State Museum Auschwitz - Birkenau, Oświęcim)

51. 不知名的奥斯维辛囚犯在 1943 年所绘，画出了所谓审头的权力和特权。(State Museum Auschwitz - Birkenau, Oświęcim)

52. 这张照片是施塔恩贝格湖景区的一名居民偷偷拍摄的，记录了1945年4月28日从达豪开始死亡行军的囚犯。（akg - images/Benno Gantner）

53. 1945年4月底，囚犯在贝洛森林，他们从被遗弃的萨克森豪森集中营开始死亡行军。（ICRC，courtesy of Willy Pfister）

54. 1945年4月30日，从被遗弃的利托梅日采卫星营驶出的列车载着数千名囚犯在捷克的一座小镇停留。（Museum of Central Bohemia，Roztoky u Prahy）

55. 拍摄于12岁的乔治斯·科恩在诺因加默接受医疗实验的时候。（KZ - Gedenkstätte Neuengamme）

56. 达豪被解放后不久，一名美国士兵站在一节满是囚犯尸体的车厢外。（USHMM，courtesy of J. Hardman）

57. 苏联士兵在爱沙尼亚科隆卡卫星营查看被焚烧的尸体。（USHMM，courtesy of Esther Ancoli - Barbasch）

58. 1945年4月29日，达豪囚犯欢迎美国军队。（USHMM，courtesy of *The New York Times*）

59. 1945年4月13日，在马格德堡附近解放了一列贝尔根 - 贝尔森的死亡列车。（USHMM，courtesy of Dr. Gross）

60. 1945年4月18日的贝尔根 - 贝尔森集中营。（Imperial War Museums，London）

61. 1945年5月6日解放后两天，年轻的幸存者们在埃本塞卫星营做饭。（USHMM/U. S. National Archives）

62. 1945年6月1日，布痕瓦尔德幸存者从魏玛火车站出发，前往法国的一家儿童福利机构。（Gedenkstätte Buchenwald）

63. 1947年4月16日，在原奥斯维辛主营的广场处决鲁道夫·霍斯。（Instytut Pamięci Narodowej，Warsaw，GK - 14 - 4 -

6 - 11)

64. 1945 年 4 月 16 日，美国士兵带着尸体在布痕瓦尔德火葬场附近与魏玛平民对峙。(Gedenkstätte Buchenwald)

65. 1955 ~ 1960 年的达豪明信片，难民聚居区，主路旁边是曾经的囚犯营房，如今变成了住宅。(KZ - Gedenkstätte Dachau)

文献来源

缩略词

AdsD	Archiv der sozialen Demokratie
AE	Allgemeine Erlaßsammlung
AEKIR	Archiv der Evangelischen Kirche im Rheinland, Düsseldorf
AEL	Arbeitserziehungslager (Work Education Camp[s])
AfS	*Archiv für Sozialgeschichte*
AG	Amtsgericht
AGFl	Archiv der KZ-Gedenkstätte Flossenbürg
AGN	Archiv der KZ-Gedenkstätte Neuengamme
AHR	*The American Historical Review*
AM	Archiv der KZ-Gedenkstätte Mauthausen
APMO	Archiwum Państwowe Muzeum w Oświęcimiu
AS	Archiv der Gedenkstätte Sachsenhausen
ASL	Archiv der Stadt Linz
BArchB	Bundesarchiv Berlin
BArchF	Bundesarchiv Filmarchiv
BArchK	Bundesarchiv Koblenz
BArchL	Bundesarchiv Ludwigsburg
BayHStA	Bayerisches Hauptstaatsarchiv
BDC	Berlin Document Center
BGVN	*Beiträge zur Geschichte der nationalsozialistischen Verfolgung in Norddeutschland*
Bl.	Blatt (folio)
BLA	Bayerisches Landesentschädigungsamt
BLHA	Brandenburgisches Landeshauptarchiv
BoA	Boder Archive online
BPP	Bayerische Politische Polizei
BStU	Behörde des Bundesbeauftragten für die Unterlagen des Staatssicherheitsdienstes der ehemaligen DDR

BwA	Archiv der Gedenkstätte Buchenwald
CEH	*Central European History*
CoEH	*Contemporary European History*
CSDIC	Combined Services Detailed Interrogation Centre
DaA	Archiv der Gedenkstätte Dachau
DAP	*Der Auschwitz-Prozeß* (DVD-Rom)
DAW	Deutsche Ausrüstungswerke GmbH (German Equipment Works)
DESt	Deutsche Erd- und Steinwerke GmbH (German Earth and Stone Works)
DH	*Dachauer Hefte*
DJAO	Deputy Judge Advocate's Office
DM	Deutsche Mark
DöW	Stiftung Dokumentationsarchiv des österreichischen Widerstandes
DP	Displaced Person
DV	Dienstvorschrift
EE	Eidesstattliche Erklärung
EHQ	*European History Quarterly*
ERH	*European Review of History*
EV	Einstellungsverfügung
FZH	Forschungsstelle für Zeitgeschichte, Hamburg
GDR	German Democratic Republic
Gestapa	Geheimes Staatspolizeiamt (Secret State Police Office)
Gestapo	Geheime Staatspolizei (Secret State Police)
GH	*German History*
GHI	German Historical Institute
GPD	German Police Decodes
GStA	Generalstaatsanwalt
GStA PK	Geheimes Staatsarchiv Preußischer Kulturbesitz
HGS	*Holocaust and Genocide Studies*
HHStAW	Hessisches Hauptstaatsarchiv
HIA	Hoover Institution Archives
HIS	Hamburger Institut für Sozialforschung
HLSL	Harvard Law School Library, Nuremberg Trials Project
HSSPF	Höhere SS und Polizeiführer (Higher SS and police leader[s])
HStAD	Landesarchiv NRW, Abteilung Rheinland
HvA	*Hefte von Auschwitz*
ICRC	International Committee of the Red Cross
IfZ	Institut für Zeitgeschichte, Munich
IKL	Inspektion der Konzentrationslager (Inspectorate of Concentration Camps)
IMT	*Trial of the Major War Criminals Before the International Military Tribunal*
ITS	International Tracing Service
JAO	Judge Advocate's Office
JCH	*Journal of Contemporary History*
JfA	*Jahrbuch für Antisemitismusforschung*
JMH	*The Journal of Modern History*
JNV	*Justiz und NS-Verbrechen*, Rüter and de Mildt (eds.)
JVL	Jewish Virtual Library online
KB	Kommandanturbefehl
KE	Kleine Erwerbungen
KL	Konzentrationslager (Concentration Camp[s])
KOK	Kriminaloberkommissar
KPD	Kommunistische Partei Deutschlands (German Communist Party)
Kripo	Kriminalpolizei (Criminal Police)
KTI	Kriminaltechnisches Institut (Criminal Technical Institute)

LaB	Landesarchiv Berlin
LBIJMB	Leo Baeck Institute Archives, Berlin
LBIYB	*Leo Baeck Institute Yearbook*
LG	Landgericht
LHASA	Landeshauptarchiv Sachsen-Anhalt
LK	Lagerkommandant(en) (Camp commandant[s])
LKA	Landeskriminalamt
LSW	Landesgericht für Strafsachen, Wien
LULVR	Lund University Library, Voices from Ravensbrück online
MdI	Minister/Ministerium des Innern (Minister/Ministry of the Interior)
MG	Manuscript Group
MPr	Ministerpräsident (Minister president)
MSchKrim	*Monatsschrift für Kriminalpsychologie und Strafrechtsreform*
NAL	National Archives, London
NARA	National Archives, Washington, D.C.
NCA	*Nazi Conspiracy*, Office of U.S. Chief Counsel (ed.)
NCC	*The Nazi Concentration Camps*, Wachsmann and Goeschel (eds.)
NCO	Noncommissioned Officer
n.d.	no date
ND	Nuremberg Document
NGC	*New German Critique*
NKVD	People's Commissariat of Internal Affairs
NLA-StAO	Niedersächsisches Landesarchiv, Staatsarchiv Oldenburg
NLHStA	Niedersächsisches Hauptstaatsarchiv
NMGB	Nationale Mahn- und Gedenkstätte Buchenwald
NN	Nacht und Nebel (Night and Fog)
NRW	Nordrhein-Westfalen
NYPL	New York Public Library
ODNB	*Oxford Dictionary of National Biography*
OdT	*Ort des Terrors*, Benz and Distel (eds.)
OKW	Oberkommando der Wehrmacht (High Command of the Wehrmacht)
ORR	Oberregierungsrat
OStA	Oberstaatsanwalt
OT	Organisation Todt
PAdAA	Politisches Archiv des Auswärtigen Amtes
PMI	Prussian Minister of the Interior
POW	Prisoner of War
Publ.	Published
RaR	Review and Recommendations
RdI	Reichsministerium des Innern (Reich Ministry of the Interior)
RJM	Reichsministerium der Justiz (Reich Ministry of Justice)
RKPA	Reichskriminalpolizeiamt (Reich Criminal Police Office)
RM	Reichsmark
RMi	Reichsminister
RSHA	Reichssicherheitshauptamt (Reich Security Main Office)
SD	Sicherheitsdienst (Security Service)
SED	Sozialistische Einheitspartei Deutschlands (German Socialist Unity Party)
Sipo	Sicherheitspolizei (Security Police)
Sk	Staatskanzlei (State Chancellery)
SlF	Schutzhaftlagerführer (Camp compound leader)
SMAB	State Museum Auschwitz-Birkenau
SPD	Sozialdemokratische Partei Deutschlands (German Social Democratic Party)

StA	Staatsanwaltschaft(en)
StAAm	Staatsarchiv Amberg
StAAu	Staatsarchiv Augsburg
StAL	Landesarchiv Baden-Württemberg, Staatsarchiv Ludwigsburg
StAMü	Staatsarchiv München
StANü	Staatsarchiv Nürnberg
StB	Standortbefehl
StW	Stadtarchiv Weimar
Texled	Gesellschaft für Textil- und Lederverwertung (Company for Textile and Leather Utilization)
ThHStAW	Thüringisches Hauptsstaatsarchiv, Weimar
TS	Totenkopfstandarten (Death's Head regiments)
TWC	*Trials of War Criminals Before the Nuernberg Military Tribunals*
USHMM	United States Holocaust Memorial Museum
VfZ	*Vierteljahrshefte für Zeitgeschichte*
VöB	*Völkischer Beobachter*
VoMi	Volksdeutsche Mittelstelle (Ethnic German Liason Office)
WG	*Werkstatt Geschichte*
WL	Wiener Library
WVHA	Wirtschafts-Verwaltungshauptamt (SS Business and Administration Main Office)
YIVO	YIVO Institute for Jewish Research
YUL	Yale University Library, Archives
YVA	Yad Vashem Archives
ZfG	*Zeitschrift für Geschichtswissenschaft*

档案馆

Archiv der Evangelischen Kirche im Rheinland, Düsseldorf
Archiv der Gedenkstätte Buchenwald
Archiv der Gedenkstätte Dachau
Archiv der Gedenkstätte Sachsenhausen
Archiv der KZ-Gedenkstätte Neuengamme
Archiv der sozialen Demokratie, Bonn
Archiv der Stadt Linz
Archiwum Państwowe Muzeum w Oświęcimiu
Bayerisches Hauptstaatsarchiv, Munich
Bayerisches Landesentschädigungsamt, Munich
Behörde des Bundesbeauftragten für die Unterlagen des Staatssicherheitsdienstes der ehemaligen DDR, Berlin
Brandenburgisches Landeshauptsarchiv, Potsdam
Bundesarchiv, Abteilung Filmarchiv, Berlin
Bundesarchiv, Berlin
Bundesarchiv, Koblenz
Bundesarchiv, Ludwigsburg
Deutsches Rundfunkarchiv, Frankfurt am Main
Forschungsstelle für Zeitgeschichte, Hamburg
Geheimes Staatsarchiv Preußischer Kulturbesitz, Berlin
Hessisches Hauptstaatsarchiv, Wiesbaden
Hoover Institution Archives, Stanford
Institut für Zeitgeschichte, Munich

International Tracing Service, Bad Arolsen
Landesarchiv Baden-Württemberg, Staatsarchiv Ludwigsburg
Landesarchiv Berlin
Landesarchiv NRW, Abteilung Rheinland, Düsseldorf
Landesgericht für Strafsachen, Vienna
Landeshauptarchiv Sachsen-Anhalt, Magdeburg
Leo Baeck Institute Archives, Berlin
National Archives, London
National Archives, Washington, D.C.
New York Public Library
Niedersächsisches Hauptstaatsarchiv, Hanover
Niedersächsisches Landesarchiv, Staatsarchiv Oldenburg
Politisches Archiv des Auswärtigen Amtes, Berlin
Staatsarchiv Augsburg
Staatsarchiv München
Staatsarchiv Nürnberg
Stadtarchiv Weimar
Stiftung Dokumentationsarchiv des österreichischen Widerstandes, Vienna
United States Holocaust Memorial Museum, Washington, D.C.
Wiener Library, London
Yad Vashem Archives, Jerusalem
Yale University Library, New Haven
YIVO Institute for Jewish Research, New York

电子资源

Boberach, H. (ed.), *Regimekritik, Widerstand und Verfolgung in Deutschland und den besetzten Gebieten* (Munich, 1999–2001), in K. G. Saur Verlag, *National Socialism, Holocaust, Resistance and Exile, 1933–1945*, online database.
Boder Archive, Voices of the Holocaust, http://voices.iit.edu
Die Toten des KZ Mittelbau-Dora 1943–1945, http://totenbuch.dora.de
Directmedia (ed.), *Kurt Tucholsky. Werke–Briefe–Materialien*, CD-ROM (Berlin, 2007).
———, *Legendäre Lexika*, DVD-ROM (Berlin, 2006).
———, *Max Weber: Gesammelte Werke*, CD-ROM (Berlin, 2004).
Fritz Bauer Institut, SMAB (eds.), *Der Auschwitz-Prozeß*, DVD-Rom (Berlin, 2004).
Gedenkstätte Sachsenhausen (ed.), *Gegen das Vergessen*, CD-ROM (Munich, 2002).
Harvard Law School, Nuremberg Trials Project, http://nuremberg.law.harvard.edu
Heinrich Himmler's private letters, serialized on www.welt.de/himmler/
IfZ (ed.), *Akten der Partei-Kanzlei der NSDAP*, 6 vols. (Munich, 1983–92), in K. G. Saur Verlag, *National Socialism, Holocaust, Resistance and Exile, 1933–1945*, online database.
Jewish Virtual Library, www.jewishvirtuallibrary.org
K. G. Saur Verlag (ed.), *Tarnschriften 1933 bis 1945* (Munich, 1997), in idem., *National Socialism, Holocaust, Resistance and Exile, 1933–1945*, online database.
Konzentrationslager Buchenwald. Die Toten, 1937–1945, http://totenbuch.buchenwald.de
Kulka, O. D. & Jäckel, E. (eds.), *Die Juden in den geheimen NS-Stimmungsberichten 1933–1945*, CD-Rom (Düsseldorf, 2004).
Lund University Library, Voices from Ravensbrück, www.ub.lu.se/collections/digital-collections.
Overesch, M., F. Saal, W. Herda, and Y. Artelt (eds.), *Das Dritte Reich. Daten, Bilder, Dokumente*, CD-Rom (Berlin, 2004).
Oxford Dictionary of National Biography, www.oxforddnb.com
Warneke, P., *Nationalsozialistische Konzentrationslager im Spiegel deutschsprachiger Printmedien* (unpublished electronic file, in the possession of the author).

纸质资源

Abraham, M., "Juda verrecke. Ein Rabbiner im Konzentrationslager," in *Oranienburg*, eds. Diekmann and Wettig, 117–67.

Abzug, R. H., *Inside the Vicious Heart: Americans and the Liberation of Nazi Concentration Camps*, New York, 1985.

Aders, G., "Terror gegen Andersdenkende. Das SA-Lager am Hochkreuz in Köln-Porz," in *Instrumentarium*, eds. Benz and Distel, 179–88.

Adler, H. G., "Selbstverwaltung und Widerstand in den Konzentrationslagern der SS," *VfZ* 8 (1960), 221–36.

——, *Theresienstadt 1941–1945*, Göttingen, 2005.

Adler, H. G., H. Langbein and E. Lingens-Rainer (eds.), *Auschwitz. Zeugnisse und Berichte*, Hamburg, 1994.

Agamben, G., *Remnants of Auschwitz*, New York, 2002.

Aharony, M., "Hannah Arendt and the Idea of Total Domination," *HGS* 24 (2010), 193–224.

Akten zur deutschen auswärtigen Politik, Baden-Baden, 1956, vol. D/7.

Albin, K., *Steckbrieflich Gesucht*, Oświęcim, 2000.

"Alle Kreise der Hölle. Erinnerungen ehemaliger Häftlinge faschistischer Konzentrationslager aus der Ukraine, 1942–45," *Jahrbuch für die Forschungen zur Geschichte der Arbeiterbewegung* 3 (2005), 153–63.

Allen, A., *The Fantastic Laboratory of Dr. Weigl*, New York, 2014.

Allen, M. T., "Anfänge der Menschenvernichtung in Auschwitz, Oktober 1941," *VfZ* 51 (2003), 565–73.

——, "Not just a 'dating game': Origins of the Holocaust at Auschwitz in the Light of Witness Testimony," *GH* 25 (2007), 162–91.

——, "Realms of Oblivion: The Vienna Auschwitz Trial," *CEH* 40 (2007), 397–428.

——, *The Business of Genocide: The SS, Slave Labor, and the Concentration Camps*, Chapel Hill, 2002.

——, "The Devil in the Details: The Gas Chambers of Birkenau, October 1941," *HGS* 16 (2002), 189–216.

Allen, W. S., *The Nazi Seizure of Power*, 2nd ed., London, 1989.

Aly, G., "Die Wohlfühl-Diktatur," *Der Spiegel* 10 (2005), 56–62.

——, *"Endlösung." Völkerverschiebung und der Mord an den europäischen Juden*, Frankfurt a. M., 1995.

——, *Hitlers Volksstaat. Raub, Rassenkrieg und nationaler Sozialismus*, Frankfurt a. M., 2005.

Aly, G., and S. Heim, *Vordenker der Vernichtung. Auschwitz und die deutschen Pläne für eine neue europäische Ordnung*, Frankfurt a. M., 1993.

Ambach, D., and T. Köhler, *Lublin-Majdanek. Das Konzentrations- und Vernichtungslager im Spiegel von Zeugenaussagen*, Düsseldorf, 2003.

Améry, J., *Jenseits von Schuld und Sühne*, Munich, 1988.

Amesberger, H., K. Auer, and K. Halbmayr, *Sexualisierte Gewalt. Weibliche Erfahrungen in NS-Konzentrationslagern*, Vienna, 2004.

Angrick, A., and P. Klein, *Die "Endlösung" in Riga. Ausbeutung und Vernichtung 1941–1944*, Darmstadt, 2006.

Antelme, R., *Das Menschengeschlecht*, Frankfurt a. M., 2001.

——, *L'espèce humaine*, Paris, 1957.

Apel, L., *Jüdische Frauen im Konzentrationslager Ravensbrück 1939–1945*, Berlin, 2003.

Apitz, B., *Nackt unter Wölfen*, Berlin, 1998.

Applebaum, A., *Gulag: A History of the Soviet Camps*, London, 2003.

Arad, Y., *Belzec, Sobibor, Treblinka*, Bloomington, 1999.

Arch Getty, J., G. Rittersporn, and V. Zemskov, "Victims of the Soviet Penal System in the Pre-war Years," *AHR* 98 (1993), 1017–49.

Arendt, H., *The Origins of Totalitarianism*, San Diego, 1994.
——, "The Concentration Camps," *Partisan Review* 15 (1948), 743–63.
Armanski, G., *Maschinen des Terrors*, Münster, 1993.
Aronson, S., *Reinhard Heydrich und die Frühgeschichte von Gestapo und SD*, Stuttgart, 1971.
Asgodom, S. (ed.), *"Halts Maul—sonst kommst nach Dachau!" Frauen und Männer aus der Arbeiterbewegung berichten über Widerstand und Verfolgung unter dem Nationalsozialismus*, Cologne, 1983.
Association for Remembrance and Historical Research in Austrian Concentration Camp Memorials (ed.), *The Mauthausen Concentration Camp 1938–1945*, Vienna, 2013.
August, J., "Das Konzentrationslager Auschwitz und die 'Euthanasie'-Anstalt Pirna-Sonnenstein," in *Sonnenstein*, ed. Kuratorium, 51–94.
——, (ed.), *"Sonderaktion Krakau." Die Verhaftung der Krakauer Wissenschaftler am 6. November 1939*, Hamburg, 1997.
Avey, D., *The Man Who Broke into Auschwitz*, London, 2011.
Ayaß, W., *"Asoziale" im Nationalsozialismus*, Stuttgart, 1995.
——, *Das Arbeitshaus Breitenau*, Kassel, 1992.
—— (ed.), *"Gemeinschaftsfremde." Quellen zur Verfolgung "Asozialer" 1933–1945*, Koblenz, 1998.
——, "Schwarze und grüne Winkel. Die nationalsozialistische Verfolgung von 'Asozialen' und 'Kriminellen,'" *BGVN* 11 (2009), 16–30.
Baberowski, J., and A. Doering-Manteuffel, *Ordnung durch Terror. Gewaltexzesse und Vernichtung im nationalsozialistischen und im stalinistischen Imperium*, Bonn, 2006.
Bacharach, W. Z. (ed.), *Dies sind meine letzten Worte. Briefe aus der Shoah*, Göttingen, 2006.
Baganz, C., *Erziehung zur "Volksgemeinschaft"? Die frühen Konzentrationslager in Sachsen 1933–34/37*, Berlin, 2005.
——, "Wöbbelin. Das letzte Außenlager des KZ Neuengamme als Sterbelager," in *Häftlinge*, eds. Garbe and Lange, 105–16.
Bahro, B., *Der SS-Sport. Organisation, Funktion, Bedeutung*, Paderborn, 2013.
Bajohr, F., *Parvenüs und Profiteure. Korruption in der NS-Zeit*, Frankfurt a. M., 2001.
Ballerstedt, M., "Liebe wider Rassenwahn," in *Unerwünscht, Verfolgt, Ermordet*, ed. M. Puhle, Magdeburg, 2008, 201–13.
Banach, J., *Heydrichs Elite. Das Führerkorps der Sicherheitspolizei und des SD, 1936–1945*, Paderborn, 1998.
Barkai, A., "'Schicksalsjahr 1938.' Kontinuität und Verschärfung der wirtschaftlichen Ausplünderung der deutschen Juden," in *Der Judenpogrom 1938*, ed. W. H. Pehle, Frankfurt a. M., 1988, 94–117.
Barkow, B., R. Gross, and M. Lenarz (eds.), *Novemberpogrom 1938. Die Augenzeugenberichte der Wiener Library, London*, Frankfurt a. M., 2008.
Barnes, S., "Soviet Society Confined," Ph.D. dissertation, Stanford University, 2003.
Bárta, D., "Tagebuch aus dem Konzentrationslager Ebensee, 1943–1945," in *Drahomír*, eds. Freund and Pawlowsky, 35–96.
——, "Zur Geschichte der illegalen Tätigkeit und der Widerstandsbewegung der Häftlinge im Konzentrationslager Ebensee," in *Drahomír*, eds. Freund and Pawlowsky, 97–167.
Bartel, W., and K. Drobisch, "Der Aufgabenbereich des Leiters des Amtes D IV des Wirtschafts-Verwaltungshauptamtes der SS," *ZfG* 14 (1966), 944–56.
Bass, F., "Love and Concentration Camps," *Theresienstädter Studien und Dokumente* 13 (2006), 340–47.
Bauer, R., H. G. Hockerts, B. Schütz, W. Till, and W. Ziegler, eds., *München—"Hauptstadt der Bewegung,"* Munich, 2002.
Bauer, Y., "Anmerkungen zum "Auschwitz-Bericht" von Rudolf Vrba," *VfZ* 45 (1997), 297–307.
——, "Gypsies," in *Anatomy*, eds. Gutman and Berenbaum, 441–55.
——, *Jews for Sale? Nazi-Jewish Negotiations, 1933–1945*, New Haven, 1994.
——, *Rethinking the Holocaust*, New Haven, 2001.

——, "The Death-Marches, January–May, 1945," *Modern Judaism* 3 (1983), 1-21.
Bauerkämper, A., *Das umstrittene Gedächtnis. Die Erinnerung an Nationalsozialismus, Faschismus und Krieg in Europa seit 1945*, Paderborn, 2012.
Bauman, Z., "A Century of Camps?," in *The Bauman Reader*, ed. P. Beilharz, Oxford, 2001, 266–80.
——, *Modernity and the Holocaust*, Ithaca, N.Y., 1992.
Baumann, I., "Winkel-Züge: 'Kriminelle' KZ-Häftlinge in der westdeutschen Nachkriegsgesellschaft," in *Praxis*, eds. Frei et al., 290–322.
Baumgart, W., "Zur Ansprache Hitlers vor den Führern der Wehrmacht am 22. August 1939: Eine quellenkritische Untersuchung," *VfZ* 16 (1968), 120–49.
Beccaria Rolfi, L., *Zurückkehren als Fremde. Von Ravensbrück nach Italien: 1945–1948*, Berlin, 2007.
Beer, M., "Die Entwicklung der Gaswagen beim Mord an den Juden," *VfZ* 35 (1987), 403–17.
Beevor, A., *Berlin*, London, 2003.
——, *The Second World War*, London, 2014.
Beimler, H., *Four Weeks in the Hands of Hitler's Hell-Hounds*, London, 1933.
——, *Im Mörderlager Dachau. Vier Wochen in den Händen der braunen Banditen*, Berlin, 1976.
Beischl, K., *Dr. med. Eduard Wirths und seine Tätigkeit als SS-Standortarzt im KL Auschwitz*, Würzburg, 2005.
Bell, J. (ed.), *Völkerrecht im Weltkrieg*, Berlin, 1927.
Belpoliti, M. (ed.), *Primo Levi: The Black Hole of Auschwitz*, Cambridge, U.K., 2005.
Ben-Naftali, O., and Y. Tuval, "Punishing International Crimes Committed by the Persecuted. The *Kapo* Trials in Israel (1950s–1960s)," *Journal of International Criminal Justice* 4 (2006), 128–78.
Bendig, V., "Unter Regie der SA. Das Konzentrationslager Börnicke und das Nebenlager Meissnerhof im Osthavelland," in *Instrumentarium*, eds. Benz and Distel, 97–101.
——, "'Von allen Höllen vielleicht die grausamste.' Das Konzentrationslager in Brandenburg an der Havel 1933–1934," in *Instrumentarium*, eds. Benz and Distel, 103–109.
Bendix, R., *From Berlin to Berkeley*, New Brunswick, 1986.
Benz, A., "John Demjanjuk und die Rolle der Trawnikis," in *Bewachung*, eds. Benz and Vulesica, 159–69.
Benz, A., and M. Vulesica (eds.), *Bewachung und Ausführung. Alltag der Täter in nationalsozialistischen Lagern*, Berlin, 2011.
Benz, W., and B. Distel (eds.), *Der Ort des Terrors*, 9 vols., Munich, 2005–09.
——, *Terror ohne System. Die ersten Konzentrationslager im Nationalsozialismus 1933–1935* (Berlin, 2001).
——, *Herrschaft und Gewalt. Frühe Konzentrationslager 1933–1939*, Berlin, 2002.
——, *Instrumentarium der Macht. Frühe Konzentrationslager 1933–1937*, Berlin, 2003.
Benz, W., and A. Königseder (eds.), *Das Konzentrationslager Dachau*, Berlin, 2008.
Benz, W., "Dr. med. Sigmund Rascher. Eine Karriere," *DH* 4 (1988), 190–214.
——, "Medizinische Versuche im KZ Dachau," in *Dachau*, eds. Benz and Königseder, 89–102.
——, "Zwischen Befreiung und Heimkehr. Das Dachauer Internationale Häftlings-Komitee und die Verwaltung des Lagers im Mai und Juni 1945," *DH* 1 (1985), 39–61.
Bergbauer, K., S. Fröhlich, and S. Schüler-Springorum, *Denkmalsfigur. Biographische Annäherung an Hans Litten, 1903–1938*, Göttingen, 2008.
Berger, S., *Experten der Vernichtung. Das T4-Reinhardt-Netzwerk in den Lagern Belzec, Sobibor und Treblinka*, Hamburg, 2013.
"Bericht von Czesław Mordowicz und Arnošt Rosin," in *London*, ed. Świebocki, 295–309.
"Bericht von Jerzy Tabeau," in *London*, ed. Świebocki, 107–79.
"Bericht von Rudolf Vrba und Alfred Wetzler," in *London*, ed. Świebocki, 181–293.
Berke, H., *Buchenwald. Eine Erinnerung an Mörder*, Salzburg, 1946.

Berkowitz, M., *The Crime of My Very Existence: Nazism and the Myth of Jewish Criminality*, Berkeley, 2007.
Berliner Illustrirte Zeitung.
Bernadotte, F., *The Fall of the Curtain*, London, 1945.
Bernhard, P., "Konzentrierte Gegnerbekämpfung im Achsenbündnis. Die Polizei im Dritten Reich und im faschistischen Italien 1933 bis 1943," *VfZ* 62 (2011), 229–62.
Bertram, M., "8. April 1945. Celle—ein Luftangriff, ein Massenmord und die Erinnerung daran," in *Häftlinge*, eds. Garbe and Lange, 127–44.
Bessel, R., *Germany 1945: From War to Peace*, London, 2009.
Bessmann, A., and M. Buggeln, "Befehlsgeber und Direkttäter vor dem Militärgericht. Die britische Strafverfolgung der Verbrechen im KZ Neuengamme und seinen Außenlagern," *ZfG* 53 (2005), 522–42.
Bettelheim, B., "Foreword," in *Auschwitz*, Nyiszli, 5–14.
——, "Individual and Mass Behavior in Extreme Situations," *Journal of Abnormal and Social Psychology* 38 (1943), 417–52.
——, *Surviving the Holocaust*, London, 1986.
Bezwińska, J., and D. Czech (eds.), *KL Auschwitz in den Augen der SS*, Katowice, 1981.
Billig, J., *L'Hitlérisme et le système concentrationnaire*, Paris, 1967.
Bindemann, M., D. König, and S. Trach, "Koserstrasse 21. Die Villa Pohl," in *Dahlemer Erinnerungsorte*, eds. J. Hoffmann, A. Megel, R. Parzer, and H. Seidel, Berlin, 2007, 17–18.
Black, P., "Foot Soldiers of the Final Solution: The Trawniki Training Camp and Operation Reinhard," *HGS* 25 (2011), 1–99.
——, "Odilo Globocnik—Himmlers Vorposten im Osten," in *Braune Elite*, eds. Smelser et al., vol. 2, 103–15.
Blatman, D., *The Death Marches: The Final Phase of Nazi Genocide*, Cambridge, Mass., 2011.
Blatter, J., and S. Milton, *Art of the Holocaust*, London, 1982.
Blondel, J.-L., S. Urban, and S. Schönemann (eds.), *Freilegungen. Auf den Spuren der Todesmärsche*, Göttingen, 2012.
Boas, J., *Boulevard des Misères: The Story of Transit Camp Westerbork*, Hamden, 1985.
Bock, G. (ed.), *Genozid und Geschlecht*, Frankfurt a. M., 2005.
Boder, D. P., *I Did Not Interview the Dead*, Urbana, 1949.
Boehnert, G. C., "A Sociography of the SS Officer Corps, 1925–1939," Ph.D. dissertation, University of London, 1977.
Boelcke, W. (ed.), *Deutschlands Rüstung im Zweiten Weltkrieg*, Frankfurt a. M., 1969.
Böhler, J., *Auftakt zum Vernichtungskrieg. Die Wehrmacht in Polen 1939*, Bonn, 2006.
Bohnen, E. A., "Als sich das Blatt gewendet hatte. Erinnerungen eines amerikanischen Militär-Rabbiners an die Befreiung Dachaus," *DH* 1 (1985), 204–206.
Borgstedt, A., "Das nordbadische Kislau. Konzentrationslager, Arbeitshaus und Durchgangslager für Fremdenlegionäre," in *Herrschaft*, eds. Benz and Distel, 217–29.
Bornemann, M., *Geheimprojekt Mittelbau*, Bonn, 1994.
Borodziej, W., *Geschichte Polens im 20. Jahrhundert*, Munich, 2010.
Borowski, T., "Auschwitz, Our Home, A Letter," in *Auschwitz*, eds. Siedlecki et al., 116–49.
——, "This Way for the Gas, Ladies and Gentlemen," in *Auschwitz*, eds. Siedlecki et al., 83–98.
——, *This Way for the Gas, Ladies and Gentlemen*, London, 1967.
Bracher, K. D., *Die deutsche Diktatur*, Cologne, 1979.
Braham, R. L., "Hungarian Jews," in *Anatomy*, eds. Gutman and Berenbaum, 456–68.
Brandhuber, J., "Die sowjetischen Kriegsgefangenen im Konzentrationslager Auschwitz, *HvA* 4 (1961), 5–46.
Braunbuch über Reichstagsbrand und Hitlerterror, Frankfurt a. M., 1973.
Breitman, R., *Official Secrets: What the Nazis Planned, What the British and Americans Knew*, London, 1999.

Breitman, R., and S. Aronson, "Eine unbekannte Himmler-Rede vom Januar 1943," *VfZ* 38 (1990), 337–48.
Breitman, R., N. Goda, T. Naftali, and R. Wolfe, *U.S. Intelligence and the Nazis*, New York, 2005.
Bringmann, F., *KZ Neuengamme. Berichte, Erinnerungen, Dokumente*, Frankfurt a. M., 1982.
Brink, C., *Ikonen der Vernichtung. Öffentlicher Gebrauch von Fotografien aus nationalsozialistischen Konzentrationslagern nach 1945*, Berlin, 1998.
Broad, P., "Erinnerungen," in *KL Auschwitz*, eds. Bezwińska and Czech, 133–95.
Broszat, M., "Einleitung," in *Studien*, ed. Broszat, 7–9.
—— (ed.), *Kommandant in Auschwitz. Autobiographische Aufzeichnungen des Rudolf Höß*, 14th ed., Munich, 1994.
——, "Nationalsozialistische Konzentrationslager 1933–1945," in *Anatomie*, eds. Buchheim et al., 323–445.
——, *Nationalsozialistische Polenpolitik 1939–1945*, Frankfurt a. M., 1965.
—— (ed.), *Studien zur Geschichte der Konzentrationslager*, Stuttgart, 1970.
—— (ed.), "Zur Perversion der Strafjustiz im Dritten Reich," *VfZ* 6 (1958), 390–442.
Broszat, M., E. Fröhlich, and A. Grossmann (eds.), *Bayern in der NS-Zeit*, 6 vols., Munich, 1977–83.
Browder, G. C., *Hitler's Enforcers: The Gestapo and the SS Security Service in the Nazi Revolution*, New York, 1996.
Browning, C., "A Final Hitler Decision for the 'Final Solution'? The Riegner Telegram Reconsidered," *HGS* 10 (1996), 3–10.
——, *Fateful Months: Essays on the Emergence of the Final Solution*, New York, 1985.
——, *Ganz normale Männer. Das Reserve-Polizeibatallion 101 und die "Endlösung" in Polen*, Reinbek, 1996.
——, "One Day in Józefów," in *The Path to Genocide*, ed. Browning, Cambridge, U.K., 1995, 169–83.
——, *Remembering Survival. Inside a Nazi Slave-Labor Camp*, New York, 2010.
——, *The Origins of the Final Solution*, London, 2004.
Brubaker, F., and F. Cooper, "Beyond 'Identity,'" *Theory and Society* 29 (2000), 1–47.
Bryant, M., "Die US-amerikanischen Militärgerichtsprozesse gegen SS-Personal, Ärzte und Kapos des KZ Dachau 1945–1948," in *Dachauer*, eds. Eiber and Sigel, 109–25.
Brzezicki, E., A. Gawalewicz, T. Hołuj, A. Kępiński, S. Kłodziński, and W. Wolter, "Die Funktionshäftlinge in den Nazi-Konzentrationslagern. Eine Diskussion," in *Auschwitz*, ed. HIS, vol. 1, 231–39.
Buber, M., *Under Two Dictators*, London, 1949.
Buber-Neumann, M., *Die erloschene Flamme. Schicksale meiner Zeit*, Munich, 1976.
——, *Milena. Kafkas Freundin*, Berlin, 1992.
——, *Under Two Dictators*, London, 2009.
Buchheim, H., "Befehl und Gehorsam," in *Anatomie*, eds. Buchheim et al., 213–320.
——, "Die SS—das Herrschaftsinstrument," in *Anatomie*, eds. Buchheim et al., 13–212.
Buchheim, H., et al., *Anatomie des SS-Staates*, Munich, 1994.
Buchmann, E., *Frauen im Konzentrationslager*, Stuttgart, 1946.
Buck, K., "Carl von Ossietzky im Konzentrationslager," *DIZ Nachrichten* 29 (2009), 21–27.
Budraß, L., "Der Schritt über die Schwelle," in *Zwangsarbeit während der NS-Zeit in Berlin und Brandenburg*, eds. W. Meyer and K. Neitmann, Potsdam, 2001, 129–62.
Buergenthal, T., *A Lucky Child: A Memoir of Surviving Auschwitz as a Young Boy*, London, 2010.
Büge, E., *1470 KZ-Geheimnisse*, Berlin, 2010.
Buggeln, M., *Arbeit & Gewalt. Das Außenlagersystem des KZ Neuengamme*, Göttingen, 2009.
——, "Building to Death: Prisoner Forced Labour in the German War Economy—The Neuengamme Subcamps, 1942–1945," *EHQ* 39 (2009), 606–32.
——, *Bunker "Valentin." Marinerüstung, Zwangsarbeit und Erinnerung*, Bremen, 2010.

——, "Die weltanschauliche Schulung der KZ-Wachmannschaften in den letzten Kriegsmonaten," in *Bewachung*, eds. Benz and Vulesica, 177–90.
——, "'Menschenhandel' als Vorwurf im Nationalsozialismus," in *Rüstung, Kriegswirtschaft und Zwangsarbeit im "Dritten Reich,"* eds. A. Heusler, M. Spoerer, and H. Trischler, Munich, 2010, 199–218.
——, *Slave Labour in Nazi Concentration Camps*, Oxford, 2014.
——, "Unterschiedliche Lebens- und Arbeitsbedingungen in den Außenlagern des KZ Neuengamme unter Wehrmachts- und unter SS-Bewachung?," *BGVN* 13 (2012), 40–51.
——, "Were Concentration Camp Prisoners Slaves?," *International Review of Social History* 53 (2008), 101–29.
Buggeln, M., and M. Wildt, "Lager im Nationalsozialismus. Gemeinschaft und Zwang," in *Welt*, eds. Greiner and Kramer, 166–202.
Burger, A., *Des Teufels Werkstatt*, Berlin, 1985.
Burkhard, H., *Tanz mal Jude! Von Dachau bis Shanghai*, Nuremberg, 1967.
Burleigh, M., *Death and Deliverance: "Euthanasia" in Germany 1900–1945*, Cambridge, U.K., 1994.
Burleigh, M., and W. Wippermann, *The Racial State: Germany 1933–1945*, Cambridge, U.K., 1991.
Burney, C., *The Dungeon Democracy*, London, 1945.
Burrin, P., *Hitler and the Jews*, London, 1994.
Büro des Reichstags (ed.), *Reichstagshandbuch, VI. Wahlperiode*, Berlin, 1932.
——, *Reichstagshandbuch 1933*, Berlin, 1933.
Buser, V., *Überleben von Kindern und Jugendlichen in den Konzentrationslagern Sachsenhausen, Auschwitz und Bergen-Belsen*, Berlin, 2011.
Bütow, T., and F. Bindernagel, *Ein KZ in der Nachbarschaft*, Cologne, 2004.
Caplan, J., "Einleitung," in *Herz*. ed. Caplan, 11–87.
—— (ed.), *Gabriele Herz. Das Frauenlager von Moringen*, Berlin, 2006.
——, "Gender and the Concentration Camps," in *Concentration Camps*, eds. Wachsmann and Caplan, 82–107.
—— (ed.), *Nazi Germany*, Oxford, 2008.
——, "Political Detention and the Origin of the Concentration Camps in Nazi Germany, 1933–35/6," in *Nazism*, ed. Gregor (2005), 22–41.
——, "Recreating the Civil Service: Issues and Ideas in the Nazi Regime," in *Government, Party and People in Nazi Germany*, ed. Noakes, Exeter, 1980, 34–56.
Cargas, H. J., "An Interview with Elie Wiesel," *HGS* 1 (1986), 5–10.
Cesarani, D., "Challenging the 'Myth of Silence,'" in *Holocaust*, eds. Cesarani and Sundquist, 15–38.
——, *Eichmann: His Life and Crimes*, London, 2004.
Cesarani, D., and E. Sundquist (eds.), *After the Holocaust: Challenging the Myth of Silence*, London, 2012.
Chamberlin, B., "Todesmühlen. Ein früher Versuch zur Massen-'Umerziehung' im besetzten Deutschland 1945–1946," *VfZ* 29 (1981), 420–36.
Chamberlin, B., and M. Feldman (eds.), *The Liberation of the Nazi Concentration Camps*, Washington, D.C., 1987.
Chatwood, K., "Schillinger and the Dancer," in *Sexual Violence*, eds. Hedgepeth and Saidel, 61–74.
Cherish, B. U., *The Auschwitz Kommandant*, Stroud, 2009.
Christ, M., "Was wussten Wehrmachtsoldaten über Konzentrationslager und Kriegsverbrechen? Die geheimen Abhörprotokolle aus Fort Hunt (1942–1946)," *ZfG* 60 (2012), 813–30.
Chroust, P. (ed.), *Friedrich Mennecke. Innenansichten eines medizinischen Täters im Nationalsozialismus*, Hamburg, 1987.
Citroen, H., and B. Starzyńska, *Auschwitz-Oświęcim*, Rotterdam, 2011.

Cobain, I., *Cruel Britannia: A Secret History of Torture*, London, 2012.
Cocks, G., "The Old as New: The Nuremberg Doctors' Trial and Medicine in Modern Germany," in *Medicine and Modernity*, eds. G. Cocks and M. Berg, Cambridge, U.K., 2002, 173–91.
Cohen, B., *Case Closed: Holocaust Survivors in Postwar America*, New Brunswick, 2007.
Cohen, E., *Human Behaviour in the Concentration Camp*, London, 1954.
——, *The Abyss: A Confession*, New York, 1973.
Comité International de Dachau (ed.), *Konzentrationslager Dachau 1933–1945*, Munich, 1978.
—— (ed.), *Konzentrationslager Dachau 1933 bis 1945*, Munich, 2005.
Conway, J., "Frühe Augenzeugenberichte aus Auschwitz," *VfZ* 27 (1979), 260–84.
——, "The Significance of the Vrba-Wetzler Report on Auschwitz-Birkenau," in *Forgive*, ed. Vrba, 398–431.
Cramer, J., *Belsen Trial 1945: Der Lüneburger Prozess gegen Wachpersonal der Konzentrationslager Auschwitz und Bergen-Belsen*, Göttingen, 2011.
Czech, D., "A Calendar of the Most Important Events in the History of the Auschwitz Concentration Camp," in *Auschwitz*, eds. Długoborski and Piper, vol. 5, 119–231.
——, "The Auschwitz Prisoner Administration," in *Anatomy*, eds. Gutman and Berenbaum, 363–78.
——, *Kalendarium der Ereignisse im Konzentrationslager Auschwitz-Birkenau 1939–1945*, Reinbek, 1989.
Cziborra, P., *KZ-Autobiografien. Geschichtsfälschungen zwischen Erinnerungsversagen, Selbstinszenierung und Holocaust-Propaganda*, Bielefeld, 2012.
Danckwortt, B., "Jüdische 'Schutzhäftlinge' im KZ Sachsenhausen 1936 bis 1938," in *Häftlinge*, eds. Morsch and zur Nieden, 140–63.
——, "Sinti und Roma als Häftlinge im KZ Ravensbrück," *BGVN* 14 (2012), 81–98.
——, "Wissenschaft oder Pseudowissenschaft? Die 'Rassenhygienische Forschungstelle' am Reichsgesundheitsamt," in *Medizin*, eds. Hahn et al., 140–64.
Dann, S. (ed.), *Dachau 29 April 1945*, Lubbock, 1998.
Dante, *The Divine Comedy*, Oxford, 1993.
Darowska, L., *Widerstand und Biografie. Die widerständige Praxis der Prager Journalistin Milena Jesenská gegen den Nationalsozialismus*, Bielefeld, 2012.
Davis, N., "Introduction," in *Auschwitz*, ed. Pilecki, xi–xiii.
Daxelmüller, C., "Kulturelle Formen und Aktivitäten als Teil der Überlebens- und Vernichtungsstrategie in den Konzentrationslagern," in *Konzentrationslager*, eds. Herbert et al., vol. 2, 983–1005.
De Rudder, A., "Zwangsarbeit im Zeichen des Völkermordes 1942 bis 1945," in *Häftlinge*, eds. Morsch and zur Nieden, 200–242.
Dean, M., *Robbing the Jews: The Confiscation of Jewish Property in the Holocaust, 1933–1945*, New York, 2008.
Debski, T., *A Battlefield of Ideas: Nazi Concentration Camps and Their Polish Prisoners*, New York, 2001.
Decker, A., "Die Stadt Prettin und das Konzentrationslager Lichtenburg," in *Lichtenburg*, eds. Hördler and Jacobeit, 205–28.
Deen, H., "*Wenn mein Wille stirbt, sterbe ich auch." Tagebuch und Briefe*, Reinbek, 2007.
Delbo, C., *Auschwitz and After*, New York, 1995.
"Der Steinbruch in Mauthausen," *Tranvia* Nr. 28 (March 1993), 14–15.
Des Pres, T., *The Survivor*, New York, 1976.
Deutschland-Berichte der Sozialdemokratischen Partei Deutschlands (Sopade), 7 vols., Frankfurt a. M., 1980.
Dicks, H. V., *Licensed Mass Murder: A Socio-psychological Study of Some SS Killers*, London, 1972.
Didi-Huberman, G., *Bilder trotz allem*, Munich, 2007.

Dieckmann, C., "Das Ghetto und das Konzentrationslager in Kaunas 1941–1944," in *Konzentrationslager*, eds. Herbert et al., vol. 1, 439–71.

——, *Deutsche Besatzungspolitik in Litauen 1941–1944*, 2 vols., Göttingen, 2011.

Diefenbacher, M., and G. Jochem (eds.), *"Solange ich lebe, hoffe ich." Die Aufzeichnungen des ungarischen KZ-Häftlings Ágnes Rózsa*, Nuremberg, 2006.

Diekmann, I., and K. Wettig (eds.), *Konzentrationslager Oranienburg*, Potsdam, 2003.

Diercks, H., "Fuhlsbüttel—das Konzentrationslager in der Verantwortung der Hamburger Justiz," in *Terror*, eds. Benz and Distel, 261–308.

——, "Gesucht wird. Dr. Kurt Heißmeyer," *BGVN* 9 (2005), 102–15.

Dietmar, U., *"Häftling X,"* Weimar, 1946.

Dillon, C., *Dachau and the SS*, Oxford, 2015.

——, "The Dachau Concentration Camp SS, 1933–1939," Ph.D. dissertation, Birkbeck, University of London, 2010.

——, "'We'll meet again in Dachau': The Early Dachau SS and the Narrative of Civil War," *JCH* 45 (2010), 535–54.

Diner, D. (ed.), *Ist der Nationalsozialismus Geschichte?*, Frankfurt a. M., 1987.

Diner, H., *We Remember with Reverence and Love: American Jews and the Myth of Silence after the Holocaust, 1945–1962*, New York, 2009.

Dirks, C., "The 'Juni-Aktion' (June Operation) in Berlin," in *Jews in Berlin*, eds. B. Meyer, H. Simon, and C. Schütz, Chicago, 2009, 22–35.

——, *"Die Verbrechen der anderen." Auschwitz und der Auschwitz-Prozess der DDR: Das Verfahren gegen den KZ-Arzt Dr. Horst Fischer*, Paderborn, 2006.

Distel, B., "Der 29. April 1945. Die Befreiung des Konzentrationslagers Dachau," *DH* 1 (1985), 3–11.

——, "Die Gaskammer in der 'Baracke X' des Konzentrationslagers Dachau und die 'Dachau-Lüge,'" in *Studien*, eds. Morsch and Perz, 337–42.

——, "Die letzte ernste Warnung vor der Vernichtung. Zur Verschleppung der 'Aktionsjuden' in die Konzentrationslager nach dem 9. November 1938," *ZfG* 46 (1998), 985–90.

——, "Im Schatten der Helden. Kampf und Überleben von Centa Beimler-Herker und Lina Haag," *DH* 3 (1987), 21–57.

——, "Staatlicher Terror und Zivilcourage. Die ersten Morde im Konzentrationslager Dachau," in *Die Linke*, eds. Wachsmann and Steinbacher, 104–16.

——, "Vorwort," in Kupfer-Koberwitz, *Tagebücher*, 7–18.

Distel, B., and J. Zarusky, "Dreifach geschlagen—Begegnung mit sowjetischen Überlebenden," *DH* 8 (1992), 88–102.

Długoborski, W. (ed.), *Sinti und Roma im KL Auschwitz-Birkenau 1943–44*, Oświęcim, 1998.

Długoborski, W., and F. Piper (eds.), *Auschwitz: 1940–1945*, 5 vols., Oświęcim, 2000.

"Dokumentation der Ausstellung," in *Oranienburg*, ed. Morsch, 129–218.

"Dokumentation. Die Rede Himmlers vor den Gauleitern am 3. August 1944," *VfZ* 1 (1953), 363–94.

Domarus, M., *Hitler: Reden und Proklamationen 1932–1945*, 4 vols., Wiesbaden, 1973.

Dörner, B., "Das Konzentrationslager Oranienburg und die Justiz," in *Oranienburg*, ed. Morsch, 67–77.

——, *Die Deutschen und der Holocaust*, Berlin, 2007.

——, "Ein KZ in der Mitte der Stadt. Oranienburg," in *Terror*, eds. Benz and Distel, 123–38.

——, *"Heimtücke." Das Gesetz als Waffe: Kontrolle, Abschreckung und Verfolgung in Deutschland 1933–1945*, Paderborn, 1998.

Dreyfus, J.-M., "Die Aufnahme der deportierten Widerstandskämpfer nach 1945 und ihre Wiedereingliederung in die französische Gesellschaft," in *Das Konzentrationslager Dachau*, eds. A. Bernou-Fieseler and F. Théofilakis, Munich, 2006, 83–93.

Drobisch, K., "Oranienburg—eines der ersten nationalsozialistischen Konzentrationslager," in *Oranienburg*, ed. Morsch, 13-22.

Drobisch, K., and G. Wieland, *System der NS-Konzentrationslager 1933-1939*, Berlin, 1993.

Dülffer, J., J. Thies, and J. Henke (eds.), *Hitlers Städte. Baupolitik im Dritten Reich*, Cologne, 1978.

Düsterberg, R., *Hanns Johst. Der Barde der SS*, Paderborn, 2004.

Dwork, D., and R. J. van Pelt, *Auschwitz: 1270 to the Present*, New York, 1997.

Ebbinghaus, A., and K. Dörner (eds.), *Vernichten und Heilen. Der Nürnberger Ärzteprozess und seine Folgen*, Berlin, 2001.

Ebbinghaus, A., and K. H. Roth, "Medizinverbrechen vor Gericht. Die Menschenversuche im Konzentrationslager Dachau," in *Dachauer*, eds. Eiber and Sigel, 126-59.

——, "Kriegswunden—Die kriegschirurgischen Experimente in den Konzentrationslagern und ihre Hintergründe," in *Vernichten*, eds. Ebbinghaus and Dörner, 177-218.

Eberle, A.,"'Asoziale' und 'Berufsverbrecher': Dachau als Ort der 'Vorbeugehaft,'" in *Dachau*, eds. Benz and Königseder, 253-68.

Ecker, F., "Die Hölle Dachau," in *Konzentrationslager*, 13-53.

Ehret, R., "Schutzhaft im Schloss Neu-Augustusburg," in *Instrumentarium*, eds. Benz and Distel, 239-59.

Eiber, L. (ed.), *"Ich wußte, es wird schlimm." Die Verfolgung der Sinti und Roma in München 1933-1945*, Munich, 1993.

——, "Kriminalakte 'Tatort Konzentrationslager Dachau.' Verbrechen im KZ Dachau und Versuche zu ihrer Ahndung bis zum Kriegsende," in *Dachauer*, eds. Eiber and Sigel, 12-40.

——, "Nach Nürnberg. Alliierte Prozesse in den Besatzungszonen," in *Recht*, eds. Finger et al., 38-51.

Eiber, L., and R. Sigel (eds.), *Dachauer Prozesse. NS-Verbrechen vor amerikanischen Militärgerichten in Dachau 1945-1948*, Göttingen, 2007.

Eichhorn, D. M., "Sabbath-Gottesdienst im Lager Dachau. Bericht des US-Militärrabbiners über die erste Maiwoche 1945," *DH* 1 (1985), 207-18.

Eichmüller, A., "Die Strafverfolgung von NS-Verbrechen durch westdeutsche Justizbehörden seit 1945," *VfZ* 4 (2008), 621-40.

——, *Keine Generalamnestie. Die Strafverfolgung von NS-Verbrechen in der frühen Bundesrepublik*, Munich, 2012.

Eiden, H., "Das war Buchenwald. Tatsachenbericht," in *Eh' die Sonne lacht. Hans Eiden—Kommunist und Lagerältester im KZ Buchenwald*, ed. H. Gobrecht, Bonn, 1995, 207-64.

Eisenblätter, G., "Grundlinien der Politik des Reichs gegenüber dem Generalgouvernement, 1939-1945," Ph.D. dissertation, Frankfurt University, 1969.

Eisfeld, R., *Mondsüchtig. Wernher von Braun und die Geburt der Raumfahrt aus dem Geist der Barbarei*, Hamburg, 2000.

Eley, G., "Hitler's Silent Majority? Conformity and Resistance Under the Third Reich (Part 2)," *Michigan Quarterly Review* 42 (2003), 550-83.

Ellger, H., *Zwangsarbeit und weibliche Überlebensstrategien. Die Geschichte der Frauenaußenlager des Konzentrationslagers Neuengamme 1944/45*, Berlin, 2007.

Endlich, S., "Die Lichtenburg 1933-1939. Haftort politischer Prominenz und Frauen-KZ," in *Herrschaft*, eds. Benz and Distel, 11-64.

——, "Orte des Erinnerns—Mahnmale und Gedenkstätten," in *Nationalsozialismus*, eds. Reichel et al., 350-77.

Engelking, B., and H. Hirsch, *Unbequeme Wahrheiten. Polen und sein Verhältnis zu den Juden*, Frankfurt a. M., 2008.

Engelmann, H., *"Sie blieben standhaft." Der antifaschistische Widerstandskampf in Dessau unter Führung der Kommunistischen Partei Deutschlands*, Dessau, 1983.

Erpel, S., "Die britischen Ravensbrück-Prozesse 1946-1948," in *Gefolge*, ed. Erpel, 114-28.

——, "Dokumentiertes Trauma. Zeugenaussagen polnischer Überlebender des Frauen-Konzentrationslagers Ravensbrück in einer schwedischen Befragung 1945/46," in *Nationalsozialismus*, eds. Fank and Hördler, 121–34.
—— (ed.), *Im Gefolge der SS. Aufseherinnen des Frauen-KZ Ravensbrück*, Berlin, 2007.
——, *Zwischen Vernichtung und Befreiung: Das Frauen-Konzentrationslager Ravensbrück in der letzten Kriegsphase*, Berlin, 2005.
Ervin-Deutsch, L., "Nachtschicht im Arbeitslager III in Kaufering," *DH* 2 (1993), 79–122.
Eschebach, I., "Gespaltene Frauenbilder. Geschlechtsdramaturgien im juristischen Diskurs ostdeutscher Gerichte," in *"Bestien,"* eds. Weckel and Wolfrum, 95–116.
—— (ed.), *Homophobie und Devianz*, Berlin, 2012.
——, "Homophobie, Devianz und weibliche Homosexualität im Konzentrationslager Ravensbrück," in *Homophobie*, ed. Eschebach, 65–78.
——, "'Ich bin unschuldig.'" Vernehmungsprotokolle als historische Quellen. Der Rostocker Ravensbrück-Prozeß 1966," *WG* 4 (1995), 65–70.
Escher, C., "Geistliche im KZ Dachau," in *Dachau*, eds. Benz and Königseder, 301–10.
Euskirchen, M., "Militärrituale. Die Ästhetik der Staatsgewalt," Ph.D. dissertation, Free University Berlin, 2004.
Evans, R. J., *In Hitler's Shadow: West German Historians and the Attempt to Escape from the Nazi Past*, London, 1989.
——, "Introduction," in *Auschwitz. A Doctor's Eyewitness Account*, M. Nyiszli, London, 2012, v–xxii.
——, *Rituals of Retribution: Capital Punishment in Germany, 1600–1987*, London, 1997.
——, *The Coming of the Third Reich*, London, 2003.
——, *The Third Reich at War*, London, 2008.
——, *The Third Reich in Power*, London, 2005.
Fabréguet, M., "Entwicklung und Veränderung der Funktionen des Konzentrationslagers Mauthausen 1938–1945," in *Konzentrationslager*, eds. Herbert et al., vol. 1, 193–214.
——, *Mauthausen: Camp de concentration national-socialiste en Autriche rattachée*, Paris, 1999.
Fackler, G., "Cultural Behaviour and the Invention of Traditions: Music and Musical Practices in the Early Concentration Camps, 1933–6/7," *JCH* 45 (2010), 601–27.
——, *"Des Lagers Stimme." Musik im KZ*, Bremen, 2000.
——, "'Des Lagers Stimme'—Musik im KZ," in *Rieser Kulturtage* 14 (2002), 479–506.
——, "Panoramen von Macht und Ohnmacht. KZ-Bilder als ikonisierte Erinnerung und historisches Dokument," in *Der Bilderalltag*, eds. H. Gerndt and M. Haibl, Münster, 2005, 251–74.
Fahrenberg, H., and N. Hördler, "Das Frauen-Konzentrationslager Lichtenburg," in *Lichtenburg*, eds. Hördler and Jacobeit, 166–89.
Falter, J., *Hitlers Wähler*, Munich, 1991.
Fank, P., and S. Hördler (eds.), *Der Nationalsozialismus im Spiegel des öffentlichen Gedächtnisses*, Berlin, 2005.
Farré, S., "From Sachsenhausen to Schwerin," in *Freilegungen*, eds. Blondel et al., 282–99.
Favez, J.-C., *The Red Cross and the Holocaust*, Cambridge, U.K., 1999.
Favre, M., "'Wir können vielleicht die Schlafräume besichtigen.' Originalton einer Reportage aus dem KZ Oranienburg (1933)," *Rundfunk und Geschichte* 24 (1998), 164–70.
Feig, K., *Hitler's Death Camps: The Sanity of Madness*, New York, 1979.
——, "Non-Jewish Victims in the Concentration Camps," in *A Mosaic of Victims: Non-Jews Persecuted and Murdered by the Nazis*, ed. Berenbaum, London, 1990, 161–78.
Feingold, H. L., "Bombing Auschwitz and the Politics of the Jewish Question during World War II," in *Bombing*, eds. Neufeld and Berenbaum, 193–203.
Fénelon, F., *The Musicians of Auschwitz*, London, 1979.
Finder, G. N., "Jewish Prisoner Labour in Warsaw after the Ghetto Uprising, 1943–1944," *Polin. Studies in Polish Jewry* 17 (2004), 325–51.

Finger, J. et al. (eds.), *Vom Recht zur Geschichte. Akten aus NS-Prozessen als Quelle der Zeitgeschichte*, Göttingen, 2009.
Fings, K., "Dünnes Eis. Sinti, Roma und Deutschland," *BGVN* 14 (2012), 24–34.
——, "Eine 'Wannsee-Konferenz' über die Vernichtung der Zigeuner?," *JfA* 15 (2006), 303–33.
——, *Krieg, Gesellschaft und KZ. Himmlers SS-Baubrigaden*, Paderborn, 2005.
——, "The Public Face of the Camps," in *Concentration Camps*, eds. Wachsmann and Caplan, 108–26.
Flanagan, B., and D. Bloxham, *Remembering Belsen: Eyewitnesses Record the Liberation*, London, 2005.
Flaschka, M., "'Only Pretty Women Were Raped': The Effect of Sexual Violence on Gender Identities in Concentration Camps," in *Sexual Violence*, eds. Hedgepeth and Saidel, 77–93.
Fleming, G., "Die Herkunft des 'Bernadotte-Briefs' an Himmler vom 10. März 1945," *VfZ* 26 (1978), 571–600.
Fleming, M., *Auschwitz, the Allies and Censorship of the Holocaust*, Cambridge, U.K., 2014.
Form, W., "Justizpolitische Aspekte west-alliierter Kriegsverbrecherprozesse 1942–1950," in *Dachauer*, eds. Eiber and Sigel, 41–66.
Fox, J., *Film Propaganda in Britain and Nazi Germany*, Oxford, 2007.
Fraenkel, E., *The Dual State: A Contribution to the Theory of Dictatorship*, New York, 1969.
"Francesc Boix," *Tranvia* 28 (1993), 15–16.
Frankl, V., *Ein Psycholog erlebt das KZ*, Vienna, 1946.
——, *From Death-Camp to Existentialism*, Boston, 1959.
——, *Man's Search for Meaning*, Boston, 1963.
——, *. . . trotzdem Ja zum Leben sagen. Und ausgewählte Briefe (1945–1949)*, Vienna, 2005.
Frei, N., *1945 und Wir. Das Dritten Reich im Bewußtsein der Deutschen*, Munich, 2005.
——, *Vergangenheitspolitik. Die Anfänge der Bundesrepublik und die NS-Vergangenheit*, Munich, 1996.
——, "'Wir waren blind, ungläubig und langsam': Buchenwald, Dachau und die amerikanischen Medien im Frühjahr 1945," *VfZ* 35 (1987), 385–401.
Frei, N., and W. Kantsteiner (eds.), *Den Holocaust erzählen*, Göttingen, 2013.
Frei, N., S. Steinbacher, and B. Wagner (eds.), *Ausbeutung, Vernichtung, Öffentlichkeit. Neue Studien zur nationalsozialistischen Lagerpolitik*, Munich, 2000.
——, *Die Praxis der Wiedergutmachung*, Göttingen, 2009.
——, *Standort- und Kommandanturbefehle des Konzentrationslagers Auschwitz 1940–1945*, Munich, 2000.
Freund, F., *Arbeitslager Zement. Das Konzentrationslager Ebensee und die Raketenrüstung*, Vienna, 1989.
——, "Das KZ Ebensee," in *Drahomír Bárta*, eds. Freund and Pawlowsky, 16–32.
——, "Der Dachauer Mauthausenprozess," *Jahrbuch des Dokumentationsarchivs des österreichischen Widerstands*, Vienna, 2001, 35–66.
——, *Die Toten von Ebensee*, Vienna, 2010.
——, "Häftlingskategorien und Sterblichkeit in einem Außenlager des KZ Mauthausen," in *Konzentrationslager*, eds. Herbert et al., vol. 2, 874–86.
——, "Mauthausen. Zu Strukturen von Haupt- und Außenlagern," *DH* 15 (1999), 254–72.
Freund, F., and V. Pawlowsky (eds.), *Drahomír Bárta. Tagebuch aus dem KZ Ebensee*, Vienna, 2005.
Freund, J., *O Buchenwald!*, Klagenfurt, 1945.
Freyhofer, H., *The Nuremberg Medical Trial: The Holocaust and the Origin of the Nuremberg Medical Code*, New York, 2004.
Friedlander, H., *The Origins of Nazi Genocide*, Chapel Hill, 1995.
Friedlander, H., and S. Milton (eds.), *Archives of the Holocaust*, 22 vols., New York, 1990–95.
Friedländer, S., *Die Jahre der Vernichtung*, Munich, 2006.

——, "Eine integrierte Geschichte des Holocaust," in *Nachdenken über den Holocaust*, ed. Friedländer, Munich, 2007, 154–67.
——, *Nazi Germany & the Jews: The Years of Persecution 1933–39*, London, 1998.
Friedler, E., B. Siebert, and A. Kilian, *Zeugen aus der Todeszone. Das jüdische Sonderkommando in Auschwitz*, Munich, 2005.
Friedrich, K. P., "Der nationalsozialistische Judenmord in polnischen Augen. Einstellungen in der polnischen Presse 1942–1946/47," Ph.D. dissertation, University Cologne, 2002.
Fritzsche, P., *Life and Death in the Third Reich*, Cambridge, Mass., 2008.
Fröbe, R., "Arbeit für die Mineralölindustrie. Das Konzentrationslager Misburg," in *Konzentrationslager*, eds. Fröbe et al., vol. 1, 131–275.
——, "Der Arbeitseinsatz von KZ-Häftlingen und die Perspektive der Industrie, 1943–1945," in *Europa und der "Reichseinsatz,"* ed. U. Herbert, Essen, 1991, 351–83.
——, "Exkurs. René Baumer—Ein Zeichner im KZ," in *Konzentrationslager*, eds. Fröbe et al., vol. 1, 109–30.
——, "Hans Kammler. Technokrat der Vernichtung," in *SS*, eds. Smelser and Syring, 305–19.
——, "KZ-Häftlinge als Reserve qualifizierter Arbeitskraft," in *Konzentrationslager*, eds. Herbert et al., vol. 2, 636–81.
Fröbe, R., C. Füllberg-Stolberg, C. Gutmann, R. Keller, H. Obenaus, and H. H. Schröder, *Konzentrationslager in Hannover. KZ-Arbeit und Rüstungsindustrie in der Spätphase des Zweiten Weltkriegs*, 2 vols., Bremen, 1985.
——, "Zur Nachkriegsgeschichte der hannoverschen Konzentrationslager," in ibid., vol. 2, 545–85.
Fröhlich, E. (ed.), *Die Tagebücher von Joseph Goebbels*, part I: 1924–1941, 4 vols. (Munich, 1987); part II: 1941–1945, 15 vols. (Munich, 1993–96).
Fulbrook, M., *A Small Town Near Auschwitz*, Oxford, 2012.
Füllberg-Stolberg, C., "Frauen im Konzentrationslager: Langenhagen und Limmer," in *Konzentrationslager*, eds. Fröbe et al., vol. 1, 277–329.
Füllberg-Stolberg, C., M. Jung, R. Riebe, and M. Scheitenberger (eds.), *Frauen in Konzentrationslagern. Bergen-Belsen, Ravensbrück* (Bremen, 1994).
Gabriel, R., "Nationalsozialistische Biopolitik und die Architektur der Konzentrationslager," in *Auszug aus dem Lager*, ed. L. Schwarte, Berlin, 2007, 201–19.
Gabriel, R., E. Mailänder Koslov, M. Neuhofer, and E. Rieger (eds.), *Lagersystem und Repräsentation. Interdisziplinäre Studien zur Geschichte der Konzentrationslager*, Tübingen, 2004.
Gałek, M., and M. Nowakowski, *Episoden aus Auschwitz. Liebe im Schatten des Todes*, Oświęcim, 2009.
Gallup, G. H., *The Gallup Poll: Public Opinion, 1935–1971*, vol. 1, New York, 1972.
Garbe, D., "'Cap Arcona'-Gedenken," *BGVN* 10 (2007), 167–72.
——, "Erst verhasst, dann geschätzt. Zeugen Jehovas als Häftlinge im KZ Dachau," in *Dachau*, eds. Benz and Königseder, Berlin, 2008, 219–36.
——, "Wiederentdeckte Geschichte," in *Häftlinge*, eds. Garbe and Lange, 295–307.
——, *Zwischen Widerstand und Martyrium. Die Zeugen Jehovas im "Dritten Reich,"* Munich, 1993.
Garbe, D., and C. Lange (eds.), *Häftlinge zwischen Vernichtung und Befreiung. Die Auflösung des KZ Neuengamme und seiner Außenlager durch die SS im Frühjahr 1945*, Bremen, 2005.
Gedenkstätte Buchenwald (ed.), *Konzentrationslager Buchenwald 1937–1945*, Göttingen, 2004.
Geehr, R. S. (ed.), *Letters from the Doomed: Concentration Camp Correspondence 1940–1945*, Lanham, 1992.
Gellately, R., *Backing Hitler: Consent and Coercion in Nazi Germany*, Oxford, 2001.
——, "Social Outsiders and the Consolidation of Hitler's Dictatorship, 1933–1939," in *Nazism*, ed. Gregor, 2005, 56–74.

——, *The Gestapo and German Society: Enforcing Racial Policy 1933–1945*, Oxford, 1991.
Georg, E., *Die wirtschaftlichen Unternehmungen der SS*, Stuttgart, 1963.
Georg, K., K. Schilde, and J. Tuchel, *"Why is the world still silent?!" Häftlinge im Berliner Konzentrationslager Columbia-Haus 1933–1936*, Berlin, 2013.
Gerhardt, U., and T. Karlauf (eds.), *Nie mehr zurück in dieses Land. Augenzeugen berichten über die Novemberpogrome 1938*, Berlin, 2011.
Gerlach, C., *Krieg, Ernährung, Völkermord. Forschungen zur deutschen Vernichtungspolitik im Zweiten Weltkrieg*, Hamburg, 1998.
——, "The Eichmann Interrogations in Holocaust Historiography," *HGS* 15 (2001), 428–52.
Gerlach, C., and G. Aly, *Das letzte Kapitel. Der Mord an den ungarischen Juden*, Stuttgart, 2002.
Gerwarth, R., *Reinhard Heydrich. Biographie*, Munich, 2011.
Gerwarth, R., and S. Malinowski, "Hannah Arendt's Ghosts: Reflections on the Disputable Path from Windhoek to Auschwitz," *CEH* 42 (2009), 279–300.
Gigliotti, S., *The Train Journey: Transit, Captivity, and Witnessing in the Holocaust*, New York, 2010.
Gilbert, M., *Auschwitz and the Allies*, London, 2001.
——, *The Boys: Triumph over Adversity*, London, 1997.
Gilbert, S., *Music in the Holocaust: Confronting Life in the Nazi Ghettos and Camps*, New York, 2005.
Gioia, D. A., M. Schultz, and K. Corley, "Organizational Identity, Image and Adaptive Instability," *Academy of Management* 25 (2000), 63–81.
Gittig, H., *Illegale antifaschistische Tarnschriften 1933–1945*, Leipzig, 1972.
Glauning, C., *Entgrenzung und KZ-System. Das Unternehmen "Wüste" und das Konzentrationslager Bisingen 1944–45*, Berlin, 2006.
Glicksman, W., "Social Differentiation in the German Concentration Camps," in *The Nazi Holocaust*, ed. M. Marrus, Westport, Conn., 1989, vol. 6/2, 924–51.
Goerdeler, C., "Das Ziel," in *Politische Schriften und Briefe Carl Friedrich Goerdelers*, eds. S. Gillmann and H. Mommsen, Munich, 2003, vol. 2, 873–944.
——, "Die Zeit," in ibid., 823–28.
Goeschel, C., "Suicide in Nazi Concentration Camps, 1933–39," *JCH* 45 (2010), 628–48.
——, *Suicide in Nazi Germany*, Cambridge, U.K., 2009.
Goffman, E., *Asylums: Essays on the Social Situation of Mental Patients and Other Inmates*, Chicago, 1971.
Golczewski, F., "Die Kollaboration in der Ukraine," in *Beiträge zur Geschichte des Nationalsozialismus* 19 (2003), 151–82.
Goldhagen, D. J., *Hitler's Willing Executioners: Ordinary Germans and the Holocaust*, London, 1997.
Goldstein, J., I. Lukoff, and H. Strauss, *Individuelles und kollektives Verhalten in Nazi-Konzentrationslagern*, Frankfurt a. M., 1991.
Goschler, C. (ed.), *Die Entschädigung von NS-Zwangsarbeit am Anfang des 21. Jahrhunderts*, 4 vols., Göttingen, 2012.
——, *Schuld und Schulden. Die Politik der Wiedergutmachung für NS-Verfolgte seit 1945*, Göttingen, 2005.
——, "Wiedergutmachungspolitik—Schulden, Schuld und Entschädigung," in *Nationalsozialismus*, eds. Reichel et al., 62–84.
Gostner, E., *1000 Tage im KZ. Ein Erlebnisbericht aus den Konzentrationslagern Dachau, Mauthausen und Gusen*, Innsbruck, c. 1945.
Gottwaldt, A., N. Kampe, and P. Klein (eds.), *NS-Gewaltherrschaft. Beiträge zur historischen Forschung und juristischen Aufarbeitung*, Berlin, 2005.
Gottwaldt, A., and D. Schulle, *Die "Judendeportationen" aus dem Deutschen Reich 1941–1945*, Wiesbaden, 2005.

Gourevitch, P., *We Wish to Inform You That Tomorrow We Will Be Killed with Our Families: Stories from Rwanda*, London, 1999.
Grabowski, H. L., *Das Geld des Terrors. Geld und Geldersatz in deutschen Konzentrationslagern und Ghettos 1933 bis 1945*, Regenstauf, 2008.
Gradowski, S., "Tagebuch," in *Inmitten*, ed. SMAB, 139–72.
Graf, C., "The Genesis of the Gestapo," *JCH* 22 (1987), 419–35.
Gray, R. T., *About Face: German Physiognomic Thought from Lavater to Auschwitz*, Detroit, 2004.
Greenberg, G., "Introduction," in *Wrestling*, eds. Katz et al., 11–26.
Gregor, N., *Haunted City: Nuremberg and the Nazi Past*, New Haven, 2008.
——— (ed.), *Nazism*, Oxford, 2000.
——— (ed.), *Nazism, War and Genocide: Essays in Honour of Jeremy Noakes*, Exeter, 2005.
Greif, G., "Between Sanity and Insanity: Spheres of Everyday Life in the Auschwitz-Birkenau *Sonderkommando*," in *Gray Zones*, eds. Petropoulos and Roth, 37–60.
———, *Wir weinten tränenlos . . . Augenzeugenberichte der jüdischen "Sonderkommandos" in Auschwitz*, Cologne, 1995.
Greiner, B., *Verdrängter Terror. Geschichte und Wahrnehmung sowjetischer Speziallager in Deutschland*, Bonn, 2010.
Greiner, B., and A. Kramer (eds.), *Welt der Lager*, Hamburg, 2013.
Greiser, K., "Die Dachauer Buchenwald-Prozesse," in *Dachauer*, eds. Eiber and Sigel, 160–73.
———, *Die Todesmärsche von Buchenwald*, Göttingen, 2008.
———, " 'Sie starben allein und ruhig, ohne zu schreien oder jemand zu rufen.' Das 'Kleine Lager' im Konzentrationslager Buchenwald," *DH* 14 (1998), 102–24.
Grill, M., "Das Skandinavierlager in Neuengamme und die Rückführung der skandinavischen Häftlinge mit den 'weißen Bussen,' " in *Häftlinge*, eds. Garbe and Lange, 185–213.
Gring, D., "Das Massaker von Gardelegen," in *Häftlinge*, eds. Garbe and Lange, 155–65.
———, " '[. . .] immer zwischen zwei Feuern.' Eine Annäherung an die Biographie des kommunistischen Funktionshäftlings Karl Semmler," *BGVN* 4 (1998), 97–105.
Gross, J. (with I. Gross), *Golden Harvest: Events at the Periphery of the Holocaust*, New York, 2012.
Gross, J., *Fear: Anti-Semitism in Poland after Auschwitz*, New York, 2007.
Gross, K. A., *Fünf Minuten vor Zwölf. Dachauer Tagebücher des Häftlings Nr. 16921*, Munich, n.d.
———, *Zweitausend Tage Dachau. Berichte und Tagebücher des Häftlings Nr. 16921*, Munich, 1946.
Gross, R., *Anständig geblieben. Nationalsozialistische Moral*, Frankfurt a. M., 2010.
Grossmann, A., *Jews, Germans, and Allies: Close Encounters in Occupied Germany*, Princeton, 2007.
" 'Grossmutter Gestorben.' Interview mit dem ehemaligen SS-Sturmbannführer Helmut Naujocks," *Der Spiegel* 17 (1963), Nr. 46, 71–77.
Grotum, T., *Das digitale Archiv. Aufbau und Auswertung einer Datenbank zur Geschichte des Konzentrationslagers Auschwitz*, Frankfurt a. M., 2004.
Gruchmann, L., *Justiz im Dritten Reich. Anpassung und Unterwerfung in der Ära Gürtner*, 2nd ed., Munich, 1990.
———, *Totaler Krieg. Vom Blitzkrieg zur bedingungslosen Kapitulation*, Munich, 1991.
"Grundsätze für den Vollzug von Freiheitsstrafen vom 7. Juni 1923," *Reichsgesetzblatt*, II.
Gruner, M., *Verurteilt in Dachau*, Augsburg, 2008.
Gruner, W., *Jewish Forced Labor Under the Nazis*, New York, 2006.
Guckenheimer, E., "Gefängnisarbeit in Hamburg seit 1622," *MSchKrim*, Beiheft 3 (1930), 103–21.
Guerrazzi, A. O., and C. Di Sante, "Die Geschichte der Konzentrationslager im faschistischen Italien," in *Faschismus in Italien und Deutschland*, eds. Reichardt and Nolzen, Göttingen, 2005, 176–200.

Güldenpfenning, L., "Gewöhnliche Bewacher. Sozialstruktur und Alltag der Konzentrationslager-SS Neuengamme," *BGVN* 7 (2003), 66–78.

Gutman, Y., "Der Aufstand des Sonderkommandos," in *Auschwitz*, eds. Adler et al., 213–19.

——(ed.), *Enzyklopädie des Holocaust*, 4 vols., Munich, 1995.

Gutman, Y., and M. Berenbaum (eds.), *Anatomy of the Auschwitz Death Camp*, Bloomington, 1998.

Gutman, Y., and B. Gutman (eds.), *Das Auschwitz Album*, Göttingen, 2005.

Gutmann, C., "KZ Ahlem. Eine unterirdische Fabrik entsteht," in *Konzentrationslager*, eds. Fröbe et al., vol. 1, 331–406.

Guttenberger, E., "Das Zigeunerlager," in *Auschwitz*, eds. Adler et al., 131–34.

Gutterman, B., *A Narrow Bridge to Life: Jewish Forced Labor and Survival in the Gross-Rosen Camp System, 1940–1945*, New York, 2008.

Hackett, D. A. (ed.), *The Buchenwald Report*, Boulder, 1995.

Hahn, J., *Grawitz, Genzken, Gebhardt. Drei Karrieren im Sanitätsdienst der SS*, Münster, 2008.

Hahn, J., S. Kavčič, and C. Kopke (eds.), *Medizin im Nationalsozialismus und das System der Konzentrationslager*, Frankfurt a. M., 2005.

——, "Medizin und Konzentrationslager—eine Annäherung," in *Medizin*, eds. Hahn et al., 9–25.

Haibl, M., "'Baumhängen.' Zu Authentizität und Wirklichkeit einer Fotografie," *DH* 14 (1998), 278–88.

Hájková, A., "Prisoner Society in the Terezín Ghetto, 1941–1945," Ph.D. dissertation, University of Toronto, 2013.

——, "Sexual Barter in Times of Genocide," *Signs* 38 (2013), 503–33.

Hałgas, K., "Die Arbeit im 'Revier' für sowjetische Kriegsgefangene in Auschwitz," in *Auschwitz Hefte*, ed. HIS, vol. 1, 167–72.

Hamerow, T. S., *On the Road to the Wolf's Lair: German Resistance to Hitler*, Cambridge, Mass., 1999.

Hammermann, G., "'Dachau muß in Zukunft das Mahnmal des deutschen Gewissens werden.' Zum Umgang mit der Geschichte der frühen politischen Häftlinge," in *Die Linke im Visier*, eds. Wachsmann and Steinbacher, 229–58.

——, "Das Internierungs- und Kriegsgefangenenlager Dachau 1945–1948," in *Dachau*, eds. Benz and Königseder, 125–46.

——, "Sowjetische Kriegsgefangene im KZ Dachau," in *Einvernehmliche Zusammenarbeit?*, ed. Ibel, 91–118.

——, "Verteidigungsstrategien der Beschuldigten in den Dachauer Prozessen und im Internierungslager Dachau," in *Dachauer*, eds. Eiber and Sigel, 86–108.

Hansen, I., and K. Nowak, "Über Leben und Sprechen in Auschwitz. Probleme der Forschung über die Lagersprache der polnischen politischen Häftlinge von Auschwitz," in *Kontinuitäten*, eds. Heß et al., 115–41.

Harding, T., *Hanns and Rudolf: The German Jew and the Hunt for the Kommandant of Auschwitz*, London, 2013.

Harris, V., "The Role of the Concentration Camps in the Nazi Repression of Prostitutes, 1933–39," *JCH* 45 (2010), 675–98.

Harshav, B. (ed.), *The Last Days of the Jerusalem of Lithuania: Herman Kruk*, New Haven, 2002.

Hartewig, K., "Wolf unter Wölfen? Die prekäre Macht der kommunistischen Kapos im Konzentrationslager Buchenwald," in *Konzentrationslager*, eds. Herbert et al., vol. 2, 939–58.

Haulot, A., "Lagertagebuch Januar 1943–Juni 1945," *DH* 1 (1985), 129–203.

Haus der Wannsee-Konferenz (ed.), *Die Wannsee-Konferenz und der Völkermord an den europäischen Juden*, Berlin, 2006.

Hayes, P., "Auschwitz, Capital of the Holocaust," *HGS* 17 (2003), 330–50.

——, *From Cooperation to Complicity: Degussa in the Third Reich*, Cambridge, U.K., 2004.

——, *Industry and Ideology: IG Farben in the Nazi Era*, 2nd ed., Cambridge, U.K., 2001.

——, "The Ambiguities of Evil and Justice: Degussa, Robert Pross, and the Jewish Slave Laborers at Gleiwitz," in *Gray Zones*, eds. Petropoulos and Roth, 7–25.

Heberer, P., *Children During the Holocaust*, Lanham, 2011.

Hedgepeth, S., and R. Saidel (eds.), *Sexual Violence Against Jewish Women During the Holocaust*, Hanover, N.H., 2010.

——, "Introduction," in *Sexual Violence*, eds. Hedgepeth and Saidel, 1–10.

Heger, H., *Die Männer mit dem Rosa Winkel*, Hamburg, 1972.

Heiber, H. (ed.), *Reichsführer! Briefe an und von Himmler*, Munich, 1970.

Heike, I., "Johanna Langefeld—Die Biographie einer KZ-Oberaufseherin," *WG* 12 (1995), 7–19.

——, "Lagerverwaltung und Bewachungspersonal," in *Frauen*, eds. Füllberg-Stolberg et al., 221–39.

Heinemann, I., *"Rasse, Siedlung, deutsches Blut." Das Rasse- & Siedlungshauptamt der SS und die rassenpolitische Neuordnung Europas*, Göttingen, 2003.

Heiß, F., *Deutschland zwischen Nacht und Tag*, Berlin, 1934.

Helbing, I., "Das Amtsgerichtsgefängnis Köpenick in seiner Funktion als frühes Konzentrationslager während der 'Köpenicker Blutwoche,'" in *Transformation*, eds. Klei et al., 247–60.

Helm, S., *If This Is a Woman: Inside Ravensbrück*, London, 2015.

Helweg-Larsen, P., H. Hoffmeyer, J. Kieler, E. Thaysen, J. Thaysen, P. Thygesen, and M. Wulff, *Famine Disease in German Concentration Camps*, Copenhagen, 1952.

Henkys, R., "Ein Todesmarsch in Ostpreußen," *DH* 20 (2004), 3–21.

Hense, A., *Verhinderte Entschädigung. Die Entstehung der Stiftung "Erinnerung, Verantwortung und Zukunft" für die Opfer von NS-Zwangsarbeit und "Arisierung,"* Münster, 2008.

Herbert, U., "Arbeit und Vernichtung. Ökonomisches Interesse und Primat der 'Weltanschauung' im Nationalsozialismus," in *Nationalsozialismus*, ed. Diner, 198–236.

——, *Best: Biographische Studien über Radikalismus, Weltanschauung und Vernunft*, Bonn, 1996.

——, *Fremdarbeiter. Politik und Praxis des "Ausländer-Einsatzes" in der Kriegswirtschaft des Dritten Reiches*, Berlin, 1986.

——, "Von Auschwitz nach Essen. Die Geschichte des KZ-Außenlagers Humboldtstraße," *DH* 2 (1993), 13–34.

——, "Von der Gegnerbekämpfung zur 'rassischen Generalprävention,'" in *Konzentrationslager*, vol. 1, ed. Herbert et al., 60–86.

Herbert, U., K. Orth, and C. Dieckmann (eds.), *Die nationalsozialistischen Konzentrationslager—Entwicklung und Struktur*, 2 vols., Göttingen, 1998.

——, "Die nationalsozialistischen Konzentrationslager. Geschichte, Erinnerung, Forschung," in *Konzentrationslager*, vol. 1, eds. Herbert et al., 17–40.

Herf, J., "The Nazi Extermination Camps and the Ally to the East: Could the Red Army and Air Force Have Stopped or Slowed the Final Solution?," in *Lessons and Legacies VII*, ed. Herzog, Evanston, 2006, 269–82.

Herker-Beimler, C., *Erinnerungen einer Münchner Antifaschistin*, Munich, 2002.

Hertz-Eichenrode, K. (ed.), *Ein KZ wird geräumt. Häftlinge zwischen Vernichtung und Befreiung*, 2 vols., Bremen, 2000.

Herz, G., "Das Frauenlager von Moringen," in *Herz*, ed. Caplan, 89–244.

Herzberg, A., *Between Two Streams: A Diary from Bergen-Belsen*, London, 1997.

Heschel, S., "Does Atrocity Have a Gender? Feminist Interpretations of Women in the SS," in *Lessons and Legacies VI*, ed. Diefendorf, Evanston, 2004, 300–321.

Heß, C., J. Hörath, D. Schröder, and K. Wünschmann (eds.), *Kontinuitäten und Brüche. Neue Perspektiven auf die Geschichte der NS-Konzentrationslager*, Berlin, 2011.

Hesse, H., "Von der 'Erziehung' zur 'Ausmerzung.' Das Konzentrationslager Moringen 1933–1945," in *Instrumentarium*, eds. Benz and Distel, 111–46.
Hesse, H., and J. Harder, "*. . . und wenn ich lebenslang in einem KZ bleiben müßte . . .*" *Die Zeuginnen Jehovas in den Frauenkonzentrationslagern Moringen, Lichtenburg und Ravensbrück*, Essen, 2001.
Hesse, K., and P. Springer (eds.), *Vor aller Augen. Fotodokumente des nationalsozialistischen Terrors in der Provinz*, Essen, 2002.
Hett, B., *Burning the Reichstag*, Oxford, 2014.
——, *Crossing Hitler: The Man Who Put the Nazis on the Witness Stand*, New York, 2008.
Hett, U., and J. Tuchel, "Die Reaktionen des NS-Staates auf den Umsturzversuch vom 20. Juli 1944," in *Widerstand gegen den Nationalsozialismus*, eds. P. Steinbach and J. Tuchel, Bonn, 1994, 377–89.
Hickethier, K., "Nur Histotainment? Das Dritte Reich im bundesdeutschen Fernsehen," in *Nationalsozialismus*, eds. Reichel et al., 300–317.
Hilberg, R., "Auschwitz and the Final Solution," in *Anatomy*, eds. Gutman and Berenbaum, 81–92.
——, *Die Vernichtung der europäischen Juden*, 3 vols., Frankfurt a. M., 1990.
Hillesum, E., *Letters from Westerbork*, New York, 1986.
Hillgruber, A. (ed.), *Staatsmänner und Diplomaten bei Hitler*, 2 vols., Frankfurt a. M., 1967.
Hillmann, J., "Die 'Reichsregierung' in Flensburg," in *Kriegsende 1945 in Deutschland*, eds. J. Hillmann and J. Zimmermann, Munich, 2002, 35–65.
Hinz, U., *Gefangen im Großen Krieg. Kriegsgefangenschaft in Deutschland 1914–1921*, Essen, 2006.
Hirsch, M., D. Majer, and J. Meinck (eds.), *Recht, Verwaltung und Justiz im Nationalsozialismus*, Cologne, 1984.
Hirte, C., *Erich Mühsam. Eine Biographie*, Freiburg, 2009.
HIS (ed.), *Die Auschwitz-Hefte*, 2 vols., Hamburg, 1994.
Hockerts, H. G., and F. Kahlenberg (eds.), *Akten der Reichskanzlei. Regierung Hitler*, vol. II/1, Boppard a. R., 1999.
Hoelz, M., *Vom "Weißen Kreuz" zur roten Fahne*, Frankfurt a. M., 1984.
Hoffmann, J., *"Das kann man nicht erzählen." "Aktion 1005" Wie die Nazis die Spuren ihrer Massenmorde in Osteuropa beseitigten*, Hamburg, 2008.
Hohengarten, A., *Das Massaker im Zuchthaus Sonnenburg vom 30./31. Januar 1945*, Luxemburg, 1979.
Hohmann, J., and G. Wieland (eds.), *Konzentrationslager Sachsenhausen bei Oranienburg 1939 bis 1944. Die Aufzeichnungen des KZ-Häftlings Rudolf Wunderlich*, Frankfurt a. M., 1997.
Höhne, H., *Der Orden unter dem Totenkopf. Die Geschichte der SS*, Augsburg, 1997.
Holian, A., *Between National Socialism and Soviet Communism: Displaced Persons in Postwar Germany*, Ann Arbor, 2011.
Holzhaider, H., *Die Sechs vom Rathausplatz*, Munich, 1982.
——, "'Schwester Pia.' Nutznießerin zwischen Opfern und Tätern," in *Dachau*, eds. Benz and Königseder, 363–76.
Hörath, J., "'Arbeitsscheue Volksgenossen.' Leistungsbereitschaft als Kriterium der Inklusion und Exklusion," unpublished manuscript, 2013.
——, "Experimente zur Kontrolle und Repression von Devianz und Delinquenz. Die Einweisung von 'Asozialen' und 'Berufsverbrechern' in die Konzentrationslager 1933 bis 1937/38," Ph.D. dissertation, Free University Berlin, 2012.
——, "Terrorinstrument der 'Volksgemeinschaft'?," *ZfG* 60 (2012), 513–32.
Hördler, S. (ed.), *SA-Terror als Herrschaftssicherung. "Köpenicker Blutwoche" und öffentliche Gewalt im Nationalsozialismus*, Berlin, 2013.
Hördler, S., "Die Schlussphase des Konzentrationslagers Ravensbrück," *ZfG* 56 (2008), 222–48.

———, "Ordnung und Inferno. Das KZ-System im letzten Kriegsjahr," Ph.D. dissertation, Humboldt University, Berlin, 2011.
———, "SS-Kaderschmiede Lichtenburg," in *Lichtenburg*, eds. Hördler and Jacobeit, 75–129.
———, "Wehrmacht und KZ-System," *BGVN* 13 (2012), 12–23.
Hördler, S., and S. Jacobeit (eds.), *Dokumentations- und Gedenkort KZ Lichtenburg*, Münster, 2009.
———, *Lichtenburg. Ein deutsches Konzentrationslager* (Berlin, 2009).
Horn, S., *Erinnerungsbilder. Auschwitz-Prozess und Majdanek-Prozess im westdeutschen Fernsehen*, Essen, 2009.
Horwitz, G., *In the Shadow of Death: Living Outside the Gates of Mauthausen*, London, 1991.
Huener, J., *Auschwitz, Poland, and the Politics of Commemoration, 1945–1979*, Athens, Ohio, 2003.
Hughes, J., "Forced Prostitution: The Competing and Contested Uses of the Concentration Camp Brothel," Ph.D. dissertation, Rutgers, 2011.
Hull, I., *Absolute Destruction: Military Culture and the Practices of War in Imperial Germany*, Ithaca, 2005.
Hulverscheidt, M., "Menschen, Mücken und Malaria—Das wissenschaftliche Umfeld des KZ-Malariaforschers Claus Schilling," in *Medizin*, eds. Hahn et al., 108–26.
Hüttenberger, P., "Heimtückefälle vor dem Sondergericht München," in *Bayern*, vol. 4, eds. Broszat et al., 435–526.
———, "National Socialist Polycracy," in *Nazism*, ed. Gregor (2000), 194–98.
Ibach, K., *Kemna. Wuppertaler Lager der SA 1933*, Wuppertal, 1948.
Ibel, J., "Digitalisierung der Häftlingskartei des SS-Wirtschafts-Verwaltungshauptamtes," *BGVN* 10 (2007), 172–76.
——— (ed.), *Einvernehmliche Zusammenarbeit? Wehrmacht, Gestapo, SS und sowjetische Kriegsgefangene*, Berlin, 2008.
———, "Il campo di concentramento di Flossenbürg," in *Il Libro dei Deportati*, vol. 3, eds. Mantelli and Tranfaglia, Milan, 2010.
———, "Sowjetische Kriegsgefangene im KZ Flossenbürg," in *Zusammenarbeit?*, ed. Ibel, 119–57.
In 't Veld, N. (ed.), *De SS en Nederland*, 'S-Gravenhage, 1976.
Ingrao, C., *The SS Dirlewanger Brigade*, New York, 2011.
Internationales Lagerkommitee Buchenwald, *KL BU*, Weimar, n.d.
Internationales Zentrum für Recht und Freiheit in Deutschland (ed.), *Nazi-Bastille Dachau. Schicksal und Heldentum deutscher Freiheitskämpfer*, Paris, 1939.
Irmer, T., "'Stets erfolgreich abgewehrt?' Die deutsche Industrie und die Auseinandersetzung um Entschädigung von NS-Zwangsarbeit nach 1945," in *Zwangsarbeit im Nationalsozialismus und die Rolle der Justiz*, eds. H. Kramer, K. Uhl, and J.-C. Wagner, Nordhausen, 2007, 119–31.
Iwaszko, T., "Reasons for Confinement in the Camp and Categories of Prisoners," in *Auschwitz*, eds. Długoborski and Piper, vol. 2, 11–43.
Jäckel, E., *Hitlers Weltanschauung*, Stuttgart, 1991.
Jacobeit, S. (ed.), *"Ich grüße Euch als freier Mensch." Quellenedition zur Befreiung des Frauen-Konzentrationslagers Ravensbrück im April 1945*, Berlin, 1995.
Jacobsen, A., *Operation Paperclip: The Secret Intelligence Program That Brought Nazi Scientists to America*, New York, 2014.
Jacobsen, H.-A., "Kommissarbefehl und Massenexekutionen sowjetischer Kriegsgefangener," in *Anatomie*, eds. Buchheim et al., 449–544.
Jagoda, Z., S. Kłodziński, and J. Masłowski, "'Die Nächte gehören uns nicht . . .' Häftlingsträume in Auschwitz und im Leben danach," *Auschwitz-Hefte*, ed. HIS, vol. 2, 189–239.
Jah, A., C. Kopke, A. Korb, and A. Stiller (eds.), *Nationalsozialistische Lager. Neue Beiträge zur NS-Verfolgungs- und Vernichtungspolitik und zur Gedenkstättenpädagogik*, Münster, 2006.

Jahn, R. (ed.), *Das war Buchenwald! Ein Tatsachenbericht*, Leipzig, n.d.
Jahnke, K. H., "Heinz Eschen—Kapo des Judenblocks im Konzentrationslager Dachau bis 1938," *DH* 7 (1991), 24–33.
Jaiser, C., "Irma Grese. Zur Rezeption einer KZ-Aufseherin," in *Gefolge*, ed. Erpel, 338–46.
——, "Repräsentationen von Sexualität und Gewalt in Zeugnissen jüdischer und nichtjüdischer Überlebender," in *Genozid*, ed. Bock, 123–48.
Jansen, C., "Zwangsarbeit für das Volkswagenwerk. Häftlingsalltag auf dem Laagberg bei Wolfsburg," in *Ausbeutung*, eds. Frei et al., 75–107.
Jardim, J., *The Mauthausen Trial: American Military Justice in Germany*, Cambridge, Mass., 2012.
Jaskot, P., *The Architecture of Oppression: The SS, Forced Labor and the Nazi Monumental Building Economy*, London, 2000.
Jellonnek, B., *Homosexuelle unter dem Hakenkreuz. Die Verfolgung der Homosexuellen im Dritten Reich*, Paderborn, 1990.
Jenner, H., "In Trägerschaft der Inneren Mission. Das Konzentrationslager Kuhlen," in *Terror*, eds. Benz and Distel, 111–27.
Jochem, G., "Bedingungen und Umfeld des Einsatzes der ungarischen Sklavenarbeiterinnen in Nürnberg," in *"Solange,"* eds. Jochem and Diefenbacher, 63–93.
Jochmann, W. (ed.), *Adolf Hitler. Monologe im Führerhauptquartier 1941–1944*, Hamburg, 1980.
Jockusch, L., *Collect and Record!: Jewish Holocaust Documentation in Early Postwar Europe*, Oxford, 2012.
Johe, W., "Das deutsche Volk und das System der Konzentrationslager," in *Das Unrechtsregime*, ed. Büttner, Hamburg, 1986, vol. 1, 331–46.
—— (ed.), *Neuengamme. Zur Geschichte der Konzentrationslager in Hamburg*, Hamburg, 1982.
John-Stucke, K., "Konzentrationslager Niederhagen/Wewelsburg," in *Konzentrationslager*, ed. Schulte, 97–111.
Jones, H., *Violence Against Prisoners of War in the First World War*, Cambridge, U.K., 2011.
Judt, T., *Postwar: A History of Europe since 1945*, London, 2007.
Jureit, U., and K. Orth, *Überlebensgeschichten. Gespräche mit Überlebenden des KZ-Neuengamme*, Hamburg, 1994.
Jürgens, C., *Fritz Solmitz. Kommunalpolitiker, Journalist, Widerstandskämpfer und NS-Verfolgter aus Lübeck*, Lübeck, 1996.
Kaczerginski, S., *Lider fun di getos un lager*, New York, 1948.
Kagan, R., "Das Standesamt Auschwitz," in *Auschwitz*, eds. Adler et al., 145–58.
——, "Mala," in *Auschwitz*, eds. Adler et al., 209–12.
Kaienburg, H., *Das Konzentrationslager Neuengamme 1938–1945*, Bonn, 1997.
——, *Der Militär- und Wirtschaftskomplex der SS im KZ-Standort Sachsenhausen-Oranienburg*, Berlin, 2006.
——, "Die Systematisierung der Gewalt. Das KZ Sachsenhausen als neues Zentral- und Musterlager," in *Konzentrationslager*, ed. Kaienburg, 51–71.
——, *Die Wirtschaft der SS*, Berlin, 2003.
——, "'Freundschaft? Kameradschaft? . . . Wie kann das dann möglich sein?' Solidarität, Widerstand und die Rolle der 'roten Kapos' in Neuengamme," *BGVN* 4 (1998), 18–50.
——, "Funktionswandel des KZ-Kosmos? Das Konzentrationslager Neuengamme 1938–1945," in *Konzentrationslager*, eds. Herbert et al., vol. 1, 259–84.
—— (ed.), *Nationalsozialistische Konzentrationslager 1933–1945. Die Veränderung der Existenzbedingungen*, Berlin, 2010.
——, "Resümee," in *Konzentrationslager*, ed. Kaienburg, 163–84.
——, "'. . . sie nächtelang nicht ruhig schlafen ließ.' Das KZ Neuengamme und seine Nachbarn," *DH* 12 (1996), 34–57.
——, *"Vernichtung durch Arbeit." Der Fall Neuengamme*, Bonn, 1990.

Kaltenbrunner, M., *Flucht aus dem Todesblock. Der Massenausbruch sowjetischer Offiziere aus dem Block 20 des KZ Mauthausen und die "Mühlviertler Hasenjagd,"* Innsbruck, 2012.

Kalthoff, J., and M. Werner, *Die Händler des Zyklon B. Tesch & Stabenow. Eine Firmengeschichte zwischen Hamburg und Auschwitz*, Hamburg, 1998.

Kamieński, B., "Erinnerung an die Sonderaktion Krakau," in *"Sonderaktion,"* ed. August, 121–41.

Kamiński, A., *Konzentrationslager 1896 bis heute*, Munich, 1990.

Kansteiner, W., "Losing the War, Winning the Memory Battle," in *Politics*, eds. Kansteiner et al., 102–46.

Kansteiner, W., C. Fogu, and R. Lebow (eds.), *The Politics of Memory in Postwar Europe*, Durham, NC, 2006.

Kaplan, I., "Marsch aus den Kauferinger Lagern," in *Überlebende*, ed. Raim, 19–36.

Kaplan, M., *Between Dignity and Despair: Jewish Life in Nazi Germany*, New York, 1998.

Karay, F., *Death Comes in Yellow*, Amsterdam, 1996.

Karlsch, R., "Ein inszenierter Selbstmord. Überlebte Hitlers 'letzter Hoffnungsträger,' SS-Obergruppenführer Hans Kammler, den Krieg?," *ZfG* 62 (2014), 485–505.

Kárný, M., "Das Theresienstädter Familienlager (BIIb) in Birkenau," *HvA* 20 (1997), 133–237.

———, "Die Theresienstädter Herbsttransporte 1944," *Theresienstädter Studien und Dokumente* 2 (1995), 7–37.

———, "'Vernichtung durch Arbeit.' Sterblichkeit in den NS-Konzentrationslagern," in *Sozialpolitik und Judenvernichtung*, eds. G. Aly, S. Heim, M. Kárný, P. Kirchberger, and A. Konieczny, Berlin, 1987, 133–58.

———, "Waffen-SS und Konzentrationslager," in *Jahrbuch für Geschichte* 33 (1986), 231–61.

Kater, M. H., "Criminal Physicians in the Third Reich," in *Medicine and Medical Ethics in Nazi Germany*, eds. Nicosia and Huener, New York, 2002, 77–92.

———, *Das "Ahnenerbe" der SS 1935–1945*, 2nd ed., Munich, 1997.

———"Die ernsten Bibelforscher im Dritten Reich," *VfZ* 17 (1969), 181–218.

Katz, S., S. Biderman, and G. Greenberg (eds.), *Wrestling with God*, Oxford, 2007.

Ka-Tzetnik, *Sunrise over Hell*, London, 1977.

Kautsky, B., *Teufel und Verdammte*, Zurich, 1946.

Kees, T., "'Polnische Greuel.' Der Propagandafeldzug des Dritten Reiches gegen Polen," MA dissertation, University of Trier, 1994.

Keller, R., *Sowjetische Kriegsgefangene im Dritten Reich 1941/42*, Göttingen, 2011.

Keller, R., and R. Otto, "Sowjetische Kriegsgefangene in Konzentrationslagern der SS," in *Zusammenarbeit?*, ed. Ibel, 15–43.

Keller, S., *Günzburg und der Fall Josef Mengele. Die Heimatstadt und die Jagd nach dem NS-Verbrecher*, Munich, 2003.

———, *Volksgemeinschaft am Ende. Gesellschaft und Gewalt 1944/45*, Munich, 2013.

Kempowski, W., *Haben Sie davon gewusst? Deutsche Antworten*, Munich, 1999.

Keren, N., "The Family Camp," in *Anatomy*, eds. Gutman and Berenbaum, 428–40.

Kershaw, I., *Hitler: 1889–1936; Hubris*, London, 1998.

———, *Hitler: 1936–1945; Nemesis*, London, 2000.

———, *The End: Germany 1944–45*, London, 2012.

———, *The "Hitler Myth": Image and Reality in the Third Reich*, Oxford, 1989.

———, *The Nazi Dictatorship*, 4th ed., London, 2000.

———, *Popular Opinion and Political Dissent in the Third Reich*, 2nd ed., Oxford, 2002.

———, "Working Towards the Führer," *CoEH* 2 (1993), 103–18.

Kersten, L., "'The Times' und das KZ Dachau," *DH* 12 (1996), 104–22.

Kersting, F.-W., *Anstaltsärzte zwischen Kaiserreich und Bundesrepublik*, Paderborn, 1996.

Khlevniuk, O. V., *The History of the Gulag*, New Haven, 2004.

Kielar, W., *Anus Mundi. Fünf Jahre Auschwitz*, Frankfurt a. M., 1979.

———, "Edek und Mala," *HvA* 5 (1962), 121–32.

Kienle, M., "Das Konzentrationslager Heuberg in Stetten am kalten Markt," in *Terror*, eds. Benz and Distel, 41–63.
——, "Gotteszell—das frühe Konzentrationslager für Frauen in Württemberg," in *Terror*, eds. Benz and Distel, 65–77.
Kilian, A., "'Handlungsräume' im *Sonderkommando* Auschwitz," in *Lagersystem*, eds. Gabriel et al., 119–39.
Kimmel, G., "Das Konzentrationslager Dachau," in *Bayern*, eds. Broszat et al., vol. 2, 349–413.
Kirsten, H., and W. Kirsten (eds.), *Stimmen aus Buchenwald. Ein Lesebuch*, Göttingen, 2003.
Klarsfeld, S., *Vichy—Auschwitz*, Nördlingen, 1989.
Klausch, H.-P., *Antifaschisten in SS-Uniform*, Bremen, 1993.
——, *Tätergeschichten. Die SS-Kommandanten der frühen Konzentrationslager im Emsland*, Bremen, 2005.
Klee, E., *Auschwitz, die NS-Medizin und ihre Opfer*, Frankfurt a. M., 1997.
——, *Das Personenlexikon zum Dritten Reich*, Frankfurt a. M., 2003.
——, *"Euthanasie" im NS-Staat. Die "Vernichtung lebensunwerten Lebens,"* Frankfurt a. M., 1983.
——, *Was sie taten—Was sie wurden*, Frankfurt a. M., 1986.
Klee, E., W. Dreßen, and V. Rieß (eds.), *"Schöne Zeiten." Judenmord aus der Sicht der Täter und Gaffer*, Frankfurt a. M., 1988.
Klei, A., et al. (eds.), *Die Transformation der Lager*, Bielefeld, 2011.
Klein, E., *Jehovas Zeugen im KZ Dachau*, Bielefeld, 2001.
Klemperer, V., *Ich will Zeugnis ablegen bis zum letzten*, 2 vols., Berlin, 1995.
——, *LTI*, Leipzig, 1995.
Klier, F., *Die Kaninchen von Ravensbrück*, Munich, 1994.
Kłodziński, S., "Die 'Aktion 14f13,'" in *Aktion T-4. 1939–1945*, ed. G. Aly, Berlin, 1987, 136–46.
——, "Die erste Vergasung von Häftlingen und Kriegsgefangenen im Konzentrationslager Auschwitz," in *Auschwitz Hefte*, ed. HIS, vol. 1, 261–75.
Klüger, R., *weiter leben. Eine Jugend*, Göttingen, 1992.
Knigge, V., "Im Schatten des Ettersberges," in *". . . mitten im deutschen Volke." Buchenwald, Weimar und die nationalsozialistische Volksgemeinschaft*, eds. Knigge and Baumann, Göttingen, 2008, 151–75.
—— (ed.), *Techniker der "Endlösung." Topf & Söhne—Die Ofenbauer von Auschwitz*, Weimar, 2005.
Knoch, H., "Das Konzentrationslager," in *Orte der Moderne*, eds. Knoch and Geisthövel, Frankfurt a. M., 2005, 290–99.
——, "'Stupider Willkür ausgeliefert.' Organisationsformen und Gewaltpraktiken in den emsländischen Konzentrations- und Strafgefangenenlagern 1933–1940," in *Konzentrationslager*, ed. Kaienburg, 25–50.
Knoll, A., "Homosexuelle Häftlinge im KZ Dachau," in *Homosexuelle*, ed. Mußmann, 59–71.
——, "Humanexperimente der Luftwaffe im KZ Dachau," *BGVN* 13 (2012), 139–48.
Knop, M., H. Krause, and R. Schwarz, "Die Häftlinge des Konzentrationslagers Oranienburg," in *Oranienburg*, ed. Morsch, 47–66.
Knop, M., and M. Schmidt, "Das KZ Sachsenhausen in den letzten Monaten vor der Befreiung," in *Befreiung*, eds. Morsch and Reckendrees, 22–34.
Koch, P.-F. (ed.), *Himmlers graue Eminenz—Oswald Pohl und das Wirtschafts-Verwaltungshauptamt der SS*, Hamburg, 1988.
Koehl, R. L., *The Black Corps: The Structure and Power Struggles of the Nazi SS*, Madison, Wis., 1983.
Kogon, E., *Der SS-Staat. Das System der deutschen Konzentrationslager*, Munich, 1946.
——, *Der SS-Staat. Das System der deutschen Konzentrationslager*, Berlin, 1947.
——, *The Theory and Practice of Hell*, New York, 2006.

Kogon, E., H. Langbein, and A. Rückerl (eds.), *Nationalsozialistische Massentötungen durch Giftgas*, Frankfurt a. M., 1983.
Kohlhagen, E., *Zwischen Bock und Pfahl. 77 Monate in den deutschen Konzentrationslagern*, Berlin, 2010.
Koker, D., *At the Edge of the Abyss: A Concentration Camp Diary, 1943–1944*, Evanston, 2012.
Kolb, E., *Bergen-Belsen*, Hanover, 1962.
Konieczny, A., "Bemerkungen über die Anfänge des KL Auschwitz," *HvA* 12 (1970), 5–44.
——, "Das KZ Groß-Rosen in Niederschlesien," in *Konzentrationslager*, eds. Herbert et al., vol. 1, 309–26.
Königseder, A., "Als prominenter Regimegegner vernichtet. Der Dachau-Häftling Hans Litten," in *Dachau*, eds. Benz and Königseder, 351–61.
——, "Aus dem KZ befreit, aber ohne Staatsbürgerschaft. Displaced Persons," *DH* 23 (2007), 224–35.
Königseder, A., and J. Wetzel, *Lebensmut im Wartesaal. Die jüdischen DPs (Displaced Persons) im Nachkriegsdeutschland*, Frankfurt a. M., 2004.
Konzentrationslager. Ein Appell an das Gewissen der Welt, Karlsbad, 1934.
Kooger, B., *Rüstung unter Tage. Die Untertageverlagerung von Rüstungsbetrieben und der Einsatz von KZ-Häftlingen in Beendorf und Morsleben*, Berlin, 2004.
Koonz, C., *The Nazi Conscience*, Cambridge, Mass., 2003.
Kootz, J., "Nachwort," in *Zurückkehren*, Beccaria Rolfi, 181–99.
Koreman, M., "A Hero's Homecoming: The Return of the Deportees to France, 1945," *JCH* 32 (1997), 9–22.
Koretz, A., *Bergen-Belsen. Tagebuch eines Jugendlichen*, Göttingen, 2011.
Körte, M., "Stummer Zeuge. Der 'Muselmann' in Erinnerung und Erzählung," in *Vom Zeugnis zur Fiktion*, ed. Segler-Messner, Frankfurt a. M., 2006, 97–110.
——, "Die letzte Kriegsphase. Kommentierende Bemerkungen," in *Konzentrationslager*, eds. Herbert et al., vol. 2, 1128–38.
Kosmala, B., "Polnische Häftlinge im Konzentrationslager Dachau 1939–1945," *DH* 21 (2005), 94–113.
Kosthorst, E., and B. Walter (eds.), *Konzentrations- und Strafgefangenenlager im Dritten Reich. Beispiel Emsland*, 3 vols., Düsseldorf, 1983.
Kotek, J., and P. Rigoulot, *Das Jahrhundert der Lager*, Berlin, 2001.
Koždoń, W., " . . . *ich kann dich nicht vergessen." Erinnerungen an Buchenwald*, Berlin, 2006.
KPD Leipzig (ed.), *Das war Buchenwald! Ein Tatsachenbericht*, Leipzig, n.d., 1945.
Kraiker, G., and E. Suhr, *Carl von Ossietzky*, Reinbek, 1994.
Krakowski, S., *Das Todeslager Chelmno/Kulmhof. Der Beginn der "Endlösung,"* Göttingen, 2007.
Kramer, A., "Einleitung," in *Welt*, eds. Greiner and Kramer, 7–42.
Kramer, A., and J. Horne, *German Atrocities 1914: A History of Denial*, New Haven, 2001.
Krammer, A., "Germans Against Hitler: The Thaelmann Brigade," *JCH* 4 (1969), No. 2, 65–81.
Kranebitter, A., "Zahlen als Zeugen. Quantitative Analysen zur 'Häftlingsgesellschaft' des KZ Mauthausen-Gusen," M.A. dissertation, University of Vienna, 2012.
——, *Zahlen als Zeugen. Soziologische Analysen zur Häftlingsgesellschaft des KZ Mauthausen*, Vienna, 2014.
Kranz, T., "Das KL Lublin—zwischen Planung und Realisierung," in *Konzentrationslager*, eds. Herbert et al., vol. 1, 363–89.
——, "Das Konzentrationslager Majdanek und die 'Aktion Reinhardt,'" in *"Aktion Reinhardt." Der Völkermord an den Juden im Generalgouvernement 1941–1944*, ed. B. Musial, Osnabrück, 2004, 233–55.
——, "Die Erfassung der Todesfälle und die Häftlingssterblichkeit im KZ Lublin," *ZfG* 55 (2007), 220–44.

——, "Massentötungen durch Giftgase im Konzentrationslager Majdanek," in *Studien*, eds. Morsch and Perz, 219-27.
Kraus, O., and E. Kulka, *Továrna na smrt*, Prague, 1946.
Krause-Vilmar, D., *Das Konzentrationslager Breitenau*, Marburg, 1998.
Kreienbaum, J., "'Vernichtungslager' in Deutsch-Südwestafrika? Zur Funktion der Konzentrationslager im Herero- und Namakrieg (1904–1908)," *ZfG* 58 (2010), 1014–26.
Kreiler, K., "Vom zufälligen Tod eines deutschen Anarchisten," in *Oranienburg*, ed. Morsch, 95–107.
Kremer, J. P., "Tagebuch," in *KL Auschwitz*, eds. Bezwińska and Czech, 197–281.
Kretzer, A., *NS-Täterschaft und Geschlecht. Der erste britische Ravensbrück-Prozess 1946/47 in Hamburg*, Berlin, 2009.
Kroener, B. R., "'Menschenbewirtschaftung,' Bevölkerungsverteilung und personelle Rüstung in der zweiten Kriegshälfte (1942–1944)," in *Reich*, ed. Militärgeschichtliches Forschungsamt, 777–1001.
Kroener, B. R., R.-D. Müller, and H. Umbreit, "Zusammenfassung," in *Reich*, ed. Militärgeschichtliches Forschungsamt, 1003–22.
Krohne, K., *Lehrbuch der Gefängniskunde*, Stuttgart, 1889.
Krzoska, M., "Der 'Bromberger Blutsonntag' 1939. Kontroversen und Forschungsergebnisse," *VfZ* 60 (2012), 237–48.
Kube, A., "Hermann Göring—Zweiter Mann im 'Dritten Reich,'" in *Elite*, eds. Smelser et al., vol. 1, 69–83.
Kubica, H., "Children and Adolescents in Auschwitz," in *Auschwitz*, eds. Długoborski and Piper, vol. 2, 201–90.
——, "The Crimes of Josef Mengele," in *Anatomy*, eds. Gutman and Berenbaum, 317–37.
Kucia, M., and M. Olszewski, "Auschwitz im polnischen Gedächtnis," in *Wahrheiten*, eds. Engelking and Hirsch, 111-15.
Kühne, T., *Belonging and Genocide: Hitler's Community, 1918–1945*, New Haven, 2010.
——, *Kameradschaft. Die Soldaten des nationalsozialistischen Krieges und das 20. Jahrhundert*, Göttingen, 2006.
Kühnrich, H., *Der KZ-Staat 1933–1945*, 2nd ed., Berlin, 1980.
Külow, K., "Jüdische Häftlinge im KZ Sachsenhausen 1939 bis 1942," in *Häftlinge*, eds. Morsch and zur Nieden, 180–99.
Kunert, A. (ed.), *Auschwitz: Natalia Zarembina*, Warsaw, 2005.
Kupfer-Koberwitz, E., *Als Häftling in Dachau*, Bonn, 1956.
——, *Dachauer Tagebücher. Die Aufzeichnungen des Häftlings 24814*, Munich, 1997.
Kuratorium Gedenkstätte Sonnenstein (ed.), *Sonnenstein. Von den Krankenmorden auf dem Sonnenstein zur "Endlösung der Judenfrage" im Osten*, Pirna, 2001.
Kuretsidis-Haider, C., "Die strafrechtliche Verfolgung von NS-Verbrechen durch die österreichische Justiz," in *Recht*, eds. Finger et al., 74–83.
——, "Österreichische Prozesse zu Verbrechen in Konzentrations- und Vernichtungslagern," in *Dachauer*, eds. Eiber and Sigel, 237–71.
Kuwalek, R., *Das Vernichtungslager Belzec*, Berlin, 2013.
Kwiet, K., "'Ich habe mich durchs Leben geboxt!' Die unglaubliche Geschichte des Bully Salem Schott," in *Jüdische Welten*, eds. M. Kaplan and B. Meyer, Göttingen, 2005, 231–47.
KZ-Gedenkstätte Dachau (ed.), *Gedenkbuch für die Toten des Konzentrationslagers Dachau*, Dachau, 2011.
KZ-Gedenkstätte Flossenbürg (ed.), *Konzentrationslager Flossenbürg 1939–1945*, Flossenbürg, 2008.
KZ-Gedenkstätte Neuengamme (ed.), *Die Ausstellungen*, Bremen, 2005.
Lanckorońska, K., *Michelangelo in Ravensbrück: One Woman's War Against the Nazis*, Cambridge, Mass., 2007.

Landauer, H., "Österreichische Spanienkämpfer in deutschen Konzentrationslagern," *DH* 8 (1992), 170–79.
Langbein, H., *Menschen in Auschwitz*, Vienna, 1980.
——, *... nicht wie die Schafe zur Schlachtbank. Widerstand in den nationalsozialistischen Konzentrationslagern*, Frankfurt a. M., 1980.
Lange, W., "Neueste Erkenntnisse zur Bombardierung der KZ-Schiffe in der Neustädter Bucht am 3. Mai 1945," in *Häftlinge*, eds. Garbe and Lange, 217–29.
Langer, L., *Preempting the Holocaust*, New Haven, 2000.
——, *Holocaust Testimonies: The Ruins of Memory*, New Haven, 1991.
——, "The Dilemma of Choice in the Deathcamps," in *Holocaust: Religious and Philosophical Implications*, eds. J. Roth and M. Berenbaum, St. Paul, 1989, 222–32.
Langfus, L., "Aussiedlung," in *Inmitten*, ed. SMAB, 73–129.
Langhammer, S., "Die reichsweite Verhaftungsaktion vom 9. März 1937," *Hallische Beiträge zur Zeitgeschichte* 1 (2007), 55–77.
Langhoff, W., *Die Moorsoldaten. 13 Monate Konzentrationslager*, Zurich, 1935.
Laqueur, R., *Bergen-Belsen Tagebuch 1944/1945*, Hanover, 1989.
——, *Schreiben im KZ. Tagebücher 1940–1945*, Hanover, 1991.
Laqueur, W., *The Terrible Secret*, London, 1980.
Laqueur, W., and R. Breitman, *Der Mann, der das Schweigen brach*, Frankfurt a. M., 1987.
Lasik, A., "Historical-Sociological Profile of the Auschwitz SS," in *Anatomy*, eds. Gutman and Berenbaum, 271–87.
——, "Organizational Structure of Auschwitz Concentration Camp," in *Auschwitz*, eds. Długoborski and Piper, vol. 1, 145–279.
——, "The Apprehension and Punishment of the Auschwitz Concentration Camp Staff," in *Auschwitz*, eds. Długoborski and Piper, vol. 5, 99–117.
——, "The Auschwitz SS Garrison," in *Auschwitz*, eds. Długoborski and Piper, vol. 1, 281–337.
Lasker-Wallfisch, A., *Inherit the Truth 1939–1945: The Documented Experiences of a Survivor of Auschwitz and Belsen*, London, 1996.
Lechner, S., "Das Konzentrationslager Oberer Kuhberg in Ulm," in *Terror*, eds. Benz and Distel, 79–103.
Leleu, J.-L., *La Waffen-SS: Soldats politiques en guerre*, Paris, 2007.
Lenarczyk, W., A. Mix, J. Schwartz, and V. Springmann (eds.), *KZ-Verbrechen*, Berlin, 2007.
Lenard, D., "Flucht aus Majdanek," *DH* 7 (1991), 144–73.
Lengyel, O., *Five Chimneys: A Woman Survivor's True Story of Auschwitz*, London, 1984.
Levi, P., "Communicating," in *Drowned*, Levi, 68–82.
——, *If This Is a Man*, London, 1987.
——, *The Drowned and the Saved*, London, 1989.
——, "The Grey Zone," in *Drowned*, Levi, 22–51.
——, "The Intellectual in Auschwitz," in *Drowned*, Levi, 102–20.
——, "The Memory of the Offence," in *Drowned*, Levi, 11–21.
——, *The Periodic Table*, London, 1986.
Levi, P., and L. de Benedetti, *Auschwitz Report*, London, 2006.
Lévy-Hass, H., *Vielleicht war das alles erst der Anfang. Tagebuch aus dem KZ Bergen-Belsen 1944–1945*, Berlin, 1979.
Lewental, S., "Gedenkbuch," in *Inmitten*, ed. SMAB, 202–51.
Lewy, G., *The Nazi Persecution of the Gypsies*, Oxford, 2001.
Ley, A., "Die 'Aktion 14f13' in den Konzentrationslagern," in *Studien*, eds. Morsch and Perz, 231–43.
——, "Kollaboration mit der SS zum Wohle von Patienten? Das Dilemma der Häftlingsärzte in Konzentrationslagern," *ZfG* 61 (2013), 123–39.
Ley, A., and G. Morsch, *Medizin und Verbrechen. Das Krankenrevier des KZ Sachsenhausen 1936–1945*, Berlin, 2007.

Leys, R., *From Guilt to Shame: Auschwitz and After*, Princeton, 2007.
Liblau, C., *Die Kapos von Auschwitz*, Oświęcim, 1998.
Lichtenstein, H., *Majdanek—Reportage eines Prozesses*, Frankurt a. M., 1979.
Liebersohn, H., and D. Schneider, *"My Life in Germany Before and After January 30, 1933." A guide to a manuscript collection at Houghton Library, Harvard University*, Philadelphia, 2001.
Lifton, R. J., *The Nazi Doctors: Medical Killing and the Psychology of Genocide*, New York, 1986.
Lifton, R. J., and A. Hackett, "Nazi Doctors," in *Anatomy*, eds. Gutman and Berenbaum, 301–16.
Lindner, S., "Das Urteil im I.G.-Farben-Prozess," in *NMT*, eds. Priemel and Stiller, 405–33.
Lipstadt, D., *Beyond Belief: The American Press & the Coming of the Holocaust 1933–1945*, New York, 1986.
Litten, I., *Eine Mutter kämpft gegen Hitler*, Rudolstadt, 1985.
Loeffel, R., "*Sippenhaft*, Terror and Fear in Nazi Germany: Examining One Facet of Terror in the Aftermath of the Plot of 20 July 1944," *CoEH* 16 (2007), 51–69.
Loewy, H., "Die Mutter aller Holocaust-Filme?," in *Gefolge*, ed. Erpel, 277–95.
Longerich, P., *"Davon haben wir nichts gewusst!" Die Deutschen und die Judenverfolgung 1933–1945*, Munich, 2006.
——, *Die braunen Bataillone. Geschichte der SA*, Munich, 1989.
——, *Heinrich Himmler. Biographie*, Munich, 2008.
——, *Holocaust*, Oxford, 2010.
——, *Politik der Vernichtung. Eine Gesamtdarstellung der nationalsozialistischen Judenverfolgung*, Munich, 1998.
——, "Vom Straßenkampf zum Anstaltsterror," in *Oranienburg*, ed. Morsch, 23–33.
Lorska, D., "Block 10 in Auschwitz," in *Auschwitz Hefte*, ed. HIS, vol. 1, 209–12.
Lotfi, G., *KZ der Gestapo*, Frankfurt a. M., 2003.
Löw, A., D. Bergen, and A. Hájková (eds.), *Alltag im Holocaust*, Munich, 2013.
Lowe, K., *Savage Continent: Europe in the Aftermath of World War II*, London, 2012.
Luchterhand, E., "Prisoner Behavior and Social System in the Nazi Concentration Camps," *International Journal of Social Psychiatry* 13 (1967), 245–64.
Lüdtke, A., "The Appeal of Exterminating 'Others': German Workers and the Limits of Resistance," *JMH* 64 (1992), 46–67.
Lüerßen, D., "'Moorsoldaten' in Esterwegen, Börgermoor, Neusustrum. Die frühen Konzentrationslager im Emsland 1933 bis 1936," in *Herrschaft*, eds. Benz and Distel, 157–210.
——, "'Wir sind die Moorsoldaten.' Die Insassen der frühen Konzentrationslager im Emsland 1933 bis 1936," Ph.D. dissertation, University of Osnabrück, 2001.
Lumans, V. O., *Himmler's Auxiliaries: The Volksdeutsche Mittelstelle and the German National Minorities of Europe 1933–45*, Chapel Hill, 1993.
MacAuslan, O. R., "Aspects of the Medical Relief of Belsen Concentration Camp," MPhil dissertation, Birkbeck, University of London, 2012.
MacLean, F. L., *The Camp Men*, Atglen, 1999.
Madajczyk, C., *Die Okkupationspolitik Nazideutschlands in Polen 1939–1945*, Cologne, 1988.
—— (ed.), *Vom Generalplan Ost zum Generalsiedlungsplan*, Munich, 1994.
Madley, B., "From Africa to Auschwitz: How German South West Africa Incubated Ideas and Methods Adopted and Developed by the Nazis in Eastern Europe," *EHQ* 35 (2005), 429–64.
Mahoney, K. A., "An American Operational Response to a Request to Bomb Rail Lines to Auschwitz," *HGS* 25 (2011), 438–46.
Mailänder Koslov, E., "Der Düsseldorfer Majdanek-Prozess (1975–1981). Ein Wettlauf mit der Zeit?," *BGVN*, vol. 9 (2005), 74–88.
——, *Female SS Guards and Workday Violence: The Majdanek Concentration Camp, 1942–1944*, Lansing, 2015.

——, *Gewalt im Dienstalltag. Die SS-Aufseherinnen des Konzentrations- und Vernichtungslagers Majdanek 1942–1944*, Hamburg, 2009.
——, "Meshes of Power: The Concentration Camp as Pulp or Art House in Liliana Cavani's *The Night Porter*," in *Nazisploitation! The Nazi Image in Low-Brow Cinema and Culture*, eds. D. H. Magilow, K. T. Vander Lugt, and E. Bridges, London, 2012, 175–95.
Majer, D., *"Non-Germans" Under the Third Reich: The Nazi Judicial and Administrative System in Germany and Occupied Eastern Europe, with Special Regard to Occupied Poland, 1939–1945*, Baltimore, 2003.
Mallmann, K.-M., and B. Musial (eds.), *Genesis des Genozids. Polen 1939–1941*, Darmstadt, 2004.
Mallmann, K.-M., and G. Paul (eds.), *Die Gestapo im Zweiten Weltkrieg*, Darmstadt, 2000.
—— (eds.), *Karrieren der Gewalt. Nationalsozialistische Täterbiographien*, Darmstadt, 2004.
——, "Sozialisation, Milieu und Gewalt. Fortschritte und Probleme der neueren Täterforschung," in *Karrieren*, eds. Mallmann and Paul, 1–32.
Mankowitz, Z. W., *Life Between Memory and Hope: The Survivors of the Holocaust in Occupied Germany*, Cambridge, U.K., 2002.
Mann, M., *The Dark Side of Democracy: Explaining Ethnic Cleansing*, Cambridge, U.K., 2005.
Marcuse, H., "The Afterlife of the Camps," in *Concentration Camps*, eds. Wachsmann and Caplan, 186–211.
——, *Legacies of Dachau: The Uses and Abuses of a Concentration Camp, 1933–2001*, Cambridge, U.K., 2001.
Marrus, M., "Jewish Resistance to the Holocaust," *JCH* 30 (1995), 83–110.
Maršálek, H., *Die Geschichte des Konzentrationslagers Mauthausen*, 3rd ed., Vienna, 1995.
——, *Die Vergasungsaktionen im Konzentrationslager Mauthausen*, Vienna, 1988.
——, *Konzentrationslager Gusen. Kurze dokumentarische Geschichte eines Nebenlagers des KZ Mauthausen*, Vienna, 1968.
Marszałek, J., *Majdanek. Geschichte und Wirklichkeit des Vernichtungslagers*, Hamburg, 1982.
Mason, T., "The Legacy of 1918 for National Socialism," in *German Democracy and the Triumph of Hitler*, eds. A. Nicholls and E. Matthias, London, 1971, 215–39.
Matthäus, J., "Displacing Memory: The Transformations of an Early Interview," in *Approaching an Auschwitz Survivor*, ed. J. Matthäus, New York, 2009, 49–72.
——, "Verfolgung, Ausbeutung, Vernichtung. Jüdische Häftlinge im System der Konzentrationslager," in *Häftlinge*, eds. Morsch and zur Nieden, 64–90.
Mauriac, F., "Preface," in *Ravensbrück*, M. Maurel, London, 1959, ix–xi.
Mayer-von Götz, I., *Terror im Zentrum der Macht. Die frühen Konzentrationslager in Berlin 1933/34–1936*, Berlin, 2008.
Mazower, M., "Foucault, Agamben: Theory and the Nazis," *boundary 2* 35 (2008), Nr. 1, 23–34.
——, *Hitler's Empire: Nazi Rule in Occupied Europe*, London, 2009.
McCauley, M., *The Longman Companion to Russia Since 1914*, London, 1998.
Megargee, G. P. (ed.), *Encyclopedia of Camps and Ghettos 1933–1945*, vol. I, Bloomington, 2009.
Menasche, A., *Birkenau: Memoirs of an Eyewitness: How 72,000 Greek Jews Perished*, New York, n.d., c. 1947.
Mendelsohn, J. (ed.), *The Holocaust*, 18 vols., New York, 1982.
Merkl, F. J., *General Simon. Lebensgeschichten eines SS-Führers*, Augsburg, 2010.
Merziger, P., *Nationalsozialistische Satire und "Deutscher Humor,"* Stuttgart, 2010.
Mess, K. (ed.), *". . . als fiele ein Sonnenschein in meine einsame Zelle." Das Tagebuch der Luxemburgerin Yvonne Useldinger aus dem Frauen-KZ Ravensbrück*, Berlin, 2008.
Mettbach, A., and J. Behringer, *"Wer wird die nächste sein?" Die Leidensgeschichte einer Sintezza, die Auschwitz überlebte*, Frankfurt a. M., 1999.
Mette, S., "Schloss Lichtenburg. Konzentrationslager für Männer von 1933 bis 1937," in *Lichtenburg*, eds. Hördler and Jacobeit, 130–65.

Meyer, H.-G., and K. Roth, "'Wühler, Saboteure, Doktrinäre.' Das Schutzhaftlager in der Turenne-Kaserne Neustadt an der Haardt," in *Instrumentarium*, eds. Benz and Distel, 221–38.

——, "Zentrale staatliche Einrichtung des Landes Hessen. Das Konzentrationslager Osthofen," in *Instrumentarium*, eds. Benz and Distel, 189–219.

Meyer, S., *Ein Kriegsgefangenen- und Konzentrationslager in seinem Umfeld. Bergen-Belsen von "außen" und von "innen" 1941–1950*, Stuttgart, 2003.

Meyer, W., "Funktionalismus, Intentionalismus und 'Machtsystem eigener Art.' Anmerkungen zur Erklärung der heterogenen Existenzbedingungen der KZ-Häftlinge," in *Konzentrationslager*, ed. Kaienburg, 73–87.

——, "Nachwort," in *Baracke*, Szalet, 461–98.

Michael, H., *Zwischen Davidstern und Roter Fahne*, Berlin, 2007.

Michaelis, H., and E. Schraepler (eds.), *Ursachen und Folgen. Vom deutschen Zusammenbruch 1918 und 1945 bis zur staatlichen Neuordnung Deutschlands*, 26 vols., Berlin, 1958–1978.

Michel, J., *Dora*, London, 1979.

Michelet, E., *Die Freiheitsstraße. Dachau 1943–1945*, 2nd ed., Stuttgart, 1961.

——, *Rue de la Liberté*, Paris, 1955.

Michelsen, J., "Homosexuelle im Konzentrationslager Neuengamme," in *Homosexuelle*, Mußmann, 126–32.

Militärgeschichtliches Forschungsamt (ed.), *Das Deutsche Reich und der Zweite Weltkrieg*, vol. 5/2, Stuttgart, 1999.

Millok, S., *A kínok útja Budapesttöl Mauthausenig*, Budapest, 1945.

Milton, S., "Die Konzentrationslager der dreißiger Jahre im Bild der in- und ausländischen Presse," in *Konzentrationslager*, eds. Herbert et al., vol. 1, 135–47.

Milward, A., "Review of Billig, *Les Camps*," *JMH* 48 (1976), 567–68.

Mintert, D. M., "Das frühe Konzentrationslager Kemna und das sozialistische Milieu im Bergischen Land," Ph.D. dissertation, Ruhr University Bochum, 2007.

Mitscherlich, A., and F. Mielke (eds.), *Das Diktat der Menschenverachtung. Eine Dokumentation*, Heidelberg, 1947.

—— (eds.), *Medizin ohne Menschlichkeit. Dokumente des Nürnberger Ärzteprozesses*, Frankfurt a. M., 1978.

Mix, A., "Die Räumung des Konzentrationslagers Warschau," *Theresienstädter Studien und Dokumente* 13 (2006), 251–87.

Moeller, R. G., *War Stories: The Search for a Usable Past in the Federal Republic of Germany*, Berkeley, 2001.

Möller, R., "Die beiden 'Zyklon B'-Mordaktionen im Konzentrationslager Neuengamme 1942," in *Studien*, eds. Morsch and Perz, 288–93.

Mommsen, H., "Cumulative Radicalization and Self-Destruction of the Nazi Regime," in *Nazism*, ed. Gregor (2000), 191–94.

Mommsen, H., and M. Grieger, *Das Volkswagenwerk und seine Arbeiter im Dritten Reich*, Düsseldorf, 1996.

Montague, P., *Chełmno and the Holocaust*, London, 2012.

Moore, B., *Victims & Survivors: The Nazi Persecution of the Jews in the Netherlands 1940–1945*, London, 1997.

Moore, P., "'And What Concentration Camps Those Were!': Foreign Concentration Camps in Nazi Propaganda, 1933–39," *JCH* 45 (2010), 649–74.

——, "German Popular Opinion on the Nazi Concentration Camps, 1933–1939," Ph.D. dissertation, Birkbeck, University of London, 2010.

——, "'What Happened in Oranienburg': Weimar Paramilitaries and Nazi Terror in Werner Schäfer's Anti-Brown Book," forthcoming.

Moors, M., and M. Pfeiffer (eds.), *Heinrich Himmlers Taschenkalender 1940*, Paderborn, 2013.

Morris, N., and D. J. Rothman (eds.), *The Oxford History of the Prison*, New York, 1995.
Morsch, G., "Einleitung," in *Befreiung*, eds. Morsch and Reckendrees, 7–12.
——, "Formation and Construction of the Sachsenhausen Concentration Camp," in *Sachsenburg*, ed. Morsch, 87–201.
—— (ed.), *From Sachsenburg to Sachsenhausen*, Berlin, 2007.
—— (ed.), *Konzentrationslager Oranienburg*, Berlin, 1994.
—— (ed.), *Mord und Massenmord im Konzentrationslager Sachsenhausen 1936–1945*, Berlin, 2005.
——, "Oranienburg—Sachsenhausen, Sachsenhausen—Oranienburg," in *Konzentrationslager*, eds. Herbert et al., vol. 1, 111–34.
——, "Sachsenhausen—ein neuer Lagertypus? Das Konzentrationslager bei der Reichshauptstadt in der Gründungsphase," *ZfG* 56 (2008), 805–22.
——, "Tötungen durch Giftgas im Konzentrationslager Sachsenhausen," in *Studien*, eds. Morsch and Perz, 260–76.
Morsch, G., and A. Ley, *Das Konzentrationslager Sachsenhausen 1936–1945*, Berlin, 2008.
——, *Medizin und Verbrechen. Das Krankenrevier des KZ Sachsenhausen 1936–1945*, Berlin, 2007.
Morsch, G., and B. Perz (eds.), *Neue Studien zu nationalsozialistischen Massentötungen durch Giftgas*, Berlin, 2011.
Morsch, G., and A. Reckendrees (eds.), *Befreiung Sachsenhausen 1945*, Berlin, 1996.
Morsch, G., and S. zur Nieden (eds.), *Jüdische Häftlinge im Konzentrationslager Sachsenhausen 1936 bis 1945*, Berlin, 2004.
Mües-Baron, K., *Heinrich Himmler—Aufstieg des Reichsführers SS (1900–1933)*, Göttingen, 2011.
Mühldorfer, F. (ed.), *Hans Beimler. Im Mörderlager Dachau*, Cologne, 2012.
Mühlenberg, J., *Das SS-Helferinnenkorps*, Hamburg, 2011.
Mühlhäuser, R., *Eroberungen. Sexuelle Gewalttaten und intime Beziehungen deutscher Soldaten in der Sowjetunion 1941–1945*, Hamburg, 2010.
Mühsam, K., *Der Leidensweg Erich Mühsams*, Berlin, 1994.
Müller, F., *Eyewitness Auschwitz: Three Years in the Gas Chambers*, Chicago, 1999.
Müller, J., "Homosexuelle in den Konzentrationslagern Lichtenburg und Sachsenhausen," in *Homosexuelle*, ed. Mußmann, 72–93.
——, "'Wohl dem, der hier nur eine Nummer ist.' Die *Isolierung* der Homosexuellen," in *Homosexuelle*, eds. Müller and Sternweiler, 89–108.
Müller, J., and A. Sternweiler (eds.), *Homosexuelle Männer im KZ Sachsenhausen*, Berlin, 2000.
Müller, R.-D., "Albert Speer und die Rüstungspolitik im totalen Krieg," in *Reich*, ed. Militärgeschichtliches Forschungsamt, 275–773.
——, *Der Zweite Weltkrieg, 1939–1945*, Stuttgart, 2004.
Musial, B., *"Konterrevolutionäre sind zu erschießen." Die Brutalisierung des deutsch-sowjetischen Krieges im Sommer 1941*, Berlin, 2000.
Mußmann, O., "Häftlinge mit rosa Winkel im KZ Mittelbau-Dora," in *Homosexuelle*, ed. Mußmann, 133–38.
—— (ed.), *Homosexuelle in Konzentrationslagern*, Berlin, 2000.
Naasner, W. (ed.), *SS-Wirtschaft und SS-Verwaltung*, Düsseldorf, 1998.
——, *Neue Machtzentren in der deutschen Kriegswirtschaft 1942–1945*, Boppard a. R., 1994.
Nansen, O., *Day After Day*, London, 1949.
Naujoks, H., *Mein Leben im KZ Sachsenhausen*, Cologne, 1987.
Neander, J., *Das Konzentrationslager Mittelbau in der Endphase der NS-Diktatur*, Clausthal-Zellerfeld, 1997.
——, "'Seife aus Judenfett'—Zur Wirkungsgeschichte einer urban legend," unpublished

paper, 28th conference of the German Studies Association, Washington, D.C., October 2004.
——, "Vernichtung durch Evakuierung?," in *Häftlinge*, eds. Garbe and Lange, 45–59.
Neitzel, S., *Abgehört. Deutsche Generäle in britischer Kriegsgefangenschaft 1942-1945*, Berlin, 2007.
Neitzel, S., and H. Welzer, *Soldaten. Protokolle vom Kämpfen, Töten und Sterben*, Frankfurt a. M., 2012.
Neliba, G., "Wilhelm Frick—Reichsinnenminister und Rassist," in *Elite*, eds. Smelser et al., vol. 2, 80–90.
Neufeld, M. J., "Introduction to the Controversy," in *Bombing*, eds. Neufeld and Berenbaum, 1–10.
——, *The Rocket and the Reich*, Cambridge, Mass., 1999.
Neufeld, M. J., and M. Berenbaum (eds.), *The Bombing of Auschwitz: Should the Allies Have Attempted It?*, New York, 2000.
Neugebauer, W., and P. Schwarz, *Stacheldraht, mit Tod geladen . . . Der erste Österreichertransport in das KZ Dachau 1938*, Vienna, 2008.
Neugebauer, W., "Der erste Österreichertransport in das KZ Dachau 1938," in *Dachau*, eds. Benz and Königseder, 193–206.
Neumann, A., "Die Heeressanitätsinspektion und die Militärärztliche Akademie und die Konzentrationslager," in *Medizin*, eds. Hahn et al., 127–39.
Neurath, P. M., *Die Gesellschaft des Terrors*, Frankfurt a. M., 2004.
Niederland, W. G., *Folgen der Verfolgung. Das Überlebenden-Syndrom*, Frankfurt a. M., 1980.
Niedersächsische Landeszentrale für politische Bildung (ed.), *Konzentrationslager Bergen-Belsen*, 2nd ed., Göttingen, 2002.
Niethammer, L. (ed.), *Der "gesäuberte" Antifaschismus. Die SED und die roten Kapos von Buchenwald*, Berlin, 1994.
Niven, B., *The Buchenwald Child: Truth, Fiction, and Propaganda*, Rochester, N.Y., 2007.
NMGB (ed.), *Buchenwald: Mahnung und Verpflichtung*, 4th ed., Berlin, 1983.
Noakes, J., and G. Pridham (eds.), *Nazism: 1919–1945*, 4 vols., Exeter, 1998–2001.
Nolte, E., "Vergangenheit, die nicht vergehen will," in *"Historikerstreit." Die Dokumentation der Kontroverse um die Einzigartigkeit der nationalsozialistischen Judenvernichtung*, Munich, 1987, 39–47.
Nolte, H.-H., "Vernichtungskrieg: Vergessene Völker. Review neuer Literatur," *AfS* (online) 53 (2013).
Nomberg-Przytyk, S., *Auschwitz: True Tales from a Grotesque Land*, Chapel Hill, 1985.
Novick, P., *The Holocaust and Collective Memory*, London, 2000.
Nürnberg, K., "Außenstelle des Berliner Polizeipräsidiums. Das 'staatliche Konzentrationslager' Sonnenburg bei Küstrin," in *Herrschaft*, eds. Benz and Distel, 83–100.
Nyiszli, M., *Auschwitz: A Doctor's Eye-witness Account*, London, 1973.
Obenaus, H., "Der Kampf um das tägliche Brot," in *Konzentrationslager*, eds. Herbert et al., vol. 2, 841–73.
——, "Die Räumung der hannoverschen Konzentrationslager im April 1945," in *Konzentrationslager*, Fröbe et al., vol. 2, 493–544.
Oertel, O., *Als Gefangener der SS*, Oldenburg, 1990.
Office of U.S. Chief Counsel for Prosecution of Axis Criminality (ed.), *Nazi Conspiracy and Aggression*, Washington, D.C., 1948.
Oppel, S., "Marianne Eßmann. Von der Kontoristin zur SS-Aufseherin," in *Gefolge*, ed. Erpel, 81–88.
Orbach, D., and M. Solonin, "Calculated Indifference: The Soviet Union and Requests to Bomb Auschwitz," *HGS* 27 (2013), 90–113.
Orski, M., "Die Vernichtung von Häftlingen des Konzentrationslagers Stutthof durch das Giftgas Zyklon B," in *Studien*, eds. Morsch and Perz, 294–303.

——, "Organisation und Ordnungsprinzipien des Lagers Stutthof," in *Konzentrationslager*, eds. Herbert et al., vol. 1, 285–308.
Orth, K., *Das System der nationalsozialistischen Konzentrationslager. Eine politische Organisationsgeschichte*, Hamburg, 1999.
——, "Die 'Anständigkeit' der Täter. Texte und Bemerkungen," *Sozialwissenschaftliche Informationen* 25 (1996), 112–15.
——, "Die Kommandanten der nationalsozialistischen Konzentrationslager," in *Konzentrationslager*, eds. Herbert et al., vol. 2, 755–86.
——, *Die Konzentrationslager-SS. Sozialstrukturelle Analysen und biographische Studien*, Munich, 2004.
——, "Egon Zill—ein typischer Vertreter der Konzentrationslager-SS," in *Karrieren*, eds. Mallmann and Paul, 264–73.
——, "Gab es eine Lagergesellschaft? 'Kriminelle' und politische Häftlinge im Konzentrationslager," in *Ausbeutung*, eds. Frei et al., 109–33.
——, "Rudolf Höß und die 'Endlösung der Judenfrage.' Drei Argumente gegen deren Datierung auf den Sommer 1941," *WG* 18 (1997), 45–57.
——, "SS-Täter vor Gericht. Die strafrechtliche Verfolgung der Konzentrationslager-SS nach Kriegsende," in *"Gerichtstag halten über uns selbst . . ." Geschichte und Wirkung des ersten Frankfurter Auschwitz-Prozesses*, ed. I. Wojak, Frankfurt a. M., 2001, 43–60.
——, "The Concentration Camp Personnel," in *Concentration Camps*, eds. Wachsmann and Caplan, 44–57.
Otto, R., *Wehrmacht, Gestapo und sowjetische Kriegsgefangene im deutschen Reichsgebiet 1941/42*, Munich, 1998.
Overesch, M. (ed.), *Buchenwald und die DDR*, Göttingen, 1995.
——, "Ernst Thapes Buchenwalder Tagebuch von 1945," *VfZ* 29 (1981), 631–72.
Overy, R., "Das Konzentrationslager. Eine internationale Perspektive," *Mittelweg 36* (2011), Nr. 4, 40–54.
——, *Russia's War: A History of the Soviet War Effort: 1941–1945*, London, 1998.
——, *The Bombing War: Europe 1939–1945*, London, 2013.
Paetow, V., "Der französische Ravensbrück-Prozess gegen den Lagerkommandanten Fritz Suhren und den Arbeitseinsatzführer Hans Pflaum," in *Kontinuitäten*, eds. Heß et al., 204–22.
Paserman, O., "Bericht über das Konzentrationslager Warschau," *DH* 23 (2007), 146–61.
Patel, K. K., "'Auslese' und 'Ausmerze.' Das Janusgesicht der nationalsozialistischen Lager," *ZfG* 54 (2006), 339–65.
——, *Soldiers of Labor: Labor Service in Nazi Germany and New Deal America, 1933–1945*, New York, 2005.
Peitsch, H., *"Deutschlands Gedächtnis an seine dunkelste Zeit." Zur Funktion der Autobiographik in den Westzonen Deutschlands und den Westsektoren von Berlin 1945 bis 1949*, Berlin, 1990.
Pendas, D. O., *The Frankfurt Auschwitz Trial, 1963–1965: Genocide, History, and the Limits of the Law*, New York, 2010.
Perz, B., "Der Arbeitseinsatz im KZ Mauthausen," in *Konzentrationslager*, eds. Herbert et al., vol. 2, 533–57.
——, *Die KZ-Gedenkstätte Mauthausen 1945 bis zur Gegenwart*, Innsbruck, 2006.
——, *Projekt Quarz. Steyr-Daimler-Puch und das Konzentrationslager Melk*, Vienna, 1991.
——, "'Vernichtung durch Arbeit' im KZ Mauthausen (Lager der Stufe III) 1938–1945," in *Konzentrationslager*, ed. Kaienburg, 89–104.
——, "Wehrmacht und KZ-Bewachung," *Mittelweg 36* (1995), Nr. 5, 69–82.
Perz, B., and F. Freund, "Auschwitz neu?," *DH* 20 (2004), 58–70.
——, "Tötungen durch Giftgas im Konzentrationslager Mauthausen," in *Studien*, eds. Morsch and Perz, 244–59.

Perz, B., and T. Sandkühler, "Auschwitz und die 'Aktion Reinhard' 1942–45. Judenmord und Raubpraxis in neuer Sicht," *Zeitgeschichte* 26 (1999), 283–316.

Petropoulos, J., and J. K. Roth (eds.), *Gray Zones: Ambiguity and Compromise in the Holocaust and Its Aftermath*, New York, 2005.

Peukert, D., "Alltag und Barbarei. Zur Normalität des Dritten Reiches," in *Nationalsozialismus*, ed. Diner, 51–61.

——, *Inside Nazi Germany*, London, 1987.

——, *The Weimar Republic*, London, 1993.

Pfingsten, G., and C. Füllberg-Stolberg, "Frauen in Konzentrationslagern—geschlechtsspezifische Bedingungen des Überlebens," in *Konzentrationslager*, eds. Herbert et al., vol. 2, 911–38.

Pick, H., *Simon Wiesenthal: A Life in Search of Justice*, Boston, 1996.

Picker, H. (ed.), *Hitlers Tischgespräche im Führerhauptquartier*, Berlin, 1997.

Piekut-Warszawska, E., "Kinder in Auschwitz: Erinnerungen einer Krankenschwester," in *Auschwitz Hefte*, ed. HIS, vol. 1, 227–29.

Pike, D. W., *Spaniards in the Holocaust: Mauthausen, the Horror on the Danube*, London, 2000.

Pilecki, W., *The Auschwitz Volunteer: Beyond Bravery*, Los Angeles, 2012.

Pilichowski, C., *Es gibt keine Verjährung*, Warsaw, 1980.

—— (ed.), *Obozy hitlerowskie na ziemiach polskich 1939–1945*, Warsaw, 1979.

Pingel, F., *Häftlinge unter SS-Herrschaft. Widerstand, Selbstbehauptung und Vernichtung im Konzentrationslager*, Hamburg, 1978.

——, "Social Life in an Unsocial Environment," in *Concentration Camps*, eds. Wachsmann and Caplan, 58–81.

——, "The Destruction of Human Identity in Concentration Camps," *HGS* 6 (1991), 167–84.

Piper, F., *Die Zahl der Opfer von Auschwitz*, Oświęcim, 1993.

——, "'Familienlager' für Juden und 'Zigeuner' im KL Auschwitz-Birkenau," in *Sinti*, ed. Długoborski, 293–99.

—— (ed.), *Illegale Briefe aus Auschwitz von Janusz Pogonowski*, Oświęcim, 1999.

——, *Mass Murder*, vol. 3 of *Auschwitz*, eds. Długoborski and Piper.

——, "The Exploitation of Prisoner Labor," in *Auschwitz*, eds. Długoborski and Piper, vol. 2, 71–136.

Pohl, D., "Die großen Zwangsarbeitslager der SS- und Polizeiführer für Juden im Generalgouvernement 1942–1945," in *Konzentrationslager*, eds. Herbert et al., vol. 1, 415–38.

——, "Die Trawniki-Männer im Vernichtungslager Belzec 1941–1943," in *NS-Gewaltherrschaft*, eds. Gottwaldt et al., 278–89.

——, *Holocaust*, Freiburg i. Br., 2000.

——, "Sowjetische und polnische Strafverfahren wegen NS-Verbrechen—Quellen für den Historiker?," in *Recht*, eds. Finger et al., 132–41.

——, "The Holocaust and the Concentration Camps," in *Concentration Camps*, eds. Wachsmann and Caplan, 149–66.

——, *Von der "Judenpolitik" zum Judenmord. Der Distrikt Lublin des Generalgouvernements 1939–1944*, Frankfurt a. M., 1993.

Polak, E., *Dziennik buchenwaldzki*, Warsaw, 1983.

Poljan, P., "'Bereits Menschen, keine Häftlinge mehr.' Die Dachauer Lagergesellschaft nach der Befreiung im Spiegel des *Sowjetischen Bulletins*," *DH* 21 (2005), 82–93.

Pollak, M., *Die Grenzen des Sagbaren. Lebensgeschichten von KZ-Überlebenden als Augenzeugenberichte und als Identitätsarbeit*, Frankfurt a. M., 1988.

Poller, W., *Arztschreiber in Buchenwald*, Hamburg, 1946.

Pollmeier, H., "Die Verhaftungen nach dem November-Pogrom 1938 und die Masseninternierung in den 'jüdischen Barracken' des KZ Sachsenhausen," in *Häftlinge*, eds. Morsch and zur Nieden, 164–79.

Präg, W., and W. Jacobmeyer (eds.), *Das Diensttagebuch des deutschen Generalgouverneurs in Polen 1939–1945*, Stuttgart, 1975.

Prenninger, A., "Riten des Gedenkens. Befreiungsfeiern in der KZ-Gedenkstätte Mauthausen," in *Lagersystem*, eds. Gabriel et al., 183–205.
Pressac, J.-C., *Die Krematorien von Auschwitz*, Munich, 1995.
Pressac, J.-C., and R.-J. van Pelt, "The Machinery of Mass Murder at Auschwitz," in *Anatomy*, eds. Gutman and Berenbaum, 183–245.
Preston, P., *The Spanish Holocaust*, London, 2013.
Pretzel, A., "Vorfälle im Konzentrationslager Sachsenhausen vor Gericht in Berlin," in *Homosexuellenverfolgung*, eds. Pretzel and Roßbach, 119–68.
———, "'. . . zwecks Umschulung auf unbestimmte Zeit.' Als *Berufsverbrecher* in Vorbeugungshaft," in *Homosexuelle*, eds. Müller and Sternweiler, 79–88.
Pretzel, A., and G. Roßbach (eds.), *Wegen der zu erwartenden hohen Strafe . . . Homosexuellenverfolgung in Berlin 1933–1945*, Berlin, 2000.
Priemel, K. C., and A. Stiller (eds.), *NMT. Die Nürnberger Militärtribunale zwischen Geschichte, Gerechtigkeit und Rechtschöpfung*, Hamburg, 2013.
Prusin, A. V., "Poland's Nuremberg: The Seven Court Cases of the Supreme National Tribunal, 1946–1948," *HGS* 24 (2010), 1–25.
Przyrembel, A., "Transfixed by an Image: Ilse Koch, the 'Kommandeuse of Buchenwald,'" *GH* 19 (2008), 369–99.
Pukrop, M., "Die SS-Karrieren von Dr. Wilhelm Berndt und Dr. Walter Döhrn," *WG* 62 (2012), 76–93.
Rabinbach, A., "*Staging Antifascism*: The Brown Book of the Reichstag Fire and Hitler Terror," *NGC* 35 (2008), 97–126.
Rabinovici, D., *Eichmann's Jews: The Jewish Administration of Holocaust Vienna, 1938–1945*, London, 2011.
Rahe, T., "Die Bedeutung von Religion und Religiosität in den nationalsozialistischen Konzentrationslagern," in *Konzentrationslager*, eds. Herbert et al., vol. 2, 1006–22.
———, "Einleitung," in Koretz, *Bergen-Belsen*, 9–22.
Raim, E., *Die Dachauer KZ-Außenkommandos Kaufering und Mühldorf*, Munich, 1991.
———, "Die KZ-Außenlagerkomplexe Kaufering und Mühldorf," in *Dachau*, eds. Benz and Königseder, 71–88.
———, *Justiz zwischen Diktatur und Demokratie. Wiederaufbau und Ahndung von NS-Verbrechen in Westdeutschland 1945–1949*, Munich, 2013.
——— (ed.), *Überlebende von Kaufering*, Berlin, 2008.
———, "Westdeutsche Ermittlungen und Prozesse zum KZ Dachau und seinen Außenlagern," in *Dachauer*, eds. Eiber and Sigel, 210–36.
Raithel, T., and I. Strenge, "Die Reichstagsbrandverordnung," *VjZ* 48 (2000), 413–60.
Rawicz, J., "Ein Dokument der Schande (Vorwort zu Kremers Tagebuch)," *HvA* 13 (1971), 5–23.
Recanati, A. (ed.), *A Memorial Book of the Deportation of the Greek Jews* (Jerusalem, 2006).
Reckendrees, A., "Das Leben im befreiten Lager," in *Befreiung*, eds. Morsch and Reckendrees, 100–110.
Rees, L., *Auschwitz: The Nazis & the "Final Solution,"* London, 2005.
Reichardt, S., *Faschistische Kampfbünde. Gewalt und Gemeinschaft im italienischen Squadrismus und in der deutschen SA*, 2nd ed., Cologne, 2009.
Reichel, P., "Auschwitz," in *Deutsche Erinnerungsorte. Eine Auswahl*, eds. E. François and H. Schulze, Munich, 2005, 309–31.
———, *Politik mit der Erinnerung. Gedächtnisorte im Streit um die nationalsozialistische Vergangenheit*, Frankfurt a. M., 1999.
Reichel, P., H. Schmid, and P. Steinbach (eds.), *Der Nationalsozialismus—Die zweite Geschichte* (Munich, 2009).
———, "Die 'zweite Geschichte' der Hitler-Diktatur. Zur Einführung," in *Nationalsozialismus*, eds. Reichel et al., 7–21.
Reilly, J., *Belsen: The Liberation of a Concentration Camp*, London, 1998.

Reinisch, J., "Introduction: Survivors and Survival in Europe after the Second World War," in *Justice, Politics and Memory in Europe after the Second World War*, eds. S. Bardgett, D. Cesarani, J. Reinisch, and J.-D. Steinert, London, 2011, 1-16.
Reiter, A., *"Auf daß sie entsteigen der Dunkelheit." Die literarische Bewältigung von KZ-Erfahrung*, Vienna, 1995.
Renouard, J.-P., *Die Hölle gestreift*, Hanover, 1998.
Renz, W., "Tonbandmitschnitte von NS-Prozessen als historische Quelle," in *Recht*, eds. Finger et al., 142–53.
Repgen, K., and H. Booms (eds.), *Akten der Reichskanzlei. Regierung Hitler*, vol. I, Boppard a. R., 1983.
Richardi, H.-G., *Schule der Gewalt. Das Konzentrationslager Dachau*, Munich, 1995.
Richarz, M. (ed.), *Jüdisches Leben in Deutschland*, Stuttgart, 1988.
Riebe, R., "Frauen in Konzentrationslagern 1933–1939," *DH* 14 (1998), 125–40.
——, "Funktionshäftlinge in Frauenkonzentrationslagern 1933–1939," *BGVN* 4 (1998), 51–56.
Riedel, D., "'Arbeit macht frei.' Leitsprüche und Metaphern aus der Welt der Konzentrationslager," *DH* 22 (2006), 11–29.
——, "Bruderkämpfe im Konzentrationslager Dachau. Das Verhältnis zwischen kommunistischen und sozialdemokratischen Häftlingen," in *Die Linke*, eds. Wachsmann and Steinbacher, 117–40.
——, *Ordnungshüter und Massenmörder im Dienst der "Volksgemeinschaft." Der KZ-Kommandant Hans Loritz*, Berlin, 2010.
Riedle, A., *Die Angehörigen des Kommandanturstabs im KZ Sachsenhausen*, Berlin, 2011.
Rieß, V., "Christian Wirth—der Inspekteur der Vernichtungslager," in *Karrieren*, eds. Mallmann and Paul, 239–51.
Riexinger, K., and D. Ernst, *Vernichtung durch Arbeit. Rüstung im Bergwerk*, Tübingen, 2003.
Ritscher, B., G. Hammermann, R.-G. Lüttgenau, W. Röll, and C. Schölzel (eds.), *Das sowjetische Speziallager Nr. 2, 1945–1950*, Göttingen, 1999.
Rodrigo, J., "Exploitation, Fascist Violence and Social Cleansing: A Study of Franco's Concentration Camps from a Comparative Perspective," *ERH* 19 (2012), 553–73.
Roelcke, V., "Introduction," in *Twentieth Century Ethics of Human Subjects Research*, eds. Roelcke and G. Maio, Wiesbaden, 2004, 11–18.
Röll, W., "Homosexuelle Häftlinge im Konzentrationslager Buchenwald 1937 bis 1945," in *Homosexuelle*, ed. Mußmann, 94–104.
——, *Sozialdemokraten im Konzentrationslager Buchenwald 1937–1945*, Göttingen, 2000.
Rolnikaite, M., *Ich muss erzählen. Mein Tagebuch 1941–1945*, Berlin, 2002.
Römer, F., *Der Kommissarbefehl. Wehrmacht und NS-Verbrechen an der Ostfront 1941/42*, Paderborn, 2008.
Römmer, C., "Digitalisierung der WVHA-Häftlingskartei," unpublished project report, 2009.
——, "'Sonderbehandlung 14f13,'" *BGVN* 11 (2009), 209–11.
Roseman, M., "Beyond Conviction? Perpetrators, Ideas and Action in the Holocaust in Historiographical Perspective," in *Conflict, Catastrophe, and Continuity*, eds. F. Biess, M. Roseman, and H. Schissler, New York, 2007, 83–103.
——, "'... but of revenge not a sign': Germans' Fear of Jewish Revenge after World War II," *JfA* 22 (2013), 79–95.
Rosen, A., *The Wonder of Their Voices: The 1946 Holocaust Interviews of David Boder*, New York, 2010.
Rossino, A., *Hitler Strikes Poland: Blitzkrieg, Ideology and Atrocity*, Lawrence, Kans., 2003.
Rost, N., *Goethe in Dachau*, Berlin, n.d.
Roth, K.-H., "'Generalplan Ost'—'Gesamtplan Ost,'" in *Der "Generalplan Ost,"* eds. Rössler and Schleiermacher, Berlin, 1993, 25–95.

——, "Zwangsarbeit im Siemens-Konzern (1938-1945)," in *Konzentrationslager und deutsche Wirtschaft 1939-1945*, ed. H. Kaienburg, Opladen, 1996, 149-68.
Roth, T., "Die 'Asozialen' im Blick der Kripo," in *Wessen Freund und wessen Helfer?*, eds. H. Buhlan and W. Jung, Cologne, 2000, 424-63.
——, "Die Kölner Kriminalpolizei," in ibid., 299-366.
——, "Frühe Haft- und Folterstätten in Köln 1933/34," in *Konzentrationslager*, ed. Schulte, 3-24.
Rothkirchen, L., "The 'Final Solution' in Its Last Stages," *Yad Vashem Studies* 8 (1970), 7-29.
Rouse, J. E., "Perspectives on Organizational Culture," *Public Administration Review* 50 (1990), 479-85.
Rousset, D., *L'univers concentrationnaire*, Paris, 1946.
——, *The Other Kingdom*, New York, 1947.
Rovan, J., *Geschichten aus Dachau*, Munich, 1999.
Rózsa, Á., "Solange ich lebe, hoffe ich," in *"Solange,"* eds. Diefenbacher and Jochem, 95-352.
Rubner, W., "Dachau im Sommer 1933," in *Konzentrationslager*, 54-76.
Rudorff, A., "Arbeit und Vernichtung *reconsidered*. Die Lager der Organisation Schmelt für polnische Jüdinnen und Juden aus dem annektierten Teil Oberschlesiens," *Sozial.Geschichte Online* 7 (2012), 10-39.
——, "Die Strafverfolgung von KZ-Aufseherinnen in Polen," *ZfG* 61 (2013), 329-50.
——, *Frauen in den Außenlagern des Konzentrationslagers Groß-Rosen*, Berlin, 2014.
——, "Misshandlung und Erpressung mit System. Das Konzentrationslager 'Vulkanwerft' in Stettin-Bredow," in *Instrumentarium*, eds. Benz and Distel, 35-69.
——, "'Privatlager' des Polizeipräsidenten mit prominenten Häftlingen. Das Konzentrationslager Breslau-Dürrgoy," in *Instrumentarium*, eds. Benz and Distel, 147-70.
——, "Schutzhaft im Gewahrsam der Justiz. Das Zentralgefängnis Gollnow bei Stettin," in *Instrumentarium*, eds. Benz and Distel, 27-34.
Rumpf, J. R., *Der Fall Wollheim gegen die I.G. Farbenindustrie AG in Liquidation*, Frankfurt a. M., 2010.
Runzheimer, J., "Die Grenzzwischenfälle am Abend vor dem deutschen Angriff auf Polen," in *Sommer 1939*, eds. W. Benz and H. Graml, Stuttgart, 1979, 107-47.
Ruppert, A., "Spanier in deutschen Konzentrationslagern," *Tranvia* Nr. 28 (March 1993), 5-9.
Rürup, R. (ed.), *Topographie des Terrors*, 10th ed., Berlin, 1995.
Rüter, C. F. (ed.), *DDR-Justiz und NS-Verbrechen. Sammlung ostdeutscher Strafurteile wegen nationalsozialistischer Tötungsverbrechen*, 15 vols., Amsterdam, 2002-2010.
Rüter, C. F., and D. W. de Mildt (eds.), *Justiz und NS-Verbrechen. Sammlung deutscher Strafurteile wegen nationalsozialistischer Tötungsverbrechen*, 49 vols., Amsterdam, 1968-81, 1998-2012.
Rüther, M., *Köln im Zweiten Weltkrieg*, Cologne, 2005.
Ryn, Z., and S. Kłodziński, "An der Grenze zwischen Leben und Tod. Eine Studie über die Erscheinung des 'Muselmanns' im Konzentrationslager," in *Auschwitz Hefte*, ed. HIS, vol. 1, 89-154.
——, "Tod und Sterben im Konzentrationslager," in *Auschwitz Hefte*, ed. HIS, vol. 1, 281-328.
Sachse, C., "Menschenversuche in Auschwitz. überleben, erinnern, verantworten," in *Die Verbindung nach Auschwitz*, ed. Sachse, Göttingen, 2003, 7-34.
Sarodnick, W., "'Dieses Haus muß ein Haus des Schreckens werden . . .' Strafvollzug in Hamburg 1933 bis 1945," in *"Für Führer, Volk und Vaterland . . ." Hamburger Justiz im Nationalsozialismus*, ed. Justizbehörde Hamburg, Hamburg, 1992, 332-81.
Schäfer, W., *Konzentrationslager Oranienburg. Das Anti-Braunbuch über das erste deutsche Konzentrationslager*, Berlin, n.d., 1934.
Schalm, S., "Außenkommandos und Außenlager des KZ Dachau," in *Dachau*, eds. Benz and Königseder, 53-70.

——, *Überleben durch Arbeit? Außenkommandos und Außenlager des KZ Dachau 1933–1945*, Berlin, 2009.
Scheffler, W., "Zur Praxis der SS- und Polizeigerichtsbarkeit im Dritten Reich," in *Klassenjustiz und Pluralismus*, eds. G. Doeker and W. Steffani, Hamburg, 1973, 224-36.
Schelvis, J., *Sobibor: A History of a Nazi Death Camp*, Oxford, 2007.
Schiffner, S., "Cap Arcona-Gedenken in der DDR," in *Häftlinge*, eds. Garbe and Lange, 309–24.
Schikorra, C., "Grüne und schwarze Winkel—geschlechterperspektivische Betrachtungen zweier Gruppen von KZ-Häftlingen 1938–40," *BGVN* 11 (2009), 104–10.
——, *Kontinuitäten der Ausgrenzung. "Asoziale" Häftlinge im Frauen-Konzentrationslager Ravensbrück*, Berlin, 2001.
Schilde, K., "Vom Tempelhofer Feld-Gefängnis zum Schutzhaftlager. Das 'Columbia-Haus' in Berlin," in *Herrschaft*, eds. Benz and Distel, 65–81.
Schilde, K., and J. Tuchel, *Columbia-Haus. Berliner Konzentrationslager 1933–1936*, Berlin, 1990.
Schilter, T., "Horst Schumann—Karriere eines Arztes im Nationalsozialismus," in *Sonnenstein*, ed. Kuratorium, 95–108.
Schlaak, P., "Das Wetter in Berlin von 1933 bis 1945," *Berlinische Monatsschrift* 9 (2000), Nr. 9, 177–84.
Schleunes, K. A., *The Twisted Road to Auschwitz: Nazi Policy Towards German Jews, 1933–39*, Urbana, 1970.
Schley, J., *Nachbar Buchenwald. Die Stadt Weimar und ihr Konzentrationslager 1937–1945*, Cologne, 1999.
Schmaltz, F., "Die Gaskammer im Konzentrationslager Natzweiler," in *Studien*, eds. Morsch and Perz, 304–15.
——, "Die IG Farbenindustrie und der Ausbau des Konzentrationslagers Auschwitz 1941–1942," *Sozial. Geschichte* 21 (2006), 33–67.
——, *Kampfstoff Forschung im Nationalsozialismus. Zur Kooperation von Kaiser-Wilhelm-Instituten, Militär und Industrie*, Göttingen, 2005.
Schmeling, A., *Josias Erbprinz zu Waldeck und Pyrmont. Der politische Weg eines hohen SS-Führers*, Kassel, 1993.
Schmid, Hans, "Otto Moll—'der Henker von Auschwitz,'" *ZfG* 54 (2006), 118–38.
Schmid, H.-D., "Die Aktion 'Arbeitsscheu Reich' 1938," *BGVN* 11 (2009), 31–42.
Schmid, Harald, "Deutungsmacht und kalendarisches Gedächtnis—die politischen Gedenktage," in *Nationalsozialismus*, eds. Reichel et al., 175–216.
Schmidt, B., "Geschichte und Symbolik der gestreiften KZ-Kleidung," Ph.D. dissertation, University of Oldenburg, 2000.
Schmidt, P., "Tortur als Routine. Zur Theorie und Praxis der römischen Inquisition in der frühen Neuzeit," in *Das Quälen des Körpers*, eds. P. Burschel, G. Distelrath, and S. Lembke, Cologne, 2000, 201–15.
Schmidt, U., *Justice at Nuremberg. Leo Alexander and the Nazi Doctors' Trial*, Houndmills, 2006.
——, *Karl Brandt: The Nazi Doctor*, London, 2007.
——, "Medical Ethics and Nazism," in *The Cambridge World History of Medical Ethics*, eds. R. Baker and L. McCullough, Cambridge, U.K., 2009, 595–608.
——, "'The Scars of Ravensbrück': Medical Experiments and British War Crimes Policy, 1945–1950," *GH* 23 (2005), 20–49.
Schmuhl, H.-W., "Philipp Bouhler—Ein Vorreiter des Massenmordes," in *Braune Elite*, eds. Smelser et al., vol. 2, 39–50.
Schnabel, R., *Macht ohne Moral*, 2nd ed., Frankfurt a. M., 1958.
Schneider, M., *Unterm Hakenkreuz. Arbeiter und Arbeiterbewegung 1933 bis 1939*, Bonn, 1999.
——, "Verfolgt, unterdrückt und aus dem Land getrieben: Das Ende der Arbeiterbewegung im Frühjahr 1933," in *Die Linke*, eds. Wachsmann and Steinbacher, 31–51.

Schneppen, H., *Odessa und das Vierte Reich*, Berlin, 2007.
Schrade, C., *Elf Jahre: Ein Bericht aus deutschen Konzentrationslagern*, Göttingen, 2014.
Schröder, H. H., "Das erste Konzentrationslager in Hannover. Das Lager bei der Akkumulatorenfabrik in Stöcken," in *Konzentrationslager*, eds. Fröbe et al., vol. 1, 44–108.
Schüle, A., *Industrie und Holocaust. Topf & Söhne—Die Ofenbauer von Auschwitz*, Göttingen, 2010.
Schulte, J. E., "Auschwitz und der Holocaust," *VfZ* 52 (2004), 569–72.
———, "Die Konzentrationslager 1939 bis 1941," in *Taschenkalender*, eds. Moors and Pfeiffer, 141–54.
———, "Die Kriegsgefangenen-Arbeitslager der SS 1941/42: Größenwahn und Massenmord," in *Zusammenarbeit*, ed. Ibel, 71–90.
———, *Die SS, Himmler und die Wewelsburg*, Paderborn, 2009.
———, "Im Zentrum der Verbrechen. Das Verfahren gegen Oswald Pohl und weitere Angehörige des SS-Wirtschafts-Verwaltungshauptamtes," in *NMT*, eds. Priemel and Stiller, 67–99.
——— (ed.), *Konzentrationslager im Rheinland und in Westfalen 1933–1945*, Paderborn, 2005.
———, "London war informiert. KZ-Expansion und Judenverfolgung," in *Hitlers Kommissare*, eds. R. Hachtmann and W. Süß, Göttingen, 2006, 207–27.
———, "Vom Arbeits- zum Vernichtungslager. Die Entstehungsgeschichte von Auschwitz-Birkenau 1941/42," *VfZ* 50 (2002), 41–69.
———, *Zwangsarbeit und Vernichtung. Das Wirtschaftsimperium der SS*, Paderborn, 2001.
Schulze, R. (ed.), *Unruhige Zeiten. Erlebnisberichte aus dem Landkreis Celle 1945–1949*, Munich, 1991.
Schumacher, M. (ed.), *M.d.R. Die Reichstagsabgeordneten in der Weimarer Republik in der Zeit des Nationalsozialismus*, Düsseldorf, 1994.
Schwarberg, G., *Der SS-Arzt und die Kinder. Bericht über den Mord vom Bullenhuser Damm*, Munich, 1982.
Schwartz, J., "Geschlechtsspezifischer Eigensinn von NS-Täterinnen am Beispiel der KZ-Oberaufseherin Johanna Langefeld," in *Frauen als Täterinnen im Nationalsozialismus*, ed. V. Schubert-Lehnhardt, Gerbstedt, 2005, 56–82.
Schwarz, G., *Eine Frau an seiner Seite. Ehefrauen in der "SS-Sippengemeinschaft,"* Berlin, 2001.
———, "Frauen in Konzentrationslagern—Täterinnen und Zuschauerinnen," in *Konzentrationslager*, eds. Herbert et al., vol. 2, 800–821.
Seaman, M., *Bravest of the Brave*, London, 1997.
Seela, T., *Bücher und Bibliotheken in nationalsozialistischen Konzentrationslagern*, Munich, 1992.
Seger, G., "Oranienburg. Erster authentischer Bericht eines aus dem Konzentrationslager Geflüchteten," in *Oranienburg*, eds. Diekmann and Wettig, 15–89.
Segev, T., *Simon Wiesenthal. Die Biographie*, Munich, 2010.
———, *Soldiers of Evil: The Commandants of the Nazi Concentration Camps*, London, 2000.
———, *The Seventh Million: The Israelis and the Holocaust*, New York, 1991.
Seidel, I., "Jüdische Frauen in den Außenkommandos des Konzentrationslagers Buchenwald," in *Genozid*, ed. Bock, 149–68.
Seidl, D., *"Zwischen Himmel und Hölle." Das Kommando "Plantage" des Konzentrationslagers Dachau*, Munich, 2008.
Selbmann, F., *Alternative, Bilanz, Credo*, Halle, 1975.
Sellier, A., *A History of the Dora Camp*, Chicago, 2003.
Sémelin, J., *Säubern und Vernichten. Die politische Dimension von Massakern und Völkermorden*, Hamburg, 2007.
Semprun, J., and E. Wiesel, *Schweigen ist unmöglich*, Frankfurt a. M., 1997.
Setkiewicz, P., "Häftlingsarbeit im KZ Auschwitz III-Monowitz," in *Konzentrationslager*, eds. Herbert et al., vol. 2, 584–605.

—— (ed.), *Życie prywatne esesmanów w Auschwitz*, Oświęcim, 2012.
Seubert, R., "'Mein lumpiges Vierteljahr Haft . . .' Alfred Anderschs KZ-Haft und die ersten Morde von Dachau," in *Alfred Andersch Revisited*, eds. J. Döring and M. Joch, Berlin, 2011, 47–146.
Shephard, B., *After Daybreak: The Liberation of Belsen, 1945*, London, 2006.
——, *The Long Road Home: The Aftermath of the Second World War*, London, 2010.
Shik, N., "Mother-Daughter Relationships in Auschwitz-Birkenau, 1942–1945," *Tel Aviver Jahrbuch für deutsche Geschichte*, vol. 36, Göttingen, 2008, 108–27.
——, "Sexual Abuse of Jewish Women in Auschwitz-Birkenau," in *Brutality and Desire*, ed. D. Herzog, New York, 2009, 221–47.
——, "Weibliche Erfahrung in Auschwitz-Birkenau," in *Genozid*, ed. Bock, 103–22.
Shirer, W. L., *The Rise and Fall of the Third Reich*, London, 1991.
Siebeck, C., "'Im Raum lesen wir die Zeit?' Zum komplexen Verhältnis von Geschichte, Ort und Gedächtnis (nicht nur) in KZ-Gedenkstätten," *Transformation*, eds. Klei et al., 69–97.
Siedlecki, J., K. Olszewski, and T. Borowski, *We Were in Auschwitz* (New York, 2000).
Siegert, T., "Das Konzentrationslager Flossenbürg," in *Bayern*, eds. Broszat and Fröhlich, vol. 2, 429–92.
Siegfried, K.-J., *Das Leben der Zwangsarbeiter im Volkswagenwerk 1939–1945*, Frankfurt a. M., 1988.
Siemens, D., *The Making of a Nazi Hero: The Murder and Myth of Horst Wessel*, London, 2013.
Sigel, R., "Die Dachauer Prozesse und die deutsche Öffentlichkeit," in *Dachauer*, eds. Eiber and Sigel, 67–85.
——, *Im Interesse der Gerechtigkeit. Die Dachauer Kriegsverbrecherprozesse 1945–1948*, Frankfurt a. M., 1992.
Sigl, F., *Todeslager Sachsenhausen*, Berlin, 1948.
Silbermann, A., and M. Stoffers, *Auschwitz. Nie davon gehört? Erinnern und Vergessen in Deutschland*, Berlin, 2000.
Skriebeleit, J., "Ansätze zur Neukonzeption der KZ-Gedenkstätte Flossenbürg," in *Konzentrationslager. Geschichte und Erinnerung*, eds. P. Haustein, R. Schmolling, and J. Skriebeleit, Ulm, 2001, 15–25.
——, *Erinnerungsort Flossenbürg*, Göttingen, 2009.
Sládek, O., "Standrecht und Standgericht. Die Gestapo in Böhmen und Mähren," in *Gestapo im Zweiten Weltkrieg*, eds. Mallmann and Paul, 317–39.
SMAB (ed.), *Forbidden Art: Illegal Works by Concentration Camp Prisoners*, Oświęcim, 2012.
——, *Inmitten des grauenvollen Verbrechens. Handschriften von Mitgliedern des Sonderkommandos*, Oświęcim, 1996.
——, *Memorial Book: The Gypsies at Auschwitz-Birkenau*, Munich, 1993.
Smelser, R., and E. Syring (eds.), *Die SS. Elite unter dem Totekopf*, Paderborn, 2000.
Smelser, R., E. Syring, and R. Zitelmann (eds.), *Die braune Elite*, 2 vols., 4th ed., Darmstadt, 1999.
Smith, B. F., and A. F. Peterson, *Heinrich Himmler. Geheimreden 1933 bis 1945*, Frankfurt a. M., 1974.
Smith, I. R., and A. Stucki, "The Colonial Development of Concentration Camps (1868–1902)," *Journal of Imperial and Commonwealth History* 39 (2011), 417–37.
Smoleń, K., "Sowjetische Kriegsgefangene im KL Auschwitz," in *Sterbebücher von Auschwitz*, ed. J. Dębski, Munich, 1995, 127–47.
Snyder, L. (ed.), *Encyclopedia of the Third Reich*, London, 1976.
Snyder, T., *Bloodlands: Europe Between Hitler and Stalin*, London, 2010.
Sobolewicz, T., *Aus dem Jenseits zurück*, Oświęcim, 1993.
Sodi, R., "The Memory of Justice: Primo Levi and Auschwitz," *HGS* 4 (1989), 89–104.
Sofsky, W., "An der Grenze des Sozialen. Perspektiven der KZ-Forschung," in *Konzentrationslager*, eds. Herbert et al., vol. 2, 1141–69.

———, *Die Ordnung des Terrors. Das Konzentrationslager,* Frankfurt a. M., 1997.
———, *Violence: Terrorism, Genocide, War,* London, 2003.
Sommer, R., *Das KZ-Bordell: Sexuelle Zwangsarbeit in nationalsozialistischen Konzentrationslagern,* Paderborn, 2009.
Sonnino, P., *Die Nacht von Auschwitz,* Reinbek, 2006.
Speckner, H., "Kriegsgefangenenlager—Konzentrationslager Mauthausen und 'Aktion K,'" in *Zusammenarbeit?,* ed. Ibel, 45–57.
Speer, A., *Erinnerungen,* Frankfurt a. M., 1969.
Spoerer, M., "Profitierten Unternehmen von KZ-Arbeit? Eine kritische Analyse der Literatur," *Historische Zeitschrift* 268 (1999), 61–95.
———, *Zwangsarbeit unter dem Hakenkreuz,* Stuttgart, 2001.
Spoerer, M., and J. Fleischhacker, "Forced Laborers in Nazi Germany: Categories, Numbers and Survivors," *Journal of Interdisciplinary History* 33 (2002), 169–204.
Sprenger, I., "Aufseherinnen in den Frauenaußenlagern des Konzentrationslagers Groß-Rosen," *WG* 12 (1995), 21–33.
———, "Das KZ Groß-Rosen in der letzten Kriegsphase," in *Konzentrationslager,* eds. Herbert et al., vol. 2, 1113–27.
———, *Groß-Rosen. Ein Konzentrationslager in Schlesien,* Cologne, 1996.
Springmann, V., "'Sport machen.' Eine Praxis der Gewalt im Konzentrationslager," in *KZ-Verbrechen,* eds. Lenarczyk et al., 89–101.
Stahl, D., *Nazi-Jagd. Südamerikas Diktaturen und die Ahndung von NS-Verbrechen,* Göttingen, 2013.
Stangneth, B. "Dienstliche Aufenthaltsorte Adolf Eichmanns, 12.3.1938 bis 8.05.1945," unpublished manuscript, Berlin, 2010.
———, *Eichmann vor Jerusalem. Das unbehelligte Leben eines Massenmörders,* Zurich, 2011.
Stargardt, N., *Witnesses of War: Children's Lives Under the Nazis,* London, 2005.
State of Israel Ministry of Justice (ed.), *The Trial of Adolf Eichmann,* vol. 7, Jerusalem, 1995.
Statistisches Jahrbuch der Schutzstaffel der NSDAP 1937.
Statistisches Jahrbuch der Schutzstaffel der NSDAP 1938.
Steegmann, R., *Das Konzentrationslager Natzweiler-Struthof und seine Außenkommandos am Rhein und Neckar 1941–1945,* Berlin, 2010.
———, *Struthof. Le KL-Natzweiler et ses kommandos,* Strasbourg, 2005.
Stein, H., "Die Vernichtungstransporte aus Buchenwald in die 'T4'-Anstalt Sonnenstein 1941," in *Sonnenstein,* ed. Kuratorium, 29–50.
———, "Funktionswandel des Konzentrationslagers Buchenwald im Spiegel der Lagerstatistiken," in *Konzentrationslager,* eds. Herbert et al., vol. 1, 167–92.
———, *Juden in Buchenwald 1937-1942,* Weimar, 1992.
Stein, H., and S. Stein, *Buchenwald, Ein Rundgang durch die Gedenkstätte,* Weimar, 1993.
Steinbacher, S., *Auschwitz: A History,* London, 2005.
———, *Dachau: Die Stadt und das Konzentrationslager in der NS-Zeit,* Frankfurt a. M., 1994.
———, *"Musterstadt" Auschwitz. Germanisierungspolitik und Judenmord in Ostoberschlesien,* Munich, 2000.
———, "'. . . nichts weiter als Mord.' Der Gestapo-Chef von Auschwitz und die bundesdeutsche Nachkriegsjustiz," in *Ausbeutung,* eds. Frei et al., 265–98.
Steiner, J., and Z. Steiner, "Zwillinge in Birkenau," in *Auschwitz,* eds. Adler et al., 126–28.
Steiner, J. M., "The SS Yesterday and Today: A Sociopsychological View," in *Survivors, Victims, and Perpetrators,* ed. J. E. Dimsdale, Washington, D.C., 1980, 405–56.
Steinert, J.-D., *Deportation und Zwangsarbeit. Polnische und sowjetische Kinder im nationalsozialistischen Deutschland und im besetzten Osteuropa 1939–1945,* Essen, 2013.
Steinke, K., *Züge nach Ravensbrück. Transporte mit der Reichsbahn 1939–1945,* Berlin, 2009.
Steinweis, A., *Kristallnacht 1938,* Cambridge, Mass., 2009.
Stengel, K., *Hermann Langbein. Ein Auschwitz-Überlebender in den erinnerungspolitischen Konflikten der Nachkriegszeit,* Frankfurt a. M., 2012.

Stibbe, M., *British Civilian Prisoners of War in Germany*, Manchester, 2008.

Stiftung niedersächsischer Gedenkstätten (ed.), *Bergen-Belsen. Katalog der Dauerausstellung*, Göttingen, 2009.

Stiller, A., "Zwischen Zwangsgermanisierung und 'Fünfter Kolonne.' 'Volksdeutsche' als Häftlinge und Bewacher in den Konzentrationslagern," in *Lager*, eds. Jah et al., 104–24.

Stokes, L., "Das Eutiner Schutzhaftlager 1933/34. Zur Geschichte eines 'wilden' Konzentrationslager," *VfZ* 27 (1979), 570–625.

———, "Das oldenburgische Konzentrationslager in Eutin, Neukirchen und Nüchel 1933," in *Terror*, eds. Benz and Distel, 189–210.

Stoll, K., "Walter Sonntag—ein SS-Arzt vor Gericht," *ZfG* 50 (2002), 918–39.

Stone, D., *Goodbye to All That? The Story of Europe since 1945*, Oxford, 2014.

———, *Histories of the Holocaust*, Oxford, 2010.

———, "The Historiography of Genocide: Beyond 'Uniqueness' and Ethnic Competition," *Rethinking History* 8 (2004), 127–42.

———, "The Sonderkommando Photographs," *Jewish Social Studies* 7 (2001), 132–48.

———, *The Sorrows of Liberation*, New Haven, 2015.

Stoop, P. (ed.), *Geheimberichte aus dem Dritten Reich*, Berlin, 1990.

Stöver, B. (ed.), *Berichte über die Lage in Deutschland. Die Meldungen der Gruppe Neu Beginnen aus dem Dritten Reich 1933–1936*, Bonn, 1996.

Stræde, T., "Die 'Aktion Weiße Busse,'" in *Häftlinge*, eds. Garbe and Lange, 175–84.

Strebel, B., *Celle April 1945 Revisited*, Bielefeld, 2008.

———, *Das KZ Ravensbrück. Geschichte eines Lagerkomplexes*, Paderborn, 2003.

———, "Feindbild 'Flintenweib.' Weibliche Kriegsgefangene der Roten Armee im KZ Ravensbrück," in *Zusammenarbeit?*, ed. Ibel, 159–80.

———, "'Himmelweite Unterschiede.' Über die Existenzbedingungen im KZ Ravensbrück 1939–1945," in *Konzentrationslager*, ed. Kaienburg, 105–23.

———, "Verlängerter Arm der SS oder schützende Hand? Drei Fallbeispiele von weiblichen Funktionshäftlingen im KZ Ravensbrück," *WG* 12 (1995), 35–49.

Streim, A., *Die Behandlung sowjetischer Kriegsgefangener im "Fall Barbarossa,"* Heidelberg, 1981.

Struk, J., *Photographing the Holocaust*, London, 2004.

Strzelecka, I., "Die ersten Polen im KL Auschwitz," *HvA* 18 (1990), 5–67.

———, "Experiments," in *Auschwitz*, eds. Długoborski and Piper, vol. 2, 347–69.

———, "Quarantine on Arrival," in ibid., 45–50.

———, "The Hospitals at Auschwitz Concentration Camp," in ibid., 291–346.

———, "Women in the Auschwitz Concentration Camp," in ibid., 171–200.

Strzelecka, I., and P. Setkiewicz, "The Construction, Expansion and Development of the Camp and Its Branches," in *Auschwitz*, eds. Długoborski and Piper, vol. 1, 63–138.

Strzelecki, A., "Plundering the Victims' Property," in *Auschwitz*, eds. Długoborski and Piper, vol. 2, 137–70.

———, "The Liquidation of the Camp," in ibid., vol. 5, 9–85.

———, "Utilization of the Victims' Corpses," in ibid., vol. 2, 399–418.

Stuldreher, C.J.F., "Das Konzentrationslager Herzogenbusch—ein 'Musterbetrieb der SS'?," in *Konzentrationslager*, eds. Herbert et al., vol. 1, 327–48.

Suderland, M., *Ein Extremfall des Sozialen*, Frankfurt a. M., 2009.

———, *Territorien des Selbst: Kulturelle Identität als Ressource für das tägliche Überleben im Konzentrationslager*, Frankfurt a. M., 2004.

Suhr, E., *Carl von Ossietzky: Eine Biographie*, Cologne, 1988.

Süß, D., *Tod aus der Luft. Kriegsgesellschaft und Luftkrieg in Deutschland und England*, Bonn, 2011.

Süß, W., *Der "Volkskörper" im Krieg. Gesundheitspolitik, Gesundheitsverhältnisse und Krankenmord im nationalsozialistischen Deutschland 1939–1945*, Munich, 2003.

Sutton, J., "Reconcentration During the Philippine-American War (1899–1902)," unpublished

paper, Oxford Workshop on the Colonial Development of Concentration Camps, All Soul's College, November 2010.
Swett, P. E., *Neighbors & Enemies: The Culture of Radicalism in Berlin, 1929–1933*, Cambridge, U.K., 2004.
Świebocki, H. (ed.), *London wurde informiert. Berichte von Auschwitz-Flüchtlingen*, Oświęcim, 1997.
———, *The Resistance Movement*, vol. 4 of *Auschwitz*, eds. Piper and Długoborski.
———, "Sinti und Roma im KL Auschwitz in der Berichterstattung der polnischen Widerstandsbewegung," in *Sinti*, ed. Długoborski, 330–41.
Sydnor, C., *Soldiers of Destruction: The SS Death's Head Division 1933–1945*, London, 1989.
———, "Theodor Eicke. Organisator der Konzentrationslager," in *SS*, eds. Smelser and Syring, 147–59.
Szalet, L., *Baracke 38. 237 Tage in den "Judenblocks" des KZ Sachsenhausen*, Berlin, 2006.
Szeintuch, Y., "'Tkhias Hameysim,'" *Chulyot* 10 (2006), 191–218.
Szende, S., *Zwischen Gewalt und Toleranz. Zeugnisse und Reflexionen eines Sozialisten*, Frankfurt a. M., 1975.
Szita, S., *Ungarn in Mauthausen*, Vienna, 2006.
Szmaglewska, S., *Smoke over Birkenau*, Oświęcim, 2008.
Szymański, T., T. Śnieszko, and D. Szymańska, "Das 'Spital' im Zigeuner-Familienlager in Auschwitz-Birkenau," in *Auschwitz Hefte*, ed. HIS, vol. 1, 199–207.
Taft, M., *From Victim to Survivor: The Emergence and Development of the Holocaust Witness, 1941–1949*, London, 2013.
Tauke, O., "Gestaffelte Selektion. Die Funktion der Häftlingskrankenbauten in den Lagern des KZ Mittelbau-Dora," in *Medizin*, eds. Hahn et al., 26–45.
Terhorst, K.-L., *Polizeiliche planmäßige Überwachung und polizeiliche Vorbeugungshaft im Dritten Reich*, Heidelberg, 1985.
Thalhofer, E., *Entgrenzung der Gewalt. Gestapo-Lager in der Endphase des Dritten Reiches*, Paderborn, 2010.
Thamer, H.-U., *Verführung und Gewalt. Deutschland 1933–1945*, Munich, 1986.
The Times (London).
Tillion, G., "A la recherche de la vérité," in *Les Cahiers du Rhône*, Neuchâtel, 1946, 11–88.
———, *Frauenkonzentrationslager Ravensbrück*, Lüneburg, 1998.
Timofeeva, N. P. (ed.), *Nepobedimaja sila slabykh: Koncentracionnyj lager Ravensbrjuk v pamjati i sud'be byvshikh zakljuchennyk*, Voronezh, 2008.
Todorov, T., *Facing the Extreme: Moral Life in the Concentration Camps*, London, 2000.
———, *Hope and Memory*, London, 2003.
Tooze, A., *The Wages of Destruction: The Making and Breaking of the Nazi Economy*, London, 2006.
Toussaint, J., "Nach Dienstschluss," in *Gefolge*, ed. Erpel, 89–100.
Trial of the Major War Criminals Before the International Military Tribunal, 42 vols., Nuremberg, 1947–49.
Trouvé, C., "Das Klinkerwerk Oranienburg (1938–1945)—ein Außenlager des Konzentrationslagers Sachsenhausen," Ph.D. dissertation, TU Berlin, 2004.
———, "Richard Bugdalle, SS-Blockführer im Konzentrationslager Sachsenhausen. Stationen einer Karriere," in *Tatort KZ*, eds. U. Fritz, S. Kavčič, and N. Warmbold, Ulm, 2003, 20–42.
Trunk, A., "Die todbringenden Gase," in *Studien*, eds. Morsch and Perz, 23–49.
Tuchel, J., *Die Inspektion der Konzentrationslager 1938–1945*, Berlin, 1994.
———, "Die Kommandanten des Konzentrationslagers Flossenbürg—Eine Studie zur Personalpolitik der SS," in *Die Normalität des Verbrechens*, eds. J. Tuchel, H. Grabitz, and K. Bästlein, Berlin, 1994, 201–19.
———, "Die Kommandanten des KZ Dachau," in *Dachau*, eds. Benz and Königseder, 329–49.

——, "Die Wachmannschaften der Konzentrationslager 1939 bis 1945—Ergebnisse und offene Fragen der Forschung," in *NS-Gewaltherrschaft*, eds. Gottwaldt et al., 135–51.
——, "Dimensionen des Terrors: Funktionen der Konzentrationslager in Deutschland 1933–1945," in *Lager, Zwangsarbeit, Vertreibung und Deportation*, eds. D. Dahlmann and G. Hirschfeld, Essen, 1999, 371–89.
——, *Konzentrationslager. Organisationsgeschichte und Funktion der "Inspektion der Konzentrationslager,"* Boppard a. R., 1991.
——, "Möglichkeiten und Grenzen der Solidarität zwischen einzelnen Häftlingsgruppen im nationalsozialistischen Konzentrationslager," in *Strategie des Überlebens*, eds. R. Streibel and H. Schafranek, Vienna, 1996, 220–35.
——, "Organisationsgeschichte der 'frühen' Konzentrationslager," in *Instrumentarium*, eds. Benz and Distel, 9–26.
——, "Registrierung, Mißhandlung und Exekution. Die 'Politischen Abteilungen' in den Konzentrationslagern," in *Gestapo im Zweiten Weltkrieg*, eds. Mallmann and Paul, 127–40.
——, "Selbstbehauptung und Widerstand in nationalsozialistischen Konzentrationslagern," in *Der Widerstand gegen den Nationalsozialismus*, eds. J. Schmädeke and P. Steinbach, Munich, 1985, 938–53.
——, "Theodor Eicke im Konzentrationslager Lichtenburg," in *Lichtenburg*, eds. Hördler and Jacobeit, 59–74.
Tuchel, J., and R. Schattenfroh, *Zentrale des Terrors. Prinz-Albrecht-Straße 8: Hauptquartier der Gestapo*, Frankfurt a. M., 1987.
Tyas, S., "Allied Intelligence Agencies and the Holocaust: Information Acquired from German Prisoners of War," *HGS* 22 (2008), 1–24.
Tych, F., A. Eberhardt, A. Kenkmann, and E. Kohlhaas (eds.), *Kinder über den Holocaust. Frühe Zeugnisse 1944–1948*, Berlin, 2008.
Uhl, H., "From Victim Myth to Co-Responsibility Thesis," in *Politics*, eds. Kansteiner et al., 40–72.
UN War Crimes Commission (ed.), *Law Reports of Trials of War Criminals*, vol. 1, London, 1947.
Unbekannter Autor, "Einzelheiten," in *Inmitten*, ed. SMAB, 177–84.
——, "Notizen," in *Inmitten*, ed. SMAB, 184–85.
Ungar, G., "Die Konzentrationslager," in *Opferschicksale*, ed. DöW, Vienna, 2013, 191–209.
Unger, M., "The Prisoner's First Encounter with Auschwitz," *HGS* 1 (1986), 279–95.
Union für Recht und Freiheit (ed.), *Der Strafvollzug im III. Reich*, Prague, 1936.
Urban, M., "Kollektivschuld durch die Hintertür? Die Wahrnehmung der NMT in der westdeutschen Öffentlichkeit, 1946–1951," in *NMT*, eds. Priemel and Stiller, 684–718.
Urbańczyk, S., "In Sachsenhausen und in Dachau," in *"Sonderaktion,"* ed. August, 212–36.
Uziel, D., *Arming the Luftwaffe: The German Aviation Industry in World War II*, Jefferson, N.C., 2012.
Vaisman, S., *In Auschwitz*, Düsseldorf, 2008.
Van Dam, H. G., and R. Giordano (eds.), *KZ-Verbrechen vor deutschen Gerichten*, vol. 1, Frankfurt a. M., 1962.
Van der Vat, D., *The Good Nazi: The Life and Lies of Albert Speer*, London, 1998.
Van Pelt, R. J., "A Site in Search of a Mission," in *Anatomy*, eds. Gutman and Berenbaum, 93–156.
——, *The Case for Auschwitz: Evidence from the Irving Trial*, Bloomington, Ind., 2002.
——, "Introduction," in *Edge*, Koker, 3–71.
——, "Resistance in the Camps," in *Jewish Resistance to the Nazis*, ed. P. Henry, Washington, D.C., 2014.
Verhandlungen des Reichstags, vol. 459, Berlin, 1938.
Vermehren, I., *Reise durch den letzten Akt. Ein Bericht*, Hamburg, 1947.

Vieregge, B., *Die Gerichtsbarkeit einer "Elite." Nationalsozialistische Rechtsprechung am Beispiel der SS- und Polizei-Gerichtsbarkeit*, Baden-Baden, 2002.
Vogel, L., *Tagebuch aus einem Lager*, Göttingen, 2002.
Volk, R., *Das letzte Urteil. Die Medien und der Demjanjuk-Prozess*, Munich, 2012.
Völkischer Beobachter.
Volkov, S., "Antisemitism as a Cultural Code: Reflections on the History and Historiography of Antisemitism in Imperial Germany," *LBIYB* 23 (1978), 25–46.
Volland, K., "Das Stalag X B Sandbostel als Auffanglager für KZ-Häftlinge," in *Häftlinge*, eds. Garbe and Lange, 117–25.
Von dem Knesebeck, J., *The Roma Struggle for Compensation in Post-War Germany*, Hatfield, 2011.
Von Götz, I., "Terror in Berlin—Eine Topographie für das Jahr 1933," in *SA-Gefängnis Papestraße*, eds. von Götz and P. Zwaka, Berlin, 2013, 27–46.
Von Götz, I., and C. Kreutzmüller, "Spiegel des frühen NS-Terrors. Zwei Foto-Ikonen und ihre Geschichte," *Fotogeschichte* 34 (2014), Nr. 131, 73–75.
Von Kellenbach, K., *The Mark of Cain: Guilt and Denial in the Post-war Lives of Nazi Perpetrators*, New York, 2013.
Von Papen, F., *Ein von Papen spricht . . . : über seine Erlebnisse im Hitler-Deutschland*, Amsterdam, c. 1939.
Vossler, F., *Propaganda in die eigene Truppe. Die Truppenbetreuung in der Wehrmacht 1939–45*, Paderborn, 2005.
Vrba, R., "Die mißachtete Warnung: Betrachtungen über den Auschwitz-Bericht von 1944," *VfZ* 44 (1996), 1–24.
———, *I Cannot Forgive*, Vancouver, 1997.
Wachsmann, N., "'Annihilation Through Labor': The Killing of State Prisoners in the Third Reich," *JMH* 71 (1999), 624–59.
———, "Comparisons and Connections: The Nazi Concentration Camps in International Context," in *Rewriting German History*, eds. J. Rüger and N. Wachsmann, London, 2015 (forthcoming).
———, *Hitler's Prisons: Legal Terror in Nazi Germany*, New Haven, 2004.
———, "Introduction," in *Under Two Dictators*, Buber-Neumann, 2009, vii–xxii.
———, "Introduction," in *Theory*, Kogon, xi–xxi.
———, "Looking into the Abyss: Historians and the Nazi concentration camps," *EHQ* 36 (2006), 247–78.
———, "Review of Benz, Distel, *Ort des Terrors*," *sehepunkte* 5 (2005), Nr. 11.
———, "The Dynamics of Destruction: The Development of the Concentration Camps, 1933–45," in *Concentration Camps*, eds. Wachsmann and Caplan, 17–43.
———, "The Policy of Exclusion: Repression in the Nazi State, 1933–39," in *Nazi Germany*, ed. Caplan, 122–45.
Wachsmann, N., and J. Caplan (eds.), *Concentration Camps in Nazi Germany: The New Histories*, London, 2010.
———, "Introduction," in *Concentration Camps*, eds. Wachsmann and Caplan, 1–16.
Wachsmann, N., and C. Goeschel, "Before Auschwitz: The Formation of the Nazi Concentration Camps, 1933–39," *JCH* 45 (2010), 515–34.
———, "Introduction," in *Nazi Concentration Camps*, eds. Wachsmann and Goeschel, ix–xxvii.
——— (eds.), *The Nazi Concentration Camps, 1933–1939: A Documentary History*, Lincoln, Neb., 2012.
Wachsmann, N., and S. Steinbacher (eds.), *Die Linke im Visier. Zur Errichtung der Konzentrationslager 1933*, Göttingen, 2014.
Wagner, B. C., *IG Auschwitz. Zwangsarbeit und Vernichtung von Häftlingen des Lagers Monowitz 1941–1945*, Munich, 2000.

Wagner, J.-C., *Ellrich 1944/45. Konzentrationslager und Zwangsarbeit in einer deutschen Kleinstadt*, Göttingen, 2009.

—— (ed.), *Konzentrationslager Mittelbau-Dora 1943–1945*, Göttingen, 2007.

——, *Produktion des Todes. Das KZ Mittelbau-Dora*, Göttingen, 2004.

——, "Sinti und Roma als Häftlinge im KZ Mittelbau-Dora," *BGVN* 14 (2012), 99–107.

——, "Work and Extermination in the Concentration Camps," in *Concentration Camps*, eds. Wachsmann and Caplan, 127–48.

Wagner, P., *Volksgemeinschaft ohne Verbrecher. Konzeptionen und Praxis der Kriminalpolizei in der Zeit der Weimarer Republik und des Nationalsozialismus*, Hamburg, 1996.

Walter, V., "Kinder und Jugendliche als Häftlinge des KZ Dachau," in *Dachau*, eds. Benz and Königseder, 183–92.

Warmbold, N., *Lagersprache. Zur Sprache der Opfer in den Konzentrationslagern Sachsenhausen, Dachau, Buchenwald*, Bremen, 2008.

Waxman, Z., *Writing the Holocaust: Identity, Testimony, Representation*, Oxford, 2006.

Weckbecker, G., *Zwischen Freispruch und Todesstrafe. Die Rechtsprechung der nationalsozialistischen Sondergerichte Frankfurt/Main und Bromberg*, Baden-Baden, 1998.

Weckel, U., *Beschämende Bilder. Deutsche Reaktionen auf alliierte Dokumentarfilme über befreite Konzentrationslager*, Stuttgart, 2012.

Weckel, U., and E. Wolfrum (eds.), *"Bestien" und "Befehlsempfänger." Frauen und Männer in NS-Prozessen nach 1945*, Göttingen, 2003.

Wegner, B., *Hitler's Politische Soldaten. Die Waffen-SS, 1933–1945*, Paderborn, 2006.

——, "The Ideology of Self-Destruction: Hitler and the Choreography of Defeat," *Bulletin of the German Historical Institute London* 26 (2004), No. 2, 18–33.

Weigelt, A., "'Komm, geh mit! Wir gehn zum Judenerschiessen . . .' Massenmord bei der Auflösung des KZ-Aussenlagers Lieberose im Februar 1945," *DH* 20 (2004), 179–93.

Weikart, R., *Hitler's Ethic: The Nazi Pursuit of Evolutionary Progress*, Houndmills, 2011.

Wein, D., "Das Krankenrevier im Konzentrationslager Sachsenhausen in seiner Funktion als Vorführobjekt," in *Medizin*, eds. Hahn et al., 46–65.

Weinberg, G. L., "The Allies and the Holocaust," in *Bombing*, eds. Neufeld and Berenbaum, 15–26.

Weinberger, R. J., *Fertility Experiments in Auschwitz-Birkenau*, Saarbrücken, 2009.

Weindling, P. J., "Die Opfer von Humanexperimenten im Nationalsozialismus," in *Geschlecht und "Rasse" in der NS-Medizin*, eds. I. Eschebach and A. Ley, Berlin, 2012, 81–99.

——, *Epidemics and Genocide in Eastern Europe, 1890–1945*, Oxford, 2000.

——, *Nazi Medicine and the Nuremberg Trials*, New York, 2006.

——, *Victims and Survivors of Nazi Human Experiments*, London, 2015.

Weingartner, J. J., "Law and Justice in the Nazi SS: The Case of Konrad Morgen," *CEH* 16 (1983), 276–94.

Weinke, A., *Die Verfolgung von NS-Tätern im geteilten Deutschland*, Paderborn, 2002.

Weisbrod, B., "Entwicklung und Funktionswandel der Konzentrationslager 1937/38 bis 1945," in *Konzentrationslager*, eds. Herbert et al., 349–60.

——, "Violence and Sacrifice: Imagining the Nation in Weimar Germany," in *The Third Reich Between Vision and Reality*, ed. H. Mommsen, Oxford, 2001, 5–21.

Weise, N., *Eicke. Eine SS-Karriere zwischen Nervenklinik, KZ-System und Waffen-SS*, Paderborn, 2013.

Weiß, H., "Dachau und die internationale Öffentlichkeit," *DH* 1 (1985), 12–38.

Weiss-Rüthel, A., *Nacht und Nebel. Ein Sachsenhausen-Buch*, Berlin, 1949.

Weitz, E. D., *A Century of Genocide: Utopias of Race and Nation*, Princeton, 2003.

Welch, D., *Propaganda and the German Cinema 1933–1945*, 2nd ed., London, 2001.

Wellers, G., *L'Étoile jaune à l'heure de Vichy: De Drancy à Auschwitz*, Paris, 1973.

Welzer, H., *Täter. Wie aus ganz normalen Menschen Massenmörder werden*, Frankfurt a. M., 2005.
Wenck, A.-E., *Zwischen Menschenhandel und "Endlösung." Das Konzentrationslager Bergen-Belsen*, Paderborn, 2000.
Werner, C., *Kriegswirtschaft und Zwangsarbeit bei BMW*, Munich, 2006.
Werner, F., "'Hart müssen wir hier draußen sein.' Soldatische Männlichkeit im Vernichtungskrieg 1941-1944," *Geschichte und Gesellschaft* 34 (2008), 5-40.
Werth, N., *Cannibal Island: Death in a Siberian Gulag*, Princeton, 2007.
Werther, T., "Menschenversuche in der Fleckfieberforschung," in *Vernichten*, eds. Ebbinghaus and Dörner, 152-73.
Wesołowska, D., *Wörter aus der Hölle. Die "lagerszpracha" der Häftlinge von Auschwitz*, Krakow, 1998.
Westermann, E. B., "The Royal Air Force and the Bombing of Auschwitz: First Deliberations, January 1941," *HGS* 15 (2001), 70-85.
Wetzell, R., *Inventing the Criminal: A History of German Criminology 1880-1945*, Chapel Hill, 2000.
Whatmore, H., "Exploring KZ 'Bystanding' within a West-European Framework," in *Kontinuitäten*, eds. Heß et al., 64-79.
——, "Living with the Nazi KZ Legacy," in Klei et al. (eds.), *Transformation*, 47-67.
White, E. B., "Majdanek: Cornerstone of Himmler's SS Empire in the East," *Simon Wiesenthal Center Annual* 7 (1990), 3-21.
White, O., *Conqueror's Road: An Eyewitness Report of Germany 1945*, Cambridge, U.K., 2003.
Wickert, C., "Die Aufdeckung der Verbrechen durch die sowjetische Regierungskommission im Sommer 1945 und ihre Folgen," in *Befreiung*, eds. Morsch and Reckendrees, 120-27.
Wiechert, E., *Der Totenwald*, Zurich, 1946.
Wiedemann, M., "Ágnes Rózsa. Eine biographische Skizze," in *"Solange,"* eds. Diefenbacher and Jochem, 13-15.
Wiedner, H., "Soldatenmißhandlungen im Wilhelminischen Kaiserreich (1890-1914)," *AfS* 22 (1982), 159-99.
Wieland, G., "Die Ahndung von NS-Verbrechen in Ostdeutschland 1945-1990," in *DDR-Justiz*, ed. Rüter, vol. 15, 13-94.
Wieland, L., "Die Bremischen Konzentrationslager Ochtumsand und Langlütjen II," in *Herrschaft*, eds. Benz and Distel, 275-94.
Wiesel, E., *All Rivers Run to the Sea: Memoirs*, London, 1997.
——, *Die Nacht. Erinnerung und Zeugnis*, Munich, 2008.
Wildt, M., "Funktionswandel der nationalsozialistischen Lager," *Mittelweg 36* (2011), No. 4, 76-86.
——, *Generation des Unbedingten. Das Führungskorps des Reichssicherheitshauptamtes*, Hamburg, 2002.
——, "Himmlers Terminkalender aus dem Jahr 1937," *VfZ* 52 (2004), 671-91.
——, "Violent Changes of Society—Social Changes through Violence," unpublished paper, conference "German Society in the Nazi Era," GHI London, March 2010.
Wilhelm, F., *Die Polizei im NS-Staat*, Paderborn, 1997.
Winter, M. C., and K. Greiser, "Untersuchungen zu den Todesmärschen seit 1945," in *Freilegungen*, eds. Blondel et al., 73-84.
Winter, W., *Winter Time: Memoirs of a German Sinto Who Survived Auschwitz*, Hatfield, 2004.
Wisskirchen, J., "Schutzhaft in der Rheinprovinz. Das Konzentrationslager Brauweiler 1933-1934," in *Herrschaft*, eds. Benz and Distel, 129-56.
Witte, P., A. Angrick, C. Dieckmann, C. Gerlach, P. Klein, D. Pohl, M. Voigt, and M. Wildt (eds.), *Der Dienstkalender Heinrich Himmlers 1941/42*, Hamburg, 1999.

Witte, P., and S. Tyas, "A New Document on the Deportation and Murder of Jews During 'Einsatz Reinhardt' 1942," *HGS* 15 (2001), 468–86.

Wittmann, R., *Beyond Justice: The Auschwitz Trial*, Cambridge, Mass., 2005.

Wohlfeld, U., "Das Konzentrationslager Nohra in Thüringen," in *Terror*, eds. Benz and Distel, 105–21.

——, "Im Hotel 'Zum Großherzog.' Das Konzentrationslager Bad Sulza 1933–1937," in *Instrumentarium*, eds. Benz and Distel, 261–75.

Wojak, I., *Eichmanns Memoiren. Ein kritischer Essay*, Frankfurt a. M., 2001.

Wolf, R., "'Mass Deception Without Deceivers?' The Holocaust on East and West German Radio in the 1960s," *JCH* 41 (2006), 741–55.

Wolfangel, E., "'Nie anders, als ein willenloses Rädchen.' Margarete Mewes: Aufseherin und Leiterin des Zellenbaus im KZ Ravensbrück (1939–1945)," in *Gefolge*, ed. Erpel, 72–80.

Wolfram, L., "KZ-Aufseherinnen. Parteigängerinnen der NSDAP?," in *Gefolge*, ed. Erpel, 39–47.

Wollenberg, J., "Das Konzentrationslager Ahrensbök-Holstendorf im oldenburgischen Landesteil Lübeck," in *Terror*, eds. Benz and Distel, 223–50.

——, "Gleichschaltung, Unterdrückung und Schutzhaft in der roten Hochburg Bremen. Das Konzentrationslager Bremen-Mißler," in *Herrschaft*, eds. Benz and Distel, 245–73.

Wolters, C., *Tuberkulose und Menschenversuche im Nationalsozialismus*, Stuttgart, 2011.

Wormser-Migot, O., *L'ère des camps*, Paris, 1973.

——, *Le système concentrationnaire Nazi (1933–45)*, Paris, 1968.

Wünschmann, K., *Before Auschwitz: Jewish Prisoners in the Prewar Concentration Camps*, Cambridge, Mass., 2015.

——, "Cementing the Enemy Category. Arrest and Imprisonment of German Jews in Nazi Concentration Camps, 1933–8/9," *JCH* 45 (2010), 576–600.

——, "Die Konzentrationslagererfahrungen deutsch-jüdischer Männer nach dem Novemberpogrom 1938," in "*Wer bleibt, opfert seine Jahre, vielleicht sein Leben." Deutsche Juden 1938–1941*, eds. S. Heim, B. Meyer, and F. Nicosia, Göttingen, 2010, 39–58.

——, "Jewish Prisoners in Nazi Concentration Camps, 1933–1939," Ph.D. dissertation, Birkbeck, University of London, 2012.

——, "Jüdische politische Häftlinge im frühen KZ Dachau," in *Die Linke*, eds. Wachsmann and Steinbacher, 141–67.

——, "'Natürlich weiß ich, wer mich ins KZ gebracht hat und warum . . .' Die Inhaftierung von Juden im Konzentrationslager Osthofen 1933/34," in *Die Erinnerung an die nationalsozialistischen Konzentrationslager*, eds. A. Ehresmann, P. Neumann, A. Prenninger, and R. Schlagdenhauffen, Berlin, 2011, 97–111.

——, "The 'Scientification' of the Concentration Camp," *LBIYB* 58 (2013), 111–26.

Wysocki, G., "Häftlingsarbeit in der Rüstungsproduktion," *DH* 2 (1986), 35–67.

——, "Lizenz zum Töten. Die 'Sonderbehandlungs'-Praxis der Stapo-Stelle Braunschweig," in *Gestapo im Zweiten Weltkrieg*, eds. Mallmann and Paul, 237–54.

Yavnai, L., "US Army War Crimes Trials in Germany, 1945–1947," in *Atrocities on Trial*, eds. P. Heberer and J. Matthäus, Lincoln, Neb., 2008, 49–71.

Zámečník, S., "Das 'Baumhängen' und die umstrittenen Fotografien aus der Sicht des ehemaligen Häftlings," *DH* 14 (1998), 289–93.

—— (ed.), "Die Aufzeichnungen von Karel Kašák," *DH* 11 (1995), 167–251.

——, *Das war Dachau*, Luxemburg, 2002.

——, "Kein Häftling darf lebend in die Hände des Feindes fallen. Zur Existenz des Himmler-Befehls vom 14./18. April 1945," *DH* 1 (1985), 219–31.

Zaremba, M., "Nicht das endgültige Urteil," in *Wahrheiten*, eds. Engelking and Hirsch, 251–59.

Zarusky, J., "Die Erschießungen gefangener SS-Leute bei der Befreiung des KZ Dachau," in *Dachau*, eds. Benz and Königseder, 103–24.

——, "Die 'Russen' im KZ Dachau. Bürger der Sowjetunion als Opfer des NS-Regimes," *DH* 23 (2007), 105–39.

——, "'. . . gegen die Tötung der Menschen und die Abtötung alles Menschlichen.' Zum Widerstand von Häftlingen im Konzentrationslager Dachau," in *Der vergessene Widerstand*, ed. J. Tuchel, Göttingen, 2005, 63–96.

——, "Von Dachau nach nirgendwo. Der Todesmarsch der KZ-Häftlinge im April 1945," in *Spuren des Nationalsozialismus*, ed. Bayerische Landeszentrale für politische Bildungsarbeit, Munich, 2000, 42–63.

Zeck, M., *Das Schwarze Korps. Geschichte und Gestalt des Organs der Reichsführung*, Tübingen, 2002.

Zeiger, A., "Die Todesmärsche," in *Befreiung*, eds. Morsch and Reckendrees, 64–72.

Zelizer, B., *Remembering to Forget: Holocaust Memory Through the Camera's Eye*, Chicago, 1998.

Zentner, C., and F. Bedürftig (eds.), *The Encyclopedia of the Third Reich*, New York, 1997.

Zimbardo, P., *The Lucifer Effect*, New York, 2008.

Zimmerer, J., "War, Concentration Camps and Genocide in South-West Africa: The First German Genocide," in *Genocide in German South-West Africa*, eds. Zimmerer and Zeller, Monmouth, 2008, 41–63.

Zimmermann, M., "Arbeit in den Konzentrationslagern," in *Konzentrationslager*, eds. Herbert et al., vol. 2, 730–51.

——, "Die Entscheidung für ein Zigeunerlager in Auschwitz-Birkenau," in *Zwischen Erziehung und Vernichtung*, ed. M. Zimmermann, Stuttgart, 2007, 392–424.

——, *Rassenutopie und Genozid. Die nationalsozialistische "Lösung der Zigeunerfrage,"* Hamburg, 1996.

Zimmermann, V., *NS-Täter vor Gericht. Düsseldorf und die Strafprozesse wegen nationalsozialistischer Gewaltverbrechen*, Düsseldorf, 2001.

Zinn, A., "Homophobie und männliche Homosexualität in Konzentrationslagern," in *Homophobie*, ed. Eschebach, 79–96.

Ziółkowski, M., *Ich war von Anfang an in Auschwitz*, Cologne, 2006.

Zweig, R. W., "Feeding the Camps: Allied Blockade Policy and the Relief of Concentration Camps in Germany, 1944–1945," *The Historical Journal* 41 (1998), 825–51.

索　引

（以下页码为原书页码，即本书的页边码）

图书在版编目（CIP）数据

纳粹集中营史：全二册 /（德）尼古劳斯·瓦克斯曼（Nikolaus Wachsmann）著；柴茁译. -- 北京：社会科学文献出版社，2021.4

书名原文：KL: A History of the Nazi Concentration Camps

ISBN 978-7-5201-7120-5

Ⅰ.①纳… Ⅱ.①尼… ②柴… Ⅲ.①第二次世界大战-犹太人-集中营-史料-研究 Ⅳ.①K152

中国版本图书馆 CIP 数据核字（2020）第 160691 号

地图审图号：GS（2020）6785 号（书中地图系原文插图）

纳粹集中营史（全二册）

著　　者 /［德］尼古劳斯·瓦克斯曼（Nikolaus Wachsmann）
译　　者 / 柴　茁

出 版 人 / 王利民
组稿编辑 / 董风云
责任编辑 / 张　骋　成　琳

出　　版 / 社会科学文献出版社·甲骨文工作室（分社）（010）59366432
地址：北京市北三环中路甲 29 号院华龙大厦　邮编：100029
网址：www.ssap.com.cn
发　　行 / 市场营销中心（010）59367081　59367083
印　　装 / 北京盛通印刷股份有限公司

规　　格 / 开　本：889mm × 1194mm　1/32
印　张：38.75　插　页：1　字　数：888 千字
版　　次 / 2021 年 4 月第 1 版　2021 年 4 月第 1 次印刷
书　　号 / ISBN 978-7-5201-7120-5
著作权合同登记号 / 图字 01-2015-3940 号
定　　价 / 212.00 元（全二册）